# UNIVERSITÉ DE FRANCE.

## ACADÉMIE DE POITIERS.

## COLLÉGE DE CIVRAY.

Monsieur _[nom manuscrit]_

a obtenu le 1ᵉ _[mention manuscrite]_

dans la Distribution des Prix de
ce Collége.

Civray, le 1 _[date manuscrite]_ 1827

# DICTIONNAIRE

## HISTORIQUE.

### T. XI.

DE L'IMPRIMERIE DE CELLOT.

# SUPPLÉMENT

## AU

# DICTIONNAIRE

## HISTORIQUE

### DE L'ABBÉ F. X. DE FELLER;

FORMANT LA SUITE
### DE LA NOUVELLE ÉDITION,

REVUE ET CORRIGÉE SUR LA TROISIÈME, ET AUGMENTÉE DE QUATRE VOLUMES.

Convenientia cuique. HOR. *Art poét.*

## TOME ONZIÈME.

## A PARIS,

A LA LIBRAIRIE DE LA SOCIÉTÉ TYPOGRAPHIQUE,

Chez MÉQUIGNON FILS AÎNÉ, rue Saint-Severin;

## A LYON,

Chez MM. GUYOT FRÈRES, Libraires, rue Mercière.

1819.

# DICTIONNAIRE
## HISTORIQUE.

### I.

IBARRA ( Joachim ), habile imprimeur espagnol et digne rival des Didot et des Bodoni, naquit à Saragosse en 1720. Il vint jeune à Madrid, où il fit ses études avec honneur. Il suivit la profession de son père, dans laquelle il acquit bientôt une grande réputation. Propriétaire d'un moulin de papier, il faisait en outre fondre les caractères chez lui ; il y fabriquait sa belle encre, et tout ce qui concerne l'art de l'imprimerie. Son papier passe pour être le plus poli de tous ceux que l'on connaisse ; ses caractères, sans fatiguer la vue, ne sont pas moins beaux que ceux des imprimeurs les plus renommés ; et son encre, d'après les épreuves faites, peut résister sans altération à l'injure du temps. Ses éditions les plus renommées sont : la *Bible*, le *Missel mozarabe*, le *Don Quichotte*, et surtout le *Salluste espagnol*, traduit par l'infant don Gabriel, frère de Charles III. Ce livre est très-rare : un particulier en vendit à Dijon ( 1810 ) un exemplaire pour le prix de 2000 livres. Ibarra a laissé des enfans qui suivent les traces de leur père. Il est mort le 23 novemb. 1786.

IDELFONSE DE SAINT-CHARLES ( le P. ), clerc régulier des écoles pies, de la famille des Tarditi, naquit à Rome vers 1709, et passa dans cette ville la plus grande partie de sa vie. Il était aimé et estimé non - seulement dans sa congrégation, mais encore dans le monde, et des personnages les plus distingués. Il avait fait de très-bonnes études, et avait enseigné dans quelques colléges de son institut. Son mérite le fit choisir pour précepteur des fils de Jacques II, roi d'Angleterre ; savoir, Charles - Edouard, connu depuis la mort du roi son père sous le nom du *Prétendant*, et le duc, depuis *cardinal d'York*. Le P. Tarditi avait occupé dans son ordre les emplois les plus honorables, même celui d'assistant général. Ses vertus lui avaient concilié l'estime et la bienveillance du grand pape Benoît XIV. S. S. daignait se servir de lui dans son travail personnel, et l'avait chargé de traduire de l'italien en latin les *édits, notifications* et *lettres pastorales* qui devaient entrer dans l'édition complète de ses œuvres, imprimées à Rome en 1748 par les soins du P. Azevedo. Aux différentes fonctions qu'avait exercées le P. Tarditi, on doit joindre comme une preuve de plus de ses rares qualités et de la considération dont il jouissait, celles de recteur du vénérable collége *de propagandâ fide*. Il s'en démit dans ses dernières années pour se retirer dans la maison du noviciat de son ordre à Saint-Laurent *in Borgo*. Il y mourut plein d'années et de mérites le 30 novembre 1790, âgé de 81 ans. Dans le 1er vol.

III. SUPPL.

de l'édition des *OEuvres de Lam-bertini*, faite à Venise avec beaucoup d'augmentations, il est question de ce savant et pieux religieux, dont les éditeurs rappellent la mémoire et font l'éloge le plus complet.

IMBERT (Joseph - Gabriel), frère chartreux et peintre de réputation, naquit à Marseille vers 1657. Il eut pour premier maître Serre, et ensuite Lebrun et van der Meulen. S'étant dégoûté du monde à l'âge de 33 ans, il entra chez les Chartreux en qualité de frère lai, et fit profession dans la chartreuse de Villeneuve-lès-Avignon. On lui permit de se livrer à son goût pour l'art qu'il professait, et on lui facilita les moyens non - seulement de l'exercer, mais même de perfectionner son talent. Le frère Imbert l'employa à orner les chartreuses de tableaux. Il en décora plusieurs avec beaucoup de goût. On loue ceux qu'il fit pour les chartreuses d'Avignon et de Marseille. C'est dans cette dernière que se trouve au maître-autel le tableau qu'on regarde comme son chef-d'œuvre; il est d'une dimension extraordinaire, et représente le *crucifiement*. La composition en est riche et pleine de verve, le dessin d'une grande correction, le ton de couleur vrai, le jeu des ombres admirable, et la justesse de l'expression parfaite. Il avait plus de 80 ans quand il acheva son tableau des *Pélerins d'Emmaüs*, qui mit le sceau à sa réputation. On y trouve la même vigueur que dans ceux qu'il avait faits plus jeune. Il avait une connaissance profonde de son art, n'était point arrêté par les difficultés qu'il trouvait toujours le moyen de vaincre; et, en étudiant et suivant les bons modèles, il ne s'y assujettissait pas tellement que ses compositions, étincelantes de beautés qui lui étaient

propres, et animées du feu du génie, ne parussent originales. Cet habile religieux mourut dans la chartreuse de Villeneuve-lès-Avignon en 1740, âgé de 83 ans.

IMBONATI ( dom Charles-Joseph ), religieux de la congrégation de Saint - Bernard *de la Pénitence*, ordre de Cîteaux, issu d'une famille noble, originaire de Côme, connu dans son ordre sous le nom de *dom Charles - Joseph de Saint - Benoît*, naquit à Milan, vers le milieu du 17e siècle, et se distingua dans sa congrégation par de savans travaux et une érudition profonde. Il avait fait profession à Rome dans l'abbaye de Sainte - Pudentiane. Il y eut pour maître le célèbre Jules Bartolocci, du même ordre, et apprit à fond sous lui les langues grecque et hébraïque. Il professa à Rome la théologie et l'hébreu. Bartolocci n'avait donné que 3 volumes de sa *Bibliothèque rabbinique*, et il avait laissé le quatrième imparfait. Imbonati l'acheva, et le publia en 1693, six ans après la mort de son maître. ( *Voyez* BARTOLOCCI, *Dictionn.* ) L'année suivante il y ajouta un cinquième volume, qu'il fit imprimer sous le titre de *Bibliotheca latino-hebraïca*, 1694-1696, 2 vol. in-fol. On a de dom Imbonati d'autres ouvrages; savoir : I un *Traité des mesures et des monnaies des Hébreux*, 1662. II Une *Chronologie sacrée, depuis la création du monde jusqu'à la naissance de Jésus-Christ*, 1694, 1 vol. in-fol. III *Chronicon tragicum, sive de eventibus tragicis principum*, etc., Rome, 1696, in-4. Il est attribué à Imbonati dans les journaux de Trévoux de 1717. IV *Adventus Messiæ ab hæreticorum et judæorum erroribus vindicatus, nec non sacrarum Scripturarum, sanctorum*

*Patrum, conciliorum ac rabbino-*
*rum suffragiis obsignatus, ex he-*
*braïco, græco, latino codice, auc-*
*toritatibus resumptis, in duas dis-*
*sertationes scholastico - historico-*
*dogmaticas distributus, in quarum*
*primá omnes feré hæreses contrà*
*divinitatem ac humanitatem Christi*
*referuntur, et reprobantur; in se-*
*cundá Messiam advenisse, veteris*
*Testamenti ac rabbinorum testimo-*
*niis comprobatur, eorumque falsa*
*commenta reprobantur.* On ignore
en quelle année est mort ce savant
religieux [1].

INGENHOUSS ( Jean ), mé-
decin et physicien, naquit à Breda
en Hollande en 1730, où il exerça
la médecine pendant douze ans. Il
passa ensuite en Angleterre, et se
fit connaître et par ses cures et par
ses écrits. Il était venu dans ce pays
afin de se perfectionner dans la
méthode que Sutton avait inventée
pour l'inoculation. En 1768 il alla à
Vienne ; sa réputation l'y ayant précédé, il eut l'honneur d'inoculer
deux archiducs et une archiduchesse.
L'impératrice Marie-Thérèse le gratifia du titre de baron et d'une pension de 600 florins. Ce médecin
écrivait avec la même facilité en
allemand, en anglais, en français et
en italien. On lui doit d'utiles découvertes relatives à l'application de
la chimie et de la physique à la physiologie végétale et à la médecine.
Il demeura la plupart du temps en
Angleterre, et il mourut à Bowood-
Park, près de Londres, le 8 septembre 1799, âgé de 69 ans. Il est
auteur de différens ouvrages, tels que,

1 Il y a lieu de suspecter la date du 19 octobre 1687, donnée par la *Bibliothèque universelle.* Elle est d'ailleurs en contradiction
avec l'article BARTOLOCCI, tom. 3, pag. 461
de cet ouvrage, où il est dit que « Imbonati
publia en 1694 un 5ᵉ vol. de la *Bibliothèque
rabbinique* de son maître, sous le titre de *Bibliothèque latine-hébraïque.* »

*Nova, tuta, facilisque methodus*
*curandi calculum, scorbutum, po-*
*dagram,* etc., *destruendique ver-*
*mes in corpore humano nidulantes,*
*variis morborum hâc curatorum*
*historis illustrata; cui addita est*
*methodus extemporanea imprægn-*
*nanda aqua aliosque liquores*
*aere fixo per simplicem ingredien-*
*tium mixturam, absque ullo ap-*
*paratu, vel complicatá machiná,*
*proposita à Nath. Hulme, M. D.,*
*reg. coll. med. Lond. socio,* etc. ;
*latino sermone donata ab J. In-*
*genhouss.,* Leyde, 1778, in-4;
trad. en allem., Vienne, 1781, in-8.
II *Expériences sur les végétaux*
*qui font connaître leur grande in-*
*fluence pour la purification de*
*l'air atmosphérique, lorsqu'on les*
*expose aux rayons du soleil, et*
*les suites funestes qu'ils produisent*
*lorsqu'ils se trouvent dans l'ombre*
*et pendant la nuit,* en anglais,
1779, in-8, traduit en français par
l'auteur, Paris, 1780, in-8, en allemand, en hollandais, etc.

ISLA ( Jean ), jésuite espagnol,
naquit à Ségovie le 11 avril 1714 ;
et à l'âge de 14 ans il entra chez les
PP. de la compagnie. Il fit ses
études avec beaucoup de succès, et
acquit des connaissances étendues
dans les lettres sacrées et profanes.
Après avoir occupé honorablement
plusieurs chaires dans les maisons de
son ordre, il se consacra à la prédication, et s'y distingua. Le P. Isla
avait autant d'érudition que d'esprit
et de goût, un tact fin et un caractère enjoué. Ami de la bonne plaisanterie, le premier ouvrage qu'il
fit paraître, et dans lequel il se livra à
la gaieté de son humeur, ce fut à l'occasion des fêtes par lesquelles les
Navarrais venaient de célébrer l'avénement de Ferdinand VI au trône,
en 1746. Ils étaient si contens de ce

qu'ils avaient fait dans cette circonstance, qu'ils appelaient ce jour *el dia grande*, le jour mémorable. Le P. Isla voulut mortifier leur vanité, et à cet effet il publia un récit de ces mêmes fêtes, sous ce titre : *El Dia grande de Navarra*, Madrid, 1746, in-8. Cette satire est si fine, si gaie et si délicate, que les Navarrais en furent d'abord complétement les dupes ; et les principaux de la province envoyèrent à l'auteur des présens et des remercîmens, pour lui témoigner leur reconnaissance de ce qu'il avait fait connaître à toute l'Espagne ce *grand jour* qui les rendait si fiers. Quand ils s'aperçurent qu'ils avaient été joués, ils cherchèrent, mais en vain, à faire supprimer l'ouvrage. Sans s'écarter de son sujet, le P. Isla y donne des notices aussi curieuses qu'exactes de l'origine et du perfectionnement de tous les instrumens des anciens, comme la lyre, le sistre, les crotales, etc., ainsi que de leur musique et de leurs différentes fêtes. Pendant ce temps il voyait avec douleur que la chaire sacrée avait perdu en Espagne toute sa première splendeur. En effet, le *gongorisme*, chassé de toutes parts, semblait avoir trouvé un asile parmi les prédicateurs et dans les couvens, où était en vogue le style précieux et enflé ( *estilo culto* ). Ils s'étudiaient à faire des périodes retentissantes, qui ressemblaient assez à des vers lyriques, et à rassembler des mots pompeux, construits la plupart sur le modèle de la langue latine. Ils se plaisaient à détourner le sens de l'Ecriture pour l'accommoder à leur sujet, ne dédaignant pas d'y mêler les pointes, les jeux de mots, et tout ce qu'ils connaissaient de l'ancienne mythologie. Indigné de cette dégradation scandaleuse, le P. Isla

essaya de la combattre en la rendant ridicule ; et il y réussit complétement dans son fameux roman intitulé : *Vida de fray Gerundio de Campazas*, Madrid, 1758, 3 vol. in-8. Le frère Gerundio, héros du roman, est fils d'un riche laboureur de Campazas, grand ami des moines et surtout de leurs prédications. Le laboureur voulant consacrer son fils au cloître, lui fait donner une éducation conforme aux idées qu'il a reçues de ces hommes qu'il admirait. Cette éducation absurde, et la fausse méthode d'enseignement que Gerundio adopte dans la suite, d'après les mauvais exemples et les mauvais conseils, le placent enfin au rang des prédicateurs à la mode. C'est alors que l'auteur fait sentir, de la manière la plus plaisante, et en même temps la plus instructive, tout le ridicule qu'il s'est proposé de combattre. Ce livre, amusant d'un bout à l'autre, où les caractères sont tracés de main de maître, et qui est toujours pétillant d'esprit, ne brille pas moins par l'érudition que l'auteur sait placer très à propos dans la bouche d'un des supérieurs de frère Gerundio, qui cherche en vain à le retirer du chemin où l'égare son ignorance. Dans le cours de l'ouvrage, le P. Isla n'oublie pas de lancer des traits contre la philosophie qui commençait à être de mode en France et en Angleterre. Il est cependant assez juste pour ne pas confondre la véritable philosophie avec celle qui n'est souvent que le voile de l'impiété ou de la prévention. Ce livre ne pouvait manquer de susciter au P. Isla de puissans ennemis. Il eut beau s'y cacher sous le nom supposé de François de Lobon y Salazar, il fut reconnu, et les moines de tous les ordres se déchaînèrent contre son ouvrage, qu'ils parvinrent à faire mettre à l'*Index*; mais, malgré tous leurs efforts, ils ne purent le faire disparaître des bibliothèques des gens de goût, et il fut enfin réimprimé à Madrid en 1804. Baretti en avait déjà publié à Londres une traduction anglaise ( 2 vol. in-8 ): on en a donné une autre en allemand, augmentée de prétendus bons mots contre les catholiques. Le P. Isla, se livrant toujours à ses travaux littéraires, publia ensuite : *Compendio de la Historia de España*, Madrid, 1796, 2 vol. in-8. C'est une traduction du français. Le texte espagnol, ainsi que l'original, est en vers rimés: le P. Isla a enrichi sa traduction de notes très-savantes, dans lesquelles il relève quelques erreurs où le jésuite Duchesne est tombé, et notamment lorsqu'il parle des souverains de Navarre et du règne de Ferdinand et d'Isabelle. Un autre ouvrage qui fit beaucoup d'honneur au P. Isla, c'est son *Gil Blas de Santillana buelto a su patria* ( Gil Blas rendu à sa patrie par un ami de la nation ). Cet ouvrage, que l'auteur acheva en Italie, en 1781, ne parut à Madrid qu'en 1805, 5 vol. in-12. Si l'on en croit le P. Isla, *Gil Blas* aurait été réellement composé en espagnol, par un anonyme, en 1635, et sous le ministère du duc d'Olivarès. L'ouvrage fut dénoncé au gouvernement d'alors, qui en défendit l'impression et en saisit le manuscrit. L'auteur, ayant eu le temps d'en tirer une copie, se sauva en France pour éviter les poursuites du ministre, et y mourut vers 1640. On ajoute que le hasard ayant ensuite fait tomber cette copie entre les mains de le Sage, il en composa son roman, qu'il rendit plus étendu que dans l'original, ainsi qu'il l'avait fait de

son *Diable boiteux*, imité d'Herrera. Quoi qu'il en soit, il paraît certain qu'on voit encore à l'Escurial le manuscrit original, qui, par la date, le style, et même l'écriture de ce temps-là, ne peut pas être une traduction du roman de le Sage, publié près d'un siècle après cette époque. Outre cela, le lecteur impartial ne peut que s'étonner de trouver dans l'auteur français (excepté les personnages qu'il lui a plu d'habiller à la française ) une image si parfaite des secrets du cabinet de Madrid, des intrigues de cour, des mœurs intérieures et des usages ; d'y voir surtout ce coloris national, dont résultent des tableaux si frappans et si vrais, et tout cela imaginé et exécuté par un étranger qui n'a jamais été sur les lieux [1]. L'ouvrage du P. Isla fit beaucoup de bruit en Espagne, où *Gil Blas* est considéré comme une propriété nationale. *Cartas familiares*, Madrid, 1790, 6 vol. in-12. C'est une correspondance de l'auteur avec sa sœur et son beau-frère, Ben. F. de Ayala. On a fait un recueil des plus intéressantes de ces lettres, qu'on a imprimées avec la traduction française à côté, sous le titre de *Correspondance espagnole*, Paris, Barrois, 1804, 1 vol. in-8. Après la suppression des jésuites, le P. Isla passa en Italie, et se fixa à Bologne. Il y mourut des suites d'une inflammation de poitrine le 20 décembre 1783. Son humeur enjouée ne nuisit jamais à sa piété; il mena toujours une vie exemplaire, et ses talens et sa bienfaisance le firent également estimer.

ISOLANI ( Hercule-Marie-Jo-

[1] Quoique le sujet du *Bachelier de Salamanque* de le Sage soit espagnol, on s'aperçoit aisément que tous les personnages sont Français, et que ce roman s'écarte, même par le fond, du *Diable boiteux* et du *Gil Blas*.

seph ), prêtre de la congrégation de l'oratoire de Saint-Philippe de Néri, issu d'une famille sénatoriale de Bologne, naquit dans celte ville le 9 mars 1686. Il fit ses études à Rome et à Turin sous des maîtres qui, avec le goût des lettres, lui imprimèrent celui de la piété. Parvenu à l'âge où l'on prend un état, il se décida pour la vie religieuse. C'est à Bologne même, sa patrie, qu'il embrassa l'institut de l'Oratoire en février 1705. Il aimait les recherches historiques. Il voulut les sanctifier en les portant vers des objets religieux. Il passait la plus grande partie de son temps à rassembler des mémoires sur les *vies des saints*, *des bienheureux et des plus illustres serviteurs de Dieu*, et à en former des recueils qui firent l'admiration des bollandistes. Ces savans les citent souvent en s'appuyant de leur autorité. Ces mêmes recueils ont aussi mérité les éloges du savant Gaëtan Volpi, bien connu à Padoue. On a du P. Isolani : I *Vita di Anna-Maria Calegari Zucchini, Bolognese*, Bologne, 1743. II *Vita del P. Luigi Fenaroli, prete dell' oratorio di Bologna*, Brescia, 1759. III Soixante volumes sur des objets de dévotion et de spiritualité, restés manuscrits, et conservés dans la bibliothèque des PP. de l'Oratoire de Bologne. Le P. Isolani, après une vie exemplaire, mourut saintement le 24 novembre 1756 à Bologne. Le P. Charles Barbieri, de la même congrégation, a publié *Memorie della vita e virtù del padre Ercole - Maria - Giuseppe Isolani*, etc., Venise, 1751. On peut consulter sur le P. Isolani et sur d'autres personnages de son illustre famille les *Notizie degli scrittori bolognesi del Ch. Fantuzzi*, vol. in-4, pag. 366 et suiv.

ISRAEL ( Menasseh-Ben ), sa-

vant rabbin des Pays-Bas, où il naquit vers 1590, est auteur de plusieurs ouvrages sur le Talmud, le Décalogue, les mœurs des anciens juifs, etc. Il proposa à Cromwell une somme de 200,000 livres sterling, qu'il devait recueillir de presque toutes les synagogues pour obtenir que les juifs pussent s'établir en Angleterre. Cromwel n'était pas homme à refuser une somme aussi considérable ; mais le peuple s'opposa fortement à cette innovation, et la proposition d'Israël fut rejetée. Il mourut en 1657. Le catalogue d'une grande partie de ses ouvrages se trouve dans la bibliothèque de Bodley et dans la bibliothèque hébraïque de Wolf.

ITTE ou ITTUBERGE, née vers 480, était femme de Pepin, maire du palais sous Dagobert, sœur de saint Modoal, évêque de Trèves, et mère de sainte Gertrude. A la mort de son époux, et après avoir mené au milieu du tumulte de la cour la vie la plus exemplaire, elle se retira avec sa fille dans le monastère de Nivelle, qu'elle avait fait bâtir à cet effet. Itte mourut en odeur de sainteté l'an 552.

IZREVI ou EREVI, moine et philanthrope turc, né vers l'an 1100. Il était d'une grande piété dans sa religion, et passait sa vie dans le jeûne et la pénitence. Semblable aux bramines, il inventait pour châtier sa chair de nouvelles mortifications. Il pleurait continuellement ses péchés, et croyait voir toujours l'ange exterminateur qui descendait du ciel pour le punir. A ce qu'assurent plusieurs auteurs arabes, il était un excellent chimiste ; et malgré toute sa dévotion, il ne chercha pas moins le secret, inconnu jusqu'à présent, de faire de l'or. Il fonda plusieurs hôpitaux, où il avait un grand soin des malades. D'après la loi du Koran il nourrissait tous les animaux abandonnés, et achetait à cet éffet des entrailles de veau et de mouton. Il fonda aussi un couvent, où il réunit en peu de temps un grand nombre de moines. Ceux qui leur ont succédé ont étrangement dégénéré de leurs premières institutions, et ne conservent de leur chef que son amour pour les animaux. Ils ont adopté l'usage bizarre d'attacher à la porte de leurs couvens, répandus en Asie, et dont il en existe un à Constantinople, des couronnes de rosaires et des cornes ornées de fleurs et de rubans. Ils professent le plus pur athéisme, et s'abandonnent à la débauche la plus révoltante.

# J.

JABINEAU ( Henri ), prêtre de la doctrine chrétienne, était né à Etampes. Il vint faire ses études à Paris, et après les avoir achevées, entra dans la congrégation des doctrinaires. Il professa à Vitry dans le collége qu'y avait cet institut. Attaché à la doctrine de Port-Royal, il ne voulait point signer le formulaire, préliminaire exigé par la plus grande partie des évêques de France avant l'ordination, et notamment par M. de Choiseul, évêque de Châlons. Il n'avait donc point pris les ordres. Cela n'empêchait pas le P. Jabineau de faire des instructions religieuses, pour lesquelles on dit qu'il avait beaucoup de talent. Il fut pourtant ordonné à la sollicitation de Poncet Desessarts, sans avoir été soumis à la signature pour laquelle il avait de l'opposition. Si l'on en croit un article biographique sur Jabineau, cette complaisance de l'évêque de Châlons fut payée par Desessarts d'une somme de 20,000 francs à distribuer entre de pauvres incendiés du diocèse. M. de Choiseul étant mort en 1743, le P. Jabineau revint à Paris, où il fut interdit par M. de Beaumont. Il sortit alors de la congrégation, et fut pourvu du prieuré d'Andelot et d'une chapelle de Saint-Benoît. En 1762 il se fit avocat, et donnait des consultations. En 1771 le parlement ayant été dissous, l'abbé Jabineau se montra le chaud et zélé défenseur des magistrats renvoyés. Il déclama et écrivit contre le parlement *Maupeou*. Une lettre de cachet le relégua à la Bastille. A la révolution il en embrassa les idées. Les désordres dont elles ne tardèrent pas d'être suivies le firent changer de système. Il n'approuva point les innovations religieuses de l'assemblée constituante, et combattit la constitution civile du clergé. On a de lui : I *Exposition des principes de la foi catholique sur l'église*, recueillis des instructions familières de M. Jab\*\*\*, Paris, 1792, in-8, œuvre posthume. II *Légitimité du serment civique*, par M. Baillet, convaincue d'erreurs, 1791, in-8. III *Lettre d'un magistrat de province à M...., au sujet des protestans*, 1787, in-8. IV *Lettre à M. Agier, avocat, sur la consultation pour M. l'abbé Saurine*, 1790, in-8. V *Lettre à un ami de province sur la destruction des ordres religieux*, 1789, in-8. VI *Mémoire à consulter et consultation sur la compétence de la puissance temporelle relativement à l'érection et à la suppression des siéges épiscopaux*, 1790, in-8. VII *Réplique au développement de M. Camus sur la constitution civile du clergé*, 1790, in-8. VIII *Nouvelles ecclésiastiques*, ou *Mémoires pour servir à l'histoire de la constitution prétendue civile du clergé.* Jabineau commença ce journal le 15 septembre 1791. Son intention était de l'opposer aux anciennes *Nouvelles ecclésiastiques*, rédigées alors par Saint-Marc ( *voy.* GUENIN, *Supp.* ), lesquelles soutenaient le schisme constitutionnel. Il y relève leurs inconséquences et leurs erreurs. Il avait pour collaborateurs Blonde et Maultrot, tous deux avocats. Jabineau étant mort en 1792, ils entreprirent de continuer ces *Nouvelles;* mais ils paraissent avoir cessé dès le 11 août de la même année. On voit que si Jabineau déviait en quelque chose des principes de soumission à l'église, il avait su du moins se préserver des dangereuses nouveautés que la révolution avait voulu introduire. Il avait aussi écrit sur des matières de jurisprudence.

JABLONSKI ( Théodore ), écrivain allemand, naquit en Prusse vers 1650, cultiva avec succès les sciences et les langues modernes. Il fut conseiller à la cour de Berlin, et mérita la bienveillance de Frédéric-Guillaume II. La société royale des sciences de cette ville l'admit parmi ses membres en 1708. Doux, modeste, et sans ambition, il se fit aimer de la cour et de tous ceux qui le connaissaient. Il ne mit pas son nom dans la plupart de ses ouvrages, dont les principaux sont : I *Dictionnaire français-allemand et allemand-français.* II *Cours de morale* ( en allem. ), 1713. III *Dictionnaire universel des sciences et des arts*, Berlin, 1721. IV *Mœurs des Germains*, de Tacite, traduction en allemand. Jablonski est mort en 1732.

JACKSON ( Guillaume ), célèbre compositeur de musique, naquit à Exeter en 1731. Il passa à Londres fort jeune encore, et reçut les leçons de son art du fameux Tavern. Nommé organiste de la cathédrale d'Exeter, il y mourut en 1803. Il a composé des *hymnes*, des *cantiques*, des *sonates*, des *cantates*, etc., qui eurent beaucoup de succès. Il cultiva aussi la littérature et publia : I *De l'état actuel de la musique*, in-12. II Différens *essais* insérés dans une collection littéraire. III *Les quatre Ages.* IV *Trente lettres* sur différens sujets, pleines d'esprit et écrites dans un bon style. Avant de mourir il eut la satisfaction de voir ses deux fils placés très-avantageusement. L'aîné a été ministre de la cour d'Angleterre auprès de celle de Sardaigne, de Paris et de Berlin. Le second, attaché à lord Macartney en qualité de secrétaire, l'a suivi dans son ambassade à la Chine.

JACOB, fils de Laith, où plutôt Leith, chef de la dynastie de Soffaristes en Perse, né vers 840. Il était chaudronnier, et dut son élévation extraordinaire à son esprit pénétrant et à sa valeur guerrière. Cependant la première action qui le fit connaître n'annonçait en lui qu'un homme méprisable; et s'il ne commit pas le crime, ce fut par un préjugé religieux, utile dans plusieurs cas, ainsi que bien d'autres préjugés. Le sel est, parmi les Orientaux, non-seulement le symbole de l'hospitalité, mais la maison dans laquelle on le mange devient comme sacrée. Une nuit Jacob s'étant rendu au trésor du prince de Sytau, son souverain, dans l'intention de voler, un grain de sel qui, par hasard, se trouva par terre, manqua de le faire tomber; il ramassa le grain de sel, et, par un mouvement involontaire, il le mit dans sa bouche, et dès lors il n'osa plus consommer son crime, et se retira sans rien dérober. Le prince apprit cet événement, appela auprès de lui Jacob, et combla d'éloges son zèle religieux; et quoique, sans le grain de sel, Jacob eût été un voleur, il le retint dans son palais. Le nouveau parvenu sut bientôt gagner la bienveillance du souverain et des principaux seigneurs de sa cour. De grade en grade il parvint à celui de général des armées, et s'illustra par ses exploits. Devenu puissant, il leva à lui seul une armée, et conquit pour son compte les pays du Segestan et du Tabarhestan. Il battit et fit prisonnier, l'an 873, Mohamed Billah, dernier calife de la dynastie des Taherens. Jacob, ayant subjugué tout le Khorassan, se fit proclamer souverain, et fonda la dynastie des Soffaristes (*chaudronniers*). Insatiable comme tout conquérant, il marchait contre Bagdad, mais il fut arrêté par une maladie. L'ambassadeur du calife venait à sa rencontre. Il le trouva au lit ayant à ses côtés une table sur laquelle il y avait une croûte de pain, des ognons et un cimeterre nu; et se tournant vers l'ambassadeur, « Si » je meurs, dit-il, vous n'avez plus » rien à craindre; si je vis, ce cimeterre » décidera notre querelle; si je suis » vaincu, je reprendrai la vie frugale » pour laquelle j'étais né. » Jacob mourut. Amrou, son frère, lui succéda, et fit une paix très-avantageuse avec le calife, qui, ayant dans la suite appelé à son secours les Samonides, vainquit Amrou, qui fut fait prisonnier. On l'envoya chargé de fers à la cour de Bagdad, où il mourut quelque temps après dans une prison.

**JACQUES DE LA CRIMÉE**, savant arménien, élève de George Ezengantzy, naquit vers 1410, et professa la théologie, l'astronomie, la physique, l'histoire sacrée et profane. Il laissa plusieurs ouvrages, tels que : I *Traité anatomique du corps humain.* II *Histoire généalogique.* III *Commentaires sur les calendriers.* La bibliothèque royale possède un manuscrit de ce dernier ouvrage, qui se trouve au n° 115 des manuscrits arméniens.

**JACQUET** ( Jacques ), religieux carme, florissait au commencement du 17e siècle. Il était savant théologien et habile controversiste. Il s'est fait connaître par divers écrits de controverse : un des principaux a pour titre, *Dialogue entre un catholique et un protestant*, 1604. Il fut dans le temps bien accueilli du public. Le P. Jacquet mourut en 1728.

**JACQUET** ( Louis ), né à Lyon le 6 mars 1732, entra chez les jésuites, et y prit le goût de la bonne littérature. Pourvu, quand il en fut sorti, d'une prébende de chevalier de l'église de Saint-Jean de Lyon, il devint membre de l'académie de cette ville, où même, sans doute après que le chapitre de Lyon, comme tous les autres établissemens ecclésiastiques, eut été supprimé, on dit qu'il exerça la profession d'avocat. On lui doit : I un *Parallèle des tragiques grecs et français*, 1760, in-12, ouvrage ingénieux. II Deux *discours sur cette question : La candeur et la franchise ne sont-elles pas communément plus utiles dans le maniement des affaires, que la ruse et la dissimulation?* L'autre sur celle-ci : *Le désir de perpétuer son nom et ses actions dans la mémoire des hommes est-il conforme à la nature et à la raison?* Ces deux questions avaient été proposées par l'académie de Besançon, et les deux discours de l'abbé Jacquet furent couronnés. III *Idée des quatre con-*

*cours*, brochure relative au prix proposé par l'abbé Raynal sur la découverte de l'Amérique. Cet écrit de Jacquet passe pour un modèle de *rapport littéraire*. Il travaillait à un ouvrage *sur l'origine du langage, des arts et de la société*, et était sorti de Lyon pendant l'investissement de cette ville en 1793, pour n'être pas témoin des horreurs qui en suivirent la prise. Il s'était retiré à la campagne ; il y mourut la même année. Il était, dit-on, grand admirateur de J.-J. Rousseau, avec lequel il avait dans ses habitudes et ses idées quelque ressemblance. Il eut le temps de voir les suites funestes de ces théories prétendues *sociales*, et qui ne tendent à rien moins qu'à bouleverser les sociétés.

JACQUET DE MALZET ( l'abbé Louis-Sébastien ), naquit à Nancy en 1715. Il passa jeune en Autriche, et se fixa à Vienne, où il fut nommé professeur de géographie et d'histoire naturelle à l'académie militaire de cette ville; il y mourut le 17 août 1800. On a de lui : I *Elémens de l'histoire profane tant ancienne que moderne*, 1755, in-8. II *Elémens géographiques*, ou *Description abrégée de la surface du globe terrestre*, Vienne, 1755, in-8. III *Le Militaire citoyen*, ou *emploi des hommes*, 1759, in-8. IV *Elémens de l'histoire ancienne*, ibid., 1763, in-8. V *Sur l'électricité*, ibid., 1775, in-8. VI *Lettre d'un abbé de Vienne à un de ses amis à Presbourg, sur l'électrophore perpétuel*, ibid., 1776, in-8, etc.

JAGO ( Richard ), poëte anglais, naquit en 1715 dans le comté de Warwick, où il fit ses premières études, et se lia d'amitié avec le fameux Shenstone, qui le fit entrer en 1732 dans l'université d'Oxford. Cinq ans après Jago embrassa l'état

ecclésiastique, sans laisser cependant de cultiver la poésie, pour laquelle il avait un talent remarquable. I Son *Elégie sur les merles* fut publiée en 1753 par le docteur Kankesworth, et insérée dans l'*Adventurer*. On la trouve aussi dans la collection de Bodsley. Outre plusieurs églogues et élégies, on cite encore de Jago : II *Edge-Hill*, poëme descriptif, Londres, 1767, qui eut un succès mérité. III *Le Travail et le Génie* ( fable qu'il dédia à son ami Shenstone ), ibid., 1772. Il mourut en 1781.

JAKAYA III, fils de Méhémet III et de Laparé, née en Grèce de parens chrétiens. Elle avait reçu au baptême le nom d'Hélène, et était douée d'une rare beauté : ayant été faite esclave, et conduite au sérail de Méhémet, ce sultan en devint amoureux, et l'obligea à changer de religion. Jakaya fut le fruit de cette union, et naquit en 1584. Laparé n'avait pas oublié sa première croyance ; elle la fit embrasser à son fils, et sut lui inspirer en même temps le mépris des grandeurs. Ils parvinrent à s'échapper tous les deux. Jakaya se rendit à Vienne, auprès de l'empereur Léopold I$^{er}$, qui le reçut d'une manière digne de son rang, et lui assigna une riche pension. De là il alla à Florence, d'où il passa à Naples, recevant partout un accueil honorable. Enfin il vint en France, et se retira à la chartreuse de Dijon, où il mourut vers l'an 1644. Sa mère, qui avait pu quitter la cour de Bysance quelque temps après la fuite de son fils, alla à Salonique, où elle rentra dans le sein de l'église, et se fit remarquer parmi les chrétiens par ses vertus et sa piété.

JALAMBERT ( Jean ), naquit en 1711 à Genève, où il fit ses études, et il fut successivement profe⬤ur de physique expérimentale et de philosophie. En 1739 on le nomma bibliothécaire de Genève. On a de lui : I un *Discours sur l'utilité de la philosophie expérimentale, et sur son rapport avec les mathématiques*, 1739, in-4 ( en latin ). II *Expériences sur l'électricité*, 1748. III *Description du tremblement de terre arrivé à Genève en 1756, avec l'énumération de tous ceux qu'on y ressentit depuis le 14ᵉ siècle*, 1756, etc. Il est mort en 1768.

JAMET ( Pierre-Charles ), naquit dans le diocèse de Séez en 1701, et posséda de vastes connaissances. Il a laissé plusieurs ouvrages, dont les plus remarquables sont : I *Essais métaphysiques*, 1732, in-12. II *Dissertation sur la création*, 1735. III *Lettres sur le goût et la doctrine de Bayle*, 1740, in-8. IV *Lettre à Lancelot sur l'infini*, 1740, in-8. V *Daneche-Meukan, philosophe mogol*, 1740, in-12. VI *Lettres sur les caractères distinctifs de la métaphysique et de la logique*, 1754, in-12. VII *Lettres sur des mémoires manuscrits relatifs au commerce des Indes*, 1753, in-fol. Jamet a fourni des *remarques* et des *notes* au Dictionnaire de Trévoux, à celui de droit, à l'édition de Rabelais ( 1732, 6 vol. in-8 ), à celle de Montaigne ( 1725, 3 vol. in-4 ). Il est mort vers 1772. On l'accuse dans ses écrits de pencher un peu vers le philosophisme.

JANEWAY ( Jacques ), théologien anglais de la secte des *dissenters*, au 17ᵉ siècle, naquit dans le comté d'Hereford; et fit ses études à Oxford, au collége de Christ. Il avait été sous Cromwel nommé à un bénéfice qu'il perdit à la restauration. Il se retira à Rotherhithe, où il établit des conférences. théologiques; il y mourut en 1674, et laissa quelques ouvrages dont voici les titres:I *Le Ciel sur la terre*, 1 vol. in-4. II *Présent aux enfans*, 1 vol. in-12. III *Legs à mes amis*, 1 vol. in-4. Ce dernier ne fut publié qu'après sa mort.

JANSON ( Abraham ), excellent peintre, naquit à Anvers vers 1570. Etant devenu jaloux de Rubens, il lui envoya un défi pour l'engager à soumettre leurs ouvrages au jugement des connaisseurs. Rubens lui répondit qu'il lui cédait bien volontiers le mérite de la supériorité, et qu'il se remettait à la justice du public. Son amour pour une femme qu'il épousa le jeta dans la dissipation, et il perdit bientôt l'estime que ses talens lui avaient acquise. Il a peint plusieurs tableaux pour les églises d'Anvers : on cite de lui une *Descente de croix*, qui est dans l'église de Bois-le-Duc, qui peut être comparée à un des meilleurs ouvrages de Rubens. Janson mourut dans sa patrie vers 1640.

JARDIN ( Nicolas-Henri ), architecte, naquit à Saint-Germain-des-Noyers en Brie le 22 mars 1720. Il prit les premières leçons de son art à Paris, où il remporta le grand prix d'architecture à l'âge de 22 ans. Il partit en 1744 pour Rome, et demeura en Italie pendant dix ans. De retour en France, il fut appelé par le roi de Danemarck, Frédéric V, pour construire une église en marbre, qui est une des plus magnifiques de Copenhague. Après un séjour de dix-huit ans, il revint à Paris, publia les dessins de l'édifice qu'il avait bâti, et obtint le titre d'intendant général des bâtimens du roi. Jardin était membre de l'académie de peinture. Il est mort en 1799.

JAUBERT ( Pierre ), curé de Cestas près de Bordeaux, où il na—

quit vers 1710. Il cultiva les lettres tout en remplissant les devoirs de son état. Il a laissé : I une *traduction des OEuvres d'Ausonne*, 1769, 4 vol. in-12, avec le texte. II *Dictionnaire raisonné universel des arts et métiers*, contenant leur description et la police des maunfactures de France et des pays étrangers, Paris, 1773, 5 vol. in-8. A proprement parler, l'abbé Jaubert a augmenté de trois volumes cet ouvrage déjà connu, et il y a joint l'histoire de chaque art, et celles qui manquaient à la première édition. Une grande partie des articles y sont traités avec assez d'étendue et beaucoup d'intelligence : quelques autres semblent faits avec trop de rapidité. III *Causes de la dépopulation, et moyens d'y remédier*, Londres et Paris, 1767, in-12. IV *Eloge de la roture*, Paris, 1766, in-12. Les talens, la douceur du caractère, et la sage conduite de l'abbé Jaubert lui méritèrent l'estime de ses amis, qui déplorèrent sa mort arrivée en 1779.

JAUREGUI Y AGUILAR ( Jean de ), chevalier de Calatrava, naquit à Tolède en mars 1566, et cultiva avec succès la poésie et la peinture. Il étudia cet art à Valence, et se perfectionna à Rome, où il fit un long séjour. Il se distingua, comme peintre, par la beauté des chairs, l'expression des figures et le coloris. On cite, parmi ses tableaux, une *Vénus*, un *Narcisse*, qui se conservaient encore en 1808 dans le palais du Buen – Retiro à Madrid. C'est dans son séjour en Italie que se développèrent ses talens poétiques. De retour en Espagne il s'efforça de corriger le mauvais goût qu'y avaient introduit les partisans de l'*estilo culto* ( style poli ), imitateurs du fameux Gongora, mais qui n'avaient pas ses talens. Jauregui

fit revivre les grâces et la noblesse de style qui avaient distingué Boscan et Garcilasso. Il mourut à Madrid en 1650, et a laissé : I une excellente *traduction* de l'*Aminta*, du Tasse, Madrid, 1609, in-8. II *La Farsale*, traduite de Lucain, ib., 1789. III *Orphée*, poëme en cinq chants, ib., 1789, in-8 : c'est le meilleur de ses ouvrages. IV *Rimas* ( poésies ), Séville, 1618, 2 vol. in-8. V *Apologia de la pintura*, Madrid, 1633.

JAVOQUES ( C..... ) naquit à Bellegarde en 1759, se jeta avec fureur dans la révolution, et y figura dans la même ligne que Châlier, Coutbon, Chabot, Collot – d'Herbois, etc. Il avait la froide atrocité de Fouquier-Tainville, la soif insatiable de sang et de richesses de tous ces scélérats. Il fut nommé député à la convention en 1793, peu de temps après la mort de Louis XVI. S'étant rangé du parti des *montagnards*, il appuyait et proposait les mesures les plus violentes, encourageait les démagogues les plus exaltés, prêchait le meurtre et le pillage, et disait hautement « que c'était vertu » dans une république de dénoncer » son propre frère. » Il fut envoyé avec Collot à l'armée qui assiégeait Lyon ; et dans sa qualité de commissaire il eut part, avec son digne collègue, aux démolitions, aux meurtres qui signalèrent leur entrée dans cette malheureuse ville. Il y rétablit aussitôt le club des jacobins. Sa cruauté obtint une terrible célébrité, et la terreur le précéda lorsqu'il parcourut les départemens de l'Ain et de la Loire à la tête d'une armée révolutionhaire. A Fleurus il établit un tribunal composé d'hommes crapuleux et sanguinaires, qu'il instruisit dans son école. «Mon ami, » dit-il à un de ces misérables, il faut » que les sans - culottes profitent du

»moment pour faire leurs affaires;
»ainsi fais guillotiner tous les riches,
»et tu le deviendras. » Il leur donnait un terrible exemple en mettant
à exécution cette affreuse maxime,
et fut le démon exterminateur des
villes où il se présenta. Il jetait l'é-
pouvante et le deuil dans toutes les
familles, et répondait aux mères, aux
épouses, aux filles des détenus qui venaient solliciter leur délivrance: « Ils
»sortiront quand ils auront payé. »
Elles cherchaient à satisfaire son avidité par les sacrifices les plus pénibles, recevaient la promesse que le
prisonnier auquel chacune d'elles
s'intéressait serait acquitté le lendemain, et le lendemain il l'envoyait à
l'échafaud en s'appropriant le reste
de ses dépouilles. Voyant un jour
qu'une de ces femmes qu'il avait si
cruellement trompées, était tombée
évanouie, il s'écria en riant : « Ces
»b....... là font les bégueules; je vais
»faire amener une guillotine, cela
»les fera revenir. » Il se signala à
Bourg par les mêmes excès, s'abandonna, comme il fit partout, à la
débauche la plus brutale, tout en dé-
pouillant les églises et les familles
des victimes qu'il faisait immoler.
On assure qu'à Saint - Etienne il
viola la fille d'un officier municipal
qu'il avait fait périr le jour même.
Cette action, lâchement atroce,
donna lieu à une insurrection contre
lui; mais il parvint à s'échapper.
Dans les orgies qu'il établit à Mâcon,
il s'enivrait en buvant dans les vases
sacrés qu'il venait de dérober. Une
conduite aussi barbare sembla ( et
cela doit paraître extraordinaire ) ré-
volter Couthon lui-même; et en février 1794 il accusa Javoques d'exercer sa mission avec la cruauté d'un
Néron. De retour à Paris Javoques
rendit compte de sa conduite : personne ne murmura, et il se justifia ai-

sément vis-à-vis de son accusateur. Il
paya cette réconciliation, et ils finirent par s'embrasser au sein de la
convention..., et la convention les
applaudit : c'est qu'on aimait à voir
réunis deux héros jacobins qui
avaient, chacun de son côté, *si bien
mérité de la patrie*. Attaché aux
principes et au parti de Robespierre,
Javoques figura dans les journées des
1er, 3 et 4 prairial ( 20, 22 et 23
mai). Malgré la mauvaise réussite de
cette insurrection nouvelle dirigée
par les jacobins contre la convention, et malgré le renversement de
la *montagne*, Javoques poursuivit
toujours son système de terreur,
et assurait toujours « que la républi-
»que ne s'affermirait que sur les ca-
»davres des royalistes et des modé-
»rés. » Accusé le 1er juin comme
complice dans cette insurrection, et
amnistié dans la suite, il fut de nouveau un des auteurs de l'insurrection
du camp de Grenelle ( 9 septembre).
On le condamna à être fusillé le 9
octobre 1796, et on déroba ainsi au
bourreau la tête d'un des brigands
les plus infâmes. Javoques n'avait
aucune espèce d'instruction ; son
ton, son langage, ses manières, ses
habitudes même, le rendaient propre à figurer dans la lie de la plus
vile populace.

JEAN ou PRÊTRE JEAN, naquit
vers 1140. Il était prêtre nestorien,
dont le véritable nom est *Ungcam*.
Instruit, éloquent, adroit, brave,
et ambitieux surtout, il se forma un
parti si considérable, qu'à la mort
de Koirem-Cham, puissant monarque de l'Asie, il s'empara du royaume, et fut reconnu souverain vers l'an
1084. Des historiens véridiques placent la capitale de Prêtre-Jean dans
l'Abyssinie : c'est l'avis des écrivains
portugais, d'après les navigateurs de
leur nation qui avaient fréquenté ces

contrées. Il fit part de son élévation à l'empereur de Constantinople, Emmanuel, et à Frédéric Ier, roi des Romains, par des lettres où il n'oublia pas de vanter sa puissance et ses exploits. Il favorisa les nestoriens ses confrères, et rendit sa cour une des plus splendides du monde connu. Il mourut en 1178, et eut pour successeur son frère David, qui porta aussi le nom de Prêtre-Jean ; mais son règne ne fut pas d'une bien longue durée. Le fameux Gengis-Kan conquit ses états, et le priva de la vie en 1202.

JEAN ou HENNÉ, docteur arménien, né à Jérusalem, et remplissant dans cette ville les fonctions de vicaire général du patriarche d'Arménie vers le commencement du 18e siècle, s'est fait connaître par un ouvrage qu'il composa par l'ordre de ce prélat, et qui a pour titre : *Histoire détaillée de Jérusalem et d'autres lieux de la Terre sainte*, Constantinople, 1 vol. in-8.

JEAN, surnommé *Pediasimos* et *Galeros*. Il naquit vers 1330, et dut la première de ces dénominations à son égalité d'âme, et la seconde à la sérénité de son esprit. Il fut diacre et gardien des archives de la première Justiniane et de la Bulgarie. Il a prodigieusement écrit, et possédait des connaissances très-étendues. On conserve de cet auteur, à la Bibliothèque royale de Paris, un manuscrit en vers ïambes sur *la bonne et la méchante femme*, que Luc Holstenius transcrivit et publia avec d'autres anciens ouvrages à Rome, 1658, in-12, réimprimés par Thomas Gaze dans ses *Opuscula mythologica* (1re édition), et insérés par Fabricius dans le 13e vol. de la *Bibliothèque grecque*: M. Fortia en a fait une traduct. en vers français. Les écrits sur *la duplication*

*du cube*, et sur le 1er livre des *Analytiques d'Aristote*, se trouvent aussi à la Bibliothèque royale de Paris. Celle de Vienne possède d'autres ouvrages de Pediasimos, tels que ses *Scholies sur Hésiode*, sur le *Syrinx de Térinte*; sa *Géométrie*, son *Allégorie anagogique* sur les quatre premiers vers du 4e livre de l'Iliade; son *Abrégé* d'un ouvrage du mathématicien Héron; ses *Mémoires de physique, de morale et de théologie*, etc., etc. Plusieurs autres écrits de ce laborieux savant sont répandus en différentes bibliothèques de l'Europe. Il mourut à Constantinople vers 1400.

JEANCOCKE (Cabel), pâtissier et président d'une des sociétés patriotiques de Londres, où il naquit vers 1725. Quoique dénué de toute instruction, il se rendit célèbre par son éloquence naturelle, et l'emporta souvent sur les plus fameux orateurs, et sur Burke lui-même. Il se montra l'antagoniste déclaré de lord Bolingbroke et du docteur Middleton, contre lesquels il publia un pamphlet intitulé : *Défense du caractère moral de saint Paul, accusé de fausseté et d'hypocrisie par le lord Bolingbroke*, etc.

JEAN DE LA CROIX (saint), réformateur de l'ordre des carmes, était de la famille des Yepes en Espagne, et naquit en 1542 à Ontiveros, dans la Vieille-Castille. Elevé pieusement par sa mère, il montra dès son enfance un goût vif pour les pratiques religieuses et une grande dévotion à la sainte Vierge. C'est cette dévotion qui lui fit de préférence choisir l'institut des carmes, voués plus particulièrement au culte de la mère du Sauveur. Il avait fait ses premières études à Medina del Campo, chez les PP. jésuites. C'est dans le couvent des carmes de cette ville qu'il entra à l'âge de 21 ans. On l'envoya à Salamanque pour y faire ses cours de théologie, et il fut ordonné prêtre à l'âge de 25 ans. Sa vie était beaucoup plus austère que celle des autres religieux. Il habitait la plus pauvre et la plus dénuée des cellules du monastère. Un ais creusé en forme de cercueil lui servait de lit. Un rude cilice lui ceignait les reins, qu'il avait souvent ensanglantés. Son jeûne était continuel. Il observait la plus exacte retraite, et la contemplation était son occupation ordinaire. Ce fut alors que, par amour pour l'instrument de notre salut, il voulut être appelé *Jean de la Croix*. Imaginant que peut-être chez les chartreux il pourrait se livrer plus librement à ces pratiques pieuses, il avait formé le dessein de s'y retirer. Il en fut détourné par sainte Thérèse, qui étant venue dans son couvent, voulut le voir. Elle se proposait de réformer l'ordre des carmes. Un entretien qu'elle eut avec Jean de la Croix la convainquit que ce saint religieux pouvait l'aider dans son projet; elle l'associa à cette œuvre pieuse. Ayant fondé en 1568 un monastère à Maureza, sous la nouvelle règle, elle y plaça le P. Jean de la Croix. Cependant les anciens carmes voyaient avec peine cette réforme, qu'ils regardaient comme une scission dans leur ordre. Ayant délibéré dans un chapitre qu'ils tinrent à Placentia sur les moyens de conserver l'unité, et Jean de la Croix leur ayant paru fauteur des mesures qui tendaient à la rompre, ils le déclarèrent fugitif et apostat, le firent saisir et conduire dans un couvent de Tolède. Il y fut enfermé pendant neuf mois, et souffrit sans se plaindre cette injuste persécution. Ayant recouvré sa liberté par le crédit de sainte Thérèse, il fut nommé à quelques supériorités, élu vicaire provincial d'Andalousie, et même définiteur de l'ordre. Mais une autre persécution l'attendait de la part des supérieurs de la réforme de laquelle il avait été le promoteur. Pour s'être opposé dans un chapitre tenu à Madrid en 1591, à ce qu'on abandonnât la conduite des carmélites, il fut confiné dans le couvent de Pegnuela sur la Sierra-Morena, et dépouillé de tous ses emplois. Y étant tombé malade, on lui permit d'en sortir, et on lui laissa le choix du couvent de Baësa qu'il avait fondé, et dont le prieur était son ami, ou de celui d'Ubeda, gouverné par un de ses ennemis. Espérant d'y trouver plus d'occasions de souffrir, il choisit ce dernier. Son espoir ne fut pas déçu. Quoique le voyage eût empiré sa maladie, il fut privé à Ubeda de tout ce qui pouvait améliorer sa situation. Dieu permit même que les consolations intérieures lui manquassent. Cependant le provincial étant arrivé dans ce couvent, fit cesser le traitement outrageux dont le saint homme avait été l'objet; mais il touchait à son dernier moment. Il expira le 14 décembre 1591. Il fut béatifié en 1675, sous Clément X, et en 1726 Clément XIII le mit au rang des saints. Son corps repose à Ségovie, et sa fête est fixée au 24 novembre. Il a laissé les ouvrages suivans, tous de mysticité : I *Noche obscura del alma* ( la Nuit obscure de l'âme ), en deux livres. II *Subida del monte Carmelo*, ( la Montée du mont Carmel ), en trois livres. III *Cantico espiritual entre el alma y Christo, su esposo* ( Cantique du divin amour entre l'âme et Jésus-Christ, son époux ). V *Llama de amor*

*viva* ( la Vive flamme d'amour ).
VI Des *Poésies sacrées*, des *Conseils spirituels*, et des *Lettres spirituelles*, en espagnol. Il y a eu plusieurs éditions des *OEuvres de saint Jean de la Croix*. La première fut faite à Barcelone en 1619, in-4. Les dernières sont en 2 vol. in-4. Ces *OEuvres* ont été traduites en français par le P. Cyprien, Paris, 1641 in-4 ; par le P. Louis de Sainte - Thérèse, Paris, 1665, in-4; et par le P. Maillard, Paris, 1694, in-4. Le P. André de Jésus, Polonais, en a donné une version latine, Paris, 1639, in-4; enfin elles ont été traduites en diverses autres langues. Il y a aussi plusieurs *Vies* de saint Jean de la Croix; une en espagnol, par le P. Joseph de Jésus-Maria, Bruxelles, 1632, in-4; deux autres en français, l'une par le P. Honoré de Sainte-Marie; la seconde, par le P. Dorothée de Saint-Alexis, 1737, 2 vol. in-4; une quatrième par Collet, prêtre de la congrégation de la Mission, Paris, 1669, in-12; enfin, une qui est à la tête de ses œuvres, etc.

JEAURAT ( Edme-Sébastien ), astronome et fondateur de l'observatoire de l'Ecole militaire de Paris. Il naquit dans cette ville le 14 septembre 1725, fut membre de l'académie des sciences et de l'Institut, et mourut au mois de mars 1803. On a de lui : I *Traité de perspective*, Paris, 1750, in-4, qui fut adopté dans les écoles d'artillerie et de génie. II *Nouvelles tables de Jupiter*, 1766, in-4. III *Observations sur la comète de 1759*, qu'on inséra dans le Recueil des savans étrangers. Jeaurat suit dans cet ouvrage les calculs déjà faits sur cette même comète en 1531, 1607 et 1682. IV *Observations de l'éclipse*

*du soleil* du 5 septembre 1793. V *Mémoires sur les lunettes diplantidiennes*, an 5 ( 1797 ). Il a donné aussi plusieurs volumes sur la *Connaissance des temps*, et des *Mémoires* insérés dans le recueil de l'académie des sciences. Ce savant astronome eut toujours une conduite régulière, fut ami de l'ordre, et sut rendre ses talens utiles à son pays. Il mourut en mars 1803.

JEFFERY ( Thomas ), théologien anglais de la secte des dissenters, était né à Exeter, dans le Devonshire, en 1700. Il dirigea pendant quelque temps une congrégation dans le comté d'Essex, et revint mourir dans sa province. Il n'avait que 28 ans. Ses ouvrages sont : I *Les véritables fondemens de la religion chrétienne, en opposition avec le déisme de Collins*, in-8. On dit qu'il ne lutte pas toujours avec avantage contre son adversaire ; ce qui assurément n'est pas la faute de la cause, en faveur de laquelle on ne manque pas d'argumens assez concluans. II *Sermons sur la Divinité du christianisme, prouvée par l'Écriture sainte*. III *Revue de la controverse entre l'auteur des véritables fondemens de la religion chrétienne et ses adversaires*, in-8. IV *Le Christianisme est la perfection de toutes les religions*, in-8.

JEPHSON (Richard), militaire et poëte anglais, naquit en Irlande vers 1750, et acquit de la réputation dans les lettres et dans les armes. Il était lieutenant-général de la cavalerie, et membre de la chambre des communes en Irlande. Il a laissé plusieurs tragédies qui eurent du succès, comme *Bragança*, *les Lois de Lombardie*, *la Cour de Narbonne*, *l'Amour italien*, *la Conspiration*, etc. Un poëme fort bien écrit, intitulé : *Les Portraits ro-*

mains, Londres, 1795. Jephson partageait avec Burke l'horreur que la révolution française devait inspirer aux gens bien pensans. Il publia à ce sujet. *Les Confessions de Jean-Baptiste Conteau, citoyen français*, Londres, 1795, 2 volume in-12, qui sont une satire aussi juste que sévère des mœurs dépravées qui existaient alors en France. Jephson avait beaucoup d'instruction, de grâce et de facilité dans son style. Ses tragédies sont assez régulières, et ne manquent pas d'intérêt. Il mourut dans une campagne, près de Dublin, en 1803.

JEUNE (Claude-Mansuet), chanoine régulier de la réforme de Prémontré, né à Tignacourt, au duché de Bar, près de l'abbaye de Flabemont, entra au noviciat à l'abbaye de Sainte-Marie de Pont-à-Mousson, le 8 août 1732, et y prononça ses vœux en 1734. Après avoir fait ses cours de philosophie et de théologie, il fut envoyé à l'abbaye d'Estival pour y professer ces sciences. Il prit le bonnet de docteur dans l'université de Pont-à-Mousson, et fut prieur de Sainte-Marie. Il retourna ensuite à Estival, où il vécut dans la retraite et occupé de la composition de quelques ouvrages. On a de lui : I *Histoire critique et apologétique de l'ordre des chevaliers du Temple de Jérusalem, dits templiers*, Paris, an 13 (1805), 2 vol. in-4. Il y fait voir les commencemens et les progrès de cet ordre ; il y trace l'histoire de sa suppression faite sans raisons solides et motifs suffisans ; il appuie son sentiment d'autorités et de preuves auxquelles il est difficile de se refuser. II *Dissertation pour prouver que l'amour qui est requis dans le sacrement de pénitence, n'est pas seulement un amour d'espérance, mais un véritable et sin-*

cère amour de charité. Le P. Jeune était bon théologien et excellent religieux.

JOANES (Vincent), célèbre peintre espagnol, chef de l'école de Valence, naquit dans ce royaume au village de Fuente de la Higuera en 1523, voyagea en Italie où il adopta la manière de Raphaël, et s'approcha de beaucoup de ce grand maître. Un des premiers ouvrages qui le firent connaître en Espagne, ce furent les dessins dont il fut chargé par saint Thomas de Villeneuve, qui devaient servir pour la fabrique de plusieurs tapis, représentant la *Vie de la Vierge*; ils se conservent encore dans la cathédrale de Valence. Joanes ne traita que des sujets sacrés, et il excella dans les figures des saints, dans le dessin, le coloris, les poses et les draperies. Ses principaux tableaux sont : le *Baptême de Jésus-Christ* ( dans la cathédrale de Valence ); une *Conception* ( dans l'église des jésuites ); une superbe *Cène* ( dans l'église de Saint-Nicolas ); la *Vie de Saint-Étienne* ( dans l'église de ce nom ); sept tableaux représentant les *Mystères de Jésus-Christ* ( dans l'église de Saint-Augustin ); un *Saint Jacques* ( dans l'église de la Couronne ); un *Sauveur* ( dans la chartreuse de Val-de-Christo ), etc., etc. Il y a peu de temples, soit à Valence, soit dans les lieux environnans, qui ne possèdent des tableaux de cet infatigable artiste, tous admirés par les connaisseurs. Il mourut à Valence en 1581.

JOHNSON ( Anne ), Anglaise célèbre par sa longévité, naquit à Askew en 1627, et y mourut en 1777, dans sa 151e année. Elle avait vécu sous neuf rois, depuis Jacques 1er jusqu'au monarque actuel, George III, y compris l'interrègne de

Cromwel et de Richard , son fils. Elle jouit toujours d'une parfaite santé , marchait sans bâton , lisait sans l'aide de lunettes , ne devint un peu sourde qu'à l'âge de 110 ans.

JOLY ( le P. Joseph-Romain ), capucin, né à Saint-Claude en Franche-Comté, le 15 mars 1715, fit ses humanités dans sa ville natale au collége qu'y avait fondé , plus de deux cents ans auparavant , un ecclésiastique de sa famille, l'une des plus anciennes de Saint-Claude. Il alla faire sa philosophie chez les carmes réformés; s'étant décidé pour l'état monastique, il fut prendre l'habit de saint François dans le couvent des capucins de Pontarlier. La nature l'avait doué d'heureuses dispositions, et surtout d'une extrême facilité d'esprit qui lui permettait d'embrasser tous les genres de science et de littérature. Il cultivait à la fois l'éloquence, la poésie, l'histoire, la critique, la métaphysique, les sciences naturelles, les arts , et produisait avec une incroyable fécondité des ouvrages sur toutes les branches des connaissances humaines. Ce n'était pas à beaucoup près des chefs-d'œuvre; mais tels que sont ces ouvrages, ils supposent néanmoins du talent, de l'érudition et du travail. On a du P. Joseph-Romain, des *compositions historiques*, des *satires* , des *contes*, un *poëme épique* , des *épigrammes*, des *lettres*, des *cantiques*, des *tragédies*. De cette liste nombreuse nous nous contenterons de citer les ouvrages suivans , dont quelques-uns sont restés inédits : I *Conférences sur les mystères* , 1771, 3 vol. in-12. II *Dictionnaire de morale philosophique* , 2 vol. in-8, 1771. III *Histoire de la prédication*, 1767, in-12. IV *Histoire de l'image miraculeuse de Notre-Dame d'On-*

noz *près d'Orgelet en Franche-Comté* , 1757, in-12. V *Notice touchant l'ordre de Saint-François* , *à l'occasion de l'élection de Clément XIV* , dans le Mercure. VI *La Géographie sacrée* , ou *les monumens de l'histoire sainte*. VII *L'ancienne Géographie universelle comparée à la moderne* , avec les cartes. VIII *La Franche-Comté ancienne et moderne* , avec une carte des provinces helvétique et séquanoise. IX *L'Egyptiade* , ou *le voyage de saint François d'Assise à la cour du roi d'Egypte* , poëme épique en 12 chants , nouvelle édition , 1785 , in-12. X *Placide* , tragédie en vers et en cinq actes. XI *Le Diable cosmopolite* , poëme , 1760, in-8. XII *Le Phaéton* , en vers. XIII *Dissertation* où l'on examine celle qui a remporté le prix de l'académie de Besançon en 1754. XIV *Lettre sur la manière de prendre la reine des abeilles* , dans le Mercure d'août 1770. *Lettre sur les spectacles à mademoiselle Clairon* , 1762 , in-8. XV *Lettres sur le sabbat des sorciers* , dans l'Année littéraire en 1765. XVI *Lettre à un docteur en médecine sur sa relation des convulsionnaires.* XVII *Lettre* à l'occasion du Bélisaire de Marmontel , *touchant les fausses citations.* XVIII *Lettre sur la primatie de Lyon.* XIX *Dissertation* où l'on répond à la question suivante , proposée par l'académie de Berne : *Quel est le peuple le plus heureux ?* L'auteur se décide en faveur des Hottentots. Que l'on ajoute à cela des *Opuscules touchant les lampes à réverbère* , 38 *satires*, 160 tant *contes qu'épigrammes* et *poésies*, et l'on se formera une idée des travaux du P. Joseph-Romain. Ceux qui voudront les connaître plus en détail, peuvent consulter la *France litté-raire*, à son article, tom. 1, 3 et 4. Ce religieux survécut à son institut, et mourut à Paris en 1805, âgé de 90 ans. Il était de l'académie des Arcades de Rome.

JOLY ( N. ), sculpteur, élève du célèbre Girardon, naquit à Troyes en Champagne, vers 1690. Il a exécuté plusieurs ouvrages estimés, et entre autres la statue équestre de Louis XIV, qu'on admirait à Montpellier, et qui décorait la place du Peirou de cette ville. Les états du Languedoc lui avaient fait en récompense une pension de 3,000 livres. Il est mort vers 1760.

JOLY ( Philippe-Louis ), chanoine de la Chapelle-aux-Riches de Dijon, naquit dans cette ville vers 1700, et publia : I *Eloge historique de l'abbé Papillon*, 1738, in-8. II *Remarques critiques sur le Diction-naire de Bayle*, Paris, 1752, in-fol. Cet ouvrage, sagement écrit et très-estimé, est un des contre-poisons les plus efficaces de la dangereuse doctrine de ce philosophe. III *Traité de la versification*, qui se trouve dans la nouvelle édition du *Dictionnaire des rimes*. IV *Eloges de quelques auteurs français*, Dijon, 1742, in-8. De ces éloges il faut en excepter trois qui ne sont pas de l'abbé Joly; savoir, ceux de Daléchamps de Méré, par Michaud, et de Montaigne, par le président Bouhier. V Plusieurs articles intéressans dans le *Journal des savans* et dans les nouveaux Mémoires de l'abbé d'Artigny. Il a en outre publié la *Bibliothèque des auteurs de Bourgogne*, de l'abbé Papillon, 2 v. in-fol.; une édition des *Nouvelles poésies* de la Monnaie, 1742; et une autre des *Mémoires historiques, critiques et littéraires* de David-Augustin Bruéys, 1751. L'abbé Joly occupe une place dis-

tinguée parmi nos bons écrivains. Il mourut dans sa patrie vers 1770.

JOLY ( N. ), doyen de l'église de Langres, né à Dijon, était président de la chambre des comptes de Bourgogne. On a de lui : I *La Religion chrétienne éclairée*. II *Traité du mal*. III *Traité des anges*. IV *Bayle réfuté*.

JOLY DE FLEURY ( Omer ), fils de Guillaume ( *voyez* ce nom, *Dictionn.*, tom. 5 ), naquit à Paris le 26 octobre 1715. Il se consacra au barreau, et en 1735 il fut nommé substitut de son père, procureur général. Avocat général au grand conseil en 1737, il entra avec cette même charge au parlement de Paris, dont il fut élu président en 1760. L'instruction, la probité, l'éloquence, et un véritable zèle pour la religion, étaient les qualités distinctives de ce magistrat. L'abbé Chauvelin ayant dénoncé au parlement quelques ouvrages, d'après l'arrêté de ce corps, Joly de Fleury prononça, le 9 avril, son réquisitoire contre l'*Analyse de Bayle*, de l'abbé de Marsy; l'*Histoire du peuple de Dieu*, du P. Berruyer; et contre la *Christiade*, espèce de roman sacré, de l'abbé de la Beaume. Dès 1775 le journal de Trévoux s'était récrié sur ce que, dans le premier de ces ouvrages, on mettait les impiétés de Bayle à la portée de tout le monde : Joly de Fleury s'attacha moins à attaquer l'auteur de l'*Analyse*, que le philosophe lui-même [1]. « Bayle, dit-il, trop connu »par sa liberté de penser, se déclara »dans le dernier siècle l'apologiste »du pyrrhonisme et de l'irréligion. »Ami de toutes les sectes, dont il »fait également l'éloge, il apprend

---

[1] Nous empruntons ces détails des *Mémoires pour servir à l'histoire ecclésiastique du 18ᵉ siècle*, tom. 2, pag. 506.

»à suspendre sur tout son jugement, »parce qu'il n'admet aucune cer- »titude. Toujours en garde contre »les ennemis implacables de ses im- »piétés, il répand comme furtive- »ment ses erreurs dans les articles »des *manichéens*, des *pauliciens*, »des *marcionites*, des *pyrrhoniens*, »etc. Les demi-savans croyant y »trouver des preuves invincibles »contre la religion, méprisent ces »hommes dociles et prudens qui »font un usage légitime de leur »raison, et qui pensent avec justice »qu'une raison droite conduit à la »foi, et qu'une foi pure perfec- »tionne la raison, etc....... Voilà »l'ébauche du *Dictionnaire de* »*Bayle*. Il méritait sans doute de »rentrer dans les ténèbres d'où il »avait fait sortir tant d'autres écri- »vains. Bayle avait renfermé tant »d'erreurs dans des volumes immen- »ses; il les avait répandues de tous »côtés dans les différens articles qui »les composent. L'acquisition de ses »œuvres était difficile, la lecture »trop longue, l'usage peu commun. »Les textes dont il abuse pour auto- »riser l'incrédulité étaient placés »comme au hasard et sans ordre. La »difficulté de les suivre, de les lier »ensemble pouvait être un obstacle »aux progrès trop rapides de l'im- »piété. Un rédacteur pervers, enne- »mi sans doute de tout bien, »prête honteusement sa plume à »l'impiété. Il présente aujourd'hui »tout ce venin, comme dans une »coupe, il rapproche les textes sous »des titres analogues. Il rassemble »toutes les obscénités, les histoires »scandaleuses, les invectives, et les »blasphèmes de l'auteur: ce qui n'était »presque accessible à personne, de- »vient à la portée de tout le monde. »Quel scandale une semblable analyse »n'offre-t-elle pas aux mœurs et à la

»religion? » Il jugea ensuite et avec une juste sévérité l'*Histoire du peu- ple de Dieu*. Le P. Berthier en par- lant de ce livre et de son auteur s'était déjà exprimé en ces termes : *Il ne se souvint pas* ( le P. Berruyer ) *qu'il travaillait sur le livre le plus simple, le plus noble, le plus divin, le plus sanctifiant* [1]. *Il en altéra la simplicité par l'extrême abon- dance de son style; la noblesse, par une foule d'images et d'ex- pressions peu convenables; la divi- nité, par l'alliage de ses propres conceptions; l'édification, par la méthode très-condamnable de ré- duire quantité de leçons évangé- liques aux seuls juifs, et aux évé- nemens qui les concernent*. L'avocat général ne fut pas moins sévère pour la *Christiade*, où « l'auteur, »dit-il, en se livrant à toute la »fougue de son imagination, traves- »tit l'Evangile, prête à la Divinité »le langage que les poëtes mettent »dans la bouche de leurs dieux, »insère dans le récit des actions de »Jésus-Christ des épisodes indé- »cens, et copiés d'après ceux »des héros de Virgile; » etc. Sur le réquisitoire de l'avocat général, in- tervint l'arrêt qui condamnait à être lacérés et brûlés par la main du bourreau les trois livres ci- dessus mentionnés. Le 23 janvier 1759, Joly de Fleury déféra et pro- nonça un autre *réquisitoire* sur huit livres impies, parmi lesquels se trouvait la *Religion naturelle*, ou la *Loi naturelle* ( ce livre parut sous ces deux titres ) de Voltaire, qui en fut très-indigné, et cher- cha, par des satires mordantes et des plaisanteries grossières, à jeter, quoi- que en vain, du ridicule sur l'a- vocat général qui l'avait attaqué vi-

---

1 *Voyez* les Mémoires ci-dessus cités, tom. 4, pag. 278.

goureusement. Joly de Fleury remplit avec éclat les devoirs de ses places jusqu'à ce que la révolution éclatât. Il combattit avec courage les opinions dangereuses qui produisirent de si tristes résultats, et dont le torrent ne put jamais l'entraîner. Au milieu de la persécution que souffrirent les membres du parlement de Paris, morts presque tous sur l'échafaud, il se sauva par un prodige de la hache révolutionnaire, et mourut le 29 janvier 1810.

JOMMELLI ( Nicolas ), célèbre compositeur et un des réformateurs de la musique italienne, naquit à Saint-Alpino dans le royaume de Naples en 1714, fut élève du fameux Léonard Léo, et se perfectionna dans la partie théorique de la composition sous le célèbre P. Martini. Il fut maître d'un des conservatoires de Venise, et passa en cette qualité à Rome au service de l'église de Saint-Pierre. Ayant obtenu la permission du pape, il quitta Rome, et se rendit auprès du duc de Wittemberg, qui lui accorda des titres honorables et de riches récompenses. L'attachement qu'il avait pour ce souverain lui empêcha d'accepter les offres avantageuses que lui fit Jean V, roi de Portugal, qui voulait l'attirer à sa cour. Ce monarque lui assigna néanmoins une pension assez considérable pour qu'il lui envoyât les copies de tout ce qu'il aurait composé. Il a composé un grand nombre de *messes*, des *motets*, sans compter ses *opéras* qu'on joua dans presque tous les théâtres de l'Europe, où ses autres ouvrages se trouvent répandus. Jommelli excellait dans la musique sacrée ; la plupart de ses œuvres dans ce genre sont conservées dans la bibliothèque du Vatican, et dans le cabinet de musique de Stuttgard. Son plus bel opéra est *l'Armide*,

représentée à Naples en 1744 ; et sa dernière production un *miserere* à deux voix, chef-d'œuvre justement loué par Métastase, et qu'on admire encore de nos jours. Jommelli réunissait toutes les qualités qui distinguent un grand compositeur ; savoir, goût, imagination. Il ouvrit une large carrière aux maîtres les plus célèbres qui sont venus après lui. Il est mort à Naples le 28 août 1774.

JONES ( Jean ), nommé aussi *Léandre de Saint-Martin*, bénédictin anglais, était né à Londres, et avait fait ses études au collége de Saint-Jean, à l'université d'Oxford. Quoique né protestant, il avait eu dès son enfance du penchant pour la religion catholique. Il quitta son pays, pour l'aller embrasser en Espagne. A son retour il prit l'habit de Saint-Benoît, et s'engagea par la profession dans la congrégation bénédictine anglaise. Ce fut alors qu'il changea son nom en celui de Léandre de Saint-Martin. Il alla achever ses études au collége des Anglais, à Douay, et s'y appliqua aux langues orientales. Après y avoir achevé ses cours, il y prit le bonnet de docteur, et fut presque aussitôt chargé par ses supérieurs d'enseigner l'hébreu et la théologie : il s'acquitta de cette double fonction d'une manière extrêmement honorable. Il joignait au savoir toutes les qualités qui font l'homme de mérite. Sa congrégation lui montra qu'elle savait les apprécier, en le nommant son président, ou supérieur-général. Il a publié différens ouvrages qui lui ont fait la réputation d'un savant distingué ; en voici les titres : I *Rosetum exercitiorum spiritualium*, Douay, 1623. II *Sacra ars memoriæ ad scripturas divinas in promptu habendas, memoriterque addiscen-*

*das, accommodata*, 1623, in-8. III *Conciliatio locorum specie tenus pugnantium totius scripturæ sacræ*, 1623, in-8. IV Une *édition* du Miroir historial du dominicain Vincent de Beauvais, sous ce titre: *Bibliotheca mundi, seu speculum Vincentii Bellovacensis*, 1624, 4 vol. in-fol. ( *Voyez* VINCENT DE BEAUVAIS, *Dictionnaire.* ) V Une *édition* du livre d'Arnobe contre les païens, 1632, in-8. VI Une *édition* de la Vulgate avec la glose des postilles, des observations, etc., et ses propres remarques et explications. Elle est intitulée: *Biblia cum glossâ ordinariâ à Strabone Fuldensi collectâ, novis Patrum græcorum et latinorum explicationibus locupletata et postillâ Nicolaï de Lira, cum additionibus Pauli Burgensis ac Matthiæ Thoringi replicis, theologorum duacensium studio emendatis, tomis sex comprehensa. Omnia denuò recensuit Leander de Sancto-Martino, adjecitque plures et antiquos tractatus, analyses, paralella, tabulas chronologicas et prosagraphicas, cum indicibus copiosissimis, ut merità hæc editio dici possit theologorum et concionatorum thesaurus*, 6 vol. in-fol., Douay, 1617, et Anvers, 1634. VII Un *Traité de la perfection de la grâce*, resté manuscrit. Ce savant bénédictin mourut en 1736.

JONES ( Paul ), célèbre marin de l'Amérique septentrionale, naquit à Selkirk en Écosse en 1740. Après avoir servi quelque temps dans la marine anglaise, il passa en Amérique. Avec un caractère ardent, et mécontent peut-être du gouvernement anglais, il embrassa la cause des révoltés. Il obtint le commandement d'un vaisseau sous les ordres de l'amiral Hopkins. En 1776, il

fut fait capitaine, et donna preuve, dans toutes les occasions, d'un courage peu ordinaire. Avec 30 hommes il s'empara du fort de White-Heaven, et battit les Anglais dans plusieurs rencontres. Étant débarqué à Brest avec deux cents prisonniers qu'il avait faits en différens combats, Louis XVI mit sous ses ordres trois vaisseaux avec lesquels il fit voile vers le nord de l'Irlande, en inquiéta et en ravagea les côtes; et, à son retour, ayant rencontré la flotte ennemie convoyée par une frégate et un vaisseau de ligne, il s'empara de ces deux bâtimens après un combat long et terrible. Louis XVI le récompensa par la croix du mérite et une riche épée d'or. La guerre de l'Amérique étant terminée, il se fixa à Paris, passa ensuite en Hollande, et mourut vers 1802.

JONSON ( Benjamin ), poëte et réformateur de la comédie anglaise, naquit à Westminster en 1574, sous le règne de Charles 1er. Sa mère s'étant mariée en secondes noces, il ne voulut pas suivre l'état de son beau-père, et s'enrôla dans un régiment qui partait pour l'armée de Flandre, où il servit pendant quelques années. Il se distingua, et put amasser une petite somme avec laquelle, à son retour en Angleterre, il fit à Cambridge ses premières études, qu'il dut interrompre faute de moyens. Jonson, contemporain de Shakespeare, avait sous les yeux l'exemple de cet homme célèbre, né pauvre comme lui, et qui, comme lui, presque sans culture, avait acquis déjà une grande réputation. Shakespeare avait créé la tragédie anglaise, Jonson, à son tour, voulut être le créateur de la comédie. Il présenta ses premiers essais à la troupe de l'auteur tragique, qui les dédaigna avec orgueil. Shakespeare apprécia mieux les talens du jeune poëte, lui obtint la représentation de sa première pièce, intitulée *Every man in his humour* (chaque homme agit suivant son humeur ), qui obtint un grand succès. Depuis cette époque, entraîné par une fécondité qui n'est pas toujours heureuse dans ses résultats, il donna, pendant long-temps, neuf comédies chaque année. Une qu'il composa de concert avec Chapman et Marston, manqua interrompre à jamais sa carrière dramatique et l'envoyer au pilori : c'était une satire sanglante contre les Ecossais. Cependant, lorsque Jacques I<sup>er</sup> monta sur le trône d'Angleterre, il fut chargé de l'inspection des fêtes qu'on préparait pour le passage du nouveau monarque. Il s'en acquitta si bien qu'on le nomma inspecteur général des fêtes publiques, emploi qu'il conserva durant le règne de Jacques et celui de l'infortuné Charles I<sup>er</sup>. Ayant repris ses études, il fut gradué en 1619 maître ès arts à l'université d'Oxford. En 1621, et après la mort de Samuel Daniel, il reçut le titre de poëte lauréat, avec l'appointement de 100 marcs par an, qui, par la bonté de Charles I<sup>er</sup>, s'éleva, en 1630, à la somme de 100 livres sterling. Cependant, et malgré cette somme assez considérable dans ces temps-là, et le produit de ses pièces, Jonson, né dissipateur, vécut toujours presque dans la misère, d'où le retira souvent la munificence de Charles I<sup>er</sup>. Il conserva une amitié constante pour son premier protecteur, Shakespeare, auquel il survécut de vingt-un ans, Jonson étant mort en 1637. Il fut enseveli avec une grande pompe à l'abbaye de Westminster, où on lui éleva un tombeau sur lequel on grava cette inscription courte, mais expressive :

O ! rare Ben. Jonson !

Sans partager l'opinion trop favorable de M. Wistanley à l'égard de ce poëte, on ne peut cependant lui refuser le mérite d'avoir le premier donné au théâtre anglais des pièces régulières, qui, débarrassées de ce mélange d'obscénités et d'inconvenances qui fourmillent dans les ouvrages indigestes de ses prédécesseurs, offrent le véritable tableau de la vie humaine, et où il peut justement prendre pour devise : *Castigat ridendo mores*. Son dialogue est naturel et animé ; ses sujets bien choisis ; ses scènes ne manquent pas de verve comique. Il n'est pas aussi heureux dans le choix des caractères ; les événemens ne sont pas assez amenés, et souvent, cherchant à trop s'approcher de la nature, il parvient à la défigurer. Jonson s'efforça, en plusieurs de ses pièces, d'imiter Lope de Vega, son contemporain, et qui remplissait alors l'Europe de sa renommée ; mais les huit comédies régulières du poëte espagnol sont *très-supérieures à tout ce que Jonson a fait de mieux*; celui-ci n'avait en outre ni sa fécondité, ni sa verve, ni la variété de ses talens poétiques. Mais quel que soit le mérite de ces deux auteurs, *l'art dramatique était encore dans son enfance*; Molière n'avait pas encore paru. Walley a donné une édition de tous les ouvrages de Jonson, contenant des *poëmes*, des *comédies*, des *poésies lyriques*, etc. ; le tout, avec des notes et des additions, imprimés avec ce titre : *Jonson's Works*, Londres, 1716–1756, 7 vol. in-8.

JOUBERT ( Barthélemy-Catherine ), général français, naquit à Pont-de-Vaux en Bresse le 14 avril 1769. Destiné au barreau, il partagea en 1789 les principes révolutionnaires, et s'enrôla comme simple grenadier. Son dévouement pour la cause des républicains lui donna un avancement rapide, et, après avoir servi cinq ans en différentes armées, il parvint au grade de général de division. Il accompagna Buonaparte dans sa première campagne d'Italie, et il eut une grande part à la victoire de Millesimo. Joubert s'empara de Cera et du camp retranché qui défendait cette ville, battit l'ennemi à Montebaldo, et contribua à la victoire de Rivoli. Il se distingua encore davantage dans la campagne du Tyrol. Le sort des armes l'avait conduit avec sa division au milieu d'un pays montagneux, où il se trouvait entouré par l'armée ennemie. Cependant il força tous les passages, battit en plusieurs rencontres les Autrichiens, et opéra sa jonction avec l'armée de Buonaparte qui le croyait mort ou prisonnier. Quelque temps après il fut envoyé en Hollande, où en des circonstances assez difficiles il montra assez de prudence et de modération. Buonaparte étant parti pour l'Égypte, Joubert le remplaça dans le commandement de l'armée d'Italie; il pénétra bientôt dans le Piémont, et s'empara de Turin. L'Italie avait beaucoup à souffrir d'une armée victorieuse qui se livrait aux désordres de toute espèce. On assure que Joubert chercha à la réformer et à lui interdire les déprédations qui la déshonoraient. Ne pouvant y parvenir, il s'adressa au directoire, qui n'eut pas égard à ses justes demandes. Il se retira alors dans son pays natal, après avoir demandé sa démission. Les événemens qui suivirent la journée du 30 prairial (19 juin 1799) le rappelèrent à la tête de l'armée d'Italie pour s'opposer aux Russes, commandés par le fameux Suwarow, qui, en peu de temps, avait repris toutes les conquêtes de Buonaparte. Joubert venait alors d'épouser ma-

demoiselle de Montholon, fille de l'ambassadeur Semonville. Dans la sanglante bataille de Novi, s'étant mis en avant pour enfoncer l'ennemi, il fut atteint d'une balle, et mourut quelques momens après. Moreau, qui était venu pour l'aider de ses conseils, dirigea la retraite dans cette journée funeste pour les Français. Il était alors dans sa 30° année. Joubert avait de l'instruction, de la bravoure, et il aurait mérité de bien plus justes éloges de la postérité, s'il avait servi une meilleure cause.

JOURDAN (Jean-Baptiste), né à Marseille vers 1740, est auteur d'une comédie intitulée *l'École des Prudes* (1753), et des ouvrages suivans : I *Le Guerrier philosophe*, la Haye (Paris), 1744, in-12. II *Histoire d'Aristomène, général des Messéniens*, avec quelques réflexions sur la tragédie de ce nom, Paris, 1749, in-12. III *Histoire de Pyrrhus, roi d'Épire*, Amsterdam, 1749, 2 vol. in-12. IV *Abrocome et Anthia*, roman traduit du grec, etc. Il est mort vers 1793.

JOURDAN (Mathieu), un des plus lâches scélérats qu'ait enfanté la révolution, naquit à Saint-Just, près le Puy, en 1749. Digne de végéter dans la classe la plus obscure, c'est à ses crimes qu'il doit son horrible réputation. Après avoir été boucher pendant quelques années, contraint de fuir les poursuites de la justice, il se fit contrebandier sur les frontières de la Savoie. Quelques disputes qu'il eut avec ses camarades de métier le déterminèrent à s'enrôler dans le régiment d'Auvergne. Il déserta, et se plaça sur un vaisseau marchand qui fut pris par les corsaires tunisiens. Emmené esclave à Maroc, c'est là, comme il le disait lui-même, qu'il apprit le métier de bourreau; et comme il était assez conforme à ses inclinations sanguinaires, il devint bientôt habile à couper les têtes. Son esclavage fut assez long ; et, de retour en France, à l'aide de quelques sommes que ses escroqueries ou ses vols lui avaient procurées, il se fixa à Paris, où, sous le nom de *Petit*, il ouvrit une boutique de marchand de vin. Dès le commencement de la révolution, Jourdan fut celui qui, parmi les plus vils démagogues, cria le plus fort contre le roi, la reine, les nobles, les prêtres et les propriétaires, c'est à-dire contre le bon ordre et la religion. C'était un des hommes qu'il fallait aux monstres de la révolution ; aussi on l'employa tant qu'on put dans toutes les émeutes et dans tous les massacres. Il signala d'abord sa cruauté en arrachant le cœur au malheureux Foulon et à son gendre l'intendant Berthier, victimes d'une populace effrénée, qui applaudissait à ces affreux spectacles. ( *Voyez* ces noms, *Supp.*) Le 6 octobre 1789 il se trouvait parmi les factieux, et coupa la tête aux deux gardes du corps Deshutte et Varicourt, que plusieurs forcenés lui livrèrent, et dont le seul crime était d'avoir rempli leur devoir. Les révolutionnaires ayant déterminé de s'emparer du Comtat d'Avignon, ils y avaient, afin d'y exciter une révolte, organisé une association de brigands qu'ils décoraient du titre d'armée de Vaucluse ; le farouche Jourdan en faisait partie. Ils avaient *déjà pris* Senas, Monteux, etc., et de leur propre autorité ils avaient fusillé leur général Patrix, qui, peut-être moins scélérat qu'eux, avait, disaient-ils, sauvé la vie à quelques prisonniers. Jourdan le remplaça avec le titre de *généralissime ;* il ordonna sur-le-champ le siége de Carpentras, tandis qu'il laissait à Avignon un de ses

lieutenans, sanguinaire comme lui, appelé Lescuyer. Le peuple, toujours attaché à son souverain légitime, voulant s'opposer aux mesures arbitraires de Lescuyer, se souleva, et celui-ci périt dans l'émeute. Pendant ce temps, Jourdan avait inutilement attaqué Carpentras, d'où il s'était retiré avec une perte considérable. Furieux de cet échec, il retourna à Avignon, et vengea la mort de Lescuyer de la manière la plus féroce. Il fit d'abord rassembler dans le palais appelé la Glacière plus de soixante personnes, au nombre desquelles se trouvaient treize femmes, se rendit sur les lieux, et les fit assommer à coups de barre de fer. Il tourna ensuite toute sa fureur contre les principaux habitans qu'il immolait en s'enrichissant de leurs dépouilles. Les prêtres étaient surtout l'objet de sa haine et de ses persécutions. Nous ne citerons pas tous ses crimes ; la plume se refuse à les rappeler. Il suffira de dire que le pillage, le meurtre, l'incendie, suivaient toujours ses pas, et que les horreurs qu'il commit dans le Comtat furent telles, qu'elles éveillèrent l'attention de l'assemblée nationale. Plusieurs membres, et notamment ceux du parti des *girondins*, s'étaient élevés contre les cruautés de Jourdan ; mais leurs voix avaient été étouffées par les démagogues de la *montagne* et les salariés des tribunes. L'assemblée écouta enfin les justes plaintes qui s'élevaient contre Jourdan. Décrété d'accusation, il trouva le moyen de se sauver ; mais il était trop utile au parti des *jacobins*, pour qu'ils ne fissent pas leurs efforts pour obtenir sa grâce. Compris en 1792 dans l'amnistie générale qu'on accorda à tous les assassins de la France, il reparut encore à Avignon, où on l'envoya pour *morigéner* les habitans : c'était le mot dérisoire du temps, et qui signifiait en substance *piller*, *détruire* et *massacrer*. Jourdan, investi de pouvoirs illimités, s'abandonna à tous les excès dont il était capable. Avignon fut inondé de sang. Il n'oublia pas de comprendre dans les persécutions qu'il exerçait ceux qu'il soupçonnait n'avoir pas applaudi quelques mois auparavant à sa barbarie. De retour à Paris il rendit compte de sa mission : la *montagne* et les tribunes applaudirent, et on décréta que ce monstre, la honte de la société, avait *bien mérité de la patrie*. Depuis ce moment il fut encore employé à tous les massacres qui eurent lieu dans les églises et les prisons de la capitale. Il était le plus infatigable des bourreaux; ce qui le fit nommer *Jourdan-Coupe-téte*, surnom dont il se glorifiait. Les bras nus et couverts de sang et de sueur, il se présentait ensuite à la barre de la convention pour rendre compte de ses exploits, et pour recueillir de nouveaux applaudissemens. Il se tenait parfois à la porte du comité dit de salut public, pour conduire aux différentes prisons les victimes qui périssaient ensuite dans les massacres, ou que l'on envoyait à l'échafaud. En les remettant au concierge, il lui disait tout bas : « Je t'amène du gibier à »raccourcir. » Il avait chaudement servi Robespierre dans les terribles luttes où celui-ci sortit vainqueur des girondins, d'Hébert, de Danton et de tous ses adversaires; et il devait en recueillir la juste récompense. De nombreuses accusations vinrent de nouveau peser sur sa tête. Dénoncé comme fédéraliste, comme ayant usurpé, à prix de sang, des biens nationaux, et méconnu les autorités publiques, il fut condamné à mort

par ce même comité de salut public dont il avait si bien exécuté les ordres. Ce n'était pas la première fois que le comité vouait à la mort ses complices et ses bourreaux. Il fut exécuté le 27 mai 1794: trente-deux jours après, Robespierre lui-même le suivit à l'échafaud. La figure, la mine et la mise de Jourdan annonçaient l'atrocité de son âme. Ce tigre affectait d'avoir toujours tachés de sang ses habits, ses mains et sa longue et épaisse barbe. Il avait un soin particulier de celle-ci, et quand il pleuvait il la couvrait avec son manteau, de peur que l'eau ne la décolât ou en effaçât ces taches dégoûtantes. Ses manières, son langage, ses vices, étaient en tout conformes à la bassesse de sa condition, et à cette cruauté, jamais démentie, qui était le premier caractère distinctif de ce scélérat.

JOVELLANOS ( don Gaspard-Melchior de ), savant espagnol, naquit à Gijon dans la Castille, en 1749. Il étudia dans l'université d'Alcala-de-Hénarès, et puis à Salamanque, et il était profondément instruit dans les lois, dans les langues savantes, l'histoire, l'antiquité, la littérature ancienne et moderne ; possédait l'anglais, le français et l'italien ; et ses poésies le mirent au rang des premiers poëtes espagnols de son temps. Quelques compositions lyriques qu'il publia lui méritèrent d'être reçu en 1770 à l'académie espagnole; il avait alors 21 ans. Le ministre Floridablanca ayant su apprécier les talens de Jovellanos, le présenta à Charles III, qui le nomma son conseiller d'état, et lui confia les affaires les plus délicates. A la mort de ce monarque le ministre ayant été renvoyé, Jovellanos partagea de sa disgrâce, et ses ennemis n'attendaient que le moment pour le perdre tout-à-fait. Il est vrai qu'il leur en fournit lui-même l'occasion, en proposant, pour subvenir aux besoins de l'Espagne que l'alliance de sa voisine ruinait, d'imposer une forte taxe au haut clergé. On exila Jovellanos ; mais sa proposition fut mise à exécution peu de temps après. Il fut rappelé en 1799, et remplaça Llaguno dans le ministère *de grâce et de justice* ( de l'intérieur ). Jovellanos voulait être chef indépendant du département qui lui avait été confié, et cela ne s'arrangeait guère avec le despotisme que le prince de la Paix exerçait sur les autres ministres. Ce favori fit de nouveau exiler Jovellanos, après huit seuls mois qu'il occupait le ministère. On l'accusa dans le temps d'avoir fait parvenir à Charles IV un mémoire où il dévoilait la conduite assez équivoque de son favori. Quoi qu'il en soit, ce mémoire, ainsi que bien d'autres, ne produisit aucun effet sur l'esprit du roi. Jovellanos fut relégué à Palme dans l'île de Majorque, et soigneusement gardé dans le couvent des chartreux de cette ville. A l'invasion des Français en Espagne (1808), on lui rendit sa liberté, et il fut élu un des membres de la *junte suprême.* Deux ans après il refusa le ministère de l'intérieur que Joseph Napoléon lui avait fait offrir. Cependant ses liaisons avec le comte de Cabarrus ( *voy.* ce nom, *Supplément* ), et la prédilection qu'il avait toujours montrée pour la France, où il avait fait plusieurs voyages, le rendirent suspect aux yeux d'une nation indignement trahie par ce gouvernement même pour qui elle avait fait les plus grands sacrifices. On le désigna comme traître, en l'accusant de conserver des intelligences avec l'ennemi, et il périt en 1812 dans une émeute populaire,

avant même qu'on pût vérifier ces accusations. Jovellanos avait un caractère affable ; il était lié avec les savans et les hommes de lettres les plus distingués de la nation, tels que Campomanès, Cabanillès, Yriarte, Moratin, Melendez, etc., et fut en correspondance avec plusieurs académies de l'Europe. Dans le cours de sa vie on peut seulement l'accuser d'avoir été l'auteur d'une mesure peu convenable à un homme qui semblait attaché à la religion et à ses ministres. Il a laissé : I *Recueil de poésies*, Madrid, 1780, in-8, où l'on trouve sa comédie *el Delinquente honrrado* ( l'Honnête Criminel ), qui eut un succès mérité, et traduite en français par l'abbé Meylar, vicaire général de Marseille. II *Discours prononcé dans l'académie des beaux arts de Marseille en* 1781. Ce discours, écrit en français, fut couronné par cette même académie. On y remarque un parallèle assez piquant entre Gongora et Giordano ; le premier, corrupteur du bon goût dans la poésie, et le second dans la peinture. L'Anglais Cumberland publia, d'après cet écrit, ses *Réflexions sur les artistes espagnols* ( Londres, 1784 ). III *Mémoire sur l'établissement des monts-de-piété*, Madrid, 1784, in-4. IV *Réflexions sur la législation d'Espagne*, ibid., 1784, morceau excellent qui prouve le talent de l'auteur, comme jurisconsulte. V *Lettre adressée à Campomanès, sur le projet d'un trésor public*, ibid., 1786. VI *Informe sobre la ley agraria*, ou *Rapport sur l'économie rurale*, ibid., 1795. C'est l'ouvrage qui a fait le plus d'honneur à Jovellanos. On lui doit aussi une tragédie, *le Pélage*, jouée à Madrid en 1790, et qu'on cite comme une des meilleures que possède l'Espagne ; plusieurs savans *Mémoires* sur différens sujets politiques, économiques, administratifs, etc.; des *traductions* des classiques français, italiens et anglais, et notamment une version en vers espagnols du *Paradis perdu* de Milton. Il avait légué de son vivant, aux élèves de l'académie de marine dans les Asturies, sa riche bibliothèque, composée de plus de quatre mille volumes.

JOYAUT ( A..... ), surnommé d'*Assas*, royaliste chouan, naquit à Lénac dans le Morbihan en 1778. Il ne prit point part aux premiers mouvemens de la Bretagne à cause de son extrême jeunesse; mais à peine eut-il atteint l'âge de 16 ans, qu'il se transporta à Rennes, et se déclara pour le parti royaliste, qu'il servit avec autant de zèle que de courage. Arrêté et conduit à Paris, on l'enferma dans les prisons du Temple; mais il obtint sa liberté en rejetant ce qu'il appelait ses écarts, sur son âge et son inexpérience. Retourné dans son pays, il n'en servit pas moins la cause qu'il avait embrassée; il s'unit au fameux George Cadoual (*voyez* ce nom, *Supplément*), pour lequel il recruta dans la nouvelle insurrection de 1800, devint son aide de camp, et lui fut d'une grande utilité après la soumission de la Bretagne insurgée. Joyaut fut un des officiers que Cadoudal, de concert avec Pichegru, envoya à Paris pour mettre à exécution le projet de renverser Buonaparte; il s'y arrêta sous prétexte de quelques affaires commerciales. Dans ces temps eut lieu l'explosion de la *machine infernale* ( le 3 nivose ), charrette chargée de combustibles, qui devait attendre dans la rue Saint-Nicaise la voiture de Buonaparte, et faire alors son explosion ; mais elle ne

s'effectua que lorsque le consul avait déjà franchi le passage. Joyaut suivait cette voiture déguisé en charbonnier; en ayant vu l'inutile effet, il parvint à quitter Paris, et à s'embarquer pour l'île de Jersey. De là il passa à Londres, où il trouva George Cadoudal, et l'accompagna en France en janvier 1804. Il se cacha avec lui dans la capitale; mais l'un et l'autre ayant été découverts et arrêtés, avant d'avoir pu rien entreprendre en faveur des Bourbons, Joyaut fut compris dans l'accusation de George et de Pichegru (*voyez* George Cadoudal). Condamné à mort le 10 juin 1804, et exécuté quelques jours après, il subit son supplice avec une fermeté héroïque ; son visage ne souffrit pas la moindre altération, et il expira en criant : *Vive le roi! vivent les Bourbons!...* Il était alors âgé de 26 ans.

JULIEN ( le comte ), fameux dans les histoires espagnoles par son affreuse trahison envers sa religion et sa patrie. Il commandait à Ceuta lorsque le roi Rodrigue usurpa le trône des Visigoths, au préjudice de deux fils de Vitiza, son parent et son souverain. Soit que le comte eût part dans le complot que formèrent les princes dépouillés pour regagner leurs états, ou qu'il voulût se venger de l'injure que Rodrigue lui avait faite en déshonorant sa fille, la *Caba*, les résultats de sa trahison ne furent pas moins funestes pour l'Espagne. Il avait d'abord défendu avec valeur Ceuta, assiégée, vers l'an 705, par Muza, général maure, qui fut contraint de se retirer ; mais en 713, il appela lui-même les musulmans, et leur livra les portes de l'Espagne. Non content de cette première infamie, voyant que Tarif, leur général, ne pensait guère à rétablir les enfans de Vitiza, il embrassa le parti des Maures, et leur facilita, et par ses armes et par ses conseils, la conquête de toute la péninsule, qu'ils effectuèrent bientôt, après la bataille de Xerès où périt le roi don Rodrigue. (*Voyez* ce nom, *Suppl.* ) On ignore la fin de ce traître ; mais si l'on en croit les anciennes chroniques espagnoles, repoussé par ceux-là même qu'il avait si lâchement servis, il alla cacher sa honte dans les bois, et il y périt de misère, et déchiré par ses remords.

# K.

KABBETÉ (Jean), peintre hollandais, naquit à Anvers vers 1600. Asseleyn était son véritable nom. Quoiqu'il eût les mains torses et les doigts crochus, un penchant irrésistible l'entraîna à l'étude de la peinture. Il prit les premières leçons dans son pays natal, passa en France où il reçut celles de Bamboche ; mais ce fut en Italie où il se perfectionna. Il peignait avec un égal talent l'histoire et le paysage, et laissa plusieurs tableaux à Florence, à Rome et à Venise, dans lesquels on remarque surtout une touche fraîche et gracieuse. Perelle a gravé d'après Asseleyn douze ruines et vingt-quatre paysages. Il s'était marié avec la fille d'un marchand d'Anvers, qu'il amena à Amsterdam. Il mourut dans cette ville en 1660.

KAFOUR-EL-AKHCHYDY, eunuque noir que ses talens et ses vertus élevèrent au trône de l'Egypte et de la Syrie. Il était esclave d'Akhchydy, souverain de ces pays, qui l'avait acheté pour 18 dinars. Kafour avait une grande instruction et de la probité ; il se captiva bientôt la bienveillance de son maître qui le plaça dans les armées. Kafour étant parvenu à les commander, il remporta plusieurs victoires, et montra en toute occasion autant de bravoure que d'attachement pour son souverain. Celui-ci, avant de mourir, lui confia la tutelle des deux jeunes princes ses fils ; il s'en acquitta avec zèle. Ceux-ci ne survécurent à leur père que de peu d'années. La nation alors, le trône demeurant vacant, le décerna d'une voix unanime au sage Kafour. Il se rendit digne de ce choix, ne s'occupa que du bonheur de ses sujets, protégea les sciences, fit respecter les lois ; et l'eunuque noir, l'esclave Kafour, mérita d'être placé parmi les plus illustres souverains de l'Orient.

KAIN (Henri-Louis le), célèbre comédien français, naquit à Paris le 14 avril 1728. Il était fourbisseur d'instrumens chirurgiques, et il jouait avec succès dans les comédies de société. Un tapissier de ses amis, voulant le faire connaître à Voltaire, engagea ce philosophe d'assister à une de ces représentations ; à travers un organe peu sonore, et malgré une figure nullement agréable, Voltaire démêla dans le Kain de grandes dispositions pour jouer la tragédie. Il le tira de sa boutique, et l'aida de sa bourse et de ses conseils ; il le fit recevoir à la Comédie française, et fut très-content de la protection qu'il lui avait accordée. Il l'appelait *son Garrik, son grand acteur, son enfant chéri.* « Baron, disait-il, » était plein de grâce et de finesse ;

» Beaubourg était un énergumène ;
» Dufresne n'avait qu'une belle voix
» et un beau visage ; le Kain seul a
» été véritablement tragique. » Il se
distinguait surtout dans les rôles de
Néron, de Nicomède ; et où il semblait se surpasser lui-même, c'était
dans les tragédies de son protecteur,
qui lui dut une grande partie de sa
renommée. Ce fut le Kain qui assura le succès de *Mahomet*, d'*A-
délaïde*, de *Tancrède* et de *Gengis-
Kan*. Par reconnaissance pour Voltaire, il ne jouait sur la fin de ses
jours que les pièces de cet auteur.
Le Kain mourut le 8 février 1778,
peu de mois avant le philosophe de
Ferney. Ceux qui ont connu cet
acteur, et qui ont vu depuis le célèbre Talma, accordent à celui-ci
un ton plus profond et plus tragique ;
et au premier, plus de noblesse,
d'ensemble et d'égalité. Ce fut le
Kain qui, de concert avec la fameuse
Clairon, fit disparaître des costumes
turcs, romains et grecs, les paniers,
les queues, la poudre, les bourses,
les chapeaux et les souliers à talon
rouge. Il a laissé un *Mémoire sur
la Comédie française et sur les
moyens de lui donner autant de
célébrité qu'elle en peut être susceptible ;* en véritable comédien,
il ne ménage pas trop ses camarades.

KALKBRENNER ( Christian ),
célèbre compositeur allemand, naquit à Munden, dans la Hesse
en 1755, passa à Berlin en 1778,
et fut successivement maître de la
chapelle de la reine et du prince
Henri, frère de Frédéric II, qui le
nomma directeur du théâtre italien
de cette capitale. Il composa plusieurs
opéras, et voyagea ensuite en Allemagne, en Italie, en France, se fixa
à Paris, et fut reçu à l'académie de
musique en 1796. Il donna à ce

théâtre *Olympie*, *Saül*, *Don Juan*,
etc. Il a laissé d'autres ouvrages,
tels qu'un *Traité d'accompagne-
ment*, un autre *Traité de la fugue
et du contre-point*, et une *Histoire
de la musique*, Paris, 1802, qui
est estimée des connaisseurs ; mais il
ne put pas l'achever, la mort l'ayant
surpris en janvier 1802.

KANT ( Emmanuel ), philosophe
prussien, naquit en Poméranie en
1724. Il descendait d'une famille
écossaise, et son père, jadis caporal au
service du roi de Suède, exerçait l'é-
tat de sellier. Kant reçut la première
instruction dans une école de charité
de sa paroisse, suivit ses études en
1740 dans l'université de Kœnigsberg. Il y fit des progrès, devint répétiteur dans les écoles de l'université,
et ensuite précepteur des enfans d'un
ecclésiastique. Il quitta cet emploi
pour donner des leçons particulières ;
enfin, nommé professeur de philosophie, il établit alors une école dont la
doctrine était non moins dangereuse
qu'inintelligible. Sa *religion*, sa *raison pure*, sa *philosophie critique*,
son *idéologie*, tous les principes enfin
qu'il introduisit dans cette école,
n'étaient que des coups portés au
christianisme en sondant les mystères
de la révélation. Les premiers ouvrages d'un autre genre qu'il publia, furent : I ses *Pensées sur la
véritable évaluation des forces vi-
tales*, Kœnigsberg, 1748. II *Histoire naturelle de l'univers*, ibid.,
1755, in-8. III *Théorie du ciel
d'après les principes de Newton*,
ibid., in-8. Il établit dans cette théorie
des conjectures et une hypothèse
sur des corps célestes qui devaient
exister au delà de Saturne ( Hers-
chell n'ayant découvert Uranius que
26 ans après ). IV *Traité des premiers élémens des connaissances
humaines*, ibid., 1762 ( en latin ).

V *Essai de la manière dont on pourrait introduire dans la philosophie l'idée des grandeurs négatives*, ib., id. Quoique les ouvrages que nous venons d'indiquer aient commencé à établir sa réputation, ceux qui attirèrent sur lui toute l'attention du public furent les suivans : VI *Unique base possible à une démonstration de l'existence de Dieu*, Kœnigsberg, 1764. Cette base unique n'est en substance qu'un tissu de paradoxes qu'il combattit ; désavoua, et détruisit dans la suite, pour en présenter encore de nouveaux propre à confondre les idées, partager les opinions, et former une révolution dans toutes les sectes philosophiques. C'est de 1764 à 1781 qu'il prépara cette révolution, et qui eut lieu par la publication de son livre intitulé : VII *Critique de la raison pure*, Kœnigsberg, 1781, reproduit en 1803 sous le titre de *Traité préparatoire pour chaque métaphysique qui désormais pourra paraître comme science.* Tous les ouvrages qui concernent *la philosophie critique* ont été mis en latin par F. G. Born, Leipsig, 1796-98, 4 vol. in-4. M. Ch. Villers a traduit en français la *Philosophie de Kant*, Metz, 1801, 2 vol. in-8. Nous ne citerons pas les autres ouvrages de ce philosophe, comme sa *Métaphysique des mœurs*, etc., tous calqués sur la même doctrine, et qui tous furent censurés par plusieurs savans et par les journaux de l'Allemagne ; cependant ses censeurs et ses prosélytes disaient d'accord qu'il était inintelligible. Kant lui-même se plaignait de ce qu'on ne le comprenait pas ; cependant ses nombreux disciples le proclamèrent chef de l'école, et le célébrèrent, sans le comprendre, comme le génie le plus profond. Sa doctrine se répandit dans toute l'Allemagne, et Schelling et Fitche (*voyez* ces noms, *Supp.*) cherchèrent à l'étendre et à l'éclaircir. On la prêche dans quelques églises de Kœnigsberg sous le nom absurde et bizarre de *Christianisme national.* « Kant, dit un écrivain »impartial [1], se perd dans des abs- »tractions et dans une idéologie va- »gue et obscure. Les uns l'admirent, »les autres se plaignent qu'il ait dé- »truit la religion en voulant l'expli- »quer ; que sa *raison pure*, et sa *»raison critique*, ne soient autre »chose que le déisme pur ; que l'au- »teur, en ne voulant considérer le »christianisme que comme une reli- »gion purement *éthique* ou morale, »annonce assez qu'il n'en reconnaît »pas les mystères ; qu'il fasse de Jé- »sus-Christ un *idéal;* qu'il n'y faille »dans ce système ni prières, ni sa- »crifices, ni cérémonies, etc. Au »surplus, toute cette théorie est si »embarrassée, que ses disciples se »sont disputés pour savoir quelle »était la doctrine du maître. Schel- »ling et Fitche prétendent l'avoir »perfectionnée ; Kant n'avait fait que »les mettre sur la voie ; ils se flattent »de s'être élevés plus haut. Ils ont »chacun leur école, et on dispute »aussi pour savoir ce qu'ils ont pen- »sé, tant ils ont mis de prix à être »entendus. Cependant cette doctrine »hiéroglyphique a été adoptée dans »plusieurs universités de l'Allema- »gne, et on a beaucoup écrit pour »et contre. Il ne semble pas que ces »progrès du kantisme aient contri- »bué à fortifier la religion en Alle- »magne ; la vogue de la *raison pure* »parmi ces professeurs et parmi leurs »élèves a secondé, au contraire, la »propagation de l'esprit d'incrédu-

[1] L'auteur des *Mémoires pour servir à l'histoire ecclésiastique du 18e siècle*, t. 4, pag. 613 et suiv.

»lité. » Le caractère de Kant était assez conforme à ses opinions métaphysiques : il avait souvent le même vague dans son esprit qu'on trouve dans sa doctrine ; et ce vague partant de l'extrême flexibilité de ses fibres, il ne serait pas étonnant que cette flexibilité eût influé et sur l'une et sur l'autre. Le moindre bruit qu'il entendait interrompait ses études de la journée, et lui faisait perdre le fil de ses discours. Il avait une voix extrêmement faible, et on ne l'entendait que de très-près ; dans ses cours et dans ses leçons, ceux qui écrivaient formaient la ligne la plus proche. Il avait l'habitude de fixer ses regards sur celui d'entre eux qui était assis précisément vis - à - vis de lui. On raconte à ce sujet que si la même personne qu'il avait vue pendant quelque temps à cette place manquait, il souffrait alors de ces distractions qui lui étaient d'ailleurs assez communes. Pendant plusieurs mois un jeune homme auquel il s'adressait toujours avait pris la même place ; il manquait un bouton à son habit, qu'il songea enfin à faire recoudre. Kant, qui s'en aperçut aussitôt, fut distrait pendant l'heure entière de la leçon, s'interrompit plusieurs fois, ne pouvant suivre le fil de son discours. La leçon terminée, il fit appeler le jeune homme, et le pria instamment d'ôter le bouton de son habit. Si ce récit est vrai, voilà bien de la futilité pour un philosophe. Un des principes de Kant était « que »rien n'est essentiellement bon ou »mauvais, hormis l'intention. » Dans une société l'on s'entretenait sur le désir qu'on aurait à se rencontrer et à parler dans une autre vie avec quelqu'un des hommes les plus célèbres. Celui-ci désignait Socrate, un autre Homère, un autre Cicéron. Kant ajouta de son côté : « Je ne dé-

»sire que d'y trouver mon Lamp. » C'était le nom de son domestique, dans lequel il avait reconnu de fort bonnes intentions.

KARTLOS, fils de Torgon et frère de Haïk, fut, selon ce que rapporte l'historien Ourbel, la souche des Géorgiens. Il fut le premier qui leur donna une forme de gouvernement monarchique, et des institutions civiles et militaires. Les villes de Chamcholde et de Mezkhitz, dont on lui attribue la fondation, existent encore en partie.

KATEB (Ibn), célèbre écrivain arabe, naquit à Grenade en 713 de l'égire ( 1313 de J.-C.), fut attaché à la cour d'Alamar, souverain de ce royaume, et remplit les emplois les plus illustres. Accusé auprès d'Alamar d'un crime qu'il n'avait pas commis, il fut décapité, le même jour où l'accusation eut lieu, sans avoir pu faire connaître son innocence. Il a laissé les ouvrages suivans : I *Histoire des rois de Grenade.* II *Histoire de Grenade.* III *Histoire des califes d'Espagne.* IV *Chronologie des califes d'Espagne et des rois d'Afrique,* en vers, avec un commentaire de l'auteur. Cet ouvrage a été traduit en latin. V *Table chronologique des Aglabites et Fathimites qui ont régné en Afrique et sur la Sicile.* On la trouve avec une version latine dans l'*Histoire des Arabes en Sicile,* par don Grégoire, 1 vol. in-fol. VI *De l'utilité de l'histoire.* VII *De la monarchie.* VIII *Bibliothèque arabico - espagnole.* Ce livre a été composé l'an 1301 de J.-C. Le savant Kasiri en fait un grand éloge ; il en a inséré des extraits dans le 2ᵉ volume de sa bibliothèque. Cinq des onze parties qu'il contient, sont conservées dans la bibliothèque de l'Escurial. Ibn Kateb a écrit aussi plusieurs ouvrages de médecine.

IX Un *Traité sur les devoirs d'un visir.* X Un *Poëme sur le régime politique.* XI Un *Recueil de poésies,* etc., etc.

KATONA (Etienne), chanoine et historien allemand, né vers 1720, et mort vers 1798, a laissé en latin une *Histoire critique des rois de Hongrie de la maison d'Autriche,* Pest, 42 volumes in-8, dont le dernier parut en 1801. Il existe une lacune entre le 32ᵉ et le 41ᵉ volume, la censure de Vienne ayant refusé d'approuver quatre volumes qui contiennent le règne de Léopold II.

KAUFFMANN (Angelica), célèbre dame peintre, naquit à Coire, dans le pays des Grisons, en 1743. Elle prit les premières leçons de son père, et se perfectionna à Rome, d'où elle passa à Londres, et eut l'honneur de faire le portrait de George III et de toute la famille royale. C'est dans cette ville que son amour-propre fut sensiblement blessé : ayant refusé de s'unir à un peintre anglais qui avait recherché sa main, celui-ci en tira une indigne vengeance; il fit habiller somptueusement un jeune homme d'une figure agréable, mais pris dans la dernière classe du peuple. Après l'avoir stylé à jouer le rôle de baronnet, il le fit introduire chez Angelica, qui, dupe de ses protestations, tomba dans le piége, lui donna son cœur et l'épousa. Le peintre rebuté se hâta bientôt de dévoiler sa fourberie; la jeune artiste en tomba malade de chagrin; mais ayant fait ensuite ses réclamations, le peintre fut puni, et elle obtint un acte de séparation, moyennant une pension qu'elle fit à son mari, dont les vices accélérèrent bientôt la mort. Devenue veuve, elle se maria à un artiste vénitien, nommé Zucchi, se rendit avec lui à Rome où elle fixa désormais sa de-

meure. Sa maison était fréquentée de ce qu'il y avait de plus distingué dans la ville; aucun étranger de marque n'y serait passé sans assister aux sociétés du cardinal de Berinis et à celles d'Angelica Kauffmann ( on l'appela toujours de son nom de fille ). Les ouvrages que cette dame peintre a laissés, sont innombrables et répandus dans toute l'Europe; elle peignait également l'histoire et le portrait, mais elle excellait dans ce dernier genre. La grâce, la chaleur et un coloris parfait, sont les qualités principales qui distinguent ses ouvrages. Elle mourut à Rome le 3 novembre 1807. Angelica mena toujours une vie régulière, et on l'estima autant pour ses talens que pour ses mœurs et la douceur de son caractère.

KAYOUMARATS, premier roi de Perse. Il établit cet empire vers l'an 890 avant J.-C., malgré la résistance que lui opposèrent les Arabes et les Tartares, peuples sauvages, voisins et habitans de ces contrées. Il choisit l'Alzerbaijan pour sa résidence, et on lui attribue la fondation d'Isthakhar ou Persépolis. On dit que Kayoumarats, chef d'un peuple qu'il avait civilisé, était ce roi d'Elam dont parle l'Écriture sainte. Il fonda la dynastie de Pychdâdyens. Cependant M. Langlès et autres savans croient que celle des Abadyens, qui régnait sur la Perse et sur l'Inde, est la première, et que les Pychdâdyens ne s'établirent que par le résultat d'une scission de pouvoir avec celle-ci.

KEATE (George), écrivain anglais, naquit à Townbridge, au comté de Wilt, en 1729, a laissé : I *Rome ancienne et moderne,* Londres, 1750, 2 vol. in-8. II *Relation des îles Pelew,* ibid., 1766, 2 vol. in-8, compilée d'après les *Mémoires du* capitaine Wilson, traduites en français, Paris, 2 vol. in-8. Keate a écrit d'autres ouvrages, et il mourut en 1797.

KENNEDY (Jacques), illustre écossais, archevêque de Saint-André, issu de race royale par sa mère, Marguerite, fille de Robert III, roi d'Écosse, était né en 1404. Son père était sir William Kennedy qui avait épousé cette princesse. Jacques Kennedy renonça à tous les avantages de sa naissance pour embrasser l'état ecclésiastique; il fut d'abord abbé d'Aberbroth-Wic. Appelé à la régence pendant la minorité de Jacques II, et à la place de chancelier d'Ecosse, il montra dans ces postes éminens autant de vertu que de capacité; il aimait les sciences et protégeait les savans. Ayant été nommé archevêque de Saint-André, il édifia son diocèse par sa piété, et l'enrichit d'établissemens utiles à la religion et aux lettres. Il fonda à Saint-André même le collège de Sainte-Marie, et le dota libéralement. Cet illustre prélat mourut en 1472.

KENNEDY (Jean), théologien de l'église anglicane, fut recteur de Bradley au comté de Derby, dans le siècle dernier. On a de lui : I une *Chronologie de l'Écriture sainte*, 1751, in 8. On l'accuse de n'être point toujours exacte. II Un *Examen des antiquités du R. M. Jackson*, 1753. III *Doctrine de la commensurabilité des mouvemens diurne et annuel.*

KERALIO (Louis-Félix Guillement de), chevalier de Saint-Louis, major d'infanterie, ancien professeur à l'École militaire, membre de l'académie des belles-lettres, de celle des sciences de Stockholm, etc., naquit à Rennes le 17 septembre 1731. Il avait été vers 1758, et avec Condillac, un des instituteurs de l'infant

de Parme, don Ferdinand. Il est auteur des ouvrages suivans : I *Traduction de différens morceaux sur l'histoire naturelle et civile des pays du nord*, Paris, 1763, 2 vol. in-12. II *Voyage en Sibérie*, traduit de l'allemand, par Gmelin, ibid., 1767, 2 vol. in-12. III *Recherches sur les principes généraux de la tactique*, ibid., 1769, in-12. IV *Histoire naturelle des glacières de Suisse*, trad. de l'allemand de Grouner, 1770, in-4. V *Mémoires de l'académie royale de Stockholm, concernant l'histoire naturelle, l'anatomie, la chimie, l'économie, les arts*, traduction, tome 1er, in-4. VI *Essai sur les moyens de rendre les facultés de l'homme plus utiles à son bonheur*, traduit de l'anglais de J. Gregory, 1776, in-12. VII *Histoire de la guerre entre la Russie et la Turquie, et particulièrement de la campagne de 1753*, avec des notes, etc., du prince de Gallitzin, Pétersbourg (Amsterdam), 1777-1779-1780, avec des cartes et des plans, etc. — Le chevalier Kéralio avait épousé mademoiselle Marie-Françoise Abeille, qui a traduit de l'anglais les *Fables de Gay*, suivies du poëme de l'*Eventail*, Paris, 1753, in-12; et le *Succès d'un fat*, roman, ibid, 1762. — Mademoiselle de Kéralio, sa fille, est auteur d'une *Histoire d'Élisabeth*, 5 vol. in-8, et d'autres ouvrages, etc.

KERGUELEN - TREMAREC ( Yves-Joseph de ), brave marin français, naquit à Quimper en Bretagne, en 1736. Il se distingua dans la guerre de 1778 contre les Anglais, fit deux voyages dans les mers des terres australes et des Indes, dont le résultat fut la découverte d'une île de deux cents lieues, à laquelle le capitaine Cook donna le nom de

*Kerguelen.* Kerguelen entra au service de la république française ; mais il fut compris dans les réformes de 1796. Il réclama, et on le nomma adjoint au ministère de la marine, et puis commandant d'une division de l'armée navale de l'Océan. Un gouvernement anarchique est toujours soupçonneux et souvent envers ceuxlà même qui lui sont le plus dévoués. On arrêta Kerguelen à Brest, au moment où il allait s'embarquer, et on l'amena à Paris. Il mourut en 1797, peu de mois après avoir obtenu sa liberté. On a de lui : I *Relation d'un voyage dans la mer du Nord, aux côtes d'Islande, du Groenland, de Ferro, de Schettland, des Orcades et de Norwége, fait en 1767 et 1768,* Paris, 1770. II *Relation de deux voyages dans les mers australes et les Indes, faits en 1771 et 1775, pour la vérification d'une nouvelle route à la Chine,* Paris, 1781, in-8. III *Histoire des événemens des guerres maritimes, des causes de la destruction de la marine française, et des moyens d'y remédier ;* précédée de la *Relation des combats et des événemens de la guerre maritime de 1778, entre la France et l'Angleterre,* Paris, 1796, in-8.

KERSAINT ( Armand - Gui - Simon ), capitaine de vaisseau, naquit à Paris en 1743. Après avoir servi son roi avec honneur, il embrassa la révolution, et put réparer ses fautes par un repentir sincère et un noble dévouement. Nommé à la première législature de 1789, il partagea les opinions des républicains les plus déterminés, et se rangea du parti des *girondins.* S'il ne proposa pas des mesures violentes, il n'osa pas les combattre, ou il les appuya. Kersaint parcourut les jour-

nées des 5 et 6 octobre 1789, celle du 18 août 1791, etc., et la plus funeste de toutes, celle du 10 août 1792. Tant de terribles événemens desillèrent ses yeux, et il vit enfin dans la révolution un tissu de tous les crimes. L'emprisonnement du roi acheva de l'éclairer sur l'affreuse carrière qu'il avait jusqu'alors suivie. Il frémit des dangers qui menaçaient Louis XVI au commencement de 1793. La veille du jugement de ce monarque, il avait été élu député à la convention. Il présagea l'horrible vote qu'on allait exiger de lui dans cette mémorable circonstance, où des hommes pervers, ayant signalé pour leur victime le meilleur des rois, exigeaient cet odieux sacrifice pour mettre le comble à tous leurs forfaits. Kersaint écrivit au président de la convention la lettre suivante, où, en blâmant sa conduite passée, il disait entre autres choses : « Si un »enchaînement d'erreurs m'a ré- »duit à être le collègue des péné- »gyristes et des promoteurs des »massacres de septembre, et de tous »les excès qu'on a commis dans le »cours de la révolution, je veux au »moins tâcher de défendre ma mé- »moire du reproche d'avoir été leur »complice ; et il ne me reste plus »qu'un moment : *demain* il ne se- »rait plus temps ; ainsi, monsieur, »acceptez ma démission ; je ne fais »plus partie du corps que vous pré- »sidez. » Cette lettre répandit le tumulte parmi tous les membres de l'assemblée. On dénonça Kersaint comme traître et ennemi de la république. Mandé à la barre, il se défendit avec fermeté. Soit que son discours fit quelque impression, soit que les factieux portassent alors leur attention sur une affaire plus grave, la mort de Louis XVI, Kersaint eut le temps de s'absenter de Paris, et de se cacher dans une obscure retraite. On s'en ressouvint après que le grand crime fut consommé. On mit à ses trousses des agens qui, étant parvenus à découvrir son asile, l'arrêtèrent et le conduisirent à Paris. Condamné par le tribunal révolutionnaire, il fut traîné à l'échafaud, et périt le 5 décembre 1793.

KILMAINE (Charles Jennings), général français, naquit à Dublin en 1754. Il vint jeune en France, où il embrassa l'état militaire, suivit Biron et la Fayette en Amérique en 1776, et se distingua dans cette guerre, d'où les Français apportèrent chez eux ces idées, dites *libérales*, pour lesquelles ils avaient combattu, et qui devaient dans la suite causer tous leurs malheurs. Kilmaine était capitaine au régiment de Lauzun, hussards, au commencement de la révolution; le désir de parvenir lui en fit adopter les principes. Son avancement, comme celui de tous ceux qu'il imitait fut très-rapide, et en 1791 il était général de brigade. Il servit en cette qualité dans les armées des Ardennes et du Nord, et se fit remarquer à la bataille de Jemmapes, livrée par Dumouriez aux armées alliées de Prusse et d'Autriche, le 6 novembre 1792. Kilmaine passa ensuite à la Vendée, où il servit sous le général Hoche, et fut envoyé ensuite à l'armée du Nord. Il se distingua à la bataille du Camp-de-César; mais impliqué dans les dénonciations portées contre plusieurs autres généraux qui, suivant le système républicain, devaient vaincre ou mourir, il fut destitué, et detenu dans les prisons de l'abbaye pendant dix-huit mois. Les évenemens du 9 thermidor (27 juillet 1794), qui entraînèrent la chute de Robespierre et des terroristes, lui ayant rendu la liberté, il fut, en

prairial an 5 (1795), un des défenseurs de la convention contre les sections de Paris, qui avaient pris les armes pour dissoudre cette assemblée. Promu au grade de général de division, il passa en Italie, sous les ordres de Buonaparte, et se battit avec valeur dans les plaines de Castiglione et de Mantoue. Hoche (*voyez* ce nom) ayant formé le projet d'une expédition d'Irlande, il quitta l'Italie, et vint joindre ce général; cette expédition échoua. Nommé général en chef de l'armée destinée à faire une descente en Angleterre, ce projet gigantesque n'ayant pas eu lieu, il obtint en 1798, et successivement, un commandement dans l'intérieur, en Hollande et en Suisse. Masséna l'ayant remplacé, il revint à Paris, où il mourut le 15 décembre 1799. On ne refuse pas à Kilmaine quelques talens militaires; mais c'est surtout à son courage qu'il dut son avancement: c'était à cette époque le mérite principal dans un chef d'armée, et la république avait besoin de défenseurs qui n'eussent d'autre crainte que celle d'encourir son improbation.

KING (Jean-Glen), théologien anglican, né au comté de Norfolk, fit ses études au collége de Caius dans l'université de Cambridge, et y prit le degré de docteur. Il était habile numismate et savant dans les antiquités. L'impératrice de Russie lui confia la garde de son cabinet de médailles. Il a laissé plusieurs ouvrages importans, parmi lesquels on distingue, I les *Rites et Cérémonies de l'église grecque, contenant une exposition de sa doctrine, son culte et sa discipline.* II Des *Observations sur le climat de la Russie et des autres contrées du Nord, avec une vue des montagnes voi-*

*sines de Pétersbourg.* III *Obser-* *vations sur le vase Barberini.* Il mourut en 1787.

KIPPIS ( André ), théologien anglais, naquit en 1727 à Nottingham. Il fit ses études à Northampton, sous le docteur Doddridge, célèbre théologien dissident. Il devint en 1746 ministre de Boston, au comté de Lincoln, et passa à Dorking au comté de Sussex , en 1750. Il était en 1753 pasteur d'une congrégation à Westminster. Il s'occupait en même temps d'objets de littérature, et travaillait au *Monthly Rewiew.* Il entreprit en 1761 un ouvrage périodique, intitulé : *Bibliothèque (Library).* Cette spéculation ne lui ayant point réussi, il prit une place de professeur dans une académie destinée à l'éducation de jeunes ecclésiastiques dissidens. On a de lui : I *Défense des ministres protestans dissidens, relativement à leur dernière adresse au parlement,* 1763 ; ouvrage qui donna occasion à une discussion amiable entre Kippis et le docteur Tucker. II Une nouvelle édition de la *Bibliothèque britannique,* 1777, dans laquelle il fit preuve de son érudition. Cinq volumes de cet ouvrage furent publiés pendant sa vie, et il avait, avant de mourir, préparé la plus grande partie du sixième. III *Vie du capitaine Cook,* 1788, 1 vol. in-4, et 2 vol. in-8. IV *Vie du docteur Lardner,* laquelle se trouve à la tête de ses œuvres, dont Kippis donna l'édit. en 11 vol. in-8, 1788. V *Hist. des connaissances, et des progrès des sciences et du goût dans la Grande-Bretagne,* pour le *New Annual Register.* VI Éditions nouvelles des six *discours* de John Pringle, avec la vie de l'auteur, 1782, in-8. VII *Leçons et explications du nouveau Testa-* mer par le docteur Doddridge, avec la vie de l'auteur, 1792. On a en outre de lui divers autres ouvrages, et des *sermons.* L'université d'Edimbourg lui fit offrir le grade de docteur, comme un hommage rendu à son rare savoir. Il était de la société royale de Londres, et de celle des antiquaires. C'était un écrivain recommandable par la pureté et la correction du style, et non moins laborieux qu'intelligent ; mais du côté des principes religieux, il était unitaire déclaré, et latitudinaire au dernier point. Auteur ou éditeur de divers ouvrages très-répandus, il y semait ses sentimens. On dit qu'il croyait à la révélation ; il serait difficile de dire en quoi : il n'admettait ni la Trinité, ni l'éternité des peines, ni plusieurs autres dogmes essentiels du christianisme. Il n'a pas médiocrement contribué à la liberté d'opinions qui a prévalu dans l'église anglicane, et qui plus que jamais fait d'affreux ravages dans les églises protestantes. Kippis mourut à Westminster en 1795.

KIRKLAND ( Thomas ), célèbre médecin, naquit en Ecosse en 1721, et est auteur des ouvrages suivans : I *Recherches sur la partie médicale de la chirurgie,* 2 vol. in-8. II *Observations relatives aux remarques de Pott sur les fractures,* 1770. III *Traité sur les fièvres des femmes en couche.* IV *Pensées sur l'amputation.* V *Commentaire sur les affections apoplectiques et de paralysie.* On verra, par ces ouvrages, que Kirkland s'occupait aussi de chirurgie ; il obtint, en effet, dans cet art la réputation qu'il avait acquise comme médecin. Il était de la société royale d'Edimbourg, de celle de médecine de Londres, et d'autres savantes académies. Il mourut en 1798, à

Ashby-de-la-Zouch, au comté de Leicester.

**KLÉBER** ( Jean-Baptiste ), général français, naquit à Strasbourg en 1754. Il était fils d'un terrassier attaché à la maison du cardinal de Rohan, qui le destina à l'état d'architecte. Il vint à cet effet à Paris dès sa première jeunesse, étudia sous d'habiles maîtres, et faisait des progrès rapides, lorsqu'un accident imprévu vint interrompre sa carrière. Il se trouvait un jour dans un café où quelques étourdis insultaient des étrangers dont Kléber prit la défense. Ces étrangers étaient deux gentils-hommes bavarois, qui, reconnaissans du service qu'il leur avait rendu, l'invitèrent à les suivre à Munich. Ils lui ouvrirent dans cette ville l'entrée de l'École militaire, où Kléber se distingua par son assiduité au travail. Le général Kaunitz, fils du premier ministre, le prit en amitié, et, frappé de sa belle taille et de son esprit, l'emmena avec lui à Vienne, où il lui donna une lieutenance dans son régiment. L'Autriche était alors en guerre avec la Porte; Kléber fit sa première campagne en 1776, et mérita les éloges de ses chefs; mais voyant après sept ans de service qu'il ne pouvait obtenir d'avancement, il donna sa démission, revint en Alsace, et obtint par la protection de l'intendant Galaisière la place d'inspecteur des bâtimens publics à Béfort. Il reprit alors l'étude de l'architecture, et devint habile dans cet art. Après six ans d'une vie paisible, la révolution ayant éclaté, il en embrassa les principes, et ne tarda pas à les faire paraître publiquement. Le régiment Royal-Louis, qui restait fidèle à la cour, s'opposa à certaines mesures ordonnées par les officiers municipaux, ce qui donna lieu à une émeute. Kléber, qui s'y trouvait, prit le parti des municipaux, repoussa les soldats, et présenta même un défi au colonel. En 1792 il entra comme simple grenadier dans un régiment de volontaires du Haut-Rhin. Il s'y fit bientôt remarquer, et le général Wimpfen, qui commandait à Brissac, lui accorda le grade d'adjudant-major dans un bataillon qui allait se réunir à l'armée de Custine à Mayence. Kléber était né général, et sa réputation militaire commença lors du siége de cette place. Nommé adjudant général, il commanda et exécuta les sorties de Biberach et de Marienborn. Après la prise de Mayence il vint à Paris : appelé devant le tribunal révolutionnaire comme témoin dans l'accusation intentée contre Custine, il eut le courage de déposer en sa faveur. Il fut ensuite envoyé combattre les Vendéens, à la tete d'une colonne de la garnison de Mayence. Kléber venait d'être nommé général de brigade. Il rencontra l'armée royaliste à Torfou, forte de 20 mille hommes : il n'en avait que 4 mille et 6 pièces de canon. Entouré de toutes parts, après une vigoureuse résistance, il fit une habile retraite : il comprit alors qu'on ne pouvait vaincre les Vendéens qu'en imitant leur tactique. Il éprouva cependant un nouvel échec au delà de la Loire : on l'attribua aux généraux. Il s'ensuivit une altercation entre Kléber et le jeune Marceau, son rival de gloire ; le premier fut destitué, et le second le remplaça au commandement en chef. Marceau, quoique blessé par la brusque franchise de Kléber, aussitôt qu'il le vit disgracié, lui remit toute l'autorité, servit sous ses ordres, et ne garda que le vain titre de général. Kléber fut victorieux au Mans, poussa de marche en marche les débris des Vendéens entre la Loire et la Vilaine, et dit alors : « C'est ici que je les voulais. » Les commissaires de la convention qui suivaient toujours les armées, lui ordonnent de commencer l'attaque pendant la nuit : «Non, dit Kléber, il est bon de voir »clair dans une affaire sérieuse, et »celle-ci doit se décider au grand »jour; » et il défit complétement les Vendéens près de Savenay. Il répondit alors sur sa tête de la tranquillité des provinces insurgées; mais le comité de salut public ne voulut rien accorder, ni écouter aucun sentiment de clémence. Kléber fit son entrée à Nantes ; on lui donna une fête, et au moment où une couronne de laurier descendait sur son front, un des trois commissaires conventionnels s'écria « que ces »lauriers n'étaient pas dus aux géné- »raux, mais aux soldats. » — « Nous »avons tous vaincu, répondit Klé- »ber avec fierté ; je prends cette cou- »ronne pour la suspendre aux dra- »peaux de l'armée. » Les exécutions horribles qui avaient lieu après les batailles contre les prisonniers, excitèrent son indignation, et il ne la dissimula pas. La convention l'exila, et on commença à le regarder comme *suspect* et ennemi de la liberté. Son caractère franc et même brusque lui faisait en outre des ennemis, et retardait son avancement ; mais on avait besoin d'un grand général, et Kléber en avait toutes les qualités : on le rappela donc, et il fut successivement employé à l'armée du Nord, et puis à celle de Sambre-et-Meuse comme général de division. Il passa la Sambre en présence des armées alliées, et à la bataille de Fleurus, il commandait l'aile gauche opposée au prince d'Orange (qu'il arrêta au pont de Marchiennes), et contribua puissamment au succès de cette journée. S'étant ensuite porté sur Mons avec trois divisions, il força le camp retranché du mont Paris et le passage de la Roër, repoussa l'ennemi jusqu'à la rive droite du Rhin, et après vingt-huit jours de tranchée ouverte et quarante-huit heures de bombardement, il entra victorieux dans Maëstrich. Dans le mois d'octobre 1795, il commanda l'aile gauche de l'armée de Jourdan, et dirigea le passage du Rhin devant Dusseldorf. Quand cette armée, s'avançant sur le Mein, fut tournée par le général Clairfayt, Kléber dirigea sa retraite avec autant de sang-froid que d'habileté. Il seconda en 1796 toutes les opérations de Jourdan, et contribua à ses succès. A la tête de l'aile gauche, il força le passage de la Sieg, et mit en déroute l'armée du prince de Wurtemberg sur les hauteurs d'Altenkirchen. Atteint par l'armée de l'archiduc Charles, forte de 60 mille hommes, et lui n'en ayant que 20 mille, il prit une position avantageuse sur les hauteurs d'Ukrad, d'où l'ennemi ne put pas le déloger. Il battit ensuite le général Kray à Kaldieck, et le prince de Warterylebeu à Friedberg. Il commanda l'armée par *intérim* pendant quelques jours, et allait opérer sa communication avec l'armée de Rhin-et-Moselle par Heilbronn, et s'emparer de Francfort, lorsqu'une intrigue l'éloigna de l'armée dont il méritait si bien le commandement en chef. Quoique les journaux eussent annoncé en 1797, qu'il obtiendrait ce grade à l'armée de Sambre-et-Meuse, ce fut à Hoche qu'on le déféra. Kléber, mécontent du directoire, se retira à une maison de campagne qu'il avait achetée aux environs de Paris, où il s'occupait à rédiger des *mémoires* sur ses campagnes, lorsque Buonaparte l'engagea en 1798 à le suivre en Egypte. A peine arrivé, il se dirigea sur Alexandrie, et à l'escalade des remparts, il y reçut une blessure grave. Buonaparte, qui se portait sur le Caire, lui laissa le commandement d'Alexandrie. Kléber l'accompagna l'hiver suivant en Syrie à la tête de l'avant-garde, prit le fort d'El-Arish, suivit sa route dans le désert, s'empara de Gaza, de la ville et des forts de Jaffa. Pendant le siége de Saint-Jean d'Acre, il fut détaché du camp, battit les Turcs dans la plaine, et les força à se retirer vers le Jourdain. Après la levée du siége, il commanda l'arrière-garde, et protégea la retraite de l'armée. Il se signala de nouveau en Égypte au combat d'Aboukir, où les Turcs furent entièrement défaits. A son départ pour l'Europe, Buonaparte lui remit le commandement; Kléber se trouvait dans la position la plus difficile. Les fréquens combats, les marches forcées dans le désert, avaient affaibli notablement l'armée, qui se trouvait en outre dépourvue de munitions et d'argent, tandis que le grand visir s'avançait par la route de Damas avec 80 mille hommes et 60 pièces de canon, et que le fort d'El-Arish était déjà tombé en son pouvoir. Ne pouvant ni obtenir de secours, ni conserver l'Égypte, il continua avec les Ottomans les négociations entamées par Buonaparte; mais n'espérant d'elles aucun résultat sans l'entremise des Anglais, il choisit pour médiateur le commodore Smith. Le traité d'El-Arish fut conclu; il portait que l'armée française serait embarquée et transportée en France avec les armes et bagages; l'Egypte devait être entièrement évacuée, et tous les Français prisonniers mis en liberté; mais à peine Kléber,

fidèle au traité, eut-il remis aux Turcs tous les forts de la haute Égypte, la ville de Damiette, et qu'il se disposait à évacuer le Caire, que l'amiral Keith lui écrivit que son gouvernement lui défendait de permettre l'exécution d'aucun traité, à moins que l'armée française ne mît bas les armes, et ne se rendît prisonnière de guerre. Kléber indigné fit imprimer cette lettre pour lui servir de manifeste, et y ajouta ces mots : « Soldats, aux armes! vous »répondrez à une telle insulte par »des victoires. » Depuis ce moment Kléber vola de succès en succès. Ayant rapidement concentré son armée, il la développa dans les plaines de Coubé, rencontra l'avant-garde turque retranchée devant le village de Matarié; il l'enleva. Il aperçut l'armée du grand visir en bataille, au moment qu'il s'approcha de l'obélisque d'Héliopolis; elle était dix fois supérieure en forces; Kléber l'attaqua immédiatement, la repoussa, s'empara du camp d'El-Hanca, du fort de Belbeis, dispersa les Turcs dans le désert, se rendit maître à Salahieh de tous les bagages de l'ennemi et d'un butin prodigieux. Il reprit de vive force le Caire, où l'insurrection avait éclaté, ainsi qu'à Boulak. La révolution du 18 brumaire lui faisait espérer de prompts secours de la part du premier consul. En attendant, la victoire d'Héliopolis lui offrait la possession paisible de l'Egypte, au moins pour une année; l'armée elle-même montrait le désir de conserver cette conquête, tandis que les Egyptiens, étonnés de voir l'armée nombreuse du grand visir battue par une poignée de Français, crurent désormais que ces derniers resteraient leurs maîtres. Les contributions extraordinaires imposées à la ville du Caire, en punition de la révolte, mirent Kléber à portée de payer 11 millions d'arriéré, y compris la solde. Il forma une légion grecque, et un corps de Cophtes, qu'il fit instruire et habiller à la française. Il établit aussi un parc de 500 chameaux, et des ponts volans sur le Nil, pour faciliter le passage du fleuve aux troupes qui auraient à marcher de la côte aux frontières de la Syrie. Kléber s'occupa ensuite de la sûreté et de la prospérité de l'Egypte ; il mit un terme aux dilapidations, établit un comité administratif ; et respecté par les peuples conquis, aimé de ses subalternes, et chéri de tous ses soldats, il exerçait un pouvoir souverain et nullement disputé. Il quitta le Caire le 3 juin 1800, pour faire une tournée en Egypte ; le 14 il passa, dans l'île de Raouda, la revue de la légion grecque, et revint au Caire voir les embellissemens qu'on faisait à son hôtel. Il se promenait sur la terrasse de son jardin, lorsqu'un jeune Turc, nommé Soleyman, fanatisé par un ennemi caché, lui porta quatre coups de poignard, dont il expira quelques momens après. On arrêta aisément l'assassin, qui n'opposa pas la moindre résistance, et qui semblait regarder ce meurtre atroce comme une action inspirée et applaudie par le ciel. Il fut condamné par une commission militaire à périr au milieu des tourmens. Quand la triste nouvelle de la mort tragique de Kléber parvint en France, des bruits circulèrent que Buonaparte n'y était pas étranger, et on désigna le général Menou comme l'instrument dont il s'était servi pour remplir ce projet odieux ; mais depuis dix-huit ans on n'a rien écrit qui soit contraire aux relations officielles sur la mort de Kléber ; et

après la chute de Napoléon on n'aurait pas manqué de les démentir, quoique ce ne fût que pour rendre hommage à la vérité et à la justice. Kléber était sans contredit un des plus grands hommes de guerre qui aient paru de nos temps. Une activité infatigable, un rare sang-froid, beaucoup d'enthousiasme pour la gloire de son pays, un coup d'œil juste, une connaissance profonde de la tactique de son art, voilà les qualités qui distinguaient Kléber comme général. Désintéressé et humain, d'un seul regard il arrêtait les séditions, le brigandage et l'effusion du sang. Peu de chefs d'armée ont établi une discipline aussi exacte parmi les soldats ; et peu d'hommes, pouvant disposer des richesses conquises, ont su mieux les mépriser. Sa franchise, une certaine fierté, et un caractère facile à s'emporter, rendaient souvent son abord pénible à ceux qui l'approchaient ; mais ses actions et son équité lui gagnaient bientôt leur estime. Ses restes, rapportés à Marseille, furent déposés au château d'If. Sa majesté ordonna en 1818 qu'ils fussent recueillis et placés dans un monument qu'on doit lui élever dans la ville de Strasbourg. Un autre monument lui avait été décerné sur la place des Victoires, où le sénateur Garat prononça son éloge funèbre, qui fut imprimé avec celui du général Desaix, par le même auteur, à Paris, 1800, in-8.

KLOPSTOCK (Frédéric-Gott-lieb), célèbre poëte allemand, naquit à Quedlinbourg le 2 juillet 1724. Il traita avec un égal succès le poëme épique, le genre lyrique et la tragédie. Après avoir fait d'excellentes études en différentes universités d'Allemagne, il les termina à Leyde, où il fit ses cours de théologie. Ayant imaginé à cette époque de composer un poëme épique, et de le·versifier dans un mètre nouveau, il produisit les premiers chants de sa *Messiade*, qui furent insérés, en 1748, dans un journal de Zurich. Le succès qu'eut ce premier essai fut extraordinaire, et il le méritait à bien des égards. Il parut en entier deux ans après, et ne fit qu'affermir la réputation de son auteur. Le choix du sujet, la beauté des images, un style *toujours sublime et soutenu*, des pensées neuves et profondes, le ton noble, majestueux, et une certaine onction qui règnent dans tout l'ouvrage, placèrent Klopstock au premier rang des poëtes épiques de sa nation. Bodmer, Breitinger, Gessner, et autres hommes célèbres, avaient formé à Zurich une société littéraire qui attirait les regards de l'Europe savante. Ils s'empressèrent d'appeler parmi eux le jeune poëte, qui sut profiter de leurs conseils et de leurs lumières. Il acquit en même temps un puissant protecteur dans le comte de Bernstorf, qui l'invita à se rendre auprès de lui à Copenhague. L'auteur de la *Messiade* y arriva en 1751, et fut parfaitement accueilli. Dans cette même année, en passant par Hambourg, il avait connu une femme spirituelle qui, éprise d'avance du talent de Klopstock, lui ofirit elle-même sa main, et l'épousa. Elle s'appelait Meta Moller. Il l'emmena avec lui dans la capitale du Danemarck, où Frédéric V, d'après les bons offices du comte de Bernstorf, lui accorda une riche pension. Quelque temps après il en obtint une autre du margrave de Bade. Mais la satisfaction que lui causaient ces bienfaits, et l'estime dont il se rendait de jour en jour plus digne, fut troublée par deux pertes bien sensibles pour Klop-

stock, celles de sa femme ( 1758 ) et de son protecteur, qui mourut en 1771. Il passa alors à Hambourg où il fixa sa demeure, et s'occupa entièrement de la composition de ses différens ouvrages. Ses poésies lyriques l'avaient déjà fait surnommer le *Pindare* de l'Allemagne. Il voulut essayer le genre tragique, et il n'y obtint pas moins de succès. Après une longue carrière, Klopstock mourut le 13 mars 1803. Séduit par les principes que les républicains français répandaient dans toute l'Europe, et par lesquels ils promettaient la régénération des peuples, Klopstock chanta dans ses *odes* cette *liberté* et cette *égalité* funestes dont il ne prévoyait pas les résultats. Cela lui mérita le titre de citoyen de la république française; mais après la mort du meilleur des monarques ses yeux se désillèrent, et dans ses nouvelles poésies il se déchaîna contre la révolution, voua Marat à l'exécration des hommes, et consacra une de ses plus belles odes, *les deux Tombeaux*, aux mânes du duc de la Rochefoucauld et de Charlotte Corday. Les principaux personnages de Hambourg assistèrent à ses funérailles. Voilà la liste de ses principales productions : I la *Messiade*, poëme en 20 chants, Halle, 1769, 4 vol. in-8; Altona, 1780, traduite en français par la princesse de Kourzrock, Allemande, de l'académie des Arcades, Aix-la-Chapelle, 1801, 3 vol. in-8. II Plusieurs *poëmes et poésies lyriques*, Hambourg, 1798. III Des *Tragédies*, parmi lesquelles on remarque la *Mort d'Adam*, traduite dans presque toutes les langues de l'Europe, et dont il existe deux traductions en français : celle de l'abbé Roman, avec un discours préliminaire, Paris, 1762, in-12; et celle de l'abbé de Saint-Etner, ibid., 1770, in-8; les *Bardits*, c'est le titre de trois pièces, dont le héros est le célèbre *Arminius* ou *Hermann*, et qui sont d'un genre tout-à-fait nouveau; *Salomon*, *David*, etc. Les tragédies de Klopstock sont les plus régulières du théâtre allemand, et se distinguent par le style, par le plan, par des sentimens énergiques, et une extrême sensibilité. IV La *République des lettres allemandes*, 1774. V *Traité sur l'orthographe allemande*, 1778. VI *Fragmens sur la langue et la poésie*, 1779. VII Des *Dialogues grammaticaux*, 1794. On peut considérer Klopstock comme le créateur de la langue poétique de son pays; et si Gessner et autres écrivains célèbres avaient commencé à remplir cette entreprise difficile, c'est Klopstock qui l'a glorieusement achevée, et il a porté cette langue au point de perfection dont elle était susceptible. Il n'était cependant pas exempt de défauts. On en trouve surtout dans la *Messiade;* mais ils sont presque effacés par un grand nombre de beautés du premier ordre. La brillante réputation de ce poëme ne s'est pas toujours soutenue; mais ses *poëmes lyriques*, et quelques-unes de ses tragédies suffiraient pour éterniser en Allemagne le nom de leur illustre auteur.

KOFFLER ( Jean ), missionnaire en Cochinchine, où il demeura 14 ans, et parvint à être médecin du roi; emploi qu'il exerça pendant sept ans. Ayant quitté ce pays en 1755 pour revenir en Europe, il fut arrêté en Portugal. Il profita du loisir de sa détention pour rédiger des mémoires sur son voyage. Il résulta de son travail une *description succincte* de la Cochinchine. Le P. Eckart la divisa en chapitres et la publia avec des notes. M. de Murr

la fit réimprimer en 1805 sous ce titre: *Joannis Koffler historica Cochinchinæ descriptio, in epitome redacta, ab Ans. ab Eckart, edente Chr. de Murr*, 126 pag. in-8. Koffler ayant recouvré sa liberté, fut envoyé en mission en Transylvanie, et y passa le reste de sa vie. Il mourut en 1780. On trouve dans l'introduction de son ouvrage quelques particularités qui lui sont personnelles. Il y donne aussi des détails sur le collége Clémentin à Prague, tenu alors par les jésuites.

KOMARZEUWSKY ( Jean-Baptiste ), écrivain et général polonais, naquit à Varsovie en 1748, et reçut sa première éducation chez les jésuites. Il suivit la carrière des armes et obtint la bienveillance du roi Stanislas Poniatowski, qui le nomma général en 1780. Il accompagna ce monarque à Kancef lors du voyage de Catherine II, dans la Tauride, en 1787. Sincèrement attaché à son souverain, il partagea tous ses malheurs, et il se prononça ouvertement contre la Russie, lors du premier démembrement de la Pologne en 1772, et professa les mêmes principes lorsqu'on opéra un second partage de ce royaume entre les trois monarques de Russie, d'Autriche et de Prusse. Dès l'année avant, les troupes russes avaient envahi les états de Stanislas. Après l'abdication forcée de ce monarque, Komarzeuwsky se livra à la culture des sciences et des lettres. Il était très-versé dans la géométrie et la géographie, et avait été membre de la société littéraire de Varsovie, et de l'académie royale de Londres. En 1806, il vint à Paris, se lia avec les principaux savans, et se fit aimer par ses talens et par l'égalité de son caractère. Il mourut dans cette ville en 1809. On a de lui une *Carte géo-*

*graphique de la Pologne*, une des meilleures qu'on connaisse, publiée en 1796. Le *Graphomètre souterrain*, qu'il donna vers la même époque, accompagné de cartes et de gravures, est très-utile pour tous ceux qui veulent faire exploiter des mines. *Coup d'œil sur la révolution de la Pologne*, Paris, 1806, in-8; ouvrage assez bien écrit, mais qui n'est qu'un panégyrique du roi Poniatowski. Il eut un succès assez éphémère, auquel eurent part plusieurs raisons politiques. Presque en même temps parut l'ouvrage posthume de Rulhière sur le même sujet, et on oublia aussitôt celui du comte Komarzeuwsky.

KRESA (Jacques), jésuite allemand, né en Moravie en 1648, avait fait ses premières études à Brinn. On ignore l'époque précise de son entrée dans la société; mais peu de ceux qu'elle admit dans son sein contribuèrent davantage à son illustration. Le P. Kresa avait, pour ainsi dire, tout étudié et presque tout appris. Ceux qui ont fait mention de lui, parlent de la vaste étendue de ses connaissances; il écrivait et parlait avec une singulière facilité le latin, le grec, l'hébreu, l'italien, le français, l'espagnol et le portugais. Il possédait à fond la philosophie et la théologie; il était un des plus habiles mathématiciens de son siècle; il fut professeur d'hébreu à Prague et à Olmutz. Sur sa réputation on l'appela à Madrid pour professer les mathématiques, et il passa quinze ans dans cet emploi; cela ne l'empêchait ni de prêcher ni de diriger les consciences. Il fut en Espagne confesseur du roi et de la reine; il l'avait été précédemment du roi et de la reine de Bohême. Il était allé en Bohême après la mort de Charles II, mais on le fit revenir sous son suc-

cesseur. Cependant il retourna à Brinn, et y mourut en 1715, à l'âge de 67 ans. On a de lui : I une *traduction d'Euclide* en espagnol. II *Analysis speciosa trigonometriæ sphæricæ, primo mobili, triangulis recilineis, progressioni arithmeticæ et geometricæ, aliisque problematibus à R. P. Jacobo Kresa*, Prague, 1 vol. in-4, 1721, œuvre posthume.

KREUZ ( Frédéric-Charles-Casimir, baron de), poëte allemand, l'*Young* de son pays, naquit en 1745, et mourut à l'âge de 45 ans. Le meilleur de ses ouvrages, tous fort lugubres, est le poëme intitulé *les Tombeaux*, Francfort-sur-le-Mein, 1769. Nulle méthode, de l'obscurité, des vers parfois prosaïques et durs, de grandes beautés, des images sublimes, un sentiment profond du sujet, voilà les défauts et les qualités de cet ouvrage.

KRIEG (Jean-Frédéric), général français, naquit à Lahr en Brisgaw en 1730. Il fut élevé en France, et entra au service à l'âge de 16 ans. Krieg suivit le maréchal de Saxe dans toutes les campagnes que ce fameux général fit dans le Hanovre. Il se trouva à la funeste bataille de Rosbach (5 novembre 1757), où il reçut sept blessures; il fut alors nommé capitaine de cavalerie. Après la bataille de Minden, il eut le grade de major, et à celle de Clostercamp, il protégea la retraite de l'armée française, et reçut seize blessures qui l'éloignèrent du service pendant trois ans. Krieg commandait une batterie flottante au siége de Gibraltar (1782), et ces batteries ayant été détruites, il se sauva à la nage, dangereusement blessé. Après une si brillante carrière, séduit par les prestiges de la révolution, il en adopta les principes, et devint aide de camp du général Wimpfen; il était alors capitaine au régiment Nassau. Du nombre des mécontens, il se plaignait qu'après 38 ans de service, son avancement n'avait pas été bien rapide, ni sa fortune en meilleur état. Au siége de Thionville, il commandait en second cette place, et contribua à la retraite des alliés par les fréquentes sorties qu'il fit, et dans lesquelles ils perdirent beaucoup de soldats. Les ennemis s'en souvinrent, et, en se retirant, ils mirent le feu à la seule propriété qu'il possédait, consistant en une petite faïencerie située à Oberkirch dans le Brisgaw. Envoyé à Nancy, il y organisa la légion de la Moselle. Quelque temps après, il fut nommé colonel d'infanterie, puis général de brigade, enfin général de division, et commandant de Metz. En 1793, il devint suspect au parti jacobin, dont il condamnait hautement les crimes; et, malgré les services importans qu'il avait rendus à la république dans les diverses armées où il avait été employé, on l'arrêta, et il fut transféré dans les prisons de Paris où il languit pendant quinze mois. Après le règne de la terreur, il recouvra sa liberté; on lui donna le commandement d'une armée de la Vendée. Il eut la funeste gloire de contribuer aux succès de Hoche contre les royalistes, qu'il défit en plusieurs occasions. Cette guerre ayant fini par la mort de ses plus braves chefs, il fut nommé général commandant en chef de Paris, place qu'il occupa pendant dix-huit mois. Chargé d'années et d'infirmités, il obtint sa retraite et alla se fixer à Bar-sur-Ornain; il y mourut en 1800. Il avait cinquante-quatre ans de service actif et trente-trois blessures. Ce général, d'ailleurs d'un courage à toute épreuve, était très-instruit dans la tactique militaire. S'il eut le tort de servir une cause injuste, on ne peut pas, cependant, lui refuser le mérite de s'être prononcé contre les forfaits de la révolution, d'avoir été le père des soldats, et d'avoir souvent soulagé l'infortune.

KYNASTON (Jean), théologien anglican, né à Chester en 1728, fit ses études au collége de *Brasen Nose* ( nez d'airain ), dont il devint boursier. On ne connaît de lui qu'une *harangue* qu'il prononça dans son collége, et qui avait pour titre : *De impietate C. Cornelio Tacito falsò objectatá, oratio habita in sacello collegii Æneï Nasi*, Lyon, 1761. Il est mort en 1783.

# L.

LABAT (dom Pierre - Daniel), bénédictin de la congrégation de Saint-Maur, né à Saint-Sever, cap de Gascogne, en 1725. Après avoir fini ses études assez jeune, il embrassa la vie monastique, et fit profession de la règle de Saint-Benoît à Toulouse dans l'abbaye de la Daurade en 1742. Il était prieur de ce monastère en 1768, et il s'y distinguait par ses vertus religieuses et son application aux études ecclésiastiques. Il en fit preuve dans les conférences qu'avait établies dans son diocèse l'archevêque de Toulouse Brienne. Dom Labat s'y montra avec éclat; il avait long-temps professé la théologie dans sa congrégation. Peu de temps après, il quitta la Daurade pour se livrer à des travaux d'érudition; et celui auquel il fut appelé intéressait toute l'église gallicane. Dom Jean Hervin, mort bibliothécaire de l'abbaye de Saint-Germain-des-Prés, avait entrepris une nouv. édition *des conciles tenus dans les Gaules et en France.* Dom de Coniac la continuait aux Blancs-Manteaux; il proposa en 1770 à dom Labat de s'associer à son travail; bientôt celui-ci en fut chargé seul, et cela ne le découragea point. Il fit paraître en 1785 un mémoire où il donnait une idée de l'ouvrage, et il en publia le premier volume en 1789. La révolution commençait : les corps religieux étaient menacés, et les circonstances n'étaient point engageantes. Cependant dom Labat continuait d'imprimer, et il en était à la moitié du second volume quand il lui fallut quitter son monastère. L'ouvrage fut abandonné. N'y ayant plus ni communautés religieuses, ni même d'établissemens ecclésiastiques pour les acheter, peu d'exempl. du 1er vol. furent mis en circulation, et le travail de dom Labat fut à peu près perdu. Il avait aidé dom Clémencet dans son édition de *St. Grégoire de Nazianze,* et il rendit le même service à l'abbé de Rastignac pour les ouvrages que celui-ci publia contre la constitution civile du clergé. On a de lui en outre : 1 un petit écrit sur la *Grâce,* composé du temps des conférences de Toulouse. Il n'a que 24 pages; mais il passe, par sa précision et sa solidité, pour un modèle en ce genre. Il *Histoire de l'abbaye de Saint-Polycarpe,* 1785, 1 vol. in-12. Dom Labat s'était retiré à Saint-Denis, où il exerça les fonctions du ministère, lorsque le culte fut rétabli. Il avait toujours été un religieux fort attaché à ses devoirs et

d'une régularité parfaite; il avait soutenu les anciennes pratiques de l'ordre de Saint-Benoît contre le relâchement et les innovations qu'on cherchait à introduire dans la congrégation de Saint-Maur, et s'était opposé vigoureusement à la fameuse requête de quelques religieux de l'abbaye de Saint-Germain-des-Prés. Il mourut à Saint-Denis le 10 avril 1803, âgé de 78 ans.

LABLANDINIÈRE ( Jacques-Pierre Soreile de ). *Voy.* COTELLE.

LACLOS (Pierre-Ambroise-François Chanderlos de ) naquit à Amiens en 1741, entra au service dès sa première jeunesse, et se fit remarquer par l'immoralité extrême et de ses mœurs et de ses écrits. Son roman intitulé *les Liaisons dangereuses* ( Paris, 1782, 4 v. in-12 ), où il offre le tableau de la galanterie moderne, sera toujours regardé comme l'école la plus raffinée du vice et de l'impudence. Cependant ce livre, qu'on aurait dû soustraire aux yeux de la jeunesse et des honnêtes gens, établit sa réputation littéraire. C'est alors qu'il chercha à s'insinuer dans la maison de MONSIEUR, actuellement Louis XVIII; mais les titres qu'il y apportait l'en devaient à jamais exclure. Il s'adressa donc au duc d'Orléans, auprès duquel une conformité de mœurs le rendait plus accessible. Ce prince le nomma son secrétaire des commandemens; et il faut avouer qu'il dut en grande partie aux conseils de son protégé les fautes qu'il commit dans sa carrière politique. La révolution éclata : Laclos était à cette époque officier d'artillerie. Voulant appartenir à un parti, sa position le rangea naturellement dans celui du prince qu'il servait, et dont il connaissait les écarts et l'ambition. Il devint un de ses plus affidés, et tout en flattant ses penchans il parvint à le rendre chef de faction. Pour réussir dans leurs projets, il fallait armer les Français, afin de les diriger ensuite suivant les circonstances. C'est à Laclos que l'on fait le triste honneur d'avoir inventé la *fable des brigands* qui devaient venir ravager la France au même jour et à la même heure. Effrayée par ce faux bruit, la nation s'arma presque tout entière ; et dans les villes comme dans les campagnes, tous étaient préparés à repousser ces brigands qui n'arrivèrent jamais, tandis que de véritables existaient dans plusieurs parties du royaume, et surtout dans la capitale. La France ainsi armée en moins de quarante-huit heures, il fallait diriger ces armes contre l'autorité légitime, et c'est à quoi Laclos contribua par tous les moyens qui étaient en son pouvoir. Il excita le parti orléaniste et par ses discours et par de grandes promesses : il était partout, il pourvoyait à tout. Peu d'hommes, et il y en avait malheureusement beaucoup de sa trempe, ont montré plus de haine contre Louis XVI, contre son auguste épouse et les princes ses frères. La plupart des calomnies dirigées contre cette famille infortunée, forgées au Palais-Royal, furent encore de l'invention de Laclos. Agent de celui qui pouvait disposer d'immenses richesses, il en était un des distributeurs parmi ce peuple qui, à l'appât du moindre intérêt ou par un esprit de changement, tantôt abat, tantôt élève l'idole, objet tour à tour de sa haine et de son adoration. D'après l'assertion de témoins irrécusables, Laclos fut un des meneurs des terribles journées des 5 et 6 octobre, lorsque ce peuple égaré alla attaquer le château de Versailles. On le vit le 5 au soir, vêtu d'un

habit brun, au milieu du premier groupe de femmes qui venaient de Paris pour cette odieuse expédition. Le 6, caché sous ce déguisement, on le vit encore irriter, diriger cette portion du peuple qui pénétra dans le château, insulta au monarque, et mit en danger les jours de la reine. Après ces deux journées de funeste mémoire, Laclos suivit le duc d'Orléans dans son exil à Londres. Il y continua toujours ses menées, et indiqua à Latouche le moyen d'éluder les poursuites du Châtelet relatives à ces journées. Une aveugle indulgence avait consenti au retour du duc dans la capitale. Laclos reprit alors le fil de ses intrigues, visita secrètement les faubourgs les plus révolutionnaires, y répandit de nouvelles largesses ; et pour rendre plus fort le parti qu'il appuyait, il se mêla parmi les jacobins, fréquenta leur club, et après l'arrestation de Louis XVI à Varennes (1791), il proposa toutes les mesures propres à exciter une insurrection qui pût renverser de son trône ce monarque aussi malheureux que trop confiant. Il fut le principal auteur du rassemblement du Champ-de-Mars, contre lequel la Fayette fit marcher des troupes sur la demande de Bailly. En 1792, Laclos fut donné pour conseil au général Luckner, et l'accompagna à l'armée de Flandre, où il ne fit rien qui attestât ni ses talens ni sa bravoure. Il avait dirigé le peuple en faveur de son chef, et il voulait également faire tourner à son profit et le général et l'armée ; mais l'arrestation du duc d'Orléans mit fin à ces projets. Enveloppé dans sa ruine il fut traduit en prison ; il sut cependant racheter sa vie en se rendant utile aux jacobins, qui le gardèrent toujours captif, tout en se servant de sa plume. On assure que dans son cachot, il rédigea plusieurs discours que prononcèrent Robespierre et autres chefs de la même faction. Il n'obtint sa liberté qu'à la chute de ce tyran; il vécut long-temps ignoré, et il aurait dû l'être toujours. Etant parvenu à entrer en activité de service, il fut nommé colonel d'artillerie lors de la création du consulat. Laclos servit dans la seconde guerre de Naples; et quoiqu'il ne se fît pas remarquer, on le nomma inspecteur général d'artillerie. Il mourut à Tarente le 5 septembre 1803. Outre le roman ci-dessus indiqué, Laclos a laissé quelques écrits sur l'art militaire qui ne sont pas d'une grande importance. Si on en excepte un style assez facile, il ne possédait d'autre véritable talent que celui de l'intrigue et des complots: talent qui déshonore et celui qui le possède et celui qui le protége, et qui devient souvent funeste à tous les deux.

LACOMBE ( J.-B. ) naquit vers 1750 à Toulouse, où il fut instituteur. Faute de talens, il eut peu de succès dans cette place, et il alla à Bordeaux croyant y trouver plus de bonheur. Des escroqueries sans nombre le forcèrent à quitter cette ville; il erra de campagne en campagne, jusqu'à ce qu'il parvînt à établir une école dans un village. Un homme comme Lacombe ne pouvait être heureux que sous le règne des proscriptions; ce règne arriva par malheur après le 31 mai 1793. Il sortit alors de sa retraite, s'insinua auprès des représentans en mission à Bordeaux, obtint leurs bonnes grâces, et fut nommé président du tribunal révolutionnaire qu'ils établirent dans cette ville. Lacombe se livra alors à toute l'avidité et à la cruauté de son caractère; il ne se passait presque pas de jour qu'il ne se signalât par des concussions et des meurtres; il avait consigné dans une liste les noms des plus riches particuliers de Bordeaux; il les dénonçait lui-même, et s'enrichissait après de leurs dépouilles. Il envoya à l'échafaud jusqu'à trente personnes à la fois; femmes, vieillards, rien n'était épargné. Six mois s'étaient à peine écoulés depuis qu'il exerçait son odieux ministère, et Lacombe était déjà devenu un des hommes les plus riches du pays, si cependant il en existait encore. D'après le système de ces temps affreux, les chefs de la révolution choisissaient pour leurs agens les hommes les plus avides et les plus sanguinaires, et les laissaient dilapider pour s'enrichir à leur tour de leurs rapines. On dénonça Lacombe comme ayant dépassé les pouvoirs qu'on lui avait confiés. Il allait prouver le contraire, mais on ne lui accorda aucun moyen de défense: on ne put cependant l'empêcher de prononcer ces paroles mémorables: « Si j'avais suivi avec exac-»titude les ordres des représentans, »j'aurais fait périr le double de vic-»times, et beaucoup de ceux qui »m'écoutent n'existeraient plus. » Ce n'était pas la première fois que des bourreaux reprochaient à d'autres bourreaux non moins atroces le sang qu'ils avaient fait répandre. Une foule immense concourut pour voir son supplice: on l'accablait de malédictions; des femmes dansaient autour de la charrette qui le portait, en poussant des cris de joie. Ce même spectacle se renouvela à Paris plusieurs fois, et notamment à la mort de Robespierre. Lacombe fut exécuté en juin 1794.

LACOSTE ( Elie ) naquit vers 1740 à Montignac, où il était médecin. Il quitta cette profession pour devenir un des plus fougueux révolutionnaires. Nommé à l'assemblée législative, et puis à la convention, il suivit constamment le parti de la *montagne*, c'est-à-dire qu'il fut un des persécuteurs les plus acharnés de la monarchie et de la religion. Ne pouvant pas se faire remarquer par ses talens, il se signala par ses opinions démagogiques. Après avoir présidé la convention (en mai 1794), il fut membre du comité dit de sûreté générale, qui envoya tant de victimes à l'échafaud sous le règne de la terreur. Le 14 de ce même mois, il fit le rapport de la conspiration supposée de Batz, ou de l'étranger, tendante, selon lui, à assassiner Collot-d'Herbois et Robespierre ; mais, ainsi que plusieurs autres jacobins de ce parti, quand il crut s'apercevoir que le règne du tyran menaçait ruine, il se rangea du côté de ses dénonciateurs. Il était alors sorti du comité de sûreté générale qui avait fait place au tribunal révolutionnaire. Il avait combattu avec force la dénonciation de Lecointre de Versailles, dirigée contre des membres de l'ancien comité de salut public. Il demanda l'arrestation de son auteur, comme tendant à ramener le système monarchique. Le 27 juillet de la même année (9 thermidor), il s'éleva contre Robespierre qui l'avait exclu du nouveau tribunal, dénonça Labretche, exécuteur des mesures prises pour dissoudre la convention ; et le 29, il fit décréter que le tribunal révolutionnaire serait remplacé par une commission. Après la mort du tyran (27 juillet 1794), de nouvelles accusations s'élevèrent contre les prévenus de l'ancien comité de salut public, non moins coupables que ceux du tribunal révolutionnaire ; Lacoste, comme leur collègue, chercha à les défendre, mais inutilement. Après l'insurrection de prairial, on

l'attaqua lui-même directement le 28 mai 1795, et il fut traduit en prison ; ayant eu égard dans la suite aux services qu'il avait rendus le 9 thermidor (27 juillet), on lui rendit la liberté, mais il fut exclu du corps législatif. Il est mort en 1803.

LACROIX ( J.-P. ) naquit à Pont-Audemer en Normandie en 1754. Il était destiné au barreau ; mais il interrompit ses études pour entrer dans la gendarmerie royale. Il les reprit ensuite, et était avocat à Anet, près de Dreux, au commencement de la révolution. Il s'en déclara partisan, et fut nommé procureur général syndic, et puis député d'Eure-et-Loir à l'assemblée nationale. Il n'y montra d'abord que des opinions fort modérées. Lacroix avait une taille imposante, une figure agréable, de l'éloquence, et une force d'organe qui pouvait être comparée à celle de Bourdon et de Danton, qualités alors bien essentielles pour dominer le tumulte des séances et les cris des tribunes. Tous les partis se le disputèrent : ceux de la Gironde et de d'Orléans lui firent les plus magnifiques promesses. Lacroix s'attacha à celui de la cour, refusa le second ; mais les manœuvres des orléanistes, ou plutôt leurs présens, parvinrent enfin à l'attirer dans leur parti. Il cessa alors d'être modéré ; et celui qui paraissait avoir les jacobins en horreur, ne les imita que trop dans les mesures violentes qu'il proposa, et qu'il fit adopter. Il attaqua, en 1791, les ministres et la cour, provoqua ensuite les décrets contre les émigrés, et renouvela la proposition relative au licenciement de la garde du roi. Il défendit d'Orléans et Dumouriez, accusés d'être d'une faction contraire à l'assemblée nationale. Le 3 janvier 1793, il fit ordonner que les bronzes des édifices

nationaux et les statues des rois seraient convertis en canons; et le 5
février il accusa Louis XVI comme
auteur de tous les troubles par son
refus de sanctionner le décret contre
les prêtres. Dans le mois de mai il
se plaignit hautement de la lenteur
qu'on mettait dans la déportation des
ecclésiastiques insermentés, proposa
de confisquer les biens des officiers
émigrés, et défendit ensuite une
adresse violente contre le roi, envoyée par les factieux de Marseille.
Il renouvela ses attaques contre les
ministres et les généraux, devenus
suspects parce qu'ils n'étaient pas
toujours victorieux. Lorsque l'assemblée déclara la patrie en danger,
il demanda qu'elle fût investie de
tous les pouvoirs. A la séance du 10
août il signala sa haine contre la
royauté, au moment même où l'on
venait de la détruire, en faisant décréter l'envoi des commissaires aux
armées pour leur apprendre la déchéance de Louis XVI, et proposa la
création d'une cour martiale pour juger les soldats suisses faits prisonniers
à l'attaque des Tuileries, coupables,
selon lui, pour avoir été fidèles à leurs
sermens, et répandu leur sang en défense de la bonne cause. Nommé président de l'assemblée le 19 août, il
proposa que les prêtres insermentés
fussent déportés à la Guiane. Le 4
octobre il fut élu président. Dans cet
intervalle, afin de prévenir toute accusation, il produisit une lettre de
l'ex-ministre Narbonne, qu'il s'engageait à poursuivre comme calomnia-
teur. Il s'agissait dans cette lettre
d'une somme considérable que ce
ministre disait avoir remise à Lacroix
pour être partagée entre lui, Gensonné, Thuriot, Albite, Bazire,
Merlin de Thionville, Brissot, Chabot, etc. Ce qu'il y a de certain, c'est
qu'en 1791 ces députés négocièrent

avec la cour, qu'ils abandonnèrent
aussitôt. En 1792, se souvenant
qu'il avait jadis servi dans la gendarmerie, il demanda et obtint à ce
titre (au mois d'août) la croix de
Saint-Louis et un brevet de colonel.
Son ambition, une espèce d'influence
qu'il exerçait dans l'assemblée, son
intimité avec Danton, éveillèrent la
jalousie du soupçonneux Robespierre, qui, décidé à les perdre tous
deux, les fit envoyer en mission dans
la Belgique. Lacroix et son ami firent, dans le cours d'une année, trois
voyages dans ce département, où ils
s'enrichirent des dépouilles des églises, des habitans, et même de l'armée française qui se retirait d'Alen-
torm aux frontières de la France. A
son retour les *girondins* l'accusèrent sur ses déprédations et sur ses secrètes intelligences avec Dumouriez;
mais le parti de Danton, encore puissant à cette époque, le soutint contre
tous ses adversaires. Dans son absence il adressa son vote à la convention pour *la mort du roi*. En mai
1793 il obtint le brevet de maréchal
de camp. Il avait été membre (en mars)
du comité de salut public et ensuite
coopéra à l'établissement du tribunal
révolutionnaire. Afin de détourner
en partie les dénonciations qui pesaient sur lui, il affecta de déclamer
contre les trahisons de Dumouriez,
fit décréter que les membres de la
famille royale serviraient d'otages
pour garantir la vie des commissaires
livrés par ce général aux Autrichiens,
et qu'aucun noble ne serait admis
dans le camp sous la capitale. Dans
ce même mois de mai il se prononça
contre ceux de la Gironde, et les
poursuivit jusqu'au renversement de
leur parti. Quoique ennemis entre
eux, Robespierre, Danton et Marat
se virent forcés à se réunir pour résister à leurs ennemis communs.

Aussi Lacroix prit, le 27 mai, leur défense, et fit casser la commission des douze, établie pour examiner la conduite de la municipalité de Paris. Dans le mois de juin, et après la chute des *girondins* (le 31 mai), il provoqua les mesures contre leurs députés fugitifs, contre leurs partisans, et fit décréter la démolition de la maison de Buzot à Evreux. Dans le même mois il fit élever l'armée révolutionnaire au nombre de 6,000 hommes. Enfin on vit toujours Lacroix devenir l'ennemi le plus acharné de ceux qu'on persécutait. Le parti de la Gironde, tant qu'il exista, se rendit terrible aux jacobins des différentes factions, dont les principales étaient celle des *cordeliers* et celle de la *montagne*, et qui, comme nous l'avons fait observer, n'avait fait jusqu'alors cause commune que pour opposer toutes leurs forces à celles des *girondins* Après la chute de ceux-ci, les deux factions ne gardèrent plus de mesure, et ne s'occupèrent que de leur ruine réciproque. La grande lutte ayant commencé entre Robespierre, chef de la *montagne*, et Danton, chef des *cordeliers*, le premier dirigea ses attaques contre Lacroix, ami de son adversaire. On reproduisit ses anciennes liaisons avec Dumouriez, dénoncées d'abord par le girondin Lassource quelques mois auparavant; on rapporta les dernières paroles de Miarezensky, créature de Dumouriez, et qui, en mourant, avait accusé Lacroix d'être un des complices de ce général dans les déprédations exercées dans la Belgique. Lacroix prononça le 28 janvier un discours dans lequel il combattit plusieurs faits allégués contre lui comme n'étant appuyés par aucune preuve légale, et rappela, à sa décharge, qu'il avait été un des accusateurs de Dumouriez. D'après

cette défense, peu valable par elle-même, on le laissa quelques jours en repos. Pendant ce temps il fit imprimer le *Mémoire* justificatif de sa mission; mais Robespierre ne le perdit pas de vue, et quand le moment propice fut arrivé il prit ses mesures avec Saint - Just et les autres membres du comité de salut public. La lutte avec Danton recommença, et celui-ci ayant succombé, on le traduisit en prison avec Lacroix et ses autres adhérens. En arrivant au Luxembourg, lieu de sa détention, Lacroix, par un sentiment qui ne lui était pas assez naturel, affecta de s'attendrir, avec son ami Danton, des nombreux prisonniers qu'ils y trouvèrent renfermés. Ils se livrèrent ensuite, l'un et l'autre, à une gaieté qu'ils s'efforcèrent de conserver devant le tribunal qui les condamna à mort. Lorsqu'on leur apporta leur acte d'accusation, Danton lui demanda en riant : « Eh bien ! qu'en » dis - tu ? Je vais, répondit - il, » me couper les cheveux, afin que » Samson n'y touche pas. » Ils périrent sur l'échafaud le 5 avril 1794. D'après le récit de Mercier, dans son *Tableau de Paris,* « Lacroix favorisa les troubles, les insurrections, les massacres, défendit tous les assassins, participa aux spoliations de Dumouriez, fut le complice de Danton, et, à l'aide de ses crimes, il avait acquis en peu de temps de riches propriétés. »

LACROIX DE CONSTANT (Charles de), naquit à Givry en Champagne le 15 avril 1741, fut élevé à Paris où il fit ses études avec honneur dans le collège de Graslins. Après avoir reçu le grade de docteur, il suivit le barreau, qu'il quitta lors de la suppression des parlemens en 1775. Turgot qui le protégeait, lui donna une place honorable dans ses bureaux; mais à la disgrâce de ce ministre il fut congédié; il obtint cependant une pension de six mille livres; s'étant retiré en Champagne, il s'occupait de la culture des belles-lettres, lorsque la révolution le rappela à Paris. En 1789, il fut nommé membre des assemblées provinciales et administrateur de son département; celui de la Marne le choisit pour son député à la convention nationale, où il n'eut pas occasion de figurer. Il ne remplit que des commissions particulières, telles que de surveiller les manufactures d'armes, et de seconder en 1792 la levée en masse destinée contre les alliés, qui étaient déjà sur le territoire de la France. Lacroix, sans se signaler d'abord comme un des plus énergumènes, ne contribua pas moins aux progrès de la révolution; il vota pour la *mort* de Louis XVI, sans appel et sans sursis, en reconnaissance de la pension qu'il avait jadis obtenue de ce bon roi. Depuis ce temps il sembla faire cause commune avec les jacobins. On le nomma en avril 1793 membre du comité de salut public, dont il fut secrétaire le 19 juin. Afin de mieux propager le jacobinisme, il fit décréter des peines rigoureuses contre les administrations qui empêcheraient les sociétés populaires, qui étaient souvent les foyers des insurrections. Cependant, soit par un sentiment d'humanité ou de justice, il sauva quelques victimes des mains des terroristes qui signalaient leur fureur dans le département des Ardennes : il y avait été envoyé en mission en juin 1794. De retour à Paris, il attaqua, le 14 thermidor (1er août 1795), devant la convention, un article concernant le traité de paix avec l'Espagne, où ce gouvernement avait compris dans les limites respectives, quelques communes appartenant à la France. Le mois de septembre suivant, il entra au conseil des anciens, et en fut élu secrétaire dès la première séance. Ayant passé en septembre au conseil des anciens, il s'opposa au serment *contre la royauté*, disant qu'il était contraire à la dignité des représentans. Nommé par le directoire ministre des relations étrangères, le 4 novembre de la même année, il signa la paix avec l'infant de Parme, traita avec le Portugal, et négocia avec l'Angleterre. Quelque temps après, lors des nouvelles ruptures avec cette puissance, il signifia à lord Malmesbury de quitter Paris. En 1797 il fut nommé ambassadeur en Hollande, et en 1799 il fut porté au nombre des candidats pour le directoire, qui, par les événemens du 18 brumaire (9 novembre 1799), céda sa place au consulat. Il paraît que Lacroix de Constant ne fut pas étranger à ces événemens, car, en 1800, Buonaparte le nomma à la préfecture des Bouches-du-Rhône, d'où il passa à celle de la Gironde. Il mourut à Bordeaux le 4 novembre 1803. Il ne manquait pas de talens, avait une certaine probité, et de la fermeté dans le caractère; mais ces qualités, quelque louables qu'elles soient, ne pourront jamais le laver de la tache d'avoir voté la mort d'un monarque juste et infortuné, et d'avoir siégé à un tribunal célèbre par ses crimes.

LADERCHI (Jacques), oratorien de la congrégation de Saint-Philippe de Néry, né à Faenza dans la Romagne, et savant distingué, florissait au commencement du 18e siècle, et n'était pas moins recommandable par sa piété que par son savoir. Il tourna toute son application vers l'érudition ecclésiastique, et fit de la fondation des églises et des actes des martyrs l'objet de ses principales recherches. Il est auteur de nombreux ouvrages, dont voici les principaux : I *Acta sanctorum Christi martyrum vindicata*, Rome, 1723, 2 vol. in-4. II *Annales ecclesiastici ab anno* 1566, *ubi Oldericus Raynaldus desinit, seu tomi* 22, 23, 24 *Annalium baronianorum*, Rome, 1727-1728, 3 vol. in-fol., Cologne, 1733. III *Vita sancti Petri Damiani S. R. E. cardinalis*, etc., *in sex libros distributa*, Rome, 1702. Cet ouvrage donna lieu à une critique amère et indécente, intitulée : *Nugæ laderchianæ*, *et dialogus Sejani et Rufini*, Paris, 1705. IV *De sacris Basilicis sanctorum martyrum Petri et Marcellini, dissertatio historica*, Rome, 1705. Ces deux martyrs, saint Marcelin, prêtre, et saint Pierre, exorciste, avaient été martyrisés l'an 302, et décapités à dix milles de Rome, dans un endroit appelé alors *Sylva Nigra*, et qui depuis fut nommé *Sylva Candida*. Peu après le martyre de ces saints, leurs corps furent transportés à trois milles de Rome, dans l'endroit où saint Tiburce avait été martyrisé, sur le chemin nommé *Via Lavicana*, et Constantin y avait fait bâtir une église en leur honneur. Une troisième qui leur était aussi dédiée, avait été bâtie dans Rome même, et l'opinion du P. Laderchi était que c'est cette dernière qui avait été érigée en titre du temps de saint Grégoire le Grand. Il en prend occasion de traiter des titres *cardinalistes*, qu'il croit n'avoir été dans le commencement que des maisons de chrétiens distingués et riches où les fidèles étaient reçus pour la célébration des saints mystères, et rece-

vaient des aumônes ou trouvaient un asile dans la persécution. Selon Laderchi, les évêques de Rome préposèrent un prêtre à chacune de ces maisons devenues des églises. Ces prêtres furent nommés *cardinaux*, du mot *incardinare* (attacher à une église). On attribue au pape Évariste la division de Rome en 25 titres; on sait qu'originairement la dénomination de *cardinal* était commune à tout ecclésiastique, titulaire d'un bénéfice à charge d'âmes, et que ce n'est que par la suite des temps qu'elle fut réservée exclusivement aux membres du sacré collège. V *Acta passionis sanctorum martyrum Crescii et sociorum, ex manuscriptis codicibus biblioth. mediceo-laurentianæ*, Florence, 1707. VI *Apologia pro actis eorum sanctorum*, Florence, 1708. VII *Acta sanctæ Ceciliæ et Transtiberina basilica illustrata*, Rome, 1722, 2 vol. in-4. VIII *La Critica d'oggidi, ossia l'abuso della critica odierna*, Rome, 1716, in-4. Outre ces ouvrages, Laderchi laissa une ample collection de mémoires manuscrits. Il mourut le 25 avril 1738.

LAFAGE (Jean-Pierre de), prédicateur du roi, né vers 1733, à Mausy, près de Rieux en Languedoc, vint à Paris à l'âge de 11 ans, et y reçut la tonsure des mains de M. le cardinal de la Roche-Aymon, alors archevêque de Toulouse. Il n'avait que 14 ans lorsqu'il fut pourvu d'un canonicat de l'église de Rieux. Il fit ses cours de philosophie et de théologie en Sorbonne, et après avoir été ordonné prêtre, il entra à la communauté de Saint-André-des-Arcs, sous la direction de M. Léger, curé de cette paroisse; école alors célèbre et d'où sortirent des prélats et des sujets très-distingués. (*Voy.* LÉGER.) Il paraissait naturel que l'abbé de

Lafage retournât à Rieux où l'appelait son canonicat, où il avait toute sa famille, et dont l'évêque l'avait déjà nommé son grand vicaire ; mais M. Léger, qui avait aperçu dans le jeune ecclésiastique un germe de talent qui pouvait se développer avec avantage dans la capitale, engagea M. de Beaumont, archevêque de Paris, à le retenir dans son diocèse. L'abbé de Lafage fut nommé promoteur de l'officialité, et eut un canonicat de la métropole. C'est alors qu'il se livra entièrement à la prédication, où il obtint des succès mérités. Son éloquence était grave et simple. Dans son discours, il ne courait point après les vains ornemens ; mais son raisonnement était solide et instructif, et on sortait de ses sermons persuadé et touché. La révolution l'arrêta au milieu de sa carrière utile. Elle le dépouilla complétement, comme tous ceux qui appartenaient à l'église. Il ne crut pas devoir émigrer ; il brava le danger des temps, en quoi il y avait bien aussi quelque courage. Après le concordat de 1801, il fut nommé à l'évêché de Montpellier ; mais il s'excusa et se fixa à Versailles, dont l'évêque l'attacha à son chapitre en le nommant à un canonicat. Il reprit alors le ministère de la chaire, prêcha à Versailles, à Paris, dans plusieurs villes de province, et son âge avancé ne l'empêcha pas de se charger de grandes stations. Ce n'était pas seulement le même zèle, c'était la même vigueur, le même feu, que lorsqu'il était plus jeune. Il avait été nommé pour prêcher, devant le roi, le Carême de 1815. Une indisposition empêcha sa majesté de l'entendre les premières semaines, et on connaît les événemens sinistres qui la forcèrent bientôt après à sortir de France. L'abbé de Lafage ayant été appelé en 1818 à prêcher de nouveau à la cour, le roi le suivit pendant toute la station. Cet orateur avait alors 85 ans. Peu de temps après il perdit l'usage de ses jambes, et de graves symptômes annoncèrent sa fin prochaine. Il s'empressa de recevoir les secours spirituels, et mourut le 23 décembre 1818, honoré des regrets de tous ceux qui l'avaient connu, et laissant un grand vide dans le petit nombre de prédicateurs qui ont survécu à nos troubles, ou qui se sont formés depuis.

LAFFITE ( N. de ), général français, naquit à Clavé, près de Moncrabeau, en 1740. Il entra au service à l'âge de 15 ans, et s'y distingua. En 1783, il fut envoyé en Turquie en qualité de major, et défendit le fort de Kimburn contre les Russes. Le sultan lui donna en récompense une superbe épée. Il fonda à Constantinople, sous les auspices du gouvernement, une école militaire, mais qui n'exista pas longtemps, les Turcs ne pouvant pas se décider à quitter leur vieux système sur la défense des places. De retour en France il suivit les principes de la révolution, mais avec des opinions assez modérées. Il commanda en 1792, et avec le grade de maréchal de camp, le corps du génie aux armées du nord, et fit toute la campagne de la Belgique sous les ordres de Dumouriez. L'année suivante il passa à l'armée des Pyrénées orientales, et couvrit Bayonne menacée par les Espagnols. Laffite était noble, et petit-fils d'un général de Louis XVI. Ces qualités, malgré tous ses services, ne pouvaient manquer de le rendre suspect à la convention. Compris dans un décret contre 20 officiers généraux, on le mit en prison. Le chagrin qu'il ressentit de ce traitement injuste fut tel, qu'on le trouva mort quelques jours après, en août 1793. Il a laissé: I un *Traité de castramétation et de fortification*, destiné pour l'école de Constantinople, magnifiquement imprimé en turc, en 1784; et un *Mémoire* manuscrit sur la frontière du nord, présenté au ministre de la guerre en 1779.

LAFFREY (Arnould) naquit à Gap en 1735, vint à Paris, où il fit ses études et embrassa l'état ecclésiastique. On a de lui le *Siècle de Louis XV*, 1776, 2 vol. in-8. Il est mort le 19 septembre 1776.

LAFOSSE (Anne Charlier, femme), était fille d'un coutelier de la paroisse Saint-Méry, à Paris, et épouse du sieur Lafosse, ébéniste, établi sur la paroisse Sainte-Marguerite, au faubourg Saint-Antoine. Elle devint fameuse par un miracle prétendu opéré à son égard. Il y avait, en 1725, 20 ans qu'elle était affligée d'une perte de sang, et depuis 7 ans cette maladie avait fait de tels progrès, que la malade en étant entièrement épuisée, pouvait à peine se soutenir, et était incommodée de la lumière. Elle avait toujours été fort exacte à ses devoirs de religion. Elle a raconté qu'une sorte d'inspiration secrète l'avait portée, à l'exemple de l'hémorroïsse de l'Evangile, à demander sa guérison à Jésus-Christ, et qu'il lui vint en pensée de faire cette demande au Sauveur, *présent dans le Saint-Sacrement de l'autel*, lorsque la procession de la Fête-Dieu passerait devant sa porte. S'étant arrêtée à ce projet, elle attendit avec impatience le jour de cette solennité. La veille elle se prépara à l'action qu'elle méditait, en allant communier à sa paroisse. Elle se trouva si fatiguée qu'on la rapporta chez elle presque mourante. Le lendemain elle se trouvait dans le même

état de débilité. Néanmoins elle se fit descendre à sa porte, et quand on l'avertit que le Saint-Sacrement allait passer, elle essaya de se mettre à genoux, et se traîna quelques pas sur ses mains, priant avec une grande ferveur. Tout à coup elle se sentit plus forte. On l'aida à se lever, et on la vit avec une extrême surprise marcher seule dans la foule, et suivre la procession. Elle parvint ainsi à l'église, quoique toujours elle perdît beaucoup de sang; mais en y entrant elle sentit qu'il s'arrêtait, et qu'elle était guérie. Elle assista à tout l'office, se mettant à genoux, se relevant à volonté, et retourna chez elle à pied et sans le secours de personne. La dame Lafosse était connue de tout le quartier. On la savait malade, on l'avait vue pendant plusieurs années dans un état désespéré; maintenant on la voyait libre dans tous ses mouvemens, marchant avec facilité, ayant recouvré toutes ses forces, et tout cela s'était fait dans un moment. Le bruit d'un événement si extraordinaire fut bientôt répandu dans tout Paris. On voulait en être témoin, et la dame Lafosse fut visitée par les personnages les plus distingués et par des gens de l'art. On interrogeait les voisines, témoins de la maladie et de la guérison, et tous les rapports étaient uniformes. L'autorité ecclésiastique crut devoir prendre connaissance d'un fait aussi important. S. Em. le cardinal de Noailles, alors archevêque de Paris, ordonna des informations. On entendit plus de quarante témoins; cinq médecins célèbres firent leur rapport, et toutes les formalités furent observées. C'est après avoir pris ces précautions qu'un mandement de M. l'archevêque fut publié le 10 août 1725, jugeant que la *guérison de la dame Lafosse était extraordinaire, surnaturelle et miraculeuse, ordonnant qu'il en fût rendu grâces à Dieu*, et que, pour en conserver la mémoire, une pierre sur laquelle serait gravée le dispositif du mandement fût érigée dans la paroisse de Sainte-Marguerite. Cette pierre, depuis, a été enlevée; mais un office se célèbre chaque année en commémoration de ce miracle, revêtu de caractères auxquels on ne peut guère refuser son assentiment, sans ébranler les fondemens de la certitude humaine. On ne doit point omettre que le parti opposé à la bulle a cherché à s'en autoriser pour justifier sa résistance. Il suffit de lire le mandement pour s'assurer de la futilité de cette prétention.

**LAGOMARSINI** ( Jérôme ), célèbre jésuite italien, issu d'une famille noble, naquit à Gênes le 3o septembre 1698, et fit ses premières études chez les jésuites, au collége de Prato en Toscane, de la manière la plus distinguée. Il entra chez les jésuites le 13 novembre 1713; après avoir fini son noviciat, il fut mis sous la discipline d'excellens maîtres. Ses progrès répondirent à l'espoir qu'on en avait conçu. Il devint l'un des hommes les plus versés dans la langue latine; il possédait aussi parfaitement la langue grecque, et n'avait négligé aucune des branches de la littérature. Il fut envoyé en 1721 à Arezzo pour y enseigner les belles-lettres. Quelques écrits qu'il publia divulguèrent son talent, et sa profonde connaissance du latin. De là date son intimité avec le célèbre Facciolati, qui s'occupait alors de l'amélioration du *Vocabulaire de Calepin*. Ce savant entrevit combien le P. Lagomarsini pouvait l'aider dans cette pénible tâche, et il eut souvent recours à ses lumières. C'est sur

ces entrefaites que les supérieurs de Lagomarsini le rappelèrent à Rome pour y faire sa théologie. Lorsqu'il l'eut achevée, il fut envoyé à Florence professer la rhétorique. Après avoir passé vingt ans dans cette occupation, et avoir vu sortir d'excellens sujets de son école, il fut rappelé à Rome, pour y enseigner la langue grecque au collége Romain. Il était lié avec le P. de Azevedo, jésuite, qui avait la confiance de Benoît XIV. Ce Père introduisit Lagomarsini près de ce pape célèbre, qui bientôt eut démêlé son mérite, et lui donna les marques les plus flatteuses de son estime. Le P. Lagomarsini continua d'enseigner la langue grecque à Rome jusqu'à sa mort, arrivée le 18 mai 1773, dans sa 76e année. Sa fin fut aussi pieuse que sa vie avait été exemplaire et occupée. Cet illustre jésuite a laissé un grand nombre d'ouvrages, dont les principaux sont : I *Antonii Mariæ Gratiani de scriptis, invitâ Minervâ, ad Aloysium fratrem libri XX, cum notis Hyeronimi Lagomarsini*, Florence, 1746, 2 vol. in 4. Les notes, écrites dans la latinité la plus pure, en sont savantes et en grand nombre. Le 1er volume est dédié à Muratori, en reconnaissance de son *Christianesimo felice nel Paraguay*, si honorable à la société des jésuites. L'autre volume est dédié au marquis Maffei. Il *Julii Poggiani sunensis epistolæ et orationes, olìm collectæ ab Antonio-Mariâ Gratiano, nunc ab Hyeronimo Lagomarsino, è societate Jesu, illustratæ ac primùm editæ;* Rome, 1762, 4 vol. in-4. Cet ouvrage, auquel l'auteur employa plusieurs années, donne des lumières qu'on ne trouverait point ailleurs, non-seulement sur l'histoire du concile de Trente, mais encore sur la littérature du 17ᵉ¹ siècle. On trouve à la fin du 2ᵉ volume une pièce éloquente intitulée : *In Jacobum-Augustum Thuanum, posteritatis nomine, ad quam ille quodam suo carmine provocavit actio,* qui, dit-on, par la latinité pure mérite d'être comparée aux fameuses *Verrines* de l'orateur romain. III *Hyeronimi Lagomarsini, soc. Jesu, orationes septem, editio sexta, retractatior et auctior : accedit jam epistola edita, quá quid in Marci Tullii Ciceronis, contrà L. Pisonem, oratione interciderit demonstratur,* Rome, 1753. Lagomarsini avait prononcé ces harangues à Florence, et les avait dédiées au savant cardinal Clément Argenvilliers. Elles furent fort applaudies et bien reçues du public. IV *R. P. Hyeronimi Lagomarsini, soc. Jesu, epistolæ ad amicum exemplum in quá judicium fertur de aliquot locis operis inscripti : noctium sarmaticarum vigiliæ ; editio post polonicam et germanicam tertia,* Bologne, 1743. Le P. Lagomarsini avait été consulté par un habitant de Varsovie au sujet de l'ouvrage intitulé *Noctium sarmaticarum vigiliæ* du P. Ubaldo Mignoni, imprimées dans cette ville en 1751. Il émit son opinion dans les lettres dont on vient de donner le titre. Elles sont insérées dans le *Recueil de Calogera,* tom. 10, pag. 435, et adressées au célèbre Facciolati. V *R. P. Lagomarsini, soc. Jesu, litterarum ad Joannem – Vincentium Lucensem exemplum, quibus judicium fertur de aliquot locis libelli, Romæ mense septembri anno 1753 vulgati, hoc titulo: F. Vincentii-Mariæ Dinelli, cathedratici, Casanatensis ordinis Prædicatorum, ad Carolum Nocetium, soc. Jesu theo-*

*logum, epistolæ,* Trente, 1754. Ce dominicain avait attaqué le P. Noceti avec les armes de la plaisanterie, au sujet du *probabilisme.* Lagomarsini dans ces lettres prend la défense de son confrère, et répond au professeur dominicain sur le même ton. VI *Giudicio degli autori della storia d'Italia, intorno l'ultimo libro de' theatri del Padre Concina,* Venise, 1756. VII *Angelo Mariæ, cardinali Querinio, de Dione Cassio epistola.* Il y est question des corrections faites à Dion Cassius par Reimaro. Cette pièce se trouve dans le 14ᵉ volume *della Storia letteraria d'Italia,* page 167. VIII *Lettera del Padre Lagomarsini al signore marchese Maffei, intorno alla sua Merope.* Cette lettre est insérée au même volume, page 284, avec la réponse du marquis. IX *De origine fontium, carmen.* Ce poëme, composé en 1726, et prononcé autrefois à Rome, fut traduit en vers libres par le P. Jean-Pierre Bergantini, théatin, qui le publia avec la trad. *delle Cose botaniche de Savastano,* Venise, 1749, et y joignit une épître dédicatoire en vers, où il fait l'éloge de Lagomarsini et de ses ouvrages. X *De Aleæ januensis, seu de aleæ romanæ, Romam traductæ, ratione, elegiacon, auctore Golmario Marsiniano,* pièce d'une facilité et d'une élégance dignes d'Ovide, publiée dans le 12ᵉ volume du *Recueil de Calogera,* et dans l'ouvrage intitulé : *de Azevedo Venetæ urbis descriptio,* Venise, 1780. On est loin d'avoir cité tous les ouvrages de Lagomarsini ; il était infatigable, et on a peine à concevoir comment un seul homme a pu autant écrire. Son seul travail pour une édition de Cicéron est immense ; il avait collationné et comparé plus de trois cents manuscrits de ce classique, tirés de la bibliothèque Laurentine. Il contribua en outre à plusieurs grands ouvrages de littérature, fut, comme on l'a déjà dit, d'un grand secours à Facciolati pour son Vocabulaire, prit part aux fameuses lettres d'*Atrono Trascomaco*, contre le livre de l'abbé Lami, *de Eruditione apostolorum*, etc., 1741, et aux *notes sur le poëme de Joseph Marianus Parthenius, touchant l'électricité*. On sait enfin qu'il fut d'une grande utilité au P. Bandiera, d'abord jésuite, et ensuite servite, pour ses *traductions des oraisons et des épîtres de Cicéron*, ainsi que pour les *notes* qui y sont jointes. On le consultait de toute part, et il trouvait du temps pour satisfaire à tout. Il était extrêmement attaché à son ordre; il en prévoyait la suppression, qui en effet eut lieu peu de temps après sa mort; et comme il était déjà malade, il se félicitait d'un état qui lui faisait espérer de n'en pas être le témoin. L'honneur de la société lui tenait fort à cœur : il avait rassemblé en sa faveur un grand nombre de mémoires et d'autorités, qui la justifiaient pleinement des odieuses imputations de ses ennemis. Il en avait composé un recueil, auquel il avait donné le titre de *Testimonia virorum illustrium, de societate Jesu, indè usque ab initio ejusdem repetita ordine chronologico ad nostram ætatem perpetuâ, nec unquàm interruptâ, annorum serie digesta.* Ce recueil était composé de 30 volumes : sa seule correspondance en formait 30. Lagomarsini laissa de plus de nombreux manuscrits. Le fruit de tant de veilles, ainsi qu'une précieuse bibliothèque qu'il avait formée, se dispersa lorsque la société fut supprimée. Une petite partie de

son immense travail sur *Cicéron* passa entre les mains de Jean-Baptiste Lavagna, jésuite génois, son parent, qui la transmit au savant Bandini, chanoine de Florence. D'autres manuscrits enrichirent la bibliothèque du collége Romain, et celle du cardinal Zelada, amateur distingué, qui souvent avait contribué de ses propres fonds aux entreprises littéraires de Lagomarsini, et qui fut l'un des cinq cardinaux chargés de surveiller les dépouilles des différens colléges des jésuites. On ne peut refuser à Lagomarsini l'honneur d'avoir été l'un des hommes les plus éclairés et les plus érudits du 18e siècle. A sa mort tous les savans de l'Europe s'empressèrent de rendre hommage à sa mémoire, et de lui payer le tribut d'éloges qui lui était dû. Il devait en paraître un dans les *Novelle letterarie di Firenze*, qui n'a pas vu le jour. On fit graver son portrait à Florence, avec ce distique :

Est Lagomarsinus vultn; sed pingere vocem
Si liceat, quivis dixesit : *est Cicero.*

LAGRENÉE l'aîné ( Jean-Louis ), peintre, naquit à Paris en 1724. On le croit élève de Charles Vanloo : il suivit au moins la manière de ce bon maître. Son premier ouvrage, représentant *Joseph expliquant les songes*, obtint le grand prix : il alla ensuite se perfectionner à Rome. De retour à Paris, il fut reçu à l'académie d'après son tableau de *Déjanire enlevée par le Centaure.* Il se rendit en Russie, à l'invitation de l'impératrice Elisabeth, qui le nomma son premier peintre; mais il revint bientôt en France, et fut professeur de l'académie de Paris. Le roi le choisit quelque temps après pour directeur de son académie à Rome, où il demeura plusieurs années. Rappelé à Paris, il obtint la place de recteur de l'académie, et on lui donna un de ces logemens aux galeries du Louvre, dont Henri IV récompensait les artistes. Ce grand roi disait : « Je » tiens à l'honneur d'avoir auprès de » ma personne ceux que j'estime , » et qui contribuent le plus à la gloire » du gouvernement. » On a encore de Lagrenée un tableau qui représente *les Grâces lutinées par les amours*. Il est mort le 19 juin 1805, âgé de 81 ans.

LAHARPE ( Emmanuel-François ), général de brigade, naquit à Rolt en Suisse, le 27 septembre 1754. Il servit d'abord en Hollande, et fit la campagne de Bohême en 1778, comme aide de camp du prince royal de Prusse. Un crime d'insubordination le fit reléguer en Suisse, d'où étant venu offrir, en 1791, ses services à la France, il fit la campagne de 1792, à l'armée du centre, obtint le commandement de la ville et château de Bitche. Nommé général de brigade, il se distingua en Italie, à l'attaque du poste Saint-Jacques, à celle du château de Lasseria, de la Roquette, et du Cairo. Il déploya la même valeur aux avant-postes de Vado et de Tersauno, où les Autrichiens furent repoussés, et fut tué à la bataille de Fombio, en 1796.

LAHARPE (Jean-François de), célèbre littérateur français, naquit à Paris le 20 novembre 1739. Son père, originaire de la Suisse, servait en France en qualité de capitaine d'artillerie ; mais n'ayant nulle fortune, il obtint de G. T. Asselin, supérieur du collège d'Harcourt, une place de boursier pour son fils. Le jeune Laharpe fit de rapides progrès dans les études, et remporta tou-

jours les premiers prix. Dès sa première jeunesse, il avait ce caractère tranchant et plus que critique qu'il a fait paraître dans un âge plus avancé. Quelques sarcasmes amers qu'il se permit contre plusieurs particuliers du collège le firent enfermer à la Bastille ; il en sortit bientôt après, et se livra entièrement à la culture des belles-lettres. Il n'avait que vingt-deux ans quand il fit paraître son recueil d'*Héroïdes* et de *Poésies fugitives* ( 1762 ) qui le firent connaître avantageusement. L'année suivante parut sa tragédie de *Warwik* qui obtint un succès mérité. Cette pièce, et autres qu'il donna dans la suite, et dont nous parlerons après, lui procurèrent la connaissance de Voltaire, qui l'aida de sa bourse et de ses conseils. Celui-ci se plaignit, dans la suite, de l'ingratitude de son protégé, qui se plaignit, à son tour, des reproches qu'il ne croyait pas mériter. Tous les deux avaient tort, peut-être : le philosophe était, de son naturel, exigeant et difficile, et Laharpe n'aimait pas à s'assujettir à aucune espèce de lien. La connaissance de Voltaire procura à Laharpe celle de toute la secte philosophique, dont il adopta bientôt les principes, qu'il proclamait hautement, et dont il fit, dans la suite, une bien triste expérience. Le succès de ses ouvrages lui mérita, en 1776, d'être admis à l'académie, où il prononça plusieurs *Éloges*, tout en s'occupant de nouveaux travaux. Quelques amateurs des lettres, et notamment MM. de Montmorin et de Montesquiou, fondèrent, en 1786, l'établissement connu sous le nom de *Lycée*, et qui devait sa première origine au musée de l'infortuné Pilatre-de-Rosier qui périt dans une de ses expériences aérostatiques. Laharpe fut appelé pour en ouvrir les cours littéraires, et il remplit cette tâche avec distinction. Depuis 1786 jusqu'en 1789, ses leçons furent suivies avec enthousiasme par toutes les personnes les plus distinguées. Nos troubles politiques vinrent interrompre toute instruction, qui est incompatible avec un état d'anarchie. Laharpe, comme homme d'esprit, devait en prévoir les funestes résultats, et, comme ami des lettres, n'aurait dû la regarder qu'avec horreur. Mais Laharpe, infecté de philosophisme, crut ne voir en elle qu'une régénération de l'espèce humaine, depuis long-temps proclamée par les apôtres de l'impiété. Il proclama les principes de cette prétendue régénération, et ils devinrent d'autant plus dangereux qu'ils étaient prêchés par un homme très-répandu et qui jouissait d'une grande réputation littéraire. Il ne tarda pas long-temps à se désabuser, et ayant fait entendre des murmures, il devint suspect, et, comme tel, traduit dans une prison. C'est là où, tremblant chaque jour pour sa vie, il put réfléchir à sa conduite passée et renoncer à ses faux principes. Il paraît que M. de Bellescise, évêque de Saint-Brieux, qui se trouvait prisonnier comme lui, contribua à cette louable conversion. Quelque temps après qu'il eut sorti de captivité, il donna des preuves non équivoques du changement qui s'était opéré en lui, et mit, et dans ses discours et dans ses écrits, autant d'énergie pour défendre le christianisme qu'il en avait manifesté pour le déprimer. Son caractère était trop brusque et dominant pour faire douter que sa conversion ne fût pas sincère. Après le règne de la terreur, il reprit ses cours au lycée jusqu'en 1797, qui furent couronnés d'un égal succès.

Mais ses opinions nouvelles lui faisaient en même temps, beaucoup d'ennemis qu'il aigrissait encore par le mépris qu'il en faisait. Après le 18 fructidor (1798), il fut condamné à la déportation; mais il parvint à fuir et à se réfugier dans une retraite ignorée. Laharpe, ainsi que plusieurs littérateurs ses contemporains, fut en correspondance avec divers souverains de l'Europe, et plus particulièrement avec Paul $I^{er}$, empereur de Russie. Outre les Héroïdes, il a laissé : 1 Warwick, tragédie en cinq actes, où l'on remarque surtout le beau rôle de la reine Marguerite, et le quatrième acte, qui est le plus beau de la pièce. Cependant, dans cette tragédie, l'auteur a défiguré l'histoire d'une manière qui n'est point permise, pas même aux poëtes. Il fait mourir Warwick en combattant pour le duc d'York, lorsqu'il périt, au contraire, en combattant contre ce prince. Timoléon (1764) eut un médiocre succès; Pharamond (1765), qui réussit à la quatrième ou cinquième représentation. De 1766 à 1778, il donna successivement Gustave-Wasa, Menzikoff, les Barmécides, tragédie d'un genre nouveau qui n'eut pas de succès; Jeanne de Naples (jouée en 1783) fut bien accueillie; Philoctète (1783), traduit de Sophocle, eut un succès non contesté; les Brames (1783), Coriolan (1784), Virginie (1793), n'eurent aucun succès. Son drame en vers, intitulé Mélanie, écrit avec élégance, est une de ces pièces philosophiques comme les Victimes cloîtrées, de M. F......; l'Archevêque de Cambray, de N..., etc., où l'on déclame contre l'état monastique. Cette pièce est monotone, longue, trop lugubre pour un drame. On s'étonne d'y trouver un sage ecclésiastique fort déplacé dans un sujet établi sur de faux principes. Vers la fin de sa vie, l'auteur le reconnut lui – même et la retira du théâtre. Cependant Voltaire, qui n'était pas toujours un juge impartial, se plut à comparer le style de ce drame à celui de l'immortel Racine. II *Mélanges littéraires, ou Épîtres et pièces philosophiques*, 1765, in-12. III *Traduction de la vie des douze Césars, par Suétone*, avec des notes et des réflexions ( où l'auteur réfute les paradoxes de Linguet sur Néron et sur Titus), 1770, 2 vol. in-8. IV *Traduction de la Lusiade du Camoëns*, avec des notes et la vie de l'auteur, 1776, 2 vol. in-8. V *Éloges* de Racine, de Catinat, de Voltaire, de Henri IV, de Fénélon, etc. Ces deux derniers sont les meilleurs; dans celui de Fénélon, où il n'a pas toujours suivi une exactitude historique, Laharpe a changé, dans la suite, les passages répréhensibles. VI Plusieurs pièces en vers, comme la *Délivrance de Salerne*, le *Portrait du sage*, *Les talens dans leur rapport avec la société et le bonheur*, *la Navigation*, morceau bien supérieur à celui d'Esménard ( *voyez* ce nom, *Supplément* ). *Les Avantages de la paix* ; *Brutus au Tasse*, *Aux mânes de Voltaire*, etc. Laharpe, outre l'éloge et l'épître en l'honneur de Voltaire, donna, après la mort de celui-ci, *les Muses rivales*, qu'on joua au Théâtre français en 1779. On trouve dans toutes les poésies de Laharpe de l'élégance et de la facilité; mais il ne put jamais réussir dans les odes. VII *Tangu et Félime*, poëme un peu trop libre, en quatre chants, 1780, in-8. VIII *Cours de littérature ancienne et moderne*, Paris, an IV (1796), 15 vol. in-8. Cet ouvrage, rempli d'érudition, est devenu classique. On y aurait cependant souhaité plus de méthode, moins d'erreurs dans la partie relative aux anciens, comme dans les morceaux grecs ou latins, dont la plupart sont traduits avec une négligence extrême. En général, ce livre est, comme le dit l'auteur lui – même, « la fleur, le »suc, la substance de tous les ob-»jets d'instruction, qui sont ceux »de mon ouvrage; c'est le complé-»ment des études pour ceux qui »peuvent pousser plus loin celles »qu'ils ont faites; c'en est le supplé-»ment pour les gens du monde qui »n'ont pas le temps d'en faire d'au-»tres. » La dernière partie de son *Cours de littérature*, depuis le tome 13e, est consacrée à réfuter la philosophie du XVIIIe siècle. Ce vaste plan n'a pas été rempli, et on n'y trouve, parmi les écrivains philosophes, que Toussaint, Helvétius et Diderot, dont Laharpe discute les assertions avec autant de méthode que de talent. On a encore de cet écrivain, IX une *Réfutation du livre de l'Esprit*, d'Helvétius, qu'il prononça au lycée, ainsi que le discours suivant. X *De la guerre déclarée par nos tyrans à la raison, à la morale, aux lettres et aux arts*, 1796. XI *Du Fanatisme de la langue révolutionnaire, ou de la Persécution suscitée contre la religion chrétienne et ses ministres*, 1797, in-8. XII Une *Traduction des Psaumes de David*, avec une *Dissertation préliminaire*. Il avait commencé une *Apologie de la religion*, et composé six chants d'un poëme épique, intitulé le *Triomphe de la Religion*. XIII *Correspondance littéraire adressée à Paul Ier*, 1801, 4 vol. in-8. On a imprimé, après sa mort, son XIV *Commentaire des Tragédies de Racine*. Il a laissé un grand nombre de manuscrits contenant des fragmens de poëmes, de tragédies, de traductions du Tasse et de Lucain, etc. Si les talens de Laharpe l'ont placé au rang d'un des meilleurs écrivains du 18ᵉ siècle, la franchise avec laquelle il sut revenir de ses premières erreurs ne peut qu'ajouter de nouveaux titres à sa gloire.

LAHOZ (...), général cisalpin, naquit vers 1760; il était commandant des troupes lombardes, et seconda les Français dans la conquête de l'Italie. Lahoz avait de l'ambition: il voulait pénétrer dans le Piémont à la tête de ses troupes; mais les Français lui ordonnèrent de quitter ces frontières. Il fut envoyé à Paris pour engager le directoire à ne pas s'immiscer dans les affaires de la république cisalpine, que Buonaparte venait de créer; voyant que toutes ses démarches devenaient inutiles, il publia une lettre dans laquelle il demandait audience au directoire, et où il disait entre autres choses : « Il »s'agit de connaître le *sentiment* du »*directoire français contre une poi-* »gnée *de scélérats qui* s'assemblent »*chez l'ambassadeur* Trouvé, *et qui* »*composent le comité des nova-* »*teurs.* » Mais le directoire qui ne désirait pas faire connaître ce *senti-ment,* pour se débarrasser de Lahoz, eut recours aux moyens en usage depuis long-temps, la calomnie, et fit publier dans les journaux que l'envoyé italien était un agent de l'*é-tranger;* non content de cette mesure, il destitua Lahoz et son aide de camp. Le premier, s'apercevant un peu trop tard que la république française conquérait les nations autant par les armes que par de fausses promesses, retourna en Italie, s'unit aux Autrichiens, et combattit contre les Français. Il commandait une division qui faisait le siége d'An-

cône en 1799, lorsqu'il reçut une blessure dont il mourut quelques momens après. On dit dans le temps qu'on avait trouvé sur son cadavre un cachet où étaient gravées les armes de l'empereur d'Allemagne, et *son nom* avec ces mots : *Mort aux Français.*

LAIRE (François-Xavier), religieux minime et bibliographe célèbre, naquit en 1739 à Dôle, en Franche - Comté , de parens qui n'étaient point dans l'■■ance, mais qui néanmoins le firent étudier, et contribuèrent de leur mieux à son éducation. Lorsqu'il eut fini ses classes , il entra dans le couvent des minimes de cette ville, où il fit profession. Il y avait une nombreuse bibliothèque , et il avait du goût pour les livres ; il en profita pour perfectionner son instruction. C'est là qu'il acquit de profondes connaissances en bibliographie, qu'il fut à portée de cultiver la science des médailles, d'étudier l'histoire et les antiquités, et de se familiariser avec les langues savantes. Les minimes avaient à Brienne une maison dans laquelle M. de Brienne, alors archevêque de Toulouse, établit une école militaire dont il donna la direction à ces religieux. Ce fut pour le P. Laire une occasion de se faire connaître de ce prélat, fort curieux de livres , et qui en avait rassemblé une riche collection. L'archevêque, charmé de trouver un homme aussi instruit, et qui pouvait le servir dans ses projets d'enrichir encore son superbe cabinet, se l'attacha et le fit son bibliothécaire. Il lui facilita les moyens de voyager en France, en Italie et même en Grèce, pour y chercher des éditions rares, des manuscrits et autres objets précieux. M. de Brienne, depuis cardinal de Loménie, étant passé au siége de Sens, le P. Laire le suivit; et lorsqu'on organisa les écoles centrales, il devint bibliothécaire de celle du département de l'Yonne, composée vraisemblablement en grande partie de celle du cardinal, enlevée après sa fin déplorable. Laire fut aussi nommé professeur de bibliographie. Il paraît qu'il conserva ces places jusqu'à sa mort, arrivée en 1801. Il est auteur des ouvrages suivans : I *Mémoires pour servir à l'histoire littéraire de quelques grands hommes du 15ᵉ siècle, avec un supplément aux Annales typographiques de Maittaire,* en latin, Naples, 1776, in-4. II *Specimen historicum typographiæ romanæ 15ᵉ seculi, cum indice librorum,* Rome, 1778. III *Epistola ad abbatem Ugolini,* etc., imprimée à Pavie avec la fausse indication de Strasbourg, in-8. IV *De l'Origine et des progrès de l'imprimerie en Franche-Comté, avec un catalogue des livres qui y furent imprimés,* Dôle, 1784, in-12. V *Serie dell' edizioni aldine,* avec le cardinal de Loménie, Pise, 1790, in-12; une 2ᵉ édition augmentée, Padoue, 1790, in-12; une 3ᵉ, Venise, 1792, même format. VI *Index librorum ab inventâ typographiâ ad annum* 1500, Sens, 1792, 2 vol. in-8. C'est un catalogue historique et raisonné de tous les livres imprimés dans le 15ᵉ siècle, qui faisaient partie de la magnifique bibliothèque du cardinal. VII *Recherches et observations historiques sur un monument des arts qui existait dans l'église de Sens;* elles sont insérées dans le magasin encyclopédique, année 3ᵉ, pag. 542. Ce monument est un superbe mausolée élevé à la mémoire du chancelier Duprat, mort en 1535, cardinal et archevêque de Sens. VIII *Lettres sur différens monumens antiques trouvés à Auxerre,* insérés dans le même journal. Le P. Laire était de l'académie royale de Besançon, de Rome, de Florence, etc.

LAMARLIÈRE (Antoine - Nicolas), général français, naquit à Crépy, dans le département de la Marne, le 3 décembre 1745. Il fit ses études à Meaux et à Paris, et embrassa ensuite la carrière des armes. Il fit la campagne de 1762, en Allemagne, en qualité d'aide-major au régiment Dauphin, infanterie. Il servit en 1769 en Corse, fut nommé adjoint à la lieutenance du roi, et chargé du commandement de la ville et de la citadelle de Montpellier. Il était colonel du 14ᵉ régiment d'infanterie à l'époque de la révolution, et partagea le commandement avec le général Riault, à Lille, que les Autrichiens commençaient à bombarder, et où il avait conduit neuf bataillons. En 1792, il fut nommé maréchal de camp, et commanda l'avant-garde de l'armée du nord. Il se signala dans l'expédition de la Gueldre prussienne, qu'il mit à contribution. Il battit en 1793 les Autrichiens postés entre Wasemberg et Berghem; le 5 avril de la même année, il fut élevé au grade de général de division. Il repoussa le 4 mai les Hollandais à Boucy et à Turcoing. Envoyé à Lille en qualité de commandant de la ville et des détachemens campés sous ses murs, il réorganisa les troupes débandées par la défection de Dumouriez. Malgré tous ces services signalés, Lamarlière fut un des généraux sur lesquels la convention signala son ingratitude. On l'accusa de complicité avec Custine; et, traduit devant le tribunal révolutionnaire, il fut condamné à mort, et exécuté le 6 brumaire an 2 (1793).

LAMBALLE ( Marie-Thérèse-Louise de Savoie-Carignan, princéuse de ), une des illustres victimes de la révolution, naquit à Turin le 8 septembre 1749, et vint en France à l'âge de 16 ans pour épouser Alexandre - Joseph - Stanislas de Bourbon Penthièvre, fils de Louis-Jean-Marie, duc de Penthièvre, dont la mémoire sera toujours chère aux amis de l'humanité et de la religion. (*Voyez* PENTHIÈVRE, *Supplément*.) Les grâces et la douce sensibilité de Marie-Thérèse lui gagnèrent bientôt l'estime de la cour de son beau-père et celle de Louis XVI. Nommée surintendante de la maison de la reine de France, elle devint inséparable de Marie-Antoinette, avec laquelle elle se lia de l'amitié la plus intime. C'est au sein de son auguste amie qu'elle déposait les chagrins que lui causait l'inconduite de son époux, entraîné dans le vice par un prince indigne de ce nom, qui semblait spéculer déjà sur la mort de l'un et de l'autre. Devenue veuve à la fleur de l'âge et sans enfans, elle mena toujours une vie si exempte de reproche, que même les libelles révolutionnaires n'osèrent l'attaquer. Affable et obligeante, elle ne demanda rien pour elle-même, et ne se refusa jamais à ceux qui réclamaient ou ses secours ou sa protection auprès des augustes époux dont elle était également aimée. Aux premiers troubles de la révolution, Marie-Antoinette craignant pour la sûreté de son amie, l'engagea de passer en Angleterre. La princesse de Lamballe hésita longtemps, mais elle fut enfin contrainte d'obéir d'après la confidence que lui fit Marie-Antoinette de sa fuite à Varennes. Dans son séjour à Londres elle ne pouvait pas ignorer les progrès des factieux, les dangers qui menaçaient le trône, et les persécutions que la reine avait à souf-

frir de l'ingratitude et de la calomnie. Ne pouvant plus vivre dans cette douloureuse incertitude, la princesse revint à Paris, et partagea dès lors tous les malheurs de la famille royale; dans la funeste journée du 10 août 1792 elle ne quitta pas un moment son auguste amie, l'accompagna à l'assemblée, et voulut la suivre aux prisons du Temple. Ses soins, son tendre attachement, adoucirent pendant quelque temps la triste situation d'une épouse et d'une mère infortunée. Quoiqu'on n'eût rien à lui reprocher, on avait décidé sa perte, et on crut à cette époque que le duc d'Orléans n'était pas étranger à ce projet odieux. Il passait à madame de Lamballe, comme héritière de la maison de Penthièvre, une pension de 500 mille livres, somme assez considérable, et qui ne lui était pas inutile pour entretenir les gens de son parti. La commune de Paris, irritée d'ailleurs de l'attachement de la princesse pour les illustres prisonniers, et voulant ôter à Marie-Antoinette toute espèce de consolation, l'arrachèrent du Temple, et l'amenèrent aux prisons de la Force. Le 2 septembre 1792 les massacres commencèrent à Paris dans les rues, les églises et les prisons; le 3 on fit lever madame de Lamballe de bon matin, et on la conduisit devant l'affreux tribunal. Hébert, Luillier et Cheppy, revêtus de leur écharpe municipale, jugeaient les prisonniers. Arrivée devant ces misérables, à la vue des bourreaux teints de sang, et entendant les cris des victimes qu'on égorgeait, elle tomba évanouie. Ayant repris connaissance, on lui demanda son nom, ses qualités, et si elle avait été instruite des complots ( supposés ) de la cour avant le 10 août; complots qu'elle protesta d'ignorer. On la somma ensuite de jurer *la liberté*, *l'égalité*, *la haine du roi, de la reine et de la royauté.* « Quant aux deux premiers » points, répondit-elle, je les jure; » quant aux seconds..., je ne le pour- » rais pas; ce sentiment n'est pas » dans mon cœur. » Un des juges dit alors, *Qu'on élargisse madame;* mot perfide qui était un arrêt de mort. On l'entraîna vers la cour, jonchée de membres épars et de ca- davres sur lesquels on l'obligeait de marcher. A cet aspect la princesse ne put s'empêcher de s'écrier : « Ah! l'horreur! » On lui déchargea alors sur la tête un coup de sabre qui fit jaillir son sang. Plusieurs voix s'élèvent dans la foule qui deman- dent *grâce, grâce!* mais un mal- heureux, tambour dans un régiment, la terrassa d'un coup de massue. Cet infâme bourreau s'étant rendu aux armées fut détesté de ses camarades, qui lui reprochaient toujours sa lâ- che action. La princesse fut achevée à coups de piques. Son corps, après avoir été exposé nu aux outrages de ces hommes féroces, fut traîné dans les rues; sa tête et son cœur portés, l'un au bout d'une pique, et l'autre au bout d'une baïonnette. Cette procession de cannibales se dirigea vers le Temple, et on pré- senta ces sanglantes dépouilles sous les fenêtres du roi et de la reine. ( *Voyez* LOUIS XVI et MARIE-AN- TOINETTE, *Supplément.* ) Cette princesse infortunée n'avait joué au- cun rôle pendant les orages de la révolution; elle avait toujours été vertueuse et bienfaisante; 'et ses bourreaux mêmes ne purent infliger aucune tache à son nom.

LAMBERT (Bernard), religieux de l'ordre de Saint - Dominique, né en Provence en 1738, fit ses vœux dans le couvent de Saint-Maximin,

dont alors les religieux étaient inter- dits pour cause de jansénisme; il prit l'esprit et les principes de la maison, et en soutint la doctrine dans des thèses publiques, et, devenu pro- fesseur du couvent de Limoges, l'en- seigna dans ses leçons. Une thèse qu'il y fit soutenir le 14 août 1765 fut mise à l'*Index*. Il tint la même conduite à Grenoble, où il enseigna aussi la théologie. M. de Montazet l'appela à Lyon, le mit dans son con- seil, et en fit son théologien. Il quitta néanmoins ce prélat pour venir s'é- tablir à Paris. Ses principes étaient trop opposés à ceux de M. de Beau- mont pour qu'il l'y souffrît volontiers. Quelques évêques néanmoins inter- vinrent en sa faveur, et promirent qu'il n'écrirait plus que contre les philosophes et les incrédules; à cette condition, qu'il tint sans doute pen- dant la vie du ferme et pieux arche- vêque, il lui fut permis de se rendre dans un des couvens de la capitale. Il est auteur de beaucoup d'ouvrages. On a de lui : I *Apologie de la reli- gion chrétienne et catholique, con- tre les blasphèmes et les calomnies de ses ennemis*, Paris, 2ᵉ édit., 1796, in-8. II *Autorité de l'Eglise et de ses ministres, défendue contre l'ou- vrage de M. Larrière, intitulé :* Suite du préservatif contre le schis- me, *ou* Nouveau développement des principes qui y sont établis, Paris, 1792, in-8. III *Avertis- sement aux fidèles sur les signes qui annoncent que tout se dispose pour le retour d'Israël et l'exécu- tion des menaces faites aux gentils apostats*, Paris, 1793, in-8. IV *Avis aux fidèles, ou Principes propres à diriger leurs sentimens et leur conduite dans les circons- tances présentes*, Paris, 1791, in-8. V *Devoirs du chrétien envers la puissance publique, ou Principes* propres à diriger les sentimens et la conduite des gens de bien au milieu des révolutions qui agitent les empires, Paris, 1793, in-8. VI *Essai sur la Jurisprudence universelle*, 1799, in-12. VII *Lettre à l'auteur de deux ouvrages intitulés*, l'un, Avis aux fidèles sur le schisme dont la France est menacée ; l'autre, Supplément à l'Avis aux fidèles, in-8. Cet auteur est le P. Minard, doctrinaire, partisan de la constitution civile du clergé. VIII *Cinq Lettres aux ministres de la ci-devant Église constitutionnelle*, 1795 et 1796, in-8. La cinquième de ces lettres est de l'avocat Maultrot. IX *Lettre de M\*\*\* à M. l'abbé A.* ( Asseline ), censeur et approbateur du libelle intitulé : Discours à lire au conseil, etc., sans date, 1787. X *Mandement et instruction pastorale de M. l'évêque de Saint-Claude, pour annoncer le terme du synode, et rappeler aux pasteurs les premiers devoirs envers la religion*, 1790, in-8. XI *Manuel du simple fidèle, où on lui remet sous les yeux*, 1° la certitude et l'excellence de la religion chrétienne ; 2° les titres et prérogatives de l'église catholique ; 3° les voies sûres qui mènent à la véritable justice, 1803, 1 vol. in-8. XII *Préservatif contre le schisme, convaincu de graves erreurs*, 1791, in-8. XIII *Recueil de passages sur l'avénement intermédiaire de Jésus-Christ, soumis à l'éditeur du Discours de M. l'évêque de Lescar ( de Noé ) sur l'état futur de l'église*, 1787, in-12. XIV *Réflexions sur la fête du 21 janvier*, in-8 de 32 pages. XV *Réflexions sur le serment de la liberté et de l'égalité*, 1793, in-8. XVI *Remontrances au gouvernement français sur la né-*

cessité et les avantages d'une religion nationale, 1801, in-8. XVII *Traité dogmatique et moral de la justice chrétienne*, 1728, in-12. XVIII *La vérité et la sainteté du Christianisme vengées contre les erreurs du livre intitulé* : Origine de tous les cultes par Dupuis, 1796, in-8. XIX *Adresse des dominicains de la rue du Bac à l'assemblée nationale*, 1787. XX *Adresse des dominicains de la rue Saint-Jacques à la même Assemblée*, 1789. XXI *Apologie de l'État religieux*, in-12. XXII *Mémoire sur le projet de détruire les corps religieux*, 1789, in-8. XXIII *La pureté du dogme et de la morale vengée contre les erreurs d'un anonyme* ( l'abbé Lasausse, dans son explication du catéchisme ), par M. P. T., Paris, 1808. XXIV Quatre *Lettres d'un théologien à M. l'évêque de Nantes* (du Voisin), 1805. On y a fait deux réponses qui se trouvent dans le tome 4 des Annales littéraires. XXV *La Vérité et l'Innocence vengées contre les erreurs et les calomnies, pour servir à l'Histoire ecclésiastique pendant le 18ᵉ siècle*, 1811. XXVI *L'Idée de l'œuvre des secours selon les sentimens de ses véritables défenseurs*, 1786, in-4. Le P. Lambert y préconise les convulsions ; il le fit encore dans l'*Avertissement aux fidèles*, etc., et dans l'*Exposition des prédictions*, etc. Il publia quelques autres écrits sur la même matière dans une controverse entre lui et Reynaud, curé de Vaux, diocèse d'Auxerre. XXVII *Traité contre les Philanthropes*. XXVIII *Cours d'instructions sur toute la religion.* Ces deux derniers ouvrages sont restés manuscrits. Il avait fourni les matériaux de l'*Instruction pastorale contre l'incrédulité*, publiée par M. de Montazet en 1776. Il mourut à Paris le 27 février 1813, âgé de 75 ans. Le P. Lambert avait du savoir et des connaissances en théologie. Si parmi ses ouvrages il s'en trouve qui contiennent une doctrine répréhensible, et parmi ceux-là il faut compter non seulement ceux qu'il a composés en faveur du parti auquel il s'était attaché, et dans lesquels il essaie de justifier une résistance coupable aux décisions du chef de l'église, mais encore ceux où il renouvelle les erreurs du millenarisme, il en est d'autres dont le but est louable; tels sont ceux où il poursuit l'incrédulité à outrance, ceux où il combat l'église constitutionnelle, ceux où il défend l'état religieux, etc. Tous ces écrits font regretter que le P. Lambert, s'il est permis de se servir de cette expression, ait semé l'ivraie avec le bon grain. On aimerait à n'avoir à lui reprocher ni le tort de faire revivre d'anciennes erreurs, ni celui d'en soutenir de nouvelles, ni le manque d'égards et de respect qu'il montre envers des ecclésiastiques constitués en dignités, quand ils ne sont point de son sentiment, ni le fiel dans lequel il trempe sa plume quand il écrit contre ses adversaires, ni enfin l'apologie absurde des folies du secourisme, qu'il défend opiniâtrément, quoique méprisées et rejetées par les plus raisonnables de ceux avec lesquels il fait cause commune. C'était, au reste, un religieux attaché à sa profession, en remplissant les devoirs même après y avoir été arraché, et aux mœurs duquel il n'y avait rien à dire, ce qui double la peine que causent ses écarts.

LAMBINET (Pierre), successivement jésuite, prémontré et prêtre séculier, naquit en 1742 à Tournes, village près de Mézières (Ardennes).

Il fit ses études chez les jésuites, et entra dans leur société à Pont-à-Mousson, à l'âge de 15 ans; il y resta jusqu'à la suppression. Rendu au monde, il y passa quelques années, après quoi il se présenta à l'abbaye de Lavaldieu, ordre de Prémontré, pour en embrasser l'institut. Il y prit l'habit de l'ordre et alla faire profession à l'abbaye de Villers-Cotterets. Il quitta cette maison et l'habit religieux, sinon de l'aveu formel de ses supérieurs, au moins sans qu'ils s'y opposassent, et se rendit à Bruxelles, où il fit l'éducation des deux fils du duc de Croquembourg. Après l'avoir finie, il s'adressa à Rome pour obtenir un bref de sécularisation, qui lui fut accordé sur le consentement de l'abbé de Prémontré. L'abbé Lambinet s'était toujours occupé de belles-lettres, et principalement de recherches bibliographiques. Il avait visité un grand nombre de bibliothèques, et entrepris des voyages pour étendre ses connaissances sur cette partie de la littérature. Il publia plusieurs ouvrages dont les titres suivent : I *Eloge de l'impératrice Marie-Thérèse*, Bruxelles. II *Table raisonnée des matières contenues dans l'Esprit des journaux depuis 1772 jusqu'en 1784 inclusivement*, Paris et Liége, sans date, 4 vol. in-12. III *Notice de quelques manuscrits qui concernent l'histoire de la Belgique, et qui se trouvent dans la bibliothèque publique de Berne*, insérée dans le tome 5, 2ᵉ partie des *Mémoires de l'académie de Bruxelles*, pages 252-263. L'abbé Lambinet rédigea cette notice de concert et avec le secours de M. Wilhelmi, bibliothécaire de Berne; elle fut lue à l'académie de Bruxelles le 12 octobre 1780. IV *Recherches historiques et*

*littéraires sur l'origine de l'impri-
merie, particulièrement sur ses
premiers établissemens au 15ᵉ siècle dans la Belgique,* Bruxelles,
an 7 (1798), in-8; critiquées par
M. de la Serna Santander, *Dictionnaire bibliographique du 15ᵉ siècle,*
partie 1ʳᵉ, pages 388 et 389. V *Remarques bibliographiques et critiques sur une édition latine de l'I-
mitation de Jésus-Christ, donnée
par Beauzée, de l'académie française, chez Barbou,* 1788, *et sur
plusieurs autres éditions du même
livre,* insérées dans le Journal des
curés, 25 et 27 août 1809, nᵒˢ 117
et 119. A cet ouvrage, M. Gence
opposa dans le même journal un
écrit intitulé : *Défense de l'édition
latine de l'Imitation* donnée par
Beauzée. Il y prouve que la prétendue
édition de Beauzée, attaquée par
Lambinet, n'est autre chose que
celle de Valart, revêtue du frontispice de l'édition de l'académicien.
L'abbé Lambinet a revu et augmenté
la *Notice des éditions de l'Imitation,* publiée par le P. Desbillons. Il
a donné lui-même une édition sté-
réotype de ce livre célèbre, et a pris
part aux disputes élevées sur son auteur, qu'il prétend être A-Kempis,
contre l'opinion de M. Gence. La
lutte qu'il eut à soutenir à cet égard
avec de célèbres adversaires, altéra,
dit-on, sa santé. Il fut frappé d'un
coup d'apoplexie, et mourut le 10
décembre 1813. L'Institut a donné
des éloges à ses connaissances, et
des savans l'ont mis au nombre de
ceux qui ont bien mérité de la bibliographie.

LAMOIGNON - MALESHER-
BES (Chrétien-Guillaume de), cé-
lèbre magistrat, ministre de Louis
XVI, et son avocat défenseur, na-
quit à Paris le 17 décembre 1721.
Il était fils de Guillaume de Lamoi-

gnon, chancelier de France. Après
avoir fait ses études avec distinction,
il entra dans le barreau en qualité de
substitut du procureur général. Ses
talens, sa probité, et la noble simplicité de son caractère, lui acquirent bientôt l'amitié et l'estime de
tous ceux qui le connaissaient. Devenu conseiller au parlement, il fut
nommé président à la cour des aides
en 1750, et, pendant 25 ans qu'il
occupa cette place, il s'opposa constamment à tout impôt onéreux et arbitraire; il lutta souvent avec avantage contre le despotisme de la fis-
calité. Ses *Mémoires pour servir à
l'histoire du droit public de la
France en matière d'impôt* (publiés
en 1799), sont un recueil d'ouvrages
solides et profonds sur l'administration des finances. Les *discours*
et les *remontrances* qu'il contient,
écrits avec une éloquence douce et
imposante, ne s'éloignent jamais de
ce respect que le sujet doit au monarque. Il lui annonce la vérité avec
une fermeté tranquille, sans faiblesse
comme sans exagération ; il y dit
entre autres choses : « Les libéra-
»lités du prince n'enrichissent que
»les courtisans; ses refus font la ri-
»chesse des peuples. » Malesherbes
s'opposa à la déclaration de 1756,
qui ordonnait la perception du vingtième sur l'industrie des ouvriers et
des commerçans, classe d'hommes
qu'on doit ménager, puisque de leur
travail continu dérivent la force et la
richesse des états. Il s'éleva avec non
moins d'énergie contre les tribunaux
d'exception en fait de contrebande,
contre la perception d'une subvention générale, contre les lettres de
cachet. « Car personne, disait Male-
»sherbes au roi, n'est assez grand
»pour se mettre à l'abri de la haine
»d'un ministre, ni assez petit pour
»n'être pas digne de celle d'un com-

»mis. » Lors de la suppression de la cour des aides en avril 1771, il se retira dans ses terres, où il encouragea l'agriculture et répandit l'abondance dans les familles. Il donnait l'exemple du travail en cultivant lui-même ses jardins, et il y rassembla des plantes étrangères qui se multiplièrent ensuite sur le sol de la France. Au rétablissement des cours souveraines en 1774, Malesherbes reparut à la tête de la cour des aides, jusqu'à ce que Louis XVI, à son avénement au trône, désirant s'entourer des hommes les plus recommandables, le nomma en 1775 ministre de l'intérieur. Par malheur ce fut sous son administration qu'on donna la liberté à un grand nombre de détenus, qui infectèrent la société dont les avait exclus pour quelque temps une mesure aussi juste que philanthropique. Il fit construire pour les prisonniers des chambres vastes et saines, et il y établit des filatures de coton et autres métiers faciles qui leur procuraient une occupation utile. Sensible et obligeant, il ne refusait jamais quand il pouvait rendre quelque service. La Chalotais, procureur du parlement de Bretagne, avait perdu toute sa fortune, par suite de sa proscription; il s'adressa à Malesherbes, et celui-ci lui obtint du roi une indemnité de cent mille livres, outre une pension de huit mille. Ayant appris qu'une descendante du grand Corneille manquait presque du strict nécessaire, il alla la trouver, la consola, et lui fit assigner des secours annuels. Il était intimement lié avec le ministre Turgot; et lorsque celui-ci fut renvoyé en 1776, il demanda sa démission, et se retira de nouveau dans sa solitude. Désirant voyager, il voulut le faire sans aucune espèce d'appareil, et sous le nom de M. Guillaume, il parcourut, la plupart du temps à pied, la France, la Suisse et la Hollande. La simplicité de sa mise et sa bonhomie naturelle ne lui attirèrent pas toujours un accueil bien distingué. Une fois entre autres, passant par un village, il demanda l'hospitalité à un ecclésiastique qui, n'ayant peut-être pas de place dans sa maison, le fit coucher dans sa grange, où Malesherbes passa une fort bonne nuit. Arrivé le lendemain dans la ville prochaine, il écrivit sous son véritable nom à l'ecclésiastique, et après l'avoir remercié, il promettait de demander pour lui au ministre qui a la feuille des bénéfices, le premier canonicat vacant, et lui tint parole. Le curé fut nommé : celui-ci, reconnaissant et confus, s'excusa de l'espèce d'asile qu'il lui avait accordé, et avoua franchement qu'à sa mise, à sa manière de voyager, et à l'air de fatigue où il l'avait vu, il l'avait pris pour un sujet équivoque. Malesherbes rit de ce quiproquo, et reçut l'ecclésiastique au nombre de ses amis. Malesherbes avait combattu sans relâche ce qu'il appelait des abus; et jugeant que la révolution serait un moyen efficace pour les faire disparaître à jamais, il en adopta les principes avec cette modération qui convenait à un homme de son caractère et de ses lumières. Il ne tarda pas à en connaître les véritables causes, et en prévit les résultats. Bien avant le 10 août 1792, il avait changé d'opinion et de langage; son cœur fut déchiré lors de l'arrestation de la famille royale; et quand on se préparait à instruire le procès de Louis XVI, il eut le noble dévouement de s'offrir pour son défenseur. Il écrivit aussitôt au président de la convention pour le prier qu'on le chargeât de cette tâche ho-

norable : « Je ne vous demande pas,
»ajoutait-il, de faire part à la con-
»vention de mon offre, car je suis
»bien éloigné de me croire un
»personnage assez important pour
»qu'elle s'occupe de moi ; mais j'ai
»été deux fois appelé au conseil de
»celui que vous allez juger, dans le
»temps que cette fonction était am-
»bitionnée de tout le monde ; je lui
»dois le même service lorsque bien
»des gens trouvent cette fonction
»dangereuse. » Malesherbes avait
alors près de 70 ans. On acquiesça à
sa demande, et le 14 décembre 1792,
il fut introduit pour la première fois
au Temple. Louis XVI courut à sa
rencontre, et le serra dans ses bras :
on se rappelle en combien peu de
temps le généreux magistrat eut à
préparer sa défense, propre à attendrir les hommes les plus endurcis,
excepté ceux à qui il la présentait.
Après que tous ses efforts et son
éloquence eurent en vain tenté de
sauver son auguste client, il eut le
courage de lui annoncer le premier
son arrêt de mort. « Je m'y suis
»toujours attendu, » dit Louis avec
calme ; et voyant que ce vénérable
vieillard fondait en larmes ; « Au
»nom de Dieu, ajouta-t-il, mon
»cher Malesherbes, ne pleurez pas ;
»nous nous reverrons dans un monde
»plus heureux. » L'illustre victime fut
enfin immolée, et on ne devait pas
épargner ceux qui s'étaient attendris
sur ses malheurs. Toute la famille de
Malesherbes fut en butte aux persécutions des bourreaux de Louis XVI.
Sa fille, épouse du président Ro-
sambo, fut arrachée de ses bras et
traduite en prison. Le père infortuné demanda de partager son sort ;
il fut arrêté le lendemain et conduit
aux Madelonnettes, et ensuite dans
la maison d'arrêt qu'on appelait le
Port-Libre. Parmi les prisonniers

renfermés dans cette prison, il reconnut un individu qui avait servi
dans ses bureaux : « Eh quoi, lui dit
»celui-ci, vous dans ces lieux, mon-
»sieur ! Oui, mon cher, répon-
»dit le vieillard, je deviens mauvais
»sujet sur la fin de mes jours, et je
»me suis fait mettre en prison. »
Condamné à mort avec sa fille par le
tribunal révolutionnaire, il traversait
la cour de la Conciergerie pour arriver à la fatale charrette, lorsqu'il
heurta contre une pierre, et dit en
souriant : « Oh ! oh ! voilà ce qui
»s'appelle un mauvais présage ; un
»Romain à ma place serait rentré. »
Il conserva sa sérénité jusque dans
ses derniers momens, et mourut
avec la résignation et la fermeté d'un
chrétien le 22 avril 1793. Il avait été
reçu à l'académie des sciences en
1750, à celle des belles-lettres et
inscriptions en 1759, et nommé directeur de la librairie en 1764. Il
cultiva avec succès tous les genres
d'instruction, et aimait de préférence
l'histoire naturelle et l'agriculture,
comme les occupations les plus analogues à la simplicité de ses mœurs.
Sans faste, sans orgueil, il conserva
dans les postes les plus éminens sa
candeur et sa douceur ordinaire. Extrêmement laborieux, il s'appliquait
au travail dès l'aurore, et vers les
dernières années de sa vie il se couchait à moitié habillé, pour perdre
moins de temps et se consacrer
davantage à l'étude. Ami des malheureux, sa bienfaisance nuisait quelquefois à sa fortune. On lui conseilla
d'engager son intendant de ne lui
donner par mois qu'une somme fixe
pour la distribuer à des familles pauvres. Un jour qu'il venait de la recevoir, il la donna en entier à une
de ces familles, et retourna vers
l'intendant pour lui demander une
nouvelle somme. Celui-ci s'étant

permis de lui faire quelques représentations, son maître lui répond avec sa douceur accoutumée : « Que » vouliez-vous que je fisse ? ils étaient » si malheureux ! » Outre ses *Mémoires* sur les impôts, on a de ce savant magistrat : I des *Observations sur les pins, les orchis, les mélèzes et le bois de Sainte-Lucie.* II Deux *Mémoires* sur l'état civil des protestans, 1785-1787. III *Mémoires sur les moyens d'accélérer les progrès de l'agriculture en France.* L'auteur propose de faire distribuer des secours aux agriculteurs, soit pour les encourager, soit pour faciliter leurs expériences, etc. IV *Observations sur l'Histoire naturelle de Buffon*, publiées par M. Abeille, Paris, 1796, 2 vol. in-8. On a publié ses *Pensées et maximes*, Paris, an 10 (1802), in-12. On publia dans la même année la *Vie de Malesherbes*; et le lycée de Nîmes proposa pour sujet de son prix l'éloge de cet homme estimable.

LAMOTTE, évêque d'Amiens. (*Voyez* ORLÉANS, *Dict.*)

LAMPILLAS (Xavier), ex-jésuite espagnol, naquit à Jaen en Andalousie, en 1739. Après l'expulsion de son ordre, il passa en Italie, où il se livra à l'étude de la littérature de ce pays. Les abbés Bettinelli et Tiraboschi ayant parlé dans leurs ouvrages avec injustice et prévention de la littérature espagnole, Lampillas prit à tâche de défendre l'honneur de sa nation, et publia en italien son *Saggio storico*, etc., *Essai historique et apologétique de la littérature espagnole, contre les opinions erronées de quelques modernes écrivains italiens*, Gènes, 1778-79-80-81, 6 vol. in-8. Dans cet ouvrage, écrit d'un très-bon style, l'auteur réfute victorieusement les opinions de ses adversaires, et prouve

que c'est l'Italie qui a été la cause, non-seulement de la décadence des sciences, de la littérature et des arts dans son propre sein, mais encore de celle des autres nations, et l'attribue, entre autres choses, au mauvais gouvernement de Rome, qui donna lieu à l'irruption des hordes du Nord, qui plongèrent l'Europe dans la barbarie. Ce livre contribua à rétablir l'opinion des étrangers sur les écrivains espagnols, de ces écrivains que, dans les 16e et 17e siècles, ils prenaient pour guides et pour modèles. Charles III, roi d'Espagne, par des honneurs et de riches présens, récompensa l'abbé Lampillas, pour la manière dont il avait vengé l'injustice faite à sa nation. Bettinelli et Tiraboschi répondirent à Lampillas par deux lettres qu'il réfuta de nouveau, et toujours d'une manière victorieuse. Les trois lettres furent imprimées à Rome en 1781. L'abbé Lampillas mourut à Gènes en 1798.

LANCES (cardinal des). *Voy.* LANZE.

LANDAZURI (Joachim), savant ecclésiastique espagnol, naquit à Vittoria en 1734, et a laissé : I *Histoire ecclésiastique et politique de la Biscaye*, 1752, 5 vol. in-4. II *Géographie de la Biscaye*, 1760, 2 vol. in-8. III *Histoire des hommes illustres de la Biscaye*, 1786, 1 vol. Tous ces ouvrages, écrits en espagnol, ont été imprimés à Vittoria. Landazuri est mort en 1806.

LANDSDOWN (lord), fils du comte de Shelburn, ministre d'état, naquit à Londres en 1734, embrassa d'abord la carrière militaire, servit dans la guerre de 7 ans sous le duc de Brunswick. De grade en grade il parvint en 1787 à celui de général. Le 16 avril 1762 il avait été nommé premier lord des com-

munes, et conseiller privé; et le 30
juillet 1766, il fut fait secrétaire
d'état à la place du duc de Richemond. Il prit alors le nom de lord
Shelburn ou de marquis de Landsdown. Il partagea les opinions politiques de lord Chatam qui occupait la place de chancelier de l'échi-
quier ; et quand celui-ci donna sa
démission, lord Shelburn suivit son
exemple. Depuis cette époque jusqu'en 1782, il s'opposa aux projets
du gouvernement, et se déclara contre le pouvoir que s'arrogeaient les
deux chambres de juger les auteurs
de libelles et de les dérober aux
tribunaux. Il s'éleva contre la guerre
de l'Amérique, et voulant arrêter
les progrès de la dette publique,
il proposa d'examiner les dépenses
de l'état et de supprimer les emplois inutiles. Après la chute de lord
North, en 1782, il le remplaça dans
le ministère, fit la paix avec la France, et reconnut l'indépendance de
l'Amérique. Il n'occupa que neuf
mois le ministère, d'où il fut exclus
par Pitt, alors à peine âgé de 24
ans. Le marquis de Landsdown se
retira dans ses terres ; mais il en
sortit à l'époque de la révolution
française. Il figura dans le parti de
l'opposition, et en janvier 1793, il
proposa à la chambre des pairs d'envoyer en France un ambassadeur
pour intercéder en faveur de Louis
XVI. Lord Shelburn demanda en
même temps que les dix mille émigrés qui se trouvaient en Angleterre
fussent envoyés au Canada pour y former une colonie. Cette mesure qui
avait tout l'air d'un exil politique ne
fut pas adoptée. Il protesta en février
1793, et en mars 1794, contre la
guerre faite à la France, et demanda
qu'il fût voté une adresse au roi
pour lui représenter, d'après les désastres des dernières campagnes,

l'impossibilité de conquérir la France, même dans le cas d'une confédération générale. ( Le cabinet anglais a su prouver le contraire en
1813, en choisissant, après la désastreuse campagne de Moscou, le moment favorable à ce grand projet. )
Parmi les membres de l'opposition,
il s'en trouvait plusieurs infectés de
jacobinisme ; lord Shelburn prouva
en plusieurs occasions qu'il n'en
était pas tout - à - fait exempt lui-
même. Aussi, outre son opinion
sur ce qu'on ne devait pas s'immiscer dans les affaires de la France,
il combattit, en juin 1794, le sub-
side accordé au roi de Prusse ;
et pour prouver l'état de détresse
où se trouvait l'Angleterre, comparée avec la France, il présenta,
en janvier 1795, un travail sur les
ressources et l'état des finances de
ces deux pays. Voyant que la guerre
continuait encore en 1798, il demanda le renvoi des ministres. « Je
» le demande à l'instant, dit-il, parce
» que notre situation est désespé-
» rée, et qu'il n'y a pas un moment
» à perdre. » En décembre suivant,
il prononça un discours pour la paix
avec la France. Il continua de figurer
dans le parti de l'opposition jusqu'à sa mort, arrivée en août 1805.
Lord Shelburn était un des admirateurs de Napoléon. Son aïeul, le
marquis de Landsdown, avait accu-
mulé une immense fortune dont il
fut l'héritier. Son palais de Berke-
ley-Square est un des plus magnifiques de l'Angleterre. Les lambris
sont peints par le fameux Cipriani,
et il renferme une riche collection de
tableaux des plus grands maîtres de
l'Italie. La bibliothèque, qui a 110
pieds de longueur, contient 10 mille
volumes, et ses meubles sont éva-
lués à plus de 100 mille livres sterling. Lord Shelburn voyagea beau-

.coup, et avait une grande instruction. Par malheur ses opinions politiques ne furent pas ni les plus saines ni les plus raisonnables, et il se jeta dans un parti qui, à l'époque de la révolution française, ne suivit certainement pas la cause la plus juste.

LANFREDINI ( Jacques ), cardinal, naquit à Florence le 26 octobre 1670 [1]. Ayant embrassé l'état ecclésiastique, il courut la carrière de la prélature romaine. La première charge qu'il occupa fut celle d'auditeur civil du cardinal camerlingue. Il l'était en 1722. L'année suivante, il fut déclaré prélat domestique, membre de la congrégation consistoriale, et référendaire de l'une et l'autre signature. Le 16 mars 1727, il reçut l'ordre de prêtrise des mains du pape Benoît XIII. Clément XIII, son compatriote, le nomma à un canonicat de Saint-Pierre en 1730. Il fut successivement secrétaire de la congrégation du concile, votant de la signature de grâce, dataire de la pénitencerie, enfin cardinal le 24 mars 1734. Il quitta alors le nom d'Amadori qu'il avait porté jusquelà, pour prendre celui de Lanfredini, qui était celui de sa famille. Le 27 du même mois le pape le proposa en consistoire pour les évêchés unis d'Osimo et de Cingoli dans la Marche d'Ancone; et le 4 avril suivant il fut sacré par le cardinal Guadagni. C'était un prélat savant et zélé, qui ne s'illustra pas moins par ses vertus épiscopales, que par sa profonde érudition. Il mourut le 16 mai 1741, laissant dans son diocèse de grands exemples de

sagesse et de charité. Il était dans la 71e année de son âge. On a de lui : I *Raccolta d'orazioni sinodali e pastorali*, Jesi, 1740, in-4. II *Lettere pastorali*, etc., Turin, 1768, 2 vol. in-8. III *Lettere scritte alla nobiltà ed agli artisti*, in-8. L'abbé Louis publia sa *vie* dans le t. 2 des *Memorabilia italorum eruditione præstantium. Guarnaci* et *Buonamici* en parlent avec éloge; le premier, dans son livre intitulé : *Vitæ et res gestæ pontificum romanorum*, et S. R. E. *cardinalium*, pag. 681, Rome, 1751, 2 v.; et l'autre dans son ouvrage, *de Claris pontific. epistol. scriptoribus*, pag. 286.

LANFREDINI ( dom Isidoro), bénédictin de la congrégation du Mont-Cassin, né à Florence, fit profession dans l'abbaye de Notre-Dame de cette ville, le 21 mars 1642. Il est auteur d'une *Nouvelle Méthode pour apprendre le français*, imprimée à Paris et ensuite à Florence en 1684. Il a traduit en italien l'*Instruction d'un père à son fils*, par Sylvestre Dufour, Florence, 1684. On lui attribue encore d'autres traductions. Il avait voyagé en Allemagne et en France. Il mourut dans sa maison de profession le 8 mai 1691.

LANGLOIS ( Jean-Thomas ), avocat au parlement de Paris, où il naquit en 1748; il fut un de ces hommes courageux qui osèrent s'opposer hautement aux principes de la révolution. En 1791 et 1792 il était un des rédacteurs du journal intitulé les *Actes des apôtres*, qui défendit souvent la cause du roi, et dénonça les factieux : il était écrit dans le même esprit que les feuilles qui avaient pour titre, *le Chant du coq* et *le Messager du soir*. Il put se sauver, par une espèce de prodige, sous le règne de la terreur;

_____

1 Le Dictionnaire de Prudhomme place la naissance du cardinal Lanfredini en 1680. Moreri, qui la met en 1670, dit en même temps qu'il mourut en 1741, âgé de 70 ans 6 mois 19 jours, ce qui reporte nécessairement sa naissance en 1670.

de retour à Paris, il coopéra à la rédaction de la *Quotidienne* et du *Précurseur*. Toujours favorable à la cause des malheureux, il publia en 1804 un article, cité comme un modèle, en faveur des déportés de la Guadeloupe, accusés d'une conspiration contre Buonaparte, et auquel ceux-ci durent leur salut. Langlois s'étant retiré à Gisors, il y mourut en 1805.

LANGLOIS ( Isidore ), autre journaliste, naquit à Rouen le 18 juin 1770, d'un marchand de bas. Il fit ses études à Paris, occupa divers emplois, et lors de la révolution il rédigea pendant plusieurs années le *Messager du soir*, journal que les honnêtes gens opposaient, ainsi que d'autres feuilles dictées par de bons principes, à celles publiées par Marat, le Père Duchesne et autres jacobins. Isidore Langlois, ardent, laborieux, plein d'esprit, dénonça constamment le crime, et poursuivit les démagogues révolutionnaires. Victime de ce dévouement honorable, il fut successivement proscrit par les différentes factions qui régnaient tour à tour dans ces temps d'anarchie; et tour à tour il reprenait la plume pour les poursuivre de nouveau. A une époque moins orageuse il se fixa à Paris, où il mourut en 1800, à peine âgé de 30 ans. On a de lui : *Des Gouvernemens qui ne conviennent point à la France*, 1795, in-8. Il *A mes juges et à mes concitoyens*, 1795, in-8.

LANNES ( Jean ), général français, duc de Montebello, colonel général des Suisses, etc., naquit à Lectoure le 11 avril 1769, d'une honnête famille bourgeoise. Il fit quelques études dans le collège de cette ville; mais son père ayant dû payer une somme considérable pour un fermier dont il s'était fait caution, il se vit contraint d'entrer comme apprenti chez un teinturier. Voyant dans la révolution un moyen de se tirer de l'état obscur où il se trouvait, il vint à Paris, et fut compris dans la levée de 1792. Après avoir servi dans différentes armées, et obtenu le grade de sergent-major, il passa dans celle des Pyrénées, où il se distingua, et devint colonel. Cependant, malgré ses services, lorsque le traité de Bâle eut procuré, en 1794, la paix avec l'Espagne, il ne fut pas compris dans le nombre des colonels en activité. Pour tenter de nouveau la fortune, il alla en 1796 à l'armée d'Italie, en qualité de simple volontaire. Il eut lieu de s'y signaler, et d'attirer sur lui les regards de Buonaparte, qui, témoin de sa bravoure à la bataille de Millesimo, le nomma colonel du 29ᵉ régiment. Lannes se trouva à la bataille de Bassano, où il prit deux drapeaux; au passage du Pô, à la bataille de Lodi, et à l'assaut de Pavie, à la suite duquel il fut nommé général de Brigade. Il déploya la même valeur au siége de Mantoue, dont il enleva à la baïonnette le faubourg Saint-Georges ; ainsi qu'au combat de Governolo, et surtout à la sanglante bataille d'Arcole. La république française ayant déclaré, sous des prétextes spécieux, la guerre au chef de l'église, Pie VI avait tâché de mettre ses états à l'abri d'une invasion de la part de l'ennemi commun. Une partie de ses troupes étaient cantonnées à Imola ; Lannes marcha contre elles, pénétra le premier dans la ville, et enleva les retranchemens. Le traité de Campo-Formio, en 1797, donna pour quelque temps la paix à l'Italie. Lannes revint alors à Paris, d'où il partit avec Buonaparte pour son expédition d'Egypte. Il se trouva à la prise, ou pour mieux dire à la facile occupation de Malte; et arrivé en Egypte, il fut constamment le général d'avant-garde, et déploya des talens et du courage à Alexandrie, près du Caire, et au siége de Saint-Jean-d'Acre. Il investit Aboukir, et emporta la redoute et les retranchemens qui défendaient cette place. C'est lui qui fut chargé en 1799 de porter à Paris, pour être déposés à l'Hôtel des Invalides, les 32 drapeaux pris en Egypte; mais ces succès furent suivis par des revers bien cruels. Lannes eut une grande part à la révolution du 18 brumaire. Il partit ensuite pour Toulouse, dont il avait obtenu le commandement, et parvint à y dissiper les troubles que cherchaient à y entretenir les partisans du directoire. Le général Souwarow s'était rendu maître de presque toute l'Italie : Buonaparte, déterminé à la reconquérir, conserva à Lannes le commandement de l'avant-garde. L'armée française ayant franchi les Alpes en 1800, ce général contribua à tous les succès qu'elle obtint dans cette seconde campagne. Il acquit une nouvelle gloire au passage du Pô, à la bataille de Casteggio, et à celle de Marengo (14 juin). En 1804 il fut créé maréchal de France, et envoyé comme ambassadeur à Lisbonne, où il s'occupait de détacher le cabinet portugais des intérêts de l'Angleterre. La guerre d'Autriche, en 1805, le rappela de nouveau aux combats. Il commandait l'aile gauche à la bataille d'Austerlitz (2 décembre), et il s'y distingua encore par sa bravoure, et surtout par ses savantes manœuvres. Il déploya les mêmes qualités dans la campagne de Prusse, à Jéna, à Eylau et à Friedland. Dans la guerre perfide contre l'Espagne, en 1808,

Lannes se signala à la bataille de Tudela, et au mémorable siége de Saragosse. D'après le témoignage de plusieurs prisonniers espagnols, amenés en France dans la même année, il faut lui rendre la justice qu'il s'empressa d'arrêter le carnage, maintint la discipline parmi ses troupes, écouta les plaintes des vaincus, et agit avec eux avec beaucoup de modération. Les hostilités ayant recommencé avec l'Autriche en 1809, il quitta l'Espagne, se rendit à la grande armée, et y débuta par la prise de Ratisbonne. Lorsque, par une fausse manœuvre, Buonaparte se trouvait comme cerné par l'armée du prince Charles dans une des îles du Danube, et ne savait choisir aucun parti, ce fut à Lannes et à Masséna que l'armée française dut son salut; le premier en imaginant sur-le-champ un nouveau plan d'attaque, et le second en forçant, la baïonnette à la main, le passage du Danube, défendu par des batteries formidables, et par l'élite de l'armée autrichienne. Ses exploits militaires se terminèrent à la bataille d'Esling (30 mai). Dans le fort de la mêlée un boulet de canon lui emporta une cuisse. On le transporta sur un brancard auprès de Buonaparte, qui sembla affligé de perdre en lui un de ses plus habiles généraux. Lannes ne reprit connaissance que pour lui dire le dernier adieu. Il expira quelques heures après, le 31 mai 1809. Son corps, d'abord déposé à Strasbourg, fut transporté avec une grande pompe de cette ville à Paris, le 22 mai 1810, et le 5 et 6 juillet, jour anniversaire de la bataille de Wagram, on fit la translation de son corps au Panthéon. Lannes, naturellement brave, avait les talens qui constituent un bon général. Des gens impartiaux qui l'ont connu assurent qu'il n'abusa jamais de la faveur dont il jouissait auprès de Buonaparte ; on ne l'accusa pas de ces déprédations dont plusieurs de ses confrères se rendirent coupables dans les pays ennemis , et on cite de lui quelques traits de bienfaisance.

LANZE ( Victor-Amédée delle ), cardinal, en français, le *cardinal des Lances*, naquit à Turin d'une famille illustre, le 1er septembre 1712. Il était fils du comte de Sales, homme aimable et savant, qui, après avoir joui de la faveur du roi de Sardaigne , Victor-Amédée , fut disgracié. Il alla s'établir à Bologne, et s'y lia d'amitié avec le cardinal *Lambertini*, alors archevêque de cette ville, depuis pape, sous le nom de Benoît XIV. Le jeune des Lances étant venu à Paris, y prit à Sainte-Geneviève l'habit de chanoine régulier, que pourtant il ne porta que 6 mois. Au sortir de cette maison, son goût pour l'état religieux l'engagea à écrire à l'assistant de la congrégation de Saint-Maur pour y être admis ; mais le cardinal Lambertini, qui avait sur lui d'autres vues, empêcha que ce projet ne s'effectuât. Des Lances revint à Turin, et y exerça les fonctions de simple vicaire avec beaucoup de zèle, visitant les malades , catéchisant les simples , et portant aux pauvres d'abondantes aumônes. En 1747 Lambertini, devenu pape depuis plusieurs années, crut des Lances mûr pour de plus hauts honneurs, et, du consentement du roi de Sardaigne, le décora de la pourpre romaine. Il le fit ensuite archevêque de Nicosie. Le nouveau cardinal devint en même temps aumônier du roi de Sardaigne , et abbé commendataire de Saint-Bénigne. Il mourut dans cette abbaye le 25 janv. 1784. A une

érudition profonde , une doctrine solide et une piété rare, il joignait un caractère généreux et une ardente charité. Il avait su se concilier l'estime des personnages les plus distingués de toutes les conditions , et même de plusieurs souverains. Il a publié : I *Synodus diœcesana Segusii* ( Suse ) *in Galliâ subalpinâ, coacta anno* 1745 *à Victorio-Amedæo à Lanceis*. II *Synodus diœcesana insignis abbatiæ fructuariensis Sancti-Benigni de Sancto-Benigno*, Turin , 1752. On trouve l'éloge de ce savant cardinal dans *la Storia letteraria d'Italia*, page 325 , et dans la *Nuova raccolta degli opuscoli*, etc., du célèbre *P. Calogera*, qui dédia au cardinal des Lances le premier volume de cette collection.

LANZI ( Louis ), savant italien, naquit à Monte-del-Celmo, près de Macerata, en 1732 , étudia chez les jésuites , et entra dans cet ordre en 1750. Il professa la rhétorique, la philosophie , la théologie ; et après la suppression de son ordre , le grand duc Léopold le nomma sousdirecteur de la galerie de Florence, où il mourut le 31 mars 1810. Il a laissé un grand nombre d'ouvrages, dont nous citerons ceux qui ont contribué le plus à sa réputation. I *Guide de la galerie de Florence*, Florence, 1782 , in-8. II Une traduction excellente, en vers, des *Travaux et des jours d'Hésiode*, avec des *notes*, ibid., 1808, in-4. III *Essai sur la langue étrusque*, Rome , 1789, 3 vol. in-8, qui fut applaudi par tous les savans de l'Europe. IV *Histoire de la peinture en Italie*, Bassano , 1809, 6 vol. in-8, ouvrage supérieur dans son genre, ainsi que ses *Dissertations sur les vases appelés communément étrusques* , Florence , 1790.

Tous ces ouvrages sont en italien. Lanzi conservait un si tendre souvenir de l'ordre auquel il avait appartenu, qu'on le voyait s'attendrir toutes les fois qu'il rencontrait un de ses confrères.

LAPEROUSE et non LAPEY-ROUSE (Jean-François Picot de Galaup de), célèbre navigateur français, naquit à Albi en 1741, d'une famille noble de Toulouse. Entré dans le corps de la marine en 1756, il servit avec distinction dans la guerre qui eut lieu vers cette même époque, et dans celle de l'Amérique en 1776, où il détruisit les établissemens anglais de la baie d'Hudson. On avait représenté à Louis XVI la gloire qu'il en résulterait pour son règne si on continuait les découvertes faites par le capitaine Cook. Le monarque en avait agréé le projet, et traça lui-même le plan de ce voyage. Il nomma chef de l'expédition Laperouse, qui partit en août 1786, avec les vaisseaux l'*Astrolabe* et la *Boussole*, et après avoir visité l'île de Pâques et la côte N. O. de l'Amérique, il passa le détroit de Beeimg en s'avançant vers les latitudes septentrionales. Là il fut arrêté par d'énormes glacières, et put avec peine gagner le port d'Awatska, d'où il mit à la voile le 1er octobre 1787. Son intention était de reconnaître les îles du Japon et les détroits qui les séparent soit du continent de l'Asie, soit d'elles-mêmes; opération difficile que Cook ni King n'avaient pu effectuer. Il prit terre à l'île des Navigateurs, où il perdit quatorze hommes, qui, égarés dans les forêts, furent ou faits prisonniers, ou mangés par les sauvages. Parmi ces malheureux était le chevalier Fleuriot de Langle, excellent marin, né en Bretagne près de Pontrieux. Ayant appareillé de cette île,

il arriva, en février 1788, à Botany-Bay, où les Anglais venaient de fonder une colonie. Depuis cette époque on n'a reçu aucune nouvelle de Laperouse; on ne saurait déterminer quel a été son sort. Cependant l'opinion la plus générale est qu'en voulant tenter une route dangereuse, il ait péri dans un naufrage C'est ce qu'assure le commodore Hunter, qui attribue ce désastre à l'effet des calmes et des courans qui règnent dans la route que Laperouse proposait de se frayer. D'après l'ordre des états-généraux, en 1791, d'Entrecastaux et Petit-Thouars furent successivement chargés d'aller à la recherche de cet infortuné marin; mais on n'a recueilli aucun fruit de ces deux expéditions. Le commodore Billings, dans ses voyages dans la mer Glaciale, trouva sur un de ces bords déserts la tombe d'un capitaine anglais avec cette inscription: *Monument érigé en 1787 par Laperouse.* Voilà les noms des personnes qui se trouvaient à bord des deux frégates commandées par Laperouse. On voyait sur la *Boussole* MM. de Clouard et de l'Escar, lieutenans de vaisseau; Boutin et Pierre Vert, enseignes; Colinet, lieutenant; Ceran et d'Arbaut, gardes marines; Broudac, volontaire; Monneron, capitaine au corps du génie; Beruicet, ingénieur géographe; d'Agéles, astronome de l'académie des sciences; de Lamanon, physicien naturaliste; Mongès, l'un des auteurs du *journal de physique;* Raulin, chirurgien-major; Lecor, adjudant; Duché de Venoy et Prevôt, peintres; Colimon, botaniste; et 89 hommes d'équipage. Sur l'*Astrolabe* se trouvaient MM. Fleuriot de Langle, capitaine; de Monty, lieutenant; de la Borde Marchainville, de Vaugeois, d'Aigremont, enseignes; Blondel, lieutenant de frégate; de la Borde, de Bouterviller, de Flasson, de Lauriston, gardes marines; Monge, astronome; de la Martinière, botaniste; Receveur et Dufresne, naturalistes; Lesseps, vice-consul à Cronstadt, interprète; Labau, chirurgien, et 94 hommes d'équipage.

LAROCHE. *Voyez* FONTAINE DE LA ROCHE.

LASCY ( le comte de ), feld maréchal autrichien, naquit à Vienne en 1730, servit dans les guerres de 1756 et de 1777 contre la Prusse. Ce général aida Joseph II à introduire d'utiles réformes dans ses troupes, s'occupa particulièrement de détails de formation et d'habillement. Il aimait beaucoup l'économie; aussi en 1784 il fit de telles épargnes sur ce dernier article, qu'il en résulta plusieurs millions pour la caisse impériale; mais les uniformes étaient si étroits et si incommodes que les soldats ne pouvant manœuvrer qu'avec peine, on fut contraint, dans la même année, de pourvoir à un autre habillement. En 1788 il commanda en chef l'armée autrichienne contre les Turcs; mais Lascy n'avait pas de grands talens militaires, et cette campagne fut malheureuse. Laudon le remplaça. Joseph II le chargea alors de diriger en son absence les affaires de la guerre. Après la mort de cet empereur, en 1790, Léopold II, son frère et son successeur, le nomma commandant en chef de l'armée, Laudon étant mort dans le mois de juin de la même année. Mais Lascy, qui avait des ordres secrets du nouveau souverain, ne se présenta à la tête des troupes que pour amener la paix conclue avec la Porte en 1791. Léopold le créa alors chancelier de l'ordre de Marie-Thérèse. Il mourut à Vienne le 30

novembre 1801, âgé de 71 ans. Il était le plus ancien des généraux autrichiens.

LASCY (Joseph), général espagnol, naquit à Barcelone en février 1768. Il était originaire d'une famille irlandaise (O-Konor), qui descendait de Biren, dit le *vainqueur* (*voyez* ce nom, *Supplément*), un des plus fameux rois de l'Irlande dans le 10e siècle. Lascy servit avec distinction dans la guerre de 1793 contre la république française : il était alors capitaine dans le régiment des Wallons. A la paix il fut nommé général de brigade, et devint lieutenant général au commencement des hostilités des Français contre les Espagnols en 1808. Il commanda successivement en Navarre, en Aragon et en Catalogne, et obtint souvent des avantages sur l'ennemi. Le général en chef anglais fit des éloges autant de son intelligence que de sa bravoure, et de l'exacte discipline qu'il faisait observer à ses troupes. Lascy était un des partisans des cortès, et d'après les conférences qui eurent lieu à Valence et aux frontières de l'Espagne, entre Ferdinand VII et plusieurs députés espagnols, il avait conçu l'espoir que ce monarque, remonté sur son trône en 1813, les aurait conservés comme étant une des anciennes institutions nationales. Après leur dissolution, Lascy se retira à Barcelone, et ne cacha pas son mécontentement. Quelques mois après on l'accusa d'un complot qui avait pour objet de soustraire la Catalogne à la domination du roi d'Espagne, et de l'ériger en république : il fut arrêté avec plusieurs de ses complices. Cet événement fit une grande sensation dans toute sa province, où il était aimé; après l'instruction de son procès, on le transporta pendant la nuit de Barcelone à Palme, dans l'île de Majorque, où il fut pendu le 24 mars 1814.

LASSALA ou LA SALA (l'abbé Manuel), historien et poëte espagnol, naquit à Valence en 1729. Il entra chez les jésuites de cette même ville, dans l'université de laquelle il professa l'éloquence, la poésie et l'histoire. L'abbé Lassala était en outre profondément instruit dans les langues anciennes et modernes. Lors de la suppression de son ordre, il passa en Italie, et se fixa à Bologne, où il mourut, après s'être distingué et par ses talens et par une vie exemplaire, le 4 décembre 1798. Il a laissé, en espagnol : I *Essai sur l'histoire générale ancienne et moderne*, Valence, 1755, 3 vol. in-4. II *Notice sur les poëtes castillans*, ibid., 1757, in-4. III Plusieurs *Traductions* des tragédies de Sophocle et d'Euripide, ibid., 1758-1760. IV *Joseph présenté à ses frères*, tragédie en 5 actes, en vers, Valence, 1762. V *Don Sancho Aburca*, idem, ibid., 1765. On a de lui en italien les tragédies suivantes : VI *Iphigénie en Aulide*, imitation d'Euripide et de Racine, Bologne, 1783. VII *Ornisinda*, en 5 actes, ibid., 1783. VIII *Lucia Miranda*, en 5 actes, ibid., 1784. Le sujet de cette tragédie est tiré de l'histoire des Espagnols dans le Paraguay. Il a publié en latin : IX *Rhenus Emmanuelis Lassale*, ibid., 1781 ; poëme composé à l'occasion du débordement du Rhin, rivière qui traverse la ville de Bologne, et qu'on appelle communément le petit Rhin. X *Fabulæ Lockmani sapientis, ex arabico sermone latinis versibus interpretatæ*, ibid., 1781, dédiées à son ami D. François Perez Bayer, savant espagnol. Tous les ouvrages de l'abbé Lassala eurent un grand succès, et

il se distingua dans ces différentes langues par la pureté et l'élégance du style.

LAUDENOT (Louise), dite aussi, après sa profession religieuse, *la Mère de Saint-Jacques*, était fille d'un médecin du roi, et recommandable par sa piété. Ayant pris la résolution de renoncer au monde, elle entra chez les bénédictines de l'abbaye de Montmartre, et y fit profession. Elle s'y distingua par sa régularité et ses vertus. Elle avait reçu une éducation soignée, avait du talent, et écrivait avec facilité. Elle fit tourner à la gloire de Dieu ces heureuses dispositions, en composant divers ouvrages de spiritualité propres à l'édification du prochain. On lui doit : I *Catéchisme des vices et des vertus*. II *Méditations sur les Vies des Saints, pour toutes les fêtes de l'année, et sur les principales fêtes de Notre-Seigneur et de la Vierge*. III *Exercice pour la sainte Communion et pour la Messe*, etc. Cette pieuse fille mourut saintement dans son couvent, le 27 mai 1636.

LAUJON (Pierre), poëte, naquit à Paris en 1725, fut lié avec Piron, Collé, Panard, et tous les hommes facétieux de son temps, dont il imita fort bien les saillies qui dégénéraient parfois en traits mordans et satiriques. Il fut membre de l'Académie française, doyen des chansonniers, et président du caveau moderne, établi à l'instar de celui que fréquentaient les poëtes ci-dessus indiqués. Il mourut à Paris en 1811, et a laissé : *Ismène et Isménias*, tragédie en trois actes, 1770 ; *l'Inconséquent, ou les Soubrettes*, comédie en cinq actes, en prose, jouée en 1777 ; *l'École de l'Amitié ; la nouvelle École des Mères*, comédies en un acte chacune ; *le Cou-*

*vent*, comédie en un acte, 1790, et qui est un tribut qu'un vieillard de 65 ans rendit à la révolution. Des opéras, comme *Sylvie*, en trois actes, 1770; des opéras comiques, tels que l'*Amoureux de quinze ans*, en trois actes; *le Poëte supposé*, en trois actes, etc., etc. Des parodies, des ballets, et un recueil de chansons publié sous le titre d'*A-propos de société*, 1776, 3 vol. in-12. On remarque dans les poésies de Laujon de la facilité, de la chaleur et beaucoup d'imagination.

LAULAHNIER ( Michel-Joseph de ), évêque d'Égée *in partibus*, né au Cheylard dans le Vivarais en 1718, fut sacré évêque en 1776. Il consacra son temps et sa plume à la défense de la religion, et publia, sous le nom d'un ancien militaire, plusieurs ouvrages contre les philosophes modernes. On a de lui : I *Essais sur la Religion chrétienne et sur le Système des philosophes modernes, accompagnés de quelques Réflexions sur les Campagnes*, par un ancien militaire retiré, Paris, Pierre, 1770, in-12 de 311 pages. II *Pensées sur différens sujets*, par un ancien militaire, Langres, Jean Bonnin, et Paris, Humblot, 1773, in-12 de 331 pages. III *Réflexions critiques et patriotiques, pour servir principalement de préservatif contre les Maximes de la Philosophie*, 3ᵉ édition, revue, corrigée et augmentée, Nyon l'aîné, 1780, in-12 de 410 pages. L'auteur du *Dictionnaire des Anonymes* pense que les deux premiers ouvrages ont été fondus dans le dernier, et que c'est pour cela qu'il est présenté comme une troisième édition. On croit que cet évêque mourut vers la fin de 1788.

LAUNAY (B. R., marquis de ), naquit à Saint-Sauveur-le-Vicomte en 1732. Il suivit la carrière des armes, fut nommé commandant de la Bastille vers 1780, et occupait cette place lors des premiers événemens de la révolution ( 1789 ). Le 14 juillet, toute la populace de Paris, excitée par la faction du duc d'Orléans, se trouvait dans une insurrection complète. Les gardes françaises avaient déserté leurs drapeaux, et, unies au peuple, commettaient les plus grands excès. Après le pillage de la maison de Saint-Lazare, les conjurés se préparèrent à mettre à exécution le plan qu'ils avaient depuis long-temps médité, c'est-à-dire de s'emparer de la Bastille, de l'arsenal, du Temple, du grand et du petit Châtelet, et de fortifier le Louvre et l'hôtel de ville. Ils enlevèrent d'abord 30 mille fusils de l'hôtel des Invalides, où l'on ne trouva aucune résistance, et, munis de plusieurs pièces de canon, se dirigèrent vers la Bastille. On dit que le gouverneur, averti d'avance qu'on préparait cette attaque, et n'ayant sous ses ordres que cent vingt invalides et trente Suisses du régiment de Salis-Samade, avait demandé des secours à Berthier, intendant de Paris; mais ces secours n'arrivèrent pas. La Bastille avait assez de munitions de guerre, mais manquait absolument de vivres. Cette forteresse se trouva environnée de plus de cinquante mille assaillans et de plusieurs batteries de canon, tandis que des fusiliers, placés aux fenêtres des maisons voisines, faisaient pleuvoir une grêle de balles sur les sommets des tours. Le marquis de Launay avait fait jurer à ses soldats de ne point faire feu, à moins qu'ils ne fussent attaqués. Ceux-ci obéirent jusqu'aux dernières extrémités; mais toute défense devenait impossible, et déjà plusieurs forcenés étaient cramponés sur les remparts. Une députation de la commune de

Paris vint inviter le gouverneur à rendre la forteresse. Il fait baisser le pont-levis, les députés entrent, suivis d'une foule immense qui se précipite dans la première cour du château, et il se rend ensuite sur la parole qu'on lui donne qu'il ne lui sera fait aucun mal, non plus qu'à la garnison. A peine fit-on cette promesse qu'un des factieux qui était avec les députés, arracha la croix de Saint-Louis de de Launay, et la plaça à sa boutonnière. On conduisit ce dernier à l'hôtel-de-ville. Pendant la marche, il eut à souffrir tant de cruels traitemens, qu'on l'entendit dire plusieurs fois : « Ah! mes »amis, tuez-moi, tuez-moi sur-le-»champ; de grâce ne me faites pas »languir. » On n'exauça sa prière que lorsqu'il fut arrivé au perron de l'hôtel de ville, où il tomba percé de mille coups. Ce crime fut l'avant-coureur de bien d'autres commis dans cette affreuse journée. On coupa la tête du cadavre de de Launay, et on la promena sur une pique dans les rues de Paris. Un misérable qui se vantait d'avoir le premier franchi les murs de la Bastille, fut promené aussi en triomphe, et l'on vit des femmes lui jeter des fenêtres des eaux odoriférantes et des fleurs. Un de ces bourreaux, qui figurèrent dans le massacre de la Bastille, garçon boulanger, et officier général sous Robespierre, montrait son bonnet taché du sang d'une de ses victimes.

LAUNAY l'aîné ( J. de ), naquit à Angers en 1744. Il suivit le barreau, et lors de la révolution il était commissaire du roi près le tribunal d'Angers. Nommé député de Maine-et-Loire à l'assemblée législative, il y développa bientôt les plus mauvais principes. Après avoir réclamé la destruction de la constitution civile du clergé, il provoqua un décret qui autorisât le mariage des prêtres. Le 5 décembre il déclama contre l'agiotage, quoique lui-même en faisait une spéculation. Elu membre de la convention, il demanda et obtint que le comité de sûreté général prît connaissance des arrestations qui eurent lieu après la journée du 10 août. Il présenta ensuite un projet sur le mode de procéder dans les exceptions concernant les émigrés. Ennemi des *girondins*, et siégeant dans la *montagne*, il s'opposa vivement à la convocation des assemblées primaires que les premiers demandaient. Le 16 octobre, il fit décréter la suppression définitive de la compagnie des Indes, après avoir fait apposer les scellés sur les magasins de cette compagnie, dont toutes les marchandises furent vendues à bas prix. De Launay n'oublia pas de tirer des avantages de cette suppression. Quoique du parti des jacobins, il était devenu trop subitement riche pour ne pas exciter l'envie de ses collègues. Barrère et Chabot l'accusèrent de leur avoir présenté un plan d'agiotage, tendant à acheter à la baisse les effets publics, et de les revendre à la hausse. Cette dénonciation fit découvrir un grand nombre de complices, dans lesquels furent compris avec de Launay, plusieurs de ses accusateurs qui périrent tous sur l'échafaud, le 5 avril 1794.

LAURENT ( P. ), graveur, naquit en 1739 à Marseille, où il apprit les élémens de son art, et se perfectionna à Avignon sous le célèbre Balechon. Il vint à Paris, et il s'y fit connaître par différens ouvrages, la plupart gravés d'après le Poussin, Berghem, Lutherbourg, etc. Son estampe du *Déluge* mérite des éloges de tous les connaisseurs. Il eut, le premier, l'idée du grand ouvrage du *Musée français* ; mais ce travail est peu soigné. Laurent mourut le 30 juin 1803.

LAURENT ( Jacques ), naquit en Alsace en 1738. Il exerçait la profession de médecin lorsqu'il fut nommé député à la convention par le département du Bas-Rhin. Tout en partageant les opinions révolutionnaires, il n'appartint cependant à aucun parti. Envoyé en mission à l'armée de Sambre-et-Meuse , il eut l'occasion de s'y signaler par sa bravoure. Après la bataille de Jemmapes ( 1792 ), ce fut lui qui fut chargé d'envoyer à la convention toutes les richesses enlevées aux églises de ce département. Presque toujours employé aux armées , il y figurait et comme soldat et comme commissaire. Il annonça le 26 juillet 1794 la prise d'Anvers ; et le 26 octobre il donna le détail de la mort de Legros, adjudant général de l'armée du Nord, fusillé par les ordres de Cobourg. Membre du conseil des cinq – cents en 1795, il y fut réélu, par le directoire, en mai 1798. Il demanda la mise en vente des biens des cultes réformés ; combattit le projet pour le rétablissement de l'impôt sur le tabac, et insista , le 8 février 1798, pour l'aliénation des biens du culte protestant. Le 22 avril il déclama contre le projet qui soumettait les fournisseurs à une reddition de comptes ; apparemment il n'y trouvait pas le sien. Attaché au système républicain , il fut un des opposans dans la révolution du 18 brumaire ( 9 novembre 1799 ), à l'établissement du consulat. Il fut exclus du corps législatif, et mourut dans l'oubli en janvier 1804.

LAVATER (Jean-Gaspard), célèbre physiognomoniste, naquit à Zurich le 15 novembre 1741. Il étudia les sciences sacrées, devint ministre du culte protestant, et se distingua dans la prédication, ainsi que par plusieurs ouvrages théologiques. Lavater quitta ensuite les études de son état, et entreprit plusieurs voyages. Il demeura long-temps à Berlin , où le *philosophisme* était fort à la mode; et si les liaisons qu'il eut avec différens philosophes ne pervertirent pas ses principes , elles influèrent beaucoup sur son imagination naturellement ardente et mobile. De retour à Zurich , il se proposa de créer une science aussi difficile qu'extraordinaire, qui avait attiré son attention dès sa jeunesse, mais dont il avait été distrait par d'autres études. Cette science consiste à connaître par les traits du visage et la physionomie , non-seulement les inclinations et le caractère d'une personne, mais de deviner encore son heureux ou funeste avenir. Zopire, Hippocrate et Aristote, parmi les Grecs ; et parmi les modernes , Porta , Buffon, Lebrun, la Chambre, avaient déjà fait sur la physiognomonie des recherches et des observations. Mais c'est Lavater qui le premier a cherché à y fixer des règles et des principes. Il commença par observer la physionomie des animaux en la rapportant à l'instinct particulier qui distingue chacune de leurs espèces. Il tourna ensuite ses observations sur les images sculptées des grands hommes et des grands criminels. Il crut voir le talent et la malignité peints sur la physionomie de Voltaire, qui tenait à la fois de l'aigle et du singe. Dans celles de Néron et de Caligula, il remarqua l'ensemble monstrueux des vices les plus crapuleux et de la cruauté la plus raffinée. L'image de Corneille lui représentait le génie créateur; et celle de Bossuet l'homme grand et vertueux. Ces premières observations faites , il s'appliqua à connaître les différens caractères des hommes et des femmes, qu'il tâchait de comparer à leur physionomie respective ; et après un grand nombre d'examens et de recherches, après une étude constante de plusieurs années, il se persuada de pouvoir lire dans les traits extérieurs les sentimens les plus cachés, et en déduire des résultats non équivoques. Il publia pour la première fois ses idées dans une espèce de prospectus ou *dissertation* qu'il présenta à la société de Zurich. D'autres ouvrages sur la même matière et dont nous parlerons après, répandirent son nom par toute l'Europe, et on venait de toutes parts pour consulter ce nouvel oracle. Parmi plusieurs anecdotes qu'on raconte à ce sujet, nous soumettrons les suivantes à la sage critique du lecteur. — Un seigneur allemand, aimable et bel homme, se présenta dans la société de Lavater ; à son départ de la salle, quelques dames s'écrièrent : *Voilà une physionomie heureuse ! Vous n'y avez rien à redire, M. Lavater ?* «J'en suis fâché pour lui, répondit-il, »mais je remarque quelques lignes »qui annoncent un caractère em- »porté, et je crains qu'il ne finisse »malheureusement. » Trois mois après, dit-on, sur une réponse malhonnête que lui fit un postillon, le seigneur allemand lui brûla la cervelle : on l'arrêta, et il fut pendu. — Le fameux Mirabeau se présente chez Lavater d'un air cavalier et de persiflage (il venait de Paris), et débute par ces mots : « Monsieur le »sorcier, j'ai fait le voyage tout ex- »près pour savoir ce que vous pen- »sez de ma physionomie. Regardez- »moi, je suis le comte de Mirabeau ; »si vous ne devinez pas juste, je »dirai que vous êtes un charlatan. « Votre conduite, monsieur, est »très-inconsidérée, je ne suis pas »un nécromancien. » Mirabeau insiste, et alors Lavater lui dit : «Votre »physionomie annonce que vous »êtes né avec tous les vices, et que »vous n'avez rien fait pour les ré- »primer. — Ma foi, vous avez de- »viné, » répondit Mirabeau, et il se retira un peu déconcerté. Ce jugement n'était pas difficile pour peu que l'on connût le nom du personnage. L'anecdote suivante est encore plus extraordinaire. Une dame de Paris vint consulter Lavater sur le sort d'une fille chérie : le physiognomoniste la regarde et refuse de s'expliquer. Cédant aux instances de la mère, il lui promet une lettre, la lui donne à condition qu'elle ne la décachetera qu'au bout de six mois. Au bout de cinq, cette dame voit mourir sa fille, ouvre alors la lettre du devin, qui était conçue en ces termes : « Madame, lorsque vous »ouvrirez cette lettre, je pleurerai »avec vous la perte que vous avez »faite. La physionomie de votre fille »est une des plus parfaites que j'aie »encore vues ; mais j'ai remarqué des »traits qui annoncent qu'elle *mourra* »dans les six mois qui s'écouleront »depuis l'instant que j'ai eu le plaisir »de vous recevoir. » Nous ne nous arrêterons pas à démontrer l'invraisemblance des faits contenus dans ce récit, et nous nous bornerons à faire observer que le système nouveau que professait Lavater, et ses prétendus pronostics sur l'avenir, étaient peu dignes d'un homme éclairé, et encore moins convenables à un chrétien et à un ecclésiastique. Il ne pouvait ignorer qu'il n'y a rien de plus blâmable et de plus présomptueux pour la créature, que de vouloir prédire le sort de ses semblables qui dépend immédiatement de la volonté d'un Dieu ; et que cette raison que l'homme en a reçu en partage, doit exclure toute idée de fatalisme, que d'ailleurs des signes extérieurs pourraient mal annoncer. Le système de Lavater a probablement fait naître celui du docteur Gall ; ce dernier borne ses recherches au crâne, Lavater les étend à toutes les parties du corps, et surtout aux différens traits de la physionomie. L'un et l'autre système pourraient avoir le même fonds de vérité que ces jeux de cartes où les gens crédules vont lire leur destinée passée, présente et future. Lors de l'entrée des troupes françaises en Suisse en 1799, Lavater, d'un caractère ardent, voulut prendre une part trop active aux troubles de son pays ; il reçut une blessure qui lui causa quinze mois de douleurs cruelles, et dont il mourut, en 1801, âgé de 60 ans. I *De la physiognomonique*, Leipsig, 1772, vol. in-8; ouvrage reproduit et augmenté sous le titre pompeux de *Fragmens physiognomoniques pour propager les connaissances des hommes et la bienveillance envers leurs semblables*, ibid., 4 vol., de 1775 à 1778. Il en parut un *Abrégé*, publié par Michel Amubrusler, Zurich, 1783 et 1784, 2 vol. in-8. — Lavater ne se borna pas à son ouvrage en allemand ; il en fit publier une édition en français d'après un nouveau manuscrit, avec des dessins plus soignés et plus nombreux, imprimée sous le titre *De la Physiognomonie, ou l'Art de connaître les hommes et de les faire aimer*, La Haye, 1783, 5 vol. in-4. Les éditions les plus estimées sont celles publiées par Prudhomme, à Paris, 1806, 10 vol. in-4, et 1807, 10 vol. in-8, avec ce titre *L'Art de connaître les hommes par la physionomie*, par Gaspard Lavater, *précédé d'une notice historique sur*

*l'auteur, et avec les opinions de la Chambre, de Portes, de Cooper, de Gall, sur la physionomie,* etc. M. Moreau y a ajouté une histoire anatomique de la face, et plusieurs articles nouveaux sur les caractères des passions, des maladies, etc., le tout orné de 600 gravures. On a encore de Lavater : II *OEuvres en prose*, 1 vol. in-8. III *Journal de l'observateur de soi-même*, 1778. IV *Salomon*, 1785, in-8. V *Poëmes*, 1785, in-8. VI *Nathanaïl*, in-8. VII *Jésus messie, ou évangiles et actes des apôtres*, mis en cantiques, 1786, 4 vol. in-8. VIII *Lettres fraternelles*, 1787, in-8.

**LAVILLEHEURNOIS** ( Berthelot de ), naquit en 1740, se fixa à Paris, et, après avoir occupé différentes places, il devint maître des requêtes. Attaché à ses rois, il ne partagea pas les principes de la révolution ; mais il chercha par tous les moyens d'être utile à la cause légitime. Il imagina, vers 1796, de former en France plusieurs compagnies à l'instar de celles des chouans, et de les faire soulever ensuite, afin de replacer les Bourbons sur le trône. Il s'était associé Buverne de Presle et l'abbé Brotier ; mais, trahi par le colonel Malo, à qui il avait fait part de son projet, il fut déporté à Caïenne avec Pichegru et autres, et y mourut en 1799. (*Voy.* BROTIER, *Suppl.*)

**LAVOISIER** (Antoine-Laurent), un des plus célèbres chimistes modernes, naquit à Paris le 26 août 1743. Il se livra de préférence à l'étude des sciences physiques, et dès l'âge de 23 ans, il présenta à l'académie un *mémoire* sur la meilleure manière d'éclairer les rues, et deux ans après, 1768, il fut admis dans cette société. L'étude des phénomènes de la nature avait acquis de nouvelles lumières par la découverte des fluides élastiques faite par Black, Cavendish, Mackride et Priestly. Lavoisier, qui cultivait déjà la chimie avec succès, sut profiter des recherches de ces savans, dont il répéta les expériences en les variant de mille manières. Il fut le premier qui, d'après un *mémoire* qu'il présenta à l'académie en 1772, trouva la véritable cause de l'augmentation de poids qu'acquièrent les métaux quand on les *expose* à l'action du feu. Cette découverte, base et principe de la chimie moderne, détruisit la théorie vague du phlogistique. Ses quarante *mémoires*, tous lus à l'académie, présentent un corps de doctrine qui embrasse tous les phénomènes chimiques. Il fut successivement fermier général, régisseur des poudres, etc., et malgré l'activité qu'exigeaient ces emplois, il trouvait toujours le temps de cultiver son étude favorite. Il aurait mieux valu pour la tranquillité de Lavoisier que, content de la gloire qu'il avait acquise par ses talens, il n'eût ambitionné que le bonheur du sage. Il ne figura pas dans la révolution parmi les démagogues, mais il eut la faiblesse d'accepter des places qui ne pouvaient certainement pas augmenter la réputation qu'il avait acquise. Il fut commissaire de la trésorerie nationale; et quoiqu'il remplît cet emploi avec la probité qui lui était naturelle, il fut compris dans l'acte d'accusation porté par la convention nationale contre les anciens fermiers généraux dont elle s'appropria tout ce qui leur restait de richesses. Traduit devant le tribunal révolutionnaire, et condamné à mort, il demanda un sursis de quinze jours pour qu'il pût terminer des expériences utiles. On lui répondit « que la république n'avait pas

besoin de savans; » et en effet ce tribunal, au moins, n'avait besoin que de bourreaux. Il marcha à l'échafaud avec fermeté, et périt le 6 avril 1794 âgé de 51 ans. Lavoisier était membre de plusieurs sociétés savantes de l'Europe. Ses principaux ouvrages sont : I *Opuscules chimiques et physiques*, Paris, 1773, 2 vol. in-8. II *Nouvelles recherches sur l'existence d'un fluide élastique*, ibid., 1775, in-12. C'est l'ouvrage qui a le mieux établi sa réputation. III *Rapport des commissaires chargés de l'examen du magnétisme animal*, ibid., 1783. IV *Méthode de nomenclature chimique*. V *Traité élémentaire de chimie*, 1789, 2 vol. in-8. VI *Instructions sur la matière et la fabrication du salpêtre*, 1777-1780, in-8. VII *De la reproduction et de la consommation comparées à la population*, in-8. Il travaillait à un grand ouvrage, dont il avait publié un extrait en 1791, sur la richesse territoriale de la France, lorsqu'on termina ses jours.

LAZOROSKY, polonais, naquit vers 1760. Ses crimes l'avaient fait chasser de sa patrie; il vint se réfugier à Paris lors des premiers troubles de la révolution, ainsi que l'avaient fait d'autres étrangers d'une existence assez équivoque. Il figura parmi les scélérats les plus renommés. Dévoué à la faction jacobine, il prit une part très-active à tous les excès qu'on commit dans la capitale, et on peut dire de lui qu'il avait l'impiété de Clootz et de Chaumette, et la férocité de Carrier et de Fouquier-Tainville. Nommé capitaine de son quartier, il dirigea le 10 août l'artillerie contre le château des Tuileries. Il se trouva parmi les assassins de septembre, soit dans les prisons, soit dans les églises; et dans le même mois il partit pour Versailles, à la tête d'une horde de bourreaux, et il ordonna le massacre des malheureux prisonniers qu'on y amenait d'Orléans. Violent, irascible, il fut atteint au milieu de ses sanglans exploits d'une fièvre inflammatoire, produite par un excès de vin et de débauche, et la société se vit délivrée de ce monstre en août 1793. Rien ne prouve mieux en quel honneur était le crime auprès de certains hommes dans ces temps calamiteux, que les hommages qu'on rendit à la mémoire de Lazorosky. Le corps de ce scélérat fut enterré avec une pompe solennelle sur la place du Carrousel au pied de l'arbre de la liberté. Robespierre prononça son oraison funèbre au sein de la convention. La section du Finistère demanda son cœur pour en faire un objet de culte ; et la commune de Paris adopta sa fille.

LEBAS ( Pierre ), naquit près de Boulogne en Picardie en 1760. Nommé par le département du Pas-de-Calais député à la convention nationale, il se rangea du côté de la montagne, et partagea les fureurs de ce parti contre la reine, les prêtres et les riches, et notamment contre Louis XVI, dont il vota la *mort* sans appel et sans sursis. Il fut nommé membre du comité de sûreté générale en février 1793, et figura parmi les hommes les plus sanguinaires du règne de la terreur Intimement lié avec Robespierre et Saint-Just, il accompagna celui-ci dans ses missions ; et soit dans le département du Nord, comme dans celui du Bas-Rhin, ils commirent les vexations les plus cruelles. Ces deux scélérats, à la tête d'une armée révolutionnaire, répandirent partout le pillage et la mort. Dignes émules du farouche Schneider, ils suivirent dans l'Alsace son système de dévastation ; et afin de pouvoir mieux continuer leurs excursions, et maintenir l'irréligion, le vandalisme, le brigandage, les réquisitions, les taxes, les arrestations arbitraires qui pesaient sur le riche et le pauvre, sur le citoyen comme sur l'habitant des campagnes, ils firent rester en place dans ce département, l'affreux tribunal de la *propagande*, et les commissions extraordinaires ; enfin, les vexations de toute espèce furent telles, que, d'après ce qu'en dit Prudhomme, les manufactures, les champs même, et plusieurs communes restèrent désertes, et les malheureux Alsaciens s'étaient vus forcés de fuir et de se cacher dans la Forêt-Noire. Ayant accompli cette odieuse mission, qui était tournée au profit de sa fortune, Lebas revint dans la capitale, et demeura plus que jamais attaché au parti de Robespierre. Lors de la chute du tyran, et à la séance du 9 thermidor qu'on le décréta d'arrestation, il s'écria : « Qu'il ne voulait » pas partager l'opprobre de ce décret, » et qu'il demandait aussi contre lui » la même mesure. » Il se transporta aussitôt à la commune, se déclara en insurrection, et coopéra avec Saint-Just, Couthon, Henriot et Fleuriot-Lescot ( *voyez* ces noms, *Supplément*) à délivrer Robespierre, et faire de nouveau triompher son parti. Mais tous leurs efforts étant devenus inutiles, Lebas fut mis *hors la loi* dans la séance du soir. Les commissaires de la convention ayant forcé les portes de l'hôtel de ville pour se saisir de lui et de ses collègues, il se tua d'un coup de pistolet, en dérobant ainsi sa tête au bourreau.

LEBON ( Joseph ), naquit à Arras d'une famille peu aisée, en 1765. Après avoir fait ses études, il entra dans la congrégation de l'O-ratoire, où son caractère indépendant et une vie peu régulière indisposèrent contre lui ses supérieurs. Il quitta le cloître à l'époque de la révolution, et vint à Paris. Il y fit connaissance avec Guffroy et Robespierre, et bientôt après il devint curé constitutionnel de Neuville. En septembre 1792 il fut nommé maire d'Arras, où il fit arrêter et chassa ensuite les commissaires envoyés par la commune, pour justifier les massacres de septembre, et inviter les autres villes à en faire autant. Devenu successivement procureur général, syndic et administrateur du Pas-de-Calais, ce département l'élut comme député suppléant à la convention après le 31 mai 1793. Envoyé en mission dans la Somme, et puis dans son département, il délivra, en octobre, les *aristocrates*, fit même arrêter plusieurs jacobins qui prêchaient le *terrorisme*. Jusqu'à ce moment Lebon sembla désapprouver la conduite sanguinaire de ces mêmes jacobins, et montra quelque pitié pour ceux, parmi les royalistes, qu'ils frappaient de leurs proscriptions. Mais dénoncé par son ami Guffroy comme *modéré*, et mandé au comité de salut public, on l'accabla de reproches pour sa conduite pusillanime, et on le taxa d'homme incapable d'exécuter des mesures utiles aux circonstances. Lebon, ou effrayé, ou craignant de perdre les avantages que la révolution lui avait procurés, promit de pousser vigoureusement le système de la terreur, et tint sa parole. Depuis lors il fit parade à la fois d'apostasie, de libertinage et de cruauté, et n'omit aucun moyen pour se mériter les bonnes grâces de la *Montagne*. Envoyé de nouveau en mission à Arras, il établit un tribunal révolu-

tionnaire à Cambray, et il encombra les prisons de cette ville de malheureux qu'il envoyait à l'échafaud. Sa société se composait de Gaucot, Warnier, Ansart-Bacqueville, Duponchet, et autres brigands du pays, qui *travaillaient*, disait-il, *à raccourcir les aristocrates*. Il inonda sa patrie de sang, et s'y signala par une férocité raffinée. Il s'entourait d'enfans, il leur apprenait à écouter ce que disaient leurs pères et mères, et à venir ensuite les dénoncer. Il prêchait le libertinage aux jeunes filles, les engageait à ne pas suivre les avis salutaires de leurs parens, en déshonorait plusieurs d'entre elles, et les livrait ensuite au bourreau. Il avait fait mettre sur sa porte cette inscription : *Ceux qui entreront ici pour demander l'élargissement des détenus n'en sortiront que pour aller en prison ;* et il ne manquait pas de remplir sa promesse. Quand il était au spectacle, il employait souvent les entr'actes à prêcher, le sabre à la main, la loi agraire ; et un jour : «Sans-culottes, dit-il, dénoncez »hardiment, si vous voulez quitter »vos chaumières ; c'est pour vous »qu'on guillotine. Vous êtes pau-»vres ; n'y a-t-il pas près de vous »quelque noble, quelque riche, »quelque marchand? dénoncez donc, »et vous aurez sa maison. » Toutes ses proclamations inspiraient la terreur ; l'une d'entre elles portait «que le village d'Achicourt serait rasé, si les femmes, les baudets et les provisions de cette commune cessaient un seul jour d'arriver à Arras. » Un de ses amusemens favoris était d'effrayer les femmes en tirant à leurs oreilles des coups de pistolet. Il assistait d'ordinaire aux jugemens, annonçait d'avance la mort de ceux dont il voulait le supplice, et destituait les jurés qui montraient la moindre répugnance à ces jugemens atroces. Un jour de fête il fit placer un orchestre à côté de l'échafaud, et là il prêcha publiquement le libertinage aux jeunes gens des deux sexes qui l'écoutaient. Il avait l'habitude d'assister aux exécutions après son dîner; une fois il fit suspendre de quelques minutes l'exécution d'un innocent pour lui lire la gazette; enfin il avait mis la guillotine tellement à la mode, que les *terroristes* en avaient de petites, avec lesquelles ils prenaient plaisir à donner la mort aux oiseaux et aux souris. Son avidité égalait sa cruauté; parmi d'autres déprédations, il déroba près de 600 mille livres sous les scellés qu'il fit mettre sur les effets de plusieurs détenus; et il se vanta, avec raison, « d'avoir » acquis une réputation incompa- » rable de scélératesse parmi les » commissaires de la convention. » Avant même la chute des terroristes, la ville d'Arras le dénonça à la convention; mais Barrère l'excusa, en disant qu'il avait sauvé Cambray, menacé par l'ennemi, et que ses formes avaient été seulement un peu *acerbes*. Après le 9 thermidor ( 27 juillet 1794 ), Guffroy, Audé, Dumont, etc., demandèrent sa mise en jugement, d'après la nouvelle dénonciation de la ville d'Arras, du 2 août 1794. Enfin le député Legendre provoqua son décret d'arrestation, et le 2 juillet 1795 Lebon fut entendu; sa défense fut longue, il nia la plupart des faits, en atténua beaucoup d'autres, se déchaîna en invectives contre Guffroy et contre la convention, qui le poursuivait, disait-il, pour n'avoir fait qu'exécuter ses lois : le 10 du même mois il fut mis en accusation, et traduit ensuite au tribunal criminel d'A-

miens, qui le condamna à mort le 9 octobre suivant. Quand il se vit revêtu de la chemise rouge, il s'écria: *Ce n'est pas moi qui dois l'endosser ; il faut l'envoyer à la convention , dont je n'ai fait qu'exécuter les ordres.* Avant de quitter sa prison pour aller au supplice, il but une grande quantité d'eau-de-vie, qui le mit dans un état complet d'ivresse; il avait alors trente ans.

LEBRUN ( Ponce - Denis Echouhard ), poëte célèbre, naquit à Paris en 1729, d'un officier du Prince de Conti. Il fit de très-bonnes études au collége Mazarin, et dès l'âge de 12 ans il faisait des vers qui annonçaient en lui un des poëtes qui devaient illustrer le Parnasse français. A la distribution des prix en 1748, il fit paraître de nouveaux vers, qui réalisèrent les espérances qu'il avait déjà données de son talent précoce, et qui le firent nommer l'année suivante secrétaire des commandemens du prince de Conti. Le fils de l'immortel Racine dirigea son goût pour la poésie; ses premiers essais le placèrent au nombre des meilleurs poëtes lyriques français, et le mirent en correspondance avec Voltaire ; Buffon, Clément et Palissot : ces deux derniers étaient en même temps et ses amis et ses admirateurs. C'est d'eux qu'il reçut le nom de *Pindare français*, nom qu'on ne lui disputa pas, et qu'il s'acquit à juste titre. Introduit auprès des grands, il en reçut toujours des témoignages d'estime ; mais son imagination ardente lui avait fait embrasser des principes bien contradictoires à l'accueil favorable qu'il recevait auprès de son illustre protecteur, et de ces mêmes grands. Lebrun aimait l'indépen-dance et les idées libérales, avant même que notre révolution vînt les propager. La guerre de l'Amérique septentrionale développa en lui de plus en plus ces idées, et à la paix avec l'Angleterre il fit paraître une pièce en vers remarquable par la hardiesse des opinions politiques qu'il y proclamait. Ses odes, remplies d'enthousiasme et de chaleur, ses épigrammes, où l'on trouve répandu le sel qui égaie celles de Marot, de Racine et de Rousseau, et d'excellentes traductions, augmentèrent successivement sa réputation ; et il en jouissait entièrement au commencement de nos troubles politiques. Entraîné par le torrent révolutionnaire, il chanta la *liberté;* mais il ne tarda pas à s'apercevoir de ses funestes résultats. Il devint aveugle dans un âge fort avancé ; le chirurgien Forlenze l'opéra, mais il ne jouit de la vue que peu de mois. Il avait été reçu à l'Institut de France, et nommé chevalier de la Légion-d'Honneur en 1805. Il mourut le 2 septembre 1807, âgé de 98 ans. Il a laissé inédit un *poème de la Nature,* où l'on remarque de très-beaux passages contre l'athéisme, et qui est, dit-on, écrit avec la pureté et l'élégance qui caractérisent les autres productions de cet auteur.

LECCHI (Jean - Antoine), jésuite et mathématicien célèbre, naquit à Milan le 17 novembre 1702, fut professeur de belles - lettres et d'éloquence aux universités de Pavie et de Milan, où il remplit ensuite une chaire de mathématiques. L'impératrice Marie-Thérèse le nomma mathématicien de la cour en 1759 ; il obtint le même emploi du pape Clément XIII, qui le chargea de l'inspection des fleuves des trois légations de Bologne, Ferrare et de Ravenne. Ce savant et pieux religieux, après avoir survécu à la suppression de son institut, mourut le

24 août 1776. On cite parmi ses nombreux ouvrages : I *Theoria lucis, opticam, perspectivam, catoptricam, dioptricam, complectens,* Milan, 1739. II *Arithmetica universalis Isaaci Newtoni, sive de compositione et resolutione arithmeticâ, perpetuis commentariis illustrata et aucta,* ibid., 1752, 3 vol. in-8. III *Elementa geometricæ theoricæ et practicæ,* ibid., 1753, 2 v. in-8. IV *Elementa trigonometriæ, theorico-practicæ, planæ et sphericæ,* ibid., 1756, 2 vol. in-8. V *De sectionibus conicis,* Milan, 1758, in-8. VI *Idrostatica,* etc., ou *Hydrostatique examinée dans ses principes, et rétablie dans ses règles, sous le rapport des eaux courantes,* Milan, 1765, in-4. VII *Trattato,* etc., ou *Traité des canaux navigables,* ibid., 1776, in-4. VII *Avvertenze,* etc., ou *Avis contre l'histoire du Probabilisme du P. Gabriel Concina,* Einsilden, 1744, in-4, etc.

LECHELLE (A.-B.), général des armées républicaines. Il était maître d'armes à Saintes, et vivait dans la pauvreté. Au commencement de la révolution, il s'enrôla dans les gardes nationales de la Charente-Inférieure, où son talent pour l'escrime lui procura d'utiles protecteurs parmi les militaires. Nommé chef d'escadron du même corps, il fut employé dans les armées en activité, et de grade en grade, il devint général de brigade, et ensuite général de division. Lechelle n'avait pour tout talent que l'audace d'un aventurier qui brusque tous les périls pour faire fortune. Le ministre Bouchotte, qui le protégeait, le fit nommer, malgré son incapacité reconnue, général en chef de l'armée de la Vendée. Il remporta quelques avantages à Mortagne et à Chollet, contre des paysans sans officiers et sans discipline; mais bientôt après, ayant affaire à des chefs expérimentés, il fut défait à Laval, où il perdit plus de 10 mille hommes. La convention, pour se venger de cet échec, fit arrêter Lechelle; il fut conduit à Nantes, et mis en prison, où il mourut de chagrin, ou par suite du poison qu'il avait avalé, ainsi qu'on le prétendit dans le temps.

LECLERC D'OSTIN (Charles-Emmanuel), général français, naquit à Pontoise le 17 mars 1722. Son père, négociant estimé, l'envoya de bonne heure à Paris, où il fit de bonnes études dans les collèges de l'université. A l'époque de la révolution il entra en qualité de lieutenant dans le 2e bataillon de Seine-et-Oise. Dans toutes les armées où il servit, Leclerc se signala et par sa bravoure et par son intelligence. Il contribua puissamment à la reprise de Toulon sur les Anglais et les autres puissances coalisées, et fut nommé général de division bientôt après. Envoyé successivement aux armées du Nord et du Rhin, il y établit la discipline, et sortit victorieux dans presque toutes les occasions. Il se distingua encore plus particulièrement à la première campagne d'Italie, et déploya tous ses talens militaires à l'attaque du Mont-Cenis. Avec peu de troupes il culbuta les ennemis, se fraya un passage, et pénétra dans le Piémont. Il se trouva aux batailles livrées par Buonaparte, et coopéra à tous les succès de l'armée française. Il passa ensuite en Portugal (1796); signa avec ce cabinet un traité de paix qui ne força pas moins la famille royale à chercher un asile dans le Brésil. Il faut avouer, à l'honneur de ce général, qu'il ne permit pas

que ses troupes commissent la moindre vexation. A son retour en France Leclerc fut envoyé à l'île Saint-Domingue, où les nègres, rendus à la liberté, en avaient profité pour se constituer dans un état d'insurrection complète. Il avait à combattre des ennemis nombreux, et qui avaient passé tout à coup de l'esclavage à l'indépendance. Il parvint à en désarmer une partie, et envoya en France Toussaint-Louverture, leur principal chef. Mais ce calme ne fut qu'apparent. Les nègres se révoltèrent encore, excités par leurs généraux Dessalines, Christophe et autres. Leclerc ne pouvant recevoir des secours de son gouvernement, et son armée étant diminuée de beaucoup et par les combats et par l'épidémie, il se vit contraint de se retirer à l'île de la Tortue, où il fut lui-même atteint par la maladie contagieuse, et mourut le 3 novembre 1802. Il était étroitement lié avec Buonaparte, alors premier consul, qui lui avait donné en mariage une de ses sœurs. Cette dame, qui n'avait point quitté son mari, transporta en France son corps, qui fut enseveli à sa terre de Mont-Gobert près de Soissons. Leclerc fut du petit nombre des généraux républicains qui réunissaient l'instruction à la bravoure.

LECOZ (Claude), archevêque de Besançon, naquit au diocèse de Quimper en 1740, et fut professeur au collège de Louis-le-Grand; il quitta cet emploi pour être principal de celui de Quimper. A la révolution, il en embrassa les principes, et se montra patriote ardent. Ce zèle pour le nouvel ordre de choses fut récompensé lors des élections pour les siéges épiscopaux, établis par la constitution civile du clergé;

Lecoz fut un des ecclésiastiques sur lesquels on jeta les yeux : il fut nommé évêque constitutionnel d'Ile-et-Vilaine, et sacré en cette qualité le 10 avril 1791. Son dévouement lui valut une autre distinction. Après la clôture de l'assemblée constituante, son département l'élut membre de l'assemblée législative, et il vint y siéger. On doit dire à sa décharge qu'à l'exception d'une, les motions qu'il y fit sont plutôt louables que répréhensibles. Le 5 février 1792, il demanda la suppression des associations de *religieux séculiers qui*, dit-il, *ont fait de tous les séminaires des repaires d'aristocraties ecclésiastiques;* mais en attaquant les congrégations séculières, assurément bien à tort, il prit le parti des congrégations régulières enseignantes, notamment de celle des doctrinaires. Dans la séance du 19 octobre 1791, il avait pris la défense du célibat des prêtres, et dans celle du 14 novembre de la même année, Isnard déclamant contre les prêtres *insermentés*, Lecoz, quoique assermenté, s'éleva contre lui, et qualifia son discours de *code d'athéisme.* Enfin, il désapprouva hardiment la conduite d'un de ses suffragans qui avait fait donner la bénédiction nuptiale à un prêtre. Il fut mis en prison sous le règne de la terreur. En 1795 il reprit ses fonctions épiscopales, adhéra aux deux lettres encycliques des évêques réunis, applaudit vivement au projet d'une église constitutionnelle, et concourut de tout son pouvoir à son exécution. Il assista au concile qui s'ouvrit le 15 août 1797 dans la cathédrale de Paris, et le présida. Il tint un synode en 1799, préliminaire, sans doute, au 2ᵉ concile constitutionnel, ouvert le 29 juin 1801, et qu'il présida encore;

il s'y opposa au projet d'un *sacramentaire français* d'un abbé Poinsignon, appuyé du suffrage des évêques de Seine-et-Oise et de Loir-et-Cher (Clément et Grégoire). Il mit la même opposition à une motion de Desbois, évêque de la Somme, pour que le comité adoptât et proclamât une des propositions condamnées par la bulle *Unigenitus* [1]. Un concordat ayant été signé avec le pape la même année, et rendu public en 1802, Lecoz donna sa démission et fut nommé à l'archevêché de Besançon. En changeant de siége, il ne changea point de sentimens ; quoique les rétractations dussent avoir lieu, et que ce fût l'intention du saint-siége, elles ne furent point exigées ; et Lecoz, non-seulement n'en fit pas, mais il se fit même un point d'honneur de n'en avoir pas fait. Il gouverna son diocèse d'après ses anciens principes, s'entoura de constitutionnels, leur montra une prédilection marquée, fit un mauvais accueil à ceux qui n'étaient point de son opinion, osa enfin, dans un *écrit*, faire l'apologie de la constitution civile du clergé, et l'éloge de ceux qui s'y étaient soumis. Cependant en 1804, lorsque le pape était à Paris, il fut mandé chez le saint Père comme les autres constitutionnels, et il signa, dit-on, un *acte d'adhésion et de soumission aux jugemens émanés du saint-siége et de l'église catholique, apostolique et romaine sur les matières ecclésiastiques de France.* On ajoute même que dans un entretien particulier avec le souverain pontife, il protesta avec larmes de sa sincérité. Ce n'est pas à nous à juger le fond des consciences ; mais

1 C'était la quatre-vingt-onzième, ainsi rédigée : « La crainte d'une excommunication injuste ne doit pas nous empêcher de faire notre devoir. »

on prétend qu'il ne vit point la restauration avec le plaisir qu'elle dût faire à tous les bons Français, et la défense qu'il reçut de paraître devant un de nos princes à son passage à Besançon, a accrédité ce soupçon. Il mourut dans un cours de visites de son diocèse le 3 mai 1815. On a de lui : I *Accord des vrais principes de l'église, de la morale et de la raison, sur la constitution civile du clergé,* 1791, in-12. Quelques-uns le disent auteur de cet ouvrage, quoique le *Dictionnaire des Anonymes,* tom. 2, pag. 492, l'attribue à M. Lebreton. II *Lettre pastorale,* 1797. L'auteur y déclame d'une manière indécente et outrageante contre Pie VI, et l'accuse d'avoir provoqué une guerre de religion. III des *Statuts et Réglemens* pour son diocèse d'Ile-et-Vilaine, 1 vol. in-12. Ils avaient été dressés dans le synode de 1799. IV Un *Avertissement pastoral sur l'état actuel de la religion catholique.* V Des *Observations sur les zodiaques d'Egypte,* 1802. VI *Défense de la révélation chrétienne, et preuves de la divinité de J.-C.,* contre le *Mémoire en faveur de Dieu,* de Delille de Sales, in 8. VII Une *Instruction pastorale* du 20 décembre 1813, sur l'amour de la patrie, etc. VIII Beaucoup de *Mandemens,* où le chef du gouvernement d'alors est exalté jusqu'à l'exagération. IX Diverses *Lettres* au sujet d'un projet de réunion des protestans à l'église romaine : enfin d'autres *Écrits* de circonstances, etc. Lecoz était instruit ; sa conduite était régulière et ecclésiastique. Il serait à souhaiter qu'on pût également l'excuser sur ses torts trop réels à l'égard du saint-siége, sur son obstination dans le schisme, et sur son attachement à un gouvernement qui était loin de faire le bon heur de la France, et qu'il a beaucoup trop préconisé.

**LEDOUX** (Claude-Nicolas), célèbre architecte, naquit à Normans, département de la Marne, en 1746. Il fit quelques études à Paris au collége de Beauvais, en qualité de boursier ; il en sortit à l'âge de 15 ans pour se livrer à l'architecture. Il fut élève de Blondel, architecte du roi ; et ayant obtenu le grand prix, il passa à Rome, où il demeura plusieurs années, et acquit beaucoup de réputation. A l'âge de 37 ans, il fut reçu membre de l'académie royale, et en 1771 il construisit, par ordre de madame du Barry, le pavillon élégant de Louveciennes, si souvent visité par Louis XV. Le ministre Calonne le chargea ensuite de construire les barrières de Paris, qui sont d'un bon style. Les autres ouvrages de cet habile artiste sont les hôtels d'Halleville, d'Usez, du prince de Montmorency, de madame de Thélusson, de M. de Montesquiou, le château de Bénonville en Normandie, la salle de spectacle de Besançon, etc. Il avait conçu l'idée et tracé le plan d'une ville, où tous les arts et tous les genres d'industrie devaient être placés dans une situation convenable pour concourir à la perfection réciproque. Cette idée ingénieuse est célébrée par Delille dans son poëme de l'*Imagination.* Il avait composé un ouvrage savant sur l'architecture, orné de 300 planches, dont le premier volume parut peu avant sa mort, arrivée le 19 novembre 1806, à l'âge de 70 ans. Il confia, avant de mourir, la continuation de son grand ouvrage à M. Vignon, son élève et son ami.

**LEDRU** (Nicolas - Philippe), connu sous le nom de *Comus,* qu'il se donna lui-même, naquit à Paris en 1731. Il se rendit célèbre par ses expériences en physique, et surtout sur le magnétisme, l'électricité et la catoptrique. Il fut, dans ce dernier genre, l'inventeur de ces effets de lumière qu'on appelle *fantasmagorie;* mais Ledru, au lieu de faire paraître des spectres et des tombeaux, n'y faisait voir que des choses agréables. Il voyagea presque par toute l'Europe, où ses expériences lui captivèrent l'estime des savans les plus renommés. Il avait un talent particulier pour la construction d'instrumens de physique. La boussole d'inclinaison, qui a servi au capitaine Philips dans son voyage au pôle boréal, en 1775, a été faite sur le modèle qu'en avait donné Ledru. A son retour d'Angleterre, le roi lui fit délivrer un brevet pour l'établissement d'une manufacture d'instrumens de physique en tous genres. Il est inventeur de plusieurs faits nouveaux sur la propagation du son, de la lumière, de l'ombre et des couleurs, ainsi que de la décomposition de ces derniers sans prisme ni verre; mais ces expériences n'ont été vues que par l'empereur Joseph II, lors de son voyage à Paris en 1777. Il appliqua l'électricité à différentes indispositions nerveuses et autres maladies. Il guérit, par ce procédé, en 1782, treize épileptiques qu'il retira de Bicêtre et de la Salpêtrière; et, le rapport des médecins lui ayant été favorable, il obtint le titre de physicien du roi pour lui et ses enfans. Ledru exerça publiquement ses cures dans un établissement formé à l'ancien couvent des Célestins, et transporté ensuite à la rue Neuve-Saint-Paul, n° 9, qui existait en 1812 sous la direction de son fils aîné. Une de ses plus belles découvertes dans le magnétisme est un procédé simple par lequel on obtient à toute heure, sans boussole et sans aimant, la direction magnétique et son inclinaison avec plus de justesse et de certitude que si l'on employait les meilleurs instrumens. Comme il était sincèrement attaché à l'ancien gouvernement, il fut mis en prison sous le régime révolutionnaire. Il put obtenir sa liberté, et se retira à Fontenay-aux-Roses, où il s'appliqua à concilier la chimie moderne avec l'alchimie, et à donner une suite à son système magnétique. Il était retourné à Paris dans des temps moins orageux, et il y mourut le 6 octobre 1807, âgé de 76 ans. On assure que Ledru avait des principes religieux, et on cite de lui beaucoup d'actes de bienfaisance.

LEGENDRE (Louis), naquit à Paris en 1756; fut matelot pendant quelques années, revint dans sa patrie, et s'établit ensuite marchand boucher. Il passait pour honnête homme dans son commerce; la lecture des romans, alors fort à la mode, lui ayant rempli l'imagination de plusieurs phrases singulières, il les débitait toutes les fois que l'occasion s'en présentait. Peu à peu il contracta l'habitude de s'exprimer avec facilité, et cela lui acquit, parmi ses confrères, une certaine réputation. Lors du commencement de nos troubles politiques, elle ne fit qu'augmenter. La faction d'Orléans commençait déjà à donner à la révolution cette impulsion terrible dont le trône, l'autel et la France entière furent les victimes. Cette faction cherchait ses plus actifs partisans dans la classe populaire, et Legendre n'était pas un homme à dédaigner; il fournissait de la viande à des personnes distinguées. Différens suborneurs le félicitèrent sur son éloquence, et éveillèrent son amour-propre en le persuadant qu'il pouvait, par son crédit sur les gens de son état, parvenir, dans la révolution qui se préparait, aux places les plus éminentes. Cela fut suffisant pour que Legendre ne s'occupât plus que de gloire et de célébrité. On le présenta au duc d'Orléans, qui lui accorda aussitôt ses bonnes grâces; il l'admettait dans sa société particulière, et l'invitait souvent à prendre du thé chez lui. Dans les premières sections du district, il se lia avec les plus fameux révolutionnaires, tels que Fabre-d'Eglantine, Camille-Desmoulins, et successivement avec Robespierre, Danton, qui appelait Legendre son lieutenant, Châlier, Marat, etc. Il fut un des conducteurs des processions qui, le 1er juin 1789, promenèrent dans les rues de Paris les bustes de Necker et du duc d'Orléans. Le 14 juillet il harangua le peuple de son quartier, et l'engagea à le suivre, et à entrer de vive force à l'hôtel des Invalides, où les factieux prirent les armes dont ils se servirent pour attaquer la Bastille. Lorsque Marat fut dénoncé et poursuivi par le général la Fayette, il le cacha chez lui, et prit publiquement sa défense. Ainsi que les autres démagogues, on voyait Legendre au Palais-Royal, dans les marchés, dans les rues, haranguant la multitude ignorante que ses phrases ampoulées et romanesques attiraient facilement dans son parti. Il devint un des fondateurs du club des *Cordeliers*, et, après le discrédit de la faction des orléanistes, il se livra entièrement à celle des jacobins. L'histoire ne l'accuse cependant pas d'avoir partagé leurs crimes, et il ne voulut pas coopérer aux journées des 2 et 3 septembre. Devenu membre de la convention par le département de Paris, son républicanisme n'eut plus de bornes; il appelait la société des jacobins dont il était membre, le

*soutien de la liberté*. Il s'était chargé de fermer la salle, et emportait les clefs avec lui, et disait à ses propres confrères : « Vous me couperiez plutôt en quatre-vingt huit morceaux, » et en enverriez un dans chaque » département, que de me faire faire » quelque chose contraire à la répu- » blique. » Il vota pour *la mort* de Louis XVI, forfait dont il parut ensuite se repentir. Le jour auparavant, on l'avait retenu plusieurs heures au palais du duc d'Orléans. Legendre n'était, dit-on, ni avide, ni naturellement méchant; il n'agissait que par une ambition de gloire. Les crimes de ses collègues finirent par l'éloigner de leur parti. Il dénonça plusieurs *montagnards* comme complices de Robespierre, déclama contre les mesures sanguinaires, en déclarant *guerre à mort aux jacobins, et aux grands coupables qui obscurcissent l'horizon des vapeurs de leurs crimes.* « Ce sont » ces hommes, disait-il encore, qui » ont rendu l'Océan témoin de leurs » crimes, qui ont rougi la mer par » le reflux ensanglanté de la Loire! » Les voilà ceux qui ont mis les jaco- » bins en feu, et qui ont fait un théâtre » où chacun d'eux joue un rôle plus » ou moins odieux. L'histoire est sur » les planches, et Robespierre est au » trou du souffleur. » Après la mort de celui-ci, et quoiqu'il était devenu plus modéré dans ses opinions, il déclama cependant avec chaleur contre un membre qui avait parlé en faveur des émigrés; il menaça de détruire les sophismes *avec la hache de la raison.* Legendre fut un de ceux qui furent chargés de fermer les salles où les jacobins s'assemblaient. La conspiration de Babeuf ayant été découverte, il demanda l'exclusion des ex-conventionnels de Paris. Après cette époque, il n'eut presque plus de part aux affaires, et mourut à Paris le 13 décembre 1797, à l'âge de 41 ans. Il était si pénétré du *grand rôle* qu'il avait joué dans la chose publique, qu'il légua, par testament, son corps à la faculté de médecine, *afin*, disait-il, *d'être utile aux hommes même après sa mort.* Il ne s'était cependant pas enrichi tout en jouant ce *grand rôle.* Sans faste ni luxe, il avait toujours habité le même local, et ne laissa à sa fille que la petite fortune qu'il avait amassée dans son commerce.

LEGER (Claude), curé de Saint-André-des-Arcs, était né dans le diocèse de Soissons en 1699, et avait été élevé au collége de Sainte-Barbe. Au sortir de cette maison il entra au séminaire de Saint-Sulpice, alors sous la direction de M. Olier, et professa ensuite pendant quelque temps au collége de Lisieux. La cure de Saint-André-des-Arcs, à la nomination de l'université, étant devenue vacante, l'abbé Léger y fut nommé par la nation de Picardie : il en prit possession le 28 novembre 1738. Il s'occupa aussitôt d'établir l'ordre dans sa paroisse, et bientôt elle devint une des plus régulières et des mieux gouvernées de la capitale. Telle était sa réputation, que les jeunes prêtres les plus distingués s'empressaient de venir faire sous lui l'apprentissage du ministère sacerdotal, et que quatorze, tant archevêques qu'évêques, sortirent de son école, sans compter beaucoup d'autres ecclésiastiques d'un moindre rang qui rendirent à l'église d'importans services. Les personnes les plus distinguées se mettaient sous sa direction ; Louis XV lui-même avait jeté les yeux sur lui pour en faire son confesseur, et si ce projet n'eut point son exécution, le grand âge du curé de Saint-André en fut la seule cause.

Ce curé si méritant était d'ailleurs un homme simple, uniforme dans sa conduite, qui faisait le bien sans prétention, et qui n'offrait rien de remarquable que son zèle, sa piété et sa charité. Il mourut à Paris en 1775, après avoir fait les pauvres de sa paroisse ses légataires universels. La reconnaissance de ses paroissiens les porta à lui faire élever un monument dans son église. Au service célébré à cette occasion le 17 août 1781, auquel assistaient tous les curés de la capitale, M. de Beauvais, évêque de Sens, prononça son éloge funèbre, autre monument non moins honorable à la mémoire de ce digne pasteur, et plus durable que le premier, détruit par le vandalisme révolutionnaire, ainsi que l'antique église où il avait été élevé. *Voyez* BEAUVAIS et LAFAGE.

LEGRIS-DUVAL ( René-Michel ), célèbre et pieux ecclésiastique du diocèse de Saint-Pol de Léon en Bretagne, naquit à Landernau le 16 août 1765. Il était l'aîné de huit enfans. Il passa ses premières années dans sa patrie, au sein de sa famille, où il n'eut sous les yeux que des exemples de piété et de vertu, et où l'on cultiva soigneusement les germes des heureuses qualités qu'il annonçait. A l'âge de 12 ans il entra au collége de Louis-le-Grand, moyennant une bourse que ses parens, MM. de Querbœuf, lui avaient obtenue. Malheureusement, malgré la vigilance des maîtres, de perverses doctrines commençaient à s'introduire dans cette maison. Loin qu'elles séduisissent le jeune Legris, il se fit au contraire remarquer par son amour pour l'étude, ses progrès rapides, et surtout par son exactitude parfaite à remplir ses devoirs religieux. Il était cité comme un modèle. Il resta dans ce collége jusqu'après ses cours de philosophie. Il y soutint, avant d'en sortir, une thèse d'une manière très-distinguée. Il n'avait pas attendu ce moment pour songer à l'état qu'il lui fallait embrasser. Après de mûres réflexions il s'était déterminé pour l'état ecclésiastique. Il avait, dès le 7 avril 1781, reçu la tonsure cléricale des mains de M. de Contrisson, évêque des Thermopyles. Il passa maître ès arts le 1er août 1785, et entra au séminaire de Saint-Sulpice. Il y suivit, comme c'était l'usage, les cours de Sorbonne. Le 9 février 1789 il prit le grade de bachelier, et reçut l'ordre de prêtrise le 29 mars 1790. C'était une époque déjà bien fâcheuse pour le clergé, et il n'y avait qu'une vocation bien décidée qui pût se soutenir, quand tout ne présageait à ceux qui y persistaient qu'un avenir humiliant et des jours orageux. L'abbé Legris ne fut point détourné par cette crainte. Il ne céda pas même à l'exemple si général de l'émigration. Il crut pouvoir être utile à son pays quand beaucoup de secours allaient lui manquer, et dans un temps où il y avait du péril à l'être, il se décida à le braver et à se dévouer. Il se retira à Versailles, et s'y livra au ministère. Il visitait les malades, catéchisait, faisait des instructions, célébrait les saints mystères. La Providence ne permit pas qu'il fût inquiété. Il n'écoutait néanmoins que la voix du zèle, sans trop faire attention aux conseils de la prudence humaine. Il en donna une preuve éclatante après la condamnation de Louis XVI. Craignant que l'infortuné monarque ne fût privé des secours de la religion, il forme le dessein d'aller s'offrir pour lui porter les consolations de son ministère. Il était à Versailles; il en part de nuit, se rend à la conven-

tion, et n'y trouvant personne, court à la commune de Paris qui était en permanence. Il s'avance comme ayant à communiquer une affaire importante : il déclare qu'il est prêtre, qu'il a appris que le roi est condamné, et qu'il vient pour lui offrir les secours de la religion. On est étonné de sa hardiesse. En effet elle pouvait lui coûter la vie. On lui apprend que le roi a un confesseur, et on le renvoie. Il retourne à Versailles, prend pour la première fois quelques précautions, et revient peu de mois après s'y livrer de nouveau aux soins du ministère. En 1796 M. le duc Doudeauville souhaita que l'abbé Legris-Duval donnât quelques-uns de ses momens à l'éducation du vicomte de la Rochefoucault, son fils. Il s'agissait surtout de l'instruction religieuse. C'était du bien à faire, et l'abbé Legris n'en refusait jamais l'occasion. Il vint habiter l'hôtel de la Rochefoucault, et sut concilier ces nouveaux soins à ses anciennes occupations. Son attention s'étendait à tout; il rendit d'éminens services à des familles d'émigrés, rentrées en France sans ressources. Lors de l'exil des cardinaux, il parvint à intéresser en leur faveur des personnes riches et pieuses. De grosses sommes furent employées pour pourvoir à leurs besoins. Le retour du roi laissa au zèle de l'abbé Legris-Duval plus d'essor et plus de liberté. Il prêcha plus souvent. Il fut chargé de porter la parole au service funèbre fait à Notre-Dame pour Louis XVI et les autres personnes royales victimes de la révolution. Celui qui écrit ceci l'a entendu dans cette lugubre circonstance; jamais action oratoire ne fut mieux appropriée à un aussi douloureux sujet. Une voix affaiblie et à demi-éteinte, un visage exténué, ajoutait à la mélancolie de sa plaintive éloquence. Il avait prêché à la cour la station de l'avent, en 1816 ; mais ses discours les plus fréquens étaient ceux qu'il prononçait dans les assemblées de charité. L'auditoire y était toujours très-nombreux, et d'abondantes collectes en étaient le fruit ordinaire. On pouvait lui appliquer ces mots des *Actes* : « Qu'il était puissant en paroles, et qu'il l'était aussi en bonnes œuvres [1]. » Il ne s'en faisait guère à Paris auxquelles il ne prît part, ou personnellement, ou par ses prédications, ou par son influence. Il fut un des plus zélés promoteurs de la reprise de l'œuvre des pauvres Savoyards. Il conseilla, encouragea, soutint les sociétés pour la visite des malades dans les hôpitaux, et pour l'instruction des jeunes prisonniers. Il concourut à l'établissement de la maison de refuge pour les enfans repris de justice. Si ces maisons, aujourd'hui si nécessaires, se soutiennent et fleurissent, c'est d'après l'appel qu'il fit à la charité des âmes pieuses, auquel il fut répondu de la manière la plus généreuse. C'est en grande partie par ses soins qu'il se trouve aujourd'hui à Issy, près de Paris, une maison de noviciat, où l'on forme des religieuses destinées à porter dans les campagnes, parmi les jeunes filles, l'instruction et l'amour de la religion. Enfin l'abbé Legris créa l'œuvre des filles repenties. Un mérite tel que le sien avait des droits aux récompenses. Il lui fut successivement offert un évêché, une place d'aumônier ordinaire à la cour, une place de grand-vicaire ; il refusa tout. Une modique pension de 1,500 fr. fut la seule chose qu'il accepta, et il

n'en jouit pas long-temps. D'une complexion très-délicate, et d'une santé frêle, usé, avant l'âge, de fatigues et peut-être d'austérités, il tomba malade à la fin de décembre 1818. Il ne songea plus qu'à se préparer à la mort. Il reçut les sacremens avec une piété fervente, et expira le 18 janvier 1819, à 54 ans. Ses obsèques furent célébrées dans l'église des Missions étrangères, et honorées d'un nombreux concours de personnes de toutes les conditions. Son corps, porté dans l'église des Carmes, fut inhumé au pied de cette chaire où, peu d'années auparavant [1], il avait célébré la fin déplorable, mais glorieuse, de trois évêques et de plus de cent prêtres égorgés en haine de la religion. L'abbé Legris-Duval n'a presque rien publié. On a de lui : 1 *Le Mentor chrétien*, ou *Catéchisme de Fénélon*, 1797, p. in-12, composé pour l'éducation du jeune vicomte de la Rochefoucault. C'est un dialogue supposé entre Fénélon et un enfant de 12 ans, dans lequel l'auteur fait entrer les principes qui servirent à l'instruction du duc de Bourgogne. II Un *Sermon* prononcé au commencement de 1815, pour provoquer la charité des fidèles en faveur des départemens ravagés pendant l'année précédente. Deux motifs paraissent en avoir déterminé l'impression : l'un qu'il devait être vendu au profit des victimes de la guerre ; l'autre, que répandu dans les provinces, il pourrait engager les personnes charitables qui les habitaient à joindre leurs offrandes à celles qui avaient été recueillies dans la capitale.

LEMERCIER (N.) dit *la Vendée*, naquit à Château-Gonthier. Il

---

1 Potens in verbis et in operibus suis, act. vii. 22.

1 Le 2 septembre 1814, jour anniversaire du massacre dans le couvent des Carmes, près du Luxembourg, en 1792.

était fils d'un aubergiste, eut part à l'insurrection de son pays; et lorsque la grande armée vendéenne y passa, il la suivit, et se lia d'une amitié intime avec le fameux George Cadoudal. Celui-ci était venu joindre cette même armée à Fougères avec plusieurs paysans qu'il avait réunis. Lemercier avait un esprit pénétrant, une âme ardente, le sang-froid d'un vieux soldat, et une valeur à toute épreuve. Avec ces qualités il ne pouvait qu'être utile à la cause qu'il avait embrassée. Il se distingua au siége de Granville, aux batailles de Dole et du Mans. A la terrible déroute de Savenay il fut un des derniers à se retirer. Après cette journée, il rentra dans le Morbihan avec George. Poursuivis sans relâche par les troupes républicaines, ils furent faits prisonniers et conduits à Brest; mais ils parvinrent à s'évader en août 1794. Pendant leur captivité, le Morbihan fut divisé en cantons d'insurrection. Revenus dans leur pays, ils y organisèrent deux divisions de chouans appelées *divisions des côtes*, avec lesquelles ils protégèrent la descente de Quiberon, dont le résultat fut si malheureux pour les royalistes. Lemercier était devenu lieutenant de George, qui l'envoya à l'Ile-Dieu, où se trouvait le comte d'Artois. Ce prince embrassa Lemercier, et lui donna la croix de Saint-Louis. Inséparable de George, son lieutenant le seconda dans toutes ses opérations, se trouva à tous les combats, et eut part à la nouvelle insurrection de 1799. Au commencement de janvier il prit Saint-Brieux, d'où il se retira après trois heures, harcelé par Hoche. La pacification qui eut lieu entre ce général et les insurgés ne ralentit pas l'ardeur de Lemercier. Il reprit les armes, fut défait; et tandis qu'il se

dirigeait vers les côtes du nord pour passer en Angleterre avec une commission de George, il fut surpris et tué près de Lordert. On trouva sur lui des papiers qui renfermaient un plan d'attaque contre Brest et Belle-Ile.

**LEMIERE** (Antoine - Marie), poëte, naquit à Paris en 1733. Après avoir fait ses études, ne lui restant d'autre moyen pour vivre que ses talens poétiques, il débuta par quelques poésies légères et par de petits poëmes, tels que *l'Empire de la mode; le Commerce; l'Utilité des découvertes faites sous le règne de Louis XV*, etc. Ses compositions remportèrent les prix, soit de plusieurs sociétés littéraires de province, soit de l'académie française. Il entra dans la carrière théâtrale par sa tragédie *d'Hypermnestre*, qui obtint du succès, en donna ensuite d'autres qui n'eurent pas le même sort. Presque toutes, vides d'action, sont écrites ainsi que ses autres poésies, d'un style diffus et sentencieux, défauts qui ne sauraient pas être effacés par quelques vers heureux qu'on y trouve parfois. Ce poëte avait une grande opinion de lui-même, et croyait ses pièces supérieures à celles des meilleurs écrivains. Cependant quand on les jouait le théâtre était désert. Un de ses amis lui fit un jour cette observation en entrant avec lui dans la salle. « Tout est plein, répondit l'auteur, mais je ne sais pas où ils se sont fourrés. » Il disait en parlant du vers suivant, qui était de sa façon,

Le trident de Neptune est le sceptre du monde:

« C'est le vers du siècle. » Malgré cet amour-propre, assez pardonnable quand il n'est pas dangereux, Lemière avait de bons principes et un excellent cœur. Il ne partagea pas les erreurs de la révolution, et les crimes qu'on y commit lui firent une telle impression que sa santé en fut visiblement altérée. Sa piété filiale est digne d'être remarquée. Dans sa jeunesse il se bornait au plus strict nécessaire, afin de porter chaque mois à sa mère, qui demeurait à Villiers-le-Bel, le faible produit de ses tragédies. Il faisait ce voyage à pied pour ne pas déranger ses petites épargnes. Incapable d'intrigue, ses mœurs étaient simples et son caractère doux et aimant. Il fut aussi bon époux qu'il avait été fils excellent, et ne se laissa jamais gagner par la philosophie du siècle. Il avait été reçu membre de l'académie française en 1775. Au commencement du règne de la terreur il s'était retiré à Saint-Germain-en-Laye, où il mourut en juillet 1793, âgé de soixante ans. On a de lui : I *Hypermnestre*, jouée en 1758. II *Térée*, 1761. III *Idoménée*, 1764. IV *Artaxerce*, imitée de Métastase, 1766. V *Guillaume Tell*, 1769-1790. VI *La Veuve du Malabar*, 1770. VII *Barneveldt*, 1788. Parmi ces pièces, *Hypermnestre* et *la Veuve du Malabar* eurent beaucoup de succès. Cette dernière, reproduite en 1788, obtint un grand nombre de représentations. *Barneveldt*, imitée de l'anglais, est une des pièces les plus noires de ce théâtre. Le rôle principal est un joueur (Barneveldt) qui veut attenter à la vie de son fils, encore au berceau, croyant ainsi le délivrer des suites funestes qu'a causées en lui le vice du jeu. Il reproduisit cette pièce sous le titre de *Céramis*; mais on n'y remarqua qu'une scène au troisième acte. Les autres ouvrages de Lemière sont : VIII *La Peinture*, 1769, in-8, poème médiocre, imité du latin de l'abbé de

Marsy. IX *Poésies légères*, 1782, in-8. X *Fastes et usages de l'année*, poème en 16 chants, 1797, in-8. Tous ces ouvrages ont été imprimés avec le titre d'*OEuvres de Lemière*, avec une vie de l'auteur, Paris, Perrin, 1810, 3 vol. in-8.

LEMIRE ( Noël ), célèbre graveur, naquit à Rouen en 1738. Il a laissé plusieurs ouvrages dont les connaisseurs font beaucoup d'éloges, et notamment de ceux qui font partie de la magnifique galerie de Florence. La correction, la grâce et l'exactitude étaient les principales qualités de son burin. Il était membre des académies de Lille, de Rouen et de Paris, et mourut dans cette dernière ville en 1801.

LENET ( Philibert-Bernard ), chanoine régulier de Sainte-Geneviève, né à Dijon en 1677, professa la théologie à l'abbaye de Saint-Jacques de Provins, et y prononça l'oraison funèbre de François d'Aligre, qui en était abbé commendataire. Lenet fut aussi abbé du Val des Ecoliers. Il est auteur de quelques ouvrages qui ont eu de la célébrité, et qui lui ont mérité une place parmi les écrivains ecclésiastiques du 18e siècle. On a de lui, outre l'oraison funèbre citée ci-dessus, Paris, 1712, in-4 : I *Traité de l'amour de Dieu nécessaire dans le Sacrement de Pénitence;* ouvrage posthume composé en latin par Bossuet, évêque de Meaux, avec la traduction française ( par le P. Lenet ), publié par M. Bossuet, évêque de Troyes, Paris, 1736, in-12. II *Conférences ecclésiastiques* de Duguet ( rédigées par le P. Lenet, chanoine régulier), Cologne, 1742, 2 vol. in-4. III *Traité des principes de la Foi chrétienne*, par Duguet, avec un avertissement, par le P. Lenet, génovéfain, Paris, 1736, 3 v. in-12.

7.

Le P. Lenet n'avait point mis son nom à ces divers ouvrages, rapportés dans le *Dict. des Anonymes*. Il travailla au Missel de Troyes, invité à cela par M. Bossuet, évêque de cette ville, dont il était parent. Il mourut en mars 1748. Il était de la même famille que Pierre Lenet, procureur général au parlement de Dijon et depuis conseiller d'état. ( *V.* LENET, *Dict.* )

LENFANT (Alexandre-Ch.-A.), jésuite et célèbre prédicateur, était né à Lyon en 1726 de parens nobles, originaires du Maine et de l'Anjou. Il fit ses premières études dans le lieu de sa naissance au collége des jésuites, et entra en 1741 dans leur société. Il fut envoyé à Avignon pour y faire son noviciat. Il avait l'amour du travail, le désir de savoir, et il était doué de dispositions heureuses, que ses maîtres avaient soigneusement cultivées. Il s'était surtout appliqué à l'art oratoire. En état de l'enseigner, il fut choisi pour professer la rhétorique à Marseille. Il le fit d'une manière brillante, et des succès qu'il obtint dans différens discours qu'il eut à prononcer, déterminèrent ses supérieurs à l'attacher exclusivement à la prédication. Après avoir débuté à Marseille, il alla exercer son beau talent dans les principales villes de France. Le roi Stanislas après l'avoir entendu à Lunéville, le retint pour y prêcher différentes stations. L'impératrice Marie-Thérèse, sur le bruit de sa réputation, voulut aussi l'entendre. Il fit le voyage de Vienne, et prêcha devant cette princesse trois avents et trois carêmes. Il quitta cette cour comblé d'éloges et de bienfaits. Il avait également plu à Joseph II, qui lui accorda son estime. Il paraît que son retour en France date de 1771, ou environ, ayant, parmi les présens que lui fit l'impératrice, une belle médaille frappée, dit-on, nouvellement à l'occasion du mariage de l'archiduchesse Marie - Antoinette avec le dauphin. Cette princesse l'honora aussi de ses bontés, et devenue reine, lui donna le titre de son *prédicateur*, à quoi elle ajouta une pension qui fut payée au P. Lenfant jusqu'en 1792. Quelque part qu'il allât, il était sûr de trouver un auditoire nombreux et composé des personnes les plus distinguées. Cette célébrité excita la curiosité des coryphées de la philosophie. L'auteur d'Emile, Diderot et d'Alembert le suivirent dans quelques-unes de ses stations, et ne purent s'empêcher d'avouer qu'il était difficile de l'entendre sans être touché. On dit qu'à Malines un ministre anglican, ami du célèbre Young, au sortir de quelques-uns de ses sermons, renonça au protestantisme. Le P. de Neuville, bon juge en pareille matière, après l'avoir entendu à Saint-Germain-en-Laye, se consolait, disait-il, de mourir en laissant après lui un orateur chrétien d'un talent si rare. Le P. Lenfant extrêmement attaché à son premier état, en vit la suppression avec un vif regret. Il avait alors 47 ans; il resta fidèle à sa vocation, et continua d'annoncer la parole évangélique. Après trois avents et deux carêmes prêchés à la cour de France, il était en 1791 chargé de la station d'un troisième. Il le commença; mais, d'après le refus qu'il fit de prêter serment à la constitution civile du clergé, on ne lui permit pas de continuer ses prédications au delà de la première semaine. Il prit alors le parti de vivre très-retiré, déplorant les malheureux événemens dont il était le témoin et prévoyait les suites. Il vit les horreurs du 10 août 1792. Le 30 du même mois il fut arrêté dans son domicile, et conduit à l'Abbaye par le nommé Ozanne, ex-officier de paix, qui chercha, sans doute pour le tromper plus sûrement, à lui inspirer de la confiance. Le P. Lenfant lui remit 60 louis en or, qu'il le pria de lui garder. Des mémoires particuliers auxquels il paraît que toute foi est due, portent qu'une personne de la famille du P. Lenfant [1], et du même *nom* que lui, parvint, par le moyen du fabricant de papiers Arthur, alors membre de la commune de Paris, à obtenir un ordre de sortie pour son parent. En effet, il fut mis hors de l'Abbaye ; mais des femmes et des hommes apostés, à ce qu'on présume, par cet Ozanne qui voulait s'approprier les 60 louis, crièrent que le *confesseur du roi* s'échappait, et en même temps ces furieux se jetèrent sur le P. Lenfant et le massacrèrent. Un billet trouvé sur lui, dans une poche secrète, révéla l'affaire du dépôt, que les autorités d'alors ne purent jamais retirer des mains d'Ozanne, quelques instances qui lui en furent faites. Le malheureux périt sur l'échafaud révolutionnaire le 29 prairial an 11 (17 juin 1794). On sait que le lundi 3 septembre, à 10 heures du matin, un moment avant le massacre, le P. Lenfant, qui ignorait les démarches faites en sa faveur, et l'abbé de Rastignac avec qui il était enfermé, parurent à la tribune de la chapelle qui leur servait de prison, et qu'annonçant aux autres détenus que leur dernière heure arrivait, ils les invitèrent à recevoir l'absolution, que tous reçurent à genoux et les mains jointes. Un moment après ils furent égorgés. Quoique le P. Lenfant eût été invité par Louis XVI lui-même à publier ses sermons, rien n'en avait été imprimé de son vivant. Ce n'est que cette année 1818 qu'il en a été fait une édition, Paris, 8 vol. in-12, avec le portrait de l'auteur. Les deux premiers volumes portent le titre d'*Avent*, et les quatre autres celui de *Carême* ; le septième et le huitième sont, dit-on, prêts à paraître [1]. On ne peut refuser au P. Lenfant un véritable talent pour la chaire. Sans être du premier rang parmi les prédicateurs, rang au reste où l'on ne compte que quelques noms, il occupe une place des plus honorables dans les rangs qui suivent, et a possédé des qualités qui le distinguent de la foule. On trouve dans ses sermons « une heureuse facilité, des réflexions ingénieuses, des divisions claires, des développemens bien suivis, un style adapté au sujet..... Sa morale est douce et consolante.... Il s'insinue dans l'âme par l'onction de ses conseils, par son élocution naturelle, par un caractère de douceur et de simplicité qui attache autant qu'il plaît [2]. » Avec tout cela, on est assurément fort au-dessus d'un prédicateur ordinaire : mais ce qui donnait surtout de l'autorité aux discours du P. Lenfant, c'est qu'il prêchait plus encore d'exemple que de paroles. Outre les sermons qu'on vient d'imprimer, on a de lui : 1 un *Panégyrique de la sainte Vierge*, et un *de sainte Claire* ; quoiqu'il en ait composé d'autres, ce sont les seuls qui restent. 11 L'*Oraison funèbre de M. de Belzunce*, évêque

---

1 M. Lenfant, homme honnête, que le besoin et des maladies forcèrent d'accepter une place à l'hospice des Vieillards, et qui y mourut quelques jours après son entrée, en avril 1819.

1 Ils ont paru depuis.

2 *Ami de la Religion*, tom. 17, pag. 32.

de Marseille, en latin, imprimée avec la traduction française, Marseille, 1754, in-8. III *L'Oraison funèbre du Dauphin, fils de Louis XV*, Nancy, 1766. Elle est citée dans la *France littéraire*, tom. 11, pag. 445. On n'a plus *neuf Sermons de retraite* qu'il avait composés sous le titre de *Méditations pour la neuvaine de saint François-Xavier*. Il prononça en 1786, à Saint-Cyr, un sermon pour l'année séculaire de cette maison. On lui a attribué, mais à tort, un écrit publié en 1787, sous ce titre : *Discours à lire au conseil sur le projet d'accorder l'état civil aux protestans*. Il est aujourd'hui bien reconnu que cette pièce est du P. Bonnaud, aussi jésuite.

LENNOX ( Charlotte ), dame auteur, naquit à New-York en 1746, vint jeune en Angleterre, et ses liaisons avec Johnson lui donnèrent du goût pour les lettres ; il publia des ouvrages qui eurent presque tous du succès. Les principaux sont : I *Le Don Quichotte femelle*. II *Les Héros de Shakespear*, 3 vol. in-12, où l'auteur donne les histoires ou contes où le tragique anglais a pris le sujet de ses pièces. III *Mémoires d'Henriette Stuart*. IV *Mémoires de la comtesse de Berry*. V Plusieurs *comédies*, comme la *Sœur*, la *Vieille coutume de la la ville*. VI Une traduction des *Mémoires de Sully*. VII Une traduction du *Théâtre grec du P. Brumois*. Charlotte Lennox, malgré le succès de ses ouvrages, mourut dans un état voisin de l'indigence en décembre 1804.

LENOIR ( Nicolas ), architecte, naquit en 1726, fut élève de Blondel, et après avoir obtenu le grand prix de l'académie des arts, il fut envoyé à Rome, où, tout en admi-

rant les chefs-d'œuvre qui décorent cette capitale, il forma dans ses études un genre qui lui était particulier. Aussi ses compositions sont élégantes et ingénieuses ; mais elles manquent en général d'ensemble et de correction. Voltaire l'appela à Ferney pour y diriger quelques travaux d'architecture. Il a bâti plusieurs édifices à Paris, ainsi que des rues entières. Il éleva le théâtre de la porte Saint-Martin dans le court espace de cinquante jours. Il a bâti aussi celui de la Cité, appelé le Prado. Il est mort à Paris le 31 juin 1810.

LÉOPOLD II (Pierre-Joseph), grand duc de Toscane, puis empereur, naquit à Vienne le 5 mai 1747, de François Ier et de Marie-Thérèse, souverains d'Allemagne. Il vint en Toscane, très-jeune encore, sous la direction du général Botta, qui dépendait directement du cabinet de Vienne. A peine monté sur le trône, il y fit paraître un esprit pénétrant, et un caractère à la fois juste et ferme. Un seigneur florentin eut recours à lui pour obtenir de son frère aîné une pension qu'il lui refusait depuis long-temps. Le grand duc, après s'être plaint à Botta de ce qu'il n'avait pas encore prononcé sur cette affaire, fit donner au suppliant la pension que son aîné lui redevait, et il y fit comprendre les arrérages. Un autre seigneur assez puissant s'était permis de plaisanter sur l'âge du jeune prince, en disant que la cour de Vienne avait fait cadeau aux Toscans d'un souverain *sans barbe*. Léopold en fut instruit, et manda le railleur en sa présence. « Avez-vous des terres, » lui dit-il ? — Oui, mon prince, » répondit celui-ci. — Quelle est » celle qui vous plaît le plus parmi » ces terres? — *Montui*. — Eh bien

» ajouta Léopold, allez - y ce jour » même, et ne revenez que lorsque » j'aurai de la barbe. » Parvenu à sa 21ᵉ année, il prit les rênes du gouvernement; à cette même époque, et par le traité conclu entre l'Empire et l'Espagne, après les guerres de 1740, il épousa l'infante Marie-Louise, qui fut pendant toute sa vie un exemple de piété et de vertu. Quand Léopold arriva en Toscane, il trouva cet état obéré; le peuple était épuisé par les impôts, tandis que les revenus allaient se perdre dans le trésor de Vienne; les lois étaient insuffisantes ou non respectées; l'agriculture, le commerce et l'industrie dans le plus pitoyable état. Léopold remédia à tous ces désordres; il fit de sages réglemens, soit pour l'administration, soit pour la police; diminua les impôts, donna au commerce une liberté peut - être un peu trop illimitée; il prit en outre un soin particulier des prisons et des hôpitaux, où il fit régner une surveillance et une propreté qui a peu d'exemples en Europe. Il fit rééditier pour les insensés un hôpital, appelé de *Boniface*, du nom de celui qui en avait été le premier fondateur. Les lois civiles furent simplifiées, et il n'admit dans les criminelles que les peines des travaux forcés, et du carcan ou pilori. Cependant il sut inspirer à ses sujets une telle crainte pour ces châtimens, que les délits devinrent bien rares dans ses états, même parmi les Arétins et les Pisans, qui passent pour être les peuples les plus turbulens de la Toscane. On voyageait à toute heure dans ses états, sur des routes magnifiques qu'il avait fait construire, sans crainte d'aucun accident funeste. Les campagnes riantes qui bordaient ces chemins semblaient et semblent encore un jardin continu;

tel était l'état de perfection où Léopold avait fait parvenir l'agriculture. Parmi les punitions qu'il infligeait aux coupables, il s'en était réservé une qu'il ne mettait en usage que lorsqu'il voulait avoir égard à l'honneur de quelques familles. Cette punition était une réprimande sévère qu'il faisait au prévenu; elle eut quelquefois plus de force que les châtimens les plus sévères. Deux individus appartenant à des maisons distinguées, moururent des suites de l'impression qu'avait faite sur eux les justes remontrances du souverain. Léopold aimait les sciences et les arts; il rétablit la magnifique galerie de Florence, et fit distribuer les chefs-d'œuvre qu'elle contient dans un ordre nouveau, l'enrichit d'autres chefs - d'œuvre, appela auprès de lui plusieurs savans et artistes de l'Italie, rendit à l'université de Pise sa première splendeur, fit bâtir un immense édifice destiné aux écoles de dessin, de peinture et sculpture, où il renouvela par un décret de 1767, l'exposition des productions des arts qui n'avaient pas eu lieu depuis trente années, et ressuscita ainsi la mémoire des grands maîtres qu'avait produits l'école florentine. Pendant qu'il songeait au bien-être de ses sujets et à la gloire de ses états, ce prince surveillait d'un œil attentif l'éducation des archiducs ses fils. Le soin des archiduchesses était particulièrement confié à la grande duchesse. Le gouverneur des princes, le marquis Manfredini, avait ordre de Léopold de ne leur pas pardonner la moindre faute, et de les élever dans des principes religieux. Léopold eut de Marie-Louise quatorze enfans, tous vivans. L'inapplication, la désobéissance et l'orgueil surtout, étaient parmi eux sévèrement corrigés. Le prince Charles et l'archiduc palatin, mort à Vienne en 1794, d'un caractère extrêmement vif, étaient souvent punis ; on les condamnait à coucher sur la paille, ne leur donnant d'autre nourriture que du pain et de l'eau, et plus souvent encore par la défense qu'on leur faisait d'approcher de leur auguste mère. Cette dernière punition était pour eux la plus rigoureuse. Léopold cultivait les sciences, avait des connaissances profondes sur la botanique et sur la chimie ; afin de tout connaître par lui-même, il recevait ses sujets de quelque classe qu'ils fussent, dans trois audiences par chaque semaine. Les malheureux qui venaient implorer ses secours ne partaient jamais sans avoir éprouvé les bienfaits de leur souverain ; afin de prévenir la honte naturelle à ceux qui, d'un état aisé, sont tout à coup tombés dans l'indigence, il avait établi près d'un des escaliers de ses palais de Florence et de Pise, villes où il passait la bonne saison, un tronc dont il ne confiait la clef à personne, et où l'on jetait les mémoires qu'on voulait faire parvenir à lui seul. Une fois tous les deux ans il faisait la visite de ses états, et apportait partout des secours et des améliorations. Il fit disparaître de la Toscane le grand nombre de mendians qui la parcouraient de ville en ville : on n'en voyait qu'aux portes des églises, et ceux-ci auraient également disparu, si les nobles florentins, naturellement avares, avaient suivi le bon exemple que le souverain leur avait donné. Ces indigens étaient tous placés dans des hospices où on les occupait à des travaux faciles. La cour de Léopold, si on pouvait l'appeler telle, n'avait aucun faste. Quand il sortait en voiture, ce qui arrivait rarement, il n'était accompagné que d'un simple écuyer. Sa table n'était couverte que de quatre plats et d'un dessert bien simple ; il était si peu soigneux de sa parure personnelle qu'il porta pendant 15 ans un même habit ; c'était une lévite d'une couleur blanchâtre qu'il ne pouvait se résoudre à quitter. Si le devoir d'historien nous a porté à faire connaître les bonnes qualités de ce prince, le même devoir nous prescrit de ne pas dissimuler ses défauts. Il avait trop de penchant pour le régime réglémentaire et pour les petits détails ; quoique bienfaisant, il était si économe, qu'il passait pour avare. Pendant plusieurs années il fit des spéculations commerciales de concert avec les principaux négocians de Livourne, port qu'il avait rendu florissant et émule de la superbe Gênes. Naturellement curieux, il avait établi une espèce d'espionnage général, de façon que le matin il savait tout ce qui s'était passé de plus essentiel parmi cent mille âmes à peu près que contient la ville de Florence. On était toujours sur ses gardes dans les endroits publics, devant même ses propres domestiques, de crainte d'être écouté par quelque espion. Son goût pour le sexe n'avait pas de bornes : il faut avouer cependant qu'il ne troubla jamais le repos des familles, et qu'il eut toujours pour son auguste épouse un véritable attachement, et une estime qui ne se démentirent jamais. Il n'eut de sentiment durable que pour une jeune personne, d'une extraction honnête, cameriste de la grande duchesse, qui n'abusa jamais de son ascendant. Il donna des emplois lucratifs aux parens de la demoiselle ; mais il ne prôna pas sa faiblesse en leur accordant des titres que leur naissance ne déméritait cependant pas. Le plus grand tort de Léopold est de s'être immiscé dans les matières religieuses, mais il y fut forcé par son frère Joseph II. Les innovations proposées, ou plutôt ordonnées par cet empereur, trouvèrent un fidèle exécuteur dans la personne de monseigneur Ricci, archevêque de Pistoie et de Prato (*voy.* ce nom, *Suppl.*), qui détruisit les confréries, changea les rits, et bouleversa l'enseignement. Ces innovations excitèrent les plaintes de la cour de Rome; mais le grand duc, excité par son frère, et conseillé par Ricci, n'y eut aucun égard. Le 20 octobre 1788, il abolit la jurisdiction des nonces dans ses états; il défendit tout appel au saint-siége, et désigna les tribunaux devant lesquels on devait porter les causes ecclésiastiques; en un mot, on suivait en Toscane les mêmes mesures violentes qu'on exerçait à Vienne et dans tous les états de l'empereur, et que par la même impulsion on avait adopté à Naples et à Cologne. Léopold arriva jusqu'à exiger qu'on lui remît les papiers de la nonciature; mais Pie VI eut la fermeté de répondre que « les papiers d'un ministre étant encore » plus sacrés que sa personne, il ne » les livrerait point, et qu'il aimerait » mieux tout souffrir que de commettre une pareille bassesse....; que » cependant il pourrait bien par » amour pour la paix, communiquer » ce qui était susceptible de l'être. » Ces dissensions durèrent pendant l'année 1789, jusqu'à la mort de Joseph II. Le grand duc, libre d'agir par lui-même, se défit du turbulent Ricci, et en donna lui-même la nouvelle à Pie VI par une lettre très-affectueuse. Appelé au trône impérial en 1790, et après 25 ans qu'il gouvernait la Toscane, à peine était-il arrivé à Vienne qu'il annonça les plus favorables dispositions pour le clergé et la cour de Rome; le nouvel

empereur rendit à plusieurs évêques les revenus que son prédécesseur leur avait enlevés, et rétablit dans ses états les institutions ecclésiastiques abolies par Joseph II. Il révoqua en Hongrie plusieurs changemens opérés sous le dernier règne. La Flandre, qui remuait encore, fut aisément soumise vers la fin de 1790. Il s'unit à l'Angleterre pour borner les conquêtes interminables de l'ambitieuse Catherine II, et accéléra la paix entre elle et la Porte; et cette paix fut signée à Reichenbach le 27 juillet 1790. Il reçut avec distinction l'ambassadeur turc : l'archiduc François (actuellement empereur), qui s'était distingué dans cette guerre, et qui refusa de lui accorder une audience, fut condamné par son auguste père à garder les arrêts pendant trois jours. Quoique Léopold fut ami de la paix, les malheurs qui affligeaient Louis XVI et Marie-Antoinette, sa sœur, le déterminèrent à déclarer la guerre à la France. Il s'y préparait lorsque la mort l'enleva subitement; une légère indisposition le retenait au lit, où il causait très-gaiement avec l'impératrice qui était assise à ses côtés, et avec son premier valet de chambre, lorsqu'un vomissement lui étant survenu, il expira dans les bras de son épouse désolée, le 1er février 1792, à peine âgé de 46 aus. On attribua sa mort à l'effet d'un poison que les agens des révolutionnaires français avaient trouvé le moyen de lui faire donner; mais l'ouverture de son corps, faite par le chirurgien Vespa, montra la gangrène dans les intestins. On assure également que le vomissement, qui l'avait surpris et qui l'étouffa, avait été causé par une forte boisson que l'empereur lui-même avait composée pour rétablir ses forces physiques, épuisées par de longs excès. Léopold était très-instruit, possédait le grec, le latin, les langues modernes, l'histoire, les sciences naturelles, la physiologie, etc., etc. Simple dans ses manières comme dans son costume, il était affable avec le plus pauvre de ses sujets; il ue tutoya jamais personne, excepté l'impératrice, pour laquelle, ainsi que nous l'avons dit, il avait, malgré ses écarts, de l'estime et de la tendresse. Il donnait aux nobles et aux bourgeois le traitement de *vossoria*, terme moyen entre *voi* (vous) et *vossignoria*. Ses économies et ses spéculations commerciales lui avaient amassé d'immenses richesses qu'il transporta à Vienne. Le roi de Naples, qui était son beau-frère, dans un voyage qu'il fit à Florence, lui reprocha l'espionnage qu'il avait établi dans ses états : « Que voulez-»vous, répondit-il, il le faut bien, »car je n'ai pas de troupes. » Il n'avait en effet que 300 hommes de la garde dite *civique*, et mille autres répandus dans toute la Toscane, excepté les équipages de deux frégates dont il se défit lorsqu'Acton, son général de mer, passa à Naples pour y jouer un rôle plus brillant. (*Voy*. ce nom, *Supp*.). Quoique pendant son règne, la Toscane était florissante, Léopold u'était pas généralement aimé, au moins dans la ville de Florence. Les Florentins, extrêmement curieux et économes, n'aimaient pas voir ces penchans réunis dans celui qui les gouvernait. Placé sur un plus grand théâtre, d'après ce que Léopold fit dans l'espace de peu de mois, on pouvait espérer qu'il aurait rendu à l'empire d'Allemagne le même éclat dont il avait brillé sous le règne de Charles VI, et dans les beaux jours de Marie-Thérèse. En 1791 il conclut un double mariage avec les Bourbons de Naples. Deux princesses napolitaines furent accordées, l'aînée à l'archiduc François (à présent François II), et la seconde à Ferdinand VI, qui succéda à Léopold dans le grand duché de Toscane, où il fut rétabli en 1813. Ces deux princesses moururent quelque temps après. Différens auteurs ont fait de Léopold un philosophe ; il fit cependant paraître en plusieurs occasions des sentimens religieux.

LEPAUTE (Jean-André), célèbre horloger de Paris, naquit vers 1728 à Puilly, village près de Carignau, dans la partie française du duché de Luxembourg. Ses plus beaux ouvrages sont de *grandes horloges horizontales*, dans lesquelles il imagina un *échappement* à repos dont les leviers étaient égaux; *l'horloge* de l'hôtel de ville, placée en 1781, *l'horloge décimale* du château des Tuileries, les *horloges* du Palais-Royal, du Jardin du roi et du Luxembourg. Il a en outre inventé les moyens d'exécution d'un nouveau mouvement d'équation dont la courbe avait été calculée par l'astronome Lalande, et a publié un *Traité d'horlogerie*, Paris, 1755-68, in-4. Lepaute mourut dans cette ville en 1801.

LEPAUTE (Nicole-Reine Etable de la Brière), femme du précédent, naquit à Paris le 5 janvier 1723, épousa Jean-André Lepaute en 1748, et coopéra à son *Traité d'horlogerie*. Elle cultiva les sciences, et concourut (en 1757), avec Clairant et Lalande, au calcul de l'attraction de Jupiter et de Saturne sur la comète prédite par Halley, afin d'avoir exactement son retour. On lui doit un ouvrage fort utile pour les astronomes et les navigateurs, intitulé *la Connaissance des temps*, que l'académie publia chaque année depuis 1759 jusqu'en 1774. On trouve de madame Lepaute, dans le 18e volume des éphémérides (1783), les calculs du soleil, de la lune, et de toutes les planètes. Elle calcula, pour toute l'étendue de l'Europe, l'éclipse annulaire du soleil prédite pour le 1er avril 1764; travail qui fut suivi d'une carte que cette dame publia, et où l'on voyait de quart d'heure en quart d'heure la marche de l'éclipse et ses différentes phases. On a encore d'elle plusieurs mémoires savans pour l'académie de Beziers et autres. Madame Lepaute mourut à Paris le 6 décembre 1788, à l'âge de 65 ans.

LEPRINCE (Jean), peintre, naquit à Metz en 1733. Il était frère de madame Leprince de Beaumont (*voy.* BEAUMONT, *Dictionnaire,* tome 2), vint à Paris jeune encore, et se fit connaître par son talent à jouer du violon. Il fut élève de Boucher, et commença par graver des paysages très-bien exécutés. Il s'adonna ensuite à la peinture, et fit plusieurs tableaux dans le genre de Teniers et de Wauwermans qui sont assez estimés. Il s'était marié, et il quitta bientôt sa femme pour passer à Saint-Pétersbourg, où il peignit les plafonds du palais impérial: après la mort tragique du czar Pierre III, il revint en France, et fut reçu à l'académie. Cet artiste était surtout renommé pour les *dessins* lavés à l'encre de la Chine. Il mourut à Denis-du-Port près de Lagny en 1781, âgé de 47 ans. Son talent pour le violon le tira une fois d'une assez mauvaise affaire. En passant par mer en Hollande, pour se transporter à Pétersbourg, son vaisseau fut pris par des corsaires anglais qui se partagèrent aussitôt les dépouilles de leurs prisonniers. Leprince, sans se troubler, prit son violon, et se mit à jouer avec le plus grand calme. Les corsaires, charmés des sons mélodieux de son instrument, suspendent le pillage, et lui rendent, dit-on, tout ce qu'ils lui avaient pris. S'il est vrai que la musique ait pu adoucir une fois le cœur des corsaires, il ne faudrait plus s'étonner de tout ce que les poëtes nous racontent d'Arion, d'Amphyon et d'Orphée.

LESTIBOUDOIS ( Jean-Baptiste), médecin et botaniste, naquit à Lille en 1714. Il est auteur d'un ouvrage élémentaire de botanique qu'il composa avec son fils, et qui a pour titre : I *Botonographie belgique*, Paris, 4 vol. in-8, dont il a paru une autre édition. Il a donné aussi II une *Carte botanique* en 1774, dans laquelle il a réuni le système de Linnée à celui de Tournefort. III Un *Mémoire* sur les avantages qu'on peut tirer de la pomme de terre, publié en 1772, et une *Zoologie élémentaire*, ou *Abrégé de l'histoire naturelle des animaux, à l'usage des commençans*, Lille, 1803, 2 vol. in-8. Lestiboudois était le principal rédacteur de la *Nouvelle Pharmacopée* de Lille. Il mourut en 1804, à l'âge de 90 ans.

*LEULIETTE ( J.-J. ), écrivain français, naquit vers 1762, et fut professeur de littérature à l'Athénée de Paris. Il est auteur des ouvrages suivans : I *Des Emigrés français, ou Réponse à M. Lally de Tollendal*, Paris, 1797, in-8. II *Réflexions sur la journée du 18 fructidor, en réponse à Richer-Serizy*, 1798, in-8. III *Essai sur la cause de la supériorité des Grecs sur les Romains*, 1802. IV *Discours sur l'abolition de la Servitude*, 1 vol. in-8. V *De l'influence de Luther sur le siècle où il a vécu*, 1 vol. in-8. IV *Vie de Richardson*, traduite de l'anglais, 1808, in-8, etc. Des *Mémoires littéraires*, quelques ouvrages anglais, etc., etc. Leuliette est mort à Paris en 1809.

LEVASSEUR ( C.-J.-A. ), naquit en 1723, à Rouen, d'une famille distinguée dans le commerce. Il suivit d'abord cette profession, fut ensuite nommé administrateur des hospices civils, puis échevin, membre de la chambre de commerce, et président de la juridiction consulaire. Le zèle et la probité avec lesquels il remplit ces divers emplois lui attirèrent l'attention du gouvernement, et Louis XVI, de son propre mouvement, lui envoya des lettres de noblesse. A l'époque de la révolution, il fut successivement nommé officier municipal, et administrateur de la Seine-Inférieure. Il ne figura cependant dans aucun parti, et on ne lui reprocha jamais aucun crime. En 1792 il devint président du tribunal de commerce, et entra en 1800 au sénat conservateur. Il est mort à Paris le 8 août 1802. — Il ne faut pas le confondre avec un autre LEVASSEUR, ancien avocat au parlement, et mort en 1808, connu par plusieurs ouvrages, tels que *Manuel des nouvelles justices de paix*, *Explication de la loi du 4 germinal an 8 sur la faculté de tester et de disposer entre vifs*, 1 vol. in-8. — Ni avec LEVASSEUR (René), chirurgien, et démagogue républicain, qui vivait encore en 1817.

LEVESQUE ( Pierre-Charles ), écrivain célèbre, naquit à Paris le 28 mars 1736, et fit ses études avec distinction. Dans sa première jeunesse il s'occupa du dessin et de la gravure ; à l'âge de 24 ans il se livra entièrement aux lettres. Ses talens l'appelèrent à la chaire de morale, et ensuite à celle d'histoire au collège de France ; il fut membre de l'académie des inscriptions et belles-lettres, et de l'Institut le 6 décembre 1795 ; et en 1804 on lui accorda la croix de la Légion-d'Honneur. Ses nombreux ouvrages étant peu susceptibles d'être compris dans le court espace d'un article, nous nous bornerons à indiquer les principaux : I *Les Rêves d'Aristobule, philosophe grec, suivis d'un abrégé de la Vie de Formose, philosophe français*, Paris, 1761, 1 vol. in-12 ; Carlsruhe, 1762 ; *idem*, traduits en italien par la comtesse Guillemine d'Anhalt, et publiés par Frédéric-Auguste, prince de Brunswick, Berlin, 1768. II *Choix des Poésies de Pétrarque*, traduites de l'italien, Paris, 1774, 1 vol. in-8 ; 1782, 2 vol. in-12. III *L'Homme moral, ou l'Homme considéré tant dans l'état ● pure nature que dans la société*, Amsterdam, 1775, 1 vol. in-8 ; 4ᵉ édition, sous le titre de *l'Homme moral, ou les Principes des devoirs, suivis d'un aperçu sur la civilisation*, Paris, 1784, un vol. in-12. IV *L'Homme pensant, ou Essai sur l'histoire de l'esprit humain*, Amsterdam, 1779, 1 vol. in-12. V *Histoire de Russie*, Paris, 1785, 5 vol. in-12 ; Iverdun, *idem*, 6 vol. in 12. C'est le meilleur ouvrage de l'auteur, et il serait excellent s'il avait su éviter quelques détails un peu minutieux, et les inégalités de style. VI *Histoire des différens peuples soumis à la domination des Russes, ou Suite de l'Histoire de Russie*, 2 vol. in-12. Ces deux ouvrages réunis ensemble sous le premier titre d'*Histoire de Russie, augmentée et conduite jusqu'à la fin du règne de Catherine II*, Paris et Hambourg, 1800, 8 vol. grand in-8. VII *Eloge historique de l'abbé de Mably*, Paris, 1787, in-8. Cet éloge partagea le prix extraordinaire de l'académie des ins-criptions et belles-lettres. VIII *La France sous les cinq premiers Valois, ou Histoire de France depuis la mort de Philippe de Valois jusqu'à celle de Charles VII, précédée d'une introduction dans laquelle on suit les révolutions et les progrès de la monarchie, depuis le règne de Pepin jusqu'à la mort de Philippe-le-Bel*, Paris, 1788, 4 vol. in-12. Le seul défaut qu'on peut reprocher à cet ouvrage, c'est la précipitation avec laquelle l'auteur l'a composé. IX *Dictionnaire des arts, de peinture, sculpture et gravure*, de concert avec Watelet de l'académie française, Paris, 1792, 5 vol. grand in-8. X *Histoire de Thucydide*, traduite du grec, Paris, 1795, 4 vol. in-4 et in-8. Cette traduction fit beaucoup d'honneur à Lévesque, et le fit connaître pour un profond helléniste. XI *Etude de l'Histoire de la Grèce*, 1811, 4 vol. in-8. XII Différens *Mémoires* dans le Recueil de l'Institut, et autres ouvrages insérés dans la *Collection des moralistes anciens*, publiée par Didot l'aîné et Debure ; savoir : I *Pensées morales de Confucius*, 1782, 1 vol. II *Pensées morales de divers auteurs chinois*, 1782, 1 vol. III *Caractères de Théophraste*, 1782, 1 volume. IV *Sentences de Théogeris, Phocylide*, etc., 1783, 1 vol. V *Pensées morales de Cicéron*, 1782, 1 vol. VI *Apophthegmes des Lacédémoniens*, extraits de Plutarque, 1794, 1 vol. VII *Vies et Apophthegmes des philosophes grecs*, 1795, 1 vol., etc. Lévesque mourut à Paris, le 12 mai 1812, âgé de 76 ans. Lévesque avait une vaste érudition, mais il a trop écrit pour que ses ouvrages aient pu approcher de cette perfection qu'on n'obtient que par un travail assidu. La multitude des matières qu'il embrassait l'empêchait d'assez réfléchir sur chacune d'elles, et surtout de donner à son style cette facilité, cette correction dont il est parfois dépourvu.

LEVIS (M. A., duc de), grand bailli de Senlis, naquit à Paris en 1739. Nommé député de la noblesse aux états-généraux de 1789, il se réunit au *tiers*, et siégea à l'assemblée nationale le 1<sup>er</sup> août. Il présenta ses réflexions sur l'inutilité de la déclaration des droits, consentant néanmoins qu'on la mît à la suite de la constitution. Il s'opposa quelque temps après à l'emprunt demandé par Necker ; il appuyait son opinion sur l'aveu des cahiers qui défendaient aux députés d'en consentir de nouveaux. Dans la même année il proposa qu'on établît des réglemens sur la liberté de la presse, et à l'occasion de la dédicace des Œuvres de Voltaire, que Palissot présenta à l'assemblée, il fit décréter qu'on n'en recevrait aucune. Il vota le 18 mai 1790 pour qu'on n'admît le *recours* contre les auteurs des détentions arbitraires, qu'aux prisonniers contre lesquels il n'y aurait pas de plaintes légales. Dans les différens qui eurent lieu entre l'Angleterre et l'Espagne, il fit déclarer que la France n'entreprendrait aucune agression, mais qu'elle saurait défendre ses droits. Il réclama, le 24 février 1791, le droit de voyager sur les routes du roi. Quelque modération que le duc de Levis eût mis dans sa qualité de député, il n'avait pas moins adopté, en partie, les principes révolutionnaires, trompé en cela comme bien d'autres gens crédules. Il revint bientôt de son erreur, et eut, par conséquent, à souffrir les persécutions dont étaient l'objet les personnes honnêtes, et surtout ceux de sa classe. Le règne de la terreur arriva, il devint suspect, et fut enfermé au Luxembourg, comme complice d'une de ces conjurations qui servaient souvent de prétexte aux factieux pour immoler des victimes. Le duc de Levis fut de ce nombre. Condamné par le tribunal révolutionnaire, il fut exécuté le 4 mai 1794, âgé de 55 ans. Son épouse subit le même sort le 10 juillet suivant : on l'accusa d'avoir eu part à la conjuration du Luxembourg, imaginée par les malveillans, où elle était retenue depuis deux mois.

LHOMMOND ( Charles-François ), savant et modeste ecclésiastique, né à Chaulnes au diocèse de Noyon en 1728, vint, au moyen d'une bourse, faire ses études à Paris, au collége d'Inville, dont par la suite il devint principal. Après avoir achevé ses humanités et sa philosophie, et s'y être distingué, il fit sa théologie en Sorbonne, et commença sa licence d'une manière qui lui promettait des succès ; mais ayant été nommé professeur au collége du cardinal Lemoine, il interrompit ce cours, pour se livrer tout entier à ses nouvelles fonctions. Il prit même la résolution de se consacrer tout entier à l'instruction des enfans, et renonça absolument à professer les hautes classes, quoiqu'il eût pour cela plus que la capacité nécessaire, et que ces places plus élevées fussent plus avantageuses, et lui eussent été plusieurs fois offertes. Ce goût d'être utile à l'enfance a été la passion de toute sa vie. Il composa pour cet âge un grand nombre de livres. L'assemblée du clergé crut devoir une récompense à un emploi si utile et si modeste de grands talens ; et Lhommond la reçut, sans avoir seulement songé à la demander. Loin d'aspirer à des bénéfices, et de désirer des dignités ecclésiastiques, il refusa constamment toutes celles qu'on lui offrit. Lhommond était enfermé au séminaire de Saint-Firmin lors des massacres de septembre ; il y échappa, soit que ce fût l'effet d'un heureux hasard, soit que l'utilité, assez généralement connue, dont il avait été à l'enfance, lui ait servi de sauvegarde. Cet homme vertueux mourut à Paris le 31 décembre 1794. Tous ses écrits respirent la vertu et les sentimens religieux : les principaux sont : I *De viris illustribus Romæ*, in-24 ; il y en a eu cinq éditions. II *Elémens de la grammaire latine*, in-12, 9 éditions. III *Elémens de la grammaire française*, in-12, 9 éditions. IV *Epitome historiæ sacræ*, 5 éditions, in-12. V *Doctrine chrétienne*, in-12, 3 éditions. VI *Abrégé de l'histoire de l'église*, in-12, 2 éditions. Cette histoire de l'église n'allait que jusqu'au concile de Trente ; depuis la mort de Lhommond, on en a fait une nouvelle édition augmentée et continuée jusqu'à la mort de Pie VI. L'éditeur a non-seulement fait des corrections, mais il a encore suppléé à quelques omissions. VII *Histoire abrégée de la religion*, Paris, 1791.

LHUILIER ( A.... ), démagogue révolutionnaire, naquit à Paris en 1750. Dès le commencement des troubles il figura dans toutes les émeutes et dans les clubs des jacobins, fut membre de la commune, et suivit tour à tour Marat, Danton, Robespierre et les autres terroristes. Il eut une grande part aux journées des 20 juin et 10 août 1792. Lhuilier présida la commune dans ce dernier jour, et le 17 on le nomma accusateur public du tribunal chargé de poursuivre les victimes de cette même journée. Il ne s'acquitta que trop bien de cette odieuse mission. Ennemi déclaré des *girondins*, comme tous ceux de la faction de Robespierre, il ne perdit pas une occasion de les poursuivre. Devenu procureur syndic du département de Paris, il se présenta le 31 mai 1793 à la barre de la convention, et, environné d'une populace furieuse, il demanda d'un ton impérieux la destitution de la commission des douze, et de mettre tous les *girondins* en état d'arrestation. Cette démarche de Lhuilier fut un des derniers coups portés aux républicains fédératifs, que toute l'éloquence de Vergniaud, de Guadet et de Gensonné ne purent réparer. Lhuilier, plus impudent encore que Robespierre, appela la catastrophe du 31 mai une insurrection *morale*, tandis que celui-ci, qui en était le principal auteur, ne l'appelait que *patriotique*. Après cette journée, Lhu-ilier servit toujours son parti avec tout l'enthousiasme d'un forcené. Il avait à lui seul fait arrêter plus de 200 personnes, sur lesquelles ne pesaient aucune accusation légalement valable. Dans la lutte qui s'établit entre Danton et Robespierre, il eut la maladresse d'alarmer la méfiance du second de ces deux tyrans. Arrêté avec Danton, il fut enfermé aux prisons du Luxembourg, où il rencontra 40 détenus victimes de ses dénonciations. Cependant il eut l'audace de parler au milieu de ces infortunés, de sa délicatesse, de son humanité, de sa justice ; il vantait les services qu'il avait rendus à la patrie et aux particuliers, etc., etc. Il s'enivrait le reste du temps, et ensuite il versait des larmes. Enfin son tour étant venu, il fut traduit devant le tribunal révolutionnaire avec Danton et les autres coaccusés ; mais il ne put entendre sa condamnation avec le sang-froid que ceux-ci montrèrent lors même qu'on les conduisit à la mort. Transféré à Sainte-Pélagie pour y être détenu jusqu'à la paix, il se livra au désespoir, se poignarda, et mourut en avril 1794. Lhuilier avait été avocat, et ne possédait pour tout talent que de l'audace, et une éloquence insipide et verbeuse.

LIEMACKER (Nicolas de), surnommé *Roose*, peintre renommé, naquit à Gand en 1576, fut élève de Guéraer et d'Ottovenius, et rivalisa de talent avec Rubens, qui savait l'apprécier. Il travailla plusieurs années à la cour du prince évêque de Paderborn. Il s'établit ensuite à Gand, et y exécuta d'excellens tableaux qui ornent la plus grande partie des églises de cette ville. La confrérie de Saint-Michel avait demandé Rubens pour peindre une *Chute des anges ;* mais cet habile artiste conseilla de choisir Roose. « Quand on possède une rose si »belle, dit-il, on peut se passer des »fleurs étrangères. » Ce tableau, qui existe dans la paroisse de Saint-Michel, passe pour un de ses chefs-d'œuvre. Parmi ses autres ouvrages, on cite un *saint Nicolas* dans l'église de ce nom ; le *Plafond* d'une chapelle de l'église de Saint-Baron, et un tableau d'autel représentant *la Vierge avec l'enfant Jésus* au milieu d'une gloire de saints. Il a reproduit ce même sujet dans l'église des Bernardines. Roose avait un grand talent pour la composition, était bon dessinateur, et se distinguait surtout par l'expression de ses figures ; il péchait cependant quelquefois par trop de noir dans ses ombres, et trop de rouge dans ses chairs. Il eut toujours des mœurs pures, et mourut en 1646.

LIENHART (George), savant abbé de l'ordre de Prémontré et prélat de l'Empire, naquit le 29 janvier 1717, à Uberlingen en Souabe, de parens nobles et d'une famille sénatoriale. Il quitta les avantages que lui promettait sa naissance pour embrasser la vie canonique, et choisit pour l'exécution de ce dessein l'abbaye de Roggemburg, ordre de Prémontré, où il fit profession le 14 octobre 1736. Après avoir fait ses études à Constance et à Dillengen, il enseigna dans sa maison, la philosophie et la théologie. Il y avait sept ans qu'il exerçait l'office de prieur, lorsque l'abbaye vaqua. Tous les suffrages se réunirent sur lui, et il fut élu abbé le 17 juillet 1753. En 1768 le collége impérial des prélats de Souabe le choisit pour être un de ses codirecteurs. Il est auteur des ouvrages suivans : I *Ogdoas erothomatum ex Ottonis theosophiæ scholasticæ tractatibus, publicæ luci et concertationi exposita*, Ulm, 1746, in 8; ouvrage approuvé par l'université de Dillengen, attaqué néanmoins, mais défendu par son auteur d'une manière qui lui valut les applaudissemens de l'université de Saltzbourg. II *Exhortator domesticus religiosam animam ad perfectionem excitans*, en deux parties, l'une imprimée à Lintz, 1754, in-4; l'autre à Augsbourg, 1761, même format. III *Dissertatio theologica sub titulo: B. M. Virginis originaria immunitas à sequioribus Lamindi Pritannii censuris vindicata*, Augsb., 1756, in-4. IV *Causa sanguinis et sanctorum, seu cultus debitus residuis in terrá SS. sanguinis et sanctæ crucis particulis, nec non sanctorum reliquiis, dissertatione assertus*, Augsbourg, 1758, in-4. V *Ephemerides Hagiologicæ ordinis Præmonstrasensis*, etc., Augsbourg,

1764, in-4. Il en parut, en 1767, un supplément sous le titre d'*Auctarium*, etc. VI *Spiritus litterarius Norbertinus, seu sylloge viros ex ordine Præmonstrasensi scriptis et doctriná celebres, nec non eorumdem vitas, res gestas, opera et scripta tum edita, tum inedita, perspicuè exhibens*, etc., Augsbourg, 1771, in-4. L'auteur y prouve, contre Casimir Oudin, déserteur de sa profession et de sa foi, que l'ordre de Prémontré n'a pas manqué d'écrivains et de personnages célèbres qui l'aient illustré. La liste qu'en donne l'abbé de Roggemburg est de plus de 600, dont les écrits embrassent toutes sortes de matières. ( *V.* OUDIN, Casimir, *Dict.*, et COLBERT, Michel, *Supp.*) VII Des *Sermons, des Panégyriques et des Oraisons funèbres.*

LIGUORI (Alphonse de), évêque de Sainte-Agathe des Goths au royaume de Naples, et fondateur de la congrégation des Missionnaires du saint Rédempteur, naquit à Naples d'une famille noble et ancienne, le 26 septembre 1696. Porté naturellement à la piété dès son enfance, et doué des plus heureuses dispositions, il eut le bonheur de les voir secondées par le soin que prirent ses vertueux parens de lui assurer une excellente éducation. Ils le mirent de bonne heure entre les mains d'habiles maîtres, et il profita si bien de leurs leçons, qu'à l'âge de 17 ans il avait fini toutes ses études, après y avoir obtenu de brillans succès. Il s'appliqua alors à la jurisprudence, et embrassa la profession d'avocat qu'il exerça pendant quelque temps à Naples avec assez de réputation; mais en 1722 un accident qui lui arriva dans une cause importante le dégoûta de cette carrière et le décida à y renoncer. Il lui sembla alors qu'un sentiment intérieur l'appelait à l'état d'homme d'église. Avant d'en arrêter la résolution, il voulut la mûrir. Le 31 août de la même année, après y avoir bien réfléchi, il prit l'habit ecclésiastique. Pour lors il tourna ses études et toutes ses pensées vers ce qu'exigeait cette nouvelle profession. Il s'appliqua à la théologie, il lut les saintes Écritures et les Pères. La méditation, les jeûnes, les bonnes œuvres furent ses exercices de tous les jours. C'est au milieu de ces saintes occupations qu'il prit les ordres sacrés. Dès qu'il fut prêtre il s'attacha à la congrégation de la *Propagande*, s'adonna à la prédication et aux travaux des missions avec un zèle vraiment apostolique. L'onction avec laquelle il annonçait la parole évangélique, son austère pénitence, la sainteté de sa vie, produisirent une infinité de conversions. Il avait remarqué que c'était surtout les campagnes qui manquaient d'instruction. Il forma le projet de subvenir au besoin qu'elles en avaient; et ce fut cette idée qui lui suggéra le dessein d'instituer une congrégation de missionnaires dont ce fût la destination. Ayant réuni quelques compagnons, il en jeta les premiers fondemens dans l'ermitage de Sainte-Marie de *Scala*, et lui donna le nom de *congrégation du Saint-Rédempteur*. Cet établissement éprouva d'abord des contradictions, mais Liguori, à force de patience, parvint à les vaincre. Sa congrégation fut approuvée par le saint-siège, et se répandit bientôt dans diverses villes du royaume de Naples, de la Sicile et même de l'état romain. Tant de mérite, tant de services rendus à la religion ne pouvaient demeurer ignorés et sans récompense; Clément XIII, en juin 1762, nomma Li-

guori évêque de Sainte-Agathe-des-Goths. Ce ne fut pas sans peine qu'on parvint à lui faire accepter cette dignité éminente; mais le chef de l'église l'ordonnait : il obéit, et se livra entièrement à ses nouveaux devoirs. Il rechercha les abus qui pouvaient s'être glissés parmi son clergé, et il les réforma. Il fonda des monastères et d'autres établissemens pieux, et ne cessa d'édifier son diocèse par ses prédications, par des instructions familières ou des lettres pastorales, par ses écrits, et surtout par l'exemple de ses vertus. Après treize années d'épiscopat, et une longue vie passée toute entière dans les travaux du ministère et les austérités de la pénitence, Liguori, exténué de fatigues, devenu sourd et presque aveugle, tourmenté d'une maladie cruelle, demanda au pape Pie VI et obtint, en juillet 1775, d'être déchargé du gouvernement de son église; il avait près de 80 ans. Il se retira à *Nocera de' Pagani*, dans une maison de sa congrégation. Il y vécut encore près de 11 ans dans le recueillement, la prière et autres exercices de piété, et mourut saintement le 1er août 1787, âgé de 90 ans et dix mois. On croirait que tant de travaux avaient consumé tous les momens de Liguori; ils ne l'empêchèrent pas néanmoins de composer un très-grand nombre d'ouvrages. On a de lui : 1 *Theologia moralis concinnata à R. P. Alphonso di Liguorio per appendices in medullam R. P. Hermanni Busembaum soc. Jesu*, Naples, 1755, 2 vol. in-4. Quoique Liguori, dans cette théologie, ait travaillé d'après Busembaum dont il admirait bien plus la méthode qu'il n'admettait les opinions, il ne suit qu'en partie ses principes, et avec une sage réserve; s'il embrasse le probabilisme, ce

8

n'est pas dans toute l'étendue que lui ont donné certains auteurs. On sera d'ailleurs parfaitement rassuré à cet égard quand on saura que son livre a été non-seulement loué et approuvé par Benoît XIV, mais que ce célèbre et savant pape l'a même cité dans son grand ouvrage *De synodo diœcesanâ*, ce qu'il n'aurait sans doute pas fait si la doctrine en avait été répréhensible. Cette théologie, reproduite sous un nouveau titre et avec des corrections de l'auteur, a eu plusieurs éditions. II *Homo apostolicus, institutus in suâ vocatione ad audiendas confessiones*, Venise, 1782, 3 vol. in-4. III *Directorium ordinandorum, dilucidâ brevique methodo explicatum*, Venise, 1758. IV *Institutio catechistica ad populum in præcepta Decalogi*, Bassano, 1768. V *Istruzione e pratica per i confessori*, etc., Bassano, 1780, 3 vol. in-12. Ouvrage plein d'onction, de modération, de douceur, de cette charité qui ne cherche que le salut des âmes. C'est le contre-poison au livre imprimé à Venise chez Occhi, sous le titre d'*Istruzione dei confessori e dei penitenti*. VI *Praxis confessarii ad instructionem confessariorum, ab italico in latinum sermonem ab ipsomet auctore reddita et aucta*, Venise, 1781. VII *Dissertazione circa l'uso moderato dell'opinione probabile*, Naples, 1754. VIII *Apologia della dissertazione circa l'uso moderato dell'opinione probabile contra le opposizioni fatte dal P. Lettore Adelfo Dositeo*, Venise, 1765. C'est une réponse au P. Jean-Vincent Patuzzi, dominicain, antagoniste zélé des défenseurs du probabilisme. (*V.* PATUZZI, *Dict.*) Liguori pensait qu'au confessional il fallait également éviter une indulgence poussée trop loin, et un rigo-

risme désespérant, suivant ce principe de saint Bonaventure : *Prima sæpe salvat damnandum; secunda contrà damnat salvandum.* IX *Verità della fede, ossia confutazione de' materialisti, deisti e settarj*, etc., Venise, 1781, 2 vol. in-8. X *La vera sposa di Christo, cicè la monacha santa*, Venise, 1781, 2 vol. in-12. XI *Selva di materie predicabili ed istruttive*, etc., Venise, 1779, 2 vol. in-8. XII *Le glorie di Maria*, etc., Venise, 1784, 2 vol. in-8. Cet opuscule fut attaqué dans un écrit intitulé : *Epistola parenetica di Lamindo Pritanio redivivo.* Liguori y répondit par un autre, sous ce titre : *Riposta ad un autore che ha censurato il libro del P. D. Alphonso di Liguori, sotto il titolo : Glorie di Maria.* XIII *Operette spirituali, ossia l'amor dell' anime e la visita al Santissimo Sacramento*, Venise, 1788, 2 vol. in-12. XIV *Discorsi sacro-morali per tutte le domeniche dell' anno*, Venise, 1781, in-4. XV *Istoria di tutte l'eresie con loro confutazione*, Venise, 1773, 3 vol. in-8. XVI *Vittorie de' martiri, ossia la vita di moltissimi santi martiri*, Venise, 1777, 2 vol. in-12. XVII *Opera dogmatica contra gli eretici pretesi riformati*, Venise, 1770. Tous ces ouvrages, et d'autres moins considérables, ont été plusieurs fois réimprimés chez *Remondini* à Venise. Ils rendent de suffisans témoignages à la doctrine, au zèle, à la vie saintement et laborieusement occupée de Liguori. Ils ont été reconnus pour être *sans tache* à Rome, où l'on a commencé, dit-on, des procédures pour la béatification de ce savant et pieux évêque.

LIGUORO ( Octave ), évêque d'Aversa, où il naquit en 1650. Malgré ses talens et ses vertus, une fin malheureuse termina sa vie après avoir eu à souffrir des désagrémens de toute espèce. Tandis qu'il gémissait de la mauvaise conduite de ses neveux, un religieux franciscain s'appropria et publia un ouvrage qui appartenait à l'oncle de Liguoro. Liguoro s'en plaignit dans un écrit intitulé : *Lira politica.* Le franciscain l'attaqua alors en calomnie, et se défendit avec tant de hardiesse que Liguoro fut mis en prison. Ayant recouvré sa liberté, il écrivit et publia une lettre où il renouvelait son accusation avec plus de force. Il fut encore la victime du plagiaire. Il se décida alors à ne plus disputer pour la gloire de son oncle. Nommé à l'évêché d'Aversa, il gouverna son diocèse avec zèle. Il passait une vie tranquille partagée entre l'étude et l'exercice de ses devoirs, lorsque ses neveux, qu'il avait comblés de bienfaits, avides de sa succession, l'assassinèrent le 16 avril 1720. On a de lui : 1 *Veridica laconica istoria di Ercolanense, seu Eraclea,* etc., Gènes, 1720. Il *Ristretto istorico dell'origine,* etc., ou *Résumé historique de l'origine des habitans des campagnes de Rome, de ses rois, consuls, dictateurs,* ainsi que de ses médailles, anneaux, etc., Rome, 1753, 3e édition, revue et augmentée par le savant P. Galeotti.

LIMON (Geoffroi). Il était contrôleur des finances du duc d'Orléans, suivit son parti à l'époque de la révolution, lui facilita tous les moyens pour répandre ses largesses parmi les factieux que ce prince entretenait. Il rédigea en 1789 les instructions que les bailliages soumis au duc donnèrent à leurs députés; instructions dont le but était d'élever leur seigneur sur les ruines du trône; mais elles ne lui préparèrent que l'échafaud. Limon, dans les oc-

casions importantes, était un des habitués des tribunes où il figurait parmi les plus ardens révolutionnaires. Nommé maire de la ville de Pont-l'Evêque, il la maintint dans un état d'insurrection contre toutes les personnes que son parti désavouait. En sa qualité de maire, il envoya (1792) à l'assemblée nationale, en don patriotique, 122 marcs d'argent pris, en grande partie, dans les églises de la commune. Après la chute du duc d'Orléans, ne se croyant pas en sûreté en France, il passa en Allemagne, et devint un ardent royaliste. En 1796 il publia un ouvrage pour engager le roi de Prusse à entrer dans une coalition contre la France. C'est le seul service qu'il ait rendu en intention au moins à la bonne cause. Il est mort en Allemagne en 1799.

LIND (Jacques), médecin anglais, naquit en 1721, et mourut en 1794. Il a laissé : 1 *Essai sur les moyens propres à conserver la santé des gens de mer,* traduit en français par l'abbé Magéas, Paris, 1758, in-12. Il *Traité du scorbut,* traduit en français par S. Savary, médecin, Paris, 1746-56, 2 vol. in-12.

LINGUET ( Simon-Nicolas-Henri ), avocat et littérateur, naquit à Reims le 14 juillet 1736. Il fit ses études au collège de Beauvais, où son père avait été professeur, et d'où il fut chassé pour s'être mêlé de jansénisme. Le jeune Linguet fit des progrès rapides, et remporta en 1751 les trois prix de l'université. Le duc de Deux-Ponts, alors à Paris, témoin de ce triomphe, prit Linguet sous sa protection, et l'emmena dans ses états : mais celui-ci le quitta bientôt pour suivre le prince de Beauveau à l'expédition de Portugal, en qualité d'aide de camp

pour la partie mathématique. Il alla
ensuite en Espagne, il y apprit la
langue castillane, et traduisit plusieurs pièces du théâtre espagnol,
qui ne sont pas les mieux choisies.
Il revint en France en 1762, et
ayant embrassé la carrière du barreau, il y acquit une réputation
méritée. Linguet, doué d'une éloquence peu ordinaire et d'une instruction variée, avait un amour-
propre au-dessus même de ses talens.
Plein de mépris pour le reste des
hommes, il n'en épargnait aucun
qui avait quelque renom dans les
lettres, et ses confrères eux-mêmes
étaient souvent l'objet de ses sarcasmes. Trois causes célèbres, qu'il
défendit et qu'il gagna, ne firent
qu'augmenter la bonne opinion qu'il
avait de son mérite. Ces causes
furent celles où il arracha le duc
d'Aiguillon à la poursuite des tribunaux, ce qui ouvrit ensuite à ce dernier les portes du ministère; celle
du comte de Morangiés contre les
Ferron, et celle de mademoiselle de
Caëns, depuis madame Vaurobes,
trompée par le vicomte de Bombelle,
qui, étant catholique et ne l'ayant
pas déclaré, l'avait épousée d'après
le rit protestant, et demandait la
cassation de son mariage. Ses succès
et surtout son orgueil indisposèrent
contre lui plusieurs avocats, qui lui
firent une injonction d'être plus
circonspect pour l'avenir; mais Linguet n'y répondit que par des plaisanteries injurieuses. Vingt-quatre
d'entre eux délibérèrent alors de ne
plus plaider avec lui d'un an; Linguet s'en plaignit alors avec si peu
de mesure, que le parlement le raya
du nombre des avocats. Depuis lors
il ne s'occupa que de littérature,
publia des écrits politiques, où il
développa des principes hardis contre
les opinions reçues, et il accrut

ainsi le nombre de ses adversaires.
Sa *Théorie des lois* lui fit essuyer
plusieurs justes critiques. Il ne s'en
était pas moins attiré par son *Journal politique et littéraire*, entrepris
en 1774, et dans lequel il semblait
déclarer la guerre à tout le monde.
Le ministre Maurepas le fit supprimer, et exila Linguet à Chartres. De
retour à Paris, il fut de nouveau
exilé à Nogent-le-Rotrou, où il sé-
duisit et emmena avec lui l'épouse
d'un riche négociant. Il revint encore
dans la capitale, et donna lieu à de
nouvelles plaintes: pour en éviter
les conséquences il s'enfuit en Suisse,
de là en Hollande, et enfin à Lou-
dres. Mécontent des Anglais, comme
il l'était des Suisses et des Hollandais, qui ne l'avaient pas accueilli
d'une manière assez flatteuse pour
sa vanité; il se retira à Bruxelles;
mais les Bruxellois n'étant guère
plus exacts à remplir envers lui ce
qu'il aurait appelé volontiers un devoir, il écrivit au comte de Vergennes, pour lui demander la permission de retourner en France : il
l'obtint. Mais ses invectives ayant
recommencé dans son journal qu'il
reproduisit sous le titre d'*Annales
littéraires*, il fut enfermé à la Bastille le 27 septembre 1779, et il y
demeura plus de deux ans. Ennuyé
de sa captivité, il promit d'être plus
circonspect dans ses écrits, et présenta un projet par lequel il prétendait faire passer en 2 heures, et par
un moyen facile, un avis de Brest à
Paris; peut-être ce moyen était les
*télégraphes*. Quoi qu'il en soit,
il sortit de la Bastille au mois de
mai 1782, et on lui donna Rhétel
pour lieu de son exil. Il passa bientôt à Londres, afin de publier un
nouvel ouvrage, qui ne laissa pas
d'étonner. Linguet avait jusqu'alors
fait la satire des peuples et l'éloge de

l'esclavage ; il changea d'opinion : dans cet écrit ( *Mémoires sur la Bastille* ) il se déchaîne contre le pouvoir arbitraire ; car il appelait tel celui qui l'avait assez justement condamné à la prison, à l'exil. Ne trouvant de repos dans aucun lieu, il revint à Bruxelles, et il y continua son journal des *Annales littéraires*, où, malgré son courroux contre les rois, il prodiguait-toute sorte de louanges à Georges III, roi d'Angleterre, et notamment à Joseph II. Ce monarque reconnaissant appela l'auteur à Vienne, et lui accorda une gratification de mille ducats. En retour de cette faveur, aux premiers troubles du Brabant, Linguet y passa, pour embrasser la cause de Vander-Noot. Obligé de quitter encore ce pays, il reparut dans la capitale de la France. Il faut lui rendre la justice qu'il ne partagea pas les crimes révolutionnaires, et que ses opinions politiques lui firent plus d'honneur que celles qu'il avait manifestées avant cette époque. Il parut cependant en 1791 à la barre de l'assemblée constituante, pour y défendre l'assemblée coloniale de Saint-Domingue, demander la liberté des nègres, et déclamer contre la tyrannie des blancs. Après la mort de l'infortuné Louis XVI, il se retira dans une campagne ; et cette démarche le rendit suspect. Il s'était déclaré d'avance contre les crimes des jacobins. Ceux-ci ne l'oublièrent pas, et après plusieurs recherches ils parvinrent à découvrir son asile. Arrêté et conduit devant le tribunal révolutionnaire, il y fut accusé *d'avoir encensé dans ses écrits les despotes de Vienne et de Londres*. Condamné à mort, il la subit avec fermeté le 27 juin 1794. Malgré les écarts où Linguet fut entraîné par une vanité démesurée et une imagi-

nation trop ardente, il montra toujours de l'attachement pour la religion, et combattit souvent le philosophisme. On connaît de cet auteur plus de quarante ouvrages, dont nous citerons les principaux. I *Histoire du siècle d'Alexandre*, Paris, 1762, in-12. II *Le Fanatisme des philosophes*, Abbeville, 1764, in-8. III *Nécessité d'une réforme dans la justice et les lois civiles de France*, Amsterdam, 1764, in-8. IV *Histoire des révolutions de l'empire romain*, 1766, 2 vol. in-12. V *Théorie des lois*, Londres, 1767, 2 vol. in-8. Cet ouvrage a eu plusieurs éditions ; la plus recherchée est celle de 1774, 3 vol. in-12. VI *Histoire impartiale des jésuites*, 1768, in-8. VII *Des canaux navigables pour la France*, 1769, in-12. VIII *Du plus heureux gouvernement, ou parallèle des constitutions de l'Asie avec celles de l'Europe*, 1774, 2 vol. in-12. Dans cet ouvrage, Linguet cherche à prouver combien le bonheur des peuples d'Asie est supérieur à celui des Européens. IX *Essai philosophique sur le monarchisme*, 1777, in-12. X *Mémoires sur la Bastille*, Londres, 1783, in 8. XI *La France plus qu'anglaise*, 1788, in-8. Il publia cet écrit pour l'opposer aux opinions ultra - constitutionnelles qui commençaient à paraître dès l'ouverture des états-généraux. XII *Examen des ouvrages de Voltaire*, 1788, in-8. XIII *Lettre à Joseph II sur la révolution du Brabant*, 1789, in-8. XIV *Légitimité du divorce*, 1789, in-8. Cette légitimité est fort mal prouvée, et l'auteur s'appuyant sur de faux principes, il en tire des conséquences aussi peu justes que la plupart des systèmes dont il a rempli ses écrits. XV *Code criminel de Joseph II*, 1790, in-8.

XVI *Collection des ouvrages relatifs à la révolution du Brabant*, 1791, in-8. XVII *Recueil de mémoires judiciaires*, 7 vol. in-12. XVIII *Socrate*, tragédie en 5 actes et en vers. XIX *Journal politique et littéraire*, de 1774 à 1778. XX *Annales politiques*, commencées en 1777, interrompues et reprises à diverses époques. Avec un esprit moins versatile, un caractère moins mordant, et un amour-propre plus modéré, Linguet aurait été un des premiers magistrats du barreau français, et un des meilleurs écrivains de son siècle.

LINN (Jean-Blair), poëte et ministre américain, naquit à Shippensbourg en Pensylvanie, en 1777. Il étudia au collège Colombie à New-York. Son goût pour la poésie se développa bientôt, et à l'âge de 16 ans il publia ses *Mélanges*, mais il n'y mit pas son nom. Deux ans après il donna au théâtre un drame intitulé *Le Château de Bourville* qui obtint du succès. Appelé à des études plus sérieuses, il se retira à Shenectady où il apprit la théologie sous le docteur Romeyn; il se distingua dans la prédication, et fut auteur de plusieurs compositions politiques. Il combattit la doctrine des sociniens contre Priestley, qui avait publié un traité dans lequel il établissait une comparaison absurde entre Socrate et Jésus-Christ. Linn mourut à Philadelphie en 1804. Outre les deux ouvrages indiqués, on a de lui : I *La mort de Washington*, poëme dans la manière d'Ossian, Londres, 1800. II *La puissance du génie*, poëme, 1803. III Le fragment d'un poëme intitulé *Valérien*, dans lequel l'auteur se proposait de décrire les premières persécutions contre les chrétiens, et l'influence du christianisme sur la civilisation, New-York, 1805,

in-4. Cet ouvrage est précédé d'un *Essai sur la vie de Linn*, par Brown. Tous ces poëmes, écrits d'un style pur, sublime, renferment des beautés du premier ordre, et sont surtout remarquables par la sagesse du plan. IV Deux *Traités* de sa controverse avec Priestley.

LIONNOIS (l'abbé), appelé autrement *J.-J. Bouvier*, naquit en 1730 à Nancy, où il ouvrit un pensionnat pour lequel il composa : I un *Cours d'études*. II Une *Mythologie* très-estimée. III Plusieurs *Traités* pour différentes branches d'enseignement. On a encore de lui : IV *Histoire des villes vieille et neuve de Nancy*, Nancy, 2 vol. in-8. Il mourut le 14 juin 1806.

LIOTARD (Pierre), botaniste, naquit dans le village de Saint-Étienne de Nossey, près de Grenoble, en 1738. Il labourait la terre lorsqu'un régiment passa dans son village; il s'y enrôla et fut blessé au siége de Mahon en 1756. Il s'attacha alors à un de ses oncles, herboriste, l'accompagna dans ses courses, et prit ainsi du goût pour la botanique. Cependant il ne se livra à cette étude qu'à l'âge de cinquante ans; un travail assidu suppléa alors au premier défaut d'instruction. Il acquit de la réputation dans cette science, et entreprit une correspondance littéraire avec les principaux botanistes de France et d'Allemagne. J.-J. Rousseau fut au nombre de ses amis, et se plaisait à lui écrire. Liotard découvrit dans les Alpes un grand nombre de plantes rares dont il enrichit le jardin botanique de Grenoble, formé en 1782. Un globe en pierre qui décorait le portail de ce jardin, et qu'il fit tomber sur lui en voulant franchir la porte dont il avait oublié la clef, lui fit à la tête une grave blessure qui le conduisit au tombeau en avril 1796, à l'âge de 57 ans. Liotard était parvenu à apprendre son *Linnée* par cœur; en 1794 il avait obtenu de la convention une pension de 1500 livres.

LIOTARD (Jean-François), peintre en portrait et graveur, naquit à Genève en 1703. Quoique son coloris ne fût pas des plus parfaits, il excellait dans l'art de saisir la ressemblance. Il demeura trois ans à Constantinople, où il fut appelé au sérail, et fit le portrait du grand-seigneur et de plusieurs sultanes. Il avait adopté le costume levantin, qu'il conserva en venant à Paris (en 1752); ce costume et sa longue barbe, indépendamment de son habileté, ne pouvaient manquer d'y faire fortune. Il peignit madame de Pompadour, et ensuite Louis XV et la famille royale. Il voyagea aussi en Allemagne et en Italie, et amassa de grandes richesses. Il a gravé son portrait, celui de l'impératrice Marie-Thérèse, de Joseph II, Vénus endormie du Titien, des fumeurs allemands, etc. Des artistes renommés ont gravé plusieurs de ses dessins et de ses portraits, comme ses Grecques, ses Turques, etc. Il mourut en 1766.

LISSOIR (Remacle), abbé de Lavaldieu, ordre de Prémontré, naquit à Bouillon le 12 février 1730, et y fit de bonnes études, grâce à M. Thibaud, président de la cour souveraine de cette ville, qui, charmé de ses heureuses dispositions, voulut bien lui servir d'instituteur. Il avait fini sa philosophie à 15 ans; ayant perdu son protecteur, et se sentant du goût pour la vie religieuse, il se présenta à l'abbaye de Lavaldieu, où son savoir et les bons témoignages qu'il apportait, le firent recevoir aisément. Il y fit profession le 28 septembre 1749,

et s'y comporta si bien que dès qu'il fut prêtre, son abbé le mit à la tête du noviciat, le chargea de professer la théologie, et enfin le nomma prieur. Cet abbé étant mort en 1765, et l'abbaye étant élective, tous les suffrages se réunirent sur Lissoir; il fut élu abbé le 12 février 1766, ayant alors à peine 36 ans. Son premier soin fut d'enrichir de bons livres la bibliothèque de son abbaye, et pour donner à ses religieux le goût de l'étude, il mit au concours les cures qui étaient à sa disposition. Il était le père des pauvres de son voisinage, et leur fournissait des secours ou du travail; il visitait ceux qui étaient malades, leur faisait distribuer gratuitement des remèdes, et tous trouvaient dans l'abbaye ce dont ils avaient besoin. Il rendit d'importans services à son ordre dont les chapitres l'avaient nommé visiteur. Les abbés de Prémontré l'employèrent utilement dans plusieurs affaires, et jusqu'à la révolution il fit partie de leur conseil. Les chapitres nationaux de 1779 et de 1782 ayant ordonné la révision et la correction des livres liturgiques à l'usage de l'ordre, l'abbé de Lavaldieu en fut chargé; il les refondit, en surveilla l'impression, et par ses soins ils acquirent une perfection qui en a fait des modèles. Il composa pour le bréviaire un office de la translation de saint Norbert, en fit les hymnes et la prose, où règne le goût de la bonne latinité. En 1787, quand on forma les assemblées provinciales, il fut appelé par le gouvernement à celle de Metz, et nommé président de l'assemblée du district de Sedan. Il en rédigea les procès verbaux, et développa dans cette double mission des connaissances administratives qui lui firent honneur. Privé de son abbaye à la révolution, persécuté et emprisonné, il soutint ces maux avec courage. Les prisons s'étant ouvertes, il vint à Paris. Il avait été complétement dépouillé; il vécut de sa plume, et pendant plus de dix ans, il enrichit le Journal de Paris de bons articles faits dans un excellent esprit. Au rétablissement du culte, il crut devoir le reste de sa vie aux obligations de son état. Il prit une place d'aumônier *adjoint* à l'hôtel des Invalides, et en exerça les fonctions avec le zèle le plus édifiant jusqu'à son dernier soupir. Il mourut le 13 mai 1804; il était tombé malade la veille après avoir dit la messe. Le maréchal gouverneur et son état-major honorèrent ses obsèques de leur présence, et sentirent vivement une perte qui n'était pas facile à réparer. On a de l'abbé de Lavaldieu un ouvrage intitulé : *De l'état de l'Eglise*, ou *de la puissance du pontife romain*, Wurtzbourg (Bouillon), 1765, 2 vol. in-8. C'est un abrégé du *Fébronius*, livre réprouvé, dont son auteur lui-même a reconnu le danger et rétracté les erreurs. (*Voy.* HONTHEIM, *Dict.*) Lissoir l'avait composé dans sa jeunesse et n'étant point encore abbé. Si on en croit une biographie, avant de le publier, il l'avait envoyé en Sorbonne pour y être examiné. On lui indiqua les corrections et les retranchemens à faire, mais quand la réponse arriva, le libraire avait déjà laissé écouler à l'étranger la plus grande partie de l'édition, et elle y passa avec ses principes erronés; ce qu'il y a d'étonnant, c'est que le livre de l'abbé Lissoir fut à peine connu dans son ordre, où l'on professait une doctrine toute différente. On reproche à l'abbé de Lavaldieu d'avoir desservi la cure de Charleville, après le départ du curé, obligé de quitter pour refus de serment; on voit aussi

avec peine son nom dans les actes de l'assemblée constitutionnelle de 1797, où on le nomma à l'évêché de Samana dans l'île de Saint-Domingue; évêché néanmoins qu'il n'accepta pas, comme il avait déjà refusé celui de Sedan. Si la vérité n'a pas permis de dissimuler ces faits, la justice veut aussi qu'on reconnaisse dans l'abbé de Lavaldieu un homme d'un véritable mérite, un prêtre charitable et un excellent religieux. Il aima et fit le bien; le souvenir de celui qu'il a fait a laissé des traces si profondes dans les environs de Lavaldieu, que son nom y est encore en vénération, et que dans l'église de l'abbaye, érigée aujourd'hui en paroisse, les habitans ont élevé un monument à sa mémoire.

LLOYD ( Sylvestre ), évêque catholique de Killaloë, et ensuite de Waterford en Irlande, en 1739, est connu par une traduction en anglais du *Catéchisme de Montpellier*, contre laquelle écrivit le P. Manby, jésuite. L'évêque Lloyd mourut à Paris vers la fin de 1747.

LOARTE (Gaspard), jésuite espagnol, naquit à Medina-Cœli vers 1498. Il était ecclésiastique séculier, et avait pris le grade de docteur. S'étant mis sous la direction du pieux Jean d'Avila, surnommé *l'apôtre de l'Andalousie*, ce saint homme lui conseilla d'entrer dans la compagnie de Jésus, nouvellement établie. Docile à l'avis de son directeur, il prit l'habit de jésuite en 1552. Deux ans après il se rendit à Rome près de saint Ignace, qui vivait encore, et sous lequel il acheva de se perfectionner dans la science du salut. Il fut ensuite chargé successivement du gouvernement des colléges de Gènes et de Messine. De retour en Espagne, il fixa son séjour à Valence, où il s'occupa avec beaucoup de zèle de la conversion des Maures. Enfin, accablé par l'âge et usé par le travail, il mourut dans cette ville en 1578, âgé de 80 ans, et aussi plein de mérites que d'années. Il avait sous Avila fait de grands progrès dans la spiritualité. Il en a donné la preuve dans les ouvrages qu'il a composés, lesquels presque tous ont rapport à la vie intérieure. On a de lui : I *De afflictorum consolatione libri tres;* traité imprimé plusieurs fois, mais dont on a fait à Padoue une édition fort correcte en 1739. Il y en a une traduction française, Paris, 1784. II *De continuâ passionis mèmoriâ.* III *Meditationes de passione Christi.* IV *Meditationes de rosario.* V *Remedia contra septem peccata mortalia.* VI *Antidotum spirituale contra pestem.* VII *Tractatus de peregrinationibus, stationibus et indulgentiis.* VIII *Instructio sacerdotum et confessariorum libri duo.* Ces ouvrages sont imprimés en latin, en espagnol, en italien, en français, et quelques-uns même en allemand.

LOCATELLI ( Antoine ), célèbre sculpteur, né à Vérone en 1725, et mort à Milan en 1805. Il a été, après Canova, un des plus habiles artistes qu'ait produits l'Italie dans le dernier siècle. Ses ouvrages sont répandus dans ce pays, en Angleterre, en Allemagne, et jusque dans les Indes. On a de lui plusieurs groupes d'un fini parfait ; une *Vénus*, une *Diane*, une *Latone avec Apollon*, qui excitent l'admiration des connaisseurs. Il passa plusieurs années à Rome, où il a laissé aussi des ouvrages très-estimés, et on en trouve surtout à Milan : il y obtint une pension de l'archiduc Ferdi-

nand, gouverneur de la Lombardie autrichienne.

LOCATI (frère-Hubert), né à Plaisance vers 1520, entra dans l'ordre des Prédicateurs, fut évêque de Bagnaria, où il est mort en 1587. Il a laissé quelques ouvrages, dont le plus remarquable est *Italia travagliata*, etc., ou *Des guerres, des révolutions, épidémies, etc., qui ont eu lieu en Italie depuis Enée jusqu'à nos jours*, Venise, 1576, in-4. Cet ouvrage, quoique inexact sur plusieurs points, offre des détails intéressans.

LODOLI ( Charles de Conti ), de l'ordre de Saint-François, naquit à Venise en 1700. Il cultiva en même temps les sciences et les arts. Après avoir occupé les chaires de belles-lettres et de théologie, il devint chronologiste général des écrivains de son ordre, et censeur des livres de la république de Venise. On a de lui : I *Elémens d'architecture, ou l'Art de bâtir avec une solidité scientifique, et une élégance non capricieuse*, Rome, 1786, in-4. Ces élémens renferment une connaissance profonde de l'art, beaucoup de goût, et des vues utiles au perfectionnement de l'architecture. II *Apologhi*, etc., Bassano, 1787, in-8. Dans ces apologues, qui ne furent imprimés qu'après la mort de l'auteur, et auxquels on pourrait reprocher d'être un peu trop satiriques, on trouve une morale saine : ils sont en prose, mais écrits d'une manière tout-à-fait poétique. Le P. Lodoli mourut à Venise le 27 octobre 1771.

LOISELLIER ( Claudine-Françoise ), marchande de modes à Paris, où elle naquit en 1749. Vivement affectée des maux de sa patrie et des crimes qu'on y commettait, elle écrivit plusieurs fois aux chefs des factieux, pour les engager à épargner leurs victimes. Après la mort du roi sa douleur ne connut plus de mesure, et voyant de toutes parts s'élever de nouveaux échafauds sous le règne de la terreur, elle eut le courage de placarder dans plusieurs rues de Paris l'affiche suivante: « Peuple, habitans de Paris, »qu'est devenu votre courage? Ar-»mez-vous, sauvez tant d'innocentes »victimes qu'on égorge chaque jour »sous vos yeux : vous serez respon-»sables de ces crimes, si vous ne »renversez pas la guillotine. » Claudine Loisellier fut arrêtée le lendemain du jour où parut cette affiche ; conduite devant le tribunal révolutionnaire, sa constance ne se démentit pas ; elle reprocha à ses bourreaux leur barbarie, plaignit la France, et regretta les Bourbons. Elle ne pouvait éviter la mort, et la subit, le 6 mai 1793, avec un courage qui aurait honoré l'homme le plus intrépide : Claudine Loisellier avait alors 44 ans.

LOISSON ( Henri-Maurice ), curé de Vrisi, village du diocèse de Reims, et né dans ce lieu le 11 octobre 1711, est connu par un livre intitulé : *Supplément aux erreurs de Voltaire*, ou *Réfutation complète de son traité sur la tolérance, par un ecclésiastique du diocèse de Reims*, Liége, Tutot; et Paris, Valade, 1779, in-12. L'abbé Loisson mourut dans sa cure le 24 décembre 1783, dans sa 73ᵉ année.

LOIZEROLLES ( Jean-Simon Aved le ), naquit à Paris en 1735, suivit le barreau, et devint avocat au parlement, chevalier, conseiller du roi, lieutenant général du bailliage de l'artillerie de France, à l'arsenal; fut estimé et par sa conduite et par ses talens. Mais ces qualités, ses anciens emplois, et surtout sa naissance, ne pouvaient être qu'autant de titres pour éveiller contre lui les persécutions si multipliées dans les temps calamiteux de la France, et notamment sous le règne de Robespierre. Arrêté avec son fils, on les enferma *tous les deux* dans la maison de Saint-Lazare. Ayant besoin de nouveaux prétextes pour immoler des victimes, les terroristes imaginèrent les fameuses conspirations des prisons, dont les concierges eux-mêmes étaient et les complices et les accusateurs. La première de ces conspirations chimériques fut celle du Luxembourg, où il y avait pour concierge un nommé Vernet; son élève Guyard surveillait en cette qualité les prisons de Saint-Lazare, et c'est là qu'il supposa une nouvelle conspiration. Les barbares expéditions de ces malheureux qu'on envoyait à l'échafaud, on les appelait inhumainement des *fournées*. Les prisonniers de Saint-Lazare apprennent qu'une nouvelle liste de mort allait commander une autre *fournée;* et ils attendent en tremblant le fatal appel. L'huissier du tribunal se présente le 7 thermidor ( 26 juillet 1794 ) avec sa liste mortuaire. On appelle Loizerolles; mais c'était Loizerolles fils; le père frissonne, mais il n'hésite pas : il se présente à la place de son fils, descend, et on le conduit à la conciergerie, où on lui lit son acte d'accusation comme conspirateur. Le lendemain il paraît devant l'affreux tribunal avec vingt-cinq compagnons d'infortune. L'acte d'accusation portait : *François-Simon Loizerolles fils, âgé de vingt-deux ans.* L'énoncé du jugement contenait les mêmes désignations. Le greffier se borna à effacer le nom de François, et à mettre à celui de Jean. Lors de l'appel, Coffinhal, après avoir regardé le vieillard vénérable, et s'être naturellement aperçu de l'erreur, ne fit, comme le greffier, qu'effacer le mot de *fils* pour y substituer celui de *père*, et de remplacer les chiffres de 22 ans par ceux de 61. On ne voulait que tuer, n'importe qui, ni pourquoi, ni comment. Jean-Simon Loizerolles, contre lequel n'existait aucun acte d'accusation, fut placé sur la funeste charrette. À peine y fut-il entré, qu'il s'écria avec transport : « Dieu soit loué, j'ai réussi ! » Il fut exécuté le 27 juillet 1794. Mais cet acte héroïque, qui n'étonne cependant pas dans un père, serait peut-être devenu inutile sans la révolution qui eut lieu le lendemain 9 thermidor (28 juillet), qui renversa Robespierre avec ses principaux complices.

**LOMÉNIE DE BRIENNE**, ( Etienne – Charles de ), cardinal, archevêque de Sens, naquit à Paris en 1727, et fit ses études à l'université d'une manière brillante. Quoiqu'il fût l'aîné de sa famille, il entra dans l'état ecclésiastique, et céda ses droits à son frère, depuis comte de Brienne, et ministre sous Louis XVI. On doit en conclure, ce semble, que le choix de l'abbé de Brienne fut libre, et ne peut être attribué à aucune suggestion. Il obtint dans ses cours de théologie les mêmes succès qu'il avait eus dans ses premières études. Après son baccalauréat, il s'agrégea à la maison et société de Sorbonne, et fut le premier de sa licence. Le 30 octobre 1751, dans le cours de cette licence, il soutint, sous la présidence du docteur Buret, une thèse qui fit du bruit, et qui en plusieurs points se rapprochait de celle de l'abbé de Prades. ( *Voyez* MEY. ) Soit que les propositions répréhensibles y fussent adoucies, ou qu'on crût devoir des égards à

la famille de Brienne, il ne paraît pas qu'il ait été soumis à aucune censure, ou qu'on ait exigé de lui une rétractation En 1760 il fut nommé à l'évêché de Condom, et transféré à Toulouse en 1763. On ne peut disconvenir qu'il n'ait maintenu l'ordre dans ce diocèse, qu'il n'y ait encouragé les études ecclésiastiques, et que le clergé n'y fût régulier et instruit. Par une ordonnance du 31 janvier 1768 il y rétablit les conférences. Il devait y en avoir deux dans la ville de Toulouse, et le diocèse était partagé en 18 districts, dont chacun avait la sienne. Un grand vicaire était spécialement chargé de cette partie, et la surveillait avec soin ; en sorte que, malgré les longues et fréquentes absences de l'archevêque, occupé d'autres affaires, le diocèse de Toulouse passait généralement pour très - bien gouverné. L'archevêque avait de l'esprit, beaucoup de connaissances, s'entendait en administration, et aimait à s'en occuper. Il était de presque toutes les assemblées du clergé, et il y avait de l'influence. On lui reproche de n'en avoir pas toujours usé autant qu'il l'aurait pu et dû pour le bien de la religion. Il fut un des principaux promoteurs de l'arrêt du conseil d'état du 23 mai 1766 qui créa une *commission* pour la réforme des ordres religieux, ou au moins de l'édit de 1768 rendu en conséquence. Il était l'âme de cette commission, et s'en était formé une sorte de ministère. On s'aperçut bientôt qu'il s'agissait moins de réforme que de destruction. Des maisons furent supprimées, des ordres détruits [1], la paix

---

[1] Les célestins, la Merci, l'ancienne observance de Cluny, les antonins, etc, furent sécularisés, et des évêques même s'approprièrent des monastères supprimés pour en faire des maisons de campagne. Villeneuve, monastère de célestins, devint la maison de campagne de

troublée dans plusieurs monastères,
des religieux induits à demander leur
sécularisation, et nulle part une meilleure discipline ne fut introduite,
parce que ce n'était point cela qu'on
souhaitait. On s'aperçut du mal lorsqu'il était devenu irrémédiable. Il
éveilla l'attention des évêques dans
les assemblées de 1772, 1775 et
1780. On se plaignit de ces coups
portés aux institutions religieuses, et
le parlement lui-même crut devoir
présenter des remontrances où la
commission était inculpée. En 1781,
M. de Beaumont étant mort, il fut
question de M. de Brienne pour le
remplacer; les nouvelles annoncèrent même sa nomination; mais peu
après elles la démentirent, et le choix
du roi tomba sur M. de Juigné. L'année suivante l'archevêque de Toulouse ouvrit le 3 novembre un synode diocésain. On s'y occupa de
l'augmentation des portions con-
grues et des secours pour les prêtres
infirmes. Il y fut pris sur l'un et l'autre point de sages mesures; on fit d'u-
tiles règlemens; on publia un *manuel
ou abrégé* du *Rituel*, et l'archevêque
présida toutes les séances. Les actes
du synode furent imprimés, et sont
rédigés avec soin et clarté. Sous le
prélat le plus religieux il eût été difficile de mieux faire. En 1787 l'archevêque de Toulouse fut appelé au
ministère, d'abord sous le titre de
*surintendant des finances*, puis
sous celui de *principal ministre*,
poste qu'il avait toujours ambitionné.
Il fit des plans ou se servit de ceux
d'autrui; mais l'habileté qu'on lui
avait crue ne se trouva point en proportion avec la difficulté du temps.
Son administration fut vague et va-

l'évêque de Soissons; l'abbaye de Saint-Thierri,
de l'archevêque de Reims ; celle de Basse-
Fontaine, voisine du parc de Brienne, servit à
l'embellir et à l'agrandir, etc.

cillante. Après d'infructueux essais,
il finit par proposer les états généraux, et fut obligé de se retirer. Le
roi le dédommagea en lui donnant
l'archevêché de Sens, et en sollici-
tant pour lui le chapeau de cardinal.
Les états généraux se tinrent, et on
sait quelles en furent les suites. Le
cardinal de Brienne prêta serment à
la constitution civile du clergé, tandis que tous les évêques de France
la rejetaient, et s'intitula *évêque de
l'Yonne*. Le 24 mars il écrivit au
pape Pie VI pour donner sa démission du cardinalat; elle fut acceptée,
et le pape le déclara déchu de sa dignité. Il se forma un grand vicariat
*constitutionnel*, et gouverna pendant quelque temps son église d'a-
près les lois nouvelles; mais bientôt
le culte fut proscrit, et il s'en fallut
beaucoup que les gouvernans tins-
sent aux ecclésiastiques constitutionnels compte de leur complaisance. L'archevêque de Sens l'é-
prouva cruellement. Des bandits aux
gages de la révolution pénétrè-
rent dans l'habitation où il était retiré, le maltraitèrent, l'abreuvèrent
d'outrages, se firent servir par lui, et le
forcèrent à manger les restes de leur
orgie. Le lendemain, 16 février 1794,
on le trouva mort dans son lit. Quelques-uns ont cru qu'il avait abrégé
ses jours par le poison. Des personnes
qui étaient à portée de vérifier les
faits assurent le contraire, et attribuent sa mort au saisissement que
lui causa le traitement ignominieux
dont il fut l'objet, d'où résulta une
attaque d'apoplexie. Telle fut la fin
déplorable d'un prélat long-temps
renommé par son esprit, ses talens,
et sa grande influence dans les affaires
ecclésiastiques. Il aimait les lettres,
et protégeait de son crédit, aidait
même de sa bourse, dans l'occasion,
ceux qui les cultivaient. Son goût

pour les livres lui en avait fait amasser beaucoup d'un excellent choix. Il fit présent à la ville de Toulouse de la bibliothèque considérable qu'il avait formée dans son palais. Il en avait une très-nombreuse, avec un précieux cabinet d'histoire naturelle à Brienne. Un gros patrimoine et de riches abbayes le mettaient en état de faire ces dépenses. Il avait celles de Saint-Vandrille, de Corbie, de Moissac, de Moreilles, de Saint-Ouen et de Basse-Fontaine, accumulation alors assez générale parmi le haut clergé, quoique peu conforme aux règles canoniques. Peu de familles dans le voisinage de Brienne avaient réclamé sa protection sans en ressentir les effets, et on y parlait avec éloge de son obligeance, surtout envers la noblesse. Il était de l'académie française, composée alors des principaux coryphées de la philosophie, et il s'était lié avec les plus marquans d'entre eux plus intimement qu'il ne convenait à un évêque. On a de lui des *instructions pastorales* et des *mandemens*, où ne manquent ni la science, ni même en général l'esprit ecclésiastique, à l'exception néanmoins de celui qu'après son serment il publia au sujet du calendrier républicain. On a prétendu qu'il avait rédigé avec M. Turgot le *Conciliateur,* ou *Lettres d'un ecclésiastique à un magistrat,* 1754. Cet écrit se trouve dans le deuxième volume des Œuvres de Turgot. L'éditeur, bien au fait de son sujet, ne dit rien de cette anecdote, qui paraît dénuée de fondement. Une biographie [1] lui attribue : I *Considérations sur les procès verbaux de l'assemblée constituante.* II Un écrit *sur les bouleversemens du globe.* III Un autre écrit *sur la liberté.* IV *Lettres d'un mandarin à Condorcet sur la*

vie de *Voltaire.* V *Plan historique et abrégé de la religion,* où il établit l'authenticité des livres saints. VI *Consolations à Nanine* ( sa nièce ). VII *Sermon sur la naissance du Messie,* prononcé à Condom. VIII *Discours à l'ouverture de l'assemblée du clergé en* 1762, sur la liaison entre la religion et la patrie, toutes pièces inédites trouvées parmi ses papiers.

LONDRES ( Théophile-Ignace-Ansker de), naquit à Quimper le 1er octobre 1728. Il entra chez les jésuites, et survécut à leur suppression. Il est connu par quelques ouvrages dont voici les titres : I *Description historique de la tenue du conclave et de toutes les cérémonies qui s'observent à Rome depuis la mort du pape jusqu'à l'exaltation de son successeur,* Paris, Després, 1774, in-8. Quoique dans le *Dictionnaire des Anonymes,* tom. 1er, cet ouvrage soit attribué à l'abbé de Londres, il paraît néanmoins qu'il n'est pas de lui, mais de Pons-Augustin Allets, ex-oratorien et homme de lettres. *Voyez* à cet égard le même *Dict.,* t. 4, p. 262 et tom. 1, pag. 70, art. ALLETS. II *Variétés philosophiques et littéraires,* Londres et Paris, Duchesne, 1762, in-12. Il est éditeur des *sermons du P. le Chapelain,* 1768, in-12. On ne sait pas l'époque précise de sa mort, mais il n'existait plus en 1806.

LOPEZ DE GOMARA (François ), ecclésiastique et historien espagnol, naquit à Séville en 1510. Il demeura quatre ans en Amérique, et à son retour en Espagne, il publia *Primera, segunda parte,* etc., ou *Histoire génér. des Indes,* en 3 parties, Médina, 1558, in-fol.; Anvers, 1554, in-8; traduite en italien, Venise, 1574; et en français par Irénée de Génille, Paris, 1587. Cette histoire, qui eut dans le temps beaucoup de vogue, renferme plusieurs inexactitudes; elle tomba en oubli dès que parut l'*Histoire de la Nouvelle-Espagne* de Diaz de Castillo, publiée par Alonzo Ramon ( Madrid, 1632 ), que la *Conquête des Indes* de Solis ( 1684 ) fit oublier à son tour. Lopez de Gomara mourut vers 1584,

LORDELOT ( Bénigne ), avocat au grand conseil, non moins distingué par sa piété et ses vertus que par sa capacité dans l'exercice de sa profession, naquit à Dijon le 12 octobre 1639. Il était avocat au parlement de cette ville. M. de Brulard, qui en était premier président, ayant un procès au grand conseil, amena Lordelot à Paris pour y plaider sa cause. Non-seulement il la gagna, mais il plaida avec un talent si marqué, que M. de Lamoignon, premier président du parlement de Paris, à qui M. de Brulard l'avait fait connaître, l'engagea à se fixer à Paris. Il y fut chargé de différentes causes importantes qui donnèrent lieu à un grand nombre de beaux plaidoyers, pour l'impression desquels il avait obtenu un privilége de M. le chancelier. Cependant, excepté deux qui furent imprimés séparément, il ne paraît pas que les autres aient été livrés à la presse. Lordelot s'était marié à Paris, il y mourut le 1er mai 1720, âgé de plus de 80 ans. Il est auteur d'un grand nombre d'ouvrages, qui tous prouvent sa piété et ses sentimens religieux. Ce sont : I *Devoirs de la vie domestique*, *par un père de famille*, Paris, 1706, in-12. II *Noëls pour l'entretien des âmes dévotes*, Dijon, 1660, in-12. III *Pensées chrétiennes tirées des psaumes*, avec une *prière* pour le roi et pour

la paix, Paris, 1706, in-12, et 1708, in-16. IV *De la charité qu'on doit exercer envers les enfans trouvés*, in-12, avec une gravure analogue au sujet, Paris, 1706. V *Lettres sur les devoirs d'un véritable religieux*, *écrites par un père à son fils nouvellement religieux profès dans la congrégation de St.-Augustin*, Paris, 1708, in-12. VI *Entretien du juste et du pécheur, sur cette proposition, que l'homme souffre beaucoup plus de maux et de peines pour se damner que pour se sauver*, Paris, 1709, in-12. VII *Nouvelle traduction de l'office de la Vierge*, *avec des explications et des réflexions*, Paris, 1711 et 1712, in-12. VIII *Lettres importantes pour arrêter les irrévérences qui se commettent dans les églises*, Paris, 1712, sans date. IX *Lettre écrite par un particulier à son ami* (l'abbé de Vallemont ) *sur les désordres qui se commettent à Paris, touchant la comédie, et sur les représentations qui s'en font dans les maisons particulières*, Paris, 1710, in-12. X *Lettre écrite par un particulier à son ami sur les désordres du carnaval*, in-12 de 44 pages, 1711. Presque tous ces écrits étaient, dit-on, le fruit de ses loisirs à la campagne pendant les vacations.

LORENZ ( Jean-Michel ), chanoine de Saint - Michel de Strasbourg, naquit dans cette ville en 1722. Il était instruit dans la théologie, les mathématiques, l'histoire, la philosophie, le droit, et possédait les langues latine, grecque et hébraïque. Il fut successivement professeur d'histoire et d'éloquence, et bibliothécaire de l'université de Strasbourg, où il mourut le 2 avril 1801. On a de ce savant ecclésiastique : I *Urbis Argentorati brevis historia*, *ab* A. C. 1456, Strasbourg,

1789, 3ᵉ édition, in-4. II *Tabulæ temporum fatorumque Germaniæ ab origine gentis ad nostra tempora*, 1763-1773. III *Elementa historiæ universæ*, 1772, in-8, *cum tabulis*. IV *Elementa historiæ Germaniæ*, 1776; in-8, *cum tabulis*. V *Summa historiæ Gallo-Franciæ civilis et sacræ*, 1793, 4 vol. in-8, etc., etc. Une érudition profonde, une précision exacte, et un style correct et élégant, sont les qualités qui distinguent presque tous les ouvrages de cet auteur. Il a laissé plusieurs manuscrits qu'on conserve dans la bibliothèque de Strasbourg.

LOUIS XVI, roi de France, naquit à Versailles le 23 août 1754, de Louis, dauphin, et de Marie-Joséphine de Saxe, sa seconde femme, fille de Stanislas-Auguste, roi de Pologne. Il fut le second fruit de leur hymen. Son aîné, le duc de Bourgogne, mourut en 1760 à l'âge de neuf ans. Louis fut nommé duc de Berri. Soit par un effet du hasard, ou par un avis de la Providence, plusieurs époques de sa vie furent marquées par des événemens sinistres qui semblaient annoncer les malheurs de son règne et la fin tragique qui l'attendait. Au moment qu'il vit le jour, la dauphine était restée presque seule à Versailles, aucun prince royal n'assista, suivant l'usage, à ses couches, toute la cour se trouvant à Choisy. Le courrier qui y apporta la nouvelle de sa naissance, fit une chute dont il mourut à l'instant même, et ne put remplir sa mission. Aussi l'enfant royal commença sa carrière sans éclat, et dans une espèce d'abandon. On a prétendu que Louis eut une éducation manquée, cependant il avait l'esprit très-cultivé, le cœur droit et vertueux. Les défauts qu'on a voulu remarquer dans son caractère, cette incertitude, cette faiblesse, cette défiance de soi-même, qui furent, en grande partie, la cause de sa perte; tous ces défauts enfin, on ne les remarqua pas ni dans sa première jeunesse, ni au commencement de son règne, qu'il signala par les plus sages providences. Il ne parut faible, ou trop bon roi, que lorsque entouré de factions et de traîtres, il préféra se sacrifier pour ses sujets plutôt que de répandre une seule goutte de leur sang. Quelque blâmable que soit ce principe dont il résulta des suites si funestes, il fera toujours honneur au cœur d'un roi, victime de son amour pour ses peuples. Dès ses premières années, Louis témoigna du respect pour les mœurs, un grand attachement pour la religion, et une sensibilité extrême. En 1765 il eut le malheur de perdre son père, que toute la France regretta. Cette perte lui causa une douleur si vive et si profonde, qu'il refusa de sortir pendant plusieurs jours. Louis n'avait alors que 10 ans et demi, et lorsqu'en traversant les appartemens il s'entendit dire, pour la première fois: *Place à M. le dauphin*, des pleurs inondèrent son visage, et il tomba évanoui. Sa douleur ne fut pas moins vive à la mort de son auguste mère, qui ne put survivre à son époux. A mesure que Louis avançait en âge, il acquérait de nouvelles vertus. Au milieu d'une cour de corruption et d'intrigues, il sut conserver son cœur innocent et son penchant pour la justice. On lui demanda un jour quel surnom il aurait préféré à son avénement au trône: *Louis le Sévère*, répondit-il. Tout son temps était employé à l'étude et aux exercices convenables à un prince; ses délassemens étaient la promenade ou la chasse. Dans une de ces occasions, après avoir long-temps poursuivi un cerf, afin d'arriver plutôt au lieu où il était cerné, son cocher voulait traverser un champ de blé. Le dauphin fait arrêter les chevaux, et ordonne au cocher de suivre la route ordinaire, en disant : « Pour- »quoi mes plaisirs feraient-ils tort »au pauvre? Ce blé ne m'appartient »pas. » Sentiment sublime qu'on devrait souvent répéter aux monarques. Le cabinet de Versailles et celui de Vienne, pour mettre fin aux dissensions, et prévenir les guerres qui avaient désolé la France et l'Allemagne, convinrent dans leurs traités de contracter une quadruple alliance entre les familles de Bourbon et d'Autriche. Cette réunion commença par le mariage du dauphin avec l'archiduchesse Marie-Antoinette, qui eut lieu le 16 mai 1770, et qu'on célébra sous de bien funestes auspices. La ville de Paris donna, à cette occasion, une fête magnifique sur la place Louis XV : une foule immense y avait accouru. Par défaut de prévoyance, et ensuite d'ordre, une grande partie des tréteaux sur lesquels les gens étaient comme entassés, s'écroula tout à coup. La confusion se mit parmi la multitude ; les voitures et les chevaux qui circulaient à l'entour ne firent qu'augmenter le désordre. On se pressait, on s'étouffait ; enfin plus de 4000 personnes furent blessées ou périrent dans cette même place, où Louis XVI, 23 ans après, devait périr lui-même par le plus barbare assassinat. La douleur que ce bon prince éprouva lorsqu'il eut appris ce triste événement, est inexprimable. Il s'empressa d'écrire au lieutenant de police une lettre dans laquelle, entre

autres choses, il lui disait : « Je suis »pénétré de tant de malheurs : on »m'apporte en ce moment ce que »le roi me donne tous les mois, je »ne puis disposer que de cela, et je »vous l'envoie ; hâtez-vous de se- »courir les plus malheureux. » Pendant plusieurs mois il continua d'envoyer sa rente, pour être employée à ces mêmes secours, et il n'en détournait que les sommes absolument nécessaires pour subvenir à d'autres indigens. Il ne dédaignait pas de visiter lui-même le triste asile du pauvre. Quelque secret qu'il mît dans ses actes de bienfaisance, ils étaient souvent découverts, et il disait alors : « Il est »bien singulier que je ne puisse al- »ler en bonne fortune sans qu'on le »sache. » Ce monarque si faible, quand la justice exigeait de punir des sujets rebelles, montra, tant qu'il fut dauphin, une fermeté de caractère qu'il n'aurait dû jamais démentir. Quoiqu'il aimât bien sincèrement son aïeul, son cœur vertueux ne pouvait en approuver les écarts. Aussi les plus habiles courtisans ne parvinrent jamais à le porter à faire le moindre accueil à la favorite qui dominait alors Louis XV. Il regardait avec mépris tous les vils agens des plaisirs de ce monarque. Une fois la dauphine avait été invitée à un grand souper que donnait madame du Barry. Marie-Antoinette, jeune, sans expérience, avait accepté l'invitation, croyant faire en cela un véritable plaisir à Louis XV ; mais le dauphin s'y opposa formellement. Et quand le roi lui en fit le reproche, il lui répondit avec respect, mais avec dignité. Cependant, par respect pour la mémoire de son aïeul, il laissa ensuite à la comtesse du Barry presque tout ce qu'elle avait reçu de trop de la munificence de son prédécesseur. La mort de Louis XV, arrivée le 10 mai 1774, le jeta dans la plus terrible consternation. Il parut pressentir tous les maux qu'il allait souffrir, et à la vue du trône qui l'attendait, il s'écria avec le sentiment du cœur: « O mon Dieu! quel »malheur pour moi! » Cependant les commencemens de son règne furent des plus heureux, et il les signala par des bienfaits. Il appela auprès de lui tous ceux que l'opinion publique désignait comme propres à remplir les plus grandes places. Le comte de Vergennes, revenu de l'ambassade de Suède, eut le portefeuille des affaires étrangères; Maurepas, désigné au roi par le dauphin son père, fut mis à la tête de l'administration; Turgot fut nommé contrôleur général; et enfin Malesherbes fut employé dans le conseil. Si quelques-uns de ces ministres ne remplirent pas l'attente du public, il faut bien moins l'attribuer au choix du monarque qu'à la difficulté des circonstances. Le premier édit du règne de Louis XVI, dispensa les peuples du droit connu sous le nom de *joyeux avénement*. Par le second, il rétablit le calme parmi les nombreux créanciers de l'état, en promettant d'acquitter la dette publique. Un autre édit, du 12 novembre 1774, rappela les parlemens, dont tous les membres avaient été exilés par Louis XV. On remboursa vingt-quatre millions de la dette exigible, cinquante de la dette constituée, vingt-huit des anticipations; l'intérêt des créances sur le clergé tomba à 4 pour 100; les actions de la compagnie des Indes et les billets des fermes générales s'élevèrent à un taux considérable. On supprima les pensions abusives, on diminua celles qui étaient peu

méritées, ce qui fit un grand nombre de mécontens, dont une partie se confondit, dans les temps de troubles, avec les ingrats de toutes les classes. Cependant le monarque lui-même donnait l'exemple de ces utiles réformes. Et il répondit à ceux qui lui représentaient qu'il poussait trop loin son économie personnelle: « Que m'importe l'éclat et le luxe? »les vaines dépenses ne font pas le »bonheur. » L'usure était à son comble; pour y remédier on établit dans la capitale un mont de piété, qui offrait des ressources aux indigens, au plus modique intérêt. Afin d'augmenter la circulation du numéraire, et de favoriser les opérations commerciales, on établit une caisse d'escompte. Le régime des corvées fut modifié. On abolit la servitude personnelle dans les domaines du roi; on adoucit la rigueur des lois criminelles, d'où l'épreuve aussi terrible qu'équivoque de la torture disparut à jamais. Toutes ces sages réformes, toutes ces prévoyances paternelles, on les devait à Louis, et dans quel temps encore? dans les momens les plus critiques où le règne précédent avait laissé à la France des abus sans nombre, des injustices, un anéantissement total dans le commerce et la marine, soixante-dix millions de dettes, consommés d'avance sur les revenus de l'état, et vingt-deux millions d'excédant sur la recette des dépenses. Louis XVI eut tout à réparer, et il répara tout en peu d'années. Le crédit national commença à renaître, l'agriculture et le commerce refleurirent, et tout sembla prédire un règne de longue prospérité. Le 11 juin 1775, Louis XVI avait été sacré à Reims au milieu des acclamations d'un peuple heureux, dont il s'était mérité l'amour et la reconnaissance. Quelques mois après, la funeste guerre de l'Amérique vint interrompre cette prospérité. Les Anglo-Américains avaient publié leur indépendance le 2 juillet 1776. Mais, malgré tous les efforts de Washington, leur cause était perdue sans le secours d'une puissance alliée. Ils le reconnurent eux-mêmes, et par malheur ils choisirent la France. Silas Deane, leur député, était venu à Paris en octobre pour entamer les négociations; il ne les avait pas beaucoup avancées, lorsque Franklin vint le rejoindre, précédé de sa célébrité. Il était associé étranger de l'académie des sciences de Paris, et très-lié avec un des membres de cette société, le duc de la Rochefoucauld, qu'il avait connu à Londres en 1769, et qui le présenta au roi. Son aspect vénérable, sa réputation, son éloquence, l'avis général du conseil et des ministres, qui croyaient le moment propice arrivé d'humilier l'Angleterre, l'opinion publique enfin, tout entraîna Louis XVI à accéder à cette alliance impolitique. Il lutta long-temps contre tous, et fut presque le seul de la cour qui ne partagea pas l'opinion générale. Il reconnut enfin l'indépendance américaine, et signa la déclaration, où il disait : « Les Anglo-» Américains sont devenus libres du » jour où ils ont déclaré leur indé-» pendance. » Que ne prévoyait-il qu'une semblable doctrine devait un jour lui devenir funeste ! Ses armes cependant furent victorieuses; et c'est encore une gloire à ajouter à son règne. Sur le continent, M. de la Fayette alla de succès en succès, et il fit prisonnière l'armée du général anglais Bourgoyne. Sur les mers d'Amérique, la Mothe-Piquet, d'Estaing, Vaudreuil, et Suffren sur celle

des Indes, soutinrent l'honneur du pavillon français. Les Anglais perdirent leurs colonies; mais la France eut bientôt à éprouver les effets de leur ressentiment. Ils favorisèrent l'invasion du duc de Brunswick en Hollande; de cette même Hollande dont, par un aveuglement bien blâmable dans un gouvernement monarchique, nous avions soutenu jadis la rébellion et la liberté. Les Anglais surent rendre la médiation de la France inutile lorsque la Porte la réclama, pour faire mettre un terme à la guerre contre la Russie. Les Turcs cherchèrent alors d'autres médiateurs; et nous perdîmes, à la fois, tous les avantages commerciaux que nous retirions au nord par notre bonne intelligence avec le cabinet russe; du côté du midi, ceux que nous avions avec les Echelles du Levant. Louis XVI trouva une consolation à ces désagrémens par la naissance de son premier fils. La ville de Paris célébra cet heureux événement par un bal que le roi ouvrit en dansant un menuet avec la femme du premier échevin. Cette fête eut lieu le 21 janvier 1782; et onze ans après, le même jour et la même ville le virent périr sur l'échafaud. Un étranger lui fit, à cette même époque, un hommage qui sembla le flatter. C'était un médecin anglais, M. Ollif, à qui la société de médecine de Paris venait d'accorder le grand prix. On lisait dans le mémoire de ce savant l'épigraphe suivante :

*Haec ego, dùm felix, nimium ter Gallia, regem*
*Pacis habes, legumque, et libertatis amicum.*

L'amour des Français pour Louis XVI semblait augmenter de jour en jour. Il le méritait sous tous les rapports. Sans faste, sans orgueil, ses mœurs étaient aussi pures que son cœur; bon époux, tendre père, frère affectueux, généreux parent, maître indulgent, il trouvait tout son bonheur dans celui de ses peuples et de ceux qui l'entouraient. Bientôt une nouvelle occasion vint exercer son active bienfaisance; un hiver rigoureux (1782) avait porté la désolation dans les campagnes, et le misérable paysan allait périr d'indigence. Le roi accorda une somme de trois millions pour être répartie entre les laboureurs les moins imposés, et trois autres millions pour distribuer des bestiaux, des denrées et des instrumens d'agriculture. Il ordonna qu'on remplaçât ces sommes par une réduction sur les fonds attribués aux bâtimens de ses maisons, et par la modique retenue d'un vingtième, pendant un an, sur les pensions au-dessus de dix mille livres. En même temps il continuait à s'imposer la plus étroite économie sur tous les objets appartenans à son service. Cependant, malgré cette sage prévoyance, la guerre d'Amérique, et les conséquences qui en furent la suite, dérangèrent tous les bons résultats des réformes des années précédentes. Turgot, disgracié, avait été remplacé par Clugny; celui-ci étant mort, Tabou-reau-des-Réaux eut le contrôle des finances; c'est alors que le fameux Necker, protégé par le marquis de Pezay, fut adjoint au nouveau contrôleur général, qui bientôt se vit forcé de céder sa place, le 2 juillet 1778, aux intrigues de son adjoint. Celui-ci débuta aussitôt par son système d'emprunts onéreux qui alarmait les capitalistes. C'est en vain que le roi disait dans son conseil : « Je ne veux plus ni d'emprunts ni d'impôts. » On lui en présentait encore comme le seul moyen d'élever la recette au niveau de la dépense, qui l'excédait de cent millions.

Pendant ce temps, Necker brigua pour entrer dans le conseil; il reçut un refus, et se retira. (*Voy.* NECKER, *Suppl.*) Il fut rapidement remplacé par Fleury et d'Ormesson. Calonne enfin succéda à celui-ci le 3 novembre 1783. (*Voy.* CALONNE, *Suppl.*) Après la mort du ministre Maurepas, qu'on avait appelé de son long exil, toute la confiance de Louis XVI reposait sur le comte de Vergennes, ministre des affaires étrangères. Calonne suivit le même système d'emprunt que ses prédécesseurs. La méfiance du public était arrivée à son comble. Pendant ce temps, Louis jouit encore d'un témoignage, bien cher à son cœur, de l'amour de ses peuples. Il fit un voyage à Cherbourg, en 1786, pour visiter les travaux faits dans ce port. Il parcourut la Normandie, et fut reçu partout par les acclamations de la joie la plus sincère. Dans les transports de la sienne, il écrivait à son auguste épouse : « L'amour de mon » peuple a retenti jusqu'à mon cœur, » jugez si je ne suis pas le plus heu-» reux roi du monde. » De retour à Paris, en souvenir du bon accueil qu'on lui avait fait, il voulut que son second fils, né quelques mois auparavant, portât le nom de duc de Normandie. Les circonstances devenaient de jour en jour plus critiques. Le ministre Calonne conseilla le roi de convoquer *les notables*, ce qui eut lieu en février 1787. (*Voyez* CALONNE.) La reddition des comptes que le ministre leur présenta, et qui contenait un *déficit* de cent douze millions, sembla les effrayer, et cette assemblée se retira dans la même année sans rien conclure. Calonne fut renvoyé; il se retira en Angleterre, après avoir publiquement accusé Necker d'être l'auteur du déficit : celui-ci se trouvait alors à Paris. L'archevêque de Brienne succéda à Calonne ; ce dernier avait en vain tenté, par la persuasion, de porter les parlemens à consentir à un impôt. M. de Brienne crut pouvoir l'obtenir par autorité. Il proposa l'impôt du timbre et la subvention territoriale. Celle - ci portait sur les grands propriétaires, et dès lors les membres du parlement ne consultant que leur intérêt personnel, soutenu en quelque sorte par la haine publique contre les ministres, refusèrent d'enregistrer les deux impôts ; car l'un ne pouvait aller sans l'autre. On peut dire que dès ce moment la révolution commença. Les parlemens furent exilés à Troyes. Rappelés bientôt après, ils demandèrent la convocation des états généraux, alléguant leur incompétence pour consentir les impôts. Necker, qui avait remplacé M. de Brienne, fit de son côté prévaloir le même avis auprès de Louis XVI, qui adhéra à l'opinion des parlemens ; et il assembla une seconde fois les notables, pour déterminer la forme des états, et la manière d'y voter. C'est à cette époque qu'il donna une nouvelle preuve de la bonté de son cœur. Ayant admis à son audience les députés du tiers état de Bretagne, ils se jetèrent à ses pieds ; Louis s'empressa de les relever, en leur adressant ces paroles dignes du grand Henri : « Levez-vous ; ce »n'est pas à mes pieds qu'est la »place de mes enfans. » Dans tous les temps, la convocation des états généraux avait produit des résultats funestes à l'autorité royale. Le parlement, chargé de veiller au maintien des lois du royaume, aurait dû rappeler avec force les ordonnances de 1355 et 1360, ce qui s'é-

tait passé aux états généraux de 1302, et dans tous ceux qui les avaient suivis jusqu'en 1614. Les états firent leur ouverture à Versailles le 5 mai 1789, et dès cet instant la division s'introduisit parmi eux au sujet de la question, assez futile, des costumes divers attribués à chacun d'eux. Quant au *déficit*, un dévouement généreux de la part de quelques hommes opulens, l'aurait facilement comblé ; mais chaque ordre ne calculant que son propre intérêt, voulait jeter sur les autres le fardeau de la dette publique, et on n'aperçut en eux d'autre envie, que de se sacrifier mutuellement. D'autres discussions s'élevèrent entre la noblesse et le tiers état, que le roi chercha en vain à mettre d'accord. Il ne sera pas inutile de faire observer que l'opinion publique n'avait jusqu'alors été arrêtée que par l'amour que le roi s'était captivé par ses bienfaits sans nombre. Depuis Bayle jusqu'à Voltaire, le philosophisme avait fait des progrès rapides. L'entrée triomphale de celui-ci dans Paris ( 1778 ) avait donné un nouvel aliment à cette opinion, fondée sur l'immoralité, l'irréligion, entretenue par l'extrême liberté de la presse, et qui ne visait qu'au désordre et aux innovations. Louis XVI ne l'ignorait pas ; aussi, il dit aux députés, dans la séance royale qu'il tint le 23 juin : « Une »inquiétude générale, un désir exagéré d'innovations se sont emparés »des esprits, et finiraient par égarer »totalement les opinions, si l'on ne »se hâtait de les fixer par une réunion d'avis sages et modérés. Tout »ce qu'on peut attendre du plus vif »intérêt au bonheur public ; tout ce »qu'on peut demander à un souverain, le premier ami de ses peu»ples, vous pouvez, vous devez l'at-

»tendre de moi. » Ces paroles où règnent à la fois la raison et la bonté, auraient dû suffire pour ramener le calme dans les esprits. Le tiers état, fier de sa force imposante, se constitua, le 23 juin, sur la motion de l'abbé Sieyes, en *assemblée nationale*. Il se transporta au jeu de paume, et présidé par Bailly, il se déclara en *séance permanente*. La noblesse et le clergé étaient séparés ; Necker persuada le roi de les réunir au tiers. Louis XVI adhéra à ce conseil, et répondit à M. de Luxembourg, qui lui fit des objections au nom de la chambre de la noblesse : « Toutes mes réflexions »sont faites ; dites à la noblesse que »je la prie de se réunir ; si ce n'est »pas assez de ma prière, je le lui or- »donne. Quant à moi, je suis dé- »terminé à tous les sacrifices. A Dieu »ne plaise qu'un seul homme pé- »risse pour ma querelle. » C'est par un tel sentiment, porté à un excès de bonté, et répréhensible dans un monarque, qu'il enhardit les factieux, et attira sur lui tous les malheurs. Il avait paru les prévoir, lorsqu'il avait dit à M. de Malesherbes, qui lui demandait sa démission : « Que »vous êtes heureux ; que ne puis-je »m'en aller aussi ! » Cependant il était encore l'objet de l'amour de ses peuples, tandis que les factions commençaient déjà à se montrer à découvert. Celle d'Orléans n'oubliait rien pour augmenter les troubles ; des clubs s'établissaient partout ; le Palais-Royal était devenu le rendez-vous des démagogues du jour ; des journaux incendiaires prêchaient l'anarchie, la révolte, insultaient au souverain et à son auguste famille. Dans l'assemblée nationale, les discussions longues et inutiles, la mésintelligence, les prétentions exagérées, jetaient le germe de tous les désordres, en même temps que Bailly, Lechapelier, Target, et Mirabeau surtout, travaillaient à exciter les esprits, et par leurs discours et par leurs manœuvres. C'était alors le moment qu'un coup vigoureux de la part du monarque devait couper le mal dans la racine, et imposer un frein aux plus audacieux. Louis se contenta d'être bon, et cette qualité, quand elle est seule, n'est pas toujours favorable ni aux états, ni à ceux qui les gouvernent. Cependant le roi renvoya Necker ( le 11 juillet 1789 ), qui était devenu comme la sentinelle des factieux dans le conseil même du roi. Son exil causa la plus grande fermentation dans Paris ; on promena son buste à côté de celui d'Orléans. ( *V.* NECKER et d'OR-LÉANS, *Suppl.*) Au milieu de ce tumulte, la cour, qui avait de fortes raisons pour soupçonner la fidélité des gardes françaises, fit approcher de Versailles quelques régimens. Mirabeau demanda le renvoi de ces troupes, en faisant craindre aux députés pour la sûreté de leurs personnes. Tout le peuple s'arme à sa voix ; l'hôtel des Invalides est forcé, et la Bastille prise le 14 du même mois. ( *Voy.* de LAUNAY, *Suppl.*) Fatigué de ces désordres, et alarmé des meurtres qui en étaient le résultat, Louis XVI se rendit à l'assemblée, à pied, sans armes, et presque sans suite. Placé debout au milieu de la salle, il exhorta les députés à ramener la tranquillité publique. « Je sais, leur dit-il, qu'on »cherche à élever contre moi d'in- »justes préventions ; je sais qu'on a »osé publier que vos personnes n'é- »taient pas en sûreté. Des récits »aussi coupables ne sont-ils pas dé- »mentis d'avance par mon caractère »connu ? Eh bien ! c'est moi qui me »fie à vous. » A ces paroles, à ce courage héroïque, le plus grand nombre des députés ne purent contenir leur enthousiasme. Ils servirent eux-mêmes de gardes au monarque, et le conduisirent au château. Après ce trajet, qui dura plus d'une heure, le roi ayant rentré dans le château, parut au balcon, et jouit, pour la dernière fois, des témoignages de l'affection publique. Les nouveaux ministres furent renvoyés, et on rappela Necker. Son retour depuis Bâle jusqu'à Paris fut un véritable triomphe. A peu près à cette même époque, le roi, pour se rendre aux vœux des Parisiens, fit un voyage à la capitale. On assure qu'il se confessa la veille, et que quelqu'un ayant voulu le rassurer sur les suites de son voyage, il dit ces paroles mémorables : « Ils ont bien » tué Henri IV qui valait mieux que » moi. » Quelques jours après, craignant tout pour leurs personnes, le roi engagea les princes de la famille à sortir du royaume. Ses tantes ne les suivirent que le 19 février 1791. Les factieux, et surtout ceux du parti d'Orléans, imaginaient chaque jour de nouvelles calomnies contre le roi et la reine. Ce fut dans ce temps-là que le roi, effrayé des nuages qui s'élevaient autour du trône, demanda à M. de Malesherbes, qu'il estimait beaucoup, un choix de lecture à faire : « Sire, lui répon- » dit l'ex-ministre, par inadvertance, » lisez la vie de Charles Ier. — » Est-ce que vous me croiriez dans » la même position ? dit le roi. — » Non, sire, repartit M. de Male- » sherbes, je veux dire seulement » qu'il faut donner quelque chose à » l'opinion. » Cependant l'opinion, excitée par les meneurs, n'avait déjà que trop pris d'elle-même, et le premier crime se préparait. Les gardes du monarque donnèrent,

selon l'usage, un repas de corps au régiment de Flandre, qui venait d'arriver à Versailles. On répandit aussitôt que dans ce festin la cocarde tricolore avait été foulée aux pieds ; et on en attribua la cause à la reine, qui, avec son époux, avait assisté un instant au banquet. En apprenant cette fausse nouvelle, tout Paris fut en combustion, d'autant plus que ce jour-là le pain avait été peu abondant : les malveillans n'oubliaient rien pour porter le peuple à une insurrection. Le 5 octobre 1789, des hommes et des femmes armés de piques, et traînant à leur suite des canons ( ils avaient pris ces armes à l'hôtel de ville ), se dirigèrent sur Versailles. Ils y arrivèrent entre quatre et cinq heures du soir, et passèrent le reste de ce jour à vomir des imprécations contre la reine, à insulter à coups de pierres les gardes du corps, qui eurent à essuyer en outre une décharge de fusils de la part de la milice de Versailles. M. de la Fayette, commandant de la garde nationale, ne sut pas prévenir ces désordres, et les autres troupes restèrent dans l'inaction. Elles avaient reçu la défense expresse du roi de faire feu sur le peuple. Enhardis par ces succès, le jour suivant, à 5 heures du matin, des scélérats payés, des hommes déguisés en femmes, d'autres barbouillés de boue, forcent les sentinelles, enfoncent les portes du château, se répandent dans les appartemens, massacrent les gardes, cherchent vainement la reine pour l'égorger, et frappent à coups de sabre le lit dont elle venait de s'échapper pour courir avec ses enfans auprès du roi, qui ne perdit jamais sa sérénité. Il répondit à ceux qui le conjuraient de fuir : « Il » est douteux que mon évasion puisse » me mettre en sûreté ; mais il est

»très-certain qu'elle deviendrait le »signal de la guerre civile ; et j'aime »mieux périr ici que d'exposer pour »ma querelle tant de milliers de ci- »toyens.» Enfin M. de la Fayette s'é- tant mis à la tête de la garde bour- geoise, parvint à dissiper les brigands. En même temps le roi parut au bal- con, et demanda grâce pour les gardes du corps ; la multitude passant tout à coup de la rage à la joie, cria *vive le roi !* Le résultat de cette expédition sanguinaire fut de con- duire le monarque et sa famille à Paris. Il s'établit dans le château des Tuileries, où depuis plus de cent ans les rois n'avaient pas fait de ré- sidence habituelle. On désigna le duc d'Orléans comme auteur de cette funeste journée ; et quand il fallait un grand exemple, le roi se borna à l'exiler en Angleterre : huit mois après il revint à Paris. Il se présenta au monarque, qui lui par- donna, et lui adressa ces paroles : «Mon cousin, que tout soit ou- blié.» Mais la bonté extrême n'est qu'un encouragement à de nouveaux crimes, et Louis en fit la triste expérience. Il invita l'assemblée à venir à Paris. Depuis ce jour il ne compta que des sacrifices, et n'es- suya que des humiliations. On le força, non-seulement de licencier ses gardes fidèles, mais d'en accepter d'autres dont le commandant relevait de la municipalité de la capitale, qui, composée et soutenue par la faction jacobine, commençait déjà à exercer un pouvoir illimité. Le roi dut accep- ter, le 14 février 1790, la nouvelle constitution. Dans cette circonstance solennelle, il tint son langage accou- tumé de candeur et de bonté ; il finit son discours par ces paroles : « Je préparerai de bonne heure mon »fils au nouvel ordre de choses que »les circonstances ont amené ; je

»l'accoutumerai à reconnaître, mal- »gré le langage des flatteurs, qu'une »sage constitution le préservera des »dangers de l'inexpérience, et que »la liberté doit ajouter un nouveau »prix aux sentimens d'amour et de »fidélité dont la France depuis tant »de siècles a toujours donné à ses »rois des preuves touchantes.» La constitution civile du clergé vint exciter de nouveaux troubles ; la conscience du roi se refusait à la sanctionner. Le départ de ses tantes donna lieu à des débats scanda- leux : on craignit le sien, et dans le moment où il allait partir pour Saint-Cloud, on entoura sa voiture, et on l'obligea de rentrer au château. C'est alors qu'il dit avec un senti- ment douloureux : «Je ne croyais pas »être prisonnier au milieu de mes »peuples.» Les insurrections et les massacres continuaient dans le midi. Dans plusieurs points du royaume, les troupes et les marins étaient dans un état de révolte. A Nancy, les soldats se réunirent au peuple, et firent feu sur la milice que le roi envoyait pour rétablir l'ordre dans cette ville. Les *jacobins* devenaient à chaque instant plus formidables, et le crime restait toujours impuni. Louis avait été forcé d'éloigner ses chapelains, et les grands officiers attachés de tout temps à sa personne. Necker avait demandé sa retraite ( dans le mois d'août 1790 ), se voyant haï par cette même populace qui l'avait tant encensé. Tous les monumens de la noblesse furent supprimés, les biens du clergé envahis. Presque en même temps de nouvelles lois furent établies contre les princes et les autres émigrés. La calomnie, poursuivant toujours ses victimes, accusa la reine de plusieurs complots absurdes, comme celui de chercher à soulever toutes les puissances de l'Europe contre la France. L'immoralité effrénée avait fait place à la décence, l'athéisme à la religion. Le monarque, abreuvé de chagrins, n'avait presque pas d'autorité, ni même de volonté, car on l'avait obligé d'entendre la messe d'un prêtre assermenté, et d'écrire aux puissances étrangères qu'il était libre, lorsqu'il gémissait dans l'esclavage le plus cruel. Dans cet état de choses, on le détermina à quitter furtivement Paris avec sa famille. « Il est temps »qu'il fasse le roi, écrivait un journaliste; sans cela plus de roi. » Louis s'évada des Tuileries dans la nuit du 20 au 21 juin 1791. Son intention était, ainsi qu'il le déclara dans la suite, de passer à Montmédy, mais de ne point quitter la France. Avant son départ, il avait laissé à l'assemblée une déclaration qui contenait des plaintes bien fondées; et où il prouvait que la nouvelle constitution était insuffisante pour empêcher qu'une anarchie complète ne s'établît au-dessus des lois. Le roi fut reconnu à Varennes: il aurait peut-être pu continuer son voyage, mais il aima mieux retomber entre les mains de ses ennemis, que d'exposer la vie des serviteurs zélés qui lui servaient d'escorte. Il ne voyait point, hélas, par cette abnégation de lui-même, combien d'autres vies il allait exposer, et qu'il perdait et sa famille et ses états! Il fut reconduit à Paris, prisonnier, au milieu d'une armée de 40 mille gardes nationaux, qui se recrutaient de village en village. Pendant sa route il essuya toutes sortes d'humiliations. On défendit même aux gens du peuple d'ôter leurs chapeaux, pour lui donner encore cette marque de mépris. L'assemblée délibéra sur-le-champ si elle devait prononcer la déchéance de Louis XVI: la pluralité se dé-

cida pour la négative. Nous ferons remarquer ici que le côté droit de la salle des séances se montra jusqu'à une certaine époque toujours attachée à la monarchie, et que les factieux ayant voulu, en février 1791, porter la dernière atteinte à la royauté, ils trouvèrent dans Cazalès, Montlosier, l'abbé Maury, Mirabeau et autres, de vives oppositions, qui prévalurent enfin au milieu des cris de *vive le roi!* Mirabeau était rentré dans le parti de la cour, mais une mort prématurée l'empêcha d'être utile à la bonne cause. Depuis le moment que le roi, prisonnier, rentra dans son château des Tuileries, toutes ses paroles et tous ses pas furent épiés. C'est en vain que Calonne, réfugié en Angleterre, et le célèbre Burke lui faisaient parvenir des avis salutaires; il ne pouvait désormais les suivre: son autorité et sa personne étaient comme enchaînées. Le 27 août 1791 parut la déclaration de Pilnitz, faite par l'empereur et le roi de Prusse; mais elle ne put changer en rien la position de Louis XVI. L'assemblée constituante aurait pu l'améliorer; mais elle ne fit que porter le roi à accepter la nouvelle *constitution.* Ayant fini ses séances, elle céda sa place à l'assemblée législative, qui fit son ouverture le 1ᵉʳ octobre de la même année 1791. Le ministère, toujours attaqué, avait subi de nombreux changemens. On parvint enfin à donner les portefeuilles à des gens, ou équivoques, ou vendus aux factieux, tels que le Genevois Clavières et Roland. L'assemblée législative, faible et sans génie, ne cessa cependant d'attenter sur le peu d'autorité qui restait au monarque, et sembla approuver par son insouciance les crimes qui se multipliaient.

Elle en sanctionna d'autres ; des prêtres insermentés furent poursuivis, les émigrés frappés de mort ; tandis qu'elle déclarait la guerre à toutes les puissances, et qu'elle approuvait les fêtes qu'on donnait à des soldats rebelles qu'on avait arrachés aux galères. Dans les places publiques, dans les clubs, dans les sections, dans la barre même de l'assemblée, on faisait retentir de nouvelles dénonciations contre le roi et la reine ; à les entendre, c'étaient eux, prisonniers des conjurés, qui ne rêvaient que trahisons et complots. Louis XVI eut le courage de refuser la sanction aux décrets relatifs à la déportation des prêtres, et au camp de 20 mille fédérés. Les factieux, irrités par ce refus, résolurent d'ôter au roi la seule autorité qui lui restait, le *veto*, et de le forcer à rappeler au ministère, Roland, Clavières et Servan. Pour y parvenir, ils imaginèrent la journée du 20 juin 1792. Vingt mille hommes, divisés en trois bandes, forcent les portes de l'assemblée et celles de l'intérieur des Tuileries. On allait briser la porte de l'Œil-de-bœuf ; c'en était fait de la famille royale. Un seul homme désarma les assassins, ce fut Louis XVI. Il ouvre lui-même la porte, en disant : « Je ne » crois rien avoir à craindre des » Français. » Cette fermeté suspend toute furie. La multitude allait toujours en croissant. Le roi est contraint de se retirer dans l'embrasure d'une fenêtre ; plusieurs serviteurs fidèles lui font un rempart de leur corps. Un furieux se place devant le monarque, pour offrir sans cesse à ses regards ces mots, *la mort*, écrits sur ses vêtemens ; un autre lui présente une bouteille, et lui ordonne de boire à la santé de la nation ; un autre, tenant d'une

main un pistolet armé d'un dard, et de l'autre un sabre nu, criait : *A bas le veto !* Des hommes et des femmes, brandissant leurs armes, criaient également : *Où est l'Autrichienne, madame Veto ? Sa tête, sa tête !* D'autres voix font entendre ces mots terribles : *Il faut qu'il mette le bonnet rouge, ou nous le poignarderons..... Ce maraud-là est indigne de vivre, il faut le tuer.* Les grenadiers qui étaient accourus auprès de sa personne lui disent d'être sans inquiétude, qu'ils périraient avant lui. *Mettez la main sur mon cœur*, répondit-il en y portant celle de l'un d'entre eux, *voyez si je tremble : on est tranquille quand on fait son devoir.* On lui présente un bonnet rouge ; il l'accepte, et dit : « *J'ai toujours » aimé le peuple, j'aime la cons- » titution ; je la maintiendrai de » tout mon pouvoir.* » Ce même peuple passa alors, ainsi qu'il avait coutume, de la rage extrême à l'extrême joie. *Bravo !* s'écria-t-il, *bravo ! Vive le roi !* Le maire Pétion, avec une lâche hypocrisie, s'adressa enfin au peuple, en disant : « Citoyens, vous » êtes venus ici avec la dignité d'hom- » mes libres, sortez maintenant avec » *la même dignité* avec laquelle vous » êtes venus. » Cette scène affreuse durait depuis près de cinq heures ; et ce ne fut qu'à huit heures et demie que tous les appartemens furent évacués. La reine, avec ses enfans, vint se réunir au roi ; elle avait été jusqu'alors dans des transes mortelles. ( *Voy.* MARIE-ANTOINETTE, *Supplément.* ) Malgré les clameurs de quelques députés, l'assemblée laissa cet attentat impuni. On le renouvela le 10 août : aussi Santerre avait dit en quittant le château des Tuileries : *Le coup est manqué, mais nous y reviendrons.* Depuis cette époque Louis XVI s'attendit à périr. On croit même qu'il fit son premier testament, qui est resté ignoré. Dans ce moment même il dit à M. de Sainte-Croix, qui refusait d'entrer au ministère : « Vous faites trop »d'objections pour devenir le mi- »nistre d'un roi de quinze jours. » MM. de Montmorin et de Sainte-Croix, et autres seigneurs, proposèrent au roi ( le 5 août ) de le faire sortir de Paris. Il parut y consentir d'abord, mais il changea d'avis, et son dernier mot fut « qu'il aimait »mieux s'exposer à tous les dangers »que de commencer la guerre civile.» Elle n'était que trop dans toute sa fureur. Le 10 août le tocsin sonne, des hordes de Marseillais, unis au peuple des faubourgs, couvrent la place du Carrousel, et tournent leurs canons contre le château. Le roi, averti d'avance, avait fait lui-même la visite des postes, pour encourager les soldats : les uns crient *Vive le roi !* les autres *Vive la nation !* La plupart d'entre eux se rangèrent ensuite du côté des brigands. Il n'y eut que le régiment suisse et quelques gardes nationaux qui montrèrent une contenance ferme. Le roi avait envoyé demander à l'assemblée une députation pour contenir la multitude ; il l'attendit en vain. Le département qui s'était rendu auprès de lui était sans force. Il suivit alors le conseil de Rœderer, procureur du département, et se rendit à l'assemblée nationale avec sa famille et quelques personnes de sa suite. En partant, il dit à ceux qui lui étaient restés fidèles : «Mes- »sieurs, il n'y a plus rien à faire ici »ni pour vous, ni pour moi, allez- »vous-en. » La famille royale entra dans la salle de l'assemblée au milieu de mille cris affreux. Pendant ce temps les hostilités avaient com-

mencé aux Tuileries. Les Suisses triomphèrent d'abord ; mais accablés par le nombre, ils durent enfin céder. Si trois cents d'entre eux qui avaient suivi le roi à l'assemblée, et le régiment qu'on avait fait venir de Courbevoie, et qui s'avançait sur Paris, se fussent réunis à eux, avec les gens qui lui étaient restés fidèles, peut-être la monarchie n'aurait pas succombé ; mais Louis XVI, sollicité par l'assemblée, signa l'ordre aux soldats de mettre bas les armes, et à ceux qui accouraient de rebrousser chemin. S'il y a jamais eu d'occasion où, pour leur propre salut, on dût désobéir aux rois, celle-là en était une. Les brigands se jettent alors sur les Suisses ; ils furent presque tous massacrés, et le château livré au meurtre et au pillage. Le roi demeura trois jours au sein de l'assemblée. C'est de la loge du *logographe* qu'il entendit prononcer sa déchéance, et l'ordre d'être conduit au Temple avec sa famille. Il avait dit en entrant : «Je suis venu »pour éviter un grand crime, et je »pense que je ne puis être plus en »sûreté qu'au milieu de vous, Mes- »sieurs ; » et le président Vergniaud lui avait répondu : « Vous pouvez, »sire, compter sur la fermeté de »l'assemblée nationale.» On le transporta au Temple, le 13 août, avec son auguste famille, et de là à la tour adjacente à cet ancien édifice, et qui n'avait jamais été habitée. Après avoir abattu plusieurs bâtimens, on l'entoura d'un large fossé, défendu par une enceinte de murailles très-élevées. On diminua le jour de toutes les fenêtres, et il fallait passer par sept guichets et huit portes de fer avant de pénétrer à l'appartement du roi. « Eh ! mes- »sieurs, disait Louis, que de pré- »cautions pour un prisonnier qui n'a

»aucune envie de s'évader. » Cet homme, quelquefois faible et irrésolu en des circonstances où il fallait agir, devint un modèle de résignation et de courage : c'est que la religion consolante le soutenait au milieu des outrages de toute espèce. On le priva d'ustensiles pour écrire; mais on lui donna des livres, et l'on a compté que pendant sa détention, qui dura six mois et dix-huit jours, il avait lu 257 volumes. Occupé de l'éducation de son fils, à consoler son épouse et sa sœur, et des exercices de piété, il adoucissait ainsi ses peines. La convention remplaça l'assemblée législative; elle s'empressa de déclarer la déchéance de Louis. Quand Manuel vint lui en apporter la nouvelle, il n'en parut pas affecté, et s'entretint avec lui comme d'un événement qu'il avait prévu. Dans sa prison, ses paroles, ses actions, ses regards même, tout était soumis à la plus minutieuse surveillance, et on inventait de nouveaux moyens de le tourmenter. On alla jusqu'à ne lui permettre de voir sa famille qu'à l'heure des repas, et peu avant son procès il en fut entièrement séparé. Louis n'opposait à toutes ces cruelles vexations qu'un calme inaltérable, et la résignation d'un chrétien. Il répondait même par des traits de complaisance aux mauvais procédés de ses geôliers. Un d'entre eux s'amusait à regarder une vieille carte de géographie, clouée sur la muraille : « Vous aimez la géographie, »lui dit Louis XVI, je vais vous »chercher une meilleure carte. » En effet, il passa dans son cabinet pour en prendre une très-belle, qu'il cloua lui-même sur le mur. La royauté détruite, il ne pouvait plus rester de frein pour les méchans. Les puissances, revenant de leur

longue léthargie, avaient embrassé, mais trop tard, leur propre cause dans celle de Louis : les Autrichiens et les Prussiens étaient sur le territoire français ; les jacobins furieux se vengèrent par les massacres de septembre. On apporta la tête sanglante de la princesse de Lamballe jusque sous les fenêtres du roi; un commissaire invite celui qui la portait à s'approcher; un autre plus humain lui dit : *Ah, de grâce, n'approchez pas!* Quelques jours après, Louis rapportant ces paroles à M. de Malesherbes, en exprimant sa reconnaissance pour celui qui les avait prononcées, « Je l'ai prié, ajouta-t-il »de me dire son nom et son adresse. »— L'avez-vous demandé à l'au»tre ?—Ah! pour celui-là je n'avais »pas besoin de le reconnaître, ré»pondit le roi. » Pendant ce temps, on procédait à sa condamnation avec chaleur. De nouveaux dénonciateurs se présentaient en foule et chaque jour à la barre. Nous ne nous arrêterons pas à rapporter leurs absurdes accusations, qui étaient toutes en opposition avec la piété, le caractère et le cœur de Louis. On le désignait comme l'auteur de la disette qui régnait dans la capitale; et des factieux souillés de tous les crimes osèrent représenter le meilleur des rois comme un tyran sanguinaire. Traduit à la barre inopinément et sans conseils, il répondit avec autant de calme que de modération sur trente-quatre chefs d'accusation qui se détruisaient réciproquement l'un l'autre. Comme on lui reprochait jusqu'à ses bienfaits et ses aumônes, il répondit avec la même simplicité : « Mon »plus grand plaisir fut de faire du »bien; mais en général je ne me »rappelle pas les dons que j'ai faits.» Malgré l'opposition d'une partie des députés, on lui accorda des défenseurs. Il choisit MM. de Malesherbes, Tronchet et Desèze. Ce fut M. de Malesherbes qui, le 14 décembre, fut introduit le premier dans les prisons du Temple. (*Voyez* LAMOIGNON DE MALESHERBES, *Supplément.*) Aussitôt que le roi le vit, il quitta un Tacite qu'il tenait ouvert, et le serra dans ses bras [1]. « Votre dévouement est d'autant » plus généreux, lui dit-il les yeux » humides de larmes, que vous expo- » sez votre vie, et que vous ne sau- » verez pas la mienne. » Malesherbes essaya de lui présenter un avenir moins funeste ; mais Louis XVI reprit : « J'en suis sûr, ils me feront » périr, ils en ont le pouvoir et la » volonté : n'importe, occupons- » nous de mon procès comme si je » devais le gagner, et je le gagnerai » en effet, parce que la mémoire » que je laisserai sera sans tache. » Les jours suivans il travaillait avec ses trois défenseurs à l'analyse des pièces, et aux décharges de son procès, avec une sérénité qu'il n'avait jamais démentie au milieu de ses malheurs. Ses avocats se flattaient qu'on se bornerait à le condamner à la déportation : ils lui firent embrasser cette idée, qui sembla le consoler ; mais il perdit bientôt cette espérance en lisant les papiers publics. Un de ses défenseurs les lui apportait en secret, et il avait le soin, pour ne pas le compromettre, de les brûler dans son poêle après les avoir lus. Il exigea que Desèze supprimât la péroraison de son plaidoyer, qui était très-pathétique. « Je ne veux pas attendrir, dit-il, » ceux qui vont me juger. » Sa sensibilité était extrême. Un jour, étant seul avec Malesherbes, il lui dit :

« J'ai une grande peine ! Desèze et » Tronchet ne me doivent rien ; ils » me donnent leur temps, leur tra- » vail, et peut-être leur vie : com- » ment reconnaître un tel service ? » Je n'ai plus rien, et quand je leur » ferais un legs, on ne l'acquitterait » pas. — Sire, lui répondit Male- » sherbes, leur conscience et la pos- » térité se chargent de leur récom- » pense. Vous pouvez déjà leur en » accorder une qui les comblera. » — Laquelle ? — Embrassez-les. » Lorsqu'ils se présentèrent le lendemain, il les pressa contre son cœur, et tous les deux fondirent en larmes. Le 26 décembre il parut à la barre, accompagné de ses trois défenseurs. C'est en vain qu'ils parlèrent au nom de la raison, des lois, de l'humanité : la mort de Louis était décidée d'avance. Après cette séance il dit à Malesherbes : « Vous êtes » certainement bien convaincu ac- » tuellement que, dès le premier » instant, je ne m'étais pas trompé, » et que ma condamnation avait été » prononcée avant que j'eusse été en- » tendu. » Quand on approchait du jugement, il pria Malesherbes de lui aller chercher un prêtre insermenté que sa sœur, madame Elisabeth, lui avait indiqué, et dont la vie simple et retirée pouvait le mettre à l'abri des persécutions. « Voilà une commis- » sion, ajouta Louis, bien étrange » pour un philosophe ! car je sais » que vous l'êtes ; mais si vous souf- » friez autant que moi, et que vous » dussiez mourir comme je vais le » faire, je vous souhaiterais les mê- » mes sentimens de religion, qui » vous consoleraient bien plus que » la philosophie. » Il était si certain qu'on le ferait mourir que, depuis le 14 janvier, il avait ajouté à ses prières celles des agonisans. Son jugement fut enfin prononcé, et il fut condamné *à mort* à la pluralité de cinq voix seulement, et sans qu'on eût compté plusieurs membres absens dont le vote aurait pu être favorable (t. 5, p. 101). Ses défenseurs demandèrent inutilement l'*appel au peuple et le sursis*. Desèze avait eu raison de dire dans sa défense : « Je croyais » trouver ici des juges, et je n'y vois » que des accusateurs. » Ce fut Malesherbes qui lui annonça le premier son arrêt de mort. Il le trouva dans l'obscurité, les coudes appuyés sur une table, le visage couvert de ses mains, et plongé dans une profonde méditation. Quand il l'eut aperçu : « Depuis deux heures, dit-il, je suis » occupé à rechercher si, dans le » cours de mon règne, j'ai pu mériter » de mes sujets le plus léger reproche. » Eh bien! M. de Malesherbes, je » vous le jure dans toute la vérité de » mon cœur, comme un homme qui » va paraître devant Dieu, j'ai cons- » tamment voulu le bonheur du peu- » ple, et jamais je n'ai formé un vœu » qui lui fût contraire. » M. de Malesherbes lui rapporta qu'au sortir de l'assemblée un grand nombre de personnes l'avaient entouré, en lui disant que le roi ne périrait qu'après eux et leurs amis. « Les connais- » sez-vous, lui dit Louis en changeant » de couleur, déclarez - leur que je » ne leur pardonnerais pas s'il y » avait une goutte de sang versée » pour moi. Je n'ai pas voulu qu'il » en fût répandu quand peut-être il » aurait pu me conserver le trône et » la vie; je ne m'en repens pas. » Il s'en serait sans doute repenti s'il avait pu prévoir combien en devaient encore répandre ses ennemis, et qui n'aurait pas coulé s'il eût fait usage de son autorité pour les contenir, lorsqu'il en était encore temps. Ce qui l'affligea le plus, ce fut d'entendre que le duc d'Orléans avait voté pour sa mort. M. de Malesherbes put obtenir qu'on accordât à Louis XVI le confesseur qu'il avait demandé ( M. Edgeworth ). Il en fit part à ce monarque, qui dit avec un transport de joie : « La mort ne m'ef- » fraie plus, et j'ai la plus grande » confiance dans la miséricorde de » Dieu. » Il employa la plus grande partie des jours suivans en exercices de piété. Il eut cependant un moment l'air agité. « Il se promenait à grands » pas, dit M. de Malesherbes, tenant » un morceau de pain. Cléry, son » valet de chambre, le considérait » attentivement, et s'aperçut de son » émotion.... Tout à coup il s'arrête, » et se tournant brusquement vers » Cléry, il lui présente l'aliment qu'il » tient à la main : Mon ami, lui dit- » il, prenez la moitié de ce pain, » afin qu'avant ma mort j'aie au » moins le plaisir de partager quel- » que chose avec vous. » Le 20 janvier on lui fit la lecture de son jugement; il l'entendit avec une fermeté rare, et demanda sa famille et un confesseur. Il mit tant d'onc- tion, de grandeur dans son main- tien et dans ses paroles, qu'il éton- na le farouche Hébert lui - même. « Des pleurs de rage vinrent mouiller » mes paupières, dit-il dans son jour- » nal du 21 janvier. Il avait dans ses » regards et ses manières quelque » chose de visiblement surnaturel à » l'homme. » Ce scélérat ne poursui- vit pas moins l'auguste épouse de ce- lui qui lui avait arraché des larmes. Louis, dans la dernière visite que lui fit M. de Malesherbes, se chargea lui- même d'apprendre la nouvelle de sa mort à sa famille. La reine et madame Elisabeth se montrèrent dignes du courage qu'il leur inspirait. Sa fille s'évanouit; son jeune fils était incon- solable. A minuit, il soupa peu, mais de bon appétit, se jeta ensuite sur un lit, et dormit d'un sommeil tranquille. Cléry l'éveilla à cinq heures pour l'habiller; il entendit ensuite la messe où il communia. A huit heures on vint pour le conduire à l'échafaud; il demanda une paire de ciseaux pour se couper les cheveux; ils les lui refusèrent, afin de lui donner la mortification de se les voir couper par le bourreau : la veille on ne lui avait pas permis de se servir d'un couteau pour son souper; sur quoi il dit : « Me croira-t-on assez lâche » pour me détruire? » Parmi plusieurs objets qu'il remit à Cléry pour donner à la reine, il y avait un petit paquet sur lequel était écrit de sa main : *Cheveux de ma femme, de ma sœur et de mes enfans.* Il ajouta, en les donnant à son fidèle serviteur qui fondait en larmes : « Dites à ma » femme que je lui demande pardon » de ne l'avoir pas fait descendre : » j'ai voulu lui épargner la douleur » d'une séparation cruelle. » Il remit un autre paquet à un commissaire, en le chargeant de le remettre au conseil général de la commune. C'était son testament, où, après avoir professé les sentimens d'un vrai chrétien, il recommande à la convention les personnes qui lui sont chères, pardonne à ses ennemis, et ordonne à son fils, en cas qu'il règne un jour, de leur pardonner de même. Il traversa la première cour à pied, et tourna ses derniers regards vers l'appartement où était sa famille. Arrivé à la seconde, il monta dans une voiture dans laquelle étaient son confesseur, un officier et un sous-officier de gendarmerie. La voiture suivit le boulevard, bordé d'une quadruple haie de gardes nationales, au nombre de près de cent mille; la plupart semblaient affligés, mais aucun n'osa prendre la défense d'un prince malheureux. Il avait un habit

puce, une veste blanche, la culotte et les bas gris. Arrivé au pied de l'échafaud, place Louis XV, son confesseur s'écrie : « Fils de saint » Louis, montez au ciel! » On aurait cru, à l'air de Louis XVI, qu'il obéissait à sa voix; il ne parut un peu ému qu'au moment où l'exécuteur lui coupa les cheveux et allait lui lier les mains; il s'y refusa, en disant : *Je suis sûr de moi* : on insiste; son confesseur lui dit alors : « C'est le dernier sacrifice, un trait » de ressemblance de plus avec Jésus-» Christ; » et il tend les mains avec résignation. Il s'avance du côté gauche de l'estrade, et dit d'une voix forte : « Français, je meurs innocent; » c'est du haut de l'échafaud et près » de paraître devant Dieu que je vous dis cette vérité : je pardonne » à mes ennemis; je désire que ma » mort soit utile au peuple, et que » la France... » A ces mots un roulement de tambours étouffe ses dernières paroles. Quelques voix crièrent : *Grâce, grâce!...* Il n'existait plus. Un des bourreaux tenant sa tête à la main, fit deux fois le tour de l'échafaud, la montrant au peuple, qui fit entendre ces paroles barbares : *Vive la nation! vive la république!...* Parmi les spectateurs, plusieurs gens sensibles trempèrent des morceaux de linge dans son sang, distribuèrent une partie de ses vêtemens, qu'ils mirent en lambeaux pour les vendre ou les garder comme des reliques. En effet, dans les derniers jours de sa vie, Louis avait montré toutes les vertus d'un saint, et il mourut avec la foi et la constance d'un martyr. Son corps fut transporté à la Madelaine et consumé dans de la chaux vive, d'après l'ordre de la convention. Son testament, connu de tout le monde, est un monument éternel de sensibilité, de vertu et d'héroïsme. Louis avait une instruction peu commune; il parlait purement le latin, possédait parfaitement l'histoire et la géographie. Dans ce qu'il a écrit, on trouve un style simple, mais pur, noble et éloquent. On lui attribue un portrait du ministre Choiseul qui ne serait pas indigne de Tacite. C'est d'après ses observations qu'un académicien célèbre réforma plusieurs erreurs dans une carte des mers du nord. Le bailli de Suffren, à son retour de l'Inde, fut étonné de la parfaite connaissance que Louis XVI avait de ce pays. Ami des sciences et de tout ce qui pouvait contribuer à leur progrès, il donna des ordres à tous les marins, quoique la France fût alors en guerre avec la Grande-Bretagne, de respecter le pavillon du capitaine Cook, et de secourir en tout lieu ce célèbre navigateur. A cette même époque, il apprit en peu de temps l'anglais, et le parlait avec beaucoup de facilité. Sans faste, simple dans ses goûts comme dans ses mœurs, il aimait le travail et les plaisirs innocens. La lecture, l'exercice de la chasse et de quelques arts mécaniques furent ses seuls délassemens. Ses défauts mêmes ne partaient que d'une bonté extrême qui le rendit trop confiant à l'égard de quelques-uns de ses ministres, et d'une modestie excessive qui lui fit tenir une conduite toujours vacillante en des circonstances où son propre salut et celui de l'état exigeaient des coups vigoureux et des punitions exemplaires. Tel est le monarque que des monstres envoyèrent à l'échafaud au milieu de la France stupide de terreur et malgré l'indignation de toute l'Europe. Déplorons les malheurs de Louis, respectons ses vertus, et honorons à jamais sa mémoire.

LOUIS XVII, fils du précédent, naquit à Versailles le 27 mars 1785, devint dauphin de France par la mort de son frère, arrivée en 1789. Dès son âge le plus tendre, il annonça la même sensibilité et la même douceur que son père, l'esprit et la bonté touchante de sa mère. Sa physionomie naïve et intéressante prêtait un nouveau charme à ses reparties ingénieuses et à son affabilité. Après la journée du 6 octobre 1789, il suivit son père à Paris, logea avec lui au château des Tuileries. On l'habilla en garde national, et on lui apprit l'exercice, qu'il faisait avec une grâce admirable. En même temps on lui céda un angle du jardin, entouré d'une claire-voie, pour y élever des lapins et y cultiver des fleurs. Le jeune prince s'empressait d'en venir offrir à quiconque s'approchait de la palissade, ou semblait s'intéresser à ses amusemens. A un âge où l'on ne connaît que les plaisirs innocens, il fut condamné à souffrir les impressions les plus douloureuses, et il partagea les dangers des 5 et 6 octobre et du 20 juin. Le lendemain de cette journée, voyant encore quelques mouvemens autour de lui, il se réfugia tout tremblant auprès de la reine, et s'écria : *Maman, est-ce qu'hier n'est pas fini?* Renfermé au Temple avec sa famille, il en devint la consolation par sa douceur, son attachement et son application à l'étude. C'était son auguste père lui-même qui lui apprenait à lire et à écrire, et qui partageait ses jeux. L'enfant ayant perdu plusieurs parties au jeu de siam, s'écria : *Ce nombre seize est bien malheureux!* — *Qui le sait mieux que moi!* répondit son père. Quand il eut appris la condamnation de ce père qu'il chérissait si tendrement, il franchit les premières portes de la tour; on lui demanda où il courait : « Je vais, »dit-il, parler au peuple, me mettre »à genoux, et le prier de ne pas faire »mourir papa. » Il n'y avait que six mois que Louis XVI était mort qu'on l'arracha des bras de sa mère pour le livrer à un cordonnier, homme ignorant et féroce, qui seconda de son mieux les intentions des pervers qui le lui avaient confié. Pour lui donner ses manières brutales, il lui apprit à boire, à jurer, à se servir des expressions les plus basses et les plus indécentes. On ne saurait décrire les tourmens qu'essuya cette tendre victime, que sa naissance appelait à la splendeur du trône et au respect des nations. Il passait le jour dans les occupations les plus viles, au service de son barbare geôlier. Celui-ci le forçait par la terreur à danser la carmagnole, et jusqu'à maudire son père et sa mère. Lorsque la nuit paraissait, il le faisait coucher, et à peine était-il plongé dans son premier sommeil, qu'il le réveillait en lui criant d'une voix effroyable : « Capet, dors-tu ? » C'était pour s'assurer qu'il ne s'était pas évadé. Le jeune prince, qui avait une figure céleste, se ressentit enfin des mauvais traitemens qu'on lui faisait éprouver. Son dos se courba *comme accablé du fardeau de la vie*; peu à peu il perdit ses facultés morales; il ne lui resta d'autre sentiment que celui de la reconnaissance, « non pour »le bien qu'on lui faisait, dit son »annotateur, mais pour le mal qu'on »ne lui faisait pas. » Il succomba enfin le 29 juillet 1794. Sa mort prématurée, et les ulcères qui couvraient son corps, firent croire qu'il avait été empoisonné; ce qu'il y a de certain, c'est que Chabot dit à l'assemblée que c'était à l'apothicaire à en délivrer la France; et que sous Robespierre, on avait offert à un pharmacien de Paris une somme de cent mille écus pour avoir le secret d'un poison lent et efficace. Cependant le procès verbal de l'ouverture du corps, faite par Desault, ne l'annonce pas. Il faut néanmoins observer que ce chirurgien mourut peu de temps après, et on crut, avec assez de fondement, que sa mort n'avait pas été naturelle. Quoi qu'il en soit, les mauvais traitemens, la terreur, l'abus des liqueurs fortes, auraient suffi pour terminer les jours du jeune et malheureux prince.

Chaque jour dans son sein verse un poison rongeur,
Quelles mains ont hâté son attente funeste?
Le monde apprit sa fin ; la tombe sait le reste.

( DELILLE, *Poëme de la Pitié.* )

**LOUIS** ( Antoine-Henri de Bourbon-Condé ), duc d'Enghien, naquit à Chantilly le 2 août 1772, de Louis-Henri-Joseph de Bourbon, et de Louise - Thérèse - Mathilde d'Orléans. Ce prince, digne descendant d'un héros toujours cher à la France, destiné pour être l'honneur de son auguste famille, et la gloire de sa patrie, périt victime de l'ambition et du despotisme. Il reçut une excellente éducation, et les qualités de son cœur et de son esprit l'auraient fait remarquer dans une classe moins élevée; on peut dire de lui, qu'il méritait le rang où l'avait placé la Providence. En 1788 il fut décoré de l'ordre du Saint-Esprit, et quelques jours après il siégea au parlement de Paris. Il était au milieu du prince de Condé et du duc de Bourbon. Cette circonstance n'échappa pas au président, qui observa que pour la première fois la cour des pairs voyait siéger ensemble le grand-père, le père, et le petit-fils. M. le duc d'Enghien prononça un discours qui mérita tous les suffrages; et la même année il accompagna son aïeul à Dunkerque. De retour à Paris, il n'en sortit le 16 juillet 1789 que pour y rentrer et recevoir la mort la plus injuste. Après avoir parcouru différentes cours du continent, il revint en 1792 en Flandre avec son père, sous les ordres duquel il fit la campagne de cette année ; et lorsque le corps du duc de Bourbon fut dissous, il alla rejoindre à Brisgau l'armée du prince de Condé. Le 12 septembre il fit passer l'Inn à son corps d'armée ; le 13 octobre, à l'attaque des lignes de Wesseimbourg, il montra beaucoup de talens militaires. Mais c'est au combat de Berstheim, le 2 décembre, qu'on reconnut en lui l'illustre rejeton de tant de héros. Le prince de Condé faisait des prodiges de valeur à la tête de l'infanterie, et la cavalerie était sous les ordres des ducs d'Enghien et de Bourbon. Ce prince ayant été blessé d'un coup de sabre au commencement de l'action, fut obligé de se retirer. Le duc d'Enghien commanda alors la cavalerie en chef ; les manœuvres qu'il ordonna furent faites si à propos, et si bien exécutées, qu'elles excitèrent l'admiration des vieux capitaines : le duc d'Enghien n'avait alors que 21 ans. Après le combat il se rendit à Hagenau, pour s'informer de la santé de son père, dont la blessure n'eut pas de suites fâcheuses. A son retour au camp, il accompagna le prince de Condé dans sa visite aux soldats et officiers républicains blessés ; loin d'avoir eu recours au droit funeste des représailles, ils ordonnèrent, au grand étonnement des prisonniers, qu'on eût pour eux les mêmes soins et les mêmes égards que pour les militaires sous leurs ordres. Les fatigues de cette campagne occasio-

nèrent à M. le duc d'Enghien une maladie qui heureusement ne fut pas de longue durée. En 1794 il fut reçu chevalier de Saint-Louis, et au mois de juillet de l'année suivante il se sépara pour la première fois de son père. Le duc de Bourbon partit pour l'Angleterre, et il était bien loin de prévoir que cet adieu était le dernier qu'il donnait à un fils unique, et si digne de ses affections. Le prince de Condé confia en 1796 le commandement de son avant-garde au duc d'Enghien, qui se couvrit de nouveaux lauriers pendant toute cette campagne. Les républicains l'ouvrirent le 24 juin, et passèrent le Rhin à Kehl. Le duc d'Enghien marcha contre eux ; le 26 il reprit un moulin et d'autres postes importans ; le 27 il se battit avec intrépidité toute la journée, dans la forêt de Schouter, jusqu'à ce que la défection des troupes du cercle de Souabe, qui appuyaient sa droite, l'eurent obligé à se retirer sur Offenbourg, dans la vallée de Kinch. Le lendemain il se réunit au prince de Condé, et reprit la ligne de bataille. Du 28 juin au 14 septembre il remporta plusieurs avantages, notamment à Oberkamlach, dans la nuit du 12 au 13 septembre, et dans le combat près de Schuffenried, livré le 30 du même mois. Il acquit une nouvelle gloire à la défense du pont de Munich, où l'on se battit pendant dix-huit jours. La renommée des talens militaires et de la bravoure du duc d'Enghien s'était répandue dans l'armée des républicains, qui voulaient le connaître personnellement. Le duc céda plusieurs fois à leurs désirs, et ils restèrent toujours découverts devant lui. Ces militaires, qui rendaient cet hommage au mérite et à la naissance, étaient sous les ordres du général Moreau.

Le traité de Leoben, en 1797, amena le licenciement du corps de Condé. Le prince passa en Russie, et y resta jusqu'en 1799, qu'il revint en Souabe, et chargea son petit-fils de défendre Constance. Lorsque le prince de Condé, qui protégeait la retraite des Russes poursuivis par Masséna, fut contraint de repasser le Rhin, le duc n'ayant que deux mille hommes, soutint depuis cinq heures du matin jusqu'à onze heures et demie, tous les efforts de la division de Le Courbe. Il se distingua également dans la campagne de 1800 ; et à la suite d'un engagement qu'il eut près de Rosenheim, il rencontra un jeune hussard républicain, resté blessé dans un champ. Il le fit relever, mettre dans son propre lit, donna ordre aux chirurgiens d'en avoir un soin tout particulier ; et lorsqu'il fut guéri, il le fit conduire aux avant-postes français. Après le traité de Lunéville, en 1801, le corps d'armée de Condé fut licencié une seconde fois. Le prince de Condé se rendit en Angleterre, et le duc d'Enghien, cédant aux invitations réitérées du cardinal de Rohan, revint à Ettenheim, avec la princesse Charlotte de Rohan-Rochefort. Il avait connu cette dame en 1794, et on prétend qu'il s'était uni avec elle par des liens secrets. Les états du cardinal passèrent en 1802 sous la domination de Baden, et le duc ayant obtenu la permission du margrave, continua son séjour à Ettenheim, où il vivait en simple particulier. En 1804, Buonaparte ayant été informé, par les nommés Querelle et Philippe, épicier au Treport, d'une correspondance secrète ( que ce dernier lui livra ) des princes de Bourbon avec quelques-uns de leurs agens établis à Paris ; voyant que dans cette correspon-

dance ils formaient le projet de rentrer dans leurs droits, et que Pichegru et les ducs de Polignac, etc., étaient à la tête du projet, crut devoir s'emparer de la personne du duc d'Enghien. Napoléon supposait que ce prince n'était pas étranger dans cette entreprise, et il espérait trouver dans ses papiers de plus amples éclaircissemens. Il dépêcha à cet objet, en Alsace, M. de Caulincourt, gentilhomme picard, attaché jadis à la maison de Condé, et le fit accompagner par Ordonner, officier supérieur de sa garde. Le prétexte de leur mission était d'accélérer la confection d'une flottille de bateaux plats, destinés à l'expédition projetée alors contre l'Angleterre. M. de Caulincourt arriva, avec Ordonner, à Strasbourg : il avait sous ses ordres un certain Rosey, et le trop fameux Méhée. On envoya déguisés à Ettenheim un officier de gendarmerie, nommé Charlot, et un maréchal-des-logis du même corps, appelé Pfersdorff, afin de connaître avec exactitude l'habitation du prince et son état de défense. Ils firent naître des soupçons, et alors Schmidt, ancien officier de l'armée de Condé, reçut l'ordre de découvrir adroitement les projets de Pfersdorff ; mais celui-ci sut le dérouter, tandis que Schmidt se vantait de l'avoir pénétré, en assurant que les deux inconnus ne devaient inspirer aucune crainte. Pendant ce temps Ordonner et le général F..... furent dépêchés à Ettenheim ; Caulincourt était passé à Offenbourg, pour y arrêter quelques émigrés de marque. Malgré le rapport de Schmidt, le duc d'Enghien, qui avait passé tout le jour à la chasse, résolut de quitter Ettenheim le jour suivant, 15 mars. Mais par malheur cette résolution était devenue trop tardive. La nuit du 15 son habitation fut cernée par deux à trois cents hommes, parmi lesquels se trouvaient plusieurs gendarmes. Ces derniers ignoraient le véritable but de leur expédition ; et quand ils l'apprirent, ils en témoignèrent les plus vifs regrets. Le duc d'Enghien, averti qu'on entendait du bruit autour de sa maison, saute de son lit en chemise, et s'empare d'un fusil ; un de ses valets de pied en prend un autre ; ils ouvrent la fenêtre ; le duc crie : *Qui va là ?* et sur la réponse de C.... ils allaient faire feu ; mais Schmidt, relevant le fusil du duc d'Enghien, lui dit que toute défense était inutile. Le duc obtint alors la promesse du baron de Grünstein que, si l'on demandait le duc d'Enghien, il se nommerait, afin de lui laisser la facilité de s'évader. Il se revêtit d'un pantalon et d'une veste de chasse, mais il n'eut pas le temps de mettre ses bottes. Pfersdorff, suivi d'autres gendarmes, entre le pistolet à la main, et demande : « Qui de vous est le duc d'Enghien ? » Il réitère la même question, et le baron de Grünstein reste toujours muet. Le duc répondit alors : « Si vous venez pour »l'arrêter, vous devez avoir son si- »gnalement, cherchez-le. » Les gen- darmes répliquèrent : « Si nous l'a- »vions, nous ne ferions pas de ques- »tions ; puisque vous ne voulez pas »l'indiquer, marchez tous. » Le che- valier Jacques, secrétaire du prince, averti des dangers de S. A., envoya un de ses domestiques à l'église voi- sine pour sonner le tocsin, mais le clocher était déjà occupé par un piquet de soldats. Il se rendit alors dans la maison de l'auguste prison- nier : on le repoussa ; mais ayant insisté, on le laissa entrer, en di- sant : *C'en est toujours un de plus.* Il resta ensuite plusieurs mois dans les cachots de Vincennes. Le prince, avec plusieurs officiers de sa maison, escorté par la gendarmerie, quitta Ettenheim. La princesse de Rohan eut la douleur de voir passer le duc d'Enghien dans ce triste équipage ; elle le vit pour la dernière fois. On fit halte dans un moulin, à peu de distance de la ville. Ayant reconnu les lieux, les gens du prince eurent pour un moment l'espoir de le sau- ver ; mais une porte de derrière, seule issue qui restait, se trouva barricadée au dehors, et toute ten- tative devint alors inutile. Après que le prince eut reçu le linge et les habits qu'on lui permit d'envoyer chercher à Ettenheim, on se remit en marche, et on passa le Rhin à Koppel. Au sortir du bateau, à Rheinau, n'ayant pu se procurer des voitures, les prisonniers furent con- traints d'aller à pied, jusqu'à ce qu'ils trouvèrent de mauvais chariots qui les conduisirent à Strasbourg. On plaça dans la maison de Char... le prince, qui, ayant cru remar- quer dans un officier de son escorte quelques desseins de le sauver, le prit à part, et lui promit de faire sa fortune, s'il facilitait son évasion ; mais l'officier s'y refusa constam- ment. Le prince fut transporté à la citadelle, dont le commandant reçut durement l'illustre prisonnier, et mit des sentinelles dans l'intérieur de sa chambre. Le général Leval les fit retirer, désapprouva la conduite du commandant, et vint visiter le prince, auquel il témoigna des égards et du respect. Le duc d'En- ghien distribua dans la citadelle quelque argent parmi ses gens. On y fit le dépouillement des papiers dont on s'était saisi à Ettenheim, et on proposa au prince de les para- pher : il s'y refusa, et déclara qu'il ne signerait le procès verbal qu'en présence du chevalier Jacques. On en fit part au préfet qui y consentit. Parmi ces papiers, dont on n'a pas eu connaissance, on trouva deux lettres contenant quelques plaisanteries sur Buonaparte. Le prince voulut les jeter au feu ; le commissaire de police Popp, qui se conduisit d'une manière honorable, ne s'y opposait pas ; mais Char.... le réprimanda sévèrement, et lui dit : *Croyez-vous faire ainsi votre devoir ?* D'après le rapport qu'on avait envoyé à Paris sur les papiers saisis au duc d'Enghien, on attendait les ordres de Buonaparte ; ils arrivent, et le 18 mars, de grand matin, des gendarmes entrent dans la prison du prince, entourent son lit, et lui ordonnent de s'habiller à la hâte. Ses gens accourent ; et il sollicite d'emmener son fidèle Joseph : on lui dit « qu'il n'en aura »pas besoin. » Il demande quelle quantité de linge il peut emporter avec lui, et on lui répond : « Une »ou deux chemises. » Le prince alors prévit le sort qui l'attendait. Il prit deux cents ducats ; il en remit cent au chevalier Jacques pour payer la dépense des prisonniers. Il embrasse ses serviteurs fidèles, et leur dit le dernier adieu. On le fait entrer dans une voiture qui marche jour et nuit ; le 20, à 4 heures et demie du soir, on arrive aux portes de Paris, près la barrière de Pantin. Un courrier s'y trouve qui apporte l'ordre de tourner le long des murs jusqu'à Vincennes. Le prince entra dans cette prison à cinq heures. Harel, commandant de Vincennes, voyant une si nombreuse escorte, dit à sa femme : « Je ne sais quel »est ce prisonnier, mais voilà bien »du monde pour s'assurer de sa per- »sonne. » La femme d'Harel reconnaît le duc d'Enghien, et s'écrie :

« C'est mon frère de lait ! » Le prince, exténué de besoin et de fatigue, prit un léger repas, et pria qu'on lui tînt prêt pour le lendemain un bain de pieds. Il se jette sur un mauvais lit, placé dans une pièce à l'entre-sol, près d'une fenêtre dont deux carreaux étaient cassés ; sur l'observation du prince, on les masqua avec une serviette. Il s'endormit profondément. Vers les 11 heures du soir il fut éveillé en sursaut. Conduit dans une pièce du pavillon faisant face au bois, il y trouve réunis huit militaires ; c'étaient le général Hullin, commandant des grenadiers à pied de la garde ; Guitton, colonel, commandant le premier régiment des cuirassiers ; Bazamont, commandant le 4ᵉ d'infanterie légère ; Ravier, colonel, commandant le 18ᵉ régiment d'infanterie de ligne ; Barrois, colonel, commandant le 96ᵉ régiment d'infanterie de ligne ; Rabbe, colonel, commandant le 2ᵉ régiment de la garde municipale de Paris ; d'Autencourt, major de la gendarmerie d'élite, faisant les fonctions de rapporteur ; Molin, capitaine au 18ᵉ régiment d'infanterie de ligne, greffier. Tous ces militaires avaient été choisis par Murat, gouverneur de Paris, qui se trouvait sur les lieux. Ils dressent à la hâte une instruction criminelle. Le prince, interrogé pourquoi il avait porté les armes contre son pays : « J'ai combattu, répondit-il, avec »ma famille, pour recouvrer l'héri- »tage de mes ancêtres ; mais depuis »que la paix est faite, j'ai déposé les »armes, et j'ai reconnu qu'il n'y »avait plus de rois en Europe. » L'air calme du prince, son intrépidité, la noblesse de son maintien, et son innocence, frappèrent les juges ; ils hésitèrent un moment, et envoyèrent leur rapport à Napoléon. Il avait tenu un conseil privé aux Tuileries pour décider du sort du duc d'Enghien. Cambacérès opina pour lui sauver la vie. *Eh! depuis quand*, dit Buonaparte en colère, *êtes-vous si avare du sang des Bourbons ?* (Cambacérès avait voté pour la mort de Louis XVI). Le rapport des juges du duc d'Enghien revint à Vincennes avec ces trois mots : CONDAMNÉ A MORT. Le jugement est prononcé à quatre heures. L'officier des gendarmes qui surveillaient le prince avait été élevé dans la maison de Condé. Le duc d'Enghien le reconnaît; mais celui-ci baisse la tête et ne sait que pleurer. En quittant la salle du conseil, et tandis qu'il descendait dans le fossé par un escalier obscur et tortueux, le prince dit à cet officier: «Est-ce qu'on veut me plon-»ger dans un cachot ? Suis-je »destiné à périr tout vivant dans les »oubliettes ? — Non, monseigneur, »lui répondit-il en sanglotant, »soyez tranquille. » On arrive au lieu du massacre; il était quatre heures et demie. Le prince voyant alors le supplice qu'on lui destine, s'écrie : « Ah! grâce au ciel, je »mourrai de la mort du soldat ? » La femme du commandant de Vincennes, qui avait aussi été élevée par les soins de l'auguste famille de Condé, fut saisie d'effroi quand elle vit passer le duc d'Enghien au milieu de ses bourreaux. Son mari, pour la calmer, lui dit froidement: «Sois tranquille, le bruit que tu »vas entendre n'est que pour l'ef-»frayer. » Le prince avait demandé un ecclésiastique pour l'assister dans ses derniers momens : « Est-ce que »tu veux mourir comme un capucin? »lui répondit un de ces misérables. »Tu demandes un prêtre; bah! ils »sont couchés à cette heure-ci. »

Ce fut alors qu'on aperçut dans l'illustre victime le premier mouvement d'indignation. Il ne dit pas un mot, s'agenouille, élève son âme à Dieu, et après un moment de recueillement, il dit avec intrépidité: «Marchons. » Peu avant de mourir, il sollicita qu'on remît à la princesse de Rohan une tresse de cheveux, une lettre et un anneau : un soldat s'en était chargé; mais l'aide de camp s'en étant aperçu, les saisit, et s'écria : « Personne ne doit faire »ici les commissions d'un traître ! » Debout et de l'air le plus intrépide, au moment d'être frappé, il dit aux gendarmes : «Allons, mes amis. — »Tu n'as point d'amis ici, »répondit une voix féroce : c'était celle de Murat; il ne prévoyait pas alors qu'il devait un jour descendre d'un trône usurpé pour recevoir le même sort, qu'il avait justement mérité. Le prince fut à l'instant fusillé dans la partie orientale des fossés du château à l'entrée d'un petit jardin. La veille, tandis qu'il soupait, on lui avait creusé sa fosse; l'un des gardes de la forêt avait prêté la pelle et la pioche : on y jeta son corps tout habillé. C'est ainsi que périt à l'âge de 32 ans, et au milieu de la plus illustre carrière, ce jeune héros, l'espoir, l'ornement de son auguste famille, et c'est en lui que s'est éteinte la branche du grand Condé. Le lendemain de l'exécution, le président de la commission militaire rendait compte chez Cambacérès de l'événement de la veille, et après avoir loué le courage du prince, il ajouta : « Ses réponses ont été fort »simples ; mais heureusement il nous »a dit son nom, car ma foi, sans cela, »nous aurions été fort embarras-»sés. » On assure que le roi de Suède, Gustave-Adolphe, s'étant trouvé dans les états de l'électeur de Baden, au moment de cette arrestation qui violait à la fois la justice et le droit des gens, avait dépêché un de ses aides de camp à Buonaparte pour le conjurer de respecter les jours du jeune prince; mais, quelqu'eût été le résultat de cette mission, l'aide de camp s'arrêta vingt-quatre heures à Nancy, et n'arriva qu'après l'exécution. On assure également que parmi les papiers du duc d'Enghien, aucune pièce ne fut trouvée relative à l'affaire de Pichegru. On honora à Londres et à Pétersbourg par des cérémonies religieuses la mémoire de cet illustre et malheureux prince. A Paris ses obsèques n'eurent lieu que douze ans après, et à l'époque de la restauration. Une tradition indiquait l'endroit où gisait le corps du prince; et, d'après les indications d'un garde d'artillerie et d'un paysan de Vincennes, une requête fut faite le 18 mars 1816 par M. le conseiller Laporte-Lalane. La fosse avait été creusée par ce même paysan, nommé Grison. On procéda aux fouilles, en présence d'un commissaire du roi et de plusieurs personnes distinguées, MM. de Reully, de Béthysi, de Vassé, de Conti, le chevalier Jacques, ce fidèle ami du prince, MM. de Puyvert et de Beaumont. Le bout d'une botte a indiqué la direction du corps, et a conduit successivement à découvrir le reste. Le corps avait été jeté dans la fosse sans précaution; il y était couché sur le ventre, les bras croisés sur la poitrine. Une grosse pierre paraissait avoir été jetée à dessein sur la tête, et les jambes étaient dans une position forcée. Les os ont été recueillis et déposés dans un linceul. On a trouvé aussi un anneau, une chaîne d'or que le prince portait habituellement au cou, 80 ducats, des fragmens de

casquette, et jusqu'à des cheveux. Ces objets ont été reconnus par le chevalier Jacques comme ayant appartenu au prince. Les bottes même avaient été bien conservées. On a placé le linceul dans un cercueil, et on l'a transporté dans une pièce de la première cour. La cérémonie des funérailles a été faite le 21; et des personnes attachées à la maison de Condé, des pairs, des députés, des militaires long-temps poursuivis par le tyran, y ont assisté. Le corps a été transporté processionnellement dans une chapelle ardente, établie dans la salle même où fut prononcé l'inique jugement. M. l'ancien évêque de Châlons présidait à la cérémonie, et a célébré la messe dans l'église paroissiale de Vincennes. L'oraison funèbre du prince a été prononcée par le curé du lieu. Le banc d'œuvre était occupé par M. le duc de Vauguyon, M. de Châteaubriand, et M. Lynch. On avait dressé dans le chœur de l'église un cénotaphe portant des inscriptions analogues. Ainsi les restes d'un prince aussi cher qu'infortuné reçurent enfin les honneurs de la sépulture religieuse. Il a paru sur le duc d'Enghien les ouvrages suivans : *De l'assassinat de M. le duc d'Enghien, & de la justification de M. de Caulincourt*, par un anonyme; et *Notice historique sur S. A. S. de Bourbon-Condé, duc d'Enghien, prince du sang royal, suivie de son Oraison funèbre, prononcée dans la chapelle de Saint-Patrice, à Londres, en présence de la famille royale*, par l'abbé de Bouvens, 2ᵉ édition, 1814.

LOUTHF-ALY-KHAN, un des prétendans au trône de Perse, naquit en 1768, et était fils de Dja'sar-Khan, de la famille des Zend. Commandant de Chyraz à l'âge de

15 ans, il remporta quatre années après une bataille signalée sur Mohamed-Khan, compétiteur de son père, et s'empara de la ville de Sâr. Il poursuivait son ennemi en 1789, lorsque la mort de son père le laissa maître d'une partie de la Perse ; mais il se trouva seul contre un ennemi vindicatif et puissant. Son armée l'abandonna ; aidé par le cheykh arabe Nasher, il ouvrit la campagne, et, avec une poignée de soldats, il battit encore Mohamed. Il eut ensuite plusieurs revers, et après une nouvelle victoire qu'il remporta sur son adversaire, s'étant laissé surprendre, il perdit tout le fruit de ses travaux. Quelques partisans s'unirent à lui, et avec lesquels il allait à la rencontre de Mohamed ; mais trahi par Myr-Aly-Khan, près duquel il se retira, il se vit attaqué inopinément par des troupes nombreuses, tandis qu'il fuyait de chez son hôte perfide. Après une courageuse résistance, il tomba baigné dans son sang ; c'est dans cet état qu'il fut conduit prisonnier devant Mohamed, qui le fit mettre à mort l'an 1794. Ce prince, aussi vaillant que malheureux, n'avait alors que 25 ans. Par sa mort, le trône de la Perse passa définitivement de la famille des Zend à celle des Cadjacs, après 53 ans de guerres civiles. Le sofi actuel, Sath – Aly-Ichah, est neveu d'Aga-Mohamed.

LOUVET DE COUVRAY (Jean-Baptiste), naquit dans le Poitou, et suivit le barreau, où il ne se fit pas remarquer. Il avait un esprit inquiet, une imagination ardente, et embrassa avec chaleur la cause de la révolution ; Louvet fut pendant quelque temps un homme populaire. Il débuta en 1789 par son roman intitulé : *Les Amours du chevalier de Faublas*; ouvrage assez bien écrit, mais qui au fond n'est qu'une satire des mœurs de la noblesse , surchargée d'aventures peu vraisemblables, où l'on trouverait des scènes assez piquantes, et même pathétiques, si l'auteur ne présentait à chaque page l'exemple du libertinage le plus effréné. L'année suivante il fit paraître un nouveau roman, *La nécessité du divorce ;* livre non moins immoral que le précédent, qui n'eut pas un grand succès. Cependant l'auteur de Faublas devint un des hommes à la mode, et désirant parvenir, il parut le 28 décembre à la barre de l'assemblée législative, où il prononça un discours plein d'une emphase scolastique, pour proposer un décret contre les princes émigrés. En septembre 1792, il fut nommé par le département du Loiret, député à la convention nationale; il se lia avec le ministre Roland et son épouse, qui crurent trouver en lui un puissant appui contre la faction jacobine qui les poursuivait sans relâche. Louvet se déclara donc contre la *montagne*, se rangea du parti des *girondins*, et prouva dans un discours assez énergique que Robespierre visait à la dictature. Le 6 décembre, il appuya la motion d'exiler la famille d'Orléans. Il vota pour la *mort* de Louis XVI, à condition cependant que cette peine ne lui serait infligée qu'après que le peuple aurait accepté la nouvelle constitution. Ainsi sa voix fut du nombre des 46 qui comptèrent pour le sursis. Il dénonça peu de temps après la commune de Paris ; dans les scènes orageuses qui précédèrent le 31 mai, on ne le vit pas seconder les efforts de Lanjuinais, Vergniaud, Guadet, qui tentaient en vain de résister aux persécuteurs de leur parti. Dénoncé dans cette même journée, il fut poursuivi dans les rues par une troupe de jacobins qui lui chantaient *le réveil du peuple*. On raconte qu'arrivé à la porte de sa maison, sans paraître déconcerté, il l'ouvrit, se tourna vers la foule, et avant d'entrer chez lui, il leur chanta ce vers de la Marseillaise : « Que veut » cette horde d'esclaves? » Décrété d'arrestation le 2 juin, il se réfugia à Caen avec sa Lodoïska ( c'était le nom qu'il avait donné à sa femme, et qui est celui d'une des héroïnes de son roman de *Faublas* ). Là, au milieu des royalistes armés, il se plaisait à prêcher le républicanisme. Au moment où Wimpffen allait marcher sur Paris avec 20 mille hommes de cavalerie, il accusa ce général de royalisme; mais ayant été mis hors la loi le 8 juillet, il se retira en Bretagne. Il vint à Paris quelque temps après, s'y tint caché jusqu'à la chute de Robespierre, et en vertu d'un décret, il rentra dans la convention le 8 mars 1795. Dès le lendemain il prit la défense de son parti, accusa les *terroristes*, s'opposa à la création d'un comité unique de gouvernement, et soutint contre Tallien la nécessité d'une loi contre les royalistes de l'intérieur, « qui voulaient, dit-il, » donner à un peuple républicain » l'opprobre et le fardeau de la mo- » narchie. » En avril il fut élu secrétaire et membre de la commission chargée de présenter les lois organiques; il attaqua le 13 vendémiaire le parti des sections. Nommé au conseil des cinq-cents, il défendit les *conventionnels* contre les *clichiens*. Etant sorti du conseil en 1797, il forma un établissement de librairie au Palais-Royal, qu'il faisait tenir par sa femme. Louvet avait publié un placard intitulé *le Chant du coq*, et rédigé successivement les journaux la *Sentinelle* et des *Débats*. Il mourut à Paris le 25 août 1797.

Sa Lodoïska avait avalé du poison, pour, dit elle, ne pas lui survivre; mais aux instances de sa famille, elle prit un antidote qui la sauva de la mort. Louvet parut ne pas avoir d'opinion fixe; il fut *démagogue* pendant les deux premières assemblées, *modéré* sous le règne de la terreur, et *exagéré* sous le directoire. Madame Roland dit dans ses mémoires, en parlant de Louvet : « Il peut faire » trembler Catilina à la tribune, dî- » ner avec les grâces et souper avec » Bachaumont. » Quant à la première de ces assertions, il faut convenir que Louvet fut presque le seul qui osa attaquer Robespierre au moment de sa toute-puissance, et qu'il ne lui laissa ni paix ni trève; mais il faut dire aussi qu'il montra cette même constance à poursuivre la royauté. Il était petit, fluet, et d'assez mauvaise mine; ses manières étaient simples et son habit négligé. On remarquait dans ses discours plus de figures que de raisons, et plus de chaleur que d'éloquence. On a de lui : I *Amours du chevalier de Faublas*, Paris, 1789-91-98, 13 vol. in-16. II *Paris justifié*, 1789, in-8. III *Emilie de Varmont, ou le divorce nécessaire*, 1791-94, 3 vol. in-8.

LOUVRELOEIL ( Jean - Baptiste ), prêtre de la doctrine chrétienne, né à Mende, y fut directeur du séminaire et professeur de théologie morale. Il s'est fait connaître par les deux ouvrages suivans : I *Le Fanatisme renouvelé, ou Histoire des sacriléges, des incendies, des meurtres et autres attentats que les calvinistes révoltés ont commis dans les Cévennes*, etc, Avignon, 1704, 2 vol. in-12. II *Mémoires historiques sur le Gévaudan et sur la ville de Mende*, qui en est la capitale, pour servir au *Dictionnaire universel de la France*, Mende, 1724, 1 vol. in-12.

LOWMAN (Moïse), né à Londres en 1679 [1], se fit connaître par divers écrits, dont les principaux sont : I une *Dissertation sur le gouvernement civil des Hébreux*, 1745. II Des *paraphrases* et des notes *sur la révélation de saint Jean*, 1748; ouvrage estimé. III *Raisons du rituel des Hébreux*. IV *Traité* où il entreprend de prouver mathématiquement et *à priori* l'unité et la perfection de Dieu. Ce traité est devenu rare. V *Trois Traités* publiés après sa mort sur le Schechinah et le Logos. Lowman était ministre presbytérien, et avait pendant plus de 40 ans gouverné une congrégation de cette secte à Clapham, dans le comté de Surrey. Fort tolérant pour toutes les espèces de dissidens, il ne l'était point pour le catholicisme, et il s'unit à Londres, en 1735, avec d'autres ministres presbytériens, pour prêcher contre l'église romaine. On croit qu'il était partisan du *christianisme rationnel*. Il était au reste fort savant, surtout dans les antiquités juives, et il possédait parfaitement l'hébreu. Il mourut à Londres en 1752, âgé de 72 ans.

LUCCARI (Jean), jésuite italien, né à Raguse, florissait vers 1629, et s'était rendu célèbre dans sa compagnie par son goût pour la bonne littérature, et ses talens pour l'éloquence. Il fut long-temps professeur de rhétorique au collège romain, et compta parmi ses nombreux élèves des personnes illustres, notamment le cardinal Tolomei, et Jean-François Albani, depuis pape sous le nom de Clément XI. On a du P. Jean Luccari plusieurs discours

éloquens dont les principaux sont : I l'*Oraison funèbre du cardinal Lugo de la compagnie de Jésus*, prononcée à Rome dans l'église de la maison professe, Rome, 1660. (*Voy.* LUGO, *Dict.*) II L'*Oraison funèbre du cardinal Marie-Antoine Franciotti*, Rome, 1666. Ces deux oraisons funèbres sont en latin. III *Stanislas Kotska, drama sacrum*, Rome, 1709. Le P. Luccari mourut cette même année, âgé de 80 ans. Cinelli, dans sa *Biblioteca volante*, et le P. Dolci, dans ses *Fastes littéraires de la république de Raguse*, donnent des détails assez étendus sur la vie et les écrits de ce savant jésuite.

LUCCHI (Michel-Ange), cardinal, né à Brescia le 20 août 1744, embrassa l'institut de Saint-Benoît, dans la congrégation du Mont-Cassin, et s'y distingua par sa piété et son goût pour les études savantes. Il était bon théologien, et professa la philosophie et la théologie pendant plusieurs années dans les monastères de son ordre. Il avait une grande connaissance des antiquités ecclésiastiques, et s'était rendu les langues orientales familières. Quoique son penchant le portât plus particulièrement vers l'étude et le travail du cabinet, il fut obligé d'accepter divers emplois dans sa congrégation, et devint abbé de Subiac [1], monastère célèbre par la retraite de saint Benoît. Il avait été lié avec Pie VII, religieux comme lui de la congrégation du Mont-Cassin; ce pape créa Lucchi cardinal le 23 février 1801, mais il ne fut déclaré que le 28 septembre suivant. Ce savant cardinal mourut le 29 septembre 1802, dans

---

1 Le *Dictionnaire univers.* (Prudhomme) dit en 1680.

1 En latin *Sublacum*. Godescar, *Vies des Pères, des martyrs*, etc., écrit *Sublac*. Les Italiens disent *Subiaco*, ayant, suivant leur usage, changé la lettre *l* en *i*.

son abbaye de Subiac, où il était venu pour faire la visite ; il n'avait que 58 ans. On a peine à concevoir comment il a pu, pendant une vie aussi courte, suffire aux immenses travaux qu'il a laissés. Il avait rédigé des *Commentaires* sur plusieurs parties des livres saints, et entrepris une nouvelle *polyglotte* qui aurait formé 3o vol. in-fol. Il y avait réuni les remarques des plus habiles interprètes, et rétabli le texte hébreu dans sa pureté naturelle ; on y trouve une nouvelle version grecque, la plus conforme à l'hébreu qu'il soit possible, une seconde version latine plus littérale, le texte des Septante, une traduction latine des mêmes et notre Vulgate ; le tout accompagné de variantes et d'un commentaire approfondi. Ses ouvrages manuscrits sont au nombre de 193, dont 74 en grec, et 119 en latin, sur des matières d'érudition, de critique, de théologie et de morale [1]. Par son testament il légua tous ces écrits au pape, qui les a fait déposer dans la bibliothèque du Vatican, d'où sans doute ils sortiront un jour pour être livrés à l'impression. Outre ce savant et inconcevable travail, on a du cardinal Lucchi : I *Venantii Honorii Clementiani Fortunati opera omnia recèns ad manuscriptos codices vaticanos, nec non ad veteres editiones collata*, Rome, 1786 et 1787. II *Appiani Alexàndrini et Herodiani selecta græcè et latinè*, Rome, 1783. III *La cause de l'Église défendue contre l'injustice de ses ennemis*, 1799. IV Plusieurs *Dialogues grecs* imprimés à Florence.

**LUCE DE LANCIVAL**, professeur à l'académie de Paris, naquit Saint-Gobin, département de

l'Aisne, en 1764. Il fit sés études avec éclat au collége de Louis le Grand. A l'âge de 22 ans il fut nommé professeur de rhétorique ; peu avant il avait publié un poëme latin sur la *mort de Marie - Thérèse*, qui lui mérita de la part de Frédéric II, un présent accompagné d'une lettre de ce monarque. Noé, évêque de Lescar, l'ayant appelé auprès de lui, il s'y rendit en 1787 ; de retour à Paris, il donna plusieurs tragédies qui eurent du succès, et fut nommé professeur de rhétorique au lycée de cette capitale. On a de Luce de Lancival un autre poëme, *Achille à Scyros*, imité de Stace, dont il a fait ressortir les beautés ; mais il n'a pas toujours su en cacher les défauts. Son *Éloge* de l'évêque de Lescar est un monument digne, autant de son esprit que de sa reconnaissance. Atteint depuis long-temps d'une cruelle maladie, il y succomba le 17 août 1810, à l'âge de quarante - six ans, peu de mois après avoir obtenu du gouvernement une pension de 6000 livres, en récompense de sa dernière tragédie. Ses autres ouvrages sont : I *De pace carmen*, 1784, in-4. II *Mutius Scævola*, tragédie en 3 actes. III *Périandre*, idem, en 5 actes. IV *Épître à Clarisse sur les dangers de la coquetterie*. V *Discours prononcé à la distribution des prix du Prytanée*, 1800, in-8. *Hector*, tragédie en 5 actes, jouée en 1809. Luce de Lancival était très-versé dans les classiques latins et grecs, aussi cette tragédie, une des meilleures qui aient paru depuis 5o ans, est tout-à-fait puisée dans l'Iliade, notamment la superbe scène des adieux d'Hector à Andromaque, et le récit de la mort du héros troyen. On y remarque plusieurs beautés de style ; le plan en est sage,

---

[1] *Mémoires pour servir à l'histoire ecclésiastique du 18ᵉ siècle*, tom. 4, pag. 599.

mais elle manque d'action. Ce littérateur avait été anciennement lié avec Buonaparte dont il était admirateur. Il lui a payé en conséquence le même tribut d'éloges que d'autres se sont empressés de lui donner ou par intérêt, ou par ambition, ou par vanité poétique. Luce de Lancival a aussi laissé un poëme en quatre chants contre le journaliste Geoffroy, intitulé *Feuillotanus*, où l'on dit que ce critique n'est pas ménagé, ainsi qu'il ne ménagea pas l'auteur d'*Achille à Scyros* et d'*Hector*.

LUCET ( Jean-Claude ), canoniste et ancien avocat du clergé, né à Pont-de-Veyle en Bresse en 1755, vint jeune à Paris, y étudia en droit, et se fit connaître par un *Eloge de Catilina*, Paris, Onfroy, 1720, in-8. Un ouvrage sur le droit canonique lui valut une place chez M. le garde des sceaux, pour les *matières ecclésiastiques*. Il continua d'écrire, le plus souvent en faveur de la religion, dont il embrassa la cause, et à laquelle il paraissait fort attaché. Au commencement de la révolution il se retira à Vanvres, où il fit une fin funeste, et avança le terme de ses jours. On en fut d'autant plus étonné, qu'on lui croyait, et qu'au tant qu'on peut en juger, il avait des sentimens religieux. La piété respire dans plusieurs endroits de ses écrits. On sait qu'il eut de vifs chagrins, dont il fut extrêmement affecté, et qui vraisemblablement aliénèrent sa raison. Il mourut le 11 juin 1806. Outre son éloge de Catilina, on a de lui : I les *Principes du droit canonique universel*, 1 vol. in-4. C'est cet ouvrage qui l'introduisit chez M. le garde des sceaux. II *La Religion catholique est la seule vraie, et la seule qui réponde à la dignité et aux besoins de l'homme*. III *Lettres sur différens sujets relatifs à* l'état de la religion en France, in-8. IV *Principes de décision contre le divorce*. V *L'Enseignement de l'église catholique sur le dogme et sur la morale, recueilli de tous les ouvrages de M. Bossuet, évêque de Meaux, en conservant partout son style noble et majestueux*, 1804, 6 vol. in-8. Cet ouvrage est le plus important de ceux de M. Lucet. C'était une idée heureuse que de rassembler dans un petit nombre de volumes un corps complet de doctrine religieuse appuyée d'une autorité aussi importante que l'est celle de cet illustre évêque, et exposée avec les propres paroles dont il s'est servi. Aussi applaudit-on d'abord au plan et à l'exécution de cette entreprise, et reçut-elle des encouragemens et beaucoup d'éloges. Un examen plus approfondi, et surtout une préface mise à la tête d'une seconde édition, firent ouvrir les yeux. On découvrit des réticences jusque-là non aperçues, sur la manière positive et bien formelle dont Bossuet s'est plusieurs fois expliqué au sujet des disputes qu'on agitait alors, et sur lesquelles le saint-siége avait rendu des décisions dont assurément Bossuet ne méconnaissait point l'autorité. Il en résulta que l'on conçut d'assez justes soupçons sur la façon de penser de l'auteur, et son livre perdit une partie du mérite qu'on lui avait supposé [1]. On attribue encore à M. Lucet un *Traité sur la nécessité de défendre les hommes de mérite contre les calomnies et les préjugés injustes*, Paris, 1803, in-8 ; des *Pensées de Rolin*, etc.

LUCHET (J.-P.-L., marquis de), littérateur, naquit à Saintes en 1740, et a laissé différens ouvrages qui ne

1 Voyez une lettre de M. Martelli, *Annales littéraires et morales*, tom. 4, pag. 385.

sont pas au-dessus de la médiocrité. Les principaux sont : I *Les Nymphes de la Seine*, 1743, in-12. II *Analyse raisonnée de la Sagesse de Charron*, Amsterdam, 1763, in-12. III *Considérations politiques et historiques sur l'établissement de la religion prétendue réformée en Angleterre*, 1765, in-12. IV *Essais historiques sur les principaux événemens de l'Europe*, Londres et Paris, 1766, 2 parties in-12. V *Nouvelles de la république des lettres*, Lausanne, 1775, 8 vol. in-8. VI *Essai sur la minéralogie et la métallurgie*, Maestrich, 1779, in-8. VII *Histoire littéraire de Voltaire*, 1781, 6 vol. in-8. VIII *Essai sur la secte des illuminés*, 1789, 3e édition, 1792, in-8, revue et augmentée par Mirabeau. IX *Bianca Capello*, traduit de l'allemand de Meissner, 1790, 3 vol. in-12. X Plusieurs *Romans*, *Éloges* et différens écrits sur la révolution. Le marquis de Luchet est mort en 1791. Il avait beaucoup d'instruction, mais peu d'ordre dans ses idées, et son style n'est pas toujours élégant et correct.

LUCHI (Bonaventure), savant mineur conventuel, était né à Brescia le 16 août 1700. Il avait fait des études distinguées, et était renommé dans son ordre pour son mérite et son savoir. Il professa la philosophie à Vérone et à Vicence, et devint régent du couvent de Saint-François-le-Grand, dans la ville de Milan. Après y avoir professé la théologie pendant six ans, il fut nommé secrétaire de son ordre, et se rendit à Rome où cette charge l'appelait. Pendant son séjour dans cette ville, il y exerça les fonctions de lecteur dans le célèbre collége de la Sapience. Etant de là passé à Padoue, il y professa la métaphysique à l'uni-

versité, où ensuite on lui confia une chaire d'Ecriture sainte. Pendant qu'il était à Rome il s'était fait connaître de Clément XIII; ses rares talens, sa piété et ses autres vertus lui avaient concilié l'estime et les bonnes grâces de ce pape. Clément songeait à faire Luchi cardinal, mais dès lors un parti puissant méditait la destruction des jésuites, et dressait ses plans pour parvenir à ce grand résultat. Clément aimait la société et ne se doutait nullement de ce projet. On le circonvint et on lui fit préférer à Luchi, Ganganelli, qui lui était très-inférieur en mérite et en savoir, mais dont on connaissait les dispositions à l'égard des jésuites. Il eut le chapeau, et réalisa quand il fut pape, les espérances qu'on avait conçues de sa complaisance, s'il parvenait jamais au souverain pontificat (*voyez* CLÉMENT XIV, *Dict.*). Le P. Luchi a laissé un grand nombre d'ouvrages parmi lesquels on distingue : I *Spinosismi Syntagma adinstauranda studia metaphysica propositum* anno 1730. II *Dissertationes duæ de nuditate protoplastorum et de serpente tentatore*, Padoue, 1755. III *Instruzione pratica sopra le regole è constituzioni di san Francesco dell' ordine de' Minori conventuali*, Venise, 1758. IV *De trajectione maris Idumæi, de sacrificiorum origine et ritu, dissertationes duæ habitæ in gymnasio Patavino*, Padoue, 1759. Dans la première de ces dissertations, l'auteur combat Spinosa et Leclerc; dans la seconde, Grotius et Spencer. On a aussi de lui quelques *Discours* imprimés. L'auteur de la *Storia letteraria d'Italia*, vol. 12, pag. 273, parle du P. Luchi très-avantageusement et fait l'éloge de ses vertus, de son érudition et de ses profondes

connaissances dans les saintes let=
tres. Ce savant religieux mourut à
Padoue en janvier 1785.

LUCINI (Louis-Marie), religieux
de l'ordre de St-Dominique et cardinal, naquit à Côme dans le Mila-
nès, en 1666, d'une famille illustre,
et quitta les avantages que pouvaient
lui procurer sa naissance et le crédit
de sa famille, pour embrasser la pauvreté religieuse. Aux vertus de son
état il joignait une rare capacité, et
jouissait d'une grande estime dans
son ordre où il fut appelé à remplir
les emplois les plus honorables. En
1724 il était commissaire du saint
office; en 1743, Benoît XIV, dans
sa première promotion, le créa cardinal. Il est auteur des ouvrages suivans : I *Esame e diffesa di decreto
publicato in Pondicheri di monsignor Carlo Thomaso di Tournon,
etc., approvato e confirmato con
breve del summo pontifice Benedetto XIII, in Roma, nella stam-
peria vaticana*, 1728, in-4. C'est,
dit un critique, un *chaos* d'érudition. II *Antithesis contrà Hyacin-
thum Serri, conantem pontificiam
infallibilitatem, certis terminis cir-
cumscribere*, Milan, 1736. III *Pri-
vilegia romani pontificis*, Venise,
1775. C'était un homme instruit,
d'un jugement solide, mais très-attaché aux opinions romaines. Il mourut en 1745, âgé de 79 ans [1].

LUNEAU DE BOISJERMAIN
(Pierre-Joseph-François), naquit à
Issoudun en 1752, étudia chez les
jésuites, en prit l'habit, qu'il quitta
bientôt après pour se livrer entièrement aux belles-lettres. Il se fit imprimeur à Paris, et devint éditeur

de ses propres ouvrages. Voici la
liste des plus remarquables : I *Discours sur une nouvelle manière
d'apprendre la géographie*, 1759,
in-12. II *Cours d'histoire et de
géographie*, 1760, 2 vol. in-12.
III *Élite de poésies fugitives*, Londres, 1764, 5 vol. in-12. IV *Mémoires de l'Encyclopédie*, 1772,
in-4. V *Les vrais principes de la
lecture et de l'ortographe*, ouvrage
commencé par Viard, et qui a eu
plusieurs éditions dont la plus complète est celle de 1783. VI *Almanach impérial*, publié pendant les
années 1781-82-83. VII Différens
*Cours* des langues anglaise, italienne
et latine. Ces derniers sont les plus
estimés. VIII Une édit. de *Racine*,
avec des commentaires, 1769, 7
vol. in-8. On dit que ces commentaires, inférieurs en mérite à ceux
donnés par la Harpe et Geoffroy,
furent achetés par Luneau de leur
véritable auteur, Blin de Sainmore;
ce qui est d'autant plus vraisemblable que souvent dans ses ouvrages,
Luneau s'est servi du travail d'autres
coopérateurs. Quoi qu'il en soit, si
ses écrits ne sont pas les plus marquans, on y trouve toujours un
esprit sage, exact et éclairé. Il est
mort subitement à Paris le 2 décembre 1801.

LYDGATE (Jean), poëte an-
glais, moine de Saint – Edmond's-
Bury, né vers 1380, florissait sous
le règne de Henri VI. Il est remarquable pour avoir été un des premiers qui, dans un siècle encore
barbare, commencèrent à introduire
le bon goût dans la poésie anglaise.
Il était contemporain et disciple du
fameux Chaucer, et fort versé dans
la philosophie, les mathématiques et
la théologie; il a laissé des *Chansons*, des *Églogues*, des *Odes*. Il
mourut en 1440, âgé de 60 ans.

[1] Plusieurs biographies placent la naissance
du cardinal Lucini en l'an 1669. Moreri, t. 3,
pag 243, le fait naître en 1666, et dit qu'il est
mort âgé de 79 ans. Il nous a paru qu'on devait
préférer la date de 1666, qui concorde avec
son âge de 79 ans en l'an 1745.

MACARTNEY ( George, comte de ), naquit en Irlande en 1737. Il était fils de George Macartney, évêque d'Auchinlek en Ecosse. Après avoir fait de bonnes études, il voyagea avec les fils de lord Holland. Le comte Macartney avait une grande aptitude pour les affaires, et à l'âge de 25 ans il fut envoyé en Russie en qualité d'ambassadeur extraordinaire, mission dont il s'acquitta avec honneur. A son retour il fut nommé secrétaire de lord Townsed, vice-roi d'Irlande. Il fut appelé ensuite au parlement, et décoré du titre de chevalier du Bain. On lui donna en 1774 le gouvernement des îles de la Grenade et de Tabago, place qu'il conserva jusqu'en 1779, époque à laquelle ces îles furent prises par les Français. L'année suivante il eut le gouvernement de Madras, et la conduite sage qu'il y tint lui mérita d'être nommé gouverneur général du Bengale; mais il préféra de retourner en Angleterre, d'où il partit en 1792 avec l'importante mission d'une ambassade à la Chine, dont le but était d'obtenir un traité de commerce avec ce pays. Mais il est bien plus facile de conquérir dans l'Inde des peuples faibles, désunis entre eux et sans discipline, que d'établir des relations, presque uniquement utiles à l'Angleterre, avec un peuple cérémonieux, poli, mais sage et méfiant. L'ambassadeur fut reçu avec pompe; mais à mesure qu'il approchait de la capitale la surveillance des Chinois redoublait. Il obtint avec peine une audience de l'empereur, et elle n'eut lieu qu'à une certaine distance de la capitale, et dans une tente qu'on avait élevée à cet effet. Malgré toute l'habileté de Macartney, il ne put obtenir du monarque chinois que des réponses évasives; et durant son séjour à Canton, et près de la capitale, il fut tenu moins comme ambassadeur que comme prisonnier. Une punition rigoureuse qu'on infligea à un matelot anglais contribua beaucoup à indisposer contre eux les Chinois, naturellement doux et humains. On les voyait s'attendrir à la vue du sang qui ruisselait du corps du matelot, que l'on avait attaché sur un canon, et que l'on déchirait à coups de cable : ils se retirèrent en lançant des regards de mépris et d'indignation. Puisqu'on voulait se captiver l'estime et la confiance des Chinois, il n'était pas nécessaire d'offrir à leurs yeux cet exemple de *civilisation*. Lord Macartney fut de retour à Londres en 1794, après trois ans environ employés dans son ambassade, où il avait montré autant de sagacité et de constance dans ses demandes, que le gouvernement chinois avait mis de fermeté et de prudence à les refuser. En 1795 Macartney fut envoyé à Vérone auprès de MONSIEUR, frère de Louis XVI ( actuellement Louis XVIII ); et en 1799 il fut nommé gouverneur du cap de Bonne-Espérance. Il est mort à Londres en 1806. Ce diplomate avait de l'instruction, des vues sages, un caractère conciliant, et s'est fait aimer de ses concitoyens et de tous ceux qui furent soumis à son gouvernement. On a publié différentes relations de son *ambassade à la Chine*. La première, rédigée par son secrétaire George-Léonard Stauntons, parut en 1794; mais elle est incomplète, la mort ayant surpris l'auteur au milieu de son travail.

Le gouvernement anglais chargea ensuite M. Barron d'en rédiger une nouvelle, qui parut en 1805. Celle de Stauntons fut traduite en français par M. Castera, Paris, 1804, 5 vol. in-8, et un atlas in-4. Un Français qui avait demeuré long-temps à Canton y réfuta plusieurs faits, en expliqua d'autres, et plus particulièrement les causes du malheureux succès de cette ambassade.

MACAULAY (Catherine), dame auteur, née d'un gentilhomme de Kent en 1733. Elle épousa en secondes noces le frère cadet du célèbre empirique Graham. Avec une imagination exaltée, et un esprit imbu de philosophisme, mistriss Graham ne perdait aucune occasion de proclamer hautement ses principes exagérés d'égalité et de liberté, qui ont fait pendant plusieurs années le malheur de l'Europe. Elle applaudit avec transport à l'indépendance de l'Amérique septentrionale, et entama une correspondance avec Washington. Pour le connaître plus particulièrement, mistriss Graham fit en 1788 le voyage d'Amérique : elle avait alors cinquante-cinq ans. A son retour elle se déclara le panégyriste de la révolution française, dont cependant elle n'apprit pas toutes les horreurs, étant morte à Londres en octobre 1791. Cette dame trouva plusieurs admirateurs en Angleterre, et entre autres le célèbre docteur Wilson, qui porta son enthousiasme, un peu extraordinaire dans un homme aussi éclairé, jusqu'à élever une statue à mistriss Graham dans son église paroissiale de Walbrook. Son successeur eut le bon esprit de la faire disparaître. Ses principaux ouvrages sont : I *Histoire d'Angleterre depuis Jacques I<sup>er</sup> jusqu'à l'avènement de la maison de Brunswick*, de 1763 à 1783, 8 vol. in-8. C'est une satire véhémente contre la maison de Stuart, qui eut du succès dans le temps, mais qui tomba ensuite dans l'oubli. II *Remarques sur les principes du gouvernement et de la société*, par Hobbes, 1767, in-8. III *Histoire d'Angleterre depuis la révolution jusqu'au temps présent*, en une suite de lettres à un ami, adressées au docteur Wilson, prébendier de Westminster, Bath, 1778, 1 vol. in-4. Cet ouvrage a été dicté par un esprit de parti dont l'exagération y est progressive. IV *Adresse au peuple d'Angleterre, d'Ecosse et d'Irlande sur les affaires présentes*, 1775, in-8. V *Traité sur l'immobilité des vérités morales*, 1783, in-8. VI *Lettres sur l'éducation*, 1780, in-8. VII *Observations sur les réflexions de M. Burke sur la révolution française*, 1790, in-8. Ces observations anti-monarchiques ne servent qu'à rehausser la justesse des réflexions du célèbre publiciste que mistriss Graham essaya en vain de réfuter. Malgré les travers de son esprit, elle écrivait avec pureté, avec force, et souvent avec élégance.

MACKNIGHT (Jacques), ministre presbytérien, né en 1721 à Irwin, dans l'Ecosse méridionale, exerça les fonctions pastorales dans divers lieux de sa patrie, et finalement à Edimbourg. Il était savant et habile helléniste. Il est auteur de plusieurs ouvrages, dont les principaux sont : I *Harmonie des Evangiles*. II Une *Traduction des Epîtres apostoliques*, d'après le texte grec original. Il en donna en 1795 une *nouvelle édition*, avec un commentaire et des notes. III Un *Traité* intitulé : *De la vérité de l'histoire de l'Evangile*. Macknight mourut en janvier 1800.

MACPHERSON ( Jacques ), littérateur, naquit en Ecosse en 1738, occupa d'abord quelques emplois politiques, s'y distingua, et ensuite il se livra entièrement à la littérature. On a de lui : I une *Traduction de l'Iliade*, très-inférieure à celle de Pope. II Une *Histoire de la Grande-Bretagne*, Londres, 1776, 2 vol. in - 4. III *Carton*, poëme, traduit en français par la duchesse d'Aiguillon et Mercier, Londres, 1762, in-12. IV Des *poésies fugitives*, etc., mais ce qui établit la réputation de Macpherson est sa *Traduction* des poésies *d'Ossian*, qu'il publia, au retour d'un voyage qu'il fit dans les montagnes d'Ecosse, à Londres, 1762-1773-1796, 2 vol. in-8, traduites en français par Letourneur, Paris, 1777-1799, par Griffet de la Beaume et Saint-George, 1797, 3 vol. in-18, et en vers, par M. Baour-Lormian, 1802, dont on a donné une nouvelle édition, ayant en tête une dissertation de Ginguené, Paris, 1810, 3 vol. in-8. La meilleure traduction qui existe est celle en italien (comme étant la langue qui se plie le plus à tout genre de poésie ), par Cesarotti, que cet ouvrage a immortalisé. ( *Voyez* CESAROTTI, *Supplément.* ) Il y en a aussi une autre en espagnol, qui n'est pas sans mérite, faite par l'ex-jésuite Montengon. Pendant plusieurs années, l'Europe entière crut à l'existence du fils de Fingal et de ses poésies, lorsque Johnson, Malcom-Laing, Ecossais, et autres, commencèrent à répandre des doutes sur leur authenticité. Le premier publia des romances antiques et originales qu'il prétendit avoir servi de texte à plusieurs morceaux de Macpherson, et déclara que les poésies d'Ossian étaient supposées. Macpherson en soutint

l'authenticité, et il eut pour défenseur le docteur Blair, qui cependant ne présenta que des preuves morales ; de manière que cette question est encore un problème. Nous oserons néanmoins faire observer qu'indépendamment du sacrifice d'amour-propre qu'aurait dû faire Macpherson à ne pas s'avouer l'auteur d'un ouvrage qui eut tant de succès, et quand même on ne le regarderait que comme un spéculateur littéraire, nous remarquons dans les *poésies d'Ossian* un genre tout-à-fait différent des autres, une couleur tout-à-fait originale, des images, des pensées, un nouveau ciel poétique qui ne peuvent se rapporter à aucun genre de poésie, soit ancienne, soit moderne. Et en effet le génie le plus extraordinaire pourrait bien difficilement se frayer et parcourir une carrière toute nouvelle, toujours égale, et qui offre partout des scènes éminemment pittoresques, transportées d'un monde, pour ainsi dire, inconnu. Les Romances, produites par Malcolm, peuvent être des pièces qui remontent jusqu'à l'antiquité d'Ossian, mais leur couleur n'est plus exactement la même que celle des poésies d'Ossian, et on pourrait les comparer peut-être plus aisément aux chansons guerrières des anciens Pictes. Différens auteurs qui ont parcouru le nord de l'Ecosse, rapportent et attestent avoir entendu chanter par des montagnards de ces contrées les poésies d'Ossian. Ginguené, dans la dissertation que nous avons annoncée, soutient l'opinion de ces auteurs, tandis que M. de Boissonade, dans les différentes critiques qu'il a faites de l'ouvrage en question, est d'un avis tout contraire. Mais tous s'accordent à dire que ces poésies renferment un grand nombre de beautés d'un genre supérieur , qu'on admire surtout dans les poëmes d'Oscar, de Malvina et de Fingal.

MAILLE (Louis), prêtre du diocèse d'Aix en Provence, était directeur du séminaire établi par M. le cardinal Grimaldi dans cette ville, et détruit ensuite par M. de Vintimille, depuis archevêque de Paris. Il se retira à Rome après l'affaire des filles de l'Enfance, dans le dessein d'être utile à ces religieuses, dont Innocent XI protégeait l'institut. N'ayant point réussi dans son dessein, il continua d'habiter Rome, et s'y fit connaître de la plupart des cardinaux et autres prélats de la cour romaine. Il s'y lia avec M. de Vaucel, chanoine et théologal d'Aleth, connu par ses écrits dans l'affaire de la Régale, et par ses lettres à M. Arnauld. ( *Voyez* VAUCELLE, *Dict.* ) L'abbé Maille fut nommé à une chaire de professeur au collége de la Sapience, emploi qu'il occupa pendant plusieurs années, et qu'il remplit avec distinction. Il était, dit-on, estimé de Clément XI, mais suspect en France à raison de son attachement à la cause du jansénisme, et connu pour tel du roi. M. le cardinal de Janson, ministre de S. M. près de ce pape, eut ordre de s'en plaindre. Maille fut enfermé au château de Saint-Ange. Il y demeura cinq ans, pendant lesquels néanmoins on lui conserva sa place, et on lui en faisait passer les émolumens, excepté pendant les dernières années qu'on en réserva la moitié pour le professeur qui le remplaçait. A la mort de Louis XIV, il recouvra sa liberté, et revint en France en 1717. M. le cardinal de Noailles, à qui il avait été à Rome de quelque utilité, lui procura une retraite à Paris chez les doctrinaires de Saint-Charles, où il mourut le 8 août

1738, dans la 81e année de son âge. Quoiqu'il ait été lié avec les appelans, on ne connaît néanmoins de lui aucun acte d'adhésion à l'appel.

MAILLE (N.), oratorien, né en 1707 à Brignoles, au diocèse d'Aix, professa successivement dans sa congrégation les humanités, la rhétorique, la philosophie et la théologie, pendant 10 ans : quoiqu'il n'eût aucun degré dans la cléricature, il remplissait avec une exactitude exemplaire tous les devoirs de la communauté, et était assidu à tous les exercices. La conformité d'opinions sur les matières de la grâce, et de sentimens à l'égard de la société des jésuites avec M. de Fitz-James, évêque de Soissons, le fit appeler par ce prélat pour professer la théologie dans son séminaire épiscopal. Ce prélat lui offrit de l'élever aux ordres. Le P. Maille déclina cette offre, et déclara qu'il se retirerait plutôt que d'y consentir. Il n'eût point obtenu de lettres dimissoriales de M. l'archevêque d'Aix, à moins qu'il n'eût signé le formulaire, et il regardait cette impossibilité de parvenir aux ordres sans renoncer à ses sentimens, comme un signe de la volonté de Dieu qui ne l'appelait point au sacerdoce, et à laquelle il devait obéir. Il quitta Soissons pour aller à Marseille, et y mourut le 4 mai 1762, âgé de 55 ans. On a de lui : I *Le P. Berruyer convaincu d'arianisme, de pélagianisme et de nestorianisme*, 2 vol. in-12, 1755. II *Le P. Berruyer convaincu d'obstination dans l'arianisme*, etc., 1756, 1 vol. Dès 1754, Berruyer, dont sans doute les intentions étaient droites, quoique son livre fût fautif, avait donné un acte de soumission à la censure qui en fut faite, lequel fut lu en Sorbonne. (*Voy.* BERRUYER, *Dict.*). Ainsi les imputations d'arianisme, etc., et à plus forte raison d'obstination dans cette hérésie, à une époque postérieure, n'étaient ni dans la charité ni dans la vérité. III *Examen critique de la théologie de Poitiers*, 1766, in-12.

MAILLY ( Joseph-Augustin, comte de ), maréchal de France, naquit le 5 avril 1708. Il entra au service en 1726, et commença ses campagnes par le siége de Kehl, en 1733, comme lieutenant de la compagnie des gendarmes écossais. Il se trouva à l'attaque des lignes de Stolhoffen et au siège de Philisbourg en 1734, à l'affaire de Clauzen en 1735, et obtint la croix de Saint-Louis en 1740. Dans la guerre de 1741, il se distingua à l'attaque de Danurins, au siége de Braunaw, et reçut le grade de brigadier le 2 février 1743. A Weissembourg, il repoussa avec 150 gendarmes un corps de cavalerie et d'infanterie, qui avaient culbuté deux régimens français. Le roi lui accorda pour cette action brillante une pension de 3,000 livres. Il fut créé maréchal de camp en 1745, et l'année suivante le comte de Mailly se couvrit de gloire dans la campagne d'Italie. Il contint les ennemis sur le Tanaro, et à la bataille de Pavie, étant séparé de l'armée française, dont on avait enfoncé le centre, il perça à travers un gros de cavalerie, et parvint à la rejoindre, en enlevant aux ennemis 4 pièces de canon et 150 prisonniers. A l'affaire d'Affiette il fut blessé d'un coup de feu. En 1747 il fut nommé au gouvernement d'Abbeville, et obtint successivement les grades de lieutenant général, et les places d'inspecteur des dragons, et de commandant en chef du Roussillon. Il se trouva, en 1757,

à la bataille d'Hasteimbeck, et ensuite à celle de Rosbach, où il défit un corps de gendarmes ennemis. Blessé à la tête d'un coup de sabre, il tomba sans connaissance, et fut fait prisonnier. Quand il recouvra sa liberté, il partit pour l'armée d'Allemagne, et fit les campagnes de 1761 et de 1762. A la paix, il retourna en Roussillon, et en 1771 il fut nommé directeur général des camps et armées des Pyrénées, des côtes de la Méditerranée. Après avoir été créé chevalier des ordres du roi, et maréchal de France en 1783, Louis XVI lui confia en 1790 le commandement de l'une des quatre armées décrétées, et celui des 14e et 15e divisions militaires. Il donna sa démission le 11 juin de la même année, lorsque l'assemblée exigea le serment civique, auquel le caractère loyal du comte répugnait. Malgré son grand âge, lorsqu'il apprit le 10 août que le roi était en danger, il se rendit au château des Tuileries. Il dirigea la résistance des gardes suisses contre les brigands mutinés. Il remonta, et traversa les appartemens au milieu des boulets, accompagné de M. de Pomar, officier général qui avait servi sous lui. Ils allaient descendre l'escalier de la reine afin de gagner le Pont-Royal, lorsqu'ils furent attaqués par un peloton d'insurgés, qui, à coups de hache, terminèrent la vie de M. de Pomar. Le maréchal de Mailly allait subir le même sort, lorsqu'un homme du peuple, frappé de son aspect vénérable et de son âge ( il avait alors 85 ans ), résolut de le sauver. Il le prend au collet, et lui dit tout bas de le suivre, assurant aux autres insurgés qu'il va le mener au comité de salut public, afin que justice en soit faite. Ce même homme traverse la foule, et quand il fut sur le

Pont-Neuf, il s'obstine à accompagner le maréchal jusqu'à son hôtel. Lorsqu'ils y furent arrivés, le maréchal lui dit: « Mon ami, je vous »remercie, retournez-vous-en; voilà »un assignat de 300 livres. — Monsieur, répond son libérateur, je »suis assez récompensé par le plaisir »d'avoir sauvé un honnête homme. »Vous êtes donc le maréchal de »Mailly? — Oui : mais faites-moi »le plaisir d'accepter cette marque »de ma reconnaissance, et de me »dire votre nom. — Monsieur, »quant à l'assignat, vous me permettrez que je ne l'accepte pas ; »pour mon nom, il vous est inconnu, »et ne mérite pas d'être prononcé. » En disant cela, il lui fait une profonde révérence, et se retire. Ce trait d'humanité est d'autant plus remarquable, qu'il partait d'un homme confondu parmi les assassins de cette journée affreuse, où tout le château des Tuileries n'offrait qu'un vaste champ de carnage. Echappé à ce danger, le maréchal fut cependant arrêté sept ou huit jours après, et conduit devant la section, qui voulut l'envoyer à l'Abbaye ; un commissaire s'y opposa, et alors le maréchal de Mailly, la maréchale et leur fils unique Adrien, encore au berceau, se réfugièrent à Mareuil en Picardie. Mais il était décrété qu'il devait périr par la hache des bourreaux. Arrêté de nouveau le 26 septembre 1793, il fut transféré à Arras, et décapité le 25 mars 1794, à l'âge de 86 ans. Il monta sur l'échafaud avec le même courage qu'il avait montré dans les combats, et dit d'une voix forte : « Je meurs fi- »dèle au roi comme l'ont été mes »ancêtres. » Le maréchal joignait au mérite militaire celui d'être un excellent administrateur ; et les habitans du Roussillon, soit des villes, comme ceux des campagnes, n'oublieront jamais ni ses bienfaits ni ses sages providences.

MAIRE ( N... le ), chirurgien, naquit vers 1710. Après avoir étudié son art à Montpellier et à Lyon, il s'établit dans cette dernière ville, où il obtint bientôt une grande réputation, qu'il soutint par plusieurs *Mémoires chirurgiques* qui lui méritèrent d'être reçu membre de la société des sciences de Montpellier et de celle d'émulation de Bourg en Bresse. Il a aussi donné un *Opuscule sur le magnétisme*, où il se borne à observer et à attendre. L'ouvrage le plus répandu de le Maire est un *Traité du fluide nerveux*. « Ce fluide impalpable, »invisible, existe-t-il réellement ? »Et comment les nerfs, ces agens »rapides de la volonté, transmettent- »ils dans l'individu la sensation et »le mouvement ? Est-ce par l'inter- »mède d'un esprit subtil et mobile, »qui parcourt avec célérité toutes »les routes de l'organisation, et »qu'on a nommé fluide nerveux ? »Les nerfs seraient – ils plutôt des »cordes élastiques, à qui le contact »des objets cause des oscillations, qui »se prolongent jusqu'au cerveau, »qui à son tour a la faculté de réa- »gir. » Le Maire, en soutenant cette dernière hypothèse, ne dissimule pas les objections qu'on pourrait lui faire ; il donne cependant une grande probabilité à son opinion, que plusieurs physiologistes modernes ont partagée avec lui.

MALBOSC (David de), prêtre et docteur en théologie de l'université de Toulouse, était né à Quersac dans le Gévaudan, et vivait dans le siècle dernier. Etant venu s'établir à Paris, il y fut pourvu de la place de recteur de l'Hôpital général. Il est connu par divers ouvrages en prose et en vers, insérés dans le *Mercure* et autres journaux de son temps. On a aussi de lui un livre de piété, intitulé *la Vie du chrétien*, 1766, in-12. Il est mort à Paris le 23 septembre 1784.

MALLET (Paul-Henri), écrivain distingué, naquit en 1730 à Genève, fut professeur d'histoire dans l'académie de cette ville, et professeur royal de belles-lettres à l'université de Copenhague. Les derniers troubles de Genève lui firent perdre presque toute sa fortune; et, quelque temps après, il perdit encore deux pensions que lui faisaient le feu duc de Brunswick et le landgrave de Hesse. Le gouvernement français venait de lui accorder une pension, lorsqu'il mourut d'une attaque de paralysie le 8 janvier 1807. Mallet avait voyagé dans plusieurs capitales de l'Europe, où les souverains lui firent un excellent accueil; il avait de vastes connaissances en histoire et en littérature, et il se faisait rechercher autant par les talens que par la bonté de son caractère et les agrémens de son esprit. Il était membre des académies d'Upsal, de Lyon, de Cassel, et de l'académie celtique de Paris. On remarque dans ses ouvrages l'historien exact, le sage critique et l'élégant écrivain. Les principaux sont : I une *Relation de son voyage en Suède*, 2 vol. in-4. II *Histoire de Hesse jusqu'au dix-septième siècle*, 3 vol. in-8. III *Histoire de la maison de Brunswick jusqu'à l'accession de cette maison au trône d'Angleterre*, 3 vol. in-8. IV *Histoire des Suisses dès les temps les plus anciens jusqu'au commencement de la dernière révolution*, Genève, 1803, 4 vol. in-8. V *Histoire de la ligue anséatique, depuis son origine jusqu'à sa décadence*, 1805, 2 vol.

in-8. Son ouvrage le plus remarquable est VI l'*Histoire de Danemarck*, dont il y a eu plusieurs éditions. La plus complète est celle de 1787; elle arrive jusqu'au dix-huitième siècle; l'introduction qui précède renferme un précis très-intéressant de l'ancienne mythologie des peuples du Nord. Mallet découvrit à Rome la suite chronologique des évêques d'Islande qui était perdue en Danemarck : on la trouve dans le 3º volume de la *Collection des écrivains danois*, par Langebeck.

MALLET DU PAN (Jacques), né en 1750 à Genève, et y fit de fort bonnes études. Il connut de bonne heure Voltaire, qui apprécia ses talens, et lui procura une chaire de belles-lettres dans la ville de Cassel. Mallet du Pan était, à cette époque, partisan de la philosophie du jour, en hommage de laquelle il publia son *Discours de l'influence de la philosophie sur les lettres*, Cassel, 1772, in-8. Quelques années après, une funeste expérience le fit changer d'opinion. Il remplit son emploi de professeur avec distinction, et quitta ensuite l'enseignement pour s'occuper de politique; il continua les *Annales* de Linguet, et, chargé ensuite de la partie politique du *Mercure de France*, il se concilia l'agrément de tous les lecteurs par ses vues sages, ses réflexions et son impartialité. Dès que la révolution eut éclaté, il se prononça contre les républicains; mais, comme Mallet du Pan semblait préférer le gouvernement mixte, il ne plut pas non plus à ceux qui aimaient un système purement monarchique. Au mois de mai 1792, il eut, auprès de l'empereur et du roi de Prusse, une mission secrète dont il s'acquitta avec succès. De retour à Paris, il reprit son journal, et continua à combattre les *jacobins* avec une telle vigueur et un tel courage, qu'au 10 août il fut désigné comme une des premières victimes qu'on devait immoler. Il put échapper aux massacres qui signalèrent et suivirent cette terrible journée, et se retira à Genève, depuis à Berne, revint en France, et, ne trouvant de sûreté nulle part, il passa à Londres en 1795, « après »avoir passé quatre ans, comme il le »dit lui-même, sans être assuré en »me couchant si je me relèverais »libre ou vivant le lendemain, et »après avoir essuyé cent quinze dé-»nonciations, trois décrets de prise »de corps, deux scellés, quatre as-»sauts dans ma maison, et la confis-»cation de tous mes biens.» Sans examiner l'exactitude historique de ce récit, il est pourtant indubitable qu'il n'échappa que par miracle aux persécutions des jacobins. Il publia à Londres le *Mercure britannique*, où il chercha en vain à tenir la balance entre les deux partis; il irritait toujours davantage les républicains par le tableau qu'il présentait des horreurs qu'ils avaient commises, et mécontentait les royalistes par ses réflexions sur les mesures insuffisantes qu'ils prenaient, disait-il, pour ramener en France l'ancien régime. Les premiers numéros de ce journal furent consacrés à blâmer l'invasion des Français en Suisse sous le directoire. Mallet du Pan souffrait depuis long-temps de la poitrine, maladie que ses malheurs ne firent qu'aggraver, et il mourut à Londres le 11 mai 1800, âgé de cinquante ans. Outre les ouvrages déjà indiqués, on a de lui : I *Discours sur l'éloquence et les systèmes politiques*, Londres, 1775, in-12. II *Considérations sur la nature de* *la révolution française, et sur les causes qui en prolongent la durée*, ibid., 1793, in-8. III *Correspondance politique pour servir à l'histoire du républicanisme français*, in-8. IV Un *Ecrit* où il peint avec les couleurs les plus touchantes les malheurs de la Suisse et de Genève, sa patrie, qui forme l'introduction et le premier volume du *Mercure britannique*. Il est à regretter, parmi plusieurs manuscrits qu'il perdit lorsqu'on lui enleva sa bibliothèque, un qui avait pour titre : *Tableau politique de la France et de l'Europe avant la révolution*. On remarque dans tous les ouvrages de cet auteur, à travers des métaphores trop multipliées et quelques incorrections, un style noble, ferme et énergique.

MALLEVILLE ( Guillaume ), prêtre, né à Domme, petite ville du haut Périgord, en 1699, s'est fait connaître par divers ouvrages pieux ou utiles à la religion, dont la liste suit : I *Lettres sur l'administration du sacrement de la pénitence*. II *Devoirs du chrétien*, 1750, 4 vol. in-12. III *Prières et bons propos pour les prêtres*, 1752, in-16. IV *La Religion naturelle et la révélée établies sur les vrais principes de la philosophie et de la divinité des Ecritures*, 1756 et 1758, 6 vol. in-12. V *Mémoires sur la prétendue défense de la tradition orale*. VI *Défense des lettres sur la pénitence*, 1750, in-8. VII *Histoire critique de l'éclectisme*, 1766, 2 vol. in-12. VIII *Examen approfondi des difficultés de l'auteur d'Emile contre la religion catholique*, 1769, in-12.

MALOUET ( Pierre-Victor ), naquit à Riom, en février 1740, d'une famille honorable. Il était intendant de la marine à Toulon lors des troubles révolutionnaires, et il fut nommé par son département député aux états généraux de 1789. Il y apporta un esprit sage et modéré, et beaucoup d'attachement pour la monarchie. Mais une voix faible et une poitrine délicate nuirent à l'effet qu'il pouvait produire comme orateur. Il eut une grande part à la réunion des trois ordres en une seule assemblée ; mais il s'était opposé à ce qu'elle se déclarât *assemblée nationale*, et dit que cette mesure était aussi dangereuse que précipitée. Il montra aussi les inconvéniens qu'on avait à craindre dans la formation des gardes nationales, et surtout dans les pouvoirs sans bornes qu'on accordait aux municipalités. L'expérience a prouvé dans la suite combien cette observation était sage. La déclaration des droits de l'homme lui parut offrir les mêmes dangers : « Il faut rétablir, dit-il, le »calme et non relâcher les liens de »la société par des définitions méta- »physiques. » Il fit voir ensuite la nécessité de rétablir l'ordre parmi le peuple, et de faire payer les impôts. Il se déclara pour le *veto* suspensif, ainsi que pour la division du corps législatif en deux chambres permanentes. Malouet demanda plusieurs fois la suppression des journeaux incendiaires, et réclama une loi contre les écrits séditieux qui égaraient le peuple en l'irritant contre plusieurs députés. Il s'opposa, quoique inutilement, à la vente des biens du clergé, et démontra combien cette mesure était injuste et impolitique ; attaqua le comité des recherches au sujet de la visite faite la nuit, et sous un prétexte frivole, aux Annonciades ; et entreprit la défense de M. Albert de Rioms, inculpé relativement à la révolte des matelots de Toulon. On l'appela comme témoin dans la procédure sur les jour-

nées des 5 et 6 octobre ( *voyez* LOUIS XVI, *Supp.* ); mais on ne put savoir de lui sinon qu'il avait vu et parlé au duc d'Orléans le 6 au matin. Du reste, cette procédure n'eut pas de suite, et les crimes commis dans ces deux journées restèrent impunis. Dans l'année suivante, 1790, il ne s'occupa qu'à défendre les prérogatives de la royauté, et à faire annuler, comme il l'obtint, le décret de prise de corps, lancé en 1781 par le parlement de Paris, contre son ami Raynal. Il s'opposa le 14 janvier 1791 au projet d'organisation de marine, ne voulant pas qu'on confondît la marine militaire et la marine marchande ; mais il adopta le principe que nul ne peut être exclu de la place d'aspirant à cause de sa naissance. Le 8 février il combattit avec force le projet tendant à établir une haute cour nationale, et somma l'assemblée de statuer sur les crimes qualifiés de lèse-nation. Le 11 mai il prononça un discours où il peignit avec énergie les principes de la société dite *les Amis des noirs*, rappela les maux qu'elle avait produits, et annonça ceux qu'elle produirait encore. Le 25 juin, malgré les vociférations des tribunes et les murmures qui s'élevaient de toutes parts, il défendit l'inviolabilité du monarque, et déclama contre la manière illégale avec laquelle on l'amenait prisonnier à Paris. Un attachement si fidèle devait mériter à Malouet la confiance de Louis XVI, et il la partagea en effet avec MM. de Montmorin et de Lally ; mais tous leurs efforts furent vains pour relever la royauté. Le 1er juillet il dénonça une affiche qui provoquait la déchéance du roi, défendit ensuite les princes et les émigrés. Mais ce dévouement, absolument contraire aux principes des factieux, l'aurait exposé tôt ou tard à une perte inévitable. Il quitta donc Paris en septembre 1792, et se rendit à Londres. Dans le mois de janvier de l'année suivante il écrivit au conseil exécutif, afin qu'on lui permît de rentrer en France et de servir de défenseur officieux à Louis XVI, dans le procès de ce monarque. Au lieu d'accéder à sa demande, le conseil l'inscrivit sur la liste des émigrés. Après le 18 brumaire (1799) il revint à Paris; mais il fut considéré comme suspect et arrêté en conséquence. Il obtint bientôt sa liberté, et le gouvernement le nomma en novembre 1803 commissaire général de marine à Anvers, et successivement maître des requêtes, conseiller d'état, préfet maritime et commandant de la Légion-d'Honneur. Malouet avait obtenu ces différentes places en moins de cinq ans. Le 13 février 1810, il vint au nom du gouvernement proposer au corps législatif l'approbation d'un projet de loi relatif à la conservation du bassin à flot construit dans le port de la Rochelle. On regrette d'entendre dans la bouche d'un ancien et fidèle serviteur des Bourbons le discours qu'il prononça en cette circonstance; il y dit, entre autres choses : « Il était réservé »au grand monarque qui nous gou-»verne d'arriver au milieu des ruines »pour les faire disparaître, de répa-»rer ce qui pouvait l'être, et de s'é-»lever ainsi au-dessus des lumières »et de l'expérience des siècles. » Il adhéra en mars 1814 à la déchéance de Napoléon; et le 3 avril il fut nommé par le gouvernement provisoire commissaire du département de la marine. Le 13 il obtint le portefeuille de la marine et des colonies, et il mourut le 7 septembre de la même année 1814. Nous n'examinerons point la conduite politique de Malouet depuis sa rentrée en France : la confiance qu'il mérita du monarque qui nous gouverne doit nous abstenir de toute réflexion. Malouet a laissé plusieurs ouvrages sur les colonies et l'esclavage des nègres.

MAMACHI ( Thomas-Marie ), célèbre religieux de l'ordre de saint Dominique, était Grec de nation, et naquit dans l'île de Scio le 3 décembre 1713. Il vint jeune en Italie. Doué d'un esprit vif et pénétrant, passionné pour l'étude et assidu au travail, il acquit de bonne heure la réputation d'un habile théologien et d'un savant très-distingué. Les succès qu'il obtint dans les leçons de philosophie et de théologie qu'il donna au couvent de son ordre, à Florence, le firent connaître et le lièrent avec l'abbé Lami et d'autres hommes célèbres de cette ville. Vers 1740 on l'appela à Rome pour y professer la théologie à la Casanate; il y fit la connaissance de Concina, Orsi et Dinelli, ses confrères, savans célèbres qui, voyant son goût pour l'érudition, employèrent tout leur crédit pour le faire valoir. Bientôt en effet il eut des places dans les congrégations. Benoît XIV lui conféra le titre de maître en théologie, et le fit consulteur de l'index. Il fut en 1746 nommé professeur d'histoire ecclésiastique. Ces emplois, et l'estime dont l'honoraient plusieurs cardinaux, ajoutèrent à sa célébrité, et plusieurs jeunes prélats vinrent se mettre sous sa direction. Clément XIII occupait alors le trône pontifical. Ce pape, comme on sait, était attaché aux jésuites, et Mamachi ne les aimait point. Il eût été d'un mauvais courtisan de se montrer leur ennemi; le P. Mamachi s'en garda bien; mais sous Clément XIV il se déclara ouvertement contre la société, et servit ce pape de sa plume, dans le dessein qu'il avait de la détruire. Devenu un des théologiens de la congrégation chargée des affaires de ces religieux, après leur suppression il ne négligea rien pour se concilier les bonnes grâces du pape et celles des différentes cours qui avaient pris part à cet événement. Lui et ses coopérateurs attendaient pour récompense de leurs soins d'être promus à des places importantes, mais leur espoir fut trompé ; Clément mourut sans rien faire pour eux. Sous Pie VI le P. Mamachi fut fait maître du sacré palais, et secrétaire de l'*index*. S'étant le 7 mai 1792, rendu à Corneto au diocèse de Montefiascone, où il avait coutume d'aller passer la belle saison [1], il y fut pris d'une fièvre bilieuse dont il mourut au commencement de juin de la même année. On doit reconnaître dans le P. Mamachi une profonde science, des connaissances très-étendues et très-variées, un mérite rare. Ces heureuses et estimables qualités lui firent de nombreux partisans. Il eut cependant aussi beaucoup d'ennemis, et avait, dit-on, de la hauteur. Sa critique était dure et mordante, et il connaissait peu les ménagemens que se doivent, même quand ils sont d'opinions différentes, ceux qui écrivent, ou il ne s'y croyait point obligé. Il abusa peut être aussi quelquefois de l'autorité que lui donnaient les places qu'il occupait. Il se brouilla avec des hommes à qui leur réputation et leurs talens donnaient droit à plus d'attentions. On compte parmi ceux-ci le célèbre Tiraboschi, qui lui écrivit une lettre fameuse, laquelle fut imprimée et depuis insérée dans le journal de Modène,

vol. 33, page 263. On lui reproche des variations dans ses opinions, et des attachemens suivant les circonstances. On l'appela le théologien à *tout vent*. Des vers satiriques qui coururent Rome en 1772 le représentent sous ces traits. On serait tenté de croire que ces reproches ne sont point sans fondement, quand on les voit appuyés du témoignage de personnes parmi lesquelles il se trouve des noms recommandables. On a de lui un grand nombre d'ouvrages. Nous citerons les suivans : I *De ethnicorum oraculis, de cruce Constantino visâ et de evangelicâ chronotaxi*, Florence, 1738. II *Ad Joannem Dominicum Mansium de ratione temporum Athanasiorum, de que aliquot synodis 4° sæculo celebratis, epistolæ quatuor*, Rome, 1748. Ces lettres, pleines d'érudition et louables sous ce point de vue, contiennent des expressions peu ménagées que le sujet ne demandait pas, et qu'indépendamment du mérite de Mansi, l'état de Mamachi devait lui interdire. III *Originum et antiquitatum christianarum libri* XX, de 1749 à 1755, Rome, 5 vol. La première idée de cet ouvrage appartient à Joseph Bingham, Anglais, qui le poussa jusqu'à huit volumes, dont le dernier parut en 1722. Il fut ensuite traduit en latin par Jean-Henri Grischaw, et publié à Halle en 1724-38 ; mais on doit au P. Mamachi d'y avoir fait d'excellentes corrections et augmentations qui l'ont beaucoup amélioré. Il en publia successivement 5 vol ; l'ouvrage n'est point achevé. IV *De' costumi de' primitivi christiani*, Rome, 1753 et 1757, 3 vol. in-8. Cette matière avait été traitée dans le 3° volume des *Origines*. L'utilité dont elle pouvait être détermina le P. Mamachi à

[1] *Per la solita sua Villeggiatura*, dit un biographe italien.

la traduire en italien avec les changemens convenables pour la rendre plus vulgaire. L'ouvrage essuya de la part de l'auteur de la *Storia letteraria d'Italia* quelques critiques insérées dans le 9ᵉ volume de cette collection, pag. 307. V *Annalium ordinis Prædicatorum*, etc., Rome, 1756. VI *De animabus justorum, in sinu Abrahæ ante Christi mortem expertibus beatæ visionis Dei libri duo*, Rome, 1766, 2 vol. Il y réfute Cadonici, Feltri, Dailham et Natali, qui prétendaient que les saints de l'ancien Testament ont joui de la vision intuitive de Dieu avant la descente de Jésus-Christ aux enfers. Il paraît que dans cette dispute, de part et d'autre on ne se piqua point d'être poli ; ce qui, toutefois, n'aurait pas nui aux bonnes raisons. VII *Del dritto libero della chiesa d'acquistare e di possedere beni temporali*, Rome, 1769. Le P. Genovesi y est très-maltraité. VIII *La pretesa filosofia de' moderni increduli, esaminata e discussa*, etc., Rome, 1769, et Venise 1770. IX *Ortodoxia Palæsoxiana*, Rome, 1772, 3 vol. Le P. Faure, jésuite, y répondit, Lugano, 1773. X *Espistolarum ad Justinum Febronium de legitimâ romani pontificis auctoritate libri duo*, Rome, 1776 et 1777, contre de Hontheim. XI *De laudibus Leonis X P. M. oratio*, 1741. Mamachi dirigeait le journal ecclésiastique qui s'imprimait à Rome.

MANDAT ( N. ), capitaine aux gardes françaises avant la révolution dont il embrassa la cause. Il était né vers 1750. A la journée du 10 août 1792, il commandait les grenadiers nationaux de la section des Filles-St-Thomas, auxquels il donna l'ordre de repousser la force par la force ; mais, pendant la nuit, la nouvelle municipalité insurrectionnelle avait chassé

l'ancienne. Le 10 à cinq heures du matin, Mandat fut appelé à l'hôtel de ville, sur l'accusation que le jour avant il avait voulu retenir au château le maire Pétion qui s'y trouvait en charte privée. A peine eut-il franchi les premières marches de l'hôtel de ville qu'il fut massacré, et son corps jeté dans la Seine. C'est en vain que son fils, tout en larmes, demanda son corps pour lui donner la sépulture. Quelques mois après on dénonça sa fille, épouse de M. Thomassin, comme conspiratrice ; elle avait alors 25 ans ; le tribunal révolutionnaire la condamna à mort le 12 mai 1794.

MANDRILLON (Joseph), littérateur, naquit à Bourg-en-Bresse vers 1750, se livra au commerce, et voyagea en Amérique et en Hollande où il s'établit ; il s'y montra contraire au parti du Stathouder, et revint en France à l'époque de la révolution, dont il fut un zélé partisan ; mais ayant déclamé contre le système de la *terreur*, il fut arrêté et condamné par le tribunal révolutionnaire ; il périt sur l'échafaud en mai 1794. On a de lui : I *Le Spectateur américain*, qui contient des vues assez sages sur le commerce des colonies anglaises, Amsterdam, 1784, in-8. II *Le Voyageur américain*, ou *Observations sur l'état actuel, la culture et le commerce des colonies britanniques en Amérique*, traduit de l'anglais, augmenté d'un *Précis historique* sur l'Amérique septentrionale et la république des Etats-Unis, Amsterdam, 1783, in-8. Dans cet ouvrage, l'auteur prétend que la découverte de l'Amérique n'a pas été moins funeste à l'Europe qu'au Nouveau-Monde.

MANGIN (Charles), architecte, né à Mitry, près de Meaux, le 2 mars 1721. On lui doit plusieurs bâtimens publics existans à Paris, qui font

honneur à son goût et à son intelligence, tels que la Halle-aux-Bleds,
la Garre, le séminaire du Saint-Esprit, les fondations et l'élévation du
portail de la ci-devant église de
Saint-Barthélemi, la restauration du
portail de Saint-Sulpice, l'élévation
de ses tours, l'église du Gros-Cail-
lou, et un grand nombre d'autres
bâtimens, comme la maison de la
Rive, des châteaux, etc., etc. Il est
mort à Paris le 4 février 1807, âgé
de 76 ans.

MANNING ( Robert ), prêtre
catholique, né en Angleterre, vint
faire ses études à Douay dans le collége anglais, et y prit les ordres. Il
y fut ensuite professeur de théologie,
et se livra à la controverse contre les
protestans. Retourné dans son pays,
il y exerça avec beaucoup de zèle les
fonctions de missionnaire. On a de
lui les ouvrages suivans : I *La Controverse moderne*, 1720. II *La
Conversion et la Réformation de
l'Angleterre comparées*, 1725. III
*Le Combat singulier*. Il mourut dans
le comté d'Essex le 4 mars 1730.

MANSUY ( Nicolas ), chanoine
régulier de la réforme de Prémontré,
naquit à Marat, prévôté de Bar-le-
Duc, le 7 octobre 1690, et entra au
noviciat à l'abbaye de Sainte-Marie
de Pont-à-Mousson le 19 août 1708.
Le 24 juin 1710 il y prononça ses
vœux; il avait fait de bonnes études
avant d'entrer dans la congrégation.
Dès 1713 les supérieurs, quoiqu'il
n'eût que 23 ans, l'envoyèrent à l'abbaye de Belval professer la philosophie, et en 1717 à celle de Mureau
pour y enseigner la théologie. Il continua les mêmes fonctions dans diverses maisons de son institut jusqu'en
1725 qu'il fut nommé à la cure de
Richemont, diocèse de Metz. Il résigna ce bénéfice en 1736, et rentra à
l'abbaye de Justemont, où il fut pour-

vu en 1745 du prieuré simple de Saint-
Jean l'évangéliste de Fontois. Le P.
Mansuy avait de profondes connaissances en chronologie, et avait étudié
avec soin tout ce qui concerne la liturgie et le comput ecclésiastique. Il
donna en 1745 une nouvelle édition
du *Bréviaire de Prémontré*, deux
parties in-4. Il refondit en 1727
l'ancien *processionnal* de l'ordre, et
y fit des *additions* et des *corrections*. En 1736 il rédigea et corrigea
le *missel*, et donna un *épistolier*,
l'un et l'autre in-fol. On a de lui en
outre : I *Ordinarius, sive liber ce-
remoniarum ordinis Præmonstrasensis*, 1739, in-8, approuvé dans
le chapitre général de l'ordre. II
*Calendarii ecclesiastici theoria et
praxis*. C'est un bon traité du calendrier ecclésiastique; il est imprimé
à la tête du bréviaire de Prémontré,
Verdun, 1741, 4 vol. in-4, autre
édition donnée par le P. Mansuy. III
*Ordo perpetuus et generalis divini
officii recitandi et missarum cele-
brandarum juxtà rubricas brevia-
rii, missalis et ordinarii canonici
ordinis Præmonstrasensis in septem
sectiones distributus*, Verdun, 1746,
1 vol. in-4, publié par ordre de l'abbé-
général de Prémontré, Bruno Be-
court. *La Clef du cabinet*, mois
de juin 1746, fait l'éloge et donne
le précis de cet ouvrage, où se trouvait sous la main et pour quelque
année que ce fût, tout ce qui sert à
régler l'office divin. IV *Explication du calendrier ecclésiastique
en français*, propre à servir d'almanach perpétuel pour l'ancien et le
nouveau style. V *Philosophia ra-
tionalis*, 1 vol. in-12. VI *Dissertation* sur les années et époques de
l'ancien Testament, 1749. Il y prétend redresser des erreurs commises
par différens chronologistes. VII
Autre *Dissertation* où l'auteur dé-

montre que 155 années.juliennes et 21 jours se sont passés depuis la destruction du premier temple exclusivement, jusqu'à celle du second inclusivement; 1749. Il y a dans ces dissertations beaucoup d'érudition et de supputations chronologiques qu'il faut voir dans l'ouvrage. *La Clef du cabinet* en parle, mois de novembre 1749. Le premier vol. de la *France littéraire*, Paris, 1769, met ce savant religieux au nombre des auteurs encore vivans. A cette époque il aurait eu 79 ans.

MANUEL ( Louis-Pierre ), révolutionnaire fameux, né à Montargis en 1750, d'un potier de terre qui lui fit donner une bonne éducation. Il entra jeune encore dans la congrégation des PP. de la doctrine ; il en sortit bientôt, et fut répétiteur de collége à Paris, puis précepteur du fils du banquier Tourton qui lui fit une pension viagère. Il se livra alors à la littérature, et entreprit le commerce des livres défendus. Cette spéculation dangereuse et un *pamphlet* qu'il publia le firent mettre à la Bastille, d'où il sortit après plusieurs mois de détention. La révolution arriva, et le 14 juillet 1789 il se réunit aux électeurs. Il obtint ensuite une place d'administrateur de la police à la municipalité dont Bailli était, maire. C'est dans cet emploi que Manuel put recueillir toutes les anecdotes scandaleuses dont il a rempli son ouvrage de la *Police dévoilée.* Nommé procureur de la commune lors du renouvellement de la municipalité en 1791, il s'abandonna à toute la fougue de son jacobinisme qui l'avait fait admettre dans les principaux clubs. Il eut une part très-active à la journée du 20 juin 1792, et il s'en attribua tout l'honneur. Peu avant il avait eu l'audace d'adresser

à Louis XVI une lettre qui commençait par ces mots : « Sire, je »n'aime pas les rois. » Sa haine contre les prêtres et les cérémonies ecclésiastiques tenait du délire. Toutes ces qualités révolutionnaires lui acquirent une grande popularité qui lui suscita bien des jaloux : ceux-ci le firent suspendre de ses fonctions ; mais il s'y fit rétablir par un décret. Ce fut alors qu'il proposa de faire renfermer au Val-de-Grâce, et pendant la guerre, la reine, qu'il accusa de *suspecte;* cette motion absurde n'eut pas de résultat. Manuel fut un de ceux qui motivèrent les terribles événemens du 10 août, qui proposa de renfermer Louis XVI avec sa famille au Temple. Il eut part aux mesures prises pour ôter à ce monarque toute communication, et établit dans la tour où il était enfermé la plus rigoureuse et en même temps la plus cruelle surveillance. Il fit abattre la statue de Louis XIV, placée dans la cour de l'hôtel de ville, et il appelait cela la *déchéance de Louis XIV.* Celle de son petit-fils ne tarda pas à être prononcée. Manuel, qui y avait chaudement adhéré, se chargea de lui en apporter lui-même la nouvelle. Il venait d'être nommé député de Paris à la convention. Le calme et la noblesse avec laquelle le malheureux monarque l'entendit, son affabilité envers celui qui s'était donné ce barbare plaisir; la fermeté de son auguste épouse, la douceur de ses enfans, le spectacle enfin du malheur attendrirent le républicain farouche; et depuis ce moment il chercha à adoucir le sort de ceux-là même qu'il avait tant persécutés. Il se détacha du parti de Robespierre, et afin de retarder le jugement de Louis XVI, il demanda que l'abolition définitive de la royauté serait décrétée par le peuple réuni en assemblées primaires. Ce changement inopiné surprit tous ses anciens collègues, et ils s'étonnèrent encore davantage lorsqu'on lui entendit dire le 5 novembre, dans le club des jacobins, « que les massacres du 2 septembre » avaient été la *Saint-Barthélemi* » du peuple, qui, ce jour-là, s'é- » tait montré *aussi méchant qu'un roi.* » On supposa alors que Manuel avait été gagné par la reine : on prétendait également que lui, Pétion et Kersaint avaient obtenu du roi une lettre pour engager le duc de Brunswick ( qui avait pénétré dans la Champagne ) à se retirer, et qu'en même temps ils s'étaient engagés à mettre en sûreté ses jours. Ce fait est démenti par M. de Malesherbes, auquel Louis XVI assura de n'avoir jamais écrit une pareille lettre, et que si elle existait elle ne pouvait être que fausse. Lors du jugement de ce prince, il vota pour la détention et son bannissement à la paix. Pétion, de son côté, demanda un sursis, et Kersaint ne voulut pas voter. Après la mort du roi, Manuel défendit la cause de quelques émigrés, attaqua les tribunes remplies de jacobins qui troublaient et intimidaient souvent les orateurs. Lors du procès de la reine, loin de l'accuser il loua hautement son courage, et plaignit ses malheurs. Ses ennemis le firent passer pour fou, quelques-uns d'entre eux, moins exagérés, assuraient que Manuel n'était plus à *la hauteur des circonstances.* Haï des *jacobins* et des *girondins* à la fois, il ne recevait à la convention que des injures et même des mauvais traitemens. Il demanda sa démission, se retira à Montargis, et écrivit à la convention que « telle qu'elle

» était composée, il lui était impos- » sible de sauver la France, et que » l'homme de bien n'avait plus qu'à » s'envelopper dans son manteau. » Poursuivi par la haine de ceux dont il ne partageait plus les opinions, il fut attaqué dans sa demeure par une bande de scélérats, soldés par les jacobins, qui pensèrent le tuer à coups de pierres et de bâton. Guéri à peine de ses blessures, il fut arrêté, amené à Paris, et conduit à la Conciergerie. Son apparition inspira l'horreur parmi les prisonniers, dont plusieurs le poussèrent contre un pillier encore teint du sang des victimes du 2 septembre, en lui disant : « Vois malheureux le sang » que tu as fait répandre ; il s'élève » contre toi. » Manuel cependant n'avait eu nulle part à ces massacres, et il les avait même blâmés. Il se défendit avec courage devant le tribunal révolutionnaire, convint qu'il aurait désiré la déportation du roi en Amérique ; et par un retour d'habitude : « Non, dit-il, le procu- » reur de la commune du 10 août » n'est point un traître ! Je demande » qu'on grave sur ma tombe que » c'est moi qui fis cette journée. » Son courage l'abandonna quand il entendit sa condamnation ; et il était dans le plus grand abattement lorsqu'il monta sur l'échafaud, où il périt le 14 novembre 1793, âgé de quarante-deux ans. Manuel parlait avec facilité et concision, et avait des reparties très-piquantes. Le député Legendre, jadis boucher, qu'il avait combattu dans une de ses motions, s'écria : « Eh bien ! il faudra » décréter que Manuel a de l'esprit. » « Il vaudrait mieux décréter, ré- » pondit celui-ci, que je suis une » bête, parce que Legendre aurait » alors le droit de me tuer. » Malgré les prétentions de Manuel, comme

Marat.

Marie Antoinette.

Marmontel.

Mozart.

Necker.

Nelson.

Ney.

Orléans (le Duc.)

Payne.

Pie VI.

Proyart.

Raynal.

écrivain, ses ouvrages sont très-médiocres. En voici la liste : I *Lettres d'un officier des gardes du corps*, 1786, in-8. II *Coup d'œil philosophique sur le règne de saint-Louis*, 1786, in-8. III *L'Année française*, 1789, 4 vol. in-8. La vie d'un Français illustre est placée, dans cet ouvrage, à chaque jour de l'année, afin de réunir son nom à celui du saint qu'on honore. Le style est tantôt emphatique, tantôt trivial, et le peu de dates que l'auteur marque dans la vie de ses héros ne sont presque jamais exactes. IV *La Police de Paris dévoilée*, 1791, 2 vol. in-8, livre d'une licence dégoûtante, qui révolta tous les honnetes gens. V *Lettres sur la révolution, recueillies par un ami de la constitution*, 1792, in-8. VI *Opinion de Manuel qui n'aime pas les rois*, 1792, in-8. VII *Des lettres*, des *pamphlets*, etc. Il fut l'éditeur des *Lettres à Sophie,* écrites par Mirabeau du donjon de Vincennes, depuis 1777 jusqu'en 1780. Manuel mit à la tête de ce recueil une préface farcie d'idées bizarres et extravagantes.

MARANGONI ( Jean ), chanoine de la cathédrale d'Agnani, naquit à Vicence en 1673, et fut nommé protonotaire apostolique. Il aimait les lettres et les cultivait. Un goût particulier le portait vers l'étude des monumens antiques, soit sacrés, soit profanes, et il avait acquis des connaissances fort étendues dans ce genre d'érudition. Il fut pendant trente ans adjoint à monsignor Boldatti, pour l'extraction des corps saints dans les cimetières de Rome. Sur la fin de ses jours il se retira dans la maison de Saint-Jérôme-*della-Carità*, et y mourut dans de grands sentimens de piété, le 5 février 1753, âgé de 80 ans. On

a de lui divers ouvrages de littérature sacrée et profane, dont les principaux sont : *Thesaurus parochorum, seu vitæ et monumenta parochorum qui sanctitate, martyrio, pietate, etc., illustrarunt ecclesiam,* Rome, 1726, 2 vol. II *De passione Christi, considerationes sexdecim.* III *Esercizi per la novena del santo Natale.* IV *Delle memorie sacre e civili dell' antica città di Novana, oggidi Città-Nuova, nella provincia di Piceno.* V *Delle cose gentilesche e profane, trasportate ad uso e ad ornamento delle chiese.* VI *Delle memorie sacre e profane dell' anfiteatro Flavio di Roma.* VII *Chronologia romanorum pontificum, superstes in pariete australi basilicæ Sancti-Pauli apostoli, Ostiensiis, depicta sæculo V,* etc. On trouve dans la *Storia letteraria d'Italia,* vol. 7, la liste de tous les ouvrages imprimés ou inédits de ce savant italien, avec son éloge.

MARAT (Jean-Paul), naquit en 1744 à Baudry, pays de Neufchâtel en Suisse, de parens calvinistes ; après avoir fait ses premières études il quitta brusquement sa famille, vint à Paris, sans moyens d'existence, étudia la médecine, la chirurgie, et vécut long-temps de la vente d'un spécifique qui guérissait, disait-il, toutes les maladies. On le vit, monté sur des tréteaux, débiter au peuple des herbes, et son remède merveilleux, qu'il ne livrait qu'au prix de 2 louis chaque petite bouteille. Devenu un peu plus ambitieux, il parvint, à force d'intrigues, à se faire donner le titre de médecin des écuries du comte d'Artois. Il publia alors quelques ouvrages sur la médecine, où il soutenait des opinions singulières, mais dont le style vigoureux et quelquefois éloquent, en rendait la lecture supportable. Sa vanité était si démesurée, qu'il eut l'audace de dire, dans une occasion, à la Bibliothèque royale, qu'il s'occupait d'un livre qui ferait *jeter au feu tous les ouvrages de Newton.* Il voyagea en Angleterre, et connut à Londres le duc d'Orléans, avec lequel il eut des liaisons très-étroites. De retour en France, au commencement des premiers troubles, il publia plusieurs écrits en faveur de M. le comte d'Artois, de M. le comte de Provence (actuellement Louis XVIII). Mais après le départ de ces princes, voyant la monarchie attaquée de toutes parts, il se jeta dans le parti révolutionnaire. Il avait toutes les qualités pour y jouer un grand rôle. Le charlatanisme, que sa première profession lui avait rendu familier, une imagination ardente, beaucoup d'ambition, la soif des richesses, l'audace d'un scélérat, et un penchant naturel pour la cruauté ; ajoutons à cela une taille de cinq pieds, une tête énormément grosse, un regard farouche, une figure hideuse, des vêtemens sales, le ton grossier, et on aura le portrait de Marat. Il entra d'abord dans la faction orléaniste, pour laquelle il publia son journal le *Publiciste parisien*, où il attaqua tous les hommes en place, et notamment Necker, qu'il appelait chevalier d'industrie. Sans tout-à-fait abandonner ce parti, il se rangea sous le drapeau des jacobins, et fit paraître une autre feuille, en place de la première, dont le titre était : l'*Ami du Peuple*. Cette feuille ne respirait que la haine contre les nobles, les prêtres et les propriétaires ; chaque phrase était un hurlement de fureur, qui exhortait au pillage et à l'assassinat. On y excitait le peuple à égorger le riche, les soldats à massacrer leurs généraux, et le fils à poursuivre son propre père. Son jour-

nal fut la cause de l'assassinat de Belzunce, commandant de Caen. Dès 1789 il avait été plusieurs fois dénoncé ; mais il parvint à éviter toutes les poursuites, et eut l'impudence de réclamer auprès de l'assemblée nationale sur les violences exercées, disait-il, contre sa personne, pour la publication de son journal. Les dénonciations contre Marat devinrent plus terribles en 1790. La commune de Paris qui n'était pas encore au pouvoir des jacobins, le poursuivit; mais les *cordeliers* le sauvèrent en le prenant sous leur protection. Son audace ne fit alors qu'augmenter. Comme il y avait contre lui deux décrets d'accusation, il se cacha, tantôt dans les caves du boucher Legendre, tantôt dans les souterrains de l'église des Cordeliers ; c'est de là qu'il lançait sa feuille sanguinaire, où il continuait ses attaques contre les ennemis des factions auxquelles il appartenait. Il excita plusieurs fois des rixes entre les bourgeois et la garde constitutionnelle que la Fayette commandait, et il poursuivit sans relâche ce général, ennemi du duc d'Orléans. Ayant osé sortir du lieu où il s'était tenu caché pendant long-temps, la Fayette vint faire le siége de sa maison pour s'emparer de sa personne. Marat se sauva chez la Fleury, actrice de l'Opéra, et ensuite chez Bassal, curé de Versailles. Le 1ᵉʳ août 1790 il présenta à l'assemblée un plan de législation criminelle, digne d'être rédigé par un Néron. Sur une phrase de son journal où il disait « qu'il fallait élever » huit cents potences dans les Tui- » leries, et y pendre tous les traî- » tres, en commençant par Mira- » beau l'aîné, » Malouet le dénonça à l'assemblée ; Mirabeau, par mépris, fit passer à l'ordre du jour. En mai 1792 plusieurs députés de la

Gironde demandèrent la suppression de l'*Ami du Peuple*, et l'arrestation de son auteur. Depuis lors Marat conçut une haine implacable contre les girondins. Malgré toutes les réclamations, il persévérait toujours dans son système incendiaire, et des lieux impénétrables où il était forcé de se sauver à chaque instant il prépara le 2 juin et le 10 août. Marat devint alors membre de la municipalité, dite du 10 août, et président du *comité de surveillance*. C'est en cette qualité qu'il y organisa les massacres de septembre, et qu'il proposa et signa une circulaire adressée le 7 du même mois à toutes les municipalités de la France pour les engager à imiter ces massacres. Malgré les deux accusations contre lui, qui existaient encore, il fut nommé député de Paris à la convention. Le 25 septembre il parut à la tribune; il fut interrompu par plusieurs membres, et traité comme il le méritait; mais soutenu par les jacobins de la montagne, il reprit et termina son discours, dans lequel, après avoir attaqué ses ennemis avec sa véhémence ordinaire, il justifia Danton et Robespierre, accusés d'avoir aspiré à la dictature, et eut l'audace d'affirmer, en bravant les mépris et les huées dont on l'accablait, que c'était lui qui l'avait sollicitée. « Ne »comptez plus, dit-il, sur l'assem- »blée; telle qu'elle est formée, cin- »quante ans d'anarchie vous atten- »dent, et vous n'en sortirez que par »un dictateur, vrai patriote, et »homme d'état. » Et c'était de lui dont il parlait. Son extrême audace, et le parti qu'il avait parmi la populace, commencèrent à alarmer l'assemblée constituante, qui lança contre lui plusieurs décrets. Il les brava tous, et le 4 octobre il dit devant cette même assem-

blée, « qu'il la défiait d'empêcher »un homme comme lui de percer »dans l'avenir, de préparer l'esprit »du peuple, et de dévoiler les évé- »nemens qu'amenaient l'impéritie et »la trahison des ministres. » Accusé le 24 octobre de prêcher toujours l'anarchie, et d'avoir demandé encore deux cent mille têtes, il répondit avec un front d'airain : « Oui, »je l'ai dit; c'est mon opinion. » Ce fut lui qui, le 6 septembre, fit la motion que le roi fût jugé par appel nominal, et le tableau affiché, afin que le peuple connût les traîtres qui se trouvaient dans la convention. Il n'y a pas de doute que cette motion atroce décida du sort de Louis, obligeant plusieurs députés à voter pour la mort, de crainte d'être victimes du parti dominant. Marat dénonça en même temps une grande conspiration, tramée, disait-il, pour sauver Louis Capet, et dont les chefs étaient « des constituans, des ministres, »des folliculaires, des nobles, et »même des conventionnels. » Le 16 un député ayant fait un rapport contre le roi, Marat croyant n'y pas trouver assez de calomnies, monta à la tribune, et vomit contre l'infortuné monarque les injures les plus violentes et les plus grossières. Le lendemain il s'opposa à ce qu'on lui accordât des conseils. « Je demande, »dit-il, que le jugement et l'exécu- »tion à mort ne fassent pas per- »dre plus de 24 heures. » Ce scélérat frénétique semblait ne se nourrir que de sang; et dans son journal il disait au peuple : « Massacrez deux »cent mille partisans de l'ancien ré- »gime, et réduisez à un quart les mem- »bres de la convention. » N'ayant pu obtenir, le 6 janvier 1793, la permanence des sections, il traita les députés, formant la majorité des *vo-*

tes *négatifs*, de *coquins*, de *gueux*, de *rollandistes*, etc. La convention était bien lâche et bien corrompue, puisqu'elle souffrait de tels hommes dans son sein. Marat, comme on peut bien si attendre, vota pour *la mort* de Louis XVI, sans appel et sans sursis, et il fut des quatre députés de Paris qui en demandèrent l'exécution dans les 24 heures [1]. Après la mort de ce prince, on peut dire que la faction jacobine était partagée en trois chefs différens, et que chacun d'eux aspirait à la dictature ; c'étaient Danton, Marat et Robespierre. Celui-ci avait trop de pénétration pour ne pas s'en apercevoir, et Marat, avec son effronterie ordinaire, ne cachait pas que c'était là le but de tous ses forfaits. Mais ayant à lutter contre un parti encore puissant, les *girondins*, afin de le mieux abattre, les trois chefs de la faction jacobine demeuraient réunis, jusqu'à ce que Robespierre eût trouvé l'occasion de les terrasser à leur tour, afin de régner seul. Un événement imprévu le délivra de Marat; et c'est alors qu'eut lieu la scission des jacobins entre Danton et Robespierre. En attendant, tous les efforts des girondins se dirigeaient contre Marat. Le 26 février ils l'accusèrent de nouveau, et de nouveau il se glorifia de ses crimes. Le 21 mars, il dénonça tous les généraux comme traîtres (ils avaient été vaincus), et les armées comme incapables de résister à l'ennemi. Un girondin demanda alors que Marat fût décrété en état de démence. Le 12 mars, il prit la défense de Dumouriez dans la section Poissonnière, et 14 jours après il le désigna comme un intrigant. Le 4 avril, il insista pour qu'on établît définitivement *le comité de sûreté*

générale. Le 6, il demanda l'arrestation de 100,000 parens d'émigrés, afin de les garder comme otages, pour la sûreté des commissaires livrés aux Autrichiens par Dumouriez ( *voy*. ce nom, *Supplément* ); et proposa un décret pour sommer Sillery et le duc d'Orléans de se constituer prisonniers, et de se justifier du soupçon d'intelligence avec ce général. Il sollicita le 11 la mise à prix de la tête d'Orléans fils, et de tous les Bourbons émigrés. Le 13, il présida la société des jacobins et signa la fameuse adresse qui provoquait l'insurrection du peuple contre la majorité de la convention. Dénoncé pour ce fait, il ne le nia pas ; mais les girondins eurent pour un moment le dessus, et le 15 ils le firent décréter d'accusation. Il se cacha, mit en mouvement toutes les bandes de son parti, et écrivit à la convention, « qu'il ne se sou- »mettait pas à son décret; que déjà »47 départemens avaient demandé »l'expulsion des députés de la Gi- »ronde, et que bientôt la nation »ferait *justice de ses ennemis*. » Quelques jours après il parut devant le tribunal qui l'acquitta. Porté en triomphe par la populace, il parut à la tribune couronné de lauriers. Marat, Danton et Robespierre se rapprochèrent encore davantage pour porter le dernier coup au parti de la Gironde. Le 10 mai, Marat demanda que la convention décrétât la liberté des opinions, « afin, ajoutait- »il, de pouvoir envoyer à l'échafaud »la faction des hommes qui m'a dé- »crété d'accusation. » Il parvint en effet à sacrifier ses ennemis ; et le 31 mai les girondins furent anéantis. Non content de ce triomphe, le jour suivant il pressa le conseil de la commune d'envoyer une députation à la barre pour demander,

---

1 Ces députés étaient Billaud - Varennes, Raffron et Fréron.

au nom du peuple souverain, la proscription de 27 députés. De leur côté, Robespierre et sa faction faisaient agir plusieurs sections de Paris, et les 27 députés de la Gironde, malgré le talent de leurs orateurs, furent proscrits, et périrent ensuite par la main du bourreau. Après une suite de tant de crimes, Marat reçut en partie la récompense qu'il méritait. Malade depuis un mois, il fut assassiné dans sa baignoire le 14 juillet 1793, par Charlotte Corday. (*Voyez* ce nom, *Supplém.*) Il est impossible de décrire la consternation du peuple, en apprenant la mort de ce scélérat. On lui décerna des honneurs extraordinaires. On lui érigea des arcs de triomphe et des mausolées dans toutes les places publiques de Paris. On bâtit sur celle du Carrousel une pyramide dans l'intérieur de laquelle on plaça son buste, son écritoire, sa lampe, sa baignoire, et on y posa une sentinelle. C'est la révolution qui rendait tous ces hommages à la mémoire d'un de ses fameux héros. Les poëtes le célébrèrent au théâtre et dans leurs ouvrages. Plusieurs départemens imitèrent la capitale; et l'homme sensé devait frémir de voir déplorer la mort et honorer la mémoire d'un scélérat qui avait inondé la France de sang. Les mêmes hommes qui avaient, pour ainsi dire, divinisé Marat, arrachèrent ensuite ses restes du Panthéon, et allèrent les jeter à l'égout Montmartre. Il se croyait un grand homme d'état, et le seul propre à gouverner la nation; ce qui fit dire à Pétion: « Si sa folie n'était pas féroce, il » n'y aurait rien de plus ridicule que » cet être que la nature semblait avoir » marqué tout exprès du sceau de la » réprobation. Il aspire aussi à la dic- » tature! » Marat eut le misérable ta-

lent de flatter et irriter les passions du peuple, dont il se disait l'*ami*. Il parlait avec véhémence et énergie; mais ses expressions étaient incorrectes, et quoiqu'il écrivît avec facilité, l'extravagance de ses idées faisait souvent disparaître ce mérite. Il avait des connaissances en physique; et, lors même qu'il se croyait le plus habile publiciste, il se vantait de posséder le remède universel. Il aurait été bien heureux pour la France qu'il l'eût toujours vendu sur son tréteau. Marat a laissé les ouvrages suivans : I *De l'Homme*, ou *des Principes de l'influence de l'âme sur le corps, et du corps sur l'âme*, 1775, 2 vol. in-12. Cet ouvrage, au-dessous de la critique, en mérita cependant une de Voltaire, qui fut surtout choqué de l'extrême amour-propre de l'auteur; et Voltaire devait se connaître en amour-propre. II *Découverte sur le feu, l'électricité et la lumière*, 1779, in-8. Dans cet écrit, Marat prétend » que le feu n'est point une éma- » nation du soleil, ni la chaleur un » attribut de la lumière. A l'aide du » microscope solaire, il a fait des » expériences, pour prouver que la » matière ignée n'était ni la matière » électrique, ni celle de la lumière; » que les rayons solaires ne produi- » sent la chaleur qu'en excitant dans le » corps le mouvement du fluide igné; » que la flamme est beaucoup plus » ardente que le brasier, et d'autant » plus qu'elle acquiert de légèreté; » en sorte que celle de l'esprit-de- » vin très-rectifié, qu'on regardait » comme ayant à peine quelque cha- » leur, tient, suivant lui, le premier » rang. » III *Découverte sur la lumière*, 1780, in-8. Il attaque le système de Newton; mais ces attaques de la part de Marat ressemblent assez à la lutte d'un pygmée contre un géant. IV *Recherche sur l'électricité*, 1782, in-8. C'est le meilleur de ses ouvrages. V *Mémoire sur l'électricité médicale*, 1784, in-8. VI *Observation de l'Amateur avec l'abbé Sans*, 1783. VII *Notions élémentaires d'optique*, 1783, in-8. VIII *Nouvelles découvertes sur la lumière*, 1788, in-8. IX *Optique de Newton*, traduite de l'anglais, publiée par Baugée, 1787, 2 vol. in-8.

MARBOT (Antoine), général républicain, naquit en 1745 dans le département de la Corrèze. Il embrassa les principes de la révolution, et fut administrateur de son département, qui le nomma député à l'assemblée législative. Il y fit un rapport (le 5 avril 1792) sur les finances, et proposa un plan d'emprunt national, dont l'objet était de réduire les assignats en circulation à 12 millions, afin de forcer les acquéreurs des biens nationaux à payer les dernières annates en valeurs métalliques. Il ne fut point réélu à la convention nationale ; et les Espagnols ayant pénétré dans son pays natal, il embrassa la carrière des armes. Il se rendit à l'armée des Pyrénées occidentales, servit sous Dagobert, et se distingua à la prise de la Cerdagne espagnole, en 1793. Le 12 août de l'année suivante, il se trouva à l'attaque de Saint-Engrace et d'Alloqui, à l'affaire de l'Escun ; et le 24 et le 25 novembre 1795, à celle d'Ostie ; à l'attaque du camp entre Clossus et Esgloibar, il enleva à l'ennemi ses tentes, ses bagages, et fit plusieurs prisonniers. Cet exploit lui mérita le grade de général de division. N'ayant pas eu le même succès dans une autre affaire importante, il fut destitué, et rétabli ensuite peu de jours avant le 13 vendémiaire (5 octobre 1795). A cette même époque son département le nomma au conseil des anciens. Il y accusa le parti de *Clichi* de conspirer contre la république. Le 29 août, il s'opposa vivement à la rentrée des Alsaciens fugitifs, et appuya toutes les mesures prises dans la journée du 18 fructidor (septembre 1797), après avoir dit que la contre-révolution se faisait dans le conseil des cinq-cents. Il fit un rapport sur le milliard dû aux armées, et proposa l'adoption de la résolution prise sur ce sujet. Le 12, il combattit la proposition tendante à annuler une partie des élections de l'année, comme infectées de jacobinisme, et démontra qu'elle était contraire à la constitution de l'an 3. Réélu président le 20 juin, il prononça un discours commémoratif du 14 juillet ; et le 29 août il fit arrêter que le 4 septembre (18 fructidor) le président prononcerait un discours relatif à cette journée. Le 18 avril 1799, il appuya fortement la décision pour le complétement de la levée de deux cent mille hommes, attendu que la France était attaquée de toutes parts ; et s'éleva contre une lettre circulaire du ministre de l'intérieur, qui semblait *désigner les républicains aux poignards des royalistes.* Il l'accusa en outre d'avoir célébré dans ses vers Marat, Châlier et Robespierre ; il demanda enfin qu'on exigeât des ministres une responsabilité réelle, et que tout cédât devant la représentation nationale. Il sortit du conseil dans cette même année pour remplacer Joubert au commandement de Paris, et de la 17ᵉ division militaire. Ce général était parti pour l'Italie : il y fut tué à la bataille de Novi le 16 août 1799. Au retour de Buonaparte d'Egypte, Marbot se rangea du parti de l'opposition. Devenu suspect, il fut envoyé dans son grade à Gênes, où, attaqué par l'épidémie qui régnait dans cette ville, il mourut en décembre 1799.

MARCEAU ( Jean-Baptiste ), autre général républicain, né à Chartres en 1769, d'un avocat estimé. Il avait à peine entrepris l'étude des lois, que son inclination pour l'état militaire lui fit quitter à 15 ans la maison paternelle. Il vint à Paris, et s'enrôla dans le régiment Savoie-Carignan, où son intelligence et son exactitude le firent bientôt nommer sergent. Ayant obtenu un congé en 1787, il retourna dans sa patrie, et allait combler les vœux de son père en suivant la carrière d'avocat. La révolution vint réveiller en lui son penchant pour les armes. Il s'empressa de retourner à Paris, et le 14 juillet il fut mis à la tête d'un détachement de la section de Bon-Conseil, pour s'opposer aux troupes que la cour faisait venir à Paris. Cédant aux instances de son père, il retourna encore à Chartres ; mais à peine y fut-il arrivé, qu'il entra dans le premier bataillon d'Eure-et-Loir, et en fut nommé commandant. Ce fut Marceau qui, à la prise de Verdun, fut chargé d'en porter les clefs au roi de Prusse, comme le plus jeune officier. Nommé lieutenant-colonel de la légion germanique, il partit pour la Vendée, au moment où Westermann venait d'être repoussé par les royalistes. Le représentant Bourbotte dénonça ce général, et impliqua dans cette accusation Marceau lui-même ; on l'arrêta, mais il obtint bientôt sa liberté, et quelques jours après, comme il marchait sur Saumur, il rencontra le commissaire qui l'avait dénoncé au pouvoir d'une troupe de Vendéens. Marceau le délivre, lui donne son cheval, et

lui dit : « Il vaut mieux qu'un »soldat comme moi périsse qu'un »représentant du peuple. » Bourbotte, quoique jacobin, eut assez de reconnaissance pour se ressouvenir de cette action. Avec des talens et de la bravoure, Marceau fit un avancement très-rapide, assez commun d'ailleurs à cette époque. Nommé général de brigade, il eut par intérim le commandement en chef de l'armée, et gagna, le 12 décembre, secondé par Kléber, la fameuse bataille du Mans, où, dit-on, périrent 10 mille républicains et 20 mille Vendéens. Les députés en mission lui avaient remis avant la bataille la destitution de Westermann ; Marceau la garda dans sa poche, et après la victoire il publia les obligations qu'il avait à ce général, et le fit conserver. Ce trait est une tache à la gloire de Marceau. Westermann par son courage barbare avait mérité le surnom de *boucher de la Vendée*. ( *Voyez* WESTERMANN, *Suppl.* ) Les femmes vendéennes partageaient le même enthousiasme que les hommes ; on en a vu plusieurs combattre dans leurs bataillons. Une d'entre elles, poursuivie par les républicains à la bataille du Mans, vint se réfugier auprès du général. La loi n'exceptait personne, et ordonnait de mettre à mort tout Vendéen pris les armes à la main. Cependant Marceau sauve sa prisonnière, mais il est dénoncé et condamné. Bourbotte parvint à le délivrer ; la Vendéenne, malgré les prières de Marceau, fut décapitée. Il aurait été plus heureux et plus sage pour elle de ne s'être occupée que des devoirs de son sexe. Marceau poursuivit les Vendéens jusqu'à Savenay, où, aidé par Kléber et Westermann, il détruisit les restes de leur armée. Les prisonniers furent envoyés à Nantes , et là ces braves furent impitoyablement noyés ou fusillés. Marceau quitta une terre arrosée de sang français , et passa successivement à l'armée de Sambre-et-Meuse. Il commandait l'aile droite à la bataille de Fleurus, eut deux chevaux tués sous lui, et sa division fut presque entièrement défaite. Aux batailles de l'Ourthe et de Boër il guidait l'avant-garde. Il s'empara en octobre 1794 du camp retranché et de la ville de Coblentz , et continua à se distinguer dans la campagne de 1795. L'année suivante il bloqua Mayence , et couvrit la frontière française tandis que Jourdan s'avançait en Franconie. Le 24 juillet il prit la forteresse de Konigstein. Il couvrit ensuite la retraite de Jourdan, repoussé par l'archiduc Charles. Il livra alors deux combats près de Limbourg, et le 19 août, tandis qu'il donnait le temps à l'armée française de passer les défilés d'Altenkirchen, il reçut un coup de feu. Il tomba dans cet état au pouvoir des Allemands. Les généraux Kray et Hardick allèrent le visiter, et l'archiduc Charles lui envoya son chirurgien ; mais sa blessure était incurable , et il mourut le 21 septembre 1796 , à l'âge de 27 ans. On rendit son corps aux Français. Il fut inhumé le 25 septembre, au bruit de l'artillerie des deux armées, dans le camp de Coblentz, qui rappelait sa victoire de 1794. Ses restes furent ensuite unis en 1799 à ceux de Hoche et de Cherin. Son tombeau a été exécuté d'après les dessins du général Kléber. La fougue de la jeunesse , et sa passion pour l'état militaire l'avait rangé sous le drapeau de l'anarchie, tout en croyant servir son pays. Marceau avait des talens militaires et de la bravoure : il se fit également aimer de ses sol-

dats comme de ses ennemis. On cite de lui plusieurs traits d'humanité envers ses prisonniers.

MARCHAND ( François ), naquit à Cambrai en 1761. Après avoir fait d'excellentes études , il voulait embrasser l'état ecclésiastique , mais la révolution l'en empêcha. Ne pouvant remédier aux maux de son pays , il se consacra à tourner en ridicule ceux qui les causaient. Toutes ses productions respirent la gaieté et la critique la plus piquante , et sont écrites avec verve et originalité ; en voici la liste : I *La Jacobinéide* , poëme héroï-comique, Paris , 1792 , in-8. II *Les Sabbats jacobites* , Paris , 1791 , 3 vol. in-8. III *Chronique du manége* , journal in-8. Il parut pendant trois ans. IV *La Constitution en vaudevilles* , 1791 , in-8. V *La Révolution en vaudevilles*. Marchand mourut à Cambrai le 27 décembre 1793 , âgé de 32 ans.

MARCUZZI ( Sébastien ), savant et estimable ecclésiastique, naquit à Trévise le 20 septembre 1725. Son père était professeur de musique et excellent organiste. Marcuzzi exerça d'abord le même état, mais doué de beaucoup d'esprit et d'une grande aptitude pour les sciences , il prit un essor plus élevé , et s'appliqua à la littérature : il apprit les langues savantes , étudia la théologie , le droit canon et civil , et devint habile dans toutes les branches des connaissances humaines. Au milieu de si sérieuses études , il n'avait point négligé les talens agréables. Sous le nom de *Retillo Elimio* , il laissa échapper de sa plume diverses poésies légères qui font honneur à son goût, et dont les recueils de son temps s'empressèrent de s'enrichir. Après avoir en 1755 pris le bonnet de docteur en théologie à Padoue , il retourna dans sa patrie, où pendant deux ans il ouvrit des cours fréquentés par la jeune noblesse de cette ville. Il demeura pendant quelque temps à Cividal-del-Friuli, en qualité de chapelain et d'organiste de la célèbre collégiale de cette ville, et s'y acquit l'estime générale; mais il fut rappelé à Trévise, pour y occuper la chaire de droit, fonction qu'il remplit depuis 1763 jusqu'en 1770. Mis alors à la tête d'une des principales paroisses de la ville, chargé en même temps de la direction et de l'instruction des jeunes ecclésiastiques, et nommé examinateur synodal, il passa le reste de sa vie dans ces pénibles et honorables emplois. Il mourut, universellement regretté, le 19 février 1790. On a de lui: I *Dissertatio in Matth. XXI*, 9, quicumque dimiserit, etc., *in quâ hic locus ex Hæbreorum antiquitatibus illustratur, et catholicæ sententiæ auctoritas prædicatur*, Trévise, 1752. II *Dissertazione sopra i miracoli*, Trévise, 1761. III *Riflessioni e pratiche per le differenti feste e tempi dell'anno, nuova traduzione del francese*, Castel-Franco, 1762. IV *Discorso sopra la passione del nostro Signore, con un breve raggionamento intorno all' eloquenza sacra*, Trévise, 1763. V *Epistola pastoralis Hieronimi - Henrici Beltramini Miazzi, episcopi Feltrensis*, Trévise, 1778. VI *Hieronini-Henrici Beltramimi Miazzi, episcopi Feltrensis elogium*, Trévise, 1779. VII *Notizie intorno a monsignor Girolamo - Henrico Beltramini Miazzi, etc., arrichite con note, etc.*, Venise, 1780. L'évêque Miazzi avait eu Marcuzzi pour maître dans les lettres, et pour directeur de son éducation ecclésiastique. On trouve dans le 43ᵉ volume du *Giornale dé letterati d'Italia*, Modène, 1798, page 61, l'éloge de Marcuzzi, et la liste de ses ouvrages tant imprimés que restés manuscrits.

**MARÉCHAL** (Pierre-Sylvain), un des coryphées de l'athéisme, naquit à Paris en 1750. Il y exerça d'abord la profession d'avocat, se livra ensuite aux lettres, et scandalisa les honnêtes gens par ses productions impies. Cependant en 1783 il publia des *Litanies sur la Providence, avec des commentaires*; mais il se dépouilla bientôt de ce qu'il appelait des préjugés. Il prôna les principes de la révolution dans grand nombre de brochures, où il n'oubliait pas de prêcher à ses lecteurs une haine profonde pour toutes les religions. Sa taille, sa figure, son maintien, tout inspirait le mépris, dont ses fausses opinions le rendirent encore plus digne. Cet opprobre de la nature se plaisait à s'appeler *le Berger Silvain*. Fui, méprisé, il mourut dans une campagne à Montrouge le 18 janvier 1805. Ses principaux ouvrages sont: I *Le Temple de l'hymen*, Paris, 1771, in-12. II *Tombeau de J.-J. Rousseau*, 1779, in-12. III *Fragmens d'un poëme moral sur Dieu*, ou *Nouveau Lucrèce*, 1781, 1798. Ce poëme est à la fois immoral et irréligieux. IV *L'Age d'or*, 1782, in-12. C'est un recueil d'historiettes en prose. V *Livre échappé au déluge*, 1784, in-12. Ce sont des psaumes en style oriental, qui le firent renvoyer de la bibliothèque Mazarine, où il était gardien des livres. VI *Recueil de poëtes moralistes français*, 1784, 2 vol. in-18. Ce n'est qu'un choix de quatrains entassés les uns sur les autres. VII *Costumes civils actuels de tous les peuples*, 1784, in-8. VIII *Paris et*

*la province*, ou *Choix des meilleurs monumens d'architecture en
France*, 1787, in-4. IX *Dictionnaire d'amour*, 1789, in-16 ; ouvrage digne de la plume de l'auteur.
X *Almanach des honnêtes gens*,
1788, que les honnêtes gens ne
lurent point, qui fut brûlé par la
main du bourreau, et dont l'auteur,
à la requisition de l'avocat général
Séguier, fut envoyé à Saint-Lazare,
où il resta trois mois. Dans ce livre,
condamnable sous tous les rapports,
Maréchal place Jésus - Christ à
côté de Spinosa et de Ninon. XI
*Voyage de Pythagore*, 1798, 6
vol. in-8. C'est une fade imitation
des *Voyages d'Anacharsis*, par l'abbé
Barthélemy. Ici Pythagore commence les siens l'an 600 avant J.-C.,
c'est-à-dire deux siècles avant l'é-
poque du voyage d'Anacharsis. XII
*Dieu et les prêtres, fragmens d'un
poëme philosophique*, 1790, in-8.
XIII *Culte et lois des hommes sans
Dieu*, 1798. XIV *Pensées libres
sur tous les prêtres de tous les siècles et de tous les pays*, 1798,
in-8. XV *Pour et contre la Bible*,
1801, in-8. XVI *Dictionnaire
des athées anciens et modernes*,
1800, in-8, avec Lalande, qui donna depuis deux *Supplémens* à cette
compilation indigeste, où vont de
pair l'impiété, l'absurdité et l'impudence. L'auteur y dit, entre autres
choses, « que le déiste, s'il est
» conséquent, ne doit différer du
» catholique romain que du plus au
» moins. » Cette assertion est fausse
en elle-même ; car si le protestant
diffère de beaucoup du catholique,
le déiste, dans sa croyance, doit
différer encore davantage de celle
de ce dernier. Dans ce dictionnaire,
on trouve sur la même ligne,
Dieu, Jésus-Christ, saint Atha-
nase, saint Augustin, Bellarmin,

Bossuet, les chrétiens, l'Amérique,
le cap de Bonne-Espérance, Job,
saint Irénée, le Portugal, Newton,
saint Thomas d'Aquin, etc. « Il s'y
» plaint ( dit l'auteur des Mémoires
» ecclésiastiques du 18e siècle, tom.
» 4, page 603 ), il s'y plaint que
» plusieurs membres de l'Institut
» aillent encore à la messe, et croit
» qu'il y a encore plusieurs athées
» qui portent et disent encore leur
» chapelet. Ceux qu'il regarde comme
» les plus décidés pour l'athéisme,
» sont l'économiste Baudeau, l'abbé
» Arnaud, Bourdin, trésorier de
» France, mort en 1752 ; Fréville,
» Négeon, d'Holbach, le médecin
» Roux, et beaucoup de personnes
» vivantes qu'il inscrit à tort et à
» travers sur sa liste. » Ce misérable ouvrage est tombé dans l'oubli
dont il était digne. Le ton en est
grossier, et les détails en sont à la
fois révoltans et insipides. Maréchal vécut dans le mépris, et mourut dans la misère. Lalande lui-
même, dans une notice sur son
disciple, ne le peint pas non plus
sous des couleurs intéressantes.

MARIE - ANTOINETTE - JO-
SEPHE - JEANNE DE LOR-
RAINE, archiduchesse d'Autriche, reine de France, naquit à
Vienne le 2 novembre 1755, de
l'empereur François 1er et de Marie-Thérèse. Elle reçut avec ses
autres sœurs une éducation des plus
soignées, à laquelle surveillait l'impératrice elle-même. Dès sa première jeunesse, Marie-Antoinette
annonça un esprit vif et enjoué, et
un caractère sensible et bienfaisant.
Elle était la bien-aimée de son frère
l'archiduc Joseph ( mort empereur
en 1790 ). Le duc de Choiseul négocia son alliance avec le dauphin,
depuis Louis XVI ; Marie-Antoinette ne l'oublia jamais, et elle prit

souvent la défense de ce ministre contre ses ennemis. Elle fut reçue à Strasbourg en mai 1770, avec des fêtes splendides qui l'accompagnèrent depuis la frontière de France jusqu'à Paris. Pendant le voyage, qui fut un triomphe prolongé pour la jeune archiduchesse, on la complimenta deux fois en latin, et elle répondit dans la même langue. Marie-Antoinette produisit à la cour et à la capitale le même enthousiasme que dans les provinces qu'elle avait traversées. Jamais une épouse royale n'avait excité une admiration aussi universelle, et n'avait été reçue sous de si heureux auspices. Elle était alors bien loin de craindre le sort funeste qui l'attendait. Grande, bien faite, avec un teint éclatant, douée de toutes les grâces, avec un esprit cultivé, et digne fille enfin de Marie-Thérèse, l'aimable dauphine se captiva bientôt l'amour du roi, celui de son époux et de tous ceux qui l'entouraient. La France entière, qui retentit depuis des plus atroces calomnies contre cette princesse, se glorifiait de la posséder et de l'avoir un jour pour souveraine. Ce fut le 16 mai 1770 que son mariage avec le dauphin fut célébré. On se ressouvint dans les temps d'infortune qu'après cette cérémonie le ciel devint trouble et orageux, de clair et serein qu'il était, la nuit fut des plus affreuses, et la fête donnée le 30 du même mois, et où périrent 1,200 personnes, ne firent qu'augmenter ces tristes présages. Ce dernier malheur affecta vivement Marie-Antoinette, qui envoya au lieutenant de police tout l'argent qu'elle possédait, et continua à imiter son époux dans cet acte de bienfaisance : ce ne fut pas le seul qu'elle exerça. Informée que plusieurs personnes, employées dans sa maison, vivaient assez modique-

ment, elle leur accorda des secours, et donna des pensions aux moins opulentes ; elle fit de même envers les prisonniers détenus pour mois de nourrice. Peu de temps après, se trouvant dans la forêt de Fontainebleau, où elle avait suivi le roi à la chasse, la princesse entendit des cris de désespoir ; voulant en apprendre la cause, elle part avec sa suite et trouve une femme, un enfant dans ses bras, qui se désolait du malheur de son mari qu'un cerf venait de blesser dangereusement. La dauphine la console, part aussitôt à la rencontre de Louis XV, et obtient sur le lieu même une pension pour la famille du blessé. Cette belle action a fourni au peintre Dagotti le sujet d'un de ses plus beaux tableaux. Ayant appris qu'un officier réformé, qui avait rendu d'utiles services, se trouvait dans un état voisin de l'indigence, elle implora pour lui la justice et l'humanité du roi. Ses désirs ayant été remplis, la dauphine commande un uniforme d'un régiment en activité, met dans une des poches un brevet de capitaine, cent louis dans l'autre, une boîte d'or et une montre du même métal dans la veste, et fait porter tout cela à l'officier. Personne n'implora en vain sa bienfaisance, personne ne lui parla qu'il n'admirât dans cette princesse sa douceur et son affabilité. Arrivée à l'âge de quinze ans dans une cour corrompue, entourée de tous les prestiges des plaisirs et de la grandeur, Marie-Antoinette peut avoir commis des légèretés et des imprudences, mais son cœur n'oublia jamais les principes vertueux que lui avait inspirés sa mère ; ce n'est cependant pas par légèreté qu'elle admit quelquefois en sa présence la comtesse du Barri ; la dauphine savait que Louis XV lui savait bon gré d'un sourire ou d'un mot obligeant qu'elle adressait à cette favorite. Marie-Antoinette monta sur le trône le 11 juin 1775, et se signala aussitôt par un trait de Louis XII. Le major des gardes du corps, M. de Pontécoulant, d'un caractère un peu brusque, et peu circonspect, avait déplu à Marie-Antoinette, et dès qu'elle fut reine, il donna sa démission. La reine l'ayant appris, fit appeler le prince de Beauveau : « Allez, lui »dit-elle, annoncer à M. de Ponté- »coulant que la reine ne venge pas »la dauphine, et qu'elle le prie »d'oublier entièrement le passé, en »restant près d'elle à son poste. » A cette même époque elle obtint l'exemption de l'impôt appelé la *ceinture de la reine*, que les peuples payaient à la mort de chaque roi ; on lui adressa alors des vers les plus flatteurs. Peu de temps après elle eut le plaisir de recevoir à Versailles son frère, l'archiduc Maximilien, que tout le monde s'empressa de voir et de fêter : c'était un prince affable, bel homme et d'une heureuse physionomie. Le 22 octobre 1781, Marie - Antoinette devint mère de son premier fils ; et dans la même année elle reçut la visite de son frère l'empereur Joseph II, qui voyageait sous le nom de comte de Falckenstein. Quatre ans après elle mit au jour un second prince à qui la reconnaissance de Louis XVI fit donner le nom de duc de Normandie ( *voy.* Louis XVI, *Supp.* ). Le cruel hiver de 1788 vint exercer de nouveau la bienfaisance de la reine ; elle destina 500 louis de sa cassette pour secourir les plus malheureux ; en les adressant au lieutenant de police, elle lui écrivit : « Jamais dépense ne »m'a été plus agréable. » Les Pari-

siens élevèrent alors une pyramide de neige près de la rue Saint-Honoré, sur laquelle ils tracèrent ces vers :

Reine dont *la bonté* surpasse les appas,
Près d'un *roi bienfaisant* occupe ici ta place.
Si ce monument frêle est de neige ou de glace,
Nos cœurs pour toi ne le sont pas.

Ils devinrent bientôt d'airain. Ce fut le dernier hommage qu'elle reçut des Parisiens. La calomnie avait déjà commencé à attaquer les mœurs et le caractère de cette princesse ; elle avait un grand ennemi dans le duc d'Orléans, pour qui elle n'avait pu sentir d'amitié ; le duc s'en était aperçu et méditait depuis long-temps sa vengeance : elle fut atroce. Il fut le principal auteur de ces libelles obscurs forgés contre la reine dont la conduite pouvait mériter quelque répréhension ; mais elle fut toujours au-dessus de la médisance. Marie - Antoinette avait des torts qu'on aurait à peine remarqués dans une femme d'un rang inférieur ; une grande mobilité dans l'imagination, une inquiétude naturelle, du penchant pour le plaisir, l'oubli d'une certaine étiquette dans l'intérieur de sa maison, une familiarité qui nuisait à sa considération, ses liaisons avec quelques personnes qui ne méritaient pas son amitié, son goût à jouer la comédie et à y remplir des rôles subalternes, enfin quelques profusions dans sa dépense, un peu d'humeur qu'elle mit aux premiers reproches qu'on osa lui faire, tout enfin servit de prétexte aux méchans qui voulaient la perdre dans l'esprit du peuple dont elle s'était mérité l'amour. Ils se plaisaient à répandre que, restée dans le cœur entièrement Autrichienne, fière et ennemie des Français, elle ne pouvait faire leur bonheur. Il faut cependant remarquer qu'on ne se réeria contre ces torts, que lorsqu'on eut résolu la chute du trône. Une affaire fâcheuse vint encore attaquer la réputation de Marie-Antoinette; elle fut impliquée dans un procès scandaleux. Deux joailliers demandèrent en justice le paiement d'un collier acheté, disaient-ils, par la reine (*voy.* la MOTHE, *Supp.*); affaire dans laquelle le cardinal de Rohan eut le malheur de figurer. Il fut prouvé que Marie-Antoinette n'avait jamais donné l'ordre d'acheter ce collier; mais sa réputation n'en resta pas moins entachée par les intrigues des malveillans; dès lors on se plut à la considérer comme le premier et le seul auteur de tous les maux de la France. La révolution venait d'éclater, et lorsque Calonne eut annoncé en 1788, dans l'assemblée des notables, le vide considérable existant dans les finances, on l'attribua aussitôt aux énormes profusions de la reine; on arriva jusqu'à dire qu'elle avait épuisé le trésor de l'état pour envoyer des sommes à son frère l'empereur. Quand on proposa la convocation des états généraux, Marie-Antoinette sembla pressentir tous les malheurs qui l'attendaient; aussi elle recula tant qu'elle put l'époque de cette funeste convocation. C'est alors que ses chagrins intérieurs blanchirent ses cheveux, quoiqu'elle n'eût que 34 ans. Elle se fit peindre, et en donnant son portrait à madame de Lamballe, avec qui elle était unie de la plus grande amitié, elle mit au bas du portrait : « Ses malheurs l'ont »blanchie. » La reine parut à la première séance des états généraux, le 5 mai 1789, debout et vêtue avec une grande simplicité : « *Que le roi soit tranquille et respecté*, disait-elle sans cesse, *pour moi je serai trop heureuse de son bonheur.* Les gar-

des du corps donnèrent à cette même époque un repas au régiment de Flandre; leurs majestés y vinrent avec le dauphin, et firent le tour de la table : leur présence excita l'enthousiasme parmi tous les convives, et la musique joua alors l'air si connu :

O Richard ! ô mon roi !
L'univers t'abandonne;
Sur la terre il n'est plus que moi
Qui s'intéresse à ta personne.

Ce repas fut travesti par les factieux en une scène artificieusement imaginée par la reine, pour couvrir une conspiration contre la liberté publique. Le 5 octobre une multitude immense de forcenés, excités par la faction d'Orléans, se portent sur Versailles. La reine, qui pleurait encore la mort de son fils aîné, montra dans ces circonstances un courage au-dessus de son sexe : *Je sais*, dit-elle, *qu'on vient demander ma tête, mais j'ai appris de ma mère à ne pas craindre la mort; je l'attends avec fermeté.* — *Madame, lui dit un de ses serviteurs, votre majesté devrait se dérober par la fuite à la haine des assassins.* — *Non, si les Parisiens viennent pour me massacrer, je le serai aux pieds du roi, mais je ne fuirai pas.* Dans la journée du 5, les agressions avaient déjà commencé, et au milieu de la nuit un ministre lui adressa ce billet : « Madame, prenez prompte-»ment vos mesures, demain à six »heures vous serez assassinée. » Son visage ne changea pas à cette lecture, et elle cacha ce billet. A l'aube du jour les portes du château sont brisées, les gardes du corps assassinés; on entend ces mots terribles : *Tue, tue, point de quartier, allons chez la reine.* Le duc d'Orléans montrait, dit-on, à ces assassins l'appartement de cette princesse, tandis qu'ils criaient autour de lui :

*Vive le roi d'Orléans! vive M. le duc d'O léans!* Ils pénètrent dans la chambre de la reine, qu'heureusement elle venait de quitter à demi habillée; elle était allée chercher un refuge auprès de son auguste époux. Les assassins, écumant de rage, percent son lit à coups de sabre, et massacrent un de ses heiduques qui s'était réfugié sous ce même lit. Pour faire cesser ces meurtres, Louis XVI et la reine, tenant leurs deux enfans par la main, parurent sur le balcon du château, et demandèrent grâce pour leurs gardes. Après un moment de silence, ce peuple forcené s'écrie : « La reine seule et »point d'enfans. » Croyant que son dernier moment était arrivé, Marie-Antoinette pousse son fils et sa fille dans l'appartement, les jette dans les bras de leur père, reparaît seule sur le balcon, et attend courageusement le coup mortel. Sa contenance fière et hardie étonne la multitude, et, aux injures et aux menaces, succèdent les applaudissemens. Conduite dans la même journée à Paris avec son époux, elle eut à supporter, pendant six heures, le spectacle le plus effroyable; des furies ivres et dégoûtantes de sang, entouraient sa voiture en poussant des cris de rage et vomissant mille imprécations, tandis que d'autres brigands présentaient sous ses yeux les têtes de deux gardes du corps qu'ils portaient au bout de deux piques. Le Châtelet, en instruisant le procès contre les meurtriers dont la reine avait manqué d'être victime, lui fit demander des renseignemens relatifs aux événemens des 5 et 6 octobre. Elle répondit aux députés : *Je ne serai jamais la délatrice d'aucun des sujets du roi;* et, sur les nouvelles instances que lui firent les commissaires, elle dit : *Messieurs, j'ai tout vu, tout entendu et tout oublié.* Marie-Antoinette se vengea encore mieux de ce même peuple qui l'avait si cruellement outragée, et qui avait attenté à ses jours; elle employa 300 mille livres de ses épargnes pour retirer du Mont-de-Piété des vêtemens que le besoin y avait fait engager; mais ces traits de bienfaisance n'adoucirent pas les cœurs féroces qui avaient juré sa perte. La fuite du roi pour Montmédy étant devenue nécessaire, elle dit en soupirant: *Ce voyage ne nous réussira pas, le roi est trop malheureux.* En effet, reconnu à Varennes par le maître de poste Drouet, ci-devant soldat au régiment de Condé, Louis XVI y fut arrêté avec sa famille; s'il avait eu le courage de Marie-Antoinette, il aurait pu se tirer de ce mauvais pas, mais il préféra de revenir prisonnier à Paris. La marche tumultueuse de plusieurs milliers d'hommes armés élevait autour de la voiture un tourbillon de poussière: *Messieurs*, dit alors la reine, *regardez mes pauvres enfans; voyez dans quel état ils sont; nous étouffons. — Nous t'étoufferons bien autrement*, répondirent quelques-uns des factieux. Ses ennemis avaient eu soin de la peindre avec de si noires couleurs, qu'ayant tiré des sacoches de la voiture du pain, de la viande et une bouteille de vin, pour les offrir à un garde national qui s'était plaint de la soif, une voix forte, sortie de la foule, fit entendre ces mots : *N'en prends pas, elle t'empoisonnerait.* La reine fit suivre la déclaration que Louis XVI adressa à l'assemblée, d'une autre écrite le lendemain 27 juillet à 11 heures du matin, et conçue en ces termes : *Je déclare que, le roi désirant partir avec ses enfans, rien dans la nature n'aurait pu m'empêcher de le suivre. J'ai assez prouvé pendant deux ans, dans plusieurs circonstances, que je ne voulais le quitter jamais. Ce qui m'a encore plus déterminée, c'est l'assurance positive que j'avais que le roi ne voulait pas quitter le royaume. S'il en avait eu le désir, toute ma force aurait été employée pour l'empêcher, etc., etc. Elle ajoutait: Monsieur et madame devaient venir nous joindre en France, et ils n'ont pris un autre chemin et passé en pays étranger, que pour ne pas embarrasser et faire manquer de chevaux sur la route. Nous sommes sortis par l'appartement de M. de Villequier, en prenant la précaution de ne sortir que séparément et à diverses reprises.* Nous observerons ici qu'avant ce malheureux voyage on avait répandu le bruit que la reine allait quitter la France, et emmener avec elle ses deux enfans. Le roi et son épouse étaient tombés dans un tel état d'humiliation qu'ils devaient rendre à leurs sujets un compte exact et minutieux de leur conduite. Un moment de calme succéda à ces orages, mais il ne fut pas de longue durée. Les calomnies contre Marie-Antoinette recommencèrent de nouveau : c'est elle encore qui avait prodigué les trésors du royaume, qui dirigeait les conseils de Louis, et qui cherchait à faire déclarer la guerre à la France par tous les souverains de l'Europe. Dans la terrible journée du 20 juin, lorsqu'elle entendit la populace qui avait déjà franchi les premières portes du château, et allait briser celle du cabinet où elle se trouvait avec le roi : « *Français, mes amis*, dit-elle aux gardes nationaux qui étaient présens, *sauvez votre roi*. Ceux-ci mirent l'épée à la main;

mais Louis XVI leur dit : *Éloignez-vous : cinq ou six épées ne les empêcheront pas de nous massacrer, s'ils le veulent;* et il alla lui-même ouvrir la porte aux furieux. D'autres parcoururent les appartemens en cherchant la reine, qui s'était retirée auprès de ses enfans, dans la salle du Conseil. C'est là, où assise devant une grande table, ayant à ses côtés madame de Lamballe et autres dames de sa cour, un des brigands la força de mettre le bonnet rouge sur la tête du dauphin; elle fut même obligée de le garder un instant sur sa tête. Le jeune dauphin suait sous ce lourd bonnet de laine : *Otez-lui donc ce bonnet*, dit alors Santerre; la reine l'ôta, et le dauphin, qui était placé sur la table, le garda à la main. Les yeux de cette princesse étaient gonflés de larmes; mais sa physionomie était calme. On lui présenta une cocarde tricolore : la reine la prit aussitôt. Le 20 juin ne fut que le précurseur du 10 août. (*Voy.* LOUIS XVI, *Supp.*) Les bandes des Marseillais attaquaient déjà le château; la reine se tourne vers plusieurs grenadiers de la garde nationale qui se trouvaient auprès de sa majesté, avec quelques seigneurs de la cour, et leur dit du ton le plus expressif : *Messieurs, tout ce que vous avez de plus cher, vos femmes, vos enfans, vos propriétés, tout dépend aujourd'hui de notre existence; notre intérêt est commun. Vous ne devez pas avoir la moindre défiance de ces braves serviteurs qui partageront vos dangers, et vous défendront jusqu'au dernier soupir.* Ces grenadiers montrèrent la généreuse résolution de mourir pour leurs souverains. Mais l'arrivée du peuple des faubourgs qui se réunit aux Marseillais, fit bientôt évanouir toute espérance. Il est cependant sûr que la reine désirait que l'on tînt ferme au château; mais il est faux qu'elle ait présenté un pistolet au roi, en lui disant : *Courage, c'est à présent qu'il faut se montrer.* Avec une poignée de soldats fidèles, faute de secours ultérieurs, elle devait prévoir que cette exhortation aurait entraîné un massacre général. S'étant rendue à l'assemblée avec son auguste époux, ses enfans, madame de Lamballe, etc., Marie-Antoinette eut à essuyer de nouveaux outrages pendant ce trajet. La populace lui aurait fermé le passage, et l'aurait séparée de son époux, sans le discours énergique du procureur général du département qui prévint ce nouvel attentat. Arrivée dans la salle de l'assemblée, et placée ensuite dans la loge du Logographe, elle entendit prononcer la déchéance du monarque, l'appel de la convention qui devait le juger, et n'en sortit que pour l'accompagner au Temple. Avant de sortir de l'assemblée, Marie-Antoinette connut si bien le danger d'une pareille situation, qu'elle dit : *Quand même les provinces s'armeraient pour nous secourir, elles ne pourraient nous arracher d'ici vivans.* On ne permit à aucune de ses femmes de partager sa captivité : madame de Lamballe qui le demanda avec les plus vives instances, fut bientôt enfermée dans une autre prison. On logea la reine dans le second étage de la tour du Temple, avec sa fille et madame Elisabeth ; elle occupait une chambre où on n'y voyait jamais le soleil ; les soupiraux qui y répandaient une faible lumière, étaient garnis d'épais barreaux de fer : c'est dans cette situation affreuse que Marie-Antoinette développa ce noble caractère, ce courage héroïque que ses bourreaux mêmes ne purent s'empêcher d'admirer. Tous les jours

exposée à de nouvelles peines, à de nouvelles alarmes, entendant autour de la prison des furieux qui demandaient sa tête à grands cris, elle ne perdit son calme qu'au moment où les assassins de madame de Lamballe vinrent présenter la tête de cette infortunée princesse jusque dessous les fenêtres du roi. Un garde national eut la cruauté de dire à la reine de se mettre à la fenêtre pour voir cet affreux spectacle : elle tomba évanouie. Quelque temps après toute communication lui fut interdite avec Louis XVI ; elle ne le revit que peu de jours avant qu'on entamât son procès, et que pour entendre de sa bouche l'arrêt qui le condamnait à mort. Marie-Antoinette qui lui avait toujours inspiré la résignation et l'oubli de tous les outrages, le félicita alors de la fin d'une existence si pénible, et sur la récompense immortelle qui l'attendait. Après la mort de son époux, la reine obtint de la convention d'en porter le deuil : elle ne lui survécut que peu de mois. Le 4 juillet 1793 on lui arracha son fils ; et elle connut dès lors que cette séparation allait être éternelle. Malgré la douleur d'un si cruel moment, elle eut le courage de disposer son fils à ne plus la voir et à ne pas se chagriner de sa longue absence. Le 5 août suivant, des hommes armés vinrent enlever Marie-Antoinette, au milieu de la nuit, pour la conduire à la Conciergerie. Elle ne put se séparer de sa jeune fille et de madame Elisabeth, sa sœur bienaimée, sans verser des larmes. *Adieu chère sœur*, lui dit-elle, *nous ne nous reverrons qu'avec le fils de saint Louis : je recommande mes enfans à votre tendresse.* On la plaça dans une chambre basse, appelée la salle du conseil : c'est là que celle qui avait occupé un des plus brillans trônes de l'Europe, la fille des Césars, seule, en proie à toute la douleur d'une épouse et d'une mère désolée, n'avait d'autres consolations que celles qu'elle implorait de la Providence, qui soutint son courage jusqu'à ses derniers momens. Elle parut au tribunal révolutionnaire, présidé par Hermann, le 14 octobre 1793. Le farouche Fouquier-Tainville reproduisit, dans son acte d'accusation, toutes les calomnies qu'on avait débitées contre cette princesse, et que nous avons rappelées dans le cours de cet article. On l'accusa, en outre, d'avoir causé la famine dont les journées des 5 et 6 octobre avaient été la suite; d'être l'auteur des massacres du 10 août; enfin de crimes si dénués de preuves et si absurdes, que son défenseur, M. Chauveau-la-Garde, dit avec raison : « Je ne suis, » dans cette affaire, embarrassé que » d'une seule chose ; ce n'est pas de » trouver des réponses, mais une » seule accusation vraisemblable. » Hébert, dit *le Père Duchêne*, lui ayant reproché d'avoir cherché, de concert avec sa belle-sœur, à dépraver les mœurs de son fils [1], Marie-Antoinette garda le silence. Interrogée de nouveau : *Si je n'ai rien répondu*, dit-elle, *c'est que la nature se refuse à répondre à une pareille accusation faite à une mère...... J'en appelle à toutes celles qui sont ici et à leur conscience.* Une si affreuse accusation fit dire à Robespierre : « Cet imbécile d'Hébert ! ce » n'est pas assez qu'elle soit une » Messaline, il faut qu'il en fasse en- » core une Agrippine, et qu'il lui » fournisse à son dernier moment ce » triomphe de l'intérêt public. » Parmi les témoins appelés, Bailly, maire de Paris, et Manuel, procu-

reur de la commune, rendirent justice à la reine et plaignirent ses malheurs ; Bailly lui-même osa blâmer son féroce accusateur. Elle subit son interrogatoire, et entendit prononcer son jugement avec un calme inaltérable. Plusieurs femmes du peuple, qui n'étaient pas en état d'apprécier un caractère si sublime, s'écrièrent alors avec un ton de mépris : *Elle est bien fière !* C'est là l'effet de la compassion que Marie-Antoinette leur inspirait. On lui donna pour confesseur Girard, curé constitutionnel de la paroisse de Saint-Landry [1]. La reine fit à ses genoux la prière la plus touchante. « Mais il » paraît, dit un historien, que ce fut » son dernier acte de religion, et que » ses principes ne lui permirent pas » de donner sa confiance à un prêtre » constitutionnel. » Transie de froid, après une séance de dix-huit heures, elle s'enveloppa les pieds d'une couverture et dormit d'un sommeil tranquille. Le comte de Linange avait fait pour sauver Marie-Antoinette, ce que le ministre d'Espagne avait fait pour le roi ; il avait offert de partir sur-le-champ pour Vienne, et répondait de la neutralité de l'Autriche, si l'on voulait mettre la reine en liberté ; mais ses offres ne produisirent aucun effet ; en tout cas elles arrivèrent un peu trop tard, et la mort de Louis XVI aurait dû faire pressentir à l'Autriche celle de son épouse. Le lendemain de son jugement, à 11 heures du matin, la reine monta sur la fatale charrette, en déshabillé blanc et les mains liées derrière le dos ; elle traversa par une double haie de gardes nationaux. En passant devant les *Jacobins*, ayant aperçu quelques-uns de ces hommes vils qui voulaient l'insulter,

---

1 Ce prétendu crime avait été d'abord indiqué par Chaumette.

1 Il rétracta quelque temps après son serment, et fut chanoine de Notre-Dame.

elle les regarda d'un air si imposant qu'ils gardèrent le silence. Arrivée à midi à la place Louis XV, elle tourna les yeux vers les Tuileries; cette vue sembla lui causer quelque émotion. Elle monta précipitamment sur l'échafaud. Ayant marché par mégarde sur le pied de l'exécuteur, elle lui demanda excuse, se mit ensuite à genoux, et s'écria en levant les yeux au ciel: *Seigneur, éclairez et touchez mes bourreaux. Adieu pour toujours mes enfans, je vais rejoindre votre père.* Elle livra sa tête au coup fatal et expira le 16 octobre 1793, à l'âge de 38 ans. Marie - Antoinette montra jusqu'au dernier instant le plus grand courage, une résignation édifiante, et un mépris de la mort fondé sur la conviction intime que sa vie, accablée de tant de malheurs, ne méritait pas d'être disputée par des tigres. Son corps, déposé à la Madeleine, fut consumé dans la chaux vive. Marie-Antoinette avait l'esprit très-cultivé, possédait parfaitement la géographie, l'histoire, savait le latin, parlait le français avec pureté, et l'italien comme sa langue naturelle; elle avait beaucoup de goût pour juger les productions de tous les arts, et était une excellente musicienne. Ses manières étaient affables, son caractère élevé, son cœur sensible; elle montra beaucoup de constance dans ses sentimens; elle aimait tendrement ses enfans et son époux, dont elle prévit les malheurs en plaignant sa bonté extrême. Marie - Antoinette avait beaucoup d'estime et d'amitié pour sa belle-sœur qu'elle appelait sa *chère Babet,* et nourrissait une égale affection pour l'infortunée princesse de Lamballe. Elle aimait à protéger les malheureux, les secourut en toute occasion, et réunissait deux qualités rares,

celle de se plaire à rendre service, et celle de jouir du bien qu'elle avait fait. Toutes ces qualités peuvent bien faire oublier quelques légers défauts, et, malgré la calomnie, la postérité vengera sa mémoire; elle l'a déjà vengée, et on ne se souvient plus que de ses vertus et de ses malheurs. Marie-Antoinette a eu quatre enfans : Marie - Thérèse - Charlotte, née le 19 décembre 1778, à présent Madame, et qui a épousé M. le duc d'Angoulême, son cousin; Louis, né le 22 octobre 1781, mort le 4 juin 1789; Charles - Louis, né en mars 1784, nommé duc de Normandie, et dauphin après la mort de son frère aîné, mort en 1793; une fille morte en bas âge, et dont la perte causa une vive douleur à la reine. On a plusieurs *Vies* de Marie-Antoinette; deux publiées pendant la révolution ne sont que d'infâmes satires. Celle qui a paru en 1814, en 2 vol., par M. Montjoy, est plus exacte.

MARLET ( Jérôme ), sculpteur et conservateur du musée de Dijon, né dans cette ville vers 1740, et mort en 1810. Il a beaucoup travaillé en bas-reliefs, où l'on remarque du goût et de la correction.

MARMONTEL ( Jean - François ), littérateur, naquit à Bort, petite ville du Limosin, en 1719. Son père était tailleur, et remarquant les heureuses dispositions de son fils, parvint à lui obtenir une bourse dans le collége de Toulouse, où le jeune Marmontel fit ses études avec éclat. Au sortir du collége il prit le costume d'abbé, et remporta quelques prix aux *Jeux Floraux* de cette ville. Ces premiers succès engagèrent quelques-uns de ses amis à le recommander à Voltaire, qui, en 1745, l'appela à Paris. Il y débuta par différentes tragédies qui

obtinrent les suffrages du public.
Marmontel se lia bientôt avec les
philosophes, et partagea leurs principes jusqu'à l'époque où l'expérience lui servit d'utile leçon. Cependant ni ces liaisons, ni ses productions théâtrales n'avançaient beaucoup sa fortune; et pendant plusieurs
mois il vécut en commun avec quelques littérateurs peu riches, dont
chacun avait son jour pour fournir
à la dépense. Introduit dans la société, Marmontel y apporta de l'esprit, des connaissances, et un ton
roide et pédantesque, que l'âge et
la fréquentation du grand monde
ne corrigèrent jamais. Ce défaut
frappait davantage lorsqu'il parlait
des principes philosophiques. Il travailla à l'*Encyclopédie;* mais ses
articles, d'ailleurs assez médiocres,
respirent ce ton tranchant qui lui
était si naturel. De puissans protecteurs lui firent obtenir une pension
de 1,500 livres en qualité d'historiographe des bâtimens du roi;
et on lui accorda quelque temps
après le privilége du *Mercure* pendant deux ans, qui lui valut 40
mille livres. Lui ayant été attribué
une *parodie* sur une scène de *Cinna,*
où il s'était plu à ridiculiser un
grand personnage, on lui ôta son
privilége, et il fut mis à la Bastille.
Après une captivité de quelques
mois, il sortit et publia ses *Contes
moraux,* le meilleur de ses ouvrages, qui eurent un succès mérité.
L'académie française l'admit parmi
ses membres en 1763. Il en était secrétaire lorsque la révolution éclata;
comme philosophe, il en adopta
bientôt les principes; et c'était les
mêmes qu'il avait toujours professés;
mais s'étant aperçu, par les premiers désordres, de l'orage politique
qui menaçait la France, il se retira
à la campagne avec sa famille. Il

avait épousé une nièce de l'abbé
Morellet. C'est dans sa solitude qu'il
eut tout le temps de réfléchir aux
funestes résultats du philosophisme,
par l'anarchie et les factions sanguinaires qui déchiraient son pays Son
intérêt personnel ne contribua pas
moins à le faire revenir de ses premières erreurs. Sa fortune, qu'il avait
acquise par une application assidue,
s'était presque entièrement évanouie
par des remboursemens en assignats.
Aussi, lorsqu'au mois de mars 1797
il fut nommé par le département de
l'Eure député au conseil des anciens,
il y apporta des sentimens modérés,
et il parut même religieux. Ces
sentimens qui auraient été punis de
l'échafaud en 1793, ne plaisaient pas
non plus lorsque Marmontel parut
sur la scène politique; et après le
18 fructidor son élection fut annulée. Il se retira à Abboville, village près de Gaillon, département de
la Seine-Inférieure, et y acheta une
espèce de chaumière. Il y vécut
pauvre et oublié, et mourut le 31
décembre 1799, à l'âge de quatre-vingts ans. « Fermaut, dit un écrivain, en quelque sorte son siècle,
» et la liste des écrivains qui l'avaient
» illustré. » Ce même auteur remarque, assez judicieusement, «que les
» écrivains qui avaient le plus contribué à amener la révolution par
» les principes ou anti-religieux, ou
» d'une politique hasardée, qu'ils
» avaient auparavant affichés, parurent la plupart faire un retour sur
» eux-mêmes au moment où il leur
» fallut essayer de leurs systèmes. » Il
y a de ce fécond auteur près de
quarante ouvrages connus : nous
citerons les principaux : I des tragédies, la première est *Denys le tyran,* jouée en 1748; *Aristomène,*
1750. Ces deux pièces eurent peu
de représentations. *Cléomène; les*

*Héraclides*, 1751; *Egyptus*, 1753; *Venceslas*, tragédie de Rotrou, que Marmontel retoucha, et dont il supprima quelques longueurs; *Hercule mourant; Numitor et Cléopâtre*, 1751 et 1779; qui n'eut pas de réussite. II Des opéras comiques, parmi lesquels on distingue : *Sylvain*, *l'Ami de la maison*, *la fausse Magie*, *Zémire et Azor*, et *Lucile*. III Des tragédies lyriques, comme *Démophon*, *Didon* ( imitées de Métastase ); *Roland*, 1778, qui entraîna une amère et longue dispute entre Marmontel et le fameux abbé Arnaud, au sujet du mérite musical de Gluck et Piccini. IV *L'Observateur littéraire*, 1746, in-12, ouvrage d'une saine critique. V *Contes moraux*, 1765, 3 vol. in-12, écrits d'un style facile et élégant, et dont plusieurs offrent de très-belles situations et une bonne morale. Ils ont eu un grand nombre d'éditions, et ils ont été traduits dans presque toutes les langues. VI *Bélisaire*, 1767, in-8. Ce livre, écrit dans des principes philosophiques, fut justement condamné par la Sorbonne, qui puisa dans 15 chapitres 37 propositions impies ou dangereuses. Le professeur Coger en fit une vigoureuse critique qui l'emporta sur les éloges exagérés de Voltaire. Les premiers livres en sont bien conçus et bien écrits; mais il est d'une telle longueur qu'on pourrait en retrancher plusieurs chapitres sans nuire à l'ensemble de l'ouvrage. La Harpe, en lui accordant quelque mérite, dit « qu'il a »le grand défaut de commencer par »être un roman, et de finir par être »un sermon. » Il a été traduit en italien, en espagnol par l'ex-jésuite Montangon, qui y a corrigé les chapitres condamnés par la Sorbonne, et fut imprimé en grec vulgaire à

Vienne en Autriche, 1783. VII *La Pharsale de Lucain*, traduite en français, 1766-72, 2 vol. in-8. VIII *Poétique française*, qui est assez estimée, 1774, 3 vol. in-8. IX *Essai sur les révolutions de la musique*, 1777, in-8. L'auteur s'élève contre les amateurs passionnés de Grétry, et semble préférer Piccini, Sacchini, Gluck, etc. X *Les Incas*, ou *la destruction de l'empire du Pérou*, 1777, 2 vol. in-8. C'est un poëme en prose, où plusieurs faits historiques sont altérés, et qui, malgré ses ornemens, intéresse beaucoup moins que l'histoire écrite par Garcilasso. XI *Élémens de littérature*, 1787, 6 vol. in-12. Cet ouvrage fait honneur à Marmontel, et il est justement apprécié; on ne pourrait le recommander assez aux jeunes gens qui veulent entreprendre la carrière des lettres. XII *Les déjeuners de village*, 1791, in-12. XIII *Nouveaux Contes moraux*, 1792, 2 vol. in-12, qui n'ont pas eu le même succès que les premiers, et qui ne le méritaient pas. XIV Divers morceaux fournis à *l'Encyclopédie*, des *épitres*, des *discours*, plusieurs *poésies* insérées dans *l'Almanach des Muses* et dans différens journaux, etc., etc. Ses œuvres posthumes sont une *Logique*, une *Grammaire*, un *Traité de morale*, une *Histoire de la régence*, 2 vol. in-12, et ses *Mémoires*, 4 vol. in-12, où il se peint avec assez d'impartialité. Tous ses ouvrages ont été imprimés à Paris, 1787-1806, 32 vol. in-8. Marmontel avait un style agréable et souvent éloquent, du bon goût, de vastes connaissances en littérature; mais dans les différens genres qu'il a traités, il n'a jamais pu se placer au premier rang, parce qu'il manquait de précision, et surtout de

MARNEZIA ( Claude-François-Adrien de Lézay, marquis de ), naquit à Besançon en 1734. Il suivit d'abord la carrière des armes, et servit dans le régiment du roi. Le marquis de Marnezia avait fait de très-bonnes études, et jeune encore il quitta l'état militaire pour se livrer entièrement à la littérature. La noblesse du bailliage d'Aval le nomma son député aux états-généraux de 1789. Trompé par les maximes spécieuses qu'on débitait dans ce temps-là, il fut un de ceux parmi les nobles qui passèrent à la chambre du tiers état, et favorisèrent les premières innovations. Le marquis de Marnezia avait de bons principes, un jugement sain, et aimait le roi. Il ne tarda pas à apercevoir le but où tendaient les factieux, et rectifia ses opinions. D'après le sentiment de J. J. Rousseau lui-même, il s'opposa vivement à ce que les comédiens fussent admis aux droits de citoyens actifs. Pendant l'existence de la première assemblée il montra des principes sages et modérés. Pour fuir les nouveaux troubles qui menaçaient son pays et ceux qui y avaient occupé un certain rang, il se réfugia en Amérique, où il s'établit sur les bords du Scioto. L'amour de la patrie le ramena en France au moment que les orages qu'il avait évités par son émigration étaient dans leur plus grande force. Il était parti de Paris avant l'ouverture de l'assemblée constituante, et il y revint dans le règne de la *terreur*. Son arrivée inattendue le rendit aussitôt suspect. Il fut arrêté et mis en prison ; il eut le bonheur d'y être oublié pendant onze mois, et il en sortit après la chute de Robespierre. Mais atteint d'une maladie dont il avait puisé le germe dans la prison, il y succomba enfin en avril 1800.

On a de lui : I *Essai sur la nature champêtre*, poëme avec des notes, Paris, 1787-1800, in-8. Il contient des vers heureux et des détails intéressans. II *Essai sur la minéralogie du bailliage d'Orgelet en Franche-Comté*, 1778, in-8. III *Le bonheur dans les campagnes*, Neufchâtel et Paris, 1788, in-8. Cet ouvrage est écrit avec grâce et simplicité. IV *Plan de lecture pour une jeune dame*, Paris, 1784, in-8 ; Lausanne, 1800, in-8 : livre instructif et bien écrit. V *La Famille vertueuse* est du petit nombre des romans qu'on peut lire avec utilité par les bonnes leçons de morale qu'il contient, 1785, in-12. VI Trois *Lettres sur le Scioto*, in-8. VII *Le Voyageur naturaliste*, ou *Instruction sur les moyens de rassembler les objets d'histoire naturelle et de les bien conserver*, traduit de l'anglais de Coakley, Amsterdam et Paris, 1775, in-12. Le marquis de Marnezia écrivait avec une égale facilité en prose et en vers. Son style est agréable et pur, et sa versification pleine d'élégance et d'harmonie. Il avait des sentimens chrétiens, et lorsqu'il mourut il travaillait à un ouvrage où il aurait prouvé que les principes de la véritable philosophie sont les mêmes que ceux de la religion.

MARTIN ( Edme ), professeur de droit à Paris, naquit à Poilly, près Sens vers 1714. Il étudia au collége de Montaigu, et en devint le procureur. Il vint à Paris jeune encore, et s'y fit aimer par ses talens et par son caractère. Martin montra beaucoup de zèle pour ses élèves et pour les progrès de l'instruction. C'est à ses sollicitations que l'on dut l'établissement des écoles de droit situées sur la place de Sainte-Geneviève. Il mourut à Ivry-sur-Seine en 1793, ayant alors près de

quatre-vingts ans. On a de lui : I
*Elementa juris canonici*, Paris,
1785, 2 vol. in-4, II Un *Discours
latin* qu'il prononça à l'ouverture
des nouvelles écoles.

MARTINI (Antoine), archevêque
de Florence, né à Prato en Toscane
en 1720, se fit connaître de Pie VI
par d'utiles travaux, qui lui valurent
de la part de ce pape un bref honorable du 17 mars 1778. Pie VI ne
se borna point à cette marque flatteuse de son estime, il nomma Martini à l'évêché de Bobbio dans l'état
de Gênes. Il se rendait à Rome, pour
y être sacré, en passant par Florence.
Le grand duc Léopold, instruit de
son rare mérite, le revendiqua comme son sujet, et le nomma à l'archevêché de Florence en 1781. On prétend que l'on comptait sur lui pour
donner du poids aux innovations
qu'on méditait et qu'on aurait bien
voulu étayer d'un suffrage imposant.
S'il en était ainsi, cet espoir aurait
été bien déçu. Martini était attaché
à la saine doctrine et au pape. Il en
donna des preuves dans l'assemblée
de Florence, du 23 avril 1787, où,
malgré l'appui que leur prêtait le
grand duc, il repoussa les changemens qu'on voulait introduire d'a-
près les principes de Ricci, évêque
de Pistoie. On a de Martini : I une
*traduction* italienne du *Nouveau
Testament*, Turin, 1769. II Une
*traduction* de l'*Ancien Testament*,
aussi en italien, ibid., 1776. Ces
deux traductions furent approuvées
par l'Ordinaire, et valurent à l'auteur
le bref de Pie VI dont il est parlé
plus haut. III Des *Instructions morales sur les Sacremens*, 1785. IV
Des *Instructions historiques, dog-
matiques et morales sur le Symbole*,
2 vol. Elles sont extraites des sermons que Martini avait prêchés dans
sa cathédrale. V Des *Mandemens*

où éclatent également la science et le
zèle épiscopal. Ce savant archevêque
mourut le 31 décembre 1809.

MARTINI (le P. Jean-Baptiste),
célèbre dans l'histoire de la musique, naquit à Bologne en 1706,
d'un joueur de violon dont il apprit les premiers élémens de cet
art, et se perfectionna ensuite sous
les plus habiles maîtres. Il entra en
1726 dans l'ordre des Frères Mineurs comme organiste, y établit
une école de musique dont la réputation s'étendit dans toute l'Italie.
Les plus grands compositeurs le
consultaient, et Jommelli dut beaucoup aux instructions du P. Martini, qui donna un nouveau lustre à
son art par les savans écrits qu'il
publia, et dont voici la liste : I
*Histoire de la musique*, Bologne,
3 vol. in-4. Le troisième parut en
1781. On admire dans tout cet ouvrage la profondeur du savoir, l'é-
rudition et l'excellente pratique. II
*Sonates d'étude pour l'orgue et le
clavecin*, Amsterdam, 1737; Bologne, 1747. III *Giudizio* ou *Jugement d'Apollon*, cantate, Naples,
1761. IV *Duo chantans*, Bologne,
1763. V *Sommaire de la théorie
des nombres*, 1769. VI *Essai fondamental et pratique de contre-
point pour le plain-chant*, Bologne,
1774. VII *Essai fondamental et
pratique pour les fugues*, ibid.,
1776. VIII *Règle pour les orga-
nistes pour accompagner le plain-
chant*, ibid., 1777. IX *De usu pro-
gressionis geometricæ in musica*,
dissertation insérée dans le cinquième vol. des *Commentarii dell'
academia dell' Instituto*, deuxième
partie, page 372. Le P. Martini
a en outre composé des *Messes*,
des *Motets*, des *Psaumes*, des *Sta-
bat*, etc. Il mourut le 4 août 1784,
âgé de 78 ans. Il a laissé de fort

bons élèves, parmi lesquels on distingue le P. Mattei, qui lui a succédé dans la direction de l'école établie dans le couvent de Saint-François de Bologne.

MASDEU ( l'abbé don Jean-François ), savant jésuite espagnol, naquit à Oviédo en 1721. Il entra chez les PP. de la compagnie en 1736. Doué d'une mémoire prodigieuse, il fit ses études avec éclat, et à l'âge de trente-cinq ans il savait la philosophie, la théologie, les mathématiques, l'histoire, les antiquités, le droit canon, et possédait le grec, l'hébreu, et plusieurs langues modernes. Il occupa les emplois les plus distingués de son ordre, dont il était un des plus beaux ornemens. A la suppression des jésuites ( 1767 ) il passa en Italie, en visita plusieurs villes, et fixa sa résidence à Foligno. Depuis long-temps il avait ramassé d'abondans matériaux pour écrire l'histoire de son pays. Il en publia les premiers volumes en italien, sous le titre d'*Histoire critique d'Espagne, et de ses progrès dans les sciences, les lettres et les arts*, Foligno, 3 volumes. Le troisième parut en 1784. Plusieurs jésuites ayant obtenu en 1799 la permission de retourner en Espagne, l'abbé Masdeu s'établit à Léon, où il continua son *Histoire*. Après avoir traduit en espagnol les trois premiers volumes, il en donna encore deux imprimés à Madrid, chez Sancha, 1799, 5 vol. in-8. Il est à regretter que depuis cette époque il n'ait pas paru d'autres volumes, quoique l'auteur s'occupât toujours de cet ouvrage, qui l'a placé au premier rang des historiens et des critiques espagnols. Son histoire, qui a mérité les éloges de tous les savans, et notamment de Sampère y Guarinos, biographe es-

pagnol, a un avantage réel sur celle de Mariana, en ce que, outre qu'on y trouve les règnes des maisons d'Autriche et de Bourbon, elle contient des détails exacts et étendus sur les différentes branches de la littérature espagnole. Elle est écrite avec pureté et élégance, soit en italien, soit en espagnol; elle est remplie d'une vaste érudition, et se distingue surtout par une critique sévère. L'abbé Masdeu avait beaucoup de piété, était affable et bienfaisant, et il se fit également aimer dans son pays comme chez l'étranger. Il mourut à Oviédo en décembre 1803, âgé de quatre-vingt-trois ans.

MASSENA ( André ), duc de Rivoli, prince d'Esling, maréchal de France, grand cordon de la Légion-d'Honneur, commandeur de l'ordre royal et militaire de Saint-Louis, naquit en 1755 à Nice d'une famille pauvre. Dans sa jeunesse il passa à Turin, donna pendant quelque temps des leçons d'armes, et entra ensuite dans le régiment Royal-Italien, où il devint sous-officier. A l'époque de la révolution, les troupes françaises ayant pénétré dans le Piémont, il se réunit à elles, et montra dans plusieurs circonstances de l'intelligence et une valeur à toute épreuve. Employé en différentes armées, il y déploya successivement ces talens militaires qui établirent ensuite sa grande réputation. Masséna, sans études préliminaires, avait passé plusieurs années au service d'une puissance qui vécut dans une paix perpétuelle. Ce ne fut qu'à l'âge de 40 ans qu'il apprit à l'Europe qu'il était un de ses plus fameux généraux. En 1793 il commandait déjà une brigade, et les services qu'il rendit dans cette campagne et dans la suivante lui valurent le grade de gé-

13.

néral de division. En 1795 il commanda l'aile droite de l'armée d'Italie, et contribua constamment aux
succès de Buonaparte, qui l'employait toujours dans les occasions
les plus périlleuses et les plus difficiles. Il se distingua aux batailles de
Lodi (1796), d'Arcole, et surtout
à celle de Rivoli (1799). Le succès de cette journée, si glorieuse
pour les Français, on le dut entièrement à Masséna, et lui mérita, en
1800, le titre de duc de Rivoli. Jusqu'ici ce général n'avait brillé qu'en
second; un nouveau théâtre vint se
présenter où il put montrer tous
ses talens. En 1799 on lui donna le
commandement de l'armée d'Hel-
vétie, et il ouvrit cette campagne en
obtenant des succès décisifs; mais
Jourdan venait d'être battu près du
Danube; et Masséna fut obligé de rétrograder. Bientôt après, ayant reçu
de nouvelles forces, il couvrit la
Suisse, et y disputa pied à pied
toutes les positions dont s'était em-
parées l'armée russe sous les ordres
de Souvarow qui venait de conquérir l'Italie. Des raisons politiques ayant introduit de la mésintelligence entre les Autrichiens et
les Russes leurs alliés, Souvarow
dut changer de plan, et se con-
centrer dans son armée, laissant à
Zurich le général Kosakow avec un
certain nombre de troupes. Masséna
vint l'attaquer, et après un combat
sanglant et opiniâtre il mit l'armée
russe en complète déroute. C'était,
depuis un siècle, la première défaite, en bataille rangée, que les Russes essuyaient. Souvarow n'arriva
que trop tard au secours des siens,
et que pour effectuer sa retraite. Au
mois de décembre de la même année, Masséna passa à l'armée d'Italie, et quoique avec des forces inférieures il tint une contenance

ferme devant les nombreuses troupes du général autrichien Mélas. Il
se jeta ensuite dans Gènes que les
ennemis menaçaient. Les Anglais et
les Autrichiens mirent bientôt cette
ville en état de siége. Bloquée par
terre et par mer, l'intrépidité et les
talens de Masséna surent la maintenir
long-temps contre la famine extrême,
le manque de soldats, la plupart mourant d'inanition ou incapables de
servir, et contre tous les efforts de
l'ennemi. Il diminua cependant de
beaucoup leur armée de terre par
les fréquentes sorties que, pendant
la nuit, il faisait faire au peu de
soldats qui lui restaient. Ceux-ci,
marchant avec des feutres aux pieds
et dans le plus grand silence, sur-
prenaient les avant-postes, et mettaient le désordre parmi les Autrichiens campés à peu de distance de
la ville. Toute résistance devenant
désormais impossible, Masséna proposa à ses officiers d'effectuer une
sortie, et de vaincre ou mourir;
mais, convaincu par les observations
que lui firent ces mêmes officiers,
que les soldats exténués par la faim,
n'étaient plus en état de porter les
armes, et qu'il périssait plus de
soixante habitans par jour, il consentit à entamer des négociations
avec les Anglais; il écrivit néanmoins
au général Keith qu'il préférerait plutôt la mort que de signer un traité
où serait le mot de capitulation. Le
général anglais lui adressa une lettre
très-obligeante, où, entre autres
éloges, il lui disait: « Vous valez
» seul vingt mille hommes. » Masséna
dicta lui-même les conditions, et à
chaque difficulté qu'éprouvaient les
articles, le général ennemi lui répondait: « Monsieur, votre défense
» est trop belle pour que l'on puisse
» vous rien refuser. » Certes cette
défense était héroïque; mais les

Anglais, au milieu de tous leurs éloges, ne visaient qu'à s'emparer de Gènes, quelles qu'en fussent les conditions. Masséna fut un des généraux qui coopérèrent ou au moins adhérèrent aux événemens du 18 brumaire. Après la bataille de Marengo (14 juin 1800) il reprit le commandement de l'armée d'Italie, qu'il conserva jusqu'à la paix. Il fut créé en 1804 maréchal de l'empire, et on lui conféra en même temps divers ordres et dignités. L'année suivante la guerre éclata de nouveau entre la France et l'Autriche, et il fut encore nommé général en chef de l'armée d'Italie. Il s'empara de Vérone, et eut quelques échecs sous les redoutes de Caldiero, où l'armée de l'archiduc Charles s'était retranchée. Il la battit ensuite, poursuivit l'arrière-garde du prince, passa la Piève et le Tagliamento, et parvint à opérer sa jonction avec la grande armée. Il se couvrit de gloire à la bataille d'Austerlitz (2 décembre 1805), et après la paix de Presbourg, conclue l'année suivante, il conduisit Joseph Buonaparte à Naples, repoussa l'armée napolitaine, et la força de mettre bas les armes. Une partie passa en Sicile rejoindre le roi Ferdinand VII. Après le couronnement de Joseph, Masséna vint en février 1807 se mettre à la tête du cinquième corps de la grande armée, et occupa une partie de la Pologne jusqu'à la paix de Tilsit. Envoyé en 1809 en Allemagne, il cueillit de nouveaux lauriers à Eckmulh, à Grosls-Asperun et à Esling, où, après avoir délivré l'armée française cernée par l'archiduc Charles (*voyez* LANNES, *Supplément*), il décida de la victoire. Il en porta depuis le nom avec le titre de prince. Il ne se distingua pas moins à Eugendorff et à Wagram.

En 1810 il passa en Espagne, eut à soutenir une vigoureuse résistance de la part des défenseurs de Ciudad-Rodrigo; mais s'étant enfin emparé de cette ville, il tourna la position de Buzaco, pénétra en Portugal, et prit Coimbre. Il fut arrêté dans ses succès par une force invincible. L'armée anglaise, commandée par lord Wellington, était campée, non loin du Tage, dans une position des plus avantageuses. Des triples batteries en fermaient les retranchemens; c'était comme une profonde muraille d'airain qui vomissait la mort de toutes parts. La défense était sûre, l'attaque inutile, et la réussite presque impossible. Les ennemis avaient eu soin de dévaster le pays plusieurs lieues à la ronde. Après de vaines tentatives, Masséna fut obligé de faire sa retraite. Il eut encore bien des obstacles à surmonter. Poursuivi par les Anglais, attaqué par les Espagnols et les Portugais, il rentra en France en 1812, où il encourut la disgrâce de Napoléon, qui lui attribuait injustement les malheurs de cette campagne. Il obtint néanmoins le commandement de Toulon, où il se trouvait lors des événemens d'avril 1814. Dès le 16 il adressa au gouvernement provisoire son adhésion au nouvel ordre de choses, avec les plus vives protestations de fidélité et de dévouement à Louis XVIII. Le 20 du même mois il fit reconnaître avec une grande pompe ce monarque, après avoir adressé une proclamation énergique aux soldats. Il fut peu de temps après décoré de la croix de Saint-Louis, et du titre de commandeur du même ordre. Cependant, lors du débarquement de Buonaparte à Cannes (1er mars 1814), sa conduite parut équivoque; elle cessa bientôt de l'être, et il donna encore son adhésion au nouveau gouvernement, qui fut de courte durée. Buonaparte le créa pair de France, et le 23 juin lui donna le commandement de la garde nationale de Paris. Après la bataille de Waterloo, où Napoléon apprit par expérience quelles étaient les difficultés que Masséna n'avait pu vaincre en Portugal, il contribua beaucoup à la tranquillité de la capitale dans les momens difficiles qui précédèrent le retour du roi. Masséna sembla partager la joie commune. Quelques mois après les habitans de Marseille le dénoncèrent comme traître au roi, et leur plainte fut lue à la chambre des députés. La loi du 12 janvier 1815 sur l'amnistie ayant été promulguée, Masséna publia alors un *Mémoire* justificatif de sa conduite avant et pendant l'audacieuse entreprise de Buonaparte, et on ne donna pas de suite à la plainte des dénonciateurs. Masséna se disposait, dit-on, à passer aux Etats-Unis lorsqu'il fut arrêté dans ce projet par une maladie dangereuse qui le conduisit au tombeau en avril 1817. Sentant sa fin approcher, un individu de sa connaissance cherchait à lui inspirer du courage et de la résignation : « J'en ai du courage, »répondit-il, j'en ai; mais je ne »croyais pas qu'il était aussi difficile »de mourir dans son lit. » Il avait amassé de grandes richesses en Italie et en Portugal ; cela donna occasion à plusieurs critiques, et on assure que Buonaparte lui fit des remontrances à ce sujet, et ce fut une des raisons qui motivèrent sa disgrâce. Masséna fut, sans contredit, un des meilleurs généraux français qui aient paru de nos temps. Ses plans étaient bien combinés, son coup d'œil exact, nulle confusion dans ses ordres, et il joignait à tout

cela un courage qui dégénérait souvent en témérité. Ses manières étaient polies, et il savait se faire aimer du soldat. On lui a cependant reproché d'être un peu trop enclin à l'avarice.

MASSINI ( Charles-Ignace), prêtre de l'Oratoire de Rome, naquit à Cézène le 16 mai 1702, d'une famille considérée dans cette ville, et apporta en naissant les plus heureuses dispositions pour les sciences. Après s'être appliqué aux belles-lettres, à la philosophie et à la jurisprudence, il vint à Rome, endroit où les talens offrent à ceux qui les possèdent les moyens presque sûrs de parvenir aux honneurs, et quelquefois à d'éminentes dignités. Après trois ans de séjour dans cette capitale, il suivit, en qualité d'auditeur, le cardinal Spinola, nommé légat à Bologne. Il était fils unique; ses parens avaient de la fortune, et il pouvait d'ailleurs espérer de l'avancement dans la carrière qu'il courait. Ces avantages ne suffirent point pour le retenir dans le monde. Il retourna à Rome et y entra à l'Oratoire. Il devint, dans cette congrégation célèbre, un modèle de piété et d'érudition. Tous ses momens étaient consacrés ou à la prière ou à l'étude. Sa réputation de science était si bien établie, que de toutes parts on venait le consulter. Devenu sexagénaire, il fut frappé de cécité. Il supporta pendant 25 ans cette affligeante situation avec une admirable patience, et termina par une sainte mort, le 23 mars 1791, une vie qu'il avait passée dans la pratique de toutes les vertus. Il était dans sa quatre-vingt-neuvième année presque accomplie. On a de lui : I *Vita del venerabile Padre Mariano di Sozzini dell' Oratorio di Roma*, Rome, 1747. Cette vie avait été ébauchée par le cardinal Leandro Col-loredo. Le P. Massini refondit son travail et y mit la dernière main. Depuis elle fut réimprimée avec des additions de Massini, et la *vie* d'une célèbre et pieuse dame romaine, nommée *Flaminia Papi*, ouvrage du même P. Mariano Sozzini. II *Vita del N. S. Gesù Christo*, tirée des saints Evangiles, Rome, 1759. Elle avait été composée en français par l'abbé le Tourneux, et traduite en italien, Rome, 1757. Le P. Massini y fit des changemens utiles, peut-être nécessaires, et l'enrichit d'*observations morales*. ( *Voyez* Tourneux, *Dict.*) III *Vita del N. S. Gesù Christo, con un appendice che contiene 15 Meditazioni sulla passione di Gesù Christo, un' Istruzione per assister alla santa messa*, etc., Rome, 1761; souvent réimprimée à Venise, à Turin et ailleurs. L'*Appendix* fut aussi imprimé à part, *con un breve esercisizio di divozione per le domeniche e feste del Signore*, etc. IV *Raccolta delle Vite de' santi per ciascheduno giorno dell' anno*, etc., Rome, 1763, 13 vol. in-12. V *Seconda Raccolta che contiene l'Appendice delle Vite de' santi per ciascheduno giorno dell' anno*, Rome, 1767, 13 vol. in-12. A la tête se trouve la *Vie de la sainte Vierge*, du savant P. Micheli de la même congrégation, qui eut une grande part à ces travaux du P. Massini. Ces deux recueils bien accueillis du public, furent souvent réimprimés à Rome, Venise, Trente et autres lieux. Ils complètent l'agiographie du nouveau-Testament, et offrent ce que l'Histoire ecclésiastique contient de plus authentique et de plus édifiant, mis dans un ordre parfait et exposé dans un style simple, mais qui ne manque ni de clarté, ni même de l'élégance que comporte le sujet. Le P. Massini publia encore d'autres ouvrages, et notamment une *traduction* italienne du livre de l'*Imitation*. Il est regardé comme un des ornemens de la savante congrégation à laquelle il appartenait.

MASSUET ( Pierre ), bénédictin de la congrégation de Saint-Vannes, naquit à Mouzon-sur-Meuse, le 10 novembre 1697. Des raisons, peu nécessaires à dire, lui firent quitter son ordre et passer en Hollande, où il exerça l'état de médecin. Il possédait la seigneurie de Lankeren ( près d'Amersfort ), où il est mort le 6 octobre 1776. On a de lui : I *Continuation du discours sur l'Histoire universelle de Bossuet, depuis 1721 jusqu'à la fin de 1737*, Amsterdam, 1738, 4 v. in-8. Labarre en avait déjà donné une continuation qui s'étendait jusqu'à 1708. II *Histoire de l'empereur Charles VI, et des révolutions arrivées dans l'Empire sous le règne des princes de la maison d'Autriche*, Amsterdam, 1742, 2 vol. in-12, III *Histoire des rois de Pologne et du gouvernement de ce royaume*, Amsterdam, 1733, 3 v. in-12. IV *Table générale des matières contenues dans l'Histoire et les Mémoires de l'académie des sciences de Paris, depuis 1699 jusqu'en 1734 inclusivement*, ibid., 1741, in-4, ou 4 vol. in-12. Cette table, contenant plus de 3 volumes de la table de l'édition de Paris, est plus commode et plus ordonnée. Pour la rendre encore plus complète, l'auteur aurait dû la faire partir de l'année 1666, et la prolonger au delà de 1734. V *Vie du duc de Riperda, grand d'Espagne et de Portugal*, ibid., 1739, 2 v. in-12. VI *Annales d'Espagne et de Portugal*, avec des cartes et figures , traduites de l'espagnol de dom Juan Alvarez del Colmenar, ibid. , 1741 , in-4. Ce savant laborieux travailla en outre, avec S'gravesande , de Jaucourt, Armand de la Chapelle, Barbeyrac et Desmaiseaux, à la *Bibliothèque raisonnée des ouvrages des sayans de l'Europe*, Amsterdam , 1728 - 1753 , 52 vol. in-12 , y compris 2 vol. de tables.

MAULTROT (Gabriel-Nicolas), avocat au parlement de Paris, naquit dans cette ville le 3 janvier 1714, et entra jeune dans la carrière du barreau. Il commença par la plaidoirie qu'il quitta bientôt pour se dévouer tout entier aux fonctions d'avocat consultant. Quoique les questions de droit civil et politique ne lui fussent pas étrangères, et qu'il ait donné plusieurs fois des mémoires sur ces matières [1]; il s'attacha néanmoins plus particulièrement , et par la suite presque exclusivement , aux questions de droit canon et aux affaires qui concernaient le clergé. Dévoué au parti *appelant*, il se croyait obligé d'être le défenseur de tous ceux qui refusaient de se soumettre à la bulle. Son zèle n'omit rien à cet égard. Sous prétexte d'oppression de la part des supérieurs ecclésiastiques, il soutenait la désobéissance des inférieurs, cherchait à diminuer les prérogatives de l'épiscopat pour augmenter d'autant ce qu'il appelait les droits du second ordre , et sapait sourdement l'autorité papale. Tel est le but de la plupart de ses nombreux écrits, comme on peut s'en convaincre à la seule inspection des titres. Aussi l'appelait-on l'*avocat du second ordre*;

1 On dit qu'un mémoire justificatif de M. de la Chalotais, procureur général au parlement de Bretagne , de la composition de Maultrot , mis sous les yeux de Louis XV, sauva la vie à ce magistrat.

néanmoins on lui doit la justice de dire qu'il fut, lorsque la constitution civile du clergé parut, un de ceux de son parti qui la désapprouvèrent et la rejetèrent. La révolution pesa sur lui comme sur tant d'autres ; il fut en 1797 obligé de vendre ses livres pour subvenir à ses besoins. Il était devenu aveugle à l'âge de 50 ans ; plein de sa matière, il dictait à un secrétaire, et une grande partie de ses ouvrages ont été composés dans cet état de cécité. Il mourut le 12 mars 1803 presque octogénaire. On a de lui : I *Apologie des jugemens rendus en France contre le schisme par les tribunaux séculiers*, avec l'abbé Mey, 1752, 2 vol. in-12; ouvrage condamné par Benoît XIV dans un bref du 20 novembre 1752. II *Maximes du droit public français*, 1772, 2 vol. in-12; autre édition en 1745, 2 vol. in-4 et 6 vol. in-12, avec des réflexions sur le *Droit de vie et de mort*, par Blonde, avocat. III *Les Droits de la puissance temporelle défendus contre la 2e partie des actes de l'assemblée du clergé de 1765, concernant la religion*, 1777, in-12. IV *Mémoire sur la nature et l'autorité des assemblées du clergé de France*, même année. V *Dissertation sur le formulaire*, 1775, in-12. VI *Institution divine des curés, et leur droit au gouvernement général de l'église*, 1778, 2 vol. in-12. VII *Le Droit des prêtres dans le synode*, 1779, in-12. VIII *Les Droits du second ordre défendus contre les apologistes de la domination épiscopale*, 1779, in-12. IX *Les Prêtres juges de la foi*, ou *Réfutation du Mémoire dogmatique et historique, touchant les juges de la foi*, par l'abbé Corgne, 1780, 2 vol. in-12. X *Les Prêtres juges dans les conciles avec les* évêques, ou *Réfutation du Traité des conciles en général*, de l'abbé Ladvocat, 1780, 3 vol. in-12. XI *Dissertation sur les interdits arbitraires de la célébration de la messe aux prêtres qui ne sont pas du diocèse*, 1781, in-12. XII *Dissertation sur l'approbation des prédicateurs*, 1782, 2 vol. in-12. XIII *L'approbation des confesseurs introduite par le concile de Trente*, 1783, 2 vol. in-12 XIV *Dissertation sur l'approbation des confesseurs*, 1784, 1 vol. in-12. XV *Juridiction ordinaire immédiate sur les paroisses*, 1784, 2 vol. in-12. XVI *Traité des cas réservés au pape*, 1785, 2 vol. in-12. XVII *Traité des cas réservés aux évêques*, 1786, 2 vol. in-12. XVIII *Traité de la confession des moniales*, 1786, 2 vol. in-12. XIX *Défense du second ordre contre les conférences ecclésiastiques d'Angers*, 1787, 3 vol. in-12. XX *L'usure considérée relativement au droit naturel*, 1787, 2 vol. in-12. XXI *Examen du principe du pastoral de Paris*, publié par M. de Juigné, 1788 et 1789, 2 vol. in-12. XXII *Véritable nature du mariage*, 1788, 2 vol. in-12. XXIII *Examen des décrets du concile de Trente et de la jurisprudence française sur le mariage*, 1788, 2 vol. in-12. XXIV *Dissertation sur les dispenses matrimoniales*, 1789, 1 vol. in-12. XXV *Origine et étendue de la puissance temporelle, suivant les livres saints et la tradition*, 1789 et 1790, 3 vol. in-12. XXVI *Discipline de l'église sur le mariage des prêtres*, 1790, in-8. XXVII *Observations sur le projet de supprimer en France un grand nombre d'évêchés*, 1790, in-8. XXVIII *Défense de Richer, et chimère du ri-*

chérisme, 1790, 2 vol. in-8. XXIX *Autorité de l'église et de ses ministres, défendue contre l'ouvrage de M. Larrière*, etc., 1792, in-8. XXX *Lettre à un ami sur l'opinion de M. Treilhard, relativement à l'organisation du clergé*, 1790, in-8, etc. D'autres ouvrages encore, parmi lesquels on cite une *Histoire du schisme d'Antioche*, et une *Histoire de saint Ignace, patriarche de Constantinople*, sont sortis de cette plume féconde. Après la mort de Jabineau, Maultrot continua avec Blonde les *Nouvelles ecclésiastiques, ou Mémoires pour servir à l'histoire de la constitution civile du clergé*. Enfin il avait travaillé avec l'abbé Mey à la première édition du *Droit public français*, attribuée à Michaut de Montblin, conseiller au parlement. Il avait du talent et une grande connaissance du droit ecclésiastique, et eût pu être utile à l'église s'il avait écrit dans un autre sens.

MAURE l'aîné, démagogue révolutionnaire, naquit vers 1750 à Auxerre, où il était épicier. Il adopta avec enthousiasme les principes de la révolution, vint à Paris, se lia avec Robespierre, et fut reçu au club des Jacobins. Maure agit d'après ces liaisons, et prit part à toutes les mesures violentes qui désolèrent la capitale. Il retourna dans son pays (département de l'Yonne) en 1792, et il se fit nommer député à la convention nationale. Il ne s'y fit remarquer que par une ignorance absolue, un ton grossier, et une haine acharnée pour la famille royale et les prêtres. Dans le procès de Louis XVI, il dit sur la question de l'appel au peuple : « Lorsque mes commettans m'ont » envoyé, ils m'ont dit : Va, venge- » nous du tyran, fais-nous de bonnes

» lois, et si tu nous trahis, ta tête en
» répond. J'ai promis et je tiendrai
» ma parole ; ainsi je dis non. » Il
ajouta encore : « Louis est coupable ;
» quand il aurait mille vies, elles ne
» suffiraient pas pour expier ses for-
» faits. Je vote pour *la mort*. » Malgré son intimité avec les terroristes,
il paraît qu'il eut une conduite peu
conséquente, puisque, dans la suite,
on l'accusa de *modérantisme*, quoiqu'il eût outre-passé bien souvent
les mesures révolutionnaires. Il fut
successivement envoyé en mission
dans les départemens de l'Yonne
et de l'Aube. Il commit à Auxerre
toutes sortes de vexations, et y
éleva un autel à la *terreur*. Le 24
janvier 1794 il se vanta dans le club
des Jacobins de ce que Marat l'appelait son fils, en ajoutant qu'il
était digne de l'être. Reignier le
dénonça au mois d'octobre pour
avoir fait relâcher dans le département de l'Aube vingt-six prêtres et
onze femmes d'émigrés ; mais cette
affaire n'eut pas de suites. Après la
chute de Robespierre il végéta parmi
les jacobins, qui frémissaient de leur
défaite ; mais s'étant montré favorable à l'insurrection du 1er prairial
( 20 mai 1795 ), Lehardy le dénonça
comme un des complices de Robespierre, et rappela que le 31 mai
1793 il avait pris Couthon dans ses
bras, et l'avait porté à la tribune,
afin qu'il fît plus aisément la motion
de proscrire ses collègues les girondins. Au même instant la commune d'Auxerre l'accusa sur les
cruautés qu'il avait exercées dans
cette ville, et de s'y être déclaré le
favori de Robespierre, l'ami de
Duhem, et le défenseur de Carrier.
Il se brûla la cervelle le jour même
pour prévenir la punition qui l'attendait.

MAURY ( Jean-Siffrein ), car-

dinal, naquit à Vauréas dans le comtat Venaissin, le 26 juin 1746,
d'une famille peu avantagée des biens
de la fortune. Des talens rares, et
des circonstances particulières l'élevèrent aux premières dignités de
l'église. Il fit dans son pays ses premières études d'une manière très-
brillante. Il eut, dit-on, le dessein
d'entrer chez les jésuites ; mais alors
on les supprimait en France. Se destinant à l'état ecclésiastique, il alla
faire son cours de théologie à Avignon, au séminaire de Saint-Charles, sous la direction des prêtres de
Saint-Sulpice, et ensuite au séminaire de Sainte-Garde, dans la
même ville. Dès lors se développait
son goût pour l'éloquence. Il étu-
diait Bossuet, il n'en parlait qu'avec
une admiration portée jusqu'à l'enthousiasme, et cela devint une habitude de toute sa vie. Doué de la
plus heureuse mémoire, d'un esprit vif, aimant le travail, tourmenté
du désir de parvenir, il sentit que
Paris était le seul endroit qui pouvait convenir à ses vues, et il y
vint à l'âge de 19 ans. Il n'y avait
point de connaissances ; mais il
triompha par son activité des obstacles que doit rencontrer à son
avancement un jeune homme sans
appui et sans crédit. Dès 1766, c'est-
à-dire à l'âge de 20 ans, il publia un
éloge funèbre de M. le Dauphin ; et si
cette pièce n'eut pas un grand succès,
d'autres éloges qui la suivirent de
près annoncèrent le talent de l'auteur. L'éloge de Fénélon en 1771,
pour le prix de l'académie française,
obtint l'*accessit* ; c'est le premier
pas que fit l'abbé Maury vers la réputation et la fortune. L'évêque de
Lombez le fit son grand vicaire et
son official. Il se rendit à ce poste ;
mais il revint à Paris, où le rappelait
son dessein de se livrer à la prédica-

tion. Il fut choisi en 1772 pour prêcher le panégyrique de saint Louis
devant l'académie française. Son discours eut le plus grand succès.
Contre tout usage, et sans respect
pour le lieu saint, des applaudissemens éclatèrent, et interrompirent
l'orateur. C'est vers ce temps qu'il
se lia, plus qu'il ne convenait à
un ecclésiastique, avec d'Alembert
et d'autres personnages de foi suspecte. Il visait à l'académie. Le 28
août 1775 il prononça devant l'assemblée du clergé le panégyrique de
saint Augustin, discours supérieur
à tous les ouvrages qu'il avait publiés
jusqu'alors. L'assemblée en fut si
satisfaite, qu'elle demanda au roi
une grâce pour l'orateur. Il fut
nommé à l'abbaye de la Frénade,
au diocèse de Saintes. Bientôt après
il prêcha à la cour un avent et un carême. Il avait le travail extrêmement
facile, et de l'aptitude à traiter toute
sorte de matières. Plusieurs évêques
l'employaient pour leurs mandemens. Des magistrats et même des
ministres se servaient, dit-on, de
lui pour des rapports ou des mémoires. En 1785, son désir d'appartenir à l'académie française fut
satisfait; elle le reçut dans son sein.
Il succédait à M. de Pompignan. Il
prononça son discours de réception
le 27 janvier de la même année.
Il était lié avec l'abbé de Boismont, prédicateur comme lui, et son
confrère à l'académie. Ils fréquentaient ensemble l'hôtel de la Rochefoucault, habité par madame la
duchesse d'Anville. Cette double
liaison lui valut la résignation du
riche prieuré de Lihons, dont l'abbé
de Boismont était titulaire. C'est
en cette qualité que, lors de la
convocation des états généraux,
l'abbé Maury assista aux assemblées
du clergé du bailliage de Péronne;

il y fut nommé député. Dans les
premières séances des états, il s'opposa à la vérification des pouvoirs
et à la réunion des ordres. Effrayé
par des menaces qui lui furent faites
à la suite d'un de ses discours, et
par les déplorables événemens du
14 juillet, il quitta Versailles, fut
arrêté à Péronne, et revint à l'assemblée. On dit qu'il fut encore
tenté de la quitter après le 5 octobre,
mais que Malouet le retint. C'est
alors qu'il commença à parler, et
qu'il contre-balança Mirabeau. On lui
vit traiter avec une égale facilité et
un talent admirable toutes les grandes questions, soit de politique,
soit de finances ou d'affaires ecclésiastiques. Ses discours, souvent
improvisés, sont des modèles d'éloquence. Il signa les différentes protestations du côté droit en faveur de
la religion et de la monarchie,
entre autres celle du 13 avril 1790,
lors du refus de l'assemblée de déclarer la religion catholique religion
de l'état, et celle du 29 juin 1791,
sur les décrets qui avaient rendu
prisonniers le roi et la famille royale.
Il adressa au roi des mémoires qui
contenaient des avis utiles. On lui
doit la justice de dire qu'il défendit
avec courage l'autel et le trône, et
en ce qui dépendait de lui, il n'omit
rien de ce qui pouvait les sauver.
Après la clôture de la session, il
sortit de France. Il reçut partout,
dans l'accueil le plus flatteur, la récompense de ses nobles travaux.
Pie VI l'appela à Rome. Son entrée dans cette capitale du monde
chrétien fut un triomphe. Il éprouva
de la part de MESDAMES, tantes du
roi, le traitement le plus distingué.
Le pape le fit archevêque de Nicée
*in partibus infidelium.* Il fut sacré
le 1er mars 1792 par le cardinal
Zelada, et presque aussitôt nommé

        

nonce à la diète de Francfort, assemblée pour l'élection de François II. Le 21 février 1794, Pie VI mit le comble à ses faveurs, en faisant Maury cardinal, et en le nommant à l'évêché de Montefiascone, l'un des meilleurs d'Italie. Les Français s'étant emparés de Rome en 1798, tous les cardinaux furent obligés de fuir. Le cardinal Maury, celui de tous qui avait le plus à craindre, se déroba, déguisé, dit-on, en voiturier, parvint à gagner Venise, et de là passa en Russie. Lorsque les victoires des Russes eurent forcé les Français d'abandonner l'Italie, il y revint, et assista au conclave qui se réunit à Venise le 1er décembre 1799, pour l'élection de Pie VII. Il suivit à Rome le nouveau pontife, et fut accrédité ambassadeur près de S. S. par Louis XVIII. Un arrangement avec la France, nécessité par des circonstances impérieuses et les intérêts de l'église, mit bientôt fin à cette mission. Le cardinal Fesch étant venu à Rome en qualité d'ambassadeur, exigea l'éloignement du cardinal Maury comme suspect au gouvernement français. Ici paraît cesser le noble et beau rôle qui avait valu tant de considération au cardinal Maury. Soit désir de rentrer en France, soit qu'il se crût dès lors inutile à la cause des Bourbons, qu'il regardait comme perdue, soit enfin que son ambition ne fût point satisfaite, et qu'il se flattât de retrouver en France plus encore qu'il n'avait obtenu jusque-là, il écrivit, de Montefiascone, le 12 août 1804, la trop fameuse lettre qui fut pour lui le sujet de tant de blâme et de reproches. Il paraît néanmoins, par le texte même de cette lettre, qu'elle était d'usage de la part du sacré collége, à l'avénement des souverains au trône, et qu'il en fut écrit une par chaque cardinal à

Napoléon, nouvellement déclaré empereur. On dit même que le cardinal avait eu l'ordre de l'écrire[1]; elle ne serait dans cette supposition répréhensible que pour la forme, qui, il est vrai, n'était nullement convenable. Il fit en 1805 le voyage de Gènes, et y vit Napoléon. Il en obtint la permission de rentrer en France, et il parut à Paris au mois de mai 1806. Son retour ne fut point heureux. Ses ennemis se réjouirent de le voir compromis par cette démarche fausse; et ceux qui jusqu'alors l'avaient admiré lui retirèrent leur estime. Il ne mit peut-être pas aussi dans sa conduite la dignité qu'exigeait son élévation. Il éprouva plus de faveur de la part du gouvernement, sans toutefois qu'elle fût accompagnée de plus de considération. On lui accorda le traitement de cardinal français, et il fut nommé premier aumônier de Jérôme Buonaparte. On a vu qu'il était de l'académie française avant la révolution. Il fut en 1807 rappelé dans la classe de l'Institut, qui la représentait. Il y succédait à Target. Dans son discours de réception il se permit sur ce déserteur des intérêts du clergé, dont il avait été l'avocat, des réflexions qui déplurent à des hommes qui avaient partagé et partageaient encore les opinions de ce député de l'assemblée constituante. Il voulut et obtint d'être appelé *monseigneur*, et traité d'*éminence* par le président qui devait lui répondre[2], ce qui choquait l'égalité académique. Enfin il fit de l'abbé de Radonvilliers un long éloge qui ennuya l'auditoire. Qu'on eût raison ou tort, cet échec déconsidéra l'académicien, comme la lettre à Napoléon avait déconsidéré le cardinal. Le dimanche 14 octobre

1 Voyez les *Quatre Concordats*, t. 2, p. 47.
2 C'était l'abbé Sicard.

1810, le cardinal Maury se trouvant à Fontainebleau, où était la cour, fut appelé dans le cabinet de Napoléon, et en sortit nommé archevêque de Paris. L'opinion générale était qu'il désirait cette place ; mais il était loin de s'attendre si promptement à une telle faveur. Le chapitre métropolitain lui déféra aussitôt l'administration du diocèse, et il l'accepta. Il écrivit sur-le-champ au pape, qui déjà avait été arraché de Rome, et se trouvait à Savone. Le 5 novembre 1810, le saint Père lui adressa un bref par lequel il désapprouvait sa conduite, et lui enjoignait de renoncer à cette administration. La monition était paternelle, mais elle était positive. Le bref parvint à Paris : la police était trop vigilante pour n'en être point instruite. Le cardinal Maury en prétendit cause d'ignorance, et continua toujours d'administrer. Les mesures de rigueur qui furent prises ne permettent point de croire qu'il n'en ait pas eu connaissance, et dans ce cas, né sujet du pape, prince de la cour romaine, son devoir, plus encore que celui de tout autre, était d'obéir. Il est vrai que cela n'était pas sans danger de la part d'un homme à qui on ne résistait pas impunément. Le cardinal prit le parti qui lui parut le moins périlleux, et qui peut-être convenait le mieux à ses vues. En 1811 les affaires avec le pape prenant chaque jour une tournure plus fâcheuse, le cardinal Maury fut nommé membre d'une commission chargée de répondre à des questions du gouvernement, sur celui de l'église. Il assista au concile national tenu à Paris au mois de juin de cette année, et n'y marqua pas beaucoup. Le pape ayant été amené à Fontainebleau, il eut plusieurs fois l'honneur de le voir ; il prétend que dans ces

entrevues il ne fut nullement question du bref ; et si on l'en croit il y reçut sinon un bon accueil, au moins un accueil plein de douceur : ce qui ne prouverait que l'admirable bonté du S. P. Quoi qu'il en soit, une capitulation du 30 mars 1814 ayant ouvert les portes de Paris aux troupes alliées, le cardinal Maury assembla le lendemain chez lui, à 6 heures du matin, le chapitre de la métropole. Il y exposa que les circonstances l'obligeaient de s'absenter, mais que ce ne serait que pour quelques momens ; il régla différentes choses pour cette courte absence. Son départ se différa jusqu'après midi. Arrivé aux barrières, il les trouva fermées, et fut obligé de revenir. Cette mésaventure l'exposa à plus d'une mortification, qu'il n'aurait point éprouvée, du moins personnellement, s'il était parti le matin. Le 8 d'avril les chanoines, réunis en chapitre, révoquèrent les pouvoirs qu'ils lui avaient déférés, et le lui firent signifier par le promoteur du diocèse. Il essaya de se faire présenter aux souverains alliés ; ils refusèrent de le recevoir. Les mêmes tentatives près des princes, à leur retour, ne furent pas plus heureuses. Il fut obligé de quitter Paris, et prit le 18 mai le chemin de Rome, où d'autres mortifications l'attendaient. A son arrivée il eut ordre de se rendre au château Saint-Ange ; il y demeura six mois, et passa six autres mois chez les Lazaristes. On nomma un vicaire apostolique pour gouverner le diocèse de Montefiascone. Il donna sa démission de ce siége. Il lui fut défendu de se présenter chez le pape, et de paraître dans les cérémonies avec le sacré collége [1]. Il

1 M. de Pradt dit qu'il mourut dans l'exercice des fonctions attachées à sa dignité. (Voy. les *Quatre Concordats*, tom. 2, pag. 48.) S51

passa dans la retraite le peu de temps qui lui restait à vivre. Il tomba malade au commencement de mai 1817; il demanda aussitôt et reçut les sacremens. Il expira dans la nuit du 10 au 11 du même mois, après avoir reçu l'extrême-onction. Il allait achever sa 71ᵉ année. On trouvera sur ce cardinal une notice détaillée dans l'*Ami de la religion et du roi*, tome 12, page 321. Les ouvrages qu'on a de lui sont : I *Eloge funèbre de M. le Dauphin*, Sens, 1766, in-8. II *Eloge du roi Stanislas le Bienfaisant*, 1766, in-12. III *Eloge de Charles V, roi de France*, Amsterdam, 1767, in-8. IV *Eloge de Fénelon*, 1771, in-8. On a vu qu'au concours de l'académie française cet éloge avait obtenu l'*accessit*. Le jeune orateur avait pour concurrent Laharpe, qui l'emporta ; mais il est assez reconnu que le discours de l'abbé Maury n'était pas celui qui avait le moins de mérite. V *Discours sur la paix, pour le concours de l'académie française*, 1767, in-8. VI *Panégyrique de saint Louis, en présence de l'académie française*, 1772, in-8. VII *Réflexions sur les Sermons nouveaux de Bossuet*. Elles avaient été destinées à servir de préface à ces sermons, dans l'édition de Bossuet de dom Deforis. Ce religieux ne les ayant point adoptées, elles furent imprimées à part, Avignon, 1772, in-8. VIII *Discours choisis sur différens sujets de religion et de littérature*, 1777, in-12. Ce sont les discours cités ci-dessus. IX *Principes de l'éloquence pour la chaire et le barreau*, 1782, in-12 ; autre édition considérablement augmentée, avec ce titre : *Essai sur l'éloquence de la chaire*,

2 vol. in-8. X *Panégyrique de saint Vincent de Paul*, inédit. On le regarde comme le chef-d'œuvre de son auteur, et suivant un critique, l'impression en était ardemment désirée ; on ignore pourquoi le cardinal a résisté à ce vœu. XI *Mémoire justificatif* de sa conduite, daté du 12 mai 1814, avant son départ. Il y entreprend de justifier sa lettre à Napoléon, et son acceptation de l'administration du diocèse de Paris. Malheureusement ce ne sont pas les seuls reproches qu'on lui fasse. *Voyez* la réponse à son Mémoire, *Ami de la religion*, t. 1, nº 20, pag. 305 et suiv. Il préparait, dit-on, une apologie plus étendue ; elle n'a point paru, et eût été inutile. L'opinion publique était fixée à son sujet, et le temps seul peut, s'il y a lieu, apporter quelque changement à ce que les passions auraient exagéré. On lui a attribué, de société avec l'abbé de Boismont, des *Lettres sur l'état actuel de la religion et du clergé de France*, etc., vers 1781 (voyez *Dictionnaire des Anonymes*, nº 3836). On dit qu'il avait travaillé aux édits de la cour plénière, avec M. Dupaty. Il faut ajouter à tous ces ouvrages ses opinions et ses discours à l'assemblée constituante, et ses nombreux mandemens pendant son administration du diocèse de Paris, qui n'ont pas peu contribué à gâter sa belle réputation. Au milieu de tant de choses et de personnes qui l'accusent, la justice, ce semble, ne permet pas d'omettre que, pendant cette administration, sujet de tant de reproches, on ne peut lui contester le mérite d'avoir contribué à quelques améliorations du sort du clergé, et à l'établissement de bourses pour faciliter l'entrée dans l'état ecclésiastique, et parer à l'effrayante diminution des ministres du sanc-

on était ainsi, la défense dont il est ici question aurait été révoquée.

luaire. Il avait des projets pour rendre au chapitre de Paris une partie de son ancienne splendeur, et le projet bien plus important encore de rétablir les grandes études ecclésiastiques, si délaissées aujourd'hui. Ce plan était la formation d'un cours de licence, supérieur peut-être à celui qui, avant la révolution, donnait à la France d'illustres évêques, et à l'église de savans docteurs et d'habiles défenseurs du dogme catholique.

MAUVIEL (Guillaume), évêque constitutionnel des Cayes dans l'île de Saint-Domingue, était né à Fervache, près Saint-Lô, dans le département de la Manche. Il s'attacha à l'église constitutionnelle, et assista au concile de 1797; c'est dans cette assemblée qu'il fut nommé évêque des Cayes. Il partit pour s'y rendre en 1801, mais les troubles de Saint-Domingue le forcèrent de revenir. Il mourut en mars 1814. On a de lui : *Précis historique, dogmatique et critique sur les indulgences par les évêques réunis*, Paris, imprimerie chrétienne, 1800. Il coopéra avec Desbois de Rochefort et autres constitutionnels aux *Annales de la religion*. (*Voy.* DESBOIS.)

MAYANS Y SISCAR ( Grégoire), savant espagnol, naquit à Oliva en 1697, dans le royaume de Valence. Il étudia dans les principales universités de l'Espagne, vint à Madrid où il se fit connaître par différentes productions qui lui obtinrent la place de bibliothécaire de Philippe V, place qu'il quitta bientôt pour vivre dans la retraite, afin de ne s'occuper que de ses ouvrages. Mayans y Siscar avait appris la philosophie, les mathématiques, le droit civil et canon, les langues savantes, la médecine, la botanique, etc.; son érudition était presque universelle : aussi les hommes les plus éclairés de l'Europe furent en correspondance avec lui : Muratori, Menkenius, Marcon, Granville, en font un grand éloge. Voltaire lui a donné le titre de fameux; Heineccius l'appelle *vir celeberrimus, laudatissimus, elegantissimus*. M. la Borde, auteur du Nouveau Voyage en Espagne, le nomme le *Nestor de la littérature espagnole;* et le docteur Edouard Clack, en parlant des littérateurs espagnols, dit : « L'un » des plus célèbres, et qui mérite le » plus d'être connu, c'est Mayans y » Siscar qui, malgré son âge de 63 » ans, travaille avec autant d'ardeur » qu'un jeune homme. » Robertson l'a consulté plusieurs fois pour son *Histoire du Nouveau-Monde*. On porte au nombre de 80 les volumes qu'il a publiés, en latin et en espagnol, sur différentes matières de science et de littérature. Nous nous bornerons à citer quelques-uns de ses ouvrages : I *Gregorii Majansii ad quinque jurisconsultorum fragmenta commentarii*, Valence, 1723, 2 vol. in-4. II *Dissertationum juris, liber* 1, ibid., 1726. III *Institutionum philosophiæ moralis*, Madrid, 1779, 3 vol. in-4. IV *Tractatus de Hispaná progenie vocis*, ibid., 1779, in-8, traduit en espagnol, et augmenté par l'auteur. V *Origen*, etc., ou *origine de la langue espagnole;* livre qui contient une vaste érudition, ibid., 1737-80, 2 vol. in-8. VI *Le Monde trompé par les faux médecins*, 1774, in-8. Dans cet ouvrage l'auteur s'élève contre le charlatanisme de certains médecins, et conseille aux médecins instruits de préférer dans leurs cures l'usage des simples. VII *La Rhétorique*, 2 vol. in-8. VIII *Grammaire de la langue latine*, Valence, 1767, in-8. IX *Un*

*Dictionnaire* des meilleurs écrivains espagnols, Madrid, 1774, 2 vol. in-8. X Une *Vie*, très-bien écrite *de Cervantes*, qui est à la tête du Don Quichotte, édition de 1777. Mayans y Siscar est mort le 21 décembre 1781, âgé de 84 ans. Il était pieux, modeste, ses manières étaient simples, et ses mœurs pures.

MAYER (N.), jésuite et célèbre astronome, né à Mederich en Moravie, en 1719, et professeur de philosophie à l'université d'Heidelberg. On a de lui : I *Basis palatina.* II *De transitu veneris.* III *De novis in cœlo sidereo phenomenis*, etc., etc. Il mourut en 1783, au retour d'un voyage qu'il fit en Russie pour y observer le passage de Vénus.

MAZUYER (Claude-Louis), député à la législature et à la convention nationale, naquit à Bellèvre en Bourgogne en 1760. Il étudia les lois à Dijon, et vint en 1780 s'établir à Paris, où il exerça avec honneur la profession d'avocat. Mazuyer adopta les principes de la révolution, mais il ne figura jamais parmi les démagogues. En 1791 il devint juge au tribunal du district de Louhans. Nommé l'année suivante par le département de Saône-et-Loire, député à l'assemblée nationale, il se rangea du parti des *girondins*, et le 28 mai, il dénonça M. de Brissac, commandant de la garde constitutionnelle de Louis XVI. Le 15 septembre il signala les municipaux de Paris qui couraient dans les maisons royales et dans celles des émigrés pour en dérober les mobiliers ; il les traita de brigands, fit mander à la barre quelques-uns d'entre eux qui, à main armée, avaient enlevé 4000 marcs d'argenterie appartenant aux émigrés, et qui étaient en dépôt chez un particulier. Il fut élu à la convention nationale, et lors du procès de Louis XVI, il vota pour la simple détention et le bannissement à la paix. Mazuyer publia en même temps un ouvrage où il prouvait que c'était la seule peine qu'on pût lui infliger. Le 15 avril 1793, voyant la convention dominée par la commune de Paris, il déclama contre les *jacobins* et contre les proscriptions du maire de Paris. S'étant approché de lui : «N'auriez-vous pas, lui dit-il, «une petite place pour moi, il y aurait cent écus pour vous.» Le 19 il sollicita en faveur d'une cuisinière qui, étant ivre, avait tenu des propos *anti-républicains*, mais il ne fut pas écouté, et cette malheureuse fut envoyée à l'échafaud. Le jour suivant, il lutta avec force contre les pétitionnaires du faubourg Saint-Antoine qui demandaient le bannissement de plusieurs députés ; il fut élu secrétaire de la convention, et fit refuser à Pache les six millions qu'il demandait pour soutenir son insurrection. Mazuyer défendit avec énergie le 11 juin les *girondins* bannis, et le 19 il signa la protestation des 72, prononça un discours véhément contre le despotisme des membres du comité de salut public, et proposa aux suppléans de se réunir à Tours ou à Bourges, si la tyrannie des municipaux eût triomphé. Depuis long-temps en haine aux jacobins, ceux-ci n'attendaient que le moment de le perdre ; ce moment arriva. Pétion, qui était surveillé et accompagné partout par un gendarme, se présenta chez Mazuyer pour lui demander à dîner. Il s'assit à table au milieu de plusieurs convives, et après le repas, sous quelque prétexte, il s'évada. Cette fuite coûta la vie à Mazuyer. Décrété d'arrestation et d'accusation, il put d'abord se cacher à ses persécuteurs, mais aux approches du printemps, ayant eu l'imprudence de sortir pour prendre l'air de la campagne, il fut arrêté par des gendarmes qui ne le connaissaient pas. Traduit devant le tribunal révolutionnaire, il fut condamné à mort et exécuté en février 1794; il avait alors 34 ans. On a de lui : *Les Prophéties dijonnaises*, et un *Plan d'organisation pour l'éducation nationale en France*, Paris, 1793, in-8 de 210 pages.

MÉCHAIN (Pierre-François), astronome, naquit à Laon le 16 août 1744, vint en 1772 à Paris, où il fut attaché au dépôt de la marine; et en 1773, il publia deux *Mémoires* sur une éclipse qu'il avait observée à Versailles le 11 avril. Méchain fit paraître aussi d'autres *Mémoires* des découvertes et calculs qu'il avait faits sur plusieurs comètes. Il remporta en 1782 le prix de l'académie sur la comète de 1661, dont il attendait le retour en 1790; et dans la même année 1782, il fut reçu parmi les membres de l'académie. Il travailla et perfectionna chaque année le livre intitulé *la Connaissance des temps*, et rectifia plusieurs cartes maritimes. Il fut chargé en 1792, avec M. Delambre, du grand travail de la méridienne, depuis Dunkerque jusqu'à Barcelone. Il y employa près de six années, et ne fut de retour qu'en 1798, époque à laquelle il devint membre de l'Institut des sciences et arts. Afin de rendre son ouvrage plus complet, il résolut de prolonger la méridienne jusqu'aux îles Baléares. Il partit à cet effet en 1803, et avait déjà terminé trois stations, lorsqu'il mourut d'une fièvre épidémique le 20 septembre 1804.

MENOU (Jacques-François-Abdallah, baron de), général français, naquit à Boussars, près de Loches,

généralité de Tours, le 3 septembre 1750. Il était issu d'une famille noble et distinguée, embrassa la carrière militaire, eut un assez rapide avancement, et était officier supérieur à l'époque de la révolution, dans laquelle il se jeta avec enthousiasme. En 1789, la noblesse du bailliage de Tours le nomma député aux états généraux, et il fut un des premiers de son ordre qui passèrent à la chambre des communes. Après les journées des 5 et 6 octobre, il osa prendre la défense du duc d'Orléans, accusé d'être un des principaux auteurs de ces journées. Menou, attaché au parti de ce prince, proposa ou adopta toujours les mesures les plus violentes; il se déclara l'ennemi du clergé, provoqua le décret pour la suppression des ordres militaires, et appuya la motion de substituer le drapeau tricolore au drapeau blanc, se prononça contre le départ des tantes du roi, et il insista sur la réunion du comtat Venaissin. Cet avis de sa part lui attira dans la suite de violens reproches du fameux brigand nommé Jourdan *Coupe-Tête*. Celui-ci, dénoncé comme le principal moteur des horreurs commises à Avignon, se récria contre Menou, un de ses accusateurs, et le signala comme un de ceux qui avaient d'abord semblé approuver ces mesures rigoureuses. Après la session, il fut employé en qualité de maréchal de camp de Paris; le 10 août il commandait en second les troupes de ligne. Dans cette journée, n'ayant voulu rien prendre sur lui, la conduite équivoque qu'il tint le fit soupçonner de royalisme; mais il s'empressa d'aller se justifier à la barre de l'assemblée législative. Au commencement de l'année 1793, il fut nommé commandant en chef de l'armée républicaine de la Vendée; mais par bonheur ce général avait peu de talens militaires, et les Vendéens, sous les ordres du brave Laroche-Jacquelin, après lui avoir pris Saumur, le battirent facilement le 17 et le 19 juillet au Pont-de-Cé et à Vihiers. Menou fut destitué et rappelé à Paris ; il y trouva en même temps des accusateurs et des défenseurs, jusqu'à ce que le 9 thermidor arrivât, et son affaire n'eut pas de suite. Le 1er prairial ( 20 mai 1795 ) il combattit pour la convention contre les *jacobins* insurgés, et ce fut là l'exploit le plus brillant de sa carrière militaire qui lui valut le commandement en chef de l'armée de l'intérieur. Les sections de Paris s'étant insurgées contre la convention, Menou fut choisi pour aller les combattre, mais il eut le bon sens de se borner à parlementer avec plusieurs de leurs chefs ; il fut même proclamé général par les insurgés. On le destitua encore sur cette accusation et sur celle de n'avoir pas désarmé la section Pelletier. Traduit devant le tribunal chargé de juger les auteurs de la révolte, il fut acquitté. Il s'attacha alors à Buonaparte, et l'accompagna ensuite en Égypte, débarqua à Marabouk, à une lieue et demie d'Alexandrie, et se trouva à la prise de cette place. Il se fit mahométan, fréquenta les mosquées, afin d'épouser une jeune Egyptienne fort riche, fille du maître des bains d'Alexandrie. Après la fuite de Napoléon et l'assassinat de Kléber, il se constitua commandant en chef de l'armée, malgré l'opposition de presque tous les généraux ; battu à plusieurs reprises par les Anglais, et forcé de capituler, il revint en France en 1802. Comme le sort de Menou était de sortir triomphant de toutes les accusations, il put encore se justifier devant le premier consul

de celles qu'avait portées contre lui le général Reynier, quelque fondées qu'elles fussent. En 1803 il fut envoyé en Piémont pour en diriger l'administration, et il se mérita la haine de tous les habitans, qui venaient l'insulter devant son hôtel et même dans les rues. Il parvint, en les accablant de vexations et en faisant fusiller plusieurs d'entre eux, à les obliger au silence. En 1805 il fut nommé gouverneur général de cette province, qui le vit partir avec une joie assez visible en 1807, époque à laquelle il passa au gouvernement de la Toscane, où son orgueil, ses manières brusques et souvent grossières, surtout avec les dames, ne le firent guère estimer. Les Florentins et tous les Toscans, applaudirent sincèrement à son départ pour Venise en 1809. Il y mourut le 13 août 1810, et les Vénitiens n'eurent pas non plus de raisons pour le regretter. Sans presque d'instruction ni de moyens militaires, Menou ne brilla pas même au second rang ; il croyait cependant pouvoir racheter ces défauts par une hauteur insultante et une grande opinion de lui-même. On ne sait pas s'il est mort en des sentimens chrétiens ou mahométans, mais tout porte à croire qu'en homme *sans préjugés*, il avait fini par n'adopter aucune religion. Son épouse, qu'il avait amenée d'Égypte et laissée à Turin pendant trois ans, est actuellement à Paris, et le fils qu'il a eu d'elle, est élevé sous les yeux de sa mère dans les principes du christianisme. On ignore si madame Menou a changé sa première croyance.

MERCIER ( Barthélemi ), plus connu sous le nom d'abbé de Saint-Léger, naquit à Lyon le 1er avril 1734, et entra fort jeune dans la congrégation de Sainte-Geneviève.

Il en devint bibliothécaire en 1762, son prédécesseur, le savant Pingré, étant allé observer le passage de Vénus dans la mer des Indes. L'abbé Mercier avait déjà travaillé au Journal de Trévoux, à celui des Savans, au Magasin encyclopédique, et était connu avantageusement par plusieurs ouvrages. Lorsque Louis XV vint, en 1768, visiter la bibliothèque de Sainte-Geneviève, Mercier eut l'honneur d'en montrer toutes les raretés au monarque, qui, ayant pris pour lui beaucoup d'intérêt, le nomma à l'abbaye de Saint - Léger de Soissons, alors vacante. Avide de nouvelles connaissances, l'abbé de Saint-Léger voyagea en Hollande et dans la Belgique, pour y voir les bibliothèques et en connaître les savans. De retour en France, il s'occupait de nouveaux ouvrages, lorsque la révolution arriva. Dépouillé aussitôt de ses bénéfices, il souffrit l'indigence avec la fermeté d'un chrétien, ne pleurant que sur les maux de sa patrie. L'obscurité où il vivait, le sauva du fer des *septembriseurs* et des *terroristes*. Mais la funeste rencontre qu'il fit de son ami, l'abbé Poyer, que l'on conduisait à l'échafaud, lui causa une telle impression, que depuis lors il commença à dépérir sensiblement. Après avoir langui quelques années, il mourut le 13 mai 1799. Ses principaux ouvrages sont : I *Lettre sur la Bibliographie de la Bene*, 1763, in - 8. II *Lettre à M. Capperonnier* sur le même sujet : une troisième, et les deux précédentes, furent imprimées dans le Journal de Trévoux. III *Lettre sur le véritable auteur du Testament politique du cardinal de Richelieu*, 1765, in-8. IV *Supplément à l'Histoire de l'imprimerie de Prosper Marchand*, 1765, in-4, 1771, idem.

V *Lettre sur la Pucelle d'Orléans*, 1775. VI *Dissertation sur l'auteur du livre de l'Imitation de J.-C.* VII *Notice du livre rare, intitulé Pedis admirandæ*, par J. d'Artis. VIII *Lettre à un ami sur la suppression de la charge de bibliothécaire du roi, en France* (Paris), 1787, in-8. Cette pièce a pour faux titre : *Suite à l'An 1787.* Il faut remarquer que *l'An 1787* était le titre d'un écrit de Carra qui contenait une critique assez amère sur l'administration de la bibliothèque. IX *Lettres sur différentes éditions rares du 15e siècle*, Paris, 1783, in-8. X *Notice raisonnée des ouvrages de Schott, jésuite*, 1783, in-8. XI *Lettre sur le projet de décret concernant les religieux*, proposé par M. Treilhard, 1789, in-8. XII *Bibliothèque des Romans traduits du grec*, 1796, 12 vol. in - 12. XIII *Lettre sur un nouveau Dictionnaire historique portatif* en 4 vol. in-8. Elle est extraite du Journal de Trévoux, février 1766., et contient la critique des deux premiers volumes du Dictionnaire de M. Chaudon, qui étaient imprimés; mais ils n'étaient pas encore publiés à cette époque. L'abbé de Saint-Léger avait une vaste érudition et beaucoup de critique dans les recherches. Il a enrichi de livres précieux les bibliothèques de Soubise et de la Vallière.

MERCIER ( Claude-François ), homme de lettres, naquit à Compiègne le 1er août 1765. Il entra à l'âge de 15 ans chez le chevalier de Jaucourt en qualité de secrétaire, et fut ensuite commis dans les bureaux de la marine, place qu'il occupa jusqu'à la révolution. Il se fit alors libraire, et mourut en 1800. On a de lui plusieurs romans, des petits poëmes, des épîtres, etc., qui indiquent plutôt de la fécondité que du goût et du talent. On y trouve parfois de jolis détails, et quelques vers faciles; mais il s'y fait plus souvent remarquer par l'oubli des convenances et une morale assez équivoque. Les principaux sont: I *Rosalie et Gerblois*, Paris, 1792, 1 v. in-18. II *Ismaël et Christine*, ibid., 1792-94, in-12. III *Gérard de Velsen, ou l'Origine d'Amsterdam*, poëme historique en sept livres et en prose, 1794-97, 1 v. in-18. IV *Le Mengtrel batave, ou Portrait de Florent IV, comte de Hollande*, poëme héroïque, 1798, in-8. V *Les Matinées du printemps*, 2 v. in-18. On a encore de cet auteur une *Histoire de Marie Stuart, reine de France et d'Écosse*, etc., rédigée sur des pièces originales, 1792-95, 1 vol. in-8. Ce serait le meilleur ouvrage de l'auteur, si le style n'en était pas trivial et incorrect. Nous ne citerons pas ses autres ouvrages, ni ses éloges, dignes à peine d'être lus aux halles ou parmi la plus indécente société.

MERCIER (Louis-Sébastien), littérateur, et député à l'assemblée nationale, naquit en 1740, à Paris, d'une famille honnête, fut avocat au parlement de cette ville, et se livra ensuite presque entièrement à la littérature. Après quelques pièces légères, il donna successivement l'*An 2240*, le *Tableau de Paris*, et un nombre prodigieux de drames qui lui attirèrent des critiques plus plaisantes que sévères; mais qui lui firent des partisans parmi les amateurs de ce genre. Il embrassa d'abord avec enthousiasme les principes de la révolution, et publia, de concert avec Carra, le journal intitulé: *Annales politiques*. En septembre 1792 il fut nommé député de Seine-et-Oise à la convention,

et dans le procès de Louis XVI il émit les votes suivans: « Je crois »répondre au vœu de ma patrie, en »disant que je ne suis pas de l'avis »de l'appel au peuple; et sur la peine »à infliger à ce monarque, comme »juge national, je dis que Louis a »mérité la mort. Comme législateur, »l'intérêt national parle ici plus haut »que ses forfaits, et je dois, pour »l'intérêt du peuple, voter une peine »moins sévère, etc...... Louis est ici »un otage, il est plus, il sert à em-»pêcher tout autre prétendant de »monter sur le trône; il protége, il »défend votre jeune république; il »lui donne le temps de se former. »Si sa tête tombe, tremblez, une »faction étrangère lui trouvera un »successeur. Louis n'est plus roi, il »n'a plus ainsi que son fils et ses frères »de droits à la couronne; mais le fan-»tôme nous sert ici merveilleuse-»ment. Oui, nous devons marcher »avec ce fantôme, avec le temps qui »est aussi un législateur; ne préci-»pitons pas une mesure irrévocable. »Je vote pour *la détention* de Louis à »perpétuité. » Il vota ensuite pour le *sursis*. Le 18 juin 1793, il combattit la proposition de ne pas traiter avec l'ennemi, tant qu'il occuperait le territoire français; et s'écria: *Avez-vous fait un pacte avec la victoire?* — *Non*, répondit Bazire, *mais nous en avons fait un avec la mort.* Ce mot est d'autant plus remarquable, qu'il sortait de la bouche d'un homme qui n'était pas le plus courageux, quoiqu'il fût un des plus ardens démagogues. Mercier, dès son entrée à la convention, ayant quitté les jacobins, s'était rangé du parti de la *Gironde*, et signa la fameuse protestation des 72 députés, contre la *montagne*, dont Robespierre, Danton, Marat, etc., étaient les principaux chefs. Compris dans le décret d'arrestation lancé contre ces mêmes députés, il se tint caché pendant quelque temps, et après la chute de Robespierre, il fut réintégré avec eux dans le sein de l'assemblée. En septembre 1795, il passa au conseil des cinq-cents ; et en mai 1796, il s'éleva, dans son journal, contre le divorce, en démontra les inconvéniens, et pressa les législateurs d'abroger une loi *qui achève*, disait-il, *de détruire les mœurs*. Il s'opposa fortement, le 7 mai, à ce qu'on accordât les honneurs du Panthéon à Descartes ; critiqua amèrement Voltaire, et l'accusa de n'avoir pas su détruire la *superstition* sans attaquer la morale. Celle de Mercier n'était cependant qu'une morale de drame. Après avoir déclamé contre Descartes, il attaqua ses successeurs, et voulut anéantir leurs systèmes. En octobre 1796, il se déclara contre la philosophie en général, contre l'instruction, qu'il appela la peste du genre humain ; et dans le même discours, il fit l'éloge des loteries. Il les avait auparavant combattues dans son *Tableau de Paris ;* mais à cette dernière époque, il venait d'y obtenir la place de contrôleur général. Il s'éleva ensuite contre les peintres, les graveurs, tous les arts enfin, et invita l'assemblée à établir dans la république la plus absolue et la plus profonde *ignorance*. C'est alors que ses collègues le surnommèrent le singe de J. J. Rousseau. Le 20 mai 1799, il sortit du conseil ; et en 1799, il publia l'ouvrage qui a pour titre *le Nouveau Paris*. Malgré le style peu correct et un peu trivial, et certaines idées bizarres qu'on avait déjà remarquées dans son *Tableau de Paris*, il eut beaucoup de vogue, et c'est cette même vogue qui le fit connaître aux étrangers.

Les Anglais et les Allemands ne l'apprécièrent que par les détails qu'il donne d'une capitale qu'ils ne connaissaient pas assez ou point du tout. Du reste on le trouve encore cité dans plusieurs ouvrages. Il donna ensuite quelques traductions allemandes, mais sans choix ni discernement. Sa traduction de la *Pucelle d'Orléans* de Schiller ( calquée sur d'autres principes que celle de Voltaire ) ne saurait faire juger des défauts ni des beautés de l'original. Le seul mérite de Mercier est d'avoir été le premier qui ait essayé de nous faire connaître la littérature allemande ( *voy.* STAEL, *Suppl.* ); nous devions déjà à Voltaire la connaissance de quelques auteurs anglais. Il est à espérer que d'autres nous rendront le même service pour des littératures étrangères qui nous sont presque inconnues. Dans sa vieillesse, Mercier parut souffrir beaucoup, et par fois il semblait qu'il eût des aliénations mentales. Dans ses diatribes il mettait sur la même ligne, et les noms les plus respectables, et ceux le plus justement abhorrés. En 1800, il prétendit assigner une nouvelle forme à la terre, et de nouvelles lois au mouvement. Il languit encore quelques années, et mourut à Paris le 25 avril 1814. Nous ne citerons pas les drames de cet auteur ; leur nomenclature serait trop longues. On remarque parmi ceux-ci, *Sophronie et Olinde*, tirée du Tasse ; *le Déserteur*, et *l'Habitant de la Guadeloupe*, qui est sa meilleure pièce.

MESA (Christophe de), poëte espagnol, naquit à Zafra en Estramadure, en 1540. Il étudia à Alcala, où il reçut les ordres ecclésiastiques, passa ensuite à Rome, et se lia d'une amitié intime avec le Tasse. Après avoir demeuré 25 ans en Ita lie, il revint en Espagne et mourut à Madrid en 1615. Ses poésies sont pleines de grâce et de verve, et il a laissé: I *Las Navas de Tolosa*, poëme, Madrid, 1580. II *La Restauration d'Espagne*. III Des *Poésies lyriques*. L'ouvrage qui lui fit le plus d'honneur est sa traduction en vers des *Eglogues*, des *Géorgiques* et de l'*Enéide* de Virgile. Cette dernière est comparable à la belle traduction italienne d'Annibal Caro.

MEUNIER (Jean-Baptiste), général français, naquit à Paris le 19 juin 1754. L'éclat avec lequel il fit ses études le plaça très-jeune encore à la tête d'une école académique, et il fut ensuite employé aux travaux du port de Cherbourg. Il était lieutenant colonel du génie lorsque la révolution éclata; il en adopta les principes, et fut chargé en 1790 d'établir les signaux pour transmettre les nouvelles de l'armée. Deux années après il fut envoyé à l'armée du Rhin sous les ordres de Custine. Pendant l'hiver de cette même année 1793, il défendit avec courage le petit fort de Kœninstein contre les Prussiens; Contraint de se rendre faute de vivres, il fut échangé, passa alors à Mayence, où il se distingua par sa bravoure et son habileté. Au siége de Cassel, un boulet lui emporta la cuisse, et il mourut six jours après, le 13 juin 1793.

MEY (Claude), célèbre canoniste, né à Lyon le 16 janvier 1712, embrassa l'état ecclésiastique; néanmoins il ne prit point les ordres, et se borna à la simple tonsure. Après s'être livré à l'étude de la théologie et à celle du droit, il se fit recevoir en 1739 avocat au parlement, et établit à Paris un cabinet de consultations pour les affaires ecclésiastiques. Bientôt il eut la vogue, et on venait le consulter de toute part. C'était le temps où s'agitaient avec feu les questions du jansénisme, et où le parlement prenait fait et cause au sujet des refus des sacremens et des billets de confession. L'abbé Mey se rangea du côté de cette cour et de celui des *appelans*. Il est auteur de beaucoup d'écrits qui ne sont pas exempts des préventions de l'esprit de parti, et où les prérogatives du saint-siége et des premiers pasteurs ne sont pas traitées avec les ménagemens et la faveur qui leur seraient dus. En 1791, pendant les orages révolutionnaires, l'abbé Mey se retira à Sens chez une de ses nièces; il y mourut en 1797, âgé de 85 ans, à la suite d'une attaque d'apoplexie, dont il avait été frappé dix mois auparavant, et qui le laissa dans un état de souffrance qu'il supporta avec beaucoup de résignation. On a de lui: I *Apologie des jugemens rendus par les tribunaux séculiers*, 1752, 2 vol. in-12. (*Voy.* MAULTROT.) II *Remarques sur la thèse de l'abbé de Brienne*, depuis cardinal de Loménie. Elle avait été soutenue quelques jours avant celle de l'abbé de Prades, 1751. III *La Requête des sous-fermiers pour le contrôle des billets de confession*, facétie condamnée au feu par arrêt du parlement de Paris du 22 juillet 1752. Le *Dictionnaire des Anonymes* l'attribue à l'avocat Marchand. L'abbé Mey, dit-on, y prit part. IV *Essais de métaphysique*, in-12. V *Consultation de plusieurs avocats pour les curés d'Auxerre*, 1755, 1 vol. in-4. VI *Mémoire pour les religieux de Saint-Vincent du Mans*, 1764. VII *Observations sur l'édit de 1764 touchant les réguliers, et consultation pour les bénédictins contre la commission*, 2 vol. in-4. VIII *Lettres du R. P.***, *de l'ordre des minimes, à M\*\*\*, docteur en théologie sur l'écrit intulé : De l'Immolation.* Il y soutient contre l'abbé Plowden que *l'immolation* est de l'essence du sacrifice de l'eucharistie. Mey prêta sa plume à M. de Montazet, archevêque de Lyon, dans l'affaire des hospitalières ; il présidait aux *Nouvelles ecclésiastiques.* Il signa contre la constitution civile du clergé un *Mémoire* souscrit aussi par Piales, Maultrot, Blonde, Daleas et autres canonistes.

**MEYNIER DE SALINELLES** (N.), naquit à Nîmes en 1729. Il était négociant à l'époque de la révolution, et fut nommé en 1789 député du tiers état de la sénéchaussée de Nîmes aux états généraux, où il ne se fit pas remarquer. Devenu maire de sa ville natale, et ensuite président du département du Gard, il se prononça en faveur du parti de la Gironde. Après la chute de ce parti, il se cacha ; mais découvert par les jacobins, il fut arrêté, conduit à Paris, et condamné à mort par le tribunal révolutionnaire le 15 mai 1794, ayant alors 65 ans.

**MIACKZINSKI** (N.), général républicain, naquit en 1750 à Varsovie, d'une famille illustre. Il vint à Paris à l'âge de 24 ans, prit du service dans les armées, et avait le grade de maréchal de camp à l'époque de la révolution dont il adopta les principes. En 1792 il fut employé dans les armées de Dumouriez, et s'y distingua. Il prit ensuite le commandement de Sedan, et le 4 octobre attaqua, mais sans succès, les émigrés français sous les ordres des princes frères de Louis XVI. Il reçut encore un échec en mars 1793 à Bois-le-Duc. L'armée française faisait sa retraite sur Liége,

tandis que le fort de l'armée autrichienne marchait sur Maëstricht; Miackzinski commit alors l'imprudence de faire entrer sa colonne dans Aix-la-Chapelle, où près de 4000 Français furent tués dans les rues. Cette faute inconcevable dans un général, fit soupçonner Miackzinski d'être d'intelligence avec le prince de Cobourg, mais on ne trouva pas de preuves assez fortes pour l'en accuser. Ami, au moins en apparence, de Dumouriez, se trouvant vers le 8 avril cantonné à Orchies, il parvint à y retenir pendant plusieurs jours les commissaires que l'assemblée envoyait pour destituer ce général; ce qui donna le temps à Dumouriez d'arrêter les commissaires et de les livrer aux Autrichiens. Miackzinski avait reçu en même temps l'ordre de s'emparer de Lille ; mais il commit encore l'imprudence d'y aller avec un petit nombre de soldats. Les représentans firent aussitôt fermer les portes de la ville à sa division et désarmèrent sa faible escorte, qui fut arrêtée ainsi que son chef. Transféré à Paris et traduit devant le tribunal révolutionnaire, outre l'accusation de connivence avec Dumouriez dans l'arrestation des commissaires, on le dénonça comme ayant proposé à Bernard de Molleville, en juillet 1792, d'épier les démarches de Dumouriez, et de faire envelopper l'avantgarde qui lui était confiée, moyennant 200,000 francs qu'il demandait à Louis XVI. Ce même fait est rapporté par Molleville dans son *Histoire de la révolution*, et il ajoute que la cour rejeta ces offres avec mépris. Il se défendit avec courage, mais ni ses réponses ni l'éloquence de Julienne, son avocat, ne purent empêcher sa condamnation. Quand il l'entendit prononcer, il se leva avec

impétuosité, et dit : « Citoyens ju-
»rés et citoyens juges, vous venez
»de condamner un innocent ; vous
»faites assassiner celui qui a ré-
»pandu son sang pour la républi-
»que : je marcherai à la mort avec
»le même sang-froid que vous me
»voyez à présent. » Se tournant
ensuite vers l'auditoire : « Puisse
»mon sang, ajouta-t-il, consolider
»le bonheur du peuple souverain !..»
Il mourut avec fermeté le 17 mai
1793.

MICAL (l'abbé), célèbre mécanicien français, naquit dans l'Anjou
vers l'an 1740. Après un travail opiniâtre, il parvint à former
deux têtes colossales d'airain qui
prononçaient des phrases entières.
Vaucanson avait rendu les mouvemens et contrefait les digestions
de l'homme ; l'abbé Mical fit bien
davantage, il choisit l'organe le plus
brillant et le plus compliqué de
l'homme. Il étudia, pour y parvenir,
exactement la nature, et s'aperçut
« que l'organe vital, placé dans la
»glotte, n'était qu'un instrument à
»vent ; aussi lorsqu'on souffle de de-
»hors en dedans, comme dans une
»flûte, on n'obtient que des sons
»filés, et qu'en soufflant du dedans
»au dehors, l'air sortant de nos pou-
»mons se forme en sons dans notre
»gosier ; et cet air, coupé en syllabes
»par les lèvres, la langue, les dents
»et le palais, acquiert une consonne
»à chaque inflexion, dont les diffé-
»rentes articulations multiplient la
»parole, et rendent la variété infinie
»de nos idées.» C'est d'après ces observations que l'abbé Mical appliqua
deux claviers à ses têtes, l'un en cy-
lindre qui ne donnait qu'un nombre
déterminé de phrases, mais sur lequel étaient marqués les intervalles
des mots et leur prosodie ; l'autre
clavier contenait une espèce de *ra-*

*valement* où étaient marquées toutes les syllabes, que l'auteur put réduire au plus petit nombre possible
par une méthode ingénieuse. On
parla beaucoup dans le temps de ces
deux têtes merveilleuses qui avaient
ruiné l'artiste par les grandes dépenses qu'elles lui avaient occasionées. Ayant vainement cherché à les
vendre, en 1782, dans un moment
de désespoir il cassa ses deux chefs-
d'œuvre, et mourut presque dans
l'indigence en décembre 1789. Le travail de l'abbé Mical était sans doute
admirable, mais nous ne croyons
pas admissible le problème présenté par un écrivain éclairé, savoir :
« Si la parole pouvait quitter le siége
»vivant pour venir s'attacher à la
»matière morte. » Deux têtes colossales pourraient à peine, après des
peines infinies et tous les efforts du
talent, articuler quelques phrases ;
combien donc de combinaisons ne
faudrait-il pas pour parvenir à faire
prononcer à ces machines inanimées
seulement quelques lignes d'un discours suivi ? De quelle immense
étendue ne devraient pas être les
deux claviers sur lesquels seraient
appliqués les syllabes, les mots et
la prosodie ? Les dimensions du
sphynx du Kaire seraient à peine suf-
fisantes pour former une machine
capable de les contenir. Nous renon-
cerons donc à l'espoir, qu'aurait
voulu nous faire espérer ce même
écrivain, de « parler avec les doigts
»comme avec la langue, et de faire
»réciter la Henriade ou le Téléma-
»que, d'un bout à l'autre, en les
»plaçant sur le clavecin vocal,
»comme on place des partitions
»d'opéra sur les clavecins ordinai-
»res. » Cette hypothèse serait sans
doute fort belle si elle n'était plus
que colossale.

MICHAELIS ( Jean-David ),

savant allemand, célèbre théologien et orientaliste, professeur de l'université de Gottingue, où il est mort le 22 août 1791, à l'âge de 75 ans, publia un grand nombre d'ouvrages en latin et en allemand, dont nous citerons les plus remarquables : I *Paralipomena contra polygamiam*, Brême, 1758, in-4. II *Curæ in versionem syriacam actuum apostolorum*, Gottingue, 1755, in-8. III *Compendium theologiæ dogmaticæ*, 1760, in-8. IV *Spicelegium geographiæ Hebræorum exteræ, post Bochartum*, ibid., 1769, 1780, 2 vol. in-4. V *Grammatica chaldaica*, ibid., 1771, in-8. VI *Supplementa ad lexicon hebraicum*, 1784, 1792, 6 vol. in-4. VII *Grammatica syriaca*, Hall, 1784, in-4. Les ouvrages suivans sont en allemand : VII *Elémens de l'accentuation hébraïque*, Hall, 1741, in-8. VIII *Grammaire hébraïque*, 1778, in-8. IX *Paraphrase et remarques sur les épîtres de saint Paul*, Brême, 1769, in-4. X *Explication sur l'Épître aux Hébreux*, Francfort, 1784, in-4. XI *Questions proposées aux savans envoyés en Arabie par ordre du roi de Danemarck*, ibid., 1762, in-8. Cet ouvrage a été traduit en français. XII *Introduction au nouveau Testament*, Gottingue, 1750, in-4, 2 vol. 2ᵉ édit. XIII *Du goût de la littérature des Arabes*, ibid., 1781, in-8. XIV *De l'influence des opinions sur le langage, et du langage sur les opinions*. Cette dissertation remporta le prix de l'académie de Berlin en 1759; Merian l'a traduite de l'allemand, Brême, 1762, in-8. Un des ouvrages le plus connu de ce laborieux auteur est son *Introduction au nouveau Testament* : outre l'édition déjà citée, il a été réimprimé en 1765, 1777 et 1788. Il en existe plusieurs traductions.

MICHALLON ( Claude ), sculpteur, naquit à Lyon en 1751, de parens pauvres. Il montra dès l'enfance beaucoup de dispositions pour la sculpture; il modela quelque temps sans autre guide que la nature, et à l'âge de 15 ans il parvint à faire quelques statues en bois qui lui méritèrent l'encouragement des connaisseurs. Quelques amis de son père lui ayant facilité les moyens de venir à Paris, il y reçut les leçons de Bridan, professeur à l'académie de peinture et de sculpture. Guillaume Couston l'employa ensuite à la sculpture des *mascarons* de la partie du Louvre qui donne sur la rue du Coq. Assidu au travail, il imagina une lampe, à l'aide de laquelle il travaillait la nuit dans son lit. Après avoir remporté le grand prix de l'académie, il passa à Rome, où il se lia avec Jean-Germain Drouet, peintre d'histoire, que la mort enleva en 1786. Michallon fut chargé deux ans après d'exécuter en marbre le tombeau de son ami. Le bas-relief de ce monument représente les trois arts traçant sur une pyramide le nom de Jean-Germain Drouet. On plaça ce monument dans l'église de Sainte-Marie, *in viâ latâ*, et il établit la réputation de cet artiste. Lors de l'assassinat de l'ambassadeur républicain Basseville, il revint à Paris, remporta plusieurs prix, présenta le projet pour le terre-plein du Pont-Neuf, et exécuta le beau buste de Jean Goujon, qui est au musée des monumens français. Il donna plusieurs modèles pour des figures de pendule, et un autre modèle, qui fut son dernier ouvrage, d'une statue de grandeur naturelle, représentant *Caton d'Utique*, qu'il devait exécuter en marbre pour la salle du corps législatif, quand il mourut des suites d'une chute, en août 1799. Il était âgé de 48 ans.

MICHAUX ( André ), botaniste, naquit à Versailles le 7 mars 1746. Il étudia sous les célèbres Monnier et de Jussieu. Il fit en 1779 un voyage en Angleterre, et il en rapporta un grand nombre d'arbres, qui furent plantés dans les jardins de M. le Monnier et de M. de Noailles. Désirant faire de plus importantes découvertes, il alla en 1780 herboriser dans les montagnes de l'Auvergne, et insensiblement il parcourut les Pyrénées et entra en Espagne, où il fit l'acquisition de plusieurs graines qui furent distribuées au jardin des Plantes, et entre plusieurs botanistes cultivateurs. MONSIEUR ( à présent Louis XVIII ) l'envoya en Perse en 1782. Il passa par Alep, Bagdad et Bassora. Dans cette dernière ville il prit des informations sur le pays, se perfectionna dans la langue persane, et après un séjour de quelques mois, il essaya d'entrer en Perse par Boucher, sur le golfe persique. Mais tandis que ce royaume était déchiré par les guerres civiles, les Arabes ravageaient les frontières. Ils dépouillèrent Michaux, ne lui laissant que ses livres. Le consul anglais de Bassora le retira chez lui, et lui fournit les moyens de continuer son voyage. S'étant rendu à Schiras, il passa ensuite à Ispahan, où il guérit le roi d'une maladie dangereuse. Il parcourut pendant deux ans la Perse depuis la mer des Indes jusqu'à la mer Caspienne. Non loin de Bagdad, et près du Tigre, dans un jardin appelé de Sémiramis, il trouva un monument *persépolitain* bien conservé, et déposé au cabinet des antiques de la bibliothèque royale.

Nos antiquaires n'ont pu jusqu'à présent en déchiffrer l'inscription. Rappelé en France, Michaux renonça au projet qu'il avait formé de visiter le pays à l'est de la mer Caspienne, pour aller dans le Thibet et le royaume de Cachemire. Il arriva à Paris, riche d'un herbier magnifique et de plusieurs graines précieuses. Il entreprit, en 1785, par ordre du gouvernement, le voyage d'Amérique ; arriva à New-York dans le mois d'octobre, et parcourut pendant deux ans ces vastes contrées, depuis la Floride jusqu'à la baie d'Hudson, et depuis la Cassade jusqu'au Mississipi, traversant souvent des pays habités par des sauvages, ou entièrement déserts. Il recueillit les fruits de ses travaux, en envoyant en France 60 mille pieds d'arbres et 40 caisses de graines. La révolution lui ayant enlevé ses appointemens, il dépensa toute sa fortune pour continuer ses courses. Ses moyens se trouvèrent enfin épuisés, et il fut contraint de revenir en Europe. Pendant le trajet il essuya un naufrage, d'où il ne sauva que sa personne et quatre caisses de ses collections. Il arriva à Paris le 25 décembre 1797, et après trois ans de justes réclamations, le directoire ne lui accorda que des indemnités bien modiques. Par bonheur, Michaux s'était accoutumé aux privations, et conservait les habitudes qu'il avait contractées dans sa vie errante ; et au milieu de Paris il ne se nourrissait que de mets grossiers qu'il apprêtait lui-même, et couchait sur une peau d'ours. En octobre 1801, il suivit le capitaine Baudin dans son expédition à la Nouvelle-Hollande. Il s'en sépara cependant à l'île de France ; de là s'étant rendu sur la côte de Madagascar, il mourut en novembre

1802, âgé de 56 ans. Le jardin des Plantes, et ceux de plusieurs particuliers lui sont redevables d'une infinité de plantes inconnues. Le buste de Michaux doit être actuellement placé, par arrêté de l'administration du Muséum, sur la façade de la serre tempérée, avec ceux de Commerson, de Dombay, et autres botanistes voyageurs. Il a laissé : I *Histoire des chênes de l'Amérique septentrionale.* II *Mémoires sur les dattiers*, avec des observations pour faire fleurir l'agriculture dans les colonies occidentales. III *Flore de l'Amérique septentrionale*, ornée de 52 gravures. Cette histoire est écrite en latin.

MICHEL, dit *lo Matto* (le Fou), portefaix de Naples. Il eut une grande part à la révolution de 1798. Lorsque l'armée française, sous les ordres de Championnet, s'avançait sur cette capitale, Michel suivit d'abord le parti du roi. Des formes athlétiques, et une certaine éloquence populaire, lui avaient donné de l'ascendant sur les lazzaroni, très-nombreux à Naples à cette époque. Ayant rassemblé ceux de son quartier, il leur fit jurer de défendre Ferdinand IV jusqu'aux dernières extrémités. Les lazzaroni des autres quartiers s'étant réunis à lui, il les harangua, et leur fit part des négociations entamées par le prince de Moliterno avec le général français, afin d'introduire les troupes françaises dans la ville. Les lazzaroni furent armés en un instant, et conduits par Michel, ils s'emparèrent des châteaux, massacrèrent tous les nobles soupçonnés de trahison; et la fameuse marquise de Fonseca ( *voy.* ce nom, *Supplément* ) n'échappa à leur vengeance que par un excès de témérité. Michel ayant appris que Championnet était entré dans la ville avec son armée, alla à sa rencontre avec les siens, se battit comme un lion, mais succombant sous le nombre, il fut fait prisonnier, et conduit devant le général français. Celui-ci remarqua en lui de l'intelligence et de la bravoure, lui offrit la vie et le grade de capitaine, s'il voulait faire déposer les armes aux lazzaroni et se ranger de son côté. Michel accepta ; et avec la même éloquence qu'il avait engagé la populace à prendre les armes, il les leur fit déposer, en criant *Vive la république!* Attaché définitivement à ce parti, il apaisa les révoltes, et contint les partisans du roi. Pendant ce temps, les Calabrois, commandés par le cardinal Ruffo, après avoir battu les Français, se dirigeaient triomphans vers Naples. Michel, qui avait obtenu le grade de général de brigade, marcha contre eux avec le reste de l'armée française. Le hasard voulut qu'il eut précisément à se battre contre le célèbre brigand appelé Fra Diavolo (*voyez* ce nom, *Supp.*), alors attaché avec un grade égal aux troupes de Ruffo. Après s'être défendu avec le courage du désespoir, il tomba au pouvoir des royalistes. On l'épargna d'abord, d'après les articles du traité ; mais il subit enfin la mort avec d'autres rebelles, en décembre 1798.

MIGNOT ( Vincent ), historien, naquit près de Paris en 1718, et entra dans l'ordre de Cîteaux à l'âge de dix-huit ans. Ses talens le firent bientôt distinguer, et il fut nommé à l'abbaye de Sellières : il avait déjà obtenu la place de conseiller-clerc au grand conseil. Le P. Mignot était neveu de Voltaire, et prévoyant les difficultés que pouvait éprouver la sépulture de cet homme célèbre, il les éluda toutes en l'inhumant dans son abbaye. On dit alors qu'il avait agi plus en parent qu'en religieux. Les restes de Voltaire furent dans la suite transportés au Panthéon. Le P. Mignot mourut dans la retraite en 1790. On a de lui : I *Histoire de l'impératrice Irène*, Amsterdam, 1762, in-12. II *Histoire de Jeanne I*re, *reine de Naples*, la Haye, 1764. III *Histoire de l'empire ottoman*, depuis son origine jusqu'à la paix de Belgrade en 1740, 1 vol. in-4, ou 4 vol. in-12. IV Une *Traduction de Quinte-Curce*, 1781, 2 vol. in-8. On trouve dans les ouvrages de cet écrivain, de la méthode, de la clarté, et un style naturel.

MIGNOT (Jean-André), licencié en théologie, et grand chantre de l'église d'Auxerre, naquit dans cette ville le 23 janvier 1688, de parens qui y étaient considérés. Il fit ses études à Sainte-Barbe, et se distingua non-seulement dans ses humanités, mais encore dans ses cours de philosophie et de théologie. Après son baccalauréat, il entra dans la maison et société de Sorbonne, mais il ne se fit point recevoir docteur. En 1708 M. de Caylus, son évêque, lui donna un canonicat de sa cathédrale. De retour à Auxerre, après ses études finies, il reçut l'ordre de prêtrise, et se livra à la prédication, pour laquelle il avait du talent. Partageant les sentimens de M. de Caylus au sujet de la *bulle*, il adhéra à l'appel que ce prélat avait interjeté en 1718, avec quelques autres évêques. En 1730 il fut député à l'assemblée provinciale de Sens, et chargé d'y exposer divers points que M. de Caylus souhaitait être pris en considération dans l'assemblée générale. En 1731 le chapitre d'Auxerre l'élut grand chantre. Il était en même temps grand vicaire, et jusqu'à la mort de M. de Caylus

il eut une grande part dans l'administration du diocèse. Il vécut sous deux autres évêques, MM. de Condorcet et de Cicé, n'étant mort que le 14 mai 1770, dans la 83e année de son âge. Il légua sa bibliothèque au chapitre d'Auxerre, et contribua à l'établissement dans cette ville d'une société littéraire, qui eut l'approbation du roi, et dont il fut un des premiers membres. On a de lui : I Une édition du *Discours de saint Victor*, *évêque de Rouen*, *à la louange des saints et de leurs reliques*, Auxerre, 1763, in-12. C'est à tort que la *Bibliothèque historique de France* en attribue la traduction à l'abbé Mignot ; elle est de l'abbé Morel, qui la fit sur un très-ancien manuscrit de l'abbaye de Saint-Gal ; mais Mignot est l'auteur de la *préface*. II *Mémoire historique sur les statues de saint Christophe*. III *Tradition de l'église d'Auxerre*, avec l'abbé le Bœuf. Elle est insérée dans le *Cri de la foi*, 1719. Mignot a eu la plus grande part aux édit. du *Bréviaire* d'Auxerre, du *Missel*, et du *Processionnal*, publiés sous M. de Caylus, et on lui doit les notes du martyrologe propre à cette église. Il avait en 1716 prononcé *l'Oraison funèbre de Louis XIV*, mais elle est restée inédite.

MILLIERES (François), jacobin et membre de la commune de Paris, naquit en Normandie vers 1760, de paysans aisés. Il était lui-même cultivateur près de Paris au commencement de la révolution. Aussi ambitieux et turbulent qu'il était ignorant et grossier, il quitta sa charrue et vint à Paris augmenter le nombre des jacobins. On ne pouvait voir sans pitié et sans indignation ce rustre fanatique déclarer la guerre au roi, à sa famille, aux ministres, aux prêtres, et à tous les souverains de l'Europe. Il fut l'agent subalterne des journées qui signalèrent cette époque désastreuse, et après le 10 août, il fut nommé membre de la commune qui s'était installée de sa propre autorité la nuit de ce même jour. Envoyé en Normandie en qualité de commissaire du pouvoir législatif, il y commit tant de vexations qu'il fut arrêté à Evreux comme missionnaire de la propagande révolutionnaire; mais bientôt un décret de la convention lui fit rendre la liberté. Après la révolution du 31 mai 1793, il fut encore envoyé en qualité de commissaire auprès de l'armée de la Vendée, où il se signala par ses dilapidations et ses cruautés. Pendant le siége d'Angers, par les royalistes, il ordonna le meurtre de près de 400 prisonniers; et le 26 décembre il écrivait à la convention : « Le nombre des brigands est trop »considérable pour user la poudre »et les balles à leur destruction, »je préfère les mettre dans de grands »bateaux que l'on coule à fond »quand ils ont gagné le milieu de »la Loire. Cette opération se fait »continuellement, et tous les pri- »sonniers recevront ainsi le baptême »patriotique. » Il fut ensuite nommé membre de la commission militaire d'Angers, qui fit périr tant de Vendéens sur l'échafaud. Il fut appelé depuis à la nouvelle administration de la poudrière de Grenelle près Paris, et se vit enfin arrêté après le 3 nivose, et condamné à la déportation. Il mourut en Afrique en 1802.

MILLON DE MONTCHER- LANT, député aux états généraux, naquit à Vassigny en 1726, d'une famille de robe. A l'époque de la révolution il était avocat et syndic de Beauvais, lorsqu'en 1789 il fut élu par le bailliage de cette ville

député du tiers état aux états géné- raux, où il ne se fit pas remarquer. Il sembla d'abord accueillir avec chaleur les principes révolution- naires, et après la session il obtint la place de receveur du district de Chaumont. Il y vivait assez tran- quille, lorsque le règne de la *ter- reur* étant arrivé, il n'eut pas le courage de refuser un asile chez lui à un malheureux émigré. Ayant été découvert, dénoncé, et traduit au tri- bunal révolutionnaire, il fut con- damné le 23 juin 1794; consolé dans ses derniers momens par la pensée qu'il périssait pour avoir fait une bonne action. Il avait alors 68 ans.

MINARD ( Louis-Guillaume ), prêtre de la doctrine chrétienne, naquit à paris le 31 janvier 1725, et demeura orphelin à l'âge de douze ans. Il fit ses études au collége de Beauvais, dont M. Coffin était alors principal, où il eut Rivard pour maître [1], et où peut-être les premiers germes des opinions qu'il professa par la suite s'insinuèrent dans son jeune esprit. Il avait de la piété et une certaine gravité de mœurs qui le distinguait de ses condisciples. Se destinant à l'état ecclésiastique, il entra chez les doctrinaires, et s'y voua à la direction des consciences et à la prédication. Son attachement au jansénisme, qu'il ne dissimulait point, le fit interdire par M. de Beaumont. Il se retira au petit Bercy, succursale du faubourg Saint-An- toine. Malgré son interdit, il y faisait des instructions suivies par ceux de son parti, et il y exerçait un ministère secret. On prétend qu'en 1778 le

1 Le *Dictionnaire historique critique* ( de Prudhomme ) dit «que Minard fut au collége de France élève de Rivard. » Jamais Rivard ne fut professeur du collége de France ; il était professeur de philosophie au collége de Beau- vais. *Voyez* Rivard, *Dict.*

chapitre des doctrinaires, assemblé pour l'élection d'un général de la congrégation, jeta les yeux sur lui, et que tous les suffrages s'étaient réunis en sa faveur, mais qu'il refusa cette dignité. Il resta dans sa retraite de Bercy jusqu'à la révolution. Lorsque la constitution civile du clergé fut décrétée, il y donna son assentiment. Il écrivit même en sa faveur, et chercha à lui gagner des partisans. Il ne voyait de salut pour l'église que dans l'obéissance aux lois de l'assemblée constituante. Après la mort de l'évêque Gobel, il s'intrigua pour lui faire donner un successeur. Lorsqu'on forma le presbytère de Paris, le P. Minard en fit partie, et contribua au rétablissement du culte *constitutionnel*. On a de lui : I *Avis aux fidèles sur le schisme dont l'église de France est menacée*, Paris, 1795, in-8. Le P. Lambert écrivit contre ce livre ( *voyez* LAMBERT ). Minard répondit par un *Supplément à l'avis aux fidèles*, Paris, un vol. in-12. Il y a de lui un *Panégyrique de saint Charles Borromée*, qu'il prononça, mais qui n'a point été imprimé. Les amis du P. Minard prétendent que ce panégyrique a été la cause de son interdit. « M. de Beaumont, disent-ils, ayant cru y trouver des leçons auxquelles il ne s'attendait pas de la part d'un inférieur. » Si ce panégyrique fut réellement la cause de la disgrâce de son auteur, il y a bien à présumer, vu les sentimens qu'il professait, que c'est pour un tout autre motif. Le P. Minard mourut à Paris le 22 avril 1798. Il contribua aux *Annales de la religion*, de Desbois de Rochefort. On dit qu'il était fort aumônier; il paraît que lui-même pendant les dernières années de sa vie fut dans le malaise. — Il ne faut point confondre le P. Minard avec un abbé MINARD qui travailla avec l'abbé Gouget aux extraits des assertions, faussement attribués par quelques-uns à dom Clémencet. ( *Voyez* le *Dictionnaire des Anonymes*, t. 4, page 285. ) On a de ce même abbé : *Histoire particulière des jésuites en France*, 1762, in-12. Enfin on lui attribue aussi les divers *Ecrits des curés de Paris*, *de Rouen*, etc., *contre la morale des jésuites*, 1762, in-12.

MIRABEAU ( Honoré-Gabriel Riqueti, comte de ). *Voyez* RIQUETI, *Dictionnaire*, tome 7.

MIRABEAU ( Boniface Riqueti, vicomte de ), chevalier de Malte, de Saint-Louis, et député aux états généraux. Il était frère du comte Honoré, et lui ressembla par ses vices et son intempérance; mais il suivit une carrière tout opposée dans ses opinions politiques. Ayant embrassé l'état militaire, sa bravoure et son intelligence le firent avancer assez rapidement, et très-jeune encore il était colonel du régiment de Touraine. Il servit avec beaucoup de distinction dans la guerre de l'Amérique, en 1776, où il se fit surtout remarquer par un rare courage. Il mérita alors du roi la croix de Saint-Louis, et celle de Cincinnatus de la part du gouvernement des Etats-Unis. Le vicomte ne possédait pas les talens de son aîné; mais il avait de l'instruction, beaucoup d'esprit, et était très-piquant dans ses saillies. Le comte son frère le peignit un jour par ces mots : « Dans » une autre famille, le vicomte se-» rait un mauvais sujet et un génie; » dans la nôtre, c'est un sot et un » honnête homme. » Ce n'était pas là un éloge bien flatteur qu'il faisait de ses parens. Les réponses du vicomte étaient toujours vives et spirituelles; on peut en juger par celle-ci. Il gardait une fois le lit par suites d'une blessure qu'il avait reçue dans un duel. Son frère vint le voir, et lorsqu'il se retira, le blessé lui dit : « Je vous remercie de » votre visite; elle est d'autant plus » gratuite que vous ne me mettrez » jamais dans le cas de vous en ren- » dre une pareille. » Il faut remar- quer que le comte de Mirabeau passait pour être un peu poltron. En 1789 le vicomte fut nommé par la noblesse du Limosin député aux états généraux. Sa grosseur ex- cessive et son intempérance le firent nommer presqu'en même temps *Mi- rabeau-Tonneau*. Mais ces défauts étaient rachetés par les principes les plus sages, et il les déploya dans toutes les occasions. Il défendit constamment l'autorité royale avec autant d'énergie que son frère en mit pour l'attaquer. Il commença par s'opposer à la réunion des trois chambres, et obligé enfin de céder aux ordres du roi, il brisa son épée en quittant la salle de la noblesse, comme pour annoncer la prochaine ruine de la monarchie. Le vicomte de Mirabeau attaqua avec la même force les injustices et les abus. Il défendit, quoique inutilement, la cause du clergé, tout en retraçant l'anarchie qui pesait sur la France, et les maux sans nombre qu'on de- vait attendre de la subversion des classes et des pouvoirs. Il déclama contre plusieurs pensions abusives données par la cour; et en s'oppo- sant à la sanction de différentes lois judiciaires, il fit une véhémente sortie contre les avocats, qui étaient alors en grand nombre parmi les innovateurs. Lorsqu'on décréta la liberté sur les opinions religieuses, il y proposa la condition qu'il n'y aurait qu'un culte public. Il s'opposa encore le 30 octobre, et avec plus

de force, contre la vente des biens de l'église, égayant toujours ses discours par de bons mots et des saillies piquantes. « J'emploie dans » cette discussion, s'écria-t-il, la lo- » gique des poumons, puisqu'elle » n'est pas moins nécessaire dans » cette assemblée que celle du rai- » sonnement. » Ennemi déclaré des jacobins, dont il blâmait les excès et pénétrait les vues, il plaida le 10 décembre la cause du parlement de Rennes, accusé par Robespierre. Il interrompit brusquement l'ora- teur, le chassa de la tribune, et s'en empara pendant une heure, malgré les cris de la *montagne* et de leurs partisans qui remplissaient partout la salle. Cette séance fut des plus tumultueuses. Le jour sui- vant, le comte de Mirabeau se rendit chez son frère pour le prier de s'abs- tenir de boire avec excès, ce qui donnait de sa part souvent lieu à des scènes scandaleuses. Celui-ci lui ré- pondit en riant : « De quoi vous plai- » gnez-vous? de tous les vices de » la famille, vous ne m'avez laissé » que celui-là. » Ayant appris que son régiment s'était insurgé à Per- pignan, il s'y rendit en juin 1790; mais n'y ayant pu rétablir la disci- pline, il repartit aussitôt en empor- tant avec lui les cravates des dra- peaux. Cela causa une grande ru- meur dans la ville et dans les pro- vinces voisines; on alla à la pour- suite du vicomte, et il fut arrêté en route; mais l'assemblée envoya aus- sitôt l'ordre de le relâcher. Il con- tinua à lutter avec courage contre le désordre et les lois arbitraires; mais voyant que ses efforts deve- naient inutiles, et que lui et le peu d'amis fidèles à la monarchie ne pourraient arrêter le torrent qui dé- bordait de toutes parts, il émigra, leva une légion, et alla s'unir à l'armée du prince de Condé. Bon royaliste, excellent militaire, il aurait pu lui rendre des services essentiels ; mais ses excès le conduisirent au tombeau. Il mourut à Fribourg en Brisgau dans cette même année 1790. Il cultiva, non sans succès, la poésie légère ; et on a de lui des *Contes posthumes* qui sont versifiés avec beaucoup de grâce et de facilité ; et il publia au commencement de la révolution une satire très-ingénieuse, intitulée : *Lanterne magique nationale*, 1789, 3 numéros in - 8. Plusieurs *chansons* et *satires*, où il ridiculisait ou critiquait les innovations du temps, furent insérées dans le journal connu sous le nom d'*Actes des apôtres.*

MIRANDA (François), général de la république française, naquit à Mexico, dans la Nouvelle-Espagne, en 1766, d'une famille noble et distinguée, originaire de la Castille. Son père occupait une place honorable et lucrative auprès du vice-roi du Mexique. Lorsque le jeune Miranda vint à Madrid en 1782, il entra dans un régiment d'infanterie, où un caractère inquiet et indépendant lui suscita plusieurs affaires avec les autres officiers ses camarades. On l'envoya en 1785 à Guatimala ; et il fut employé dans les troupes de cette province, où il forma le projet de rendre la liberté à ses compatriotes. Il avait déjà établi plusieurs sociétés secrètes, où se réunissaient les mécontens, et avait attiré dans son parti plusieurs riches propriétaires indisposés contre le gouverneur de Guatimala ; mais celui-ci découvrit le complot au moment où il allait éclater. Miranda, qui en fut averti, parvint à s'évader. Après avoir parcouru diverses parties de l'Europe, il vint à Paris en 1790, et il lia connaissance avec Pétion. Ses idées d'indépendance le firent admettre dans tous les clubs, et ensuite dans les armées. En 1792 il fut envoyé en Champagne en qualité d'officier général sous Dumouriez, qu'il accompagna dans la Belgique. Les services qu'il y rendit lui obtinrent le commandement de l'armée de Flandre, et il fut nommé, pendant l'hiver, général en chef durant l'absence de Dumouriez. En février 1793 il attaqua Maëstricht, et s'en serait peut-être emparé après vingt jours de bombardement ; mais ayant appris que Lanoue avait été défait à Aldenoven, il fut contraint de se retirer. Le 18 mars, il commandait l'aile gauche à Nerwinde. D'abord l'aile droite sous les ordres de Valence avait obtenu quelques avantages sur les Autrichiens ; mais ceux-ci revinrent à la charge, et la victoire se rangea de leur côté. Miranda, repoussé dès le commencement de l'action, perdit presque toute son artillerie. On rejeta sur lui la perte de cette bataille ; mais la vérité, c'est qu'elle avait été donnée contre toutes les règles de l'art. Arrêté et traduit devant le tribunal révolutionnaire, il se défendit avec assez de présence d'esprit. Acquitté, emprisonné et relâché de nouveau, il fut enfin condamné à être transporté hors de France, en novembre 1795. Pendant ce temps il avait flatté tous les partis, ne sachant lequel devait prévaloir ; et il s'était rendu suspect depuis la chute des girondins, qui avait entraîné celle de Pétion, son ami et son protecteur. Ayant échappé aux gendarmes qui le conduisaient, il se cacha pendant quelque temps, et reparut enfin à Paris. Il eut part aux événemens du 18 fructidor, et fut compris dans la mesure de déportation qui en fut la suite. Il

s'évada encore, se réfugia en Angleterre où il demeura quelque temps.
En 1803, il revint à Paris, chercha
vainement du service ; se rangea,
tantôt du côté des jacobins mécontens, tantôt des royalistes cachés,
jusqu'à ce que le gouvernement consulaire le fit déporter une seconde
fois. Il passa alors dans l'Amérique
méridionale, la parcourut en différens sens, ayant pour objet de réaliser son premier plan d'une révolte
contre la mère patrie. En 1811, il
avait insurgé une grande partie des
habitans, menaça Caracas, réunit une
armée de plusieurs milliers d'hommes, avec lesquels il battit le peu
de troupes que le gouvernement de
ces colonies pouvait lui opposer. Il
eut à cette époque de longues conférences avec un émissaire français,
le chevalier S..., envoyé, dit-on, par
Buonaparte, pour jeter dans ce pays
les germes de l'insurrection dont
nous voyons de nos jours les tristes
effets. Cela fit croire que Miranda
lui-même était devenu, en Amérique,
un agent du gouvernement français.
On ajoute encore qu'il fut secondé
dans son entreprise par les États-
Unis, qui lui fournirent les munitions et les armes nécessaires. En
1812, tout faisait craindre que la révolte ne devînt générale, attendu les
rapides succès de Miranda ; mais ayant
été surpris et arrêté, il fut conduit
en Espagne et jeté dans les prisons
de Madrid. On n'apprit sa mort qu'en
1816, après quatre ans qu'il était détenu. On supposa que bien avant
cette époque, il avait été exécuté
dans sa prison en punition de sa
double révolte. Miranda avait de l'esprit, de l'instruction, des talens militaires, et possédait parfaitement la
partie du génie, qui est très-cultivé
en Espagne.

MITTARELLI (Jean-Benoît),
III. SUPPL.

célèbre religieux camaldule, naquit
à Venise le 2 septembre 1708, et fit
sa philosophie chez les jésuites. Il
entra chez les camaldules le 11 novembre 1722. Après sa profession
on l'envoya étudier la théologie à
Florence ; il s'y distingua par des
progrès rapides. Étant allé à Rome
en 1729, il y fit la connaissance du
cardinal Rezzonico, depuis Clément
XIII, et de monsignor Alberico
Archinto, depuis cardinal et secrétaire d'état. Envoyé à Venise au monastère de Saint-Michel, de son ordre, pour y enseigner, il y trouva
le P. Calogera, son confrère, dont
le commerce contribua beaucoup au
perfectionnement de son goût et de
ses études. Il occupa ensuite divers
emplois claustraux. Envoyé à Faenza, la quantité de précieux manuscrits que possède cette ville excita
sa curiosité. Il transcrivit les plus
intéressans, fit des extraits des autres, visita même ceux des villes voisines, et s'appropria ce qu'ils offraient
d'important. Ces recueils lui inspi-
rèrent l'idée d'écrire les *Annales
des camaldules*. Il associa à ce dessein le P. Anselme Costadoni, son
confrère. Ils firent ensemble différens voyages, dans la vue de recueillir de nouveaux matériaux, et
à leur retour, ils mirent la main à
l'œuvre. Ils travaillèrent à ces annales depuis 1754 jusqu'en 1773,
et n'épargnèrent ni peines ni dépenses pour leur donner la perfection dont l'ouvrage était susceptible. En 1764, le P. Mittarelli fut
élu abbé général de son ordre,
au grand applaudissement de toute
l'Italie, et de Clément XIII lui-
même, qui avait bien voulu témoigner que cette élection lui serait
agréable. Dans un voyage que peu
de temps après le nouvel abbé général fit à Rome, ce pape le com-

bla de caresses et de marques d'estime. Les cinq années de son généralat finies, il retourna au monastère de Saint-Michel de Murano dont il était supérieur, et y reprit sa manière de vivre et ses occupations ordinaires, toujours aidé du P. Costadoni qui avait été le compagnon de tous ses travaux. Il mourut le 14 août 1777, âgé d'environ 70 ans. Il a laissé : I *Le Memorie della vita di san Parisio, monaco camaldolese*, etc., Venise, 1748. A cette vie est jointe l'*Histoire du monastère de Sainte-Christine et de Saint-Páris*, à la suite de laquelle se trouve un *Appendix* contenant quarante chartes anciennes et des notes très-savantes. II *Memorie del monasterio della Santa-Trinità di Faenza*, Faenza, 1749. III *Annales camaldulenses ordinis Sancti-Benedicti, ab anno 907 ad annum 1764, quibus plura interferuntur tum cæteras italicas monasticas res, tum historiam ecclesiasticam, remque diplomaticam illustrantia, D. Joanne-Benedicto Mittarelli et P. Anselmo Costadoni, presbyteris et monachis è congregatione camaldulensi, auctoribus*, Venise, 1773, 9 vol. in-fol. Le P. Mittarelli avait pris pour modèle les Annales bénédictines de dom Mabillon. IV *Ad scriptores rerum italicarum Cl. Muratorii accessiones historicæ faventinæ*, etc., Venise, 1771. Mittarelli avait tiré ces augmentations d'anciennes *Chroniques inédites*, et les avait jugées dignes de faire suite au célèbre ouvrage de Muratori. V *De litteraturá Faventinorum, sive de viris doctis et scriptoribus urbis Faventiæ, appendix ad accessiones historicas faventinas*, Venise, 1775, VI *Bibliotheca codicum manuscriptorum Sancti-Michaelis Vene-*

*tiarum propè Murianum, unà cum appendice librorum impressorum sæculi XV, opus posthumum,* etc., Venise, 1779. Le catalogue de la bibliothèque *Ricardi*, dressé par le fameux abbé *Lami*, a servi de modèle au P. Mittarelli pour dresser celui-ci. La bibliothèque du monastère de Saint-Michel avait toujours été riche en manuscrits; mais Mittarelli en avait considérablement augmenté le nombre par de nouvelles acquisitions. Le P. Costadoni a écrit en italien des *Mémoires sur la vie du P. Mittarelli*, son ami, et les a insérés dans la *Nuova raccolta d'opuscoli scientifici*. Monsignor Fabroni en a donné une autre en latin dans le 5e vol. des *Vitæ Italorum*, etc., page 373. Cette même *Vie* a été imprimée à la tête de la *Bibliotheca codicum*, etc. L'ordre des camaldules avait fait frapper une médaille pour consacrer la mémoire de ce savant religieux; mais ses ouvrages sont un monument qui, mieux encore, fera passer son nom à la postérité.

MITTIÉ ( Jean-Stanislas ), docteur régent de l'ancienne faculté de médecine de Paris, médecin ordinaire de Stanislas, roi de Pologne, membre de l'académie royale des sciences et belles-lettres de Nancy, naquit à Paris en 1727. Ce célèbre médecin instruit dans la chimie, la botanique, la chirurgie, etc., combattit pendant 40 ans tous les empiriques et les partisans du mercure, et opéra un grand nombre de guérisons par le traitement végétal qu'il avait adopté après une longue expérience. On a de lui plusieurs ouvrages dont voici les principaux : I *Traitemens de maladies avec des végétaux sur des soldats dans l'hôpital militaire de Grenoble*, faits et publiés par ordre du roi en 1789. II *Suite de l'étiologie de la sali-*

vation, ou *explication des incon-véniens attachés au mercure administré en friction et en fumigation*, etc. III *Lettres à la faculté de médecine, au collége de chirurgie, à l'académie des sciences*, etc. Dans ces lettres, publiées de 1778 à 1787, il suit toujours son système, et combat les partisans du mercure. IV *Lettre à MM. les rédacteurs de la Gazette de Santé, avec un Précis des traitemens faits avec les végétaux*, etc., 1788, etc., etc. Mittié mourut à Paris en 1795, âgé de 68 ans.

MOELIEU DE FOUGÈRES (Thérèse), célèbre royaliste, naquit à Rennes en 1763, d'un conseiller au parlement de cette ville; attachée aux bons principes, elle se déclara hautement contre ceux de la révolution, et fit tous ses efforts pour protéger la bonne cause. Liée avec le fameux la Rouërie, c'est à Fougères, où elle demeurait habituellement, qu'on formait les plans des projets de ce chef royaliste; dans son absence il entretenait une correspondance suivie avec mademoiselle Moëlieu, qui lui rendait un compte exact des progrès de l'insurrection qui se préparait secrètement en Bretagne. Elle-même, habillée en amazone, parcourait à cheval les campagnes, excitant les paysans à prendre la défense des Bourbons. Son zèle, ses discours et une figure prévenante, lui faisaient de nombreux partisans, prompts à agir au premier signal. Mais après la mort de la Rouërie (*voyez* ce nom, *Supp.*), les émissaires de la convention trouvèrent dans le château de Laguyomarais des papiers où mademoiselle Moëlieu était signalée comme complice dans les projets de ce royaliste. Arrêtée, traduite devant le tribunal révolutionnaire, et condamnée

le 18 juin 1793, elle reçut la mort avec courage, à l'âge de 30 ans.

MOITTE (Jean-Guillaume.), sculpteur, naquit à Paris en 1746, de Pierre-Etienne Moitte, graveur du roi, membre de l'académie de peinture, et mort en 1781. Après avoir reçu les premières leçons de son père, il étudia successivement sous Jean-Baptiste Pigalle et Jean-Baptiste Lemoine, sculpteurs du roi. En 1768 il obtint le grand prix sur un bas-relief représentant *David vainqueur du géant Goliath*, et passa ensuite à Rome où il demeura plusieurs années. A son retour à Paris, il exécuta la figure en marbre d'un *Sacrificateur*, qui le fit agréger à l'académie royale. Ses autres ouvrages sont une *Vestale* qu'il fit pour le trésorier des états de Languedoc; une *Ariane;* les figures représentant les provinces de *Bretagne* et de *Normandie*, placées à la barrière de Passy; la statue en marbre de *Cassini;* le *Fronton* du portail du Panthéon; le *Tombeau* en marbre du général Desaix, pour le mont Saint-Bernard; le *Buste de Léonard de Vinci;* un des *Frontons* de l'intérieur du Louvre; un *Bas-relief* pour le péristyle du sénat; les statues du *Destin* et de la *Force;* la statue de *J.-J. Rousseau*, etc. Sa mort, arrivée le 2 mai 1810, l'empêcha de perfectionner ces quatre derniers morceaux. On remarque dans les ouvrages de cet artiste de la vivacité dans la conception des sujets, de l'énergie dans les mouvemens, de la précision et de la vigueur dans l'exécution. Il fut membre de plusieurs sociétés savantes et chevalier de la Légion-d'Honneur. Ses mœurs étaient pures, et il ne s'occupa que de l'exercice de son art, où il obtint autant d'utilité que de gloire.

**MOLINERY DE MURLOS,** conseiller au parlement de Toulouse, naquit en 1748 à Mur-de-Barrès, dans le Rouergue. A l'époque de la révolution il eut le courage de protester contre les innovations opérées par l'assemblée constituante, et contre les désordres qu'elle provoquait ou tolérait. S'étant ainsi rendu suspect aux jacobins, ils le mirent sur la liste des proscrits, et, quand le règne de la *terreur* arriva, le firent arrêter, conduire à Paris, et le tribunal révolutionnaire le condamna à mort le 14 juin 1794. Il était désigné dans l'acte d'accusation, «comme »contre-révolutionnaire, ayant signé »et provoqué les protestations du »parlement de Toulouse contre la »liberté du peuple français.»

**MOLLEVAUT** (J.-B.), député à la convention nationale, naquit en 1753 à Nancy, où il était avocat au commencement de la révolution; il en embrassa les principes, mais avec modération. En 1790 il fut nommé maire de Nancy, et l'opinion publique le désigna comme un des principaux auteurs de l'insurrection des régimens stationnés dans cette ville, et qui eut lieu dans cette même année 1790. ( *Voy.* BOUILLÉ, *Supp.* ) Mais il paraît que dans cette occasion il y eut de sa part plus de négligence et de crainte que de mauvaise intention. Nommé en 1792 par le département de la Meurthe, député à la convention, il vota pour la *détention* du roi et son bannissement à la paix. Antagoniste de Robespierre, il se prononça constamment contre le parti de la *montagne* et en faveur des *girondins*. Il fut élu membre de la commission des *douze*, créée par le parti de la Gironde, et la présidait le 30 mai 1793, lorsqu'elle donna sa démission; il fut en conséquence enveloppé dans la proscrip-

tion de ce parti et mis hors de la loi le 18 juillet. Etant parvenu à se soustraire aux poursuites de ses ennemis, il sortit de sa retraite après la chute de Robespierre, et en 1796 il fut rappelé dans le sein de la convention, dont il devint successivement secrétaire, et membre du conseil de législation. Le 8 juin il présenta un rapport contre les assassinats que la vengeance multipliait de toutes parts, et qu'on laissait toujours impunis, s'éleva contre les *théories homicides* qui semblaient exciter et consacrer ces crimes, et proposa la peine de mort sans recours en cassation contre les assassins. Il entra ensuite au conseil des anciens, d'où il passa en 1798 à celui des cinq-cents, et en 1799 il fut nommé membre du corps législatif. Quelque temps après il obtint l'emploi de proviseur du lycée de Nancy, et occupa ensuite la chaire d'histoire naturelle dans l'académie de la même ville, où il mourut en novembre 1815. Mollevaut avait beaucoup d'instruction, une éloquence peu brillante, mais solide, et des principes assez sages pour le temps où il vivait.

**MOMORO** (A.-F.), naquit à Besançon en 1756. Il fit ses études dans sa patrie, et vint jeune à Paris, où il se fixa. Il y exerçait l'état d'imprimeur au commencement de la révolution, dont il se déclara le partisan. Lié avec les principaux membres du club des Cordeliers, il figura dans les affaires les plus tumultueuses; s'étant plusieurs fois prononcé contre la Fayette, en le peignant comme un traître à la patrie, ce général eut assez d'influence pour le faire arrêter en 1791; mais les jacobins parvinrent bientôt à lui faire obtenir sa liberté. Après le 10 août 1792, il entra dans la commission administrative, remplaçant le département de Paris; son acharnement contre la royauté et contre les prêtres ne faisait que s'accroître de jour en jour; il ne cessa de provoquer contre ceux-ci les mesures les plus violentes. Une de ses chimères favorites était la *loi agraire*, qu'il prêchait dans toutes les places et dans tous les clubs. Il fut envoyé en 1793 à la Vendée, en qualité de commissaire du pouvoir exécutif. De retour à Paris, il continua toujours à prêcher son système d'égalité foncière, et il insistait auprès des poëtes dramatiques pour qu'ils missent en action sur le théâtre le dogme du partage des biens. Dans cette même année 1793, il se sépara de Danton avec d'autres membres des Cordeliers, qui formèrent la faction des *hébertistes* ou des *athées*, et contribua avec eux à la perte des *girondins*. Ce fut à cette époque où, après avoir célébré les fêtes de la Raison ( *voyez* CHAUMETTE, *Supp.*), Momoro s'avisa de *diviniser* sa propre femme, dont il avait cependant fait sa servante, et de la cuisine de Prudhomme la fit passer sur l'autel de Saint-André-des-Arcs. La faction des *hébertistes*, attaquée par Robespierre et surtout par Danton, succomba sous les efforts de ces deux puissans ennemis. Momoro fut enveloppé dans leur ruine, et condamné à mort le 24 mars 1794, à l'âge de 38 ans. On fait assez de cas de son *Traité élémentaire de l'imprimerie.*

MONIGLIA (Thomas-Vincent), célèbre religieux dominicain, né à Florence le 18 août 1686, après avoir fait ses études à Pise, où son père était professeur à l'école de médecine, entra dans l'ordre de Saint-Dominique à Florence, au couvent de Saint-Marc. Un exer-

cice que Moniglia soutint avec quelque éclat lui concilia la bienveillance du P. Antonino Cloke, général des dominicains, qui s'y trouvait présent. Quoique Moniglia fût fort jeune, le R. P. Antonino le nomma professeur de philosophie; faveur prématurée que ce supérieur eut occasion de se reprocher dans la suite. En effet, le jeune P. Moniglia s'étant lié avec Henri Newton, ministre du roi d'Angleterre près du grand duc, cet Anglais lui persuada qu'à Londres, centre, disait-il, de toutes les lumières, il trouverait bien plus de moyens d'acquérir des connaissances, et de perfectionner comme de faire valoir ses talens. Le jeune religieux prêta l'oreille à ces trompeuses paroles, il quitta sa patrie et son ordre pour se livrer à des espérances que bientôt l'événement démentit. L'argent lui manqua, et il se vit obligé de se faire précepteur pour vivre. Heureusement Côme III, prince religieux, eut la charité d'intervenir en faveur du jeune fugitif près de son ordre; Moniglia écrivit à son général une lettre où il exprimait son repentir. On lui permit de revenir et on le reçut avec indulgence. Quelque temps après son retour, on le donna pour aide au savant P. Thomas-Marie Minorelli, préfet de la bibliothèque de la Casanate à Rome, à qui son âge avancé rendait ce secours nécessaire. Les profondes connaissances de ce docte vieillard ne furent point inutiles au P. Moniglia, et il en tira de grands avantages pour son instruction. De Rome il revint à Florence, où le P. Orsi, depuis cardinal, souhaita de l'avoir pour successeur dans la chaire de théologie qu'il y occupait. Se voyant dans un lieu témoin de sa faute, le P. Moniglia n'oublia rien pour en effacer le souvenir. Sou application, sa piété, son savoir, le soin qu'il prit de former d'excellens élèves, lui concilièrent l'estime générale. Il compta parmi ses disciples le célèbre P. Mamachi, et beaucoup d'autres personnages distingués (*voy.* MAMACHI). Le savant cardinal Quirini chercha à l'attirer à Padoue pour y remplacer le P. Sery. Ce dessein n'ayant pas réussi, le grand duc François le nomma professeur d'histoire ecclésiastique à Pise. Benoît XIV, instruit de son mérite, daigna lui témoigner de la bienveillance, et le combla d'honneurs. Ses connaissances ne se bornaient pas à la théologie. Outre le latin et le grec, Moniglia savait l'hébreu; il était versé dans l'histoire ancienne et moderne, et possédait parfaitement la géographie. Ni les hautes mathématiques, ni l'histoire naturelle ne lui étaient étrangères, et peu de savans jouissent d'une réputation mieux établie. Il mourut à Pise le 15 février 1767. Il a publié : I *De origine sacrarum precum Rosarii B. M. V. dissertatio*, Rome, 1725, in-8. Le P. Moniglia écrivit cette dissertation par ordre de ses supérieurs; elle est dirigée contre les bollandistes qui prétendaient que saint Dominique n'était point l'auteur des prières du Rosaire. II *De annis Jesus-Christi servatoris et de religione utriusque Philippi Aug. dissertationes duæ*, Rome, 1741, in-4. Elles sont dédiées au grand duc François qu'elles disposèrent favorablement à l'égard de l'auteur. III *Dissertazione contro i fatalisti*, 2 parties, Lucques, 1744. IV *Dissertazione contro i materialisti ed altri increduli*, 2 vol., Padoue, 1750. V *Osservazioni critico-filosofiche contro i materialisti, divise in due trattati*, Lucques, 1760. Moniglia fut

un des premiers qui, en Italie, s'élevèrent contre les doctrines philosophiques. VI *La mente humana spirito immortale, non materia pensante*, 2 vol., 1766. Il avait entrepris l'histoire des anciennes villes de Toscane; il a aussi beaucoup écrit sur l'*Introduction et les progrès de la religion catholique dans les Indes*, particulièrement en ce qui concernait la mission à la Chine du cardinal de Tournon dont il prit la défense. On a sa *Vie* écrite par monsignor Fabroni, et insérée dans ses *Vitæ Italorum*. Ce célèbre écrivain a d'autant moins cru devoir y dissimuler ce que la conduite de Moniglia avait eu de fautif, que cette erreur de jeunesse, déjà expiée par le repentir, est plus que couverte par le long exercice des vertus religieuses, par de nobles travaux, et par de grands services rendus à la religion et aux lettres.

MONNIER ( Jean-Charles, comte), lieutenant général, commandant de la Légion-d'Honneur, pair de France, naquit à Cavaillon, dans le comtat Venaissin, le 22 mars 1758, d'une famille bourgeoise. Il y avait déjà quelques années qu'il se trouvait à Paris lorsque la révolution arriva; il en adopta les principes, prit les armes le 14 juillet 1789, et entra comme volontaire dans la garde nationale, où il servit jusqu'en 1791. Il partit en 1793 pour l'armée d'Italie, en qualité de lieutenant dans le 7ᵉ régiment d'infanterie; il se distingua dès la première campagne, parvint aux grades supérieurs, et se couvrit de gloire aux batailles de Lodi, d'Arcole, et à celle de Rivoli, livrée le 15 mars 1797. Il avait obtenu le grade de général de brigade en 1796, après la bataille d'Arcole. A la paix de Campo-Formio, il fut nommé au commandement d'Ancône, d'où il partit bientôt pour aller faire en 1798 la campagne de Naples, où il fut dangereusement blessé. Après que les républicains eurent contraint Ferdinand VII à fuir en s'emparant de ses états, le comte Monnier revint à Ancône, où il se vit bientôt assiégé par terre et par mer par deux puissantes armées; ayant épuisé tous les moyens possibles de défense, soutenu cent trois jours de siége régulier, et renvoyé sans réponse quatre sommations, il capitula enfin et resta prisonnier de guerre, mais il ne tarda pas à être échangé contre le général Lusignan. Sa glorieuse défense l'éleva en 1800 au grade de général de division; il fut ensuite employé dans l'armée de réserve, et continua à se distinguer, et par son intelligence et par sa bravoure, jusqu'à la paix de Lunéville. Après cette époque, soit que quelques différens eussent lieu entre lui et le premier consul, soit qu'il préférât passer quelque temps dans le repos, on ne le vit plus figurer dans les armées, et il ne fut remis en activité qu'en 1814, après la restauration, et il fut alors décoré de la croix de Saint-Louis. A l'époque du débarquement de Buonaparte en 1814, il se joignit à l'état-major de M. le duc d'Angoulème, partagea la gloire et les dangers de ce prince, quitta la France, et n'y revint qu'au retour de Louis XVIII. Ce monarque, en récompense de ses services, le nomma membre de la chambre des pairs; mais il ne jouit pas longtemps de cet honneur, et mourut d'une attaque d'apoplexie le 30 janvier 1816.

MONTAGU ( Elisabeth ), dame littérateur, naquit à Londres de Mathieu Robinson, seigneur de Horton au comté de Kent. Elle fut élève du célèbre docteur Convers Middelton, et sut profiter sous un si habile maître. A l'âge de 16 ans, miss Elisabeth était instruite dans plusieurs sciences, et faisait des vers élégans et spirituels. Elle fut mariée en 1742 à lord Edouard Montagu de Allerthorpe, qui la laissa veuve au bout de peu d'années. Lady Montagu se trouva alors très-riche, sans enfans, et liée avec ce que la cour avait de plus illustre. *Son Essai sur le génie et les écrits de Shakespear*, publié en 1769, établit sa célébrité. Dans cet ouvrage, écrit d'un style pur et soutenu, on voit que lady Montagu était profondément pénétrée du génie, de l'esprit, et même des écarts de l'auteur dont elle fait l'éloge. On croit qu'elle eut part au *Dialogue des Morts* de lord George Littleton, qui était le plus enthousiaste parmi ses admirateurs. Elle forma chez elle une société littéraire, composée des plus beaux esprits de la capitale. Mais, par une de ces bizarreries qu'on trouve parfois chez les femmes *à talens*, elle donna à cette société le nom de *Blue stocking-club*, club des bas bleus; et ce n'était que la couleur des bas que portait un des membres du club, préféré apparemment par milady, qui lui donna l'idée de cette singulière dénomination. Par une autre bizarrerie non moins singulière, elle donnait tous les ans, au mois de mai, un dîner à tous les ramoneurs de Londres, et elle se plaisait à les servir à table, accompagnée de tous les *Blue stoching* de sa société littéraire. Cette dame mourut à Londres en 1800; la principale noblesse, et les hommes de lettres les plus distingués assistèrent à ses funérailles.

MONTALEMBERT ( Marc-

René, marquis de ), général français, naquit à Angoulême le 14 juillet 1714. Il embrassa l'état militaire à l'âge de 18 ans. Dans la campagne de 1736, il se distingua aux siéges de Khel et de Philipsbourg. Ses services lui meritèrent d'entrer dans la compagnie des gardes du prince de Conti ; et après la paix, il se livra entièrement à l'étude des sciences. Il cultiva surtout celles relatives à la fortification *perpendiculaire* des places, et à l'art *défensif*. En 1747, il fut associé à l'académie, dont il enrichit les Mémoires d'un grand nombre de *Pièces* importantes. Il alla en 1750 dans l'Angoumois et le Périgord, et y établit des forges pour la fonte des canons de la marine. Pendant la guerre de sept ans, il rendit d'utiles services dans les armées suédoises et russes. Il se rendit ensuite en Bretagne, à l'île d'Oleron, qu'il fortifia suivant son système *perpendiculaire*, qu'il employa avec succès aux siéges d'Hanovre et de Brunswick. En 1779, il construisit à l'île d'Aix un fort en bois d'une solidité et d'une perfection rares, et il n'employa que deux ans pour achever ce grand ouvrage. Dès le commencement de la révolution il en adopta les principes, et, à l'exemple d'un vieux soldat de Touraine, on le vit, après le 14 juillet 1789, renoncer à la pension qu'on lui avait accordée pour la perte d'un œil. Les dépenses que son faste lui occasionait, dérangèrent enfin sa fortune, et il fut contraint en 1790, de vendre sa terre en Angoumois ; mais le paiement lui ayant été fait en assignats, il ne se trouva pas moins réduit presqu'à la misère. Les mesures qu'on commençait à prendre contre les nobles, le firent penser à sa sûreté personnelle, et il passa en Angleterre

avec sa femme. Il la quitta bientôt, et revint à Paris précisément dans les momens les plus orageux. Les idées qu'il professait le sauvèrent des persécutions dont les nobles et les prêtres étaient les principaux objets. Il fut néanmoins arrêté quelques jours ; mais ayant aussitôt obtenu sa liberté, il fit prononcer son divorce, et épousa une demoiselle Cadet, fille d'un apothicaire. Il avait alors 80 ans. En 1795, la convention fit une mention honorable de son ouvrage intitulé : *L'Art défensif supérieur à l'Art offensif*, et chargea le comité d'instruction publique de lui accorder des encouragemens. L'année suivante, le conseil des cinq-cents arrêta la mention honorable des ouvrages de Montalembert, dont il venait de faire encore un hommage. Il annonça en 1798, au même conseil, le nouveau moyen qu'il avait trouvé de réduire des deux tiers le nombre des canonniers jusqu'alors employés au service d'un vaisseau ; mais il paraît que ce projet n'eut pas son exécution, au moins en entier. Montalembert mourut à Paris le 22 mai 1802, âgé de 88 ans. Il était le doyen des généraux et de l'académie des sciences. Ses principaux ouvrages sont : I *L'Art défensif supérieur à l'Art offensif*, excellent ouvrage, à la composition duquel il employa plus de 20 ans. II *Différens Mémoires*, ou *Correspondance avec les généraux et les ministres*, depuis 1757 jusqu'en 1761. III *Réflexions sur le siége de Saint-Jean-d'Acre*, 1799, in-8. Plusieurs petites comédies de société, comme *la Statue*, *la Bergère de qualité*, etc., etc.; des *Contes* et des *Chansons*, où l'on remarque du goût et de la facilité. Peu de mois avant sa mort, il lut à l'Institut un *Mémoire sur les affûts de la* marine, qu'il prononça, malgré son grand âge, d'une voix forte, et qui fut justement applaudi. Le sculpteur Bonvallet a exécuté son buste en marbre. — Madame Comarrieu de Montalembert, sa première femme, aussi distinguée par son esprit que par d'autres qualités personnelles, publia un roman qui eut assez de vogue, intitulé : *Elise Ducreuil*, 1802.

MONTALEMBERT (N.), de la même famille que le précédent, et frère du baron de Montalembert, officier général au service de l'Angleterre, naquit à Limoges en 1731; il embrassa, fort jeune encore, la carrière des armes, et lors de la révolution, il était capitaine au régiment du roi. Après la mort de Louis XVI, il fut arrêté comme *suspect*, et conduit dans la maison d'arrêt de Saint-Lazare; accusé de complicité dans la prétendue conspiration des prisons, il fut traduit au tribunal révolutionnaire, condamné à mort, et exécuté le 25 juillet 1794, à l'âge de 62 ans.

MONTE (Barthelemi-Maria dal), en français *du Mont*, célèbre missionnaire, naquit à Bologne le 12 novembre 1726. Son père, qui était banquier, avait le dessein de lui faire embrasser la même profession; mais Dieu avait touché le cœur du jeune dal Monte, et lui avait inspiré un vif désir de faire son salut et de travailler à celui d'autrui. Il se décida pour l'état ecclésiastique, prit l'ordre de prêtrise le 21 décembre 1749, et en 1751 reçut le bonnet de docteur en théologie. Dès lors il résolut de se vouer entièrement à l'œuvre des missions. S'étant associé quelques ecclésiastiques zélés, il parcourut pendant 25 ans l'état de l'Eglise, celui de Venise, de Lucques et le Modénois, prêchant et

évangélisant les riches et les pauvres. Beaucoup de conversions furent les fruits de ses travaux apostoliques. Il était difficile de résister à l'onction de ses discours, à l'exemple de ses vertus, de sa charité et de son noble désintéressement. Une sainte mort couronna une vie si pleine de mérites et de bonnes œuvres. Dal Monte expira dans sa patrie le 24 décembre 1778, n'ayant que 52 ans. Il voulut même en mourant être utile à l'œuvre à laquelle il avait consacré sa vie. Il laissa tout ce qu'il possédait à la *mission* qu'il avait fondée. La ville où il était né fit les frais de ses funérailles, et plusieurs autres villes honorèrent sa mémoire par des services solennels. Le cardinal Giovanetti composa son éloge, et l'abbé Ludovico Preti, son ami et son condisciple, le 20 mai 1779, prononça son oraison funèbre à Bologne. Il est auteur de divers ouvrages de spiritualité, dont quelques-uns ont été réimprimés. Les principaux sont : I *Gisù al cuore del sacerdote secolare e regolare, ovvero considerazioni ecclesiastiche per ogni giorno del mese, coll' aggiunta degli esami previi alla confessione e comunione.* II *Raggionamento del rispetto dovuto alle persone degli ecclesiastici.* III *Avvertimenti a gli ordinandi.* V *Ristretto delle principali ceremonie della santa messa privata.* V *Opuscoli*, etc., Rome et Bologne, 1775.

MONTESQUIOU-FEZENSAC (Anne-Pierre, marquis de), général français, et membre de l'académie française, naquit en 1741, et entra au service à l'âge de 16 ans. Il fit un avancement rapide dans les grades et les honneurs, et fut successivement premier écuyer de MONSIEUR, actuellement Louis XVIII, grand maître en 1774, chancelier garde des sceaux en 1778, des ordres militaires de Saint-Lazare et de Mont-Carmel, maréchal de camp des armées du roi, et chevalier de ses ordres. Tous ces titres et ces bienfaits auraient dû exciter sa reconnaissance, dont il ne donna cependant que des preuves bien équivoques. Il soutint, vers 1780, un long procès contre MM. de Montesquiou-Laboulbaine, auxquels il contestait le droit de prendre le nom de Montesquiou; cependant il fit croire en 1789 qu'il n'attachait plus même prix à ce nom illustre. Le marquis de Montesquiou était un peu philosophe, et c'est d'après ce titre qu'il se lia avec Voltaire, alla lui rendre ses hommages à Ferney, et entretint avec lui une correspondance assez suivie. Quelques compositions poétiques de courtisan lui avaient même attiré les éloges de Voltaire, dont il fut toujours l'admirateur. La noblesse de Paris le nomma, en 1789, son député aux états généraux, où il protesta dès les premières séances contre les délibérations de son ordre, et fut un des huit membres qui passèrent à la chambre du tiers état avant la réunion de la minorité. Il présenta alors plusieurs projets de finances qui auraient offert des vues assez sages, si elles n'eussent été un peu trop en contradiction avec le cœur bienfaisant de Louis XVI. Après la fuite de ce monarque, le 20 juin 1791, il s'empressa d'aller assurer l'assemblée de son entier dévouement. Son zèle fut récompensé, et l'assemblée l'envoya dans les départemens de la Moselle, de la Meuse et des Ardennes, pour y disposer les esprits en faveur de la constitution, à la même époque où le roi, depuis son arrestation à Varennes, était comme prisonnier dans Paris. Ce fut alors que MONSIEUR, aujourd'hui Louis XVIII, lui fit demander sa démission de la place de son 1er écuyer. Il la donna sur-le-champ, et l'accompagna d'une lettre trop froide, pour être digne du prince auquel il l'adressait. Quelque temps après il fut nommé ministre de France à Dresde; ensuite maréchal de camp, et enfin général des armées du midi. Le 26 juillet 1792, il dénonça Chambonas, ministre des affaires étrangères, comme ayant négligé d'informer le corps législatif des mouvemens de l'ennemi. Dans la même année, il entra dans la Savoie sans coup férir, les jacobins s'étant d'avance formés dans ce pays un parti puissant. Il avait été chargé de négocier avec les Suisses pour qu'ils évacuassent le territoire de Genève; mais presqu'en même temps il se vit décrété d'accusation le 11 novembre 1792, « pour cause »(l'arrêt portait) de dilapidation dans »les différens marchés qu'il avait pas-»sés sous le prétexte d'approvision-»ner les troupes; pour avoir avili »la dignité nationale dans le traité »avec l'état de Genève. » Cependant le plus grand crime de Montesquiou, vis-à-vis de la convention, était de n'avoir pas commis des vexations à Genève, et de n'avoir pas excité une guerre contre les Suisses. Les commissaires qui venaient pour l'arrêter, ne le trouvèrent plus à Genève, ce gouvernement ayant favorisé sa fuite, en lui ouvrant les portes du lac. Il s'était retiré au fond de la Suisse, en emportant avec lui la caisse de l'armée. Il écrivit à la convention, en lui adressant son compte, qu'il emportait la caisse en dédommagement des biens qu'il laissait en France; et il ajoutait: « Je ne suis point un fripon; mais je

»ne suis pas votre dupe. » Cependant la caisse de l'armée n'était pas positivement un bien appartenant à la convention ; c'était le produit de ses vexations sur le peuple. Mais comme dans ces temps d'anarchie, les moins persécutés étaient parfois ceux qui savaient payer d'audace, Montesquiou fut rappelé, et il reparut en France en 1796, d'après un décret du 3 décembre 1795. Il fit ensuite partie du *cercle* constitutionnel que les amis du directoire voulurent opposer au parti de *Clichi* ; mais les talens de Montesquiou ne furent pas d'une grande utilité au *cercle*, et il mourut peu de temps après, en décembre 1798. Outre quelques *poésies* assez agréables, et une comédie intitulée : *Émilie* ou *les Joueurs*, impr. à Paris, 1787, par Didot l'aîné, et tirée seulement à 50 exempl., on a de lui : I *Hisoire élémentaire.* II *De l'administration des finances dans une république.* III Une *Lettre à Clavière*, 1792, in-8. IV *Mémoire sur les finances*, 1795. V Sa *Correspondance avec les ministres et les généraux*, etc. Montesquiou avait, sans doute, beaucoup de talens administratifs ; mais il encourut le blâme des honnêtes gens, par sa cupidité et sa désertion de la bonne cause.

**MONTFORT** ( Louis-Marie Grignon de ), pieux prêtre de la congrégation de Saint-Sulpice, se dévoua aux missions, et en fit dans diverses provinces de la France, mais particulièrement en Bretagne et en Poitou. Il exerça pendant la plus grande partie de sa vie cet utile et pénible apostolat, avec un zèle et une activité qui lui concilièrent l'estime générale. Les prêtres du Saint-Esprit, établis à Saint-Laurent sur Sèvre, le regardent comme leur fondateur. Cet estimable ecclé-siastique mourut le 28 avril 1716, à la fleur de son âge. Il était né en 1673, et aurait pu faire encore beaucoup de bien.

**MONTGOLFIER** ( Jacques-Etienne ), célèbre aéronaute, naquit à Vidalon, près Annonay, en 1737, dans la manufacture de papier de son frère. Il fut le premier en France qui fabriqua le papier vélin, que l'on tirait auparavant de la Hollande. Montgolfier eut d'autant plus de mérite dans cette nouvelle branche d'industrie, qu'il avait imaginé lui-même la plûpart des procédés hollandais. Mais ce qui le rendit encore plus célèbre en 1783, ce fut son invention en France des ballons aérostatiques, qui lui méritèrent à la fois le titre d'associé à l'académie des sciences, le cordon de Saint-Michel, et une pension de 2,000 livres. On prétend qu'il ne dut son invention qu'à l'effet du hasard : « soit, comme disent »les uns, qu'ayant placé un jupon »sur un panier d'osier dont les »femmes se servent pour sécher leur »linge, l'air de l'intérieur fut telle-»ment raréfié par la chaleur, que le »jupon fut enlevé jusqu'au plancher ; »soit, comme d'autres l'assurent, »que faisant bouillir de l'eau dans »une cafetière qu'il couvrit d'un »papier *sphériquement ployé*, le »papier s'enfla d'abord, et s'enleva »ensuite, etc. » Il réitéra l'expérience, qui produisit le même effet ; il calcula, réfléchit, et conçut le ballon aérostat, par l'effet d'un air raréfié, devenu plus léger que l'air atmosphérique. Outre que les faits énoncés pourraient élever des doutes sur leur véracité, il faudrait d'ailleurs supposer en Montgolfier des connaissances physiques antérieures à ces faits, et propres à en déduire des résultats et des calculs qui devaient être comme la base de ses premières expériences : et c'est précisément ce que nous ignorons. Le fait qui paraît être incontestable, et qui est rapporté par le *Journal de Crémone* ( 1784 , n° 17 ), et par celui *des Savans* ( octobre , même année ), et par des mémoires antérieurs à cette époque, est que Montgolfier n'est pas le premier Européen qui ait inventé les *ballons*, et que l'on doit cette découverte à un jésuite portugais, le P. Gusmao, qui fit sa première expérience en 1717 à Rio-Janeiro , et la seconde à Lisbonne en 1720 , en présence de toute la cour. Le même *Journal des Savans* ajoute que plusieurs hommes instruits, tant Anglais que Français, se transportèrent à Lisbonne pour vérifier le fait, et qu'ils purent tirer copie de quelques manuscrits de Gusmao relatifs à son invention. Soit que quelqu'un de ces manuscrits soit parvenu à Montgolfier, soit qu'il fût en France le premier inventeur des aérostats, il n'est pas moins vrai que cette expérience n'a pas produit d'utilité bien réelle, et n'est qu'un simple motif de curiosité. La possibilité de donner aux ballons une direction horizontale au gré des voyageurs, est un problème aussi difficile à résoudre que celui de faire parler une tête de bois avec la même facilité qu'on tire des sons multipliés d'un orgue ou d'un clavecin. ( *Voyez* MICAL , *Suppl.* ) Plusieurs aéronautes célèbres ont succédé à Montgolfier , tels que MM. Charles , Robert , Léonardi , Blanchard ; et nous voyons de nos jours madame Blanchard , mademoiselle Garnerin , vaincre la timidité naturelle à leur sexe , et braver tous les dangers pour acquérir de la gloire et de la fortune. Nous ne citerons pas d'autres voya-

geurs aériens non moins célèbres ; leurs noms se perdent dans la foule des découvertes moins utiles que dangereuses , qu'on est encore bien loin de perfectionner. Montgolfier mourut à Annonay en septembre 1799 , âgé de 62 ans.

MONTMORIN ( L.-V. Saint-Luce , marquis de ) , gouverneur de Fontainebleau , naquit en 1707. Il était très-attaché à Louis XVI , et dès le commencement de la révolution , il manifesta ce sentiment , qui faisait également honneur à son cœur et à ses principes. Cela le rendit *suspect ;* et une lettre de lui , trouvée après le 10 août au château des Tuileries, dans l'armoire de fer, causa définitivement sa perte. Il fut traduit devant un tribunal , comme coupable de conspiration. Son âge, sa fermeté et ses réponses, désarmèrent ses juges , qui le déclarèrent innocent. Mais la populace qui était présente à cette séance, força les juges à le faire reconduire en prison , et envoya en même temps une députation à l'assemblée législative , pour demander un nouveau jugement. Il se vit décrété, d'après la motion du farouche Danton , alors ministre de la justice ; et le malheureux vieillard fut massacré dans les prisons de la Conciergerie, le même jour , 2 septembre 1793 , que le fut son fils aîné , Armand , dans les prisons de l'Abbaye : il avait alors 80 ans. Son second fils périt sur l'échafaud le 23 mars 1794 , avec sa mère, épouse du marquis Luce, accusée d'avoir entretenu des correspondances avec M. de Luzerne ; elle était âgée de 50 ans. Son fils cadet, Calixte, était attaché à la légation française en Toscane, et mourut à Florence le 25 janvier 1807. Il était le dernier rejeton de cette illustre famille.

MONTMORIN-SAINT-

HÉREM ( Armand - Marc, comte de), frère aîné de Calixte, ministre de Louis XVI, naquit vers 1750. Il fut membre de l'assemblée des notables, tenue à Versailles en 1787, et à l'ouverture des états généraux il se trouvait ministre des affaires étrangères. Avec de bonnes intentions et des talens, M. de Montmorin était fort au-dessous des circonstances, qui auraient exigé toute l'énergie, les moyens et la fermeté d'un Richelieu. Il ne pouvait s'opposer à une constitution, attendu la faiblesse du roi et l'effervescence des esprits, et finit par déplaire aux royalistes. Montmorin était incapable par ses principes de seconder de bonne foi les crimes des jacobins, et il mérita toute leur haine. Blâmé et accusé tour à tour par l'un et l'autre parti, il fut renvoyé en 1789, avec M. Necker, et rappelé bientôt après au ministère, par l'aveu de cette même assemblée qui avait, pour ainsi dire, provoqué sa démission. En avril 1790, il fit paraître ses *Observations* sur le Livre rouge et les calculs qui l'accompagnent, qui causèrent de nouveaux murmures de la part des royalistes et des jacobins. En septembre, lorsque tous les autres ministres furent renvoyés, lui seul resta en place, et obtint par intérim le portefeuille de l'intérieur. Bientôt les dénonciations recommencèrent ; il y répondit souvent avec vigueur, et plus souvent encore d'une manière à irriter un parti, sans se captiver la confiance de l'autre, conséquence presque inévitable de la position où il se trouvait. Le 13 avril 1791 il fit imprimer, et envoya aux ministres près des puissances étrangères, une *lettre* dans laquelle il assurait tous les souverains de la liberté du roi, et de son adhésion sincère à la nou-

velle constitution. On assure qu'il refusa long-temps de signer cette missive, et qu'il ne le fit que par obéissance pour le roi. Après la fuite du monarque, il fut mandé à la barre, pour avoir signé le passe-port qui avait facilité l'évasion de la famille royale. M. de Montmorin se défendit victorieusement, et prouva que le passe-port avait été pris sous un nom supposé, et qu'il ne pouvait pas vérifier les noms de tous ceux qui en demandaient. Le 31 octobre il communiqua à l'assemblée les réponses des différentes cours à la notification qu'il leur avait faite de l'acceptation de la constitution par Louis XVI. Ce monarque avait adressé à l'assemblée une lettre dans laquelle il demandait qu'on punît les auteurs des bruits alarmans et injurieux qui couraient sur les intentions de S. M. Gensonné dénonça le 23 mai cette lettre comme calomnieuse, et pour l'assemblée, et pour la nation, reproduisit l'idée de l'existence d'un comité autrichien, et MM. de Montmorin et Bertrand furent enveloppés dans cette dénonciation. Les ministres à leur tour attaquèrent en justice Carra, qui le premier avait parlé dans son journal de l'existence et des intrigues de ce comité supposé. Peu de temps après, M. de Montmorin donna sa démission, après avoir prononcé à l'assemblée un discours aussi bien senti qu'éloquent. Il resta néanmoins auprès du roi, et forma avec Bertrand de Molleville, Malouet, et autres, une espèce de conseil secret. Ils cherchèrent en vain à persuader Louis XVI de tenter une seconde fuite, ce monarque n'y voulut pas consentir. Après le 10 août, M. de Montmorin fut mis dans la liste des proscrits, et décrété d'accusation pour avoir refusé l'alliance du roi de Prusse ( qui ne voulait pas de la nôtre ), pour n'avoir pas déjoué les projets des princes émigrés ( comme si c'eût été une chose facile ), et pour avoir gardé le silence sur la coalition qui était à la connaissance de tout le monde. Se voyant perdu, M. de Montmorin se réfugia, déguisé en paysan, au faubourg Saint-Antoine, chez sa blanchisseuse, qui le perdit à force de soins et de précautions. Cette femme ne recevait plus chez elle ses amies, et si elle les admettait, c'était avec un air d'embarras qui donnait des soupçons dans un temps où les visites domiciliaires se préparaient. D'ailleurs elle achetait pour vivre plus de choses que par le passé. On commença à jaser, et les propos, en passant de bouche en bouche, parvinrent au comité de la section ; l'ex-ministre fut arrêté et conduit à l'Abbaye, après avoir subi un long interrogatoire à la barre de la convention. Il fut une des victimes des massacres dans les prisons du 2 septembre 1793. M. de Montmorin avait de l'instruction, de bonnes vues, et peut-être aurait-il pu rendre d'utiles services à l'état dans des temps moins orageux. Il aimait sincèrement le roi et la monarchie ; mais en cherchant durant son ministère à concilier tous les intérêts, il avait mécontenté tous les partis, et surtout les jacobins, qui voulaient qu'on se livrât à eux sans réserve, et il finit par devenir leur victime.

**MONTPETIT** ( A.-V. de ), peintre, naquit à Mâcon vers 1735. Il fit ses premières études à Dijon, les finit à Lyon, et s'occupa en même temps de jurisprudence, de mécanique et de peinture. Il apprit cet art sans leçons de maîtres, et parvint à faire des ouvrages qui excitèrent l'admiration du public. Il avait

beaucoup de talent dans la mécanique ; il construisit une pendule où la révolution annuelle était représentée à la seconde. Il l'apporta à Paris en 1755. Dix ans après, ayant perdu sa fortune, il se livra entièrement à la peinture. Louis XV lui fit faire plusieurs portraits de lui ; et son nouveau procédé pour les fixer sous glaces fut déposé à l'académie des sciences. Étant prouvé que le blanc de plomb est dangereux pour les peintres, il imagina, pour le remplacer, un blanc de zinc, que l'académie de peinture approuva. Il inventa plusieurs machines d'horlogerie qui furent présentées à l'académie des sciences. C'est Montpetit qui introduisit l'usage de mettre des vases d'eau sur les poêles, et en 1770 il publia un *Mémoire* sur les poêles hydrauliques. En 1783 il soumit au roi sa *description* d'un pont de fer, d'une seule arche de 400 pieds d'ouverture, sans poussée sur les culées, et en 1793 il donna au comité d'instruction publique un *Mémoire* sur ce sujet. Dans la même année il obtint du bureau de consultation une gratification de 8,000 francs. Il mourut à Paris le 30 avril 1800, âgé de près de soixante-cinq ans.

**MONTUCLA** ( Jean-Etienne ), célèbre mathématicien, naquit à Lyon le 5 septembre 1725. Après avoir fait ses premières études au collége des jésuites, il alla à Toulouse, où il reçut le grade de docteur en droit, et se rendit ensuite à Paris. Montucla consacra alors tout son temps aux mathématiques, et se lia avec les principaux savans de la capitale. Il adopta l'idée proposée par Bacon de traiter les sciences par une méthode historique. Montucla mit ce projet à exécution, et à l'âge de 34 ans il publia son *Histoire des Mathéma-*

tiques, qui mérita les éloges de l'Europe éclairée. En 1761 il fut nommé secrétaire de l'intendance de Grenoble, et trois ans après il accompagna à Cayenne le chevalier Turgot, nommé gouverneur de cette île, avec le titre de secrétaire du gouvernement et d'astronome du roi. A son retour en France en 1766, il devint premier commis de la direction générale des bâtimens royaux, emploi qu'il perdit en 1792, et dont il fut en quelque sorte indemnisé par une pension de 2,400 livres. Il se retira dans une campagne, et, après les époques les plus orageuses de la révolution, il se fixa à Versailles, où il mourut le 18 décembre 1799, âgé de 75 ans. Montucla était membre de l'Institut de France, de l'académie de Berlin et d'autres sociétés savantes.

MONVEL (Jacques-Marie Boutet, dit), acteur et auteur dramatique, naquit à Lunéville le 25 mars 1745. Il entra très-jeune au théâtre, et il y acquit de la réputation; ses pièces obtinrent même du succès. Lorsque la révolution eut éclaté, il s'y jeta avec fureur. Monvel était un de ces démagogues qui avaient pris sur leur compte de haranguer la populace, et de lui inspirer leur haine contre la monarchie et la religion. Sous ce dernier rapport, Monvel eut l'odieux honneur de figurer parmi les athées les plus fameux de la capitale, et devint un digne émule de Cloots, d'Hébert, de Chaumette, de Chabot, etc. Il ne se contenta pas d'être jacobin effréné, il se plaça au premier rang parmi les impies. On le vit en 1793, monter dans la chaire de Saint-Roch, revêtu d'une dalmatique aux trois couleurs, et terminer un discours aussi absurde que blasphématoire par ces paroles : « S'il »existe un Dieu, je le défie en ce »moment de me foudroyer pour »montrer sa puissance. » Cet énergumène continua à prendre part aux mesures les plus violentes qui signalèrent le règne de la terreur. Il eut cependant le bonheur de ne se voir jamais entraîné dans la chute des différens partis des jacobins, et mourut à Paris le 13 février 1812, ayant tout fait pour mériter le mépris des gens honnêtes. Voilà le titre des pièces qu'il a données au théâtre : L'Amant bourru, en 3 actes et en vers ; les Amours de Bayard, en 3 actes et en prose; pièce passablement fade, et où il n'y a de remarquable que le nom du brave guerrier qui en fournit le sujet. Le Lovelace français, en 5 actes et en prose. L'auteur, en y critiquant les mœurs du fameux maréchal de Richelieu, ne les respecte pas lui-même, et plusieurs scènes de cette comédie choquent autant la décence que le bon goût. On y trouve un philosophe dont les déclamations pédantesques ne corrigent nullement le Lovelace français, ainsi le personnage du philosophe devient ennuyeux et inutile. Les trois Fermiers ; Sargines, comédie lyrique, tirée d'un conte de Marmontel; c'est le meilleur ouvrage de l'auteur. Roméo et Juliette, imité de Shakespear ; ce sujet est assez bien traité. Blaise et Babel, Philippe et Georgette, où l'on remarque du naturel, des scènes intéressantes, et on aurait souhaité que l'auteur eût eu le bon esprit d'y retrancher quelques expressions ou trop libres ou trop équivoques. Monvel avait de l'instruction, du talent dans son art, et il aurait laissé après lui une réputation assez honorable s'il n'avait pas cherché à sortir d'une sphère où il ne s'était pas fait mésestimer.

MONY (N.-B., marquis de),

naquit en 1744, et embrassa la carrière des armes, où il se distingua. Voyant, lors de la révolution, qu'il ne pouvait être utile dans son pays à la bonne cause, il émigra en 1791, et alla rejoindre au delà du Rhin l'armée des princes, frères de Louis XVI ; il y rendit des services signalés, pénétra dans le territoire français avec le corps du prince de Condé, et, dans une affaire qui eut lieu le 12 septembre 1792, après s'être battu avec un grand courage contre les républicains, il tomba couvert de blessures et fut fait prisonnier. Par une barbarie très-commune dans ces temps-là, on eut un soin tout particulier de ses blessures, et quand il fut en parfaite santé, et qu'il avait conçu l'espoir de sauver sa vie par les soins officieux qu'on lui avait rendus, on le livra à une commission militaire qui le condamna à mort. Il fut fusillé le 24 novembre 1792 sur une éminence, au Champ-de-Mars, qu'on ensanglantait souvent sous le nom d'*autel de la patrie*. La malheureuse épouse du marquis de Mony s'était rendue au quartier-général du prince de Condé, pour savoir des nouvelles de son mari, et elle y arriva le jour même où l'on venait d'apprendre sa mort ; elle en tomba malade de chagrin, et mourut quelque temps après.

MOORE (Edouard), poëte anglais, naquit en 1698, et a laissé plusieurs ouvrages dont les plus remarquables sont : I *Le Joueur*, tragédie où le principal caractère est fort bien traité, et où l'on trouve de très-belles scènes à travers plusieurs irrégularités. II *Gil Blas*, comédie qui offre des beautés ; mais l'auteur y sacrifie souvent le bon goût et la vraisemblance au désir de produire de l'effet, but qu'on ne remplit ja-

mais sans ces deux qualités essentielles. III Des *Fables* ; on les trouve à la suite de celles de Gay dans le même volume imprimé à Londres, et à Paris par Didot aîné, 1800, in-18. On remarque dans ces fables, qui sont le meilleur ouvrage de l'auteur, celles de l'*Avocat et de la Justice* ; du *Poëte et son Mécène* ; du *Fermier, de l'Epagneul et du Chat* ; du *Jeune Lion et de la Guêpe* ; de l'*Epervier et de la Colombe* ; des *Séducteurs* ; de l'*Amour et la Vanité*, etc. ; ces trois dernières ont cependant le défaut d'être un peu trop longues. Moore mourut à Londres en 1760.

MOORE (John), médecin et littérateur anglais, naquit à Sterling en 1730. Après avoir appris les premiers élémens des lettres de son père, qui était ecclésiastique, il finit ses études à Glascow, où il prit ses degrés de docteur en médecine. Il fut nommé chirurgien de l'armée de Flandre en 1747, et à la paix générale il voyagea en France, en Suisse, en Italie et en Allemagne, et s'établit à Londres en 1779. Les occupations de son état ne lui empêchèrent pas de cultiver la littérature, et il publia les ouvrages suivans : I *Coup d'œil sur les manières et usages dans la société en France, en Suisse et en Allemagne*. Londres, 1781, 2 vol. in-8. II *Revue des manières sociales en Italie*, 1782, 2 vol. in-8. Ces ouvrages ont été traduits en français par M. Henri Rieu, Genève, 1799, 4 vol. in-8. Mademoiselle de Fontenay a publié une nouvelle *traduction* du premier de ces voyages, Paris, 1806, 2 vol. in-8. On trouve dans ces écrits l'écrivain agréable, le voyageur éclairé, l'observateur profond et impartial. Ce n'est pas l'étranger qui apporte partout ses préventions et ses préjugés ; mais l'historien exact, qui plaît, qui instruit sans jamais devenir romancier. III *Zeluco*, Londres, 1786; ce roman peut servir de modèle par la pureté du style, l'originalité des idées, la vérité des caractères, et surtout par sa douce et pure morale. Il a été traduit en français par Cantwel, 1796, 4 vol. in-18. IV *Édouard*, autre roman moral, traduit par le même Cantwel, 1797, 3 vol. in-12. V *Esquisse de mœurs et de caractères dans divers pays*, contenant l'histoire d'une Française de qualité, 1798, 2 vol. in-8. Dans ce roman, écrit par lettres, on remarque des peintures vraies, mais on peut reprocher à l'auteur de n'avoir pas assez varié son style dans ces lettres qu'il attribue à différens personnages. Un des plus beaux ouvrages de Moore sont ses *OEuvres morales*, contenant plusieurs volumes dont MM. Prevost et Blagdon ont publié des *Extraits*, Londres, 1803, 2 vol. in-8, en anglais. On y trouve, entre autres choses, les portraits caractéristiques, et peints de main de maître, des principaux personnages qui ont figuré dans la révolution française. Burke l'avait considérée en habile publiciste ; Moore en parle en observateur exercé. On trouve dans ce même ouvrage un aperçu géographique des villes les plus remarquables de l'Europe, et les éditeurs y ont ajouté des notes et une biographie de John Moore. On a encore de cet auteur des essais de médecine en 1 vol. in-8. Moore, doux, affable, compatissant, suivit dans sa vie la même morale qu'il avait professée dans ses écrits. Il mourut dans sa terre de Richemond, près de Londres, le 28 février 1802.

MORA Y JARABA (Pablo de), célèbre jurisconsulte espagnol, naquit dans la Vieille-Castille en 1718, étudia à Alcala-de-Hénarès, et ensuite à Salamanque, où il reçut le bonnet de docteur. Dès l'âge de 22 ans il commença à occuper les emplois les plus distingués, et en 1768 il fut nommé conseiller de Charles III, emploi qu'il conserva sous son successeur, Charles IV. Il était très-lié avec le célèbre Campomanès, et mourut à Madrid en août 1792. On a de lui : I *Erreurs du droit civil et abus de la jurisprudence*, Madrid, 1748; ouvrage qui a immortalisé le nom de ce savant jurisconsulte, et qu'on croit même préférable à celui de Muratori qui a pour titre : *Recueil de mémoires et de consultations*. II *Traité sur les droits de la guerre*, qu'on croit publié en 1780, et où l'auteur n'est pas toujours de l'avis de Puffendorff, célèbre par son ouvrage *De jure belli et pacis*. III *La Science vengée*. IV *Réflexions sur un cours de philosophie*. V *De la liberté du commerce*, ouvrage précieux, qui, seul, aurait pu établir la réputation de Mora. Ces ouvrages, auxquels l'auteur avait mis la dernière main en 1790, devaient être réimprimés à Madrid, lorsque l'invasion des troupes françaises en Espagne tourna tous les soins de ses habitans à la défense de leur patrie.

MORALES (Antoine), célèbre peintre espagnol, surnommé le *Divin*, naquit à Badajoz en 1509. Il apprit à Valence les élémens de la peinture sous les principaux maîtres, et passa ensuite à Rome, où il fit une étude approfondie des ouvrages de Michel-Ange et du Titien. De retour en Espagne, il fut nommé peintre de Philippe II. Il serait trop long de citer tous les tableaux de cet habile artiste. Ils sont répandus

en Espagne, en Italie, en Angleterre, et on en voyait même au
musée royal de Paris en 1815. Il
avait surtout un grand talent pour
les tableaux d'église. Ses vierges,
ses saints commandent la dévotion;
ses *Christ* à la colonne, au Calvaire,
etc., semblent respirer. On voit plusieurs de ses ouvrages à l'Escurial,
au Buen-Retiro de Madrid, et dans
différens temples de cette capitale
Dans sa vieillesse il se retira dans
sa patrie, où il vivait dans l'indigence. Philippe II, passant par Badajoz, se souvint de lui, et le manda
en sa présence. «Comment va-t-il
Moralès, lui dit ce prince — Très-
mal, répondit l'artiste; j'ai 65 ans,
et je n'ai pas de quoi manger. —
Eh bien, je t'accorde 300 ducats
pour ton dîner.—Et pour mon souper, sire? — Je veux bien t'en accorder autant,» ajouta Philippe II en
souriant pour la première fois de sa
vie. Moralès mourut en 1586, âgé
de 77 ans. Il possédait à un suprême
degré toutes les principales qualités
qui constituent le bon peintre.

MORANDE (Charles-Thévenot,
de), fameux libelliste, naquit à Arnay-le-Duc, en Bourgogne, vers
1755, d'un procureur qui avait
amassé de la fortune. Il fit ses études
à Dijon, et les interrompit souvent
pour se livrer à tous les vices. Dans
un moment de mauvaise humeur
où son père venait de lui refuser,
avec assez de prudence, une somme
d'argent qu'il lui avait demandée, il
s'enrôla dans un régiment de dragons; son père eut la bonté de le
racheter, le rappela chez lui, et
l'engagea à suivre sa profession;
mais le repos de Morande fut de
courte durée : il déserta de nouveau sa maison, vint à Paris où il se
plongea dans la dissolution. Plusieurs friponneries et aventures hon-

teuses où il était comme le héros,
déterminèrent sa famille à solliciter
une lettre de cachet pour le faire
enfermer au Fort-l'Évêque, puis à
Armentières. Rendu à la liberté,
après une détention de quinze mois,
il passa en Angleterre où il se fit
libelliste. Il commença par publier
*le Philosophe cynique*, et des *Mélanges confus sur des matières bien
claires*. Ces deux écrits firent d'a-
bord connaître le genre de son talent, qu'on n'aurait pas dû souffrir
dans un pays où l'on respecte et les
mœurs et les lois. Mais l'ouvrage
qui fit le plus de bruit fut *le Gaze-
tier cuirassé*, ou *Anecdotes scandaleuses sur la cour de France*, Londres, 1772, in-8. C'est une satire
virulente contre Louis XV et contre
tous les princes, les ministres, les
magistrats, et contre tous les gens
enfin qui avaient alors un nom ou
une célébrité. Le succès qu'obtint
ce livre calomnieux, encouragea
l'auteur à devenir encore plus insolent; comme un nouvel Arétin, il
imposait un tribut à ceux qu'il voulait
épargner; et ce n'était qu'à prix
d'argent qu'on pouvait obtenir de
lui de ne pas figurer ou de n'être
pas déchiré dans ses satires. Il se
disposait à en publier une sous le
titre de *Vie d'une courtisane très-
célèbre du 18 siècle;* c'était contre
la comtesse du Barry. Quand on
l'apprit à Versailles, on dépêcha
Beaumarchais à Londres, où il fit en
sorte que Morande supprima cet
écrit moyennant 500 guinées et une
pension viagère de 4000 livres dont
la moitié réversible à sa femme.
Après la mort de Louis XV en
1774, Morande cessa de toucher
cette rente, et il publia alors sa satire sous le titre d'*Anecdotes sur
madame la comtesse du Barry;*
avec le portrait de la comtesse, Lon-

dres., 1776. Il s'adressa aussi à Voltaire en le prévenant qu'il allait mal parler de lui; mais le philosophe ne le paya qu'en le dénonçant au public et en le traitant comme il le méritait. Brissot ne fut pas aussi heureux, et Morande se vengea du mépris que celui-ci lui avait marqué dans plusieurs occasions, en lui faisant attribuer un libelle intitulé *le Diable dans le bénitier*; ouvrage qui contribua à faire mettre à la Bastille Brissot, que d'autres écrits avaient déjà rendu suspect (*voy*. BRISSOT). Il n'y eut qu'un seul homme qui, méprisant les menaces de Morande, sut lui refuser le tribut dont on payait son silence; c'est le comte de Lauraguais, aujourd'hui duc de Brancas, pair de France, qui, après l'avoir gratifié de quelques coups de bâton, en exigea quittance de Morande lui-même. Il entreprit ensuite la gazette intitulée *le Courrier de l'Europe*, rédigée dans le même esprit, et qui ne manqua pas de souscripteurs. A l'époque de la révolution, il revint en France, se rangea tantôt d'un parti, tantôt de l'autre, mécontenta tout le monde, et finit par publier un journal sous le nom d'*Argus politique*, qui parut depuis le 9 juin 1791 jusqu'au 10 août 1792. Il faut cependant convenir que ce journal, quoique rédigé par un homme comme Morande, était un des plus modérés de cette époque, et on l'aurait même cru favorable à la cour; il y satirisait souvent Brissot, l'accusait de friponnerie, et mit en usage le mot *brissoter*, pour voler. Il est certain que les principes politiques que l'auteur y professait déplurent hautement aux jacobins, qui le firent arrêter, mettre en prison, où il fut massacré dans les terribles journées des 2 et 3 septembre.

MOREAU (Jean-Victor), général en chef des armées de la république française, naquit à Morlaix le 11 août 1763, d'un avocat de cette ville. Il avait apporté en naissant des inclinations militaires, s'engagea à l'âge de 18 ans; mais son père le racheta, et il continua ses études. A l'approche de la révolution, il se trouvait prévôt de droit à Rennes, et il jouissait d'un grand crédit parmi ses collègues. Lorsque M. de Brienne tenta de faire enregistrer au parlement les droits du timbre, etc., Moreau se déclara contre cette mesure, et fut surnommé le *général du parlement*; mais il changea ensuite d'avis, et pendant l'hiver de 1788 et 1789, il seconda les innovations ministérielles, se mit à la tête des attroupemens à Rennes et à Nantes contre le parlement et les états de la province. En janvier 1790, il présida la confédération bretonne à Pontivi, et quelque temps après il fut nommé commandant d'un bataillon d'Ile-et-Vilaine. Depuis cette époque, il se livra entièrement à l'état militaire, et s'occupa surtout de la tactique. Employé avec son bataillon à l'armée du nord, il s'y distingua par sa bravoure et par ses connaissances. En 1793 il obtint le grade de général de brigade, et Pichegru, qui l'avait remarqué, le demanda ensuite pour général de division. Moreau ne trompa pas l'attente de son protecteur, et en peu de mois, Menin, Ypres, Bruges, Nieuport, Ostende, le Fort de l'Ecluse et de l'île de Cadsan, tombèrent en son pouvoir. C'est précisément au moment où il se couvrait de gloire, et qu'il répandait son sang pour sa patrie, que les jacobins immolaient à Brest son vieux et respectable père. On aurait dû s'attendre que Moreau quitterait alors le commandement, ou qu'il chercherait à venger la mort de l'auteur de ses jours; mais souvent l'ambition a plus d'empire sur les hommes que les lois sacrées de la nature; Moreau cacha sa douleur, et il ne paraît même pas qu'il se permit la moindre plainte. Dans la fameuse campagne de 1794, il commanda l'aile droite de l'armée de Pichegru, et eut une grande part aux victoires de ce général. Pichegru ayant été appelé au commandement des armées du Rhin-et-Moselle, Moreau le remplaça dans celle du nord, et devint encore son successeur dans la seconde de ces armées. Il ouvrit au mois de juin 1796 cette campagne qui fut si glorieuse pour lui; après avoir forcé le général Wurmser dans son camp de Frankenthal, et l'avoir repoussé sous Manheim, il traverse le Rhin sous Strasbourg, oppose le général Ferino à l'armée de Condé, passe à Ramstad, attaque le prince Charles, et l'oblige trois fois à la retraite sur Ettingen, sur Dourdach et sur Pfortzheim. Il faut convenir que dans toutes ces savantes manœuvres, il fut parfaitement secondé par ses généraux de division, et surtout par le brave Desaix. Les Autrichiens s'étaient déjà vus forcés à s'éloigner du Rhin, et Moreau se disposait à diriger sur Munich un corps de troupes, lorsqu'il apprit la défaite de Jourdan; c'est alors qu'il s'immortalisa par cette célèbre retraite où il battit presque toujours l'ennemi, et vint repasser le Rhin à Neuf-Brissac et à Huningue, conservant sur la main droite une tête de pont devant cette ville, et le fort de Kehl sous Strasbourg. S'étant rendu à Cologne en janvier 1797, il réorganisa l'armée de Sambre-et-Meuse, et en céda bientôt le commandement à Hoche; il revint après

sur le Haut-Rhin, qu'il passa le 20 avril près de Guembshein, en plein jour, de vive force et en présence d'une armée rangée en bataille sur l'autre rive, reprit Kehl, et remporta une victoire complète sur l'ennemi. Les préliminaires de Léoben arrêtèrent ses succès. Mandé à Paris par suite des papiers saisis dans le fourgon de M. de Klinglin qui compromettaient Pichegru, il adressa auparavant une proclamation à son armée. « *Pour convertir*, disait-il, *»beaucoup d'incrédules sur le »compte de ce général qu'il n'es-»timait plus depuis long-temps.»* Le directoire lui-même ne lui sut pas bon gré de cette espèce de dénonciation un peu tardive; Moreau fut contraint d'accepter sa retraite, mais comme ses talens étaient devenus nécessaires, il fut nommé en 1798 inspecteur général, et l'année suivante chef du bureau militaire pour préparer les plans et les opérations de la prochaine campagne. Il se rendit peu de temps après à l'armée de Schérer, fut témoin des défaites de Véronne, et reçut de ce dernier, couvert de honte et détesté par ses soldats, le commandement de son armée qui dut son salut aux talens supérieurs de son nouveau général. Il n'avait que 25,000 hommes à opposer contre 80,000, et parvint, malgré l'infériorité de ce nombre, à arrêter les progrès des ennemis. Joubert vint prendre le commandement de l'armée d'Italie; on dit que ce jeune général, avant de livrer sa première bataille, voulut en déférer la direction à Moreau qui se borna à l'aider de ses conseils, et combattit sous ses ordres à la bataille de Novi. Joubert y périt, et Moreau eut trois chevaux tués sous lui, et fut atteint d'une balle à l'épaule gauche; obligé de céder le terrain aux alliés, il effectua sa retraite avec tant d'habileté et par de si sages manœuvres qu'il mérita justement le surnom de *Fabius français*. A cette époque on avait déjà tramé un complot pour renverser le directoire : tous les partis recherchaient Moreau, qui pouvait se rendre le régulateur des événemens et en tirer tout le profit; mais il refusa, dit-on, d'y coopérer d'une manière directe, ou il balança trop long-temps et se laissa prévenir par l'ambitieux Buonaparte. Moreau fut presque aussitôt après le 18 brumaire nommé commandant des armées du Danube et du Rhin, où il cueillit de nouveaux lauriers; peut-être il ne déploya jamais autant d'habileté que dans cette mémorable campagne. Il sut avec un art infini forcer le général Kray à lui abandonner le Lech, les environs d'Ulm, et opéra le passage du Danube par un coup surprenant de hardiesse qui le plaça à côté des plus grands capitaines. On peut dire que Moreau marcha de triomphe en triomphe, et les batailles de Moëskirch, Engen, Biberach, Hochstedt, Nedersheim, Nortlingben et Oberhaussen, qu'il gagna à ce même général Kray, ne firent qu'augmenter sa gloire. Elle arriva à son comble dans la bataille décisive de Hohenlinden livrée aux Autrichiens le 3 décembre 1800, où tous les différens corps de l'armée rivalisèrent de courage. Celle des ennemis était en déroute complète, rien ne pouvait plus empêcher Moreau de conduire ses troupes victorieuses à Vienne; mais les négociations que l'archiduc Charles entama avec le général français suspendirent sa marche, et il revint à Paris recueillir le prix le plus flatteur pour ses travaux, le témoignage de l'estime et de l'ad-

miration publique. Buonaparte lui fit alors présent d'une paire de pistolets magnifiques, en disant : « Qu'il » aurait bien voulu y faire graver tou- » tes ses victoires, mais qu'il n'y eût » pas trouvé assez de placé. » Malgré ces éloges flatteurs, Buonaparte ne voyait en Moreau qu'un rival d'autant plus dangereux à ses projets qu'il jouissait de la confiance et de l'amour de la nation. Moreau, de son côté, se retira dans sa terre de Grosbois, afin de s'éloigner des chefs du gouvernement, et désapprouva hautement et la révolution du 18 brumaire, et tout ce qui s'était fait depuis. Ces plaintes éveillèrent l'attention de la police, qui le mit depuis lors sous une active surveillance; le voyage de Pichegru et de George Cadoudal en France en 1804, fournit à Buonaparte un prétexte pour perdre un grand homme qu'il craignait. On l'inculpa d'avoir voulu rétablir l'ancienne monarchie, accusation qui paraît dénuée de fondement si l'on considère les opinions politiques que Moreau avait toujours manifestées. Quoi qu'il en soit, il fut mis en jugement avec d'autres personnes qu'il n'avait jamais connues, et condamné d'abord à deux ans de détention et ensuite à l'exportation. Au mois de juin 1804, il partit pour l'Espagne sous l'escorte de quatre gendarmes; il fut reçu à Cadix avec toutes les marques de distinction par le marquis de la Solana, commandant de l'Andalousie, qui avait servi, comme volontaire, sous les ordres de Moreau, dans les campagnes contre l'Autriche. Le général français quitta Cadix dans le mois d'août, et se rendit dans les États-Unis en Amérique. Il se fixa près de Baltimore, avec sa femme qui l'avait suivi dans son exil. Ayant appris les désastres de la campagne de Russie, il s'écria : « Allons voir ce que fera à présent l'homme à grands projets.» Il revint en Europe, et se présenta aux empereurs d'Autriche et de Russie qui tenaient leur quartier général devant Dresde; il fut reçu par ces souverains d'une manière digne de sa réputation; ses offres de service furent accueillies avec empressement, mais dans la première bataille où il assista, il eut les deux jambes emportées par un boulet le 27 août 1813, et mourut à Tann en Bohême le 2 septembre suivant. Nous nous abstiendrons de circonstancier les talens divers de ce grand général; ses victoires multipliées parlent mieux que tous les éloges. Son coup d'œil était sûr, et il devenait, suivant les circonstances, d'une rare activité et d'un sang-froid admirable. — Sa veuve a reçu de S. M. Louis XVIII le titre de maréchale.

MOREAU (Jacob-Nicolas), écrivain français, naquit à Saint-Florentin le 20 décembre 1717. Après avoir obtenu le bonnet de docteur, il fut reçu avocat, et puis conseiller à la cour des aides de Provence; mais il quitta bientôt le barreau pour ne s'occuper que de l'étude des lettres. Etant venu à Paris il ne tarda pas à s'y distinguer par des écrits qui lui méritèrent la place d'historiographe de France. Il fut en même temps chargé de rassembler près du contrôle général les chartes, les monumens historiques, les édits, etc., concernant la législation française depuis Charlemagne jusqu'à cette époque. Cette collection immense et faite avec clarté et exactitude, fut confiée à sa garde sous le titre de *Dépôt des chartes et de législation.* Il fut nommé quelque temps après bibliothécaire de la reine, et mourut

à Chambourcy, près de Saint-Germain-en-Laye, le 9 juin 1803. Ses principaux ouvrages sont : I *L'Observateur hollandais.* C'est une espèce de journal politique dirigé contre l'Angleterre, écrit avec beaucoup de sagesse. II *Mémoire pour servir à l'histoire des Cacouacs,* 1757, in-12. Cacouac était un nom qu'aimaient à se donner les philosophes, et que Moreau combat dans cet écrit avec une ironie aussi agréable que piquante; il y tourne aussi en ridicule les *Sept lettres pour servir de supplément aux sept premiers volumes de l'Encyclopédie,* publiées par l'abbé Saas. III *Mémoire pour servir à l'histoire de notre temps,* 1757, 2 vol. in-12. IV *Le Moniteur français,* 1760, in-12. V *Les devoirs d'un prince réduits à un seul principe,* 1775-1782, in-8; ouvrage éloquent, plein de saines maximes, et qui fait honneur aux lumières et au courage de l'auteur. Un habile écrivain dit au sujet de ce livre : «On vit un simple particulier opposer noblement la liberté de ses leçons aux flatteries des courtisans, et la sévérité de ses principes à ce torrent de corruption qui commençait dès lors à déborder de toutes parts.... » VI *Exposé historique des administrations provinciales,* 1789, in-8. VII *Exposition de la monarchie française,* 1789, 2 vol. in-8. VIII *Principes de morale politique et du droit public,* ou *Discours sur l'histoire de France depuis Clovis jusqu'à Louis IX,* 20 vol. in-8, publiés de 1777 à 1789. Cet ouvrage a établi à jamais la réputation de Moreau, qui ne se distingua pas seulement par ses talens littéraires, mais par ses vertus, et remplit également les devoirs de père, d'époux et de chrétien.

MOREAU ( N. ), membre du conseil des anciens, naquit dans le département de l'Yonne vers 1750. Nommé en 1798 député au conseil des anciens, il s'y montra très-attaché au républicanisme. Il fit arrêter dans cette même année la célébration du 14 juillet, et prononça ensuite l'éloge de l'armée d'Orient à l'occasion de la prise de Malte, qui n'avait cependant pas coûté bien des efforts. Dans ce même discours, il félicita la philosophie de s'être emparée *de ce dernier retranchement du fanatisme.* Le 25 prairial an 7 (1799), il s'éleva contre les dilapidations commises en Suisse et en Italie par les agens du directoire, et il dit dans cette occasion : «On y »remarque un *Rapinat,* un *Forfait,* »un *Grugeon,* dont les noms ex- »priment le caractère et la conduite. »Il faut que tous ces hommes soient »livrés à l'exécration publique, que »la justice nationale s'exerce sur »eux, et que nulle part ils ne puis- »sent trouver de retraite.» Lors de la crise du 30 du même mois, il se prononça contre le directoire ; mais ne suivit pas toujours cet avis. Le 13 juillet il vota l'approbation de la mesure des otages, et il ajouta : «Je regarde cette mesure comme »la vie des républicains et la mort »des royalistes.» Le 7 août il défendit l'emprunt de 100,000,000 sur les riches. Au 18 brumaire il fut un des députés dissidens à l'élévation de Buonaparte ; aussi il ne reçut point de billet pour cette assemblée extraordinaire qui devait se tenir à Saint-Cloud ; et il fut le lendemain un des exclus du corps législatif. Il fut cependant nommé en 1800 membre du conseil des prises, et mourut dans le mois de février 1806.

MOREAU ( J.-B. ), graveur, né à Paris en 1741, connu générale-ment sous le nom de *Moreau le jeune.* Dès l'âge le plus tendre il dessinait déjà parfaitement ; à 12 ans il entra comme élève chez M. de Lorrain, peintre, et quand celui-ci fut nommé directeur de l'académie des beaux-arts de Pétersbourg, il l'accompagna en qualité d'adjoint : Moreau avait alors dix-sept ans. Son maître et son ami étant mort deux ans après, il revint à Paris, où il étudia la gravure sous M. le Bas. Il profita tellement sous cet habile maître qu'il fut bientôt en état de produire des ouvrages marquans, et en 1770 il fut nommé dessinateur des Menus-Plaisirs. Le beau dessin qu'il grava en 1775, du sacre de Louis XVI, lui mérita le titre de dessinateur du roi, et il fut admis en même temps parmi les membres de l'académie de peinture. Indépendamment d'autres ouvrages de ce fécond artiste, son œuvre complet monte à plus de 2400 estampes, gravées d'après ses dessins, la plupart destinées à orner les plus belles éditions des classiques anciens et modernes. La révolution anéantit tout le capital formé par ses économies, et il dut accepter en 1797 une place de professeur de dessin aux écoles centrales de Paris. A l'époque de la restauration il fut rétabli dans sa place de dessinateur du cabinet du roi, et mourut le 30 novembre 1814.

MORELOT ( Simon ), célèbre pharmacien, naquit le 4 juin 1741 à Beaune ; il y fit ses études, les continua à Dijon, et les termina à Paris, où il vint en 1766, et fut reçu pharmacien en 1768. Il occupa les chaires d'histoire naturelle et de chimie pharmaceutique au collège de Paris. Après la révolution il perdit ces places, et fut appelé aux armées en qualité de pharmacien. Il

fut reçu docteur en médecine à l'u-
niversité de Leipsig, et fit les campagnes d'Allemagne, de Prusse et
d'Espagne, où il mourut à la suite
d'une maladie de trente-six heures,
le 18 novembre 1809. Il a laissé
plusieurs ouvrages sur la pharmacie
très-estimés, et entre autres celui
intitulé : *Histoire naturelle appli-
quée à la chimie et aux arts.*

MORILLON ( Latigaut ), dé-
nonciateur de la conspiration de la
Rouërie, naquit à Dijon vers 1760.
Il fit quelques études, se brouilla
avec ses maîtres et ses camarades,
et entra dans la grande gendarmerie,
d'où il fut bientôt chassé par suite
de plusieurs friponneries. Il se fit
alors musicien, puis espion, et enfin
faux-monnoyeur. Il parut prendre
d'abord le parti de la révolution ;
mais ne pouvant parvenir à y jouer
aucun rôle, il émigra en 1790,
passa à Coblentz, où il sut se rendre utile aux princes, et il finit par
trahir leurs intérêts. Rentré en France
il se rendit aux Jacobins, et Basire,
son compatriote, le fit employer en
1791 dans les affaires secrètes de
police. Il fut envoyé dans la même
année en Dauphiné et en Provence,
où il fit de nombreuses arrestations,
et où il ne négligea pas sa fortune.
Morillon fut un des premiers à dénoncer la conjuration de la Rouërie ;
et afin de la déjouer il passa en
Bretagne avec des pouvoirs illimités,
et accompagné de Latouche-Cheve-
tel. La Rouërie n'existait plus ;
Morillon fit exhumer son cadavre,
et arrêter un grand nombre de conjurés. Espion aussi adroit qu'heureux, il parvint à découvrir, dans le
jardin de la Fosse-Jugant, le bocal
de verre dans lequel étaient renfermés les papiers relatifs à la conjuration, et dont la découverte coûta la vie à tant de personnes. Ce

fut Morillon qui se chargea de transporter les prisonniers à Paris, où ils
furent aussitôt jugés et condamnés
par le tribunal révolutionnaire. Il
remplit ensuite d'autres emplois de
la même espèce, qui lui valurent de
riches émolumens ; mais ne pouvant
vivre en paix, ni même avec ses
complices, il irrita contre lui Che-
vetel et plusieurs autres principaux
jacobins, et au moment où il allait
jouir du prix de ses infamies, il fut
arrêté, condamné à mort et exécuté.

MORISSON ( C.-J.-G. ), dé-
puté à l'assemblée législative et à la
convention nationale, né en Bretagne vers 1740. Il exerçait la profession d'avocat avant la révolution,
dont il suivit les principes, mais
avec une modération assez rare dans
ces temps calamiteux. En 1790 il
fut nommé administrateur du département de la Vendée, qui l'é-
lut pour député à l'assemblée législative, et puis à la convention nationale, où il fut peut-être celui
qui osa se montrer le plus favorable
à Louis XVI. Il eut le courage de
soutenir, dans le procès de ce malheureux prince, qu'il ne pouvait
pas être mis en jugement. « Je ne
» veux prononcer, dit-il, sur au-
» cune des questions posées. » Il ne
dit rien sur la question de l'appel
au peuple, et sur la peine il dit :
« J'opinerais sur la question, s'il ne
» s'agissait que de prendre une me-
» sure de sûreté générale ; mais l'as-
» semblée a décrété qu'elle porterait
» un jugement, et moi, je ne crois
» pas que Louis soit justiciable. Je
» m'abstiens donc de prononcer. »
Cette fermeté en imposa même aux
jacobins, qui traitaient de scélérats
tous ceux qui n'avaient pas le même
cœur et n'étaient pas dirigés par le
même esprit qu'eux. Il parla de nouveau avec énergie, le 29 novem-

bre, en faveur du monarque. « Vous citez toujours Brutus, dit-il à ses adversaires; mais si César eût été sans armes et sans puissance, ce Brutus fût devenu peut-être son défenseur. » Il vota enfin pour le bannissement du roi et de sa famille, avec une pension de 500,000 liv., et la peine de mort en cas que Louis XVI ou ceux de sa famille revinssent sur le territoire français. Malgré son courage et la haine des jacobins, ceux-ci l'épargnèrent pendant tout le règne de la *terreur.* Cela prouve que si huit seuls membres de plus eussent su imiter l'exemple de Morisson, Louis XVI n'eût peut-être pas péri. Suivant toujours son système de modération, il demanda, le 12 août 1793, des secours pour le département de la Vendée; c'est alors qu'il fut accusé par Garnier (de Saintes) d'entretenir des liaisons avec les royalistes; mais cette accusation n'eut pas de suite. Il fut un des premiers à réclamer le décret d'amnistie pour les Vendéens et les Chouans, et il fut du nombre des commissaires envoyés pour faire connaître ce décret à l'armée de l'ouest. Morisson devint membre du conseil des cinq-cents, d'où il sortit le 20 mars 1797. Peu d'années après on lui accorda une place de conseiller à la cour de Poitiers; il passa ensuite à celle de Bourges, où il mourut en 1816. Morisson avait des talens, des vertus sociales, et presque point d'ambition.

MORLAND (George), célèbre peintre anglais, naquit à Londres en 1764; il était fils d'un artiste de cette capitale. Il se fit remarquer de bonne heure par son talent dans la peinture, et par son intempérance. La plupart de ses tableaux ont été faits dans des cabarets, et ils servaient pour payer sa dépense, et dans les prisons, moyennant lesquels il obtenait sa liberté. Il travaillait avec une rapidité étonnante, et il excellait dans les *paysages* et les *marines* et dans les *intérieurs* des maisons champêtres. Ses tableaux sont très-recherchés, quoique pour satisfaire à ses vices il les vendît à bas prix. Il est mort accablé de dettes dans une prison de Londres en 1804, à peine âgé de 40 ans.

MOUNIER (Jean-Joseph), député aux états généraux, à l'assemblée nationale, etc., naquit à Grenoble en 1761. Il jouissait de l'estime publique, et était secrétaire des états généraux du Dauphiné au moment de la révolution. Mounier en embrassa les principes croyant ne voir en elle qu'un moyen nécessaire de supprimer plusieurs abus. Aussi il l'accéléra par tous les moyens possibles, jusqu'à ce qu'une funeste expérience vint enfin dessiller ses yeux. Nommé député aux états généraux, il s'y présenta précédé d'une réputation qu'il s'était acquise dans les assemblées de sa province, et dès les premières séances il exerça assez d'empire sur les délibérations. Lorsque la chambre du tiers état s'occupa, le 15 juin, de la question relative à la forme dans laquelle elle se constituerait, il proposa le nom de majorité des représentans. Le 20 juin il fut un des provocateurs de la fameuse séance et du serment du Jeu de Paume, et il y vota une adresse au roi; il s'opposa cependant le 1er juillet à ce que l'assemblée s'immisçât de la discipline militaire, qui n'appartient qu'au monarque. Le 6, il soutint les mêmes principes. Le 9, il fit un long rapport sur la manière de procéder à la rédaction de la constitution, et proposa de la faire précéder d'une déclaration des

*Droits de l'Homme.* Le 13, il invita les députés à prier le roi de rappeler les ministres renvoyés, et imputa les désordres publics aux ennemis de la liberté qui abusaient de la confiance du monarque. Le 15, il s'éleva contre ceux qui voulurent exiger le rappel de Necker, et soutint, avec éloquence, qu'on ne pouvait que le conseiller à Louis XVI, qui seul avait le droit de changer ses ministres. Cependant il insista sur ce que le roi renvoyât les troupes qu'il avait appelées à Paris. Le 14, il entra au comité de constitution, et le 27, il lut à l'assemblée, au nom de ce comité, un projet de déclaration des *Droits de l'Homme*, et un aperçu des principes sur lesquels il comptait établir une constitution monarchique mitigée. Le 31 juillet, il déclama contre les proscriptions arbitraires du peuple de la capitale; il insista sur la poursuite des crimes publics, qui n'appartenait pas, disait-il, à Paris seul, mais à toute la nation. Le 10 août, il proposa, et fit adopter, malgré Mirabeau, une formule de serment pour les troupes, et un décret qui autorisait les autorités à les requérir toutes les fois que le maintien du bon ordre l'exigeait. Le 20, il présenta une nouvelle rédaction des premiers articles des *Droits de l'Homme*, qui furent presque unanimement adoptés; et le 28, il reproduisit, à quelques changemens près, son projet de travail pour la constitution. Le 29, il parla en faveur du *veto* royal. Le 31, il lut, au nom du comité de constitution, un projet d'organisation pour le corps législatif; et le 4 septembre, il développa deux des articles de ce projet, dont l'un avait rapport au *veto* absolu qu'il voulait accorder au roi; et le second à la forma-

tion d'un corps législatif permanent divisé en deux chambres, celle des représentans et celle du sénat. Cette opinion mit la discorde parmi les *patriotes* qui se partagèrent en trois factions, dont l'une voulait une seule chambre; la seconde, deux chambres également composées, et la troisième, une chambre haute et une chambre basse. Le 23, Mirabeau ayant proposé de s'occuper d'une loi sur la régence, Mounier s'y opposa vivement, et réfuta cette motion comme couvrant un piége tendu par la faction orléaniste. Le 28, il fut élu président; il occupait cette place le 5 octobre, et fut à même de voir de plus près les funestes événemens de la nuit du 5 au 6; mais il ne pouvait pas les empêcher. Ils servirent au moins à le faire revenir de sa première erreur. Il prévit alors les résultats encore plus malheureux que devait entraîner une révolution qu'il n'avait envisagée que sous de favorables auspices. Dans le même mois d'octobre il se retira en Dauphiné, d'où il envoya, le 21 novembre, sa démission, et publia en même temps un exposé de sa conduite. Ayant passé à Genève, il écrivit un nouvel ouvrage intitulé : *Appel à l'opinion publique*, qui contenait des éclaircissemens sur les journées du 5 et du 6 octobre, ainsi qu'une réfutation du rapport de Chabroud en faveur du duc d'Orléans et de ses complices. Quelque temps après il se retira en Allemagne, et il établit une maison d'éducation à Weimar en Saxe. Après le 18 brumaire (9 novembre 1799), il fut rappelé en France, et nommé en 1802 préfet du département d'Ille-et-Vilaine. Deux ans après, il fut élu par le collége électoral de ce département candidat au sénat conservateur, et enfin, en 1805, il fut nommé conseiller d'état. Mounier mourut à Paris le 25 janvier 1806, âgé de 45 ans. Ses principaux ouvrages sont : I *Considérations sur les gouvernemens, et principalement sur celui qui convient à la France*, 1789, in-8. II *Rapport sur le même sujet*, 1789, in-8. III *Exposé de ma conduite, et des motifs de mon retour en Dauphiné*, 1789, in-8. IV *Appel au tribunal de l'opinion publique*, idem. V *Examen du Mémoire du duc d'Orléans, et nouveaux éclaircissemens sur les crimes des 5 et 6 octobre*, 1789-91, in-8. VI *Recherches sur les causes qui ont empêché les Français de devenir libres, et sur les moyens qui leur restent pour acquérir la liberté*, Paris, 1792. VII *Adolphe, ou Principes élémentaires de politique, et résultat de la plus cruelle des expériences*, Londres, 1795, in-8. VIII *De l'influence attribuée aux philosophes, aux franc-maçons et aux illuminés, sur la révolution de France*, Tubingen, 1801, 1 vol. in-8. C'est une réfutation des mémoires pour servir à l'histoire du jacobinisme, par l'abbé Barruel.

MOURAD-BEY, l'un des chefs des Mameloucks, fameux par la résistance qu'il opposa aux Français en 1798. L'Egypte ayant secoué le joug des Turks en 1776, Mourad et un autre prince, nommé Ibrahim, après plusieurs différends, avaient fini par se partager ses riches provinces ; la Porte y entretenait un pacha qui n'exerçait presque aucune autorité. A l'arrivée des Français, Ibrahim livra quelques escarmouches, se tint presque toujours vers la rive droite du Nil, et se retira ensuite en Syrie et chez les Arabes. Mourad, au contraire, dès qu'il

sut que Buonaparte était débarqué, rassembla les Mameloucks et toutes les troupes des beys, et alla à sa rencontre. Son avant-garde fut battue le 6 juillet 1798 à Ramanich, sur le Nil. Après un combat livré le 13 à Chebreime, il se retira vers le Kaire, et le 21 il perdit la bataille d'Embabé ou des Pyramides. Il s'enfonça alors dans la haute Egypte, et Ibrahim qui avait secondé de loin tous ses mouvemens, et qui était poursuivi par Buonaparte, se retira vers les déserts de la Syrie, tandis que Mourad, harcelé par Desaix, offrait toujours à l'ennemi un courage indomptable ; placé sur les bords du Nil, il ne cessait d'attaquer les ennemis, sur lesquels il remporta quelques avantages ; et ce ne fut que dans le mois d'octobre, et après d'incroyables efforts, que le général français le battit à Sédiman, et s'ouvrit l'entrée de la haute Egypte. Pendant ce temps, Buonaparte avait été repoussé de la Syrie, et la flotte turque avait débarqué en juillet 1799. Tandis que les deux grandes armées se battaient, près du Kaire, dans la longue vallée où descend le Nil, Mourad qui connaissait toutes les routes du désert, inquiétait les Français, leur coupait souvent les vivres, enlevait leurs convois, et leur causait des pertes considérables. Pour se défaire d'un ennemi aussi opiniâtre, Kléber, qui était alors à la tête de l'armée française, se rapprocha de Mourad, et celui-ci consentit à devenir son tributaire. Ce chef haïssait les Turks, et en se captivant l'amitié des Français, il espérait se ménager des alliés puissans. Kléber étant mort, Mourad envoya offrir ses secours à Menou pour le soutenir contre les Anglo-Turks. Menou, avec sa hauteur ordinaire, les refusa. Le général Belliard fut moins présomptueux, et invita Mourad à descendre avec ses Mameloucks; celui-ci, par un exemple rare même en Europe, avait refusé tous les avantages qui lui avaient été offerts par les Turks et les Anglais, et se conserva toujours fidèle aux Français pour lesquels il avait conçu une véritable affection. Averti par le général Belliard, il effectua sa descente, mais avec quelque lenteur; ses provinces ainsi que ses troupes étaient attaquées par la peste, lui-même en fut atteint, et y succomba le 22 avril 1801, dans un âge peu avancé. Il avait nommé pour son successeur Osman-Bey-Tambourgi. Le corps de Mourad n'ayant pu, attendu les circonstances, être transporté au tombeau des Mameloucks, où il avait désigné sa place près de son prédécesseur, Aly-Bey, fut inhumé solennellement à Soanaguy, près Talsta : les principaux chefs brisèrent ses armes sur sa tombe, déclarant qu'aucun d'eux n'était digne de les porter. D'après les témoignages de plusieurs Français de l'expédition d'Egypte, Mourad n'était pas un homme ordinaire. Actif, infatigable, intrépide, il ne se laissait jamais abattre par le malheur; s'il n'avait pas la science du gouvernement, il en avait au moins l'instinct, et il était aimé de ses peuples. Ses premiers momens étaient impétueux, mais il revenait bientôt à des sentimens plus paisibles; il avait une valeur peu commune et une force de corps extraordinaire; quoiqu'il n'eût pas d'instruction, une pénétration naturelle le mettait à portée de déjouer et de prévenir souvent les projets les mieux combinés de ses ennemis.

MOUTON (Jean-Baptiste-Sylvain), prêtre, né à la Charité-sur-Loire, fut élevé au séminaire d'Auxerre, sous M. de Caylus, et y puisa les principes de Port-Royal. Après y avoir achevé ses études et pris les ordres, il passa en Hollande, et s'y fixa près de l'abbé du Pac de Bellegarde. Attaché au parti janséniste, il voyagea en Italie et en France pour le soutien de cette cause. Lorsque l'abbé Guenin, en 1793, cessa de travailler aux *Nouvelles ecclésiastiques* qui s'imprimaient alors à Paris, Mouton les continua à Utrecht, sous le même format et dans le même esprit; seulement elles ne parurent plus que tous les quinze jours. (*Voyez* GUENIN.) L'abbé Mouton mourut le 13 juin 1803, et avec lui finirent les *Nouvelles ecclésiastiques*. Il les rédigeait pendant les longues souffrances et la captivité de Pie VI. Quelques personnes ont remarqué qu'à peine a-t-il parlé deux ou trois fois de ce vénérable et infortuné pontife, et qu'il ne lui était pas échappé le moindre signe de pitié pour ses malheurs, ni la moindre marque d'improbation du cruel traitement dont usaient envers lui ses persécuteurs. Mouton fut le dernier des Français établis en Hollande par suite de leur attachement au jansénisme, et à sa mort se trouva dissoute cette colonie formée autrefois par Poncet et plusieurs autres *appelans*, et soutenue successivement par d'Ettemare et Bellegarde. (*Voyez* PONCET, *Dictionnaire.*) Il ne faut pas confondre Jean-Baptiste-Sylvain MOUTON avec Gabriel MOUTON, prêtre de Lyon, auteur de plusieurs ouvrages de mathématiques, mort en 1694, âgé de 76 ans.

MOZART (Jean-Chrisostôme-Wolfang-Théophile), célèbre compositeur allemand, naquit à Salzbourg en 1756. Il annonça dès son enfance les talens qui devaient le

distinguer un jour; guidé par l'o-
reille la plus juste, il balbutiait à
peine quelques mots qu'il tirait du
clavecin des sons qu'il accordait ensemble, et à l'âge de trois ans il prit
les premières leçons de son père qui
était organiste. A quatre ans il jouait
déjà des petits morceaux à sa portée,
et il n'était que dans sa sixième année, quand il se fit entendre dans les
concerts publics. L'année suivante il
joua devant l'empereur François I^er,
qui, surpris de la facilité de son
exécution, voulut l'éprouver en le
défiant de jouer sans voir les tou-
ches; le jeune Mozart couvrit aussitôt son clavecin d'un drap, et joua
avec la même perfection. A cette
même époque il publia deux ouvrages de sa composition. Il voyagea
ensuite en France, et il était à Paris
en 1763, passa ensuite en Angleterre, en Hollande et en Italie, où
il se fit entendre sur l'orgue et sur
le violon. A Rome il *nota*, en ren-
trant de l'église de Saint-Pierre, une
*grand'messe* qu'il y venait d'entendre; et à Naples, centre de la musique italienne, l'admiration qu'il
y causa fut telle, que plusieurs
bonnes gens crurent qu'un talent
aussi précoce était l'effet d'un sorti-
lége attaché à une bague que Mozart portait au doigt. Il ôta la bague,
et ainsi qu'il devait arriver, il continua à jouer avec le même succès.
Il revint à Paris en 1777, mais
la mort de sa mère le rappela
bientôt dans sa patrie, où l'empereur Joseph II, qui avait pour lui
une bienveillance toute particulière,
le nomma maître de sa chapelle.
Outre un grand nombre de messes
et autres morceaux de musique sacrée, on a de ce compositeur différens opéras dont les plus connus
sont : *l'Enlèvement du sérail*, le
*Mariage de Figaro*, *Don Juan*, la
*Flûte enchantée*, *C'est ainsi qu'elles
sont toutes*, *la Clémence de Titus*,
*Idoménée*, etc., parmi lesquels Mozart préférait *Don Juan* et *Idoménée*.
Il a laissé en outre un *Requiem*, célèbre autant par le mérite de la composition que par une anecdote assez
singulière qu'on raconte à son sujet.
Un jour un inconnu se présente
chez lui, en habit de deuil et avec
une certaine précaution, et l'engage
à composer un *requiem* pour un
homme très-considérable qui ne voulait pas être connu, en ajoutant que
cet homme était un excellent connaisseur en musique. Mozart lui demande cent ducats et quatre semaines
de temps. L'inconnu lui accorda
l'un et l'autre. L'air mystérieux répandu sur toute cette aventure,
frappa vivement Mozart, qui se mit
cependant au travail avec une telle
assiduité qu'il en tomba malade.
L'homme revint, mais le *requiem*
n'était pas encore fini; il accorda au
compositeur encore quatre semaines
et cinquante ducats de plus de gratification. Mozart tombe alors dans
l'étrange manie de croire que cet
inconnu est un être surnaturel qui
est venu l'avertir que l'heure de la
mort approche, et que ce *requiem*
doit servir pour son service mortuaire; poursuivi par cette idée et
exténué par le travail, il est enfin
obligé de garder le lit, sa maladie
devient alarmante, et il meurt enfin
le 25 décembre 1792, âgé de 65
ans. L'inconnu retourne, prend le
*requiem* qui était fini, et apprenant
la mort de Mozart et les craintes qui
l'avaient précédée, il fit en effet
chanter le *requiem* aux funérailles
de celui qui venait de le composer,
et qui, par un excès de travail et un
pressentiment qu'il s'était formé lui-
même, avait plutôt hâté sa mort
qu'il ne l'avait pronostiquée. On

dit encore que l'inconnu était un seigneur anglais qui destinait le *requiem* à la mémoire d'une fille chérie qu'il avait perdue à la fleur de l'âge. Ce même *requiem*, chef-d'œuvre de Mozart, a été exécuté avec beaucoup d'ensemble dans l'église de Saint-Germain-l'Auxerrois à Paris.

MUCANTE (Jean-Paul), Romain et maître des cérémonies pontificales, vivait au 16e siècle. C'était un homme savant, intègre et généralement estimé pour son caractère et les bonnes qualités qu'il réunissait en sa personne. Il publia divers ouvrages, et en composa d'autres qui sont restés manuscrits. Parmi les premiers on compte : *Relazione della riconciliazione, assoluzione e benedizione del serenissimo Henrico quarto, christianissimo re di Francia e di Navarra, fatta dalla santità di N. S. Clemente VIII, nel portico di San-Pietro, li 17 di settembre 1595,* Viterbe, 1595, in-4. — MUCANTE (François), de la même famille et aussi maître des cérémonies de la cour pontificale, a donné : *De sanctorum apostolorum Petri et Pauli imaginibus, ad S. D. N. Gregorium XIII., P. M. Libellus,* Rome, 1573, in-4.

MULOT (François-Valentin), fut du petit nombre de ceux qui, pendant la révolution, trahirent leurs sermens et déshonorèrent l'habit ecclésiastique. Il naquit à Paris le 29 octobre 1749, fit de bonnes études, et entra parmi les chanoines de Saint-Victor, dont il devint bibliothécaire, après avoir reçu les degrés de docteur en théologie. Mulot cultiva les lettres avec succès, et jusqu'à une certaine époque il avait su se captiver l'estime de ses confrères et de tous ceux qui le connaissaient. La révolution arriva, et il renonça aussitôt à cette estime qui est la plus belle récompense de l'homme de bien. Il se jeta dans le parti le plus corrompu, celui des *jacobins*, et s'empressa de gagner la faveur populaire. Il eut le malheur de l'obtenir, et dès 1789 on le vit figurer parmi les électeurs, dans les clubs, à la tête de la commune, de la municipalité, et il prit une part très-active aux troubles de la capitale depuis cette année jusqu'en 1791. Lorsque Mesdames, tantes de Louis XVI, résolurent, en février 1791, de sortir de France, Mulot, qui était alors vice-président du corps municipal, s'opposa à leur départ, et tâcha par tous les moyens possibles de les retenir à Paris. Cependant le roi, mal conseillé, le nomma au mois de mars commissaire à Uzès, et en juin commissaire médiateur dans le Comtat, où il désarma, au moins par imprudence, les habitans, et les livra ainsi à la fureur de leurs ennemis. Le fameux Jourdan *Coupe-tête*, trop connu dans le comtat Venaissin par ses brigandages, déclara qu'il n'avait massacré, brûlé que par ordre de Mulot et de ses collègues. Dénoncé par les parens des nombreuses victimes qui périrent à cette occasion, il fut mandé à la barre de l'assemblée le 19 novembre, et parvint à se justifier. Nous aimons à croire qu'il était plus coupable par faiblesse que par cruauté. L'assemblée, qui ne montra jamais d'empressement à punir les crimes les plus affreux, l'admit dans cette même séance parmi ses membres; Mulot avait été nommé deux mois auparavant député à l'assemblée législative pour le département de Paris. Il avait pu laisser des doutes sur son plus ou moins de culpabilité dans les meurtres et les ravages commis dans le Comtat; mais il n'en laissa aucun par ses principes irréligieux; et on l'entendit le 5 avril 1792 presser l'assemblée de proscrire les costumes ecclésiastiques, et dit, entre autres choses : « Qu'il fallait ôter aux religieuses » le voile qui leur couvrait les yeux; » expression qui lui attira beaucoup d'applaudissemens, surtout de la part des tribunes. A la clôture des sessions, Mulot sembla disparaître de la scène politique. Il conserva cependant ses liaisons avec les jacobins, et vécut parmi eux pendant le règne de la terreur. Après avoir comparé sa vie passée avec celle qu'il menait depuis plusieurs années, il aura peut-être senti quelques remords. Il passa en Allemagne vers la fin de 1797, se fixa à Mayence, où il fut connu comme professeur de belles-lettres. En des temps moins orageux il revint à Paris, et fut reçu membre du lycée des arts, et de la société des sciences, lettres et arts. En 1801 il concourut au prix proposé par l'Institut sur les funérailles et sur la manière de rendre les sépultures plus décentes : le prix fut partagé entre lui et Amaury Duval. Ses principaux ouvrages sont : I *Essais de sermons prêchés à l'Hôtel-Dieu de Paris*, 1781, in-12. Ils sont bien écrits; mais ils manquent de cette onction salutaire qui constitue le principal mérite de l'orateur chrétien. II *Requête des vieux auteurs de la bibliothèque de Saint-Victor à M. de Marbœuf, évêque d'Autun*, en vers, 1784, 1 vol. in-8. III *Premier volume de la collection des fabulistes*, avec un discours sur les fables, et la traduction des fables de *Lockmann*, Paris, 1785. Cette collection n'a pas été suivie. IV Le *Muséum de Florence*, gravé par David, avec des

explications françaises, ibid., 1788 et suivantes, 6 vol. in-4. V *Almanach des sans-culottes*, Paris, 1794, que l'auteur dit avoir fait pour rappeler les jacobins aux principes de la société. VI *Vues d'un citoyen sur les sépultures*, Paris, 1797, in-8, qu'il reproduisit avec des corrections lorsqu'il concourut au prix proposé par l'Institut. VII Des *Notices biographiques sur plusieurs historiens*. VIII *Essai de poésies légères*, Mayence, 1799, in-8. On a encore de lui une traduction des *Amours de Daphnis et Chloé*, bien inférieure à celle d'Amyot, et un grand nombre d'hymnes et discours pour les fêtes républicaines. Mulot mourut à Paris le 3 juin 1811.

MUNOZ ( Antoine ), savant espagnol, né à Museros, village près de Valence, en avril 1745, étudia dans l'université d'Alcala, et ensuite à Salamanque, où il reçut le bonnet de docteur en droit et en théologie. Tout en admirant le rare génie d'Aristote, il introduisit dans la philosophie le bon goût, une logique sûre et une physique soumise au calcul et aux expériences, et non aux sophismes d'une argumentation tortueuse. La plupart des écoles de l'Espagne lui doivent une nouvelle méthode d'études propre à faire les plus rapides progrès. Il n'avait que 22 ans lorsqu'il composa les *Préfaces* de la rhétorique du célèbre P. Louis de Granada, et de la logique de Vernei. La vaste érudition qu'il y déploya attira sur lui l'attention des savans et celle de sa cour, qui le nomma cosmographe majeur des Indes. Quelque temps, après le ministre Galvez le chargea d'écrire une *Histoire générale* des deux Amériques. Pour remplir cette grande tâche, Munoz visita pendant cinq années les sources des archives de Simanéas, de Séville, Cadix, Lisbonne, etc., jusqu'alors fermées à tous les historiens qui l'avaient précédé. Il réunit 130 vol. de pièces inconnues, de lettres originales de *Colomb*, *Ximenez*, *Cortez*, *Pizarro*, etc., et enfin d'ouvrages authentiques et précieux pour l'histoire du Nouveau-Monde. Le premier volume parut en 1791. Il finissait le troisième livre du second volume lorsqu'il fut frappé d'apoplexie et mourut dans le court espace de vingt-deux heures, le 16 juin 1799, âgé de 54 ans. On a encore de lui : I *De recto philosophiæ recentis in theologiá usu dissertatio*, Valence, 1767, in-4 II *De scriptorum gentilium lectione, et prophanarum disciplinarum studiis ad christianæ pietatis normam exigendis*, Valence, 1768, 2 vol. in-8. III *Institutiones philosophicæ*, Valence, 1769. IV *Traité sur la philosophie d'Aristote et jugement sur ses sectateurs*, Valence, 1771, in-4. Cet ouvrage porta le dernier coup au péripatétisme en Espagne : il se réfugia alors dans les colléges obscurs de quelques provinces.

MURAT (Joachim), général, ex-grand duc de Berg, ex-roi de Naples, naquit le 25 mars 1771 à la Bastide, près de Cahors, de parens aubergistes. Son père, voulant lui donner de l'éducation, l'envoya à Paris, où il fit ses études, qu'il interrompit à l'époque de la révolution. Il choisit alors le parti des armes, et entra dans la garde constitutionnelle de Louis XVI, d'où il passa au 12ᵉ régiment de chasseurs à cheval, et il obtint bientôt le grade de lieutenant-colonel. Lié avec les principaux jacobins, il en partagea les principes sur lesquels il régla sa conduite révolutionnaire. Après le 9 thermidor

il fut dénoncé comme *terroriste* et destitué; il végéta jusqu'au 13 vendémiaire, époque à laquelle il fut réintégré dans sa place. Depuis lors il s'attacha à Buonaparte qui le prit pour son aide de camp, et Murat suivit son protecteur dans la campagne d'Italie, où il montra de l'intelligence, et surtout une bravoure à toute épreuve qui le faisait employer par son chef dans les missions les plus dangereuses. Il s'agissait une fois de traverser tout le camp ennemi pour aller porter un avis nécessaire à la bonne issue d'une bataille qui se préparait; Murat demanda lui-même cette mission qu'il remplit avec succès malgré tous les dangers et les obstacles. Ce trait de courage lui mérita le grade de chef de brigade. Il se distingua dans cette campagne et la suivante, et notamment à la bataille de Mondovi le 17 avril 1796, ce qui lui valut la nomination de général de brigade. Il déploya la même valeur aux passages du Tagliamento et du Lisonzo, et dans toutes les affaires les plus difficiles où il reçut plusieurs blessures. Il accompagna en Egypte Buonaparte, qui récompensa ses services en l'élevant au grade de général de division; il le suivit aussi dans sa fuite d'Egypte, et rentré en France, il coopéra de tout son pouvoir à la révolution du 18 brumaire. Ce fut Murat qui, à la tête de soixante grenadiers, entra dans la salle du conseil des cinqcents, à Saint-Cloud, et en prononça la dissolution. Buonaparte, pour prix de son dévouement, lui accorda la main de sa sœur; ce mariage porta Murat aux places les plus éminentes, et il fut nommé d'abord commandant de la garde consulaire, lieutenant du premier consul à l'armée de réserve. Il en commanda l'avant-garde dans la campagne d'Italie en 1800, et il montra la même intelligence et la même valeur, et ses attaques de cavalerie contribuèrent beaucoup au succès des batailles. A la paix il gouverna pendant quelques mois la république cisalpine, et de retour à Paris en 1803, il entra au corps législatif, et devint successivement gouverneur de Paris, maréchal d'empire, prince, grand amiral, et grand duc de Berg et de Clèves. Soumis aveuglément aux volontés les plus arbitraires de son maître, il fut de la commission militaire qui fit fusiller l'intéressant et malheureux duc d'Enghien, au mois de mars 1804. Dans la campagne de 1805, Buonaparte mit un corps considérable de cavalerie sous les ordres de Murat, qui poursuivit sans relâche les Autrichiens commandés par l'archiduc Ferdinand et le général Warnech; il coupa à ce dernier toute retraite et le força à mettre bas les armes. Il fut un des premiers à se rendre sur le chemin de Vienne, où il entra bientôt. Il n'acquit pas moins de gloire dans les affaires suivantes, et battit les Russes à Hollabrun, s'empara de Brun le 18 novembre, et enveloppa l'armée du général Kuston qu'il força de capituler. C'est à son courage et à ses attaques bien combinées qu'on dut en grande partie la victoire d'Austerlitz ( 2 décembre 1805 ). Dans la guerre contre la Prusse il cueillit de nouveaux lauriers à Iéna, à Eylau ( 8 février 1807 ) et à Friedland. En 1808 il passa en Espagne avec des ordres secrets de Napoléon, qui voulut payer la fidèle alliance de Charles IV par la plus noire perfidie. Murat entra à Madrid avec les protestations les plus pompeuses de l'attachement de son maître pour la nation espagnole; franche et loyale elle y crut d'abord, malgré l'avis des gens

éclairés qui avaient tout lieu de se douter des véritables intentions de Buonaparte. La généralité des Espagnols ne voyait en Murat qu'un missionnaire de Napoléon, venu en Espagne pour terminer les différends qui existaient entre le prince des Asturies (Ferdinand VII) et son auguste père, et pour chasser de la cour le prince de la Paix. Dans cet espoir ils regardaient les Français comme des amis ou plutôt comme des frères; c'est sous ces titres qu'ils étaient bien reçus partout. Murat eut d'abord grand soin de maintenir dans ses troupes une grande discipline, de sorte qu'un soldat qui avait commis un crime peu grave, vis-à-vis d'un bourgeois espagnol, fut condamné aussitôt à être fusillé. Le peuple l'ayant appris courut en foule à l'hôtel de Murat, et n'en partit qu'après avoir obtenu sa grâce; mais ils ne tardèrent pas à apercevoir le profond abîme qu'on creusait sous leurs pas. D'après le conseil impératif de Napoléon, Charles IV résolut de passer en Amérique; quelque secrets qu'en furent les préparatifs, ils parvinrent cependant à la connaissance du peuple qui frémit de se voir si indignement trompé. Il courut en foule vers le palais du roi pour empêcher son départ; des détachemens français voulurent s'opposer à ce mouvement : le peuple insista, il y eut des altercations, des menaces, des blessés; Murat fit doubler tous les postes, braquer les canons. L'insurrection devint alors générale; en dépit de toutes les lois établies parmi les nations, il fait tirer à mitraille contre ce même peuple qui l'avait si affectueusement accueilli. Il croyait lui inspirer de la crainte, et il ne fit qu'exciter son courage et augmenter son indignation : on vit des gens désarmés, ou n'ayant que des armes peu offensives, combattre des soldats aguerris, se jeter sur les canons malgré le feu suivi qui portait la destruction de toutes parts, et, marchant sur les cadavres de leurs compagnons immolés, mépriser la mort et braver ces soldats accoutumés à la victoire. Des chefs prudens et obéissant aux ordres du roi avaient contenu, soit par la persuasion, soit en les renfermant dans leurs casernes, le peu de troupes espagnoles qui existaient dans la capitale. Enfin, des instances de la part de Charles IV auprès de Murat, celles des principaux bourgeois envers le peuple, mirent un terme à ce carnage affreux. Un grand nombre de soldats français périrent, la terre était jonchée d'Espagnols mitraillés. Lors de la révolution du 2 mai contre Godoy, Murat envoya offrir ses services au nouveau roi Ferdinand VII, qui répondit à l'aide de camp français : « Je remercie M. le duc de »Berg, mais je ne serai jamais aussi »sûr qu'au milieu de mon peuple. » Murat s'était flatté, dit-on, d'obtenir en récompense de ses derniers services le trône d'Espagne. Après les malheureuses conférences de Bayonne (*voy*. Charles IV, *Supp*.) se voyant trompé dans son attente, il osa se plaindre ; Buonaparte lui donna la couronne de Naples d'où il avait appelé son frère Joseph pour lui donner celle d'Espagne. Murat quitta Naples en 1812 pour venir partager les dangers de l'expédition contre la Russie ; jusqu'à l'arrivée des troupes françaises à Moscou, il montra son intrépidité ordinaire. Il avait été nommé généralissime de la cavalerie ; mais dans la désastreuse retraite de Napoléon, Murat, errant dans les déserts, témoin de la mort pitoyable de la

plupart des siens, semblait avoir perdu toute son énergie. Il arriva en Pologne entièrement découragé ; une terreur panique s'était emparée de lui, et il ne voyait partout que des Russes et des Cosaques. Napoléon, pour le stimuler, lui laissa en partant le commandement de l'armée ; sa terreur ne diminua pas ; les soldats indignés le forcèrent en quelque sorte de résigner le commandement au prince Eugène, vice-roi d'Italie. Murat alla cacher sa honte à Naples ; cependant il donna en 1813 des preuves de son ancienne bravoure à Dresde, à Wagram, à Leipzig. De retour à Naples il y apprit bientôt l'invasion qui menaçait la France. Quelques torts que Napoléon pût avoir envers l'Europe, il n'en avait certainement pas contre Murat, qui se signala par la plus noire ingratitude, en entrant dans la coalition qui avait pour but la chute de son beau-frère et de son bienfaiteur. Il connaissait fort mal l'intérieur des cabinets, s'il espérait conserver un trône, malgré le système de légitimité, de justice et de balance politique adopté par les souverains de l'Europe entière. Au retour de Buonaparte en France, il s'était raccommodé avec lui par la médiation de sa femme, et même après les événemens d'avril 1814, Murat s'abandonna à toutes les illusions d'un avenir certain et heureux ; la bataille de Waterloo (18 juin 1815) vint détruire toutes ses espérances. Sommé d'abdiquer à son tour l'autorité suprême, il se plaignit dans plusieurs proclamations du procédé des puissances à son égard, et tâcha ensuite d'armer en sa faveur toute l'Italie ; il marcha sur Rome, mais contraint bientôt de rétrograder, et n'éprouvant partout que des revers, il s'embarqua, courut les plus grands dangers, aborda en Corse, et séduit par des conseils peu sincères, ou plutôt entraîné par son ambition, il réunit quelques partisans, se transporta en Calabre, et à peine eut-il débarqué à Pergo le 8 octobre 1815, qu'il fut arrêté par les Anglais et condamné à être fusillé le 13 du même mois. Ainsi finit cet aubergiste roi, favori et victime de la fortune, qui parut ne l'avoir élevé si haut que pour rendre sa chute plus terrible. Il a eu deux enfans de sa femme, sœur de Buonaparte; elle s'est retirée en Hongrie.

MUZZARELLI ( Alphonse ), théologien de la pénitencerie, naquit à Ferrare en 1749. Il entra dans la société de Jésus, et ne put y demeurer long-temps, la suppression ayant eu lieu en 1773, lorsqu'il n'avait que 24 ans. Rendu à l'état d'ecclésiastique séculier, il fut pourvu d'un canonicat de Ferrare. Pie VII l'appela à Rome et l'attacha à la pénitencerie. En 1809, lorsque de graves démêlés éclatèrent entre le S. P. et Napoléon, l'abbé Muzzarelli fut amené en France, et eut sa part de la persécution. Il n'eut pas la satisfaction de retourner en Italie;

il mourut à Paris le 25 mai 1813. C'était un ecclésiastique vertueux et savant, à qui sa piété, son zèle et un heureux caractère avaient valu l'estime générale; et à Ferrare, où il était plus particulièrement connu, sa mémoire fut célébrée par deux *Eloges* prononcés publiquement, et par beaucoup de *vers* composés à sa louange. On a de lui : I *Du bon usage de la logique en matière de religion*, Rome, 1807, 10 volumes. C'est un recueil de *Dissertations* et d'*Opuscules* sur diverses matières; on y trouve entre autres l'*Emile détrompé*, où il dépouille de leurs prestiges les brillans sophismes de Rousseau; et l'*Examen de quelques opinions de Bonnet*, sur les miracles, la résurrection et quelques autres points. II *Le bon usage des vacances pour la jeunesse studieuse.* III *Le Carnaval sanctifié.* IV *L'année de Marie.* V *La dévotion au sacré cœur.* VI *Origine de la juridiction des évêques dans leur diocèse*, Rome, 1807. VII *Dissertation sur le droit du pape de destituer les évêques*, etc. Muzzarelli dirigeait une congrégation dite *de la Jeunesse studieuse*.

---

# N.

NAGOT ( Charles - François ), prêtre de la congrégation de Saint-Sulpice, supérieur et créateur du séminaire de Baltimore, naquit à Tours le 19 avril 1734, et fit ses études au collége de cette ville dirigé par les jésuites. Se destinant à l'état ecclésiastique, il vint à Paris, et entra au séminaire des robertins pour y faire son cours de théologie. Après qu'il l'eut fini, il sollicita son

entrée dans la compagnie de Saint-Sulpice, et y fut admis. On l'envoya professer la théologie au séminaire de Nantes; il prit le grade de docteur dans l'université de cette ville. Rappelé à Paris en 1769, il fut établi supérieur de la *petite communauté* qui fleurit sous son gouvernement. Il encouragea les études, maintint la discipline, forma une bibliothèque, et améliora le temporel de cette maison. Il passa au petit séminaire dont il fut aussi supérieur pendant plusieurs années, et qu'il gouverna avec la même sagesse. La révolution ayant détruit tous les établissemens ecclésiastiques, Nagot prit la résolution de quitter la France et de passer en Amérique. Il se rendit en 1791 à Baltimore. Pie VI venait d'y établir un siége épiscopal pour tout le territoire des États-Unis. Tout était à faire dans ce nouveau diocèse. Les difficultés n'effrayèrent point Nagot; il acheta une maison dont il fit le séminaire, il la fournit du mobilier convenable. Bientôt il y joignit un petit séminaire et un grand collége qui eut le privilége d'université. On s'étonnerait de cette subite création, si on ne savait ce que peut un zèle ardent et éclairé, aidé des secours de la Providence. La suite répondit à ces heureux commencemens. Ces établissemens prospérèrent, et il s'y forma une jeunesse qui rend aujourd'hui des services utiles. Au milieu de ces travaux, Nagot fut frappé d'une attaque de paralysie qui le força de les interrompre. Ses infirmités ayant augmenté en 1810, il demanda et obtint d'être déchargé de la supériorité. Sa vie néanmoins se prolongea jusqu'au 9 avril 1816, qu'il expira, âgé de près de 82 ans, dans de grands sentimens de piété, et après avoir reçu tous les secours de la religion. Ses principaux écrits sont : I une *Relation* imprimée *de la conversion de quelques protestans.* II Une *Vie de M. Olier*, restée manuscrite. III La *traduction* de l'*Essai sur les miracles du docteur Hay.* IV La traduction des *Fêtes mobiles* de Butler; enfin les *traductions* du *Dévot chrétien* du docteur Hay; du *Catholique chrétien* de Chalonner; du *Guide du chrétien*, et de

quelques autres ouvrages pieux en anglais.

NAIGEON (Jacques - André), littérateur, philosophe, membre de l'Institut, naquit le 15 juillet 1738 à Dijon, d'un riche moutardier de cette ville. Il y fit ses études, vint très-jeune encore se fixer à Paris, où il se lia bientôt avec le baron d'Holbach, ensuite avec Diderot. Il puisa dans leur société les principes d'incrédulité dont il devint un des apôtres. Naigeon se montrant comme le singe de ces deux philosophes, se déclara contre toutes les choses établies, et notamment contre toutes les religions. —Il fut un des rédacteurs de la première *Encyclopédie*, et y fournit entre autres l'article *Unitaires*. Il publia quelque temps après *le Militaire philosophe*, Paris, 1768, qu'on croit composé sur un manuscrit intitulé *Difficultés sur la religion proposées au P. Malebranche*, dont le dernier chapitre est attribué au baron d'Holbach. Il publia en outre : *Recueil philosophique*, ou *mélanges de pièces contre la religion*, 1770; *Traité de la tolérance* de Creld, que Naigeon retoucha, 1769; *Éloge de M. Roux*, 1777. Ce médecin était, comme lui, ami intime du baron d'Holbach. Il paraît même qu'il aida Raynal dans la composition de son *Histoire philosophique*. Il fut éditeur de plusieurs ouvrages de ses confrères les philosophes, tels que ceux intitulés : *Système de la nature*, imprimé à Londres, et auquel il joignit un discours préliminaire; la *Traduction de Sénèque*, par la Grange; *Essai sur la vie de Sénèque*, de Diderot; *le Conciliateur*, de Turgot; *Élémens de morale*, du baron d'Holbach, 1790, etc. Il rédigea la *Collection des moralistes anciens*,

et y ajouta un discours préliminaire.
Il fit imprimer en 1790 une *Adresse
à l'assemblée nationale sur la liberté des opinions et sur celle de
la presse.* « Mais ce qui distingua
»éminemment Naigeon (dit l'auteur
»des *Mémoires pour servir à l'his-
»toire ecclésiastique du* 18ᵉ *siècle*,
»tom. 4, pag. 468 ¹), c'est le *Dic-
»tionnaire de la Philosophie an-
»cienne et moderne*, qu'il rédigea
»pour l'*Encyclopédie méthodique.*
»Cet ouvrage qui parut à une épo-
»que de vertiges et de crimes, en
»porte la malheureuse empreinte.
»L'auteur y affiche l'immoralité,
»l'inhumanité et l'athéisme dans
»toute leur turpitude. Ses expres-
»sions sont analogues à ses pensées;
»s'il parle des prophètes, c'est pour
»les appeler des *fous*; les Pères
»étaient pour la plupart *très-igno-
»rans et d'une crédulité stupide.....
»La superstition est la gourme des
»hommes.... Il faut emmuseler les
»prêtres*: tel est le ton poli de ce
»doux prédicateur de la tolérance.
»Dans l'article *Académicien*, il ex-
»cuse les vices les plus honteux;
»mais rien n'égale le ton qu'il prend
»dans l'article *Meslier*; il cite le
»vœu attribué à ce curé: *Je vou-
»drais que le dernier roi fût étran-
»glé avec les boyaux du dernier des
»prêtres. C'est là*, dit Naigeon, *le
»vœu d'un vrai philosophe, et qui
»a bien connu le seul moyen de tarir
»partout, en un moment, la source
»des maux qui affligent depuis si
»long-temps l'espèce humaine. On
»écrira dix mille ans, si l'on veut,
»sur ce sujet, mais on ne produira
»jamais une pensée aussi pro-
»fonde, plus profondément con-
»çue, et dont le tour et l'expres-

1 Nous avons cru faire une chose agréable
au lecteur en transcrivant le texte de cet auteur aussi impartial qu'éclairé.

»sion aient plus de vivacité, de pré-
»cision et d'énergie.* Cet article
»est signé du *citoyen Naigeon*, en
»toutes lettres, tom. 3, pag. 239. Il
»avait dit à la page précédente que
»*le prédicateur le plus éloquent
»d'un état, c'est le bourreau.* On
»voit que le *citoyen Naigeon* était
»à la hauteur de l'époque où il écri-
»vait; que s'il ne figura pas dans le
»nombre des bourreaux, il savait
»faire l'apologie de leurs hauts faits,
»et qu'il était digne d'être le disciple
»de celui qui avait dit:

Et ses mains ourdiraient les entrailles du
          prêtre,
A défaut du cordon pour étrangler les rois.

»Il est à croire que Naigeon aurait
»voulu dans la suite rayer son nom
»accolé à tant d'infamies; mais la
»*Philosophie ancienne et moderne*
»est là pour accuser sa mémoire, et
»on verra en lui l'admirateur et le
»complice des cruautés de 1793 et de
»1794. Il donna en 1798 une édi-
»tion complète de Diderot, en 16
»vol.; en 1801 une de Rousseau,
»en 20 vol., avec MM. Fayolle et
»Boucarel; et en 1802, une de
»Montaigne; toutes sont accompa-
»gnées d'avertissemens et de notes
»rédigées dans le même esprit; mais
»c'est surtout dans celles de Diderot
»que Naigeon s'est donné le plus de
»carrière. A travers tous les éloges
»qu'il prodigue à son maître, il lui
»trouve cependant, tant il est diffi-
»cile, quelques momens de faiblesse;
»il se serait consolé, ce semble, que
»son ami eût payé sa hardiesse de sa
»tête, et s'écrie: *Les lignes tracées
»avec le sang du philosophe sont
»bien d'une autre éloquence.* (Pré-
»face, tom. 1ᵉʳ.) Ailleurs le pétulant
»orateur nous révèle son secret tout
»entier. *Diderot*, dit-il, *souvent té-
»moin de la colère et de l'indigna-

»tion avec lesquelles je parlais des
»maux sans nombre que les prêtres,
»les religions et les dieux de toutes
»les nations avaient fait à l'espèce
»humaine, et les crimes de toute es-
»pèce dont ils avaient été la cause,
»disait, des *vœux ardens que je*
»*formais*, pectore ab imo, *pour*
»*l'entière destruction des idées re-*
»*ligieuses, quel qu'en fût l'objet,*
»*que c'était mon tic, comme celui*
»*de Voltaire d'écraser l'infâme*
»( tom. 9, pag. 511, note ). Au
»moins cela n'est pas dissimulé, et
»le ton de colère et d'indignation
»avec lequel Naigeon s'exprime,
»ajoute au prix d'un tel aveu, et
»c'est un témoignage éclatant de
»l'impartialité et de la modération
»d'un tel homme. On jugera si un
»tel suffrage n'est pas plus honteux
»que flatteur pour le parti auquel il
»était attaché, et si la religion n'a
»pas quelques motifs de se consoler
»d'avoir eu pour adversaire et pour
»ennemi celui qui l'était aussi de
»l'humanité, qui a applaudi au vœu
»de Meslier, qui le regardait comme
»le seul moyen *de tarir nos maux*,
»et qui trouvait si admirable l'*élo-*
»*quence du bourreau*. Nous n'avons
»pas besoin de dire que le même
»homme a mérité d'être inscrit dans
»le *Dictionnaire des Athées*, où
»Maréchal le cite comme un des *es-*
»*prits forts les plus décidés.* Ce-
»pendant Lalande lui a reproché de-
»puis de n'avoir pas osé convenir
»qu'il fût athée. Il paraît que Nai-
»geon avait eu la prétention de de-
»venir sénateur, et qu'il craignait
»que la réputation d'athée ne lui fût
»nuisible ; ainsi, il tombait dans
»cette pusillanimité qu'il reproche
»amèrement dans son *Dictionnaire*
»à Bayle, à Voltaire, à d'Alembert
»et à Diderot lui-même. Naigeon a
»fourni beaucoup de renseignemens

»à l'auteur du *Dictionnaire des*
»*ouvrages anonymes*, sur les véri-
»tables auteurs des ouvrages philo-
»sophiques pendant la dernière moi-
»tié du 18e siècle. Ces renseigne-
»mens ont paru suspects à beau-
»coup de personnes, et on croit que
»Naigeon, soit par zèle pour la
»mémoire du baron d'Holbach, soit
»pour toute autre raison, lui a fait
»l'honneur de lui attribuer des
»écrits auxquels le baron d'Holbach
»n'eut d'autre part que de les en-
»courager et de les payer. Plusieurs
»de ses confrères de l'Institut le
»voyaient avec peine siéger parmi
»eux ; Laharpe l'a tourné en ridicule
»dans sa *Correspondance littéraire*
»*avec le grand duc de Russie*, t. 2,
»pag. 235 et 302 ; mais qu'est-ce
»que des ridicules en comparaison
»de l'horrible doctrine que prêchait
»Naigeon, et des vœux atroces qu'il
»a osé consigner dans sa *Philoso-*
»*phie ancienne et moderne ?* » On
a encore de Naigeon un *Eloge de*
*la Fontaine*, Bouillon, 1775, in-8,
et une *Notice sur la Vie de Jean*
*Racine*, 1784, in-4. Il est mort à
Paris le 28 février 1810.

NALIAN ( Jacques ), patriarche
arménien à Constantinople, était né
à Zimara, village de la petite Arménie, près de l'Euphrate, et florissait dans le siècle dernier. Doué
d'une mémoire heureuse et d'une
rare pénétration, il fit dans les
sciences des progrès prodigieux. Parvenu par son mérite au patriarcat
dans des temps difficiles, et au milieu des troubles dont sa nation était
agitée, il usa de tant de prudence,
et gouverna son église avec tant de
sagesse, qu'il y maintint la tranquillité. Il était en correspondance
avec le pape Clément XIII, et d'autres personnages illustres, soit de
l'Asie, soit de l'Europe. Son mé-

rite, sa modestie, la circonspection qu'il mettait dans sa conduite, lui avaient concilié l'estime et la bienveillance des sultans Osman III et Mustapha III, et des autres personnages qui jouissaient à la *Porte* de plus de crédit et de considération. En 1764 il résolut de se démettre de la dignité patriarcale, soit que son âge *ne lui permît plus d'en* remplir les devoirs avec la même exactitude, soit que de son vivant il voulût ménager à l'église d'Arménie un pasteur dont il fût sûr, et prévenir par-là les intrigues qui, après sa mort, auraient pu influer sur un choix aussi important. Il fit passer sa démission au grand seigneur par l'intermédiaire du grand visir. Mustapha ne l'accepta qu'après s'être bien assuré des dispositions de Nalian, et alors il nomma pour le remplacer celui que Nalian lui désigna. Nalian survécut à peine deux mois à sa démission. Il mourut à Constantinople le 18 juillet de la même année, regretté de son troupeau, qui le chérissait, et de tous ceux qui l'avaient connu. Il laissa divers ouvrages où brillent son talent et son érudition. Les principaux sont : I *Le Trésor des notices,* Constantinople, 1758, 1 v. in-4 ; preuve de la variété des connaissances de Nalian, qui y fait passer en revue ce que la morale a de plus instructif, la physique de plus curieux, l'histoire et la géographie de son pays de plus intéressant. II *L'Arme spirituelle,* ouvrage mêlé de vers et de prose turke et arménienne. III *Le Fondement de la foi,* 1 vol. in-4. IV *Commentaire sur Nareg,* livre célèbre parmi les Arméniens, et composé par un de leurs plus illustres docteurs. V *Des Sept sacremens de l'église,* resté manuscrit. VI *La Doctrine chrétienne* à l'usage des Arméniens, Constantinople, 1757, 1 v. in-12. VII *Recueil* d'un grand nombre de *Lettres familières et instructives.* VIII *Recueil de chansons et d'anecdotes* écrites en turk et en arménien. IX *Des Livres de prières,* etc. Nalian était très-aumônier ; il fit un fonds du produit de tous ses ouvrages, et en légua la rente aux pauvres, aux malades et aux indigens de toute espèce de son patriarcat.

NANNONI ( Angelo ), célèbre chirurgien, naquit à Florence en 1715, et à l'âge de 16 ans il étudia la chirurgie et l'anatomie dans l'hôpital de Sainte-Marie-la-Neuve à Florence. Après avoir passé les examens il voyagea en Italie et en France, visita les hôpitaux de Bologne, de Milan, de Rome, de Montpellier, de Rouen et de Paris, et crut apercevoir des abus dans les médicamens, et une pratique trop longue et trop douloureuse dans les opérations. De retour dans sa patrie, il établit une nouvelle méthode pour les uns et les autres, et disait que l'art de guérir consistait principalement à seconder la nature en l'aidant quelquefois, et à réduire la médecine à ses principes les plus simples. Il a laissé un grand nombre d'ouvrages, dont les principaux sont : I *Trattato,* ect., ou *Traité sur les maux aux seins,* Florence, 1746. II *Sur la simplicité dans l'art de guérir,* Venise, 1761-74-76, 3 v. in-4. Cet ouvrage a immortalisé la mémoire de l'auteur. Dans sa dernière édition on l'a augmenté et enrichi d'excellens aphorismes. III *Recherches critiques sur l'état actuel de la chirurgie de Samuel Sharp,* traduites en italien et illustrées par Nannoni, Sienne, 1774. IV *Mémoire sur l'anévrisme des replis du coude,* Florence, 1784. Nannoni mourut à Florence le 28 février 1790. — Son fils François, qui vivait encore en 1818, a suivi avec honneur les traces de son père ; il est un des premiers chirurgiens de Florence et de l'Italie, et s'est rendu fameux dans les accouchemens et dans les opérations de la cataracte et de la gravelle.

NANSOUTY (le comte de), dont le véritable nom de famille était Champion de Nans - sous - Thil, changé par corruption en celui de Nansouty. Il naquit au mois de mai 1768 à Bordeaux, où son père, né à Dijon, était commandant du Château-Trompette. En 1780 il entra dans l'Ecole militaire, et de là il passa, en 1783, au régiment de Bourgogne, cavalerie, en qualité de sous-lieutenant. A l'époque de la révolution, il devint successivement lieutenant colonel de carabiniers, et colonel du régiment d'Artois, cavalerie. Il se distingua, en 1805, à Wertingen, où il commandait le corps des cuirassiers. Dans la guerre contre les Prussiens, en 1806, il avait sous ses ordres les corps des carabiniers et des cuirassiers, qui se couvrirent de gloire. Il déploya la même intrépidité à Eylau et à Friedland. En 1808 il fut nommé général de division, et se trouva en 1809 aux batailles d'Eckmull, d'Esling et de Wagram. Nommé en 1812 colonel général des dragons, il obtint le grand cordon de la Légion-d'Honneur, et servit dans la malheureuse campagne de Russie. Il rendit d'importans services en 1813 et 1814 à Dresde, à Wachau, à Leipsig et à Hanau ; se couvrit de lauriers à Champ-Aubert, à Montmirail et à Craone. Il fut un des premiers à adhérer à la déchéance de Buonaparte, et écrivit le 6 avril 1814 : « J'ai l'honneur d'informer » le gouvernement provisoire de ma » soumission à la maison de Bour-»bon. » Le roi l'envoya en qualité de commissaire extraordinaire dans la 18° division militaire ; le nomma chevalier de Saint-Louis, puis capitaine lieutenant de la 1ʳᵉ compagnie de ses mousquetaires. Ce général mourut à Paris le 12 février 1815, âgé de 47 ans.

NAPPER - TANDY ( James ), naquit en Irlande en 1737. Il professa dès sa première jeunesse des principes d'indépendance et de liberté. Lors de la révolution française il s'unit à tous les mécontens, et en 1791, il publia une déclaration au nom des Irlandais unis, sur les réformes nécessaires au gouvernement. Napper-Tandy fit tous ses efforts pour produire une révolution dans son pays ; mais étant devenu suspect au gouvernement anglais, il eut le temps de s'évader et de venir en France. S'étant fixé à Paris, il accueillit dans sa maison tous les réfugiés qui partageaient ses opinions. Il se présenta au directoire, et lui fit agréer le projet d'un débarquement en Irlande, où, disait-il, tous ses compatriotes attendaient avec impatience les Français pour secouer le joug de la domination anglaise. Le directoire lui accorda des troupes, et Napper-Tandy débarqua, en août 1798, en Irlande, sur la côte occidentale de Donégal. Il publia aussitôt une proclamation pour rallier les *Irlandais unis*, qui étaient prêts à le seconder de leur mieux ; mais les autorités locales, averties à temps du complot qui se tramait, surent déjouer les projets des conspirateurs. Contraint de fuir sur un brick français, il débarqua à Hambourg, où il fut arrêté, avec le frère d'O-conor, à la demande de M. Crafort, ministre d'Angleterre. Les deux chambres d'Irlande l'ayant excepté du bill d'amnistie, malgré les réclamations du directoire, il fut transporté à Dublin, mis en jugement en 1800, et condamné à mort par la cour du banc du roi. On sursit cependant à l'exécution jusqu'à ce que M. Otto le réclama au nom du gouvernement français. Sa voiture fut escortée par un détachement de cavalerie jusqu'à Wiscou, où il s'embarqua pour Bordeaux en mars 1802. Il aborda dans cette ville le 14 du même mois, et on célébra son arrivée par un banquet civique. Il y porta un *toast* aux amis de la liberté de tous les pays. Il mourut à Bordeaux le 24 août 1803, âgé de 66 ans.

NARI ( Corneille ), prêtre catholique irlandais, naquit en 1660 dans le comté de Kildare, et fit ses humanités à Naas, petite ville de ce comté. On ne dit point où il étudia en philosophie et apprit assez de théologie pour être ordonné prêtre; mais il est certain qu'il reçut la prêtrise, en 1684, dans la ville de Kilkenny, et que l'année suivante il partit pour Paris, et acheva ses études dans le collége irlandais de cette ville, duquel il fut proviseur. En 1694 il se fit recevoir docteur en droit civil et canon. Deux ans après, il fut chargé de l'éducation du comte d'Antrim, seigneur catholique, laquelle importait beaucoup à l'Irlande à cause du crédit de cette famille... Il voyagea avec son élève, et satisfit parfaitement à ce qu'on attendait de lui. L'éducation finie, il retourna en Irlande, et fut pourvu de la cure de Saint-Michan dans la ville de Dublin. Il continua de jouir, dans ce nouveau poste, de l'estime générale, même de la part des protestans, qui rendaient jus-

tice à son mérite et à sa modération. Il avait de la piété, du zèle, du talent et toutes les vertus ecclésiastiques. Il est auteur des écrits suivans : I *Etat modeste et fidèle des principaux points controversés entre les catholiques romains et les protestans*, Anvers et Londres, 1699, in-4. II Des *Prières et des méditations*, 1705, in-12. III Une *Traduction du nouveau Testament*, en anglais, avec des notes marginales, Londres, 1705-1718, in-12. IV *Règles et pieuses instructions composées pour l'avancement spirituel d'une dévote veuve*, etc., Dublin, 1716, in-16. V *Réponse* à une brochure intitulée : *Conférence entre M. Clayton, prébendaire de l'église de Saint-Michan à Dublin, et le docteur Nari, prêtre romain*, Dublin, 1722, in-4. VI *Lettre de controverse au curé de Naas*, Dublin, 1722, in-4. VII *Lettre à milord Edouard, archevéque de Tuam, en réponse à son Avis charitable*, à tous ceux qui sont de la communion de l'église de Rome, Dublin,1730,in-8. VIII *Histoire abrégée du purgatoire de saint Patrice et de ses pèlerinages*,en faveur de ceux qui sont curieux de connaître les particularités de ce fameux endroit et pèlerinage, tant célébrés dans l'antiquité, Dublin, 1718. On lui attribue en outre la *Traduction* des œuvres de M. Papin, converti par Bossuet, Paris, 1723, 3 vol. in-12, avec la *Vie* de l'auteur. Nari mourut le 3 mars 1738. Il était excellent controversiste.

NATALI ( Martin ), clerc régulier des écoles Pies, naquit dans le diocèse d'Albenga dans l'état de Gênes, en 1730, et fit profession à Rome en 1749. Chargé d'enseigner la théologie dans le collége Nazaréen, il s'y fit de fâcheuses affaires, sous Clément XIII, par une thèse où l'on crut remarquer des opinions répréhensibles. Il fut privé de sa chaire ; mais le motif qui le mettait en disgrâce à Rome, devint pour lui un sujet de mérite à Pavie, où l'on cherchait à introduire un nouvel enseignement. Il y fut appelé et pourvu d'une place de professeur. Il y afficha des sentimens qu'à Rome il avait été obligé de dissimuler, et ne cacha plus son penchant pour la doctrine de Jansénius. Le catéchisme de Bellarmin ayant été présenté à son approbation en sa qualité de censeur, il refusa de l'approuver, à moins qu'on n'y fît des changemens. Il sut si peu se contenir, que l'évêque de Pavie lança sur lui une sentence d'excommunication, en date du 5 mai 1775. En vain le pape demanda qu'il fût destitué de sa place de professeur ; le système de l'empereur Joseph II prévalait dans les états de la maison d'Autriche en Italie, et c'était une raison pour que Natali fût soutenu. Non-seulement on ne le destitua point, au contraire on bannit un dominicain qui l'avait attaqué. Il mourut à Pavie le 28 juin 1791. Il a publié : I *Sentimens d'un catholique sur la prédestination*, 1782. II *Prières de l'église pour obtenir la grâce*, 1783. III *Complexiones augustianiæ de gratiá Dei*, 2 v. IV *Traité de l'existence et des attributs de Dieu, de la Trinité, de la création et de la grâce*, 3 vol. V *Lettre au P. Mamachi sur les limbes.* VI *Lettres contre la théologie morale de Collet*, etc. *Voy.* MAMACHI.

**NAUDET** ( Thomas-Charles ), peintre de paysages, naquit à Paris en 1774, de Charles Naudet, marchand d'estampes. Il s'appliqua de

bonne heure au dessin, et s'exerça sur de bons maîtres, tels que Salvator Rosa, Hérman, Perevelle, Poussin, etc. Il prit des leçons de peinture sous Hubert Robert, peintre du roi. On lui doit les dessins de la statistique du département de l'Oise, publiée par Cambry, alors préfet de ce département. Il suivit M. Neergard, naturaliste et gentilhomme danois, dans ses voyages en Italie, en Espagne, en Allemagne et en Suisse, et le fruit de ses voyages fut une superbe collection de *trois mille dessins* environ, représentant de beaux sites, des monumens antiques, etc., exécutés avec autant de grâce que de précision, lesquels, accompagnés d'un texte, furent publiés par M. Neergard en janvier 1812. Naudet mourut à Paris le 14 juillet 1810, à peine âgé de 36 ans.

**NAVÆUS** ( Jose● ), prêtre et chanoine de Saint-Paul de Liége, naquit au village de Viesme, à cinq lieues de cette ville, en 1651, et fit ses premières études avec une distinction remarquable. Il n'eut pas moins de succès en philosophie et en théologie. Il professa pendant quelque temps la poésie dans le collége de la Trinité à Louvain. Ayant pris le degré de licencié en théologie dans l'université de cette ville, il fut appelé à Liége pour y enseigner la philosophie au séminaire. Quelques-unes des thèses qu'il y fit soutenir sous sa présidence ont été imprimées. Il eut des démêlés assez vifs avec les jésuites au sujet du séminaire dont ces PP. cherchaient à avoir la direction. En 1699 il prit la défense de M. Denys, professeur de théologie à Liége, accusé d'enseigner des propositions qui n'étaient point orthodoxes ; M. Denys était alors à Rome. Navæus étant devenu infirme, se démit de son emploi de professeur ; c'est alors qu'il fut nommé à un canonicat de la cathédrale de Saint-Paul. Il conserva ce bénéfice tant qu'il put en remplir les devoirs, mais ses infirmités ayant augmenté, il le résigna. Il mourut à Liége le 10 avril 1705, n'ayant que 54 ans. On a de lui : I *Mémoire contenant les raisons pour lesquelles il est très-important de ne pas retirer le séminaire de Liége des mains des théologiens séculiers, et de n'en pas donner la conduite aux PP. jésuites.* Ce Mémoire, écrit en latin, fut traduit en français par le P. Quesnel, et imprimé in-4 et in-12 ; il n'eut point l'effet que l'auteur en attendait. Les jésuites prirent possession du séminaire ; ce qui donna lieu à un autre écrit de Navæus intitulé : *Deux lettres d'un ecclésiastique de Liége, contenant le récit de l'intrusion violente du P. Sabran, jésuite anglais, dans la présidence du séminaire de Liége,* en latin, 1699. Ces Lettres furent aussi traduites en français, in-4 et in-12. II *Epistola apologetica ad auctores et suscriptores resolutionis sacræ (ut ipsi quidem existimari volunt), facultatis Lovaniensis ad questiones quasdam dogmaticas, datæ die 12 septembris 1699, et Lovanii editæ per quosdam sacræ theologiæ studiosos, ex S. L. pro professore suo absente.* C'est la défense de Denys citée ci-dessus, et mise sous le nom des étudians en théologie de Louvain. III *Sacræ facultatis theologiæ Coloniensis sapientissimum judicium pro doctrinâ per illustris D. Henrici Denys S. T. licenciati Lovaniensis, in seminario Leodiensi professoris, nec non in ecclesiâ Leodiensi canonici theologi, adversùs ineptias, cavillationes, aberrationes et imposturas doctoris Francisci Martin, in li-*

*bello cui titulus :* REFUTATIO JUSTIFICATIONIS, etc., *vindicatum per Christianum ab Irendaël, theologum, Marianopoli,* 1661, in-4. Cette pièce fut généralement attribuée à Navæus, qui du moins y eut beaucoup de part. IV *Le fondement de la conduite à la vie et à la piété chrétienne, selon les principes que la foi nous en donne dans l'Ecriture sainte et la doctrine de l'Eglise ;* livre pieux et estimé, que Navæus composa pendant la retraite à laquelle ses infirmités le condamnaient. Il contribua aux réglemens de l'hôpital des incurables de Liége, et à l'établissement des filles repenties ; ses liaisons intimes avec Arnauld, Quesnel, Opstraët, etc., disent assez qu'il partageait leurs sentimens.

NEAL (Daniel), théologien anglican, naquit à Londres en 1672 [1], et puisa les principes du presbytérianisme dans une académie de *dissenters*, dirigée par M. Rowe. Au sortir de son éducation, il se rendit en Hollande, et séjourna à Utrecht et à Leyde. En 1706 il fut élu pasteur d'une congrégation d'indépendans ; il mourut en avril 1743. On a de lui : I une *Histoire de la Nouvelle-Angleterre,* 2 vol. in-8. II Une *Histoire des puritains,* 4 vol. in-8. Maddox, depuis évêque de Worcester, attaqua cette histoire par un écrit intitulé : *Vindication of the church of England against, Neal's history of the puritains.* Néal y répondit. III Des *Sermons* dont plusieurs contre l'église romaine, prêchés à Old-Jewry lors de la fondation faite à cet effet par les non-conformistes en 1735. L'*Histoire des puritains* a eu une seconde édition, donnée par Toul-

1 Watkin's, *Biographical and historial Dictionary.* Le *Dictionnaire universel historique* ( Prudhomme ) dit en 1678.

min. Ce docteur entreprend d'y répondre non-seulement à Maddox, mais encore à Warburton et Gray, qui avaient fait la critique de cette histoire.

NECKER ( Charles-Frédéric de Cutrin ), né vers 1700, fut professeur de droit en Allemagne, vint se fixer à Genève, où il exerça le même emploi dans l'académie de cette ville, qui lui accorda les droits de bourgeoisie en 1724 : il y mourut en 1760. Il a publié : I *Lettres sur la discipline ecclésiastique* ( au nombre de quatre ), Utrecht, 1740, in-12. II *Description du gouvernement présent du corps germanique*, Genève, 1742, in-8, dans la *Tempe helvetica*, tom. 6. III *Responsio ad questionem*, *Quis sit verus sensus commatis*; *Salus populi suprema lex esto*.

NECKER (Louis), fils aîné du précédent, naquit à Genève en 1730, vint jeune à Paris, où il fit ses études et apprit les mathématiques sous le fameux d'Alembert. En 1757 il était professeur de cette science à Genève ; revint à Paris, se livra au commerce, sous le nom de Germani, en société avec les banquiers Girardot et Haller. Passa à Marseille en 1762, et neuf ans après il retourna à Genève où il est mort vers 1795. On a de lui : *Theses de electricitate*, 1747, in-4. Il rédigea pour l'Encyclopédie les articles *forces* et *frottemens ;* et on trouve aussi de lui dans le tome 4ᵉ des *Mémoires des savans étrangers*, une savante solution d'un problème d'algèbre.

NECKER ( Jacques ), ministre de Louis XVI, et frère du précédent, naquit à Genève en 1732. Après avoir été quelques années commis, dans son pays, d'un négociant suisse, il vint à Paris pour chercher de l'emploi, et aidé par son frère Louis, il entra chez le banquier Thélusson. Sans un heureux hasard qui fut le premier mobile de sa fortune, il aurait peut-être langui dans l'obscurité. Il remplaça un jour le premier commis de Thélusson, chargé de négociations à la bourse. Il s'agissait d'une opération majeure, et Necker la termina si heureusement, en s'éloignant même des instructions qu'il avait reçues du banquier, qu'il procura à celui-ci un bénéfice de 500,000 livres. Il reçut en récompense 12,000 livres. Peu à peu il se captiva toute la confiance de Thélusson, qui le fit son associé. La fortune de Necker s'avança rapidement, et en moins de quinze ans il se vit possesseur d'une somme de six millions. Selon les uns il l'amassa par des spéculations adroites ; il la dut, selon d'autres, à des traités frauduleux avec la compagnie des Indes, et surtout à des négociations sur les fonds anglais au moment de la paix de 1763, dont Favier, employé aux affaires étrangères l'avertit d'avance. Devenu riche, il chercha à s'élever, et afin de se faire connaître un peu avantageusement, il publia en 1769 un ouvrage sur la *Compagnie des Indes*, où il défendait cette compagnie et rappelait les services importans qu'elle avait rendus à l'état. Il était en cela en opposition avec M. l'abbé Morellet et M. Lawetelle, qui attaquaient les priviléges exclusifs de la compagnie, et réclamaient la liberté du commerce. Quelque analogues que fussent ces principes avec l'esprit public, le système de Necker lui fit de nombreux partisans. Cependant son écrit, plein de jactance, n'offre que des connaissances superficielles. A cet ouvrage, en succéda un autre du même auteur, intitulé *Législation des blés,* qui a le même mérite que le premier, et dont le seul but était d'attirer l'attention des personnes de haut parage. A travers les incorrections et la prétention du style, on y remarque un ton philosophique et de *philanthropisme*, qui le fit bien accueillir par le vulgaire des lecteurs. Aussi Necker, en popularisant ses idées, accoutuma les classes les moins instruites à parler finances, de même que les Voltaire, les Diderot, etc., les avaient accoutumées à parler philosophie. Il avait déjà publié, en 1773, un *Eloge de Colbert*, qui lui avait acquis une certaine réputation littéraire. Il fut d'abord employé comme premier commis des finances sous Turgot et sous Clugny. Le premier ayant été disgracié, Necker sut profiter de la dissipation où le second vivait, en remettant à M. de Maurepas des *mémoires* dans lesquels il exagérait les ressources jusqu'alors inconnues de la France. La fortune rapide de Necker semblait constater sa capacité dans les affaires. Il avait intéressé en sa faveur le marquis de Pezay, qui, sans occuper aucune place, exerçait une grande influence sur tous les ministères, et à la fin de 1776, et après la mort de Clugny, il fut adjoint à Taboureau-des-Réaux, contrôleur général. Le ministre Maurepas, accablé par l'âge et par son insouciance naturelle, ne voulant cependant pas renoncer au pouvoir auquel il était attaché par une longue habitude, crut se former une créature soumise et reconnaissante dans Necker, et favorisa son élévation. Taboureau, au bout de 8 mois, fut contraint de céder sa place à l'adroit Genevois, le 10 juillet 1777. Il faut avouer qu'il fut mis à la tête des finances dans l'époque la plus difficile; mais cette même raison fait la critique de l'ambition présomptueuse de Necker. Son principal soin avait toujours été de se rendre populaire, et pour ne point perdre sa popularité, il n'osait, dans les nouvelles dépenses qu'entraînait la guerre de l'Amérique, recourir aux impôts. Il essaya d'y suppléer par les emprunts et les réformes, sans songer que la classe indigente, ne vivant que des richesses des particuliers, en adoptant ces moyens il finirait par ruiner l'état, et accabler ce même peuple qu'il voulait caresser. Les innovations du nouveau contrôleur furent sévèrement censurées, et notamment par Turgot. « On reprochait à Necker, dit un » écrivain, une extrême prédilection » pour la caisse d'escompte; on re- » présentait la suppression des rece- » veurs généraux comme un moyen » perfide de mettre le monarque sous » la tutelle des financiers; celle des » trésoriers, comme le renouvelle- » ment d'une conception de l'Ecos- » sais Law, dont le souvenir se liait » aux plus affreux désastres; la ré- » forme de la maison du roi, comme » l'attentat d'un esprit républicain » contre la majesté du trône; les » emprunts, comme un expédient pro- » pre à ruiner l'état, en lui créant » des ressources illusoires et passa- » gères, qui imposerait des charges » perpétuelles aux générations fu- » tures, ou réduirait le monarque à » l'affreuse nécessité d'une banque- » route. » Et tous ne furent que des présages qu'une triste expérience a réalisés. En 1781 il fit paraître le *Compte rendu* de son administration, qu'on appela avec assez de justesse le *compte bleu*, par les brochures qui étaient couvertes en papier bleu. En même temps il renouvela, d'après Turgot, le projet des assemblées provinciales, qui alarmait les partisans de la monarchie. Mais Necker était *esprit fort*, et s'il avait de puissans ennemis, il ne manquait pas non plus de zélés défenseurs parmi les gens irréligieux, « qui regardèrent son élévation comme une des conquêtes de la philosophie.» Enivré de ses succès, il s'efforça d'entrer dans le conseil. On lui objecta sa religion ; se croyant un homme nécessaire à l'état, il fit de nouvelles instances, accompagnées de la menace de donner sa démission. Cette fois-ci il fut dupe de sa vanité, et on le laissa partir. Sa démission fut acceptée le 25 mai 1781. Il se retira en Suisse, et il y acheta la baronie de Copet. Peu de temps après, il publia son ouvrage sur *l'Administration des finances*, 3 vol. in-8, où l'on trouve, ainsi que dans ses autres productions, la même enflure de style, le même orgueil et le même charlatanisme. Cet écrit ne fit qu'exaspérer les ennemis que déjà lui avait fait son *Compte rendu;* et on le peignit alors comme il le méritait, c'est-à-dire «comme un ambitieux qui voulait fixer sur lui l'attention générale ; qui achetait la popularité au prix de la reconnaissance ; qui sapait les fondemens de la monarchie en dévoilant les secrets de l'administration ; et qui, substituant le rôle d'un tribun à celui de conseil d'un prince, semblait en appeler au peuple contre le monarque. » Par malheur, en même temps que Calonne l'accusait du *déficit* qui pesait sur la France, les fautes de ce ministre firent revivre l'ancienne réputation de son adversaire, quoique les fautes de Calonne ne fussent, en grande partie, que le résultat de celles de Necker. Celui-ci vint à Paris en 1787, et écrivit contre son adversaire qui l'avait publiquement attaqué. La suite de cette querelle fut l'exil de Necker ; et quelques mois après Calonne fut renvoyé. M. de Brienne le remplaça. La fermentation qu'excita contre lui le nouveau ministre alarma la cour, qui croyant la calmer, se décida à rappeler Necker ; celui-ci, enflé de ce triomphe, ne reprit la place de contrôleur général qu'à condition de ne point travailler avec le principal ministre. On eut la faiblesse de le lui accorder. « Nous allons voir, écrivait alors Mirabeau, ce charlatan de Necker, ce roi de la canaille ; s'il était le maître, elle finirait par tout étrangler sous sa direction. » Mirabeau l'avait bien jugé, mais s'était-il bien jugé lui-même, lorsque dans *l'assemblée* il prit à tâche d'enhardir cette même canaille en attaquant l'autorité du roi ? Necker, placé entre le souverain et le peuple, se flatta de tout gouverner en faisant entrevoir au premier une augmentation de puissance, et au peuple une prochaine démocratie, en abaissant les premiers ordres et les parlemens. Il parvint à déterminer enfin Louis XVI à convoquer les états généraux, et le rapport qu'il fit au conseil le 27 décembre 1788 sur la formation de ces états, fut « comme la première étincelle qui alluma les matières combustibles préparées depuis long-temps. » Cependant Necker ne parut jamais se fixer à aucun plan ; il erra constamment de projet en projet ; et tout en voulant abaisser les premiers ordres, il ne perdit jamais l'espoir de gouverner despotiquement et la France et le monarque. Au commencement de 1789 il répandit des craintes, mal fondées, sur la disette des grains ; on prétendit alors que sur 39 millions employés à l'achat des blés, 28 étaient rentrés par la vente de ces mêmes blés, dont il n'avait rendu aucun compte ; et il ne paraît pas qu'il en rendît jamais. Le 5 mai il prononça un discours à l'ouverture des états généraux, où, après s'être répandu en louanges les plus fades et pour le roi et pour la nation, il y proposait un plan de travail pour cette assemblée. Son amour-propre l'aveuglait au point de lui faire accroire qu'il parviendrait à la gouverner, et qu'il pourrait ainsi régir les destins de la France. Quelque incertaine que pût paraître sa conduite, on le voyait cependant appuyer toujours tout ce qui pouvait flatter les intérêts du peuple contre ceux du souverain. Sa popularité, qui allait en croissant, donna enfin un juste ombrage à la cour; et en effet, il était devenu comme la sentinelle des factions dans le sein même du conseil du roi. Le 11 juillet on lui intima de donner sa démission. Il retourna en Suisse; mais les factieux, qui le croyaient nécessaire à leurs projets, firent éclater tout leur mécontentement. Camille-des-Moulins fut un des premiers qui donnèrent le signal; il mit en mouvement, le 12 juillet, tous les groupes du Palais-Royal, les spectacles furent fermés, et on promena dans toutes les rues de Paris le buste de Necker à côté de celui du duc d'Orléans. Le 16, l'assemblée, comme pour prouver son assentiment ou sa connivence à cette émeute populaire, écrivit à Necker pour lui témoigner ses regrets sur sa retraite, et lui annoncer qu'elle avait obtenu son rappel. Dans l'effervescence où étaient les esprits, le roi crut devoir accéder à cette demande. Le 27, on lut à l'assemblée la lettre de remercîment que Necker lui écrivait. Son retour de Bâle jusqu'à Paris eut l'air d'un triomphe prolongé. Le même jour de son arrivée il s'empressa d'aller témoigner sa reconnaissance à l'hôtel de ville, et le lendemain à l'assemblée, où il fut reçu au milieu d'applaudissemens qui n'étaient qu'injurieux pour le monarque. On mit dessus la porte de son hôtel cette inscription : *Au ministre adoré.* Celui de Necker ne fut pas de longue durée. Tout en suivant son ancien système, et ne sachant faire mieux, il présenta pendant tout le reste de l'année de nouveaux *mémoires* sur les ressources des finances, qui ne pouvaient convenir ni au parti qu'il voulait détruire, ni à celui qui commençait déjà à l'abandonner. Au mois de septembre il écrivit sur la sanction royale, et se déclara pour le *veto suspensif.* Il déclara plus positivement encore la chute du crédit public, en demandant un emprunt de 80,000,000. Mirabeau, afin de lui laisser une responsabilité qui devait le perdre, contribua à lui faire accorder cet emprunt de confiance. *Le Livre rouge,* qui parut en avril, acheva de le dépopulariser. Camus accompagna la publication de ce registre, de réflexions qui choquèrent infiniment le contrôleur général, et il osa dans sa réponse appeler les membres du comité des pensions *des hommes novices en affaires,* et encore à *l'apprentissage des vertus publiques.* Le peuple, et surtout les chefs des factieux, qui ne l'avaient jamais aimé, et ne s'étaient servi de son nom que pour causer du trouble, l'abandonnèrent tout-à-fait lorsqu'il leur devint inutile. Trompé dans ses calculs, il en frémit, et on le vit s'opposer, en juillet (contre ses principes bien connus), à ce que Louis XVI sanctionnât le décret portant l'abolition de la noblesse, et il publia des *observations* à ce sujet. Le 17 août il adressa un *Mémoire* à l'assemblée, dans lequel il demanda que les décrets sur les pensions fussent modifiés, en observant que le corps législatif ne devait pas avoir la disposition des grâces, et affaiblir ainsi le gouvernement. Haï et méprisé en même temps, par l'assemblée qu'il avait cru gouverner, par le peuple dont il avait été l'idole, et par la cour qu'il avait entraînée dans l'abîme, il résolut de se soustraire à des résultats encore plus funestes. Avant de quitter la France, il vit arracher de dessus la porte de son hôtel, et au milieu des malédictions, l'inscription ( *au ministre adoré* ) que lui avait élevée le peuple; et il laissa pour gage de son administration 2,400,000 livres qu'il avait placées sur le trésor royal, une maison de campagne et son hôtel à Paris. Poursuivi par les injures et l'animadversion de tous les partis, il eut à souffrir mille désagrémens pendant tout son voyage. Arrêté à Arcis-sur-Aube, il n'obtint sa liberté qu'à la faveur d'un décret de l'assemblée nationale. A Vesoul, la même populace qui avait naguère traîné sa voiture, vomit contre lui mille imprécations, et faillit massacrer ses valets. C'est ainsi que le peuple se venge de l'encens dont il a été prodigue envers l'idole que la vanité, l'admiration ou la crainte lui avaient fait adorer. En 1762 il publia un ouvrage intitulé : *Du pouvoir exécutif dans les grands états.* A la fin de cette même année, il invita les amis de Louis XVI à le défendre à la barre de la convention. Montjoie, rédacteur de *l'Ami du Roi,* lui répondit alors pour l'engager « à ne pas s'immiscer davan- »tage dans les affaires d'un monar- »que que ses conseils avaient con- »duit au dernier terme du malheur, »et près duquel sa présence avait

»été le signal des désastres. » Necker continua à vivre dans sa terre de Copet, non sans inquiétude. Le titre de baron, avec lequel il avait flatté son orgueil, devint contre lui un nouveau motif de haine et de persécution. Ne pouvant se résoudre à oublier sa gloire passée, il tâchait de la faire revivre par de nombreux *écrits,* publiés, en grande partie par sa fille, en 1802. Ce même désir qui porte le voyageur à rechercher les ruines d'un monument jadis fameux, conduisit Buonaparte, en 1800, à rendre une visite à Necker. Celui-ci crut voir dans cette démarche un *hommage rendu au grand homme par un héros.* Mais le peu d'admiration du *héros* pour le *grand homme,* et l'oubli où il le laissa, dissipèrent cette flatteuse illusion. C'est de cette époque que date la haine de madame Staël contre Napoléon; haine cependant qu'il pouvait mériter sous tout autre rapport. Necker, de son côté, s'en vengea à son ordinaire, en faisant paraître en 1802 un nouvel ouvrage contre le gouvernement consulaire, dans lequel on trouve pêle-mêle des principes républicains et des idées monarchiques. Il fit une sensation momentanée ; mais il n'influa en rien et ne pouvait influer sur le sort de la France. On dit que Necker avait été invité à se mêler des affaires de la Suisse, ce qu'il avait refusé pour des raisons de santé; mais Necker ne voulait briller que dans les premières places, tout autre emploi était indigne de ses talens. Il mourut à Genève le 9 avril 1804. On ne saurait connaître le véritable mérite ni les torts de ce ministre dans les ouvrages de sa femme et de sa fille, qui ne sont que des panégyriques exagérés contre lesquels s'élèvent de longs et tristes souvenirs. Tout en accordant que les torts de Necker furent, en quelque sorte, ceux des circonstances, on ne peut cependant nier que son nom se lie trop malheureusement à l'histoire des désastres de la France. « Ce ministre, dit un » écrivain judicieux et impartial, ce » ministre, plus empressé de faire » sa cour à la multitude qu'au prince » qui l'avait investi de sa confiance; » cet homme, plus avide de popularité que d'estime, ne sembla rentrer au ministère que pour faciliter » les derniers coups qu'on allait » porter au trône. Ce fut lui qui fit » adopter les réglemens pour la convocation des états généraux, et » qui procura au tiers état tant de » prépondérance. On l'accuse même » d'avoir répandu dans le temps des » écrits pour exciter le peuple contre » le clergé et la noblesse. M. Sallier, » dans ses *Annales*, cite un grand » nombre de faits qui tendent à faire » voir dans Necker le moteur de l'effervescence populaire.» On a de lui, outre les ouvrages indiqués et ceux publiés par sa fille: I *Réponse au mémoire de M. Morellet sur la compagnie des Indes*, 1769. II *Mémoire sur les administrations provinciales*, 1781. III *Réponses de Necker au discours prononcé par Calonne à l'assemblée des notables*, 1787. IV *Nouveaux éclaircissemens sur les comptes rendus*, 1788. V *De l'importance des opinions religieuses*, 1788, 1 vol. in-8 et in-12. VI *Observations sur l'avant-propos du Livre rouge*, 1790. VII *Sur l'administration de Necker, par lui-même*, 1791. VIII *De la révolution française*, 1797; des *Mémoires*, etc., etc. Tous ces écrits peuvent être soumis à la même critique que ceux qu'on a annoncés dans le cours de cet article. Des incorrec-

tions continuelles, du pathos, beaucoup de vide dans les idées, une fausse sensibilité, un amour-propre et un charlatanisme imperturbables.

NECKER (Suzanne), femme du précédent, naquit vers 1746 à Genève, de M. Naas, ministre protestant, pauvre, mais qui fit donner à sa fille une éducation très-soignée. Mademoiselle Naas acquit un grand nombre de connaissances, se chargea de l'instruction d'une jeune demoiselle de Genève, qu'elle quitta pour épouser Necker, lorsqu'il n'était qu'un simple commis, et suivit constamment la fortune de son époux. Madame Necker avait un caractère affable et bienfaisant, et d'après l'opinion publique, elle ne se servit de son pouvoir que pour faire du bien; elle donna beaucoup de soin à l'amélioration du régime intérieur des hôpitaux, et établit un hospice près de Paris, et à ses frais, qu'elle dirigeait elle-même. Madame Necker avait la faiblesse qu'ont la plupart des femmes instruites, des prétentions à l'esprit; mais elle avait néanmoins la modération de ne pas choquer les opinions des autres; épouse d'un ministre et amie des lettres, on ne saurait l'accuser ni d'orgueil, ni de pédantisme. Madame Necker avait aussi une autre qualité rare parmi les personnes de son sexe qui ont reçu une brillante éducation; elle n'humiliait pas l'amour-propre des autres femmes par ce ton de supériorité qui décèle les faiblesses de la vanité: cependant le désir de jouer un rôle augmenta sa renommée, mais diminua son bonheur. Elle eut beaucoup d'amis parmi les gens de lettres, et fut très-liée avec Thomas et Buffon. Elle appelait le premier, et avec assez de justesse, *l'homme du siècle*, et le second, *l'homme des siècles*. Thomas lui adressa des vers, et dans l'*Essai des femmes*, il fit indirectement son éloge. Elle accompagna son mari dans sa retraite à Copet, où elle mourut en 1796. On lui doit : I *Des Inhumations précipitées*, 1798. II *Mémoire sur l'établissement des hospices*, in-8. III *Réflexions sur le divorce*, 1798, in 8. Quoique née dans une religion qui permet le divorce, elle n'en défend pas moins l'indissolubilité du mariage, et elle soutient son opinion avec autant de force que de sensibilité. IV *Mélanges extraits des manuscrits de madame Necker*, 1798, 8 vol. in-8, qu'on a publiés après la mort de l'auteur. On trouve dans ces écrits, à travers quelques défauts, des idées justes, de beaux tableaux et des conseils sages.

NECKER ( Noël-Joseph ), naquit en Flandre en 1729, et se rendit célèbre par la variété de ses connaissances. Il fut docteur en médecine de l'université de Douay, botaniste de l'électeur palatin, biographe du Palatinat, des duchés de Berg et de Juliers, agrégé honoraire du collége de médecine de Nancy. Plusieurs académies savantes le reçurent dans leur sein, telles que celles de Hollande, du Brabant, de Bavière, de Manheim, de Rouen, de Châlons, etc. Il voyagea en France et en Allemagne, et publia les ouvrages suivans : I *Deliciæ Gallo-Belgicæ silvestres, seu Tractatus generalis plantarum gallo-belgicarum ad genera relatarum, cum differentiis nominibus trivialibus*, etc., Strasbourg, 1768, 2 vol. in-12. Cet ouvrage, qui est la *Flore* des Pays-Bas, est disposé suivant le système de Linnée, et contient les caractères qui distinguent chaque genre et chaque espèce de plantes, leurs noms communs et pharmaceutiques, les en-

droits où elles naissent spontanément, leurs propriétés médicinales, avec des observations d'après les lois de la chimie. II *Methodus muscorum per classes, ordines, genera ac species, cum synonymis nominibus trivialibus, observationibus digestorum, ænisque figuris illustratorum*, Manheim, 1775, in-8. L'auteur, qui avait fait une étude approfondie des mousses, n'en admet qu'une seule classe ou dynastie, qu'il divise en trois ordres, dont les caractères distinctifs sont pris des effets de la germination. On doit regarder toutes les mousses comme pérennelles, mais leur germination n'est pas toujours la même; dans les unes elle est feuillée, dans d'autres elle est plumeuse, et dans quelques-unes elle est à simples bourgeons. Cette méthode a été adoptée en Allemagne. L'ouvrage a été réimprimé à Ratisbonne et en Angleterre. III *Physiologia muscorum per examen analyticum de corporibus variis naturalibus inter se collatis continuitatem proximamve animalis cum vegetabili concatenationem indicantibus*, Manheim, in-8; traduit en français avec le titre de *Physiologie des corps organisés, ou Examen analytique des animaux et des végétaux comparés ensemble, à dessein de démontrer la chaîne de continuité qui unit les différens règnes de la nature*, Bouillon, 1775, in-8. IV *Eclaircissemens sur la propagation des filicées en général*, Manheim, 1775, in-4. V *Histoire naturelle du tussilage et du petusite pour servir à la phytologie du palatinat du Rhin, des duchés de Juliers et de Berg*, ibid., 1779, in-8. On a imprimé cette dissertation dans le tome 4 des *Mémoires* de l'académie de Manheim. VI *Traité sur la* mycitologie, ou *Discours sur les champignons en général*, Manheim, 1783, in-8. VII *Elementa botanica, genera gemina, species naturales omnium vegetabilium delectorum, eorumque characteres diagnosticos, ac peculiares exhibentia, secundum systema omologium, seu naturale, evulgata cum tabulis separatis*, Newied-sur-le-Rhin, 1790, 3 vol. in-8. C'est un traité élémentaire, fruit de dix années de recherches et de méditations. Necker est mort à Manheim le 10 décembre 1793, âgé de 64 ans.

NEGRI (Jules), jésuite, né à Ferrare en 1648, entra jeune dans la société, et s'y distingua par sa piété, son amour du travail et son érudition. On a de lui : *Istoria degli scrittori fiorentini, la quale abbraccia intorno a due mibla autori, col la nota delle loro opere, si stampate che manoscritte*, Ferrare, 1722, in-fol. ; ouvrage estimable, mais qui fourmille de fautes typographiques, l'auteur, prévenu par la mort, n'ayant pu en surveiller l'impression et corriger les épreuves. Le P. Negri avait payé le tribut à la nature le 21 septembre 1720, à l'âge de 72 ans. Il eût été à souhaiter que quelque main habile s'emparât de son travail, soit en le refondant, soit au moins en corrigeant les fautes qui s'y trouvent. Il offre de bons matériaux pour l'histoire de la littérature florentine.

NELSON (Robert), gentilhomme anglais, recommandable par son caractère, son savoir et sa bienfaisance, né à Londres en 1656, fit ses études au collège de la Trinité, dans l'université de Cambridge. Il fut élu en 1780, membre de la société royale, et il partit la même année pour ses voyages avec le docteur Halley ; ils étaient ensemble à Rome lorsque Nelson y vit lady Theophila Lucy, veuve de sir Kings Mill Lucy, qu'il épousa. Après la révolution, il refusa de prêter le serment à Guillaume, et se joignit aux catholiques dont il embrassa le culte. Cela néanmoins n'altéra pas l'amitié qui le liait au docteur Tillotson, quoique celui-ci professât des sentimens contraires. En 1709, il rentra dans la communion de l'église anglicane, et mourut à Kensington le 16 janvier 1714. Lady Theophila, sa femme, était catholique et avait été convertie par Bossuet ; elle n'en avait instruit son nouvel époux qu'après son mariage. Rentré dans le sein de l'église anglicane, Nelson essaya, mais seulement par voie de persuasion, de la faire revenir à cette communion. Ni ses instances, ni l'éloquence de Tillotson ne purent l'émouvoir, et elle demeura catholique. Nelson jouissait d'une grande fortune ; il en employait la plus grande partie à faire du bien ; il était de toutes les sociétés de bienfaisance établies en Angleterre, soit pour la propagation de l'Évangile et la construction d'édifices d'utilité publique, soit pour la réformation des mœurs, la fondation des écoles, etc. Cette dernière œuvre attirait particulièrement son attention, et il fit à sa mort de gros legs pour y pourvoir. On a de lui divers ouvrages, savoir : I *Pratique de la vraie dévotion*, 1708, in-8. II *Vie du docteur George Bull, évêque de Saint-David*, mise à la tête des sermens de ce prélat, 1713, in-8, etc. — Un autre NELSON (Valentin), né en 1671 à Malton, au comté d'York, et élevé au collège de Saint-Jean dans l'université de Cambridge, où il avait pris des degrés, avait embrassé l'état ecclésiastique. Ses talens le firent connaître de l'archevêque d'York, qui le nomma à une prébende de la collégiale de Rippon, et à la cure de Saint-Martin dans le même comté. Il y mourut en 1724, après avoir publié un volume de *Sermons*.

NELSON (Samuel), patriote et journaliste irlandais, naquit en 1759, dans le comté de Down, et fit de fort bonnes études. Destiné au commerce, ses parens le placèrent auprès de son frère, négociant à Belfast, ville qui s'est toujours fait remarquer par son amour pour l'indépendance, ou plutôt par son aversion pour le gouvernement anglais. Le jeune Nelson, avec une imagination ardente, partagea bientôt les principes qu'il entendait proclamer tous les jours. Il conçut alors l'idée dangereuse d'être le réformateur de son pays. L'indépendance de l'Amérique anglaise venait d'être déclarée (1776), il crut ce moment favorable pour l'accomplissement de ses desseins, et publia alors la feuille intitulée l'*Astre du Nord*, dont le but était d'exciter ses compatriotes à secouer le joug de l'Angleterre, en leur offrant l'exemple des Américains. Cette feuille se répandit dans toute l'Irlande, et la nation sembla s'ébranler un instant, mais soumise bientôt par les troupes anglaises, elle ne paya que trop cher cet élan aussi peu réfléchi, que le plan en fut peu combiné. Nelson sut éviter par la fuite la punition du gouvernement; mais à l'époque de la révolution française, il entama une correspondance avec les patriotes de Paris, et, d'accord avec eux, il essaya de nouveau de mettre l'Irlande en insurrection. Après les malheureuses expéditions de Napper-Tandy et de Hoche (*V.* ces noms, *Suppl.*), il fut poursuivi, arrêté et jeté en 1796 dans un cachot, d'où il fut transféré au fort George dans l'intérieur des montagnes de l'Écosse. A la paix avec l'Angleterre, le gouvernement français s'intéressa en sa faveur; Nelson obtint sa liberté, et se réfugia à New-York. En ayant été chassé par la peste, il alla se fixer sur les bords de la baie d'Hudson, où il mourut vers 1808.

NELSON (Horace), célèbre amiral anglais, naquit le 29 septembre 1758, à Burnham-Thorpe, dans le comté de Norfolk, où son père était ministre. Il était le plus jeune de ses enfans, et à peine eut-il atteint sa 12e année que son père le plaça près de son oncle maternel, M. Suckling, capitaine du vaisseau appelé *le Raisonnable*. Nelson y servit pendant trois ans comme volontaire, et s'embarqua ensuite sous le commodore Phipps, chargé de découvertes vers le pôle du nord. Le jeune Nelson se distingua dans cette expédition par son intelligence et son courage, qui lui méritèrent en 1777 le grade de lieutenant. C'est en cette qualité qu'il fut envoyé la même année à la Jamaïque; deux ans après il fut nommé capitaine, et dans son voyage aux îles sous le vent, il commandait la frégate *la Borée*, et eut l'honneur d'avoir sous ses ordres S. A. R. le duc de Clarence. La guerre avec la France ayant éclaté, on le chargea du commandement de *l'Agamemnon*, de 64 canons, avec lequel il croisa dans la Méditerranée, et contribua à la prise de Toulon, de Bastia et de Calvi; il perdit un œil dans cette dernière attaque. En 1796, on lui accorda le grade de commodore; il passa sur *la Minerve*, et en août il tenta une attaque contre les Canaries, d'où il fut repoussé avec une perte considérable. L'alliance de la France avec l'Espagne causa à cette dernière les plus cruels malheurs, et entre autres la perte de sa marine ; leur flotte, commandée par Cordova fut défaite à la hauteur de Saint-Vincent par l'amiral Jervis. Nelson eut une grande part à cette victoire ; il attaqua *la Santa-Trinidad*, de 130 canons, mais ayant perdu beaucoup de monde, il alla attaquer le *Saint-Nicolas*, de 72 canons, qu'il prit à l'abordage, et força à amener le *Saint-Joseph*, de 100 canons. Mais le commandant espagnol ne voulant se rendre qu'à lui, il entra le premier, l'épée à la main, sur le vaisseau ennemi, et eut toutes sortes d'égards pour les vaincus. Ces importans services furent dignement récompensés par les titres de contre-amiral et de chevalier du Bain. La cité de Londres lui envoya en même temps des lettres de bourgeoisie dans une boîte d'or du poids de cent guinées. Ces succès furent cependant suivis de plusieurs revers ; en 1798, il fut mis à la tête d'une escadre qui vint bloquer Cadix, mais, après un bombardement de plusieurs jours, les négocians de Cadix armèrent un grand nombre de barques canonnières, montées par des marins expérimentés, qui allèrent attaquer l'escadre anglaise ; le chevalier Nelson se vit contraint de se retirer après avoir essuyé une perte assez considérable. Il fut encore plus malheureux quelques mois après ; il voulut s'emparer par surprise de l'île de Ténériffe, mais il trouva de la part des Espagnols la résistance la plus vigoureuse. Il y perdit ses meilleurs officiers, et entre autres le capitaine Bowen ; lui-même eut le bras droit emporté d'un coup de canon : le capitaine Nesbit vola à son secours, et le ramena en Angleterre. La cour lui fit une pension de mille livres sterling. Il était encore convalescent quand il demanda à rejoin-

dre l'amiral comte de Saint-Vincent, qui croisait devant Cadix ; cet officier l'ayant chargé d'observer et de combattre la flotte qui portait en Égypte l'armée commandée par Buonaparte, Nelson partit le 2 mai avec trois vaisseaux et plusieurs frégates pour aller reconnaître le port de Toulon. Un coup de vent l'en éloigna le 17, et le 19, l'escadre française sortit de ce port, tandis que le contre-amiral relâchait en Sardaigne. Il remit à la voile le 26, et, ignorant le départ de la flotte française, après avoir formé le 10 juin sa réunion avec les onze vaisseaux qui devaient compléter son escadre, il vint croiser de nouveau devant Toulon. S'étant enfin aperçu de son erreur, il cingla vers Messine, relâcha à Naples, où l'attendait un ennemi dangereux pour sa gloire. Lorsqu'il commandait l'*Agamemnon*, et qu'il croisait la Méditerranée, il avait mouillé à Naples, et il y avait fait la connaissance de la trop fameuse Lady Hamilton. (*Voyez* ce nom, *Supp.*) C'est tandis qu'il était détenu dans les lacs de cette nouvelle sirène, qu'il apprit le 19 que Malte était déjà au pouvoir de Buonaparte, qui en était reparti le même jour. Il rejoignit sa flotte à Messine, et fit aussitôt voile pour l'Égypte ; les deux flottes se trouvaient en ce moment, l'une au nord, l'autre au sud de la Sicile, c'est à-dire dans la même situation où elles s'étaient trouvées quinze jours auparavant, longeant les côtes de la Sardaigne, mais par deux routes opposées. Après avoir touché à Alexandrette et ensuite à Alexandrie, sans jamais rencontrer l'escadre française, Nelson, qui l'avait devancée, se mit de nouveau en mer, mais il la manqua encore, et, après une croisière infructueuse qui durait depuis près de deux mois, le 9 juillet il quitta les eaux de Candie, arriva le 19 en Sicile, se ravitailla et en repartit le 24. Ici se présentent deux observations difficiles à expliquer ; car si un habile marin comme Nelson avait pu ignorer jusqu'alors la route d'une escadre aussi nombreuse, il est encore plus étonnant qu'il ne l'eût pas attendue à Alexandrie en envoyant quelques vaisseaux à sa découverte. Il revint sur les côtes d'Égypte, et il trouva le 1er août, dans la baie d'Aboukir, cette flotte si long-temps et si inutilement cherchée. Elle consistait en treize vaisseaux, trois frégates et un aviso ; l'amiral Brueys, qui la commandait, avait laissé entre lui et la terre un trop grand espace. Nelson sut se prévaloir de cette faute, et à trois heures après midi, il fait passer six de ses vaisseaux entre le rivage et les six premiers vaisseaux français, tandis que sept autres vaisseaux les attaquent de front. Il eut en même temps la prévoyance de les séparer de leur ligne, au moyen d'un bâtiment destiné à cette manœuvre hardie. Le combat le plus sanglant s'engagea, il se prolongea toute la nuit, et le lendemain les vaisseaux n'étaient plus qu'à la portée du pistolet ; l'amiral Brueys, déjà blessé, est emporté par un boulet de canon : le feu prend à son vaisseau qui vole en éclats. Le combat cesse un instant, on le recommence bientôt avec plus d'acharnement, et il dure jusqu'au 4 : les commandans français sont presque tous tués ou blessés ; et les bâtimens, placés entre les deux feux, ne se rendent qu'après avoir été entièrement rasés ou désemparés. L'équipage du *Timoléon* descend à terre, et fait ensuite sauter le vaisseau. Il n'y eut que deux vaisseaux et deux frégates qui échappèrent à

cette malheureuse défaite, tout le reste fut pris ou brûlé. Les Anglais ne parvinrent à emmener que six des neuf vaisseaux dont ils s'étaient emparés. Nelson entra dans le port de Naples avec ces vaisseaux captifs, dont l'approche avait naguère effrayé le royaume des Deux-Siciles. Le roi lui-même alla dans le port au-devant de l'amiral anglais. Lady Hamilton l'avait devancé, et à côté de Nelson, sur le vaisseau commandant, rappelait Cléopâtre ramenant Marc-Antoine. Nelson fut reçu au milieu des acclamations d'un peuple immense : on l'enivra, pour ainsi dire, de fêtes et d'honneurs. A Londres la joie et l'enthousiasme ne furent pas moins vifs ; il fut créé baron du Nil, l'amirauté lui acheta les vaisseaux qu'il avait pris aux Français ; d'un autre côté, le roi de Naples le nomma duc de Bitonte, en Sicile ; le sénat de Messine l'honora du titre de citoyen, et jusqu'au grand-seigneur qui lui envoya une aigrette enrichie de diamans. Cependant l'irruption des Français dans le midi de l'Italie vint mettre un terme aux réjouissances des Napolitains ; les troupes républicaines étaient aux portes de leur ville : Nelson s'empressa alors de recevoir dans son vaisseau amiral la famille royale pour la transporter en Sicile. A la fin de décembre 1798, il la reconduisit à Naples, lorsque les Français en furent chassés par les Autrichiens et les Russes. Ce ne fut qu'à regret que dans la justice sévère exercée par la cour de Naples sur plusieurs individus, Nelson signa le décret de mort du vieux prince Carraccioli. (*Voyez* lady HAMILTON, *Suppl.* ) Nelson était comme inséparable de lady Hamilton : et quand le gouvernement britannique rappela son ministre, lord Hamilton, Nelson résigna son commandement. De retour à Londres avec ce lord et son épouse, tout le monde plaignit son malheureux attachement pour une femme intrigante, objet du mépris public. Il fut cependant reçu avec tous les honneurs que ses services méritaient. Il remplit une mission auprès de plusieurs puissances du nord, et fut ensuite nommé à la chambre des pairs. L'année suivante (1802), s'éleva contre la paix avec la France; en 1803, il fut chargé d'aller bombarder Alger; il essaya après, mais inutilement, d'incendier la flottille de Boulogne. En 1804, il établit une croisière dans la Méditerranée, mais il ne put empêcher la réunion des deux escadres française et espagnole, et les poursuivit en vain ( en juin 1805) lorsqu'elles se rendirent aux Antilles. Dans la même année il fut nommé commandant de l'escadre devant Cadix, où se trouvaient réunies les flottes espagnole et française à leur retour d'Amérique. Celles-ci ayant mis à la voile le 19 novembre 1805, pendant le temps le plus orageux, rencontrèrent l'escadre anglaise le 21, près du cap Trafalgar. Nelson les attaqua l'après-midi, et malgré la plus opiniâtre résistance, il les défit complétement. L'escadre française était commandée par l'amiral Villeneuve, et l'espagnole par l'amiral duc de Gravina. (*Voyez* GRAVINA (le duc de), *Suppl.*) Nelson, qui montait le *Victory*, s'attacha à combattre la *Santa-Trinidad*, son ancien antagoniste, mais il ne put s'en emparer. Les escadres combinées étaient en pleine déroute, lorsqu'une balle de mousquet, partie des hunes de la *Santa Trinidad* [1], l'atteignit à la partie supérieure du

bras gauche; il mourut deux heures après au milieu de la plus brillante victoire. Avant d'expirer, il combla d'éloges l'amiral Collingwood, et le désigna pour lui succéder dans le commandement. L'amiral Villeneuve fut fait prisonnier presque dès le commencement du combat ( *voyez* VILLENEUVE, *Supp.*); l'amiral Gravina, grièvement blessé au bras, mourut deux jours après des suites de l'amputation. Malgré le courage héroïque que déployèrent en cette occasion les Français et les Espagnols, dix-sept de leurs vaisseaux furent pris ou détruits; l'amiral Dumanoir put sauver quatre vaisseaux qui, peu de temps après, furent pris par sir Richard Stracham, à la vue de Rochefort; six autres rentrèrent dans Cadix dans le plus pitoyable état. La mort de Nelson remplit de deuil toute l'Angleterre; on y transporta son corps à bord de son vaisseau, après l'avoir placé dans un cercueil qui le suivait dans tous ses voyages. Ce cercueil était construit d'un tronçon de mât de l'un des vaisseaux dont il s'était emparé dans ses premières expéditions. Ses restes furent exposés pendant quelques jours aux regards du public sur un lit de parade, à l'hôpital de Grenwich, et inhumé ensuite avec une grande pompe dans la cathédrale de Saint-Paul, où on lui éleva un monument. Nelson avait épousé en 1779 la veuve du docteur Nesbit, médecin de l'île de Nevis, et fille de Guillaume Woodward, écuyer, dont il n'a pas eu d'enfans. Il a laissé une grande partie de sa fortune à une fille qu'il a eue de lady Hamilton, et qui porte le nom de son père. Son frère a hérité de l'autre partie, ainsi que de plusieurs de ses titres, et il a été admis à la chambre des pairs le 21 juin 1806.

---

[1] Et non du *Bucentaure*, comme on l'a prétendu: ce vaisseau étant déjà au pouvoir des Anglais, ainsi que l'amiral Villeneuve.

NEMIUS ( Jean ), né à Bois-le-Duc vers 1530, embrassa l'état ecclésiastique, et fut successivement principal du collége des Apôtres de Nimègue et de celui d'Amsterdam. Il mourut vers 1600, et a laissé : I *De imperio et servitute ludi magistri*, Nimègue, 1551, in-4. Ce livre est en vers avec des notes. II *Ortographiæ ratio et pronuntiandi modus*, Anvers, 1572, in-8. III *Annotationes in sintaxin Erasmi*, Anvers, 1574, in-8. IV *Tyli Saxonis historia, sive humanæ stultitiæ triumphus*, en vers ïambes. V *Parens et noverca*, poëme, Anvers, 1553. VI *Epitome de conscribendis epistolis*, Anvers, 1552, in-8, etc.

NÉRINI (dom Félix-Marie), célèbre et savant abbé général de l'ordre de Saint-Jérôme, naquit à Milan en 1705. Entré chez les jéronimites, il s'y distingua par ses talens et son amour pour les bonnes études. Il était aussi versé dans les lettres divines et l'érudition profane, littérateur aussi élégant que profond théologien. Il possédait de rares connaissances en mathématiques, en physique et en histoire naturelle. Il avait enrichi d'un grand nombre de livres et de manuscrits précieux la bibliothèque du monastère de Saint-Alexis, sur le mont Aventin, qu'il affectionnait. Il y avait formé un beau cabinet de physique et un musée. Curieux des diverses productions de la nature, il voulait donner à ses religieux le goût de ces différentes sciences, et avait judicieusement pensé que rien n'était plus propre à le leur inspirer que la vue de ces riches collections. Les belles qualités de l'abbé-général Nérini, son savoir, l'ardeur avec laquelle il travaillait aux progrès des connaissances humaines, l'avaient rendu cher aux savans, et lié avec

les plus illustres personnages. Il entretenait une correspondance avec eux sur des objets scientifiques, et particulièrement avec le célèbre cardinal Quirini ; il était consulteur de la sacrée congrégation du saint-office, et avait été long-temps procureur général de son ordre. Cet illustre religieux mourut à Rome, dans son monastère de Saint-Alexis, le 17 janvier 1787, après une longue et douloureuse maladie. Il a publié : I *Hyeronimianæ familiæ vetera monumenta, ad amplissimum dominum Aug. Mariam Quirinum S. R. E., cardinalem*, Plaisance, 1754, in-4. Son but dans cet ouvrage est de prouver par des monumens authentiques l'antiquité de l'ordre de Saint-Jérôme, contre ceux qui lui assignent une origine plus moderne. Une ancienne chronique, découverte par le P. Louis Galletti, bénédictin du mont Cassin, dans un monastère de sa congrégation à Florence, communiquée au cardinal Quirini, et envoyée par lui à Nérini, l'avait beaucoup servi dans ce travail. II *De suscepto itinere subalpino epistolæ tres, ad amplisimum cardinalem Angelum Mariam Quirinum*, Milan, 1753, in-4. Ces lettres sont accompagnées de notes savantes. III *Responsio ad epistolam Brixioni*, φιλοπατριδος, Milan, 1753. IV *De templo et cænobio sanctorum Bonifacii et Alexii historica monumenta*, Rome, 1752, in-4, dédié au cardinal Quirini. On en trouve un bon extrait dans la *Storia letteraria d'Italia*, vol. 6, pag. 569. V *Theologia hycronimiana*. C'est une compilation que Nérini avait faite dans le temps de ses études, pour son usage particulier, et pour la défense de laquelle il avait composé un autre ouvrage intitulé : *Vindiciæ hyeronimianæ*, demeuré inédit. VI *Tre Lettere in difesa delle religiose Turchine su l'Esquilie, contro le oblate Philippine,* sous le nom anagrammatique de l'abbé Celidonio Neufer, adressées au cardinal Quirini. L'abbé Bassano Maucini a publié un *Eloge* de Nérini, plein d'élégance et d'érudition. L'histoire et l'analyse de ses ouvrages, et ce qui leur a donné occasion, forment la plus grande partie de cet écrit.

NÉRO. (Andalone), célèbre astronome du 14ᵉ siècle, né à Gènes en 1306, parcourut presque toutes les parties du monde alors connu, pour perfectionner ses connaissances. Il est mort vers 1370, et a laissé : *De compositione astrolabii,* Ferrare, 1475. La Bibliothèque royale conserve de cet astronome les écrits suivans : *Tractatus de spherá ; Theorica planetarum ; Expositio in canones profani Judei de equationibus planetarum; Introductio ad judicia astrologica.* Néro est souvent cité par Boccace dans sa *Généalogie des dieux,* et l'appelle son respectable maître.

NEWCOME (William), archevêque anglican d'Armagh en Irlande, né en 1729, fit ses études à l'université d'Oxford. Admis dans la maison du comte d'Hereford, lord lieutenant d'Irlande, en qualité de chapelain, il s'y comporta si bien, et donna tant de preuves de mérite et de savoir, que ce seigneur se complut à l'avancer. Il le présenta en 1766 à l'évêché de Dromore, d'où il fut transféré successivement à Ossori, à Waterford, et enfin à l'archevêché d'Armagh en 1795. Newcome n'était point au-dessous de ces places. Il avait beaucoup d'érudition ecclésiastique, et il en donna des preuves dans ses nombreux ouvrages. On a de lui : I une *Harmonie des Evan-*giles, 1778. Il y fait grand usage de l'édition du *Testament grec* de Westein, et y soutient l'opinion commune que le ministère du Sauveur a duré au moins trois ans. (*Voyez* WESTEIN, Jean-Jacques, *Dictionnaire.*) En 1780, il traita *ex professo* ce point de critique contre Priestley, qui, dans son *Harmonie grecque,* réduisait à un an le temps de la prédication de Jésus-Christ. Priestley répondit : il y eut des écrits de part et d'autre, et, comme cela arrive presque toujours, aucun des contendans ne changea d'opinion. II *Observations sur la conduite de notre Seigneur, comme instituteur divin,* et *sur l'excellence de son caractère moral,* 1782. III *Essai sur une version perfectionnée, sur un arrangement métrique, et sur une explication des 12 petits prophètes,* 1785. IV *Essai du même genre sur Ezéchiel,* 1788. V *Examen des principales difficultés de l'histoire de l'Évangile, relativement à la résurrection,* 1792. VI *Examen historique des traductions de la Bible en anglais, l'utilité de revoir ces traductions, et les moyens d'opérer cette révision,* 1792. VII *Essai sur une revue des traductions anglaises de l'Ecriture grecque,* avec des notes. Quoique l'auteur eût fait imprimer l'ouvrage de son vivant, il ne le publia point, et il ne parut qu'après sa mort. L'*Essai sur une revue* avait donné lieu à tant de critiques, excité tant de controverses, qu'il voulut sans doute s'épargner celles que lui attirerait l'ouvrage même. Il avait fait un pareil travail sur les *Ecritures hébraïques;* il s'était au reste formé sur l'interprétation de l'Ecriture sainte, un système à part, et qui laissait aux auteurs des *Versions*

beaucoup de latitude. Il ne croyait
pas qu'on dût avoir égard aux opinions des différentes communions,
mais seulement au sens critique; il
fut combattu par Horsley [1]. L'archevêque Newcome mourut le 11 janvier 1800.

NEWLAND (Pierre), écrivain
hollandais, né à Dimmermeer, près
d'Amsterdam, en 1764. Il était fils
d'un charpentier, qui fit donner au
jeune Newland une éducation soignée. Il en profita si bien, qu'à l'âge
de dix ans il avait déjà composé des
*Pièces de vers* qui furent dignes
de l'impression, et trouvé lui-même
la solution de différens problèmes
de mathématiques. Il fut professeur
de cette science à Utrecht, puis à
Amsterdam, et enfin à Leyde; et le
gouvernement batave le nomma
parmi les savans chargés de fixer les
longitudes. On a de lui plusieurs ouvrages dont les plus connus sont :
I *Poésies hollandaises.* II *Des
moyens d'éclairer le peuple.* III
*Utilité générale des mathémati-*

ques. IV *Du système de Lavoisier.*
V *De la forme du globe.* VI *Du
cours des comètes et de l'incertitude de leur retour,* 1790. VII *De
la méthode pour les latitudes en
mer.* VIII *Traité de navigation,*
etc., Amsterdam, 1793. Il mourut en 1794, ayant à peine 31 ans.
Newland s'appliqua à toutes les
sciences avec succès; il savait le
grec, le latin et plusieurs langues
modernes. Il traduisit en vers hollandais tous ce que les poëtes grecs
et latins ont dit de l'âme après la mort.

NEWTON (Jean), mathémati-
cien anglais, naquit dans le comté
de Northampton en 1622, et a laissé
les ouvrages suivans : I *Astronomia
britanica,* 1656, in-4, 5 parties.
II *Trigonometria britannica,* 1658,
2 vol. in-fol. III *Chiliades centum
logarithmorum,* qui est à la suite
de la *Trigonométrie géométrique,*
1659, in-8. IV *L'àrt de la jauge
pratique,* 1663. V *Élémens de mathématiques,* 1660, en 3 parties.
VI *Arithmétique naturelle en nombres entiers, fractions ordinaires
et décimales,* 1671, in-8. VII Une
*Cosmographie,* 1674. VIII *Introduction à l'astronomie.* IX *Introduction à la géographie,* 1678,
in-8. Il est mort à Londres vers
1690.

NEWTON (Thomas), savant
évêque anglican, naquit à Litchfield,
dans le comté de Stafford, en 1703.
Après ses premières études, faites
dans sa ville natale et à l'école de
Westminster, il alla les continuer
à Cambridge au collége de la Trinité,
où il fut reçu agrégé. Ayant pris les
ordres, il exerça le ministère dans
différentes églises de Londres jusqu'en 1745, qu'il prit le degré de
docteur. En 1747 il se maria et
épousa la fille du docteur Trebeck.
Devenu chapelain du roi en 1756, il

[1] HORSLEY (Samuel), évêque anglican de
Saint-Asaph, était né en 1783, avait fait ses
études à Cambridge, et avait été chapelain du savant Louth, évêque de Londres. Il était ensuite
devenu archidiacre de Saint-Alban. Il fut en
1788 évêque de Saint-David, et en 1802 transféré à Saint-Asaph. Il était très-savant. Il eut
avec Priestley de longs et vifs démêlés à l'occasion de l'*Histoire des corruptions du christianisme* de celui-ci, qui attaquait les dogmes
principaux de la révélation. S'il ne persuada
point Priestley, il eut du moins la satisfaction
d'avoir pour lui tout ce qu'il y avait d'hommes
religieux, et même la plupart des amis de son
adversaire. Les horreurs commises pendant la
révolution française avaient fait sur lui une si
profonde impression, qu'on ne pouvait la nommer sans exciter en lui un vif sentiment d'indignation. Dans le sermon prêché devant la
chambre des pairs le 30 janvier 1793, il parla
avec dignité et éloquence de l'événement du
21 précédent, si analogue à l'objet de son discours On a de lui : I *Recherche critique sur
le 18e chap d'Isaïe,* 1799; ouvrage plein d'é-
rudition. II Traduction d'*Osée,* 1801, avec des
notes contre Newcome On lui a attribué l'*A-
pologie pour la liturgie et le clergé de l'église
anglicane,* attaquée par Gilbert Wakefield. Il
mourut le 4 octobre 1806.

fut bientôt après pourvu d'une pré- bende à Westminster et de la sous- chantrerie d'York. Enfin il fut nommé en 1761 à l'évêché de Bristol, avec le- quel il réunit 2 ans après le doyenné de Saint-Paul. Il mourut le 14 février 1782 dans son doyenné, âgé de 79 ans. On a de lui : I une édition du *Paradis Perdu* de Milton, avec des notes *variorum*, dont quelques- unes sont de lui, 1749. II *Disserta- tions sur les prophéties*, 2 vol. in-12. Il y renouvelle les diatribes de quelques protestans contre l'é- glise romaine. III *Mémoires écrits par lui-même*. IV *OEuvres mêlées*. On dit qu'il refusa la primatie d'Ir- lande qui lui avait été offerte. C'é- tait un prélat exact et charitable. Quant à sa théologie, elle n'est or- thodoxe, ni catholiquement, ni sui- vant la réformation anglicane. Il combat l'éternité des peines, et croit au rétablissement final de l'har- monie et du bonheur général. Ses *OEuvres complètes* ont été impri- mées en trois volumes avec sa *Vie* écrite par lui-même.

NEY (Michel), duc d'Elchingen, prince de la Moscowa, maréchal et pair de France, grand cordon de la Lé- gion-d'Honneur, etc., naquit à Sarre- louis, département de la Moselle, le 10 janvier 1769. Il embrassa fort jeune l'état militaire, entra dans un régiment de hussards, et était sous- lieutenant à l'époque de la révolu- tion. Il suivit l'exemple de la plu- part des troupes, et se rangea du parti contraire à la cour. En 1794, il était capitaine, et s'étant capti- vé la protection de Kléber, ce- lui-ci le fit nommer adjudant gé- néral, chef d'escadron, le retint près de lui, et le chargea de plusieurs missions qu'il remplit avec succès. Ney avait de l'instruction, de l'in- telligence et de la bravoure, aussi

son avancement fut très-rapide. Nommé général de brigade en 1796, il contribua beaucoup à la vic- toire de Newied; se distingua à Diernsdorf, où il fut fait prison- nier. Il fit la campagne de 1799, à l'armée du Rhin; après avoir été promu au grade de général de di- vision, Ney continua à se signaler dans cette campagne. Il adhéra à la révolution du 18 brumaire; et en 1802 il fut envoyé comme ministre plénipotentiaire dans la Suisse, qu'il soumit, d'après les instructions qu'il avait reçues par le gouvernement français. L'année suivante il quitta ce pays pour aller commander le camp de Montreuil, et bientôt après il fut nommé maréchal d'empire, et obtint le grand cordon de la Légion- d'Honneur. Les hostilités contre l'Autriche ayant recommencé en 1805, il passa le Rhin à la tête d'un corps d'armée, et eut une grande part à la victoire d'Elchingen, dont il porta le nom avec le titre de duc; victoire qui contribua aux succès de cette campagne. Ses manœuvres sa- vantes amenèrent la capitulation d'Ulm; il entra dans le Tyrol, s'en empara, et se porta sur la Carin- thie, lorsque la paix de Presbourg mit fin à cette campagne. Dans celle de Prusse, en 1806, il montra la même intrépidité, et les mêmes ta- lens à Iéna, près de Magdebourg, qu'il força de capituler, ainsi qu'à Eylau, à Friedland, dont il se ren- dit maître. Il passa en Espagne en 1809, et dans cette guerre aussi in- juste que funeste pour Napoléon, Ney donna de nouvelles preuves de cou- rage et d'habileté. Cependant ce fut à cette époque que Buonaparte con- çut quelques soupçons sur la fidé- lité de ce général, qui fut rappelé en France, où on le regarda comme disgracié. Il fut néanmoins employé dans la campagne de Russie où il développa tous ses talens militaires, et surtout à la bataille de la Moscowa, où son chef lui donna le nom de *brave des braves*, et le titre de prince. Dans les désastres qu'eut à essuyer, dans sa retraite, l'armée française, il contribua à en sauver les restes, en commandant l'arrière-garde, et en soutenant les combats que lui livrait l'ennemi, sans compter les obstacles qu'il dut surmonter pendant une route longue et pénible. Arrivé à Hanau il y organisa en peu de temps cette même armée qui, après les malheurs les plus inouïs, remporta les victoires de Lutzen et de Bautzen. Il ne démentit pas sa valeur ni son intelligence ordinaires, le 26 et le 27 août, devant Dresde; mais le 6 septembre suivant il fut battu par Bulow, qui l'obligea à se retirer sur Torgau. Il marcha cependant quelques jours après sur Dellau, en chassa les Suédois, se distingua à Leipsig, et facilita la retraite de l'armée sur Lindenau et Haneau. Ayant repassé le Rhin, il disputa pied à pied le terrain, contre une armée innombrable que l'Europe entière envoyait pour arrêter l'ambition de Buonaparte. Ney se couvrit encore de gloire à Brienne, à Montmirail, Craonne et Châlons-sur-Marne. Mais le sort de la France était jeté. Les troupes des alliés étaient entrées dans Paris; le 11 avril 1814, la déchéance de Buonaparte fut prononcée, et Ney lui-même, voyant sa répugnance à souscrire au vœu du conseil et de l'Europe, le força, pour ainsi dire, à abdiquer le trône, et se rangea aussitôt du parti des Bourbons. Il reçut de Louis XVIII l'accueil le plus flatteur. Ce monarque le combla de bienfaits, et devait au moins compter sur sa reconnaissance. Après

avoir été nommé commandant en chef du corps royal des cuirassiers, dragons, chasseurs et chevau-légers lanciers, il obtint le 2 juin le titre et la dignité de pair de France avec la croix de Saint-Louis. On avait toutes les raisons de le croire dévoué à la cause d'un roi qui l'honorait de sa bienveillance, et dont le règne paisible lui aurait fait jouir du fruit de ses travaux, tandis que son ambition avait tout lieu d'être satisfaite. Mais la rentrée de Buonaparte en France, vint mettre sa fidélité à une épreuve où l'honnête homme ne succombe jamais. Quand on eut appris le débarquement de Napoléon, en mars 1815, il se présenta à Louis XVIII, et promit d'amener le fugitif de l'Elbe *enfermé dans une cage de fer*. Il partit en effet à sa rencontre avec un nombre considérable de troupes; mais ce ne fut que pour les suborner et les ranger sous les drapeaux de celui qu'il avait promis de poursuivre. Après cette noire perfidie, il eut encore l'audace de paraître devant le roi, dont l'accueil devait être un reproche pour son ingratitude et sa trahison. Il aurait mérité sur-le-champ une punition exemplaire; mais la justice du monarque voulut encore temporiser. Ney retourna aussitôt auprès de Buonaparte, qui entra à Paris le 20 mars. Ney sembla de nouveau s'attacher sincèrement aux intérêts de son ancien maître; mais il donna encore des soupçons sur sa fidélité. On crut même qu'il était intimement lié avec ce reste de républicains qui rêvaient encore une *liberté* chimérique. Aussi, soit à Fleurus où il commandait l'aîle gauche de l'armée, soit à Waterloo, sa conduite parut très-équivoque, et il ne fit rien de remarquable; ce qui dut nécessairement étonner, d'après la réputation que ses exploits lui avaient acquise, dans un moment où sa bravoure et ses talens étaient plus que jamais nécessaires à celui pour lequel il avait trahi ses sermens. Après les événemens de cette journée, Ney fut un des premiers qui vinrent à Paris, sans qu'il songeât un instant à rallier une armée qui se débandait faute d'ordres et de chefs. Cela raffermit plusieurs personnes dans la croyance que Ney était dans le secret des intrigues d'une faction qui avait jadis abusé cruellement d'une autorité qu'elle n'avait su maintenir ; faction qui voulait, et la ruine des Bourbons, et celle de Buonaparte et de son fils. Le 22 juin, Ney attaqua sans aucun ménagement, dans la chambre des pairs, le rapport de Davoust, ministre de la guerre, qui, entre autres choses, annonçait l'arrivée de soixante mille hommes sous les murs de Guise, et déclarait hautement *que tout était perdu sans ressource.* Mais la faction à laquelle on le disait dévoué, et lui-même, furent trompés dans leur vain et absurde espoir. Buonaparte fut contraint de fuir, et tomba ensuite au pouvoir des Anglais. Louis XVIII remonta alors sur son trône ; et, dans un seul acte de justice, punit la double perfidie de Ney. Compris dans l'ordonnance du 14 juillet, il parvint d'abord à se soustraire aux poursuites dirigées contre lui ; mais enfin arrêté en octobre, il fut traduit le 9 du mois suivant devant un conseil de guerre, qui déclara son incompétence pour le juger, et il fut alors renvoyé à la chambre des pairs. On assure que pendant ce temps, sa femme avait mis en usage tous les moyens pour faciliter son évasion. Tout était prêt pour l'effectuer ; à l'aide de plusieurs

cordes il devait franchir une fenêtre assez élevée de la chambre qu'il avait pour prison à l'Abbaye. Des amis officieux l'attendaient dans la rue, et une voiture était préparée pour sortir des barrières ; mais au moment de l'exécution, la fille du geôlier s'aperçut de tous les préparatifs et donna aussitôt l'alarme. Ney fut gardé plus étroitement, et condamné à mort le 6 décembre par la chambre des pairs. Il entendit son arrêt avec une espèce d'impassibilité. Un prêtre l'accompagna dans ses derniers momens. On remarqua que Ney avait pour lui toute sorte d'égards, et causait avec lui avec expansion et confiance. Arrivé à l'extrémité sud du jardin du Luxembourg, il le remercia de ses bons offices, sans jamais perdre de sa sérénité. Il fut fusillé le 7 décembre 1815, à 9 heures du matin. Intrépide guerrier, excellent général, la grave erreur d'un seul instant ternit plus de vingt années de gloire. Il mourut âgé de 46 ans.

NICHOLS ( William ), théologien anglais, né en 1664 à Donington, dans le comté de Buckingham, fit ses études à l'université d'Oxford. Agrégé ensuite au collège de Merton, il y fut reçu docteur en 1695 ; et peu de temps après obtint le rectorat de Selsey, dans le comté de Sussex. Il a publié divers ouvrages estimables, savoir : I *Entretiens avec un déiste*, in-8 en 5 parties, 1703. Ils eurent plusieurs éditions ; la 3ᵉ parut en 1723, avec des augmentations, 2 vol. in-8. II *Defensio ecclesiæ anglicanæ*, 1707, in-12. Il en parut ensuite une trad. en anglais. III *Commentaire sur le Book of common Prayer* ( livre des communes prières, ou Paroissien ), in-8. IV *Essai pratique sur le mépris du monde*,

1694, in-8, réimprimé en 1704. V *Traduction de l'Introduction à la Vie dévote de saint François de Sales, évêque et prince de Genève.* VI *Consolations pour les parens qui ont perdu leurs enfans,* 1701; in-8. VII *La Religion du prince,* où l'on démontre que les préceptes de l'Ecriture sont les meilleures maximes de gouvernement, 1704, in-8. VIII Des *Discours.* des *Sermons,* des *Ouvrages polémiques,* ou *destinés à l'instruction de la jeunesse.* Nichols mourut vers 1712. C'était un homme instruit et vertueux.

NICOLAI ( Alphonse ), célèbre jésuite italien, naquit à Lucques le 31 décembre 1706, et entra dans la société à Rome, le 14 février 1723. Il s'y engagea par les quatre vœux, le 15 août 1740. On peut le regarder comme un de ceux qui dans les derniers temps honorèrent le plus cet institut, par la beauté de son esprit, la variété de ses connaissances et son profond savoir. Personne n'avait étudié la littérature avec plus de fruit et de succès, ne connaissait mieux les délicatesses de la langue toscane, ne la parlait et ne l'écrivait avec plus d'élégance que le P. Nicolaï. Il était également versé dans les saintes lettres. Il fut chargé pendant plusieurs années d'interpréter l'Ecriture sainte à Florence, et montra tant d'érudition dans cet emploi, que l'empereur François Ier lui conféra le titre honorable de son *théologien.* Il survécut à la suppression de son ordre. Accoutumé à la retraite et à la vie claustrale, il entra dans celui de Cîteaux, et y continua ses doctes occupations. Il mourut en 1784 dans un monastère de cet ordre, âgé de 78 ans. On a de lui : I *Memorie istoriche di san Biagio, vescovo e martire, protettore della re-*

*publica di Ragusa,* Rome, 1752, in-4. II *Panegiriche, Orazioni e Prose toscane,* Rome, 1753, in-4, et Venise. 1757. On y trouve l'éloquence réunie à la grace et à l'élégance du style. III *Dissertazioni e lezioni di sacra Scrittura.* Ce sont les leçons qu'il donnait quand il professait l'Ecriture sainte. Elles forment 13 vol. in-4, Florence, depuis 1756 jusqu'en 1765; et Venise, 1766–1783. Les livres saints que l'auteur y examine, sont: la *Genèse,* l'*Exode, Daniel, Esther, Judith* et *Tobie.* Elles sont enrichies de notes puisées dans tous les genres d'érudition ancienne et moderne, sacrée ou profane, et aucune occasion n'y est négligée de combattre l'irréligion et l'incrédulité. IV *Ragionamenti sopra la religione,* Gênes, 1769, 12 vol. in-8 et Venise, 1771; ouvrage qu'on peut regarder comme un riche magasin de preuves en faveur de la religion, et duquel la plupart de ceux qui depuis ont fait son apologie, ont tiré celles dont ils se sont servis pour la défendre. V *Prose toscane, oratorie, scientifiche, storiche,* etc., Florence, 1772, 3 vol. in-4, etc. On a aussi du P. Nicolaï des *poésies latines,* imprimées avec celles du P. Carlo Rotti, jésuite florentin, Padoue, 1756; quelques-unes dans les *Arcadum carmina, pars altera,* Rome, 1767; d'autres enfin, avec les *Selecta PP. societatis Jesu carmina,* Gênes, 1747, Venise, 1751, Pavie, 1779. On trouve dans les *Novelle letterarie di Firenze,* année 1784, un *Eloge* de cet illustre religieux. Il avait un frère aîné, *Jean-Baptiste* NICOLAI, aussi jésuite, homme versé dans les sciences ecclésiastiques. Il professa pendant près de quarante ans la théologie à Arezzo, et était examinateur du clergé pour le grand duc de Toscane.

NIQUILLE ( N. ), né à Bâle vers 1750, vint en France à l'époque de la révolution, et fut tantôt agent des royalistes, tantôt des jacobins, et le plus souvent de l'un et de l'autre parti à la fois. Ses principes cependant devaient l'attacher aux jacobins; et il paraît qu'il joua un rôle assez actif dans la journée du 10 août. En novembre 1792, la commune de Paris le nomma son agent pour la saisie du mobilier des prévenus d'émigration. Attaché ensuite à la police en qualité d'inspecteur général, tour à tour chassé et rappelé, il fut, après le 18 brumaire, enfermé à la Conciergerie pour rendre compte, dit-on, des opinions et des projets des autres jacobins. Faisant état de se trouver dans tous les complots, il fut compris dans celui qui eut pour but l'explosion du 3 nivose. Condamné à la déportation, il mourut à Sinnamari en 1804.

NIVERNOIS ( Louis-Jules-Mancini, duc de ) littérateur et ministre d'état de Louis XV, naquit à Paris le 16 décembre 1716. Il était petit-fils du duc de Nevers, neveu du cardinal Mazarin, qui se fit remarquer autant par son esprit que par sa haine contre Racine. Le duc de Nivernois embrassa d'abord la carrière militaire, et fut ensuite envoyé comme ambassadeur à Rome, à Berlin et à Londres, où il négocia la paix de 1763; mission dont il s'acquitta avec honneur. De retour à Paris, il se consacra entièrement aux lettres, et publia un grand nombre d'ouvrages, soit en prose, soit en vers, qui attestent tous son instruction, sa facilité, son bon goût, et qui lui méritèrent d'être reçu membre de l'académie française et de celle des belles-lettres de Paris.

Il fut lié avec les hommes les plus remarquables de son temps, tels que Voltaire, J.-B. Rousseau, et surtout avec l'abbé Barthélemi. Il fut mis en prison sous le règne de la terreur, et n'obtint sa liberté qu'après le 9 thermidor 1796. Quelque temps après il fut nommé président de l'assemblée électorale de la Seine, dont il fut éloigné après le 13 vendémiaire. Il mourut le 25 février 1798, à l'âge de quatre-vingt-deux ans. Il a laissé : I *Lettres sur l'usage de l'esprit dans la société, l'étude et les affaires.* II *Dialogue des morts*, au nombre de quatre. III *Réflexions sur le génie d'Horace, de Despréaux et de J.-B. Rousseau*, in-12, ouvrage rempli d'une sage impartialité et d'une critique éclairée. IV *Traduction de l'Essai sur l'art des jardins modernes*, par Horace Walpole, 1785, in-4. V *Réflexions sur Alexandre et Charles XII.* VI *La Vie d'Agricola*, traduite de Tacite. VII *Essai sur l'homme*, traduit de l'anglais, de Pope. VIII *Portrait de Frédéric le Grand.* IX *Adonis*, traduit de l'italien, du chevalier Marini. X *Richardet*, traduit, idem, de Fortin-Guerra. XI *Vie de l'abbé de Barthélemi*, 1795. XII *Recueil de fables*; elles furent recueillies en 1796, et ne sont pas inférieures à celles de la Mothe, dont il partage les beautés et les défauts. XIII Des *Chansons* et des *Poésies fugitives.* XIV Des *Imitations* de Virgile, Horace, Tibulle, Ovide, de l'Arioste et de Milton; le tout publié sous le titre d'*OEuvres de Nivernois*, Paris, 1796, 8 v. in-8, auxquelles M. François de Neufchâteau a ajouté deux autres vol. des *OEuvres posthumes de Nivernois* qui, outre son *Éloge*, contiennent des *Lettres*, des *Discours académiques*, sa *Correspon-*

*dance diplomatique avec le duc de Choiseul,* et son *Théâtre de société.*

NOAILLES (Louis, vicomte de) naquit à Paris en 1764. Au commencement de la révolution il était grand bailli d'épée, colonel des chasseurs d'Alsace. Il fut un de ceux qui oublièrent ce qu'ils devaient à leur naissance et à la cour, dont M. de Noailles et sa famille n'avaient reçu que des honneurs et des bienfaits. Nommé par la noblesse du bailliage de Nemours député aux états généraux de 1789, dès leur ouverture il se déclara pour la réunion des ordres, et ce fut lui qui, au 14 juin, annonça à cette assemblée le soulèvement de Paris, la prise de la Bastille, et la mort de de Launay. Lié intimement avec les plus démagogues, il fut le premier à inviter, le 4 août, la noblesse et le clergé à renoncer à leurs priviléges, et provoqua la suppression des droits féodaux, en attribuant les désordres des campagnes «au retard qu'on mettait à cette mesure si long-temps attendue par le peuple opprimé.» Le 18 septembre il présenta un rapport sur l'organisation de l'armée; le 5 juin 1790 il fit, au club des jacobins, la motion, qui fut décrétée, de défendre à tous leurs membres de porter des étoffes étrangères. Le 19 du même mois il eut une grande part au décret relatif à la suppression des titres et qualités, ainsi qu'à la livrée. Par suite d'une altercation qu'il eut avec Barnave, il se battit avec celui-ci au pistolet, et après avoir essuyé le feu de son adversaire, il tira en l'air; ils se raccommodèrent bientôt après. Deux mois après, en septembre, il fit un nouveau rapport sur l'état et l'organisation de l'armée. En août il parla des projets, vrais on supposés, des puissances étrangères, des

moyens qu'on avait à leur opposer, en concluant que la France serait invincible tant qu'elle resterait unie. Il dénonça, en septembre, les manœuvres des contre-révolutionnaires pour agiter les gardes-suisses, et fit défendre en même temps à toute association de communiquer ou correspondre avec les régimens français et étrangers. Le 22 il fit décréter l'organisation de la gendarmerie nationale. Il fut élu président le 26 février, et envoyé ensuite en mission en Alsace. A son retour, il parut le 6 avril à la tribune du club des jacobins, pour rendre compte de sa mission, et pour tranquilliser les esprits sur la situation politique de cette province. Les mouvemens hostiles des puissances voisines lui servirent, le 19, de motif ou de prétexte pour en accuser le ministre des affaires étrangères, et dit entre autres choses : « A quoi servent les agens, »les espions, les ambassadeurs, si »ce n'est pas pour savoir ce qui se »passe sous leurs yeux ? » Le 28 il vota l'admission de tous les citoyens, indistinctement, dans la garde nationale; et le 29 il appuya les communications des militaires avec les clubs, comme propres à leur inspirer de l'amour pour le nouvel ordre de choses. Il lut, le 5 mai, à l'assemblée, un long discours tendant à faire décréter l'émission des assignats de cinq livres. Envoyé à Colmar, à la tête de son régiment, le 29 du même mois, il y étouffa une insurrection qui venait d'y éclater. Il arriva à Paris le lendemain de la fuite de Louis XVI, et s'empressa d'aller à l'assemblée prêter son serment de fidélité. Le 5 septembre il prononça un discours assez énergique sur la situation de la France, engagea l'assemblée à prendre des mesures plus efficaces contre toute

attaque subite des puissances étrangères, et indiqua un plan pour assurer la défense de l'état, et ramener
la confiance intérieure, «arme, disait-il, la plus sûre pour déjouer
tous les projets des ennemis.» A
la fin des sessions, il se rendit aux
armées, et il écrivit de Sedan, en
novembre, une lettre assez sage et
modérée sur le refus qu'avait fait
Louis XVI de sanctionner le décret
contre les émigrans ; lettre qui ne
fut pas goûtée des jacobins : ils crurent s'apercevoir que M. de Noailles
faisait un pas rétrograde des principes qu'il avait professés. Il fut
néanmoins nommé, en mai 1792,
commandant de la chaîne des avant-
postes du camp de Valenciennes.
Mais après l'arrestation de Louis
XVI et de sa famille, la persécution
contre les nobles ayant recommencé
avec plus de vigueur, M. de Noailles,
malgré ses services, encore récens,
ne se crut pas sûr en France. Il
donna sa démission, et se retira en
Allemagne. Pendant son absence, sa
femme, accusée de complicité dans
la conspiration supposée des prisons
du Luxembourg, où elle était dé-
tenue, périt sur l'échafaud le 22
juillet 1794. Elle n'avait pas partagé les principes de son époux, qui,
en des momens plus calmes, revint
en France, reprit du service dans
les troupes républicaines, et passa
en Amérique avec le grade de général de brigade. Dans sa traversée
de l'île de Cuba, lors de l'évacua-
tion de Saint-Domingue, il fut tué
dans un combat naval qu'il soutint
contre les Anglais en 1803. Il y
avait montré beaucoup de valeur,
et fut pleuré par tous les soldats.
M. de Noailles avait de l'instruction, de l'éloquence, et une grande
aptitude pour les affaires. Il est à
regretter qu'il n'ait pas employé

ces talens pour une meilleure cause.

NOAILLES-MOUCHY(Pierre,
duc de), maréchal de France, naquit à Paris en 1715, et entra au
service dès sa plus tendre jeunesse.
Il fit la guerre de sept ans, et donna
dans toutes les occasions des preuves
d'intelligence et de bravoure. Ses
services furent récompensés par le
gouvernement des maisons royales
de Versailles et de Marly, et par
le bâton de maréchal de France,
qu'il obtint en 1775. Il fit partie
de l'assemblée des notables en 1787,
et après la session il se retira chez
lui, et ne s'immisça nullement dans
les affaires politiques. Cette modération ne put cependant pas le sauver de la persécution des terroristes.
Ceux-ci trouvaient mauvais en lui,
son nom, sa naissance, et même
le costume de l'ancienne cour, que
le duc se plaisait à conserver. Arrêté en 1793, avec son épouse, et
enfermés dans les prisons du Luxembourg, ils furent quelques mois
après traduits devant le tribunal révolutionnaire, « comme ennemis du
»peuple, complices du traître Capet,
»et distributeurs des sommes que le
»tyran employait à soudoyer les fa-
»natiques; » ils furent condamnés à
mort, et exécutés le 27 juin 1794.
Le maréchal avait alors soixante-dix-
neuf ans, et la duchesse soixante-six.

NOÉ ( Marc-Antoine de ), évêque de Lescar, issu d'une famille ancienne de Gascogne, naquit au château de la Grimaudière, près la
Rochelle, en 1724. Il fit ses études
à Paris, eut pour maître le célèbre
le Beau, et fut un de ses disciples
les plus distingués. Se destinant à
l'état ecclésiastique, il fit ses cours
de théologie en Sorbonne. Au sortir de sa licence, il devint grand
vicaire de Rouen, et fut élu député
à l'assemblée du clergé en 1762

Peu de temps après, le roi le nomma à l'évêché de Lescar. Il fut sacré en cette qualité en 1763. Il était à ce titre président des états du Béarn. Il sut joindre au zèle, à la douceur, à la charité d'un pontife, les talens d'un administrateur. Une épizootie effrayante se déclara dans son diocèse. Il sollicite des secours près du trône, et il les obtient. Il offre lui-même des sommes considérables, et fait un appel à ceux de ses diocésains qui sont en état de donner et aux maisons religieuses. De prompts et suffisans secours secondent ses efforts généreux. A l'époque de la révolution, il fut nommé député aux états généraux par les états particuliers du Béarn : il s'y rendit. Bientôt il s'aperçut de l'esprit qui allait y régner. Il protesta contre la réunion des trois ordres ; et, fidèle à son mandat, il se retira dans son diocèse, dès qu'il crut compromises les instructions qu'il avait reçues de ses commettans. Bientôt son siége fut supprimé. Un bénédictin, nommé Sanadon, professeur de rhétorique à Pau, fut nommé évêque du département des Basses-Pyrénées, dans lequel est enclavé Lescar, et le siége fut transporté à Oleron. Cette suppression fut signifiée à M. de Noë. Ses diocésains voulaient résister à l'exécution du décret ; il les arrête, fait un mandement contre cette intrusion, et obéit. Il alla d'abord en Espagne. La guerre l'ayant forcé d'en sortir, il se retira en Angleterre. En 1801 il donna la démission de son siége, pour faciliter l'exécution du concordat. Il revint en France, et fut, en avril 1802, nommé évêque de Troyes. A peine eut-il le temps de prendre possession de cet évêché, la mort l'ayant enlevé le 22 septembre de la même année, au moment, dit-on, où il allait être promu à l'une des plus éminentes dignités de l'église. Quoiqu'il n'ait fait que paraître dans le diocèse de Troyes, il y fut vivement regretté. Il était d'un caractère aimable, et joignait à de grandes vertus, à des talens rares une modestie encore plus grande et plus rare. Il aimait les lettres, et les avait cultivées avec fruit. Il savait l'hébreu et le grec, avait étudié à fond les grands modèles de l'antiquité. Il leur devait cette élégance de style, cette pureté qui fait le charme du peu d'ouvrages qu'il a laissés. On a de lui : I *Discours sur le jubilé de* 1775. Il est sagement écrit. On ignore s'il a été prononcé, ou seulement distribué comme une instruction pastorale. II *Discours prononcé à Auch, pour la distribution des guidons du régiment du Roi*, 1781. C'est le chef-d'œuvre de l'auteur. Les pensées en sont nobles et justes, le style grave et élégant, le fond éminemment religieux. Le patriotisme y respire, mais c'est celui qui est fondé sur l'amour de l'ordre et la soumission aux lois. III *Discours sur l'état futur de l'église*. Il avait été composé pour être prononcé devant l'assemblée du clergé en 1785. On sut qu'il contenait des idées singulières, qu'il y était question d'un *renouvellement*, de la *défection de la gentilité*, d'un *nouveau règne de Jésus-Christ*. Cette doctrine, revêtue d'ailleurs de couleurs séduisantes, présentée sous l'appât d'une attrayante éloquence, se rapprochait trop du *millenarisme*, pour pouvoir être soufferte. On invita M. de Noë à ne point prononcer son discours. Depuis il fut imprimé, suivi d'un *Recueil de passages* sur l'avénement intermédiaire de Jésus-Christ, avec des *Remarques*. Le P. Lambert, défenseur ardent du même système, avait fourni les passages et les remarques au chevalier de Noë, frère de l'évêque de Lescar, éditeur du discours. ( Voy. *Dictionnaire des Anonymes*, n° 9446, et LAMBERT.) IV *Lettre pastorale sur l'épizootie*, etc. Il l'écrivit au sujet de ce fléau, duquel il a été parlé ci-dessus. Elle est pleine d'onction ; c'est le cœur, et un cœur plein du feu de la charité qui y parle. On a vu quel en fut l'heureux résultat. V *Discours pour la confirmation*, prononcé à Londres en 1799. Il fit un grand effet, et a le même genre de mérite que les précédens. VI *Traduction d'un discours de Périclès*, conservé par Thucydide, insérée dans la traduction *d'Isocrate* de l'abbé Auger. VII Des *Mandemens*, parmi lesquels il faut distinguer celui du 10 mai 1791, au sujet de l'élection de l'évêque constitutionnel qui lui succédait. Il y prémunit son troupeau contre les dangers de l'intrusion et des innovations ; il y explique les règles de l'église. Tout cela est accompagné des exhortations les plus tendres et les plus paternelles. Il y prédit pour ainsi dire les maux dont depuis ce temps la religion a été affligée. Les souvenirs que M. de Noë avait laissés à Troyes, engagèrent l'académie du département de l'Aude à faire de son éloge le sujet d'un de ses concours. Le prix fut remporté par Luce-de-Lancival, qui lui avait été attaché, et son discours est imprimé. On a réuni les *OEuvres* de ce prélat dans une *édition* donnée à Londres, 1801, in-12. Il en a été fait une nouvelle à Paris, avec ce titre : *OEuvres de M. de Noë, ancien évêque de Lescar, mort évêque de Troyes ; contenant ses discours, mandemens et traductions, précédés d'une note sur la vie et les écrits de ce prélat,* avec *un fac simile de son écriture*, 1818, 1 vol. in-8. M. de Noë, tandis qu'il était sur le siége de Lescar, avait été un des quatre évêques qui n'adhérèrent point aux actes du clergé de 1765, concernant la bulle *Unigenitus ;* mais on ne voit de sa part aucune démarche marquante en faveur du parti qui refusa de la reconnaître.

NOGHERA ( Jean-Baptiste ), savant jésuite, naquit à Berbeno, dans la Valteline, le 9 mai 1719. Il fit ses premières études à Côme, et vint les continuer à Monza, sous la direction des jésuites, dont il embrassa l'institut le 14 octobre 1735, âgé seulement de 16 ans. Ses progrès furent grands et rapides sous ces habiles maîtres, qu'il égala bientôt. Il avait fait une étude particulière de l'éloquence. On le choisit pour en donner des leçons à Milan, aux jeunes jésuites, et plusieurs de ceux qu'il eut pour disciples se firent par la suite une réputation dans les lettres. L'éclat de son mérite, et sa renommée se répandirent au loin. On l'appela à Vienne, où on lui confia une chaire d'éloquence sacrée. Malheureusement il était destiné à voir la suppression d'une société à laquelle il n'était pas moins attaché par inclination que par devoir. Déjà elle était menacée, et obligée de se défendre. Noghera fut un de ceux que les supérieurs chargèrent de cette importante mission. Il s'en acquitta, sinon avec succès, du moins avec courage et talent. Ce qu'il a écrit pour cette cause est appuyé d'une logique forte, de raisons solides, et de traits d'une éloquence touchante. Après la bulle de dissolution, de Clément XIV, le P. Noghera se retira à Berbeno, sa patrie, et continua d'y écrire en faveur de la religion et de l'église, en établissant les vrais principes, et en combattant les nouvelles doctrines et la fausse philosophie. On a de lui : I *Riflessioni sulla filosofia del bello spirito* , Bassano , 1778. II *Sulla natura humana , et sulla religione naturale* , Bassano , 1730, 2 vol. in-8. III *Sulla religione rivelata , e particolarmente sul christianesimo* , Bassano , 1773. IV *Su i caratteri divini del christianesimo e del suo autore*, Bassano , 1779. V *Riflessioni per discernere la vera chiesa christiana , frà tutte le sette che ne pertano il nome*, Bassano , 1782. VI *Sulla infallibilità della vera chiesa christiana , nel suo magistero*, Bassano , 1775. VII *Sulla infallibilità del Papa , nel suo magistero dogmatico*, Bassano , 1776. VIII *Sulla podestà della vera chiesa christiana* , Bassano , 1778. IX *Sugli spiriti di novità e d'antichità* , Bassano , 1779. X *Su i consigli evangelici , e su i lor professori* , Bassano , 1780. XI *Pratiche della vera chiesa christiana* , Bassano , 1783, 3 vol. in-12. XII *Risposta alla proposta : Cosa è il papa? con altra appendice al soggetto relativa* , Bassano , 1783. XIII *Risposta alla proposta : Cosa è un vescovo ?* Bassano , 1784. XIV *Osservazioni sull' analisi dell libro intitolato le Prescrizioni di Tertulliano* , Bassano , 1783. Critique sage et raisonnée de *Tamburini* , professeur de Pavie , et auteur de l'Analyse. XV *Riflessioni sulla divozione e su i divoti* , œuvre posthume, Bassano , 1786. XVI *La moderna eloquenza sacra italiana*, Milan , 1752 ; Venise , avec des augmentations , 1753 ; Bassano , 1790. XVII *De Causis eloquentiæ* , Bassano , 1766. XVIII *Raggionamenti su i nuovi sistemi e methodo d'insegnare e d'imparare le belle-*

*lettere* , Bassano , 1787. Ces différentes œuvres, imprimées à part, ont été réunies en 17 vol. in-8 , Bassano, 1790. Dans celles qui concernent la religion, on remarque un esprit d'ordre, une clarté et une modestie admirables ; pas une parole choquante contre les auteurs que le P. Noghera combat , mais point de ménagement pour l'erreur. XIX *Orazioni di Demosthene , volgarizzate, è con annotazioni illustrate*, Milan , 1753. Cette trad. passe pour élégante et fidèle. A ces nombreux ouvrages, il faut joindre des *Mélanges* et des *poésies italiennes* et *latines*. Noghera mourut en novembre 1784 , âgé de 65 ans. Il possédait dans une grande perfection les langues latine , italienne et grecques. Théologien profond, littérateur très-distingué, écrivain laborieux, il a bien mérité de la religion et des lettres. On trouve son *Éloge* parmi ceux des *Hommes illustres du diocèse de Côme* , par le comte Giovio.

NOVERRE (Jean-George), célèbre chorégraphe, naquit à Saint-Germain-en-Laye en 1727, et est considéré comme le créateur de son art. Il parcourut presque tous les théâtres de l'Europe, où ses ballets eurent le plus grand succès. Il mérita des pensions de Frédéric II , roi de Prusse, de Marie-Thérèse, de don Pedro, roi de Portugal ; ce monarque le combla de bienfaits et de distinctions , et, ce qui est encore davantage, lui accorda la croix de l'ordre du Christ. On fait monter au nombre de plus de cent quarante les ballets de ce fécond compositeur, qui a laissé beaucoup d'élèves en France et en Italie. Un habile ministre et un grand général ne pourraient ambitionner plus d'honneurs que Noverre en obtint auprès de plusieurs cours de l'Europe. Il est mort dans sa patrie le 19 octobre 1810, âgé de 80 ans, et a laissé des *Lettres sur les arts imitateurs, et sur la danse en particulier*, Paris, 1807, 2 vol. in-8, et beaucoup de matériaux qui n'ont pas été inutiles à M. Despréaux dans la composition de son *Poëme de la danse*.

NYON (Jean-Luc) l'aîné, libraire de Paris, né vers 1730, s'est distingué par ses connaissances bibliographiques. On lui doit plusieurs *Catalogues* utiles, tels que ceux de la *Bibliothèque de Contauvaux*, 1782, iu-8; de la *Bibliothèque de la Vallière*, 2ᵉ partie, 1788, 6 vol. in-8, qui manque pourtant d'une table des auteurs; de la *Bibliothèque de Malesherbes*, 1796, in-8. Nyon est mort à Paris en 1799.

# O.

OBERHAUSER ( dom Benoît ), bénédictin allemand, naquit à Weissenkirch, en Autriche, le 27 janvier 1719, et fit ses études, partie à Saltzbourg, partie à Vienne. Il embrassa la règle de Saint-Benoît en 1740, à l'abbaye de Lambach. Il était bon théologien, savant canoniste, et très-capable d'enseigner. Il professa d'abord la philosophie à Saltzbourg, et ensuite le droit à Gurk et à Fulde. De nouvelles opinions commençaient alors à prévaloir dans les écoles d'Allemagne; Hontheim y avait préludé dans son *Fébronius*; elles se répandirent dans les domaines de la maison d'Autriche. L'empereur Joseph II les favorisait, et des évêques avaient la complaisance de se prêter à ses vues. Oberhauser les avait adoptées. Il relevait les prérogatives et l'autorité des princes temporels, au préjudice des droits et de l'autorité de l'église. Il enseignait cette doctrine dans ses leçons, l'établissait dans ses ouvrages, et la faisait soutenir dans des thèses publiques. Quelques-uns de ces écrits parvenus à Rome y furent mis à l'*index*; Clément XIII, informé de ces innovations, adressa au prince-évêque de Fulde un bref par lequel il lui enjoignait de destituer Oberhauser de sa chaire. Ce prélat invita le professeur à quitter Fulde; Oberhauser obéit, et se retira à Lambach dans sa maison de profession. De là il écrivit contre le P. Peck, bénédictin du monastère de Schwarzac en Franconie, qui lui avait succédé dans la chaire de Fulde, et qui y enseignait une doctrine opposée à la sienne. Le prince-évêque de Saltzbourg, qui partageait les opinions d'Oberhauser, le nomma son conseiller. Il mourut le 20 avril 1786. On a de lui : I *Prælectiones catholicæ*, etc. Il y attaque l'infaillibilité du pape, sa supériorité sur les conciles, ses prétentions sur le temporel des princes, etc. II *Apologia historico-critica divisarum potestatum*, Francfort-sur-le-Mein, 1771, in-8, réimpr. à Vienne dans la collection canonique d'Eybel. III *Manuale selectorum conciliorum*, 1776, 1 vol. in-4. IV *Specimen cultioris jurisprudentiæ*, Leipsig, 1777. Cet ouvrage fut attaqué par le P. Schmidt, jésuite d'Heidelberg, et par le P. Hochstadt, capucin de Mayence. Le P. Oberhauser leur répondit par un opuscule intitulé : *Pagellæ volantes*.

V Un *Abrégé de van Espen*, Saltz-bourg, 1785, 5 vol. in-8. VI *De dignitate utriusque cleri*, Saltz-bourg, in-8. Il n'en parut que la 1<sup>ere</sup> partie; la 2<sup>e</sup> était prête à imprimer lorsque l'auteur mourut. VII Un *Abrégé de Thomassin*, etc. Il y enseigne que les princes seuls ont d'eux-mêmes le droit d'imposer des empê-chemens dirimans au mariage, et que si l'église en impose, c'est par leur concession. Ses écrits sont savans, mais il dispute avec aigreur et dureté.

OBERHAUSER ( dom Bernard ), bénédictin, né dans les états du prince–évêque de Saltz-bourg, avait fait profession dans l'abbaye d'Estal en Bavière. Il enseigna la philosophie à Saltzbourg et à Frisingue. L'abbaye d'Estal ayant vaqué, il en fut élu abbé. On a de lui un cours de philosophie sous ce titre : *Biennium philosophiæ tho-misticæ*, 1725, 4 vol. in-8. Il en parut un supplément, 1729, in-4.

OBERLIN (Jérémie-Jacques), savant littérateur, naquit à Stras-bourg le 7 août 1735. Il étudia dans cette université la philosophie, la théologie, dans laquelle il s'at-tacha aux parties philologique et archéologique, fut profondément versé dans les langues anciennes et modernes, dans les antiquités et la diplomatie. A l'âge de 22 ans, il soutint publiquement une thèse sur l'inhumation des morts, et qui avait pour titre : *Dissertatio philologica de veterum ritu condiendi mor-tuos*, Argentorati, 1757. Le savant Kenniot ayant fait recueillir dans toute l'Europe les variantes du texte hébraïque de la Bible, Oberlin fut chargé de collationner les quatre manuscrits qui sont conservés dans la bibliothèque de Strasbourg. Il publia quelque temps après dans ses *Miscella argentoratentia* une *Des-*cription des échantillons des variantes qui lui avaient été fournies. Il fut professeur et bibliothécaire de l'académie de Strasbourg, corres-pondant de l'Institut de France, etc. Il mourut à Strasbourg le 10 octobre 1806. Ses principaux ouvrages sont : I *P. Ovidii Nasonis Tristium libri V; ex Ponto libri IV, et Ibis ; lectionis varietatem, eruditorum conjecturas, et clavem adjecit J.-J. Oberlinus*, Argentorati, 1776, 1778. II *Vibius Sequester, de flu-minibus, fontibus, lacubus, nemo-ribus, paludibus, montibus, genti-bus, quorum apud poetas mentio fit*, avec différentes leçons et com-mentaires, Argentorati, 1778, in-8. III *Quinti Horatii Flacci Carmina, curavit J.-J. Oberlinus*. IV *C. Cor-nelii Taciti opera, ex recensione Jos.-Aug. Ernesti, denuò curavit Oberlinus*, Leipsig, 1801, 2 vol. in-8. V *Orbis antiqui monumentis suis illustrati prodromus*, Argen-torati, 1772, in-4. VI *Rituum Ro-manorum tabulæ*, ibid., 1784, in-8. VII *Artis diplomaticæ primæ lineæ*, ibid., 1788, in-8. VIII *Litterarum omnis ævi fata, tabulis synopticis exposita*, ibid., 1789, in-8. IX *Exposé d'une découverte faite au Forum de Rome, par le chevalier de Fredenheim*, 1789, in-8, avec figures. X *Essai d'annales de la vie de Jean Guttemberg, inventeur de la typographie*; Strasbourg, 1802. Il a aussi donné plusieurs au-tres ouvrages sur la langue alle-mande du moyen âge; un *Aperçu*, le premier qui ait paru de la statisti-que de la ci-devant Alsace, par le moyen de l'*Almanach d'Alsace*, qu'il publia de 1782 jusqu'en 1792. On lui doit encore l'*Alsatia litte-rata*, dont les deux premières par-ties furent publiées en 1782 et 1786. On trouve dans le *Magasin ency-*

*clopédique* beaucoup d'articles intéressans de ce savant laborieux.

O'BRYEN (Thadée), Irlandais et prêtre catholique, naquit au comté de Corck, et vint en France après la capitulation de Limmerick, pour y achever ses études. Lorsqu'elles furent finies, il prit les ordres, et devint supérieur du collége des Irlandais à Toulouse. Retourné dans sa patrie, il y fut pourvu de la cure de Castlelyons. C'était un ecclésiastique zélé et vertueux. On a de lui une bonne *Réfutation* d'un ouvrage de Davis, docteur protestant, contre le catholicisme, 1716. Il reprit le même sujet en 1720. Il a aussi écrit *sur le Jubilé* de 1725. Il mourut en 1747.

O'CONNOR (N.), naquit à Dublin vers 1760, partagea les mêmes principes que Napper-Tandy et Samuel Nelson, ses compatriotes, dans l'intention de soulever son pays contre la domination anglaise; il fut un des chefs des *defenders*, qui remplirent l'Irlande de troubles. O'Connor avait des intelligences secrètes avec les patriotes français; averti par eux que les républicains allaient tenter une descente sur les côtes d'Irlande, il leva des hommes pour la favoriser; mais ayant été découvert, il fut arrêté et condamné à mort le 31 août 1795.

ODDI (Jacques-Degli), cardinal, d'une noble famille de Pérouse, naquit dans cette ville vers 1690, et occupa divers emplois importans, où il fit preuve de capacité et d'habileté dans le maniement des affaires. En 1743, à son retour de Portugal, où il avait été envoyé en qualité de nonce près de cette cour, Benoît XIV l'éleva à la dignité de cardinal. Il fut ensuite légat à Ravenne où il fit beaucoup de bien, protégea les

lettres et se concilia l'estime générale par sa vertu, sa libéralité et l'esprit de justice qu'il portait dans l'administration. Nommé évêque de Viterbe, il se montra dans ce nouveau poste, pasteur aussi zélé que savant, aida les pauvres, maintint la discipline parmi son clergé, et n'omit rien de ce qui pouvait contribuer à l'édification et à l'avantage de son troupeau. Ce pieux et estimable prélat mourut à Viterbe en 1770, âgé de 80 ans, et regretté de tous ceux qui l'avaient connu. Il a laissé les ouvrages suivans : I *Constitutiones editæ in diœcesanâ synodo habitâ in cathedrali ecclesiâ Sancti - Laurentii Viterbensis*, anno 1662, Viterbe, 1763, in-4. II *Viterbiensis synodi vindicatio*, ibid., 1764, in-4.

ODDI (Nicolas-Degli), cardinal et neveu du précédent, homme d'un mérite distingué, de beaucoup de sagesse et de prudence, et d'un talent rare, fut envoyé à la diète de Francfort après la mort de l'empereur François I$^{er}$, et s'y comporta de manière à obtenir et à mériter les plus grands éloges. Il mourut en 1767 à Arezzo, au collége des jésuites, dans un temps et à un âge où il pouvait rendre encore les plus grands services à l'église, qui fondait sur lui de justes espérances.

ODENCO (Gaspard-Louis), célèbre antiquaire, né à Gênes en 1725. A l'âge de 18 ans, il entra chez les jésuites, et obtint une chaire de théologie à Rome, où il put se livrer à son goût pour les antiquités. Lors de la suppression de son ordre, il se retira à Gênes, sa patrie, où il fut nommé bibliothécaire de l'université, et mourut dans cette ville le 10 décembre 1810. On a de lui : I *Dissertazione sopra un'antica inscrizione novellamente scoperta*,

Rome , 1756. L'inscription qui forme le sujet de cette dissertation, est relative à Kamenius, préteur triomphal du temps de Constantin, et septemvir du collége des Epulons. Ce Kamenius était de la famille Cesonia. Il *Dissertationes et adnotationes in aliquot ineditas veterum inscriptiones et numismata*, etc., Rome, 1765. C'est un recueil d'inscriptions latines qui étaient échappées à l'examen de Grutler, Reinesius, Gudi, Fabretti, Muratori, Maffei, etc.

OGE , mulâtre de Saint-Domingue, se trouvait à Paris lors de la révolution , et fit partie du club connu sous le nom des *Amis des noirs*, qui le chargea , dit-on , d'aller opérer une révolution parmi les gens de couleur à Saint-Domingue. On le munit d'instructions secrètes , et d'une forte somme d'argent. Oge avait de l'intelligence et de l'audace , et , arrivé à sa destination, au commencement de l'automne de 1790 , il publia une proclamation, préparée d'avance à Paris , dans laquelle il invitait les noirs à se mettre en état de révolte. Ceux-ci, qui n'y étaient que trop disposés, se rendirent en foule auprès d'Oge, qui se mit à leur tête, dévasta plusieurs établissemens, et obtint d'abord des succès ; mais le gouverneur Blanchelande ayant envoyé des troupes contre lui, ses gens l'abandonnèrent, et se cachèrent dans les bois. Oge se réfugia sur le territoire espagnol, mais à la demande du gouverneur français, on le lui livra avec plusieurs de ses camarades. Tous furent exécutés : Oge ne perdit jamais son courage ; quand il eut entendu son arrêt de mort , il prit une poignée de graines noires qu'il mit dans le creux de sa main , et les recouvrit de graines

blanches. Après avoir secoué le tout, et les graines noires ayant repris le dessus, il les montra à ses juges, et leur dit en souriant : « Où sont donc les blanches? » Par ce trait de laconisme spartiate, Oge fit bien connaître l'état où il savait qu'était la révolte des noirs , qui bientôt après devint générale, et qui , grâce à une philanthropie, au moins trop précipitée, coûta tant de sang, et la perte d'une riche possession en Amérique.

OGLETHORPE (Jacques), général anglais, naquit à Westminster en 1688. Il entra au service à l'âge de 14 ans, fit la guerre de 1710 , en qualité de simple enseigne, s'y distingua , et devint secrétaire du prince Eugène. Nommé membre du parlement en 1724 , il y proposa plusieurs sages réglemens, soit pour l'encouragement du commerce, soit pour la réforme des prisons. En 1732 , il fut envoyé en Amérique pour terminer les affaires de la colonie anglaise de la Nouvelle-Géorgie, où il fit bâtir la ville de Savannah. Il fit un second voyage dans ce pays, et essaya de s'emparer du fort Saint-Augustin, afin de pénétrer dans la Floride , appartenant aux Espagnols ; mais il fut vigoureusement repoussé. Elevé au grade de major général en 1745 , il alla contre les rebelles, lors des premiers mouvemens de l'Amérique septentrionale ; et il mourut quelques mois après, en 1775, âgé de 87 ans.

OLAVIDÈS ( don Pablo ), littérateur espagnol, naquit à Lima, capitale du Pérou, en 1740 , vint dans sa jeunesse en Espagne, et perfectionna ses études à Alcala de Hénarès et à Madrid. Ses connaissances, la vivacité et les agrémens de l'esprit qui distinguent les Péruviens, qu'on pourrait nommer les Audalous de l'Amérique, lui firent de puissans protecteurs. Il occupa des places importantes, suivit le comte d'Aranda dans son ambassade en France, en qualité de secrétaire de légation, et le servit avec zèle et avec succès. A son retour en Espagne, d'Aranda le recommanda à Charles III, qui créa Olavidès comte, et lui accorda l'intendance de Séville. Il y a eu peu d'hommes si féconds en projets qu'Olavidès. Il avait présenté, en 1778, celui de réformer la déclamation théâtrale en Espagne, et d'établir des réglemens pour les auteurs et les comédiens. Il avait commencé lui-même cette réforme; mais il abandonna son projet, n'ayant pas reçu d'encouragement. Dans son emploi d'intendant de Séville, il en présenta un autre qui fut adopté; celui de défricher la Sierra-Morena, montagne aride, aux confins de la Castille, de l'Estramadure et de l'Andalousie, qui a près de trente lieues d'étendue, sur cinq à six de large. Olavidès y appela des colons de toutes les nations, et surtout des Français et des Allemands. Les rochers qui en défendaient l'approche, les marais qui encombraient les vallons, disparurent par les soins actifs de l'intendant. Des routes, des hôtelleries, des hameaux, des villes même s'élevèrent dans un pays où naguère tout était inculte et presque inhabitable. Olavidès y établit des manufactures utiles, plusieurs à l'instar de celles de Lyon. Il appela à cet objet des fabricans et des dessinateurs de cette ville. Tout commençait à prospérer, et les provinces voisines se ressentaient déjà de ces bienfaits, lorsque des malveillans et des envieux alarmèrent le roi sur les énormes dépenses qu'entraînait cet établisse-

ment, sans cependant faire remarquer l'utilité qui en était le résultat. Ne pouvant empêcher les progrès de l'établissement, ces intrigans cherchèrent à l'anéantir, en perdant son fondateur, ce qui ne leur fut pas difficile. Olavidès était un *esprit fort*, c'est-à-dire, qu'il avait la faiblesse de ne rien croire, et de ne rien respecter en matière de religion. Le saint-office lui avait fait faire plusieurs remontrances à cet égard; mais comptant sur l'appui de la cour il les avait méprisées. Ses ennemis renouvelèrent ces accusations; elles parvinrent aux oreilles du roi qui était extrêmement pieux; l'inquisition présenta alors ses plaintes, et Olavidès fut arrêté et enfermé dans les prisons de ce tribunal. Son établissement commença à dépérir; plusieurs colons, se croyant abandonnés, obtinrent des secours du gouvernement pour retourner dans leur pays. Plus heureux que ceux établis par Catherine II en Sibérie, ils ne furent pas au moins abandonnés ni livrés à leur désespoir. Olavidès avait des amis puissans, qui parvinrent à le faire évader de sa prison. Il se retira à Venise, où il composa son ouvrage de l'*Evangelio en triunfo*, etc., *Triomphe de l'Évangile*, ou *Mémoires d'un philosophe converti*. En moins de deux ans ce livre eut huit éditions, fut traduit en italien; et en français par M. Buynaud-des-Echelles, Lyon, 1805, 4 v. in-8. Ce livre, écrit avec force, est plein de sentimens chrétiens et renferme de grandes beautés. Cependant il a le grand défaut qu'on pourrait reprocher à d'autres ouvrages célèbres sur des matières religieuses, qui ont paru de nos jours; le coloris en est très-varié, les images frappantes, les pensées sublimes ; mais tout cela est présenté dans un style poétique, et souvent même de roman. Des sujets aussi sérieux ne devraient être écrits qu'avec cette noble simplicité, cette éloquence qui naît du sujet même, et non de la trop brillante imagination de l'auteur. Ce qui éblouit ne touche pas, et au milieu d'une multitude de tableaux différens, de tropes et de figures, on trouve rarement la morale qui persuade et la véritable onction. Quoi qu'il en soit le *Triomphe de l'Évangile* obtint à Olavidès la permission de retourner en Espagne. Il y vécut oublié dans une petite ville de l'Andalousie ; sa conduite devint exemplaire, et il mourut en 1803, âgé de 63 ans. Il avait adressé au roi Charles III, et à son successeur, plusieurs *Mémoires* pour que son établissement de la Sierra-Morena ne fût pas entièrement oublié. Ces monarques ont eu en partie égard à sa demande. En 1808, il y avait encore différens colons, et le voyageur y trouve des routes et des gîtes qui, excepté celles qui conduisent à Madrid, sont les plus praticables de toute l'Espagne.

O'LEARY (Arthur), capucin irlandais, né à Corck, sut se rendre recommandable par son zèle, son esprit sage et conciliant, et ses écrits. Il fit ses études au collége de Saint-Malo, en Bretagne, embrassa l'ordre de Saint-François, suivant l'institut des capucins, et après avoir prononcé ses vœux et pris les ordres, entra en qualité d'aumônier dans un régiment irlandais au service de France. S'étant dégoûté de cette place, il retourna en Irlande, et ouvrit à Corck, sa patrie, une chapelle catholique qu'il desservait. Lorsque le parlement irlandais adoucit les lois pénales contre les catholi-

ques, il publia un écrit intitulé : *La Loyauté prouvée et le serment défendu.* L'effet de cet écrit fut de rassurer les consciences des personnes qui hésitaient sur le serment qu'il fallait prêter, et de les déterminer à le faire. Il tint la même conduite pendant la guerre d'Amérique lorsque les flottes françaises menaçaient l'Irlande. Il rappela alors, dans une *adresse* à ses compatriotes catholiques, qu'ils étaient sujets du roi d'Angleterre, et que rien ne les dispensait de demeurer fidèles au gouvernement. Il en fit autant en 1784, lors des troubles et des pillages qui eurent lieu dans le comté de Corck. On sut gré au P. O'leary de cette manière d'agir. Elle lui attira l'estime des gens honnêtes, lui valut des amis parmi les protestans, et jusque dans le parlement. Il vint se fixer à Londres et s'attacha à la chapelle catholique de Soho-Square, où il prononça l'*Oraison funèbre* de Pie VI, en 1800, devant un nombreux auditoire composé *de catholiques et de protestans* de tous les rangs. Il mourut à Londres le 8 janvier 1802. On a de lui : I *Défense de la divinité de J.-C. et de l'immortalité de l'âme*, Corck, 1776, en réponse à un ouvrage d'un médecin écossais intitulé : *Pensées sur la nature et la religion*, où toute espèce de religion était attaquée. II *Défense de sa conduite* (d'O'leary) *et de ses écrits*, contre Woodward, évêque anglican de Cloyne, 1728. III *Remarques sur la défense de l'association protestante de Weslay.* IV *Défense de sa conduite dans l'insurrection de Munster en* 1787. V *Examen de la controverse entre le docteur Carroll et MM. Warthon et Hopkins.* VI *Un Essai ou tolération*, etc. VII. *Des Sermons* et des *Mélanges.*

OLIER DE NOINTEL, ambassadeur de France à Constantinople, né vers 1630. Ayant entrepris un voyage dans l'Archipel, il en rapporta plusieurs pierres inscrites qu'il envoya à Paris. Après sa mort, arrivée en 1700, ces marbres, monumens précieux pour l'histoire, passèrent au pouvoir de Thévenot, garde de la Bibliothèque du roi, qui les transporta à sa maison de campagne au village d'Issy. Ses héritiers les vendirent à Baudelot de Dairval, membre de l'académie des inscriptions et belles-lettres, qui les plaça dans les deux maisons où il demeura successivement au faubourg Saint-Marceau, et ensuite dans celui Saint-Germain. Il les laissa par testament, en 1722, à l'académie dont il était membre, et on les voit aujourd'hui dans le dépôt de la rue des Petits-Augustins.

OLIVA ( le P. Ferdinand-Perez), écrivain espagnol, naquit à Cordoue en 1520, embrassa l'état religieux, fut attaché aux papes Léon X et Adrien VI, devint recteur de l'université de Salamanque, et puis précepteur de Philippe II. Il se distingua par sa connaissance dans les langues anciennes, traduisit plusieurs tragédies du grec, parmi lesquelles on cite la *Vengeance d'Agamemnon*, et *Hécube affligée* : on les trouve dans le *Parnasse espagnol*. Il a aussi composé deux *Tragédies*, des premières qui aient paru en Espagne ; et trois autres ouvrages en forme de dialogues ; savoir, *sur la dignité de l'homme, sur l'emploi des richesses, et sur la chasteté.* Il est mort vers 1575.

OLIVIER ( le baron ), général français, naquit vers 1740. Il entra comme soldat dans le régiment d'Aquitaine, embrassa le parti de la révolution, servit avec distinction dans les premières guerres de la république, et en 1793, il était général de brigade. Il fit en cette qualité la campagne d'hiver dans le Palatinat. Dans son séjour à Deux-Ponts, il fut accusé de concussion, arrêté, et conduit à Metz. Après une captivité de plusieurs mois, il parvint à se justifier, et on l'employa à l'armée de la Moselle, et ensuite à celle de Sambre-et-Meuse, où il se fit remarquer dans plusieurs affaires importantes. Il défendit la tête du pont de Neuwied, contribua à la prise des redoutes et du village de Bendorff, et le 21 avril 1797, il s'empara de Wetzlaer. L'année suivante il obtint le grade de général de division, fut envoyé à l'armée de Naples contre les insurgés de la Calabre. A la bataille de la Trebbia sa division appuyait la gauche de la ligne de bataille, et il y fit des prodiges de valeur. Ayant, à la tête de sa division, chargé l'ennemi au moment où il en triomphait, il fut atteint d'un boulet qui lui emporta une jambe. On le transporta à Plaisance ; il y fut fait prisonnier par les Autrichiens, qui lui rendirent la liberté sous parole. En 1800 il fut nommé inspecteur général aux recrues, et grand officier de la Légion-d'Honneur. Buonaparte le créa ensuite chevalier de la Couronne de Fer, et lui donna le commandement de la seizième division militaire à Lille. Après avoir beaucoup contribué, en 1809, à l'organisation des gardes nationales de cette ville, il défendit avec elles le fameux chantier d'Anvers et les côtes de la Belgique. Il mourut le 24 septembre 1813, regretté des soldats qu'il aimait, et des habitans avec lesquels il s'était conduit avec modération.

OLIVIER d'Avignon, né vers

1760, se signala par son courage, en plaidant pour la cause de son souverain légitime, lors des troubles du comtat Venaissin, causés par Jourdan *Coupe-tête*, et autres brigands que les jacobins y avaient envoyés, afin de désoler et de soumettre ce pays. Olivier fut nommé, en 1790, député extraordinaire de ce comtat auprès de l'assemblée nationale. Il y fit un tableau touchant et énergique des malheurs qui pesaient sur sa misérable patrie, et demanda, au nom de ses concitoyens, qu'on leur permît de rester sous la domination du pape. Les factieux ne virent dans cette mission, qui n'eut aucun succès, qu'une insinuation secrète de la cour de Rome, et persistèrent encore davantage dans leur projet de s'emparer d'Avignon, et ils ne tardèrent pas à y réussir. La mission d'Olivier ne servit qu'à exciter leur vengeance, et à redoubler les cruautés de la part de leur agent. Par une de ces perfidies assez communes à cette époque, Jourdan rassembla les victimes qu'il voulait immoler dans le palais appelé de *la Glacière*; Olivier était de ce nombre; il fut assommé à coups de barre, avec soixante autres personnes qui s'y trouvaient. ( *Voy.* JOURDAN COUPE-TÊTE, *Supplém.* )

OLIVIER ( N. ), célèbre naturaliste, né en 1750. Il eut part en 1792 à un journal consacré au progrès des sciences naturelles, qui le fit connaître avantageusement. Il entreprit en 1792, par ordre du gouvernement, un voyage en Asie, d'où il apporta des collections précieuses. Il revint en France en 1798, et peu de temps après il succéda à Brugnières, dans la section de zoologie, de l'Institut. Il a laissé une *Histoire des insectes* très-estimée, qui contient les différences spécifiques, la description, la synonymie, et la figure enluminée de tous les insectes connus. Olivier est mort en 1815.

O-MORAN ( Joseph ), général républicain, né à Delphin, en Irlande, vers 1750, d'une famille distinguée. Il vint jeune en France, et entra dans le régiment irlandais de Dillon. Ayant embrassé les principes révolutionnaires, il devint colonel, et fut nommé ensuite maréchal de camp sous Dumouriez. Il se distingua dans la guerre de la Belgique; et en 1792 il fut élevé au grade de général de division. Il commanda à Condé et à Tournay, et il reçut des éloges de la convention; mais il échoua à Cassel, et cette même convention l'accusa d'ineptie, c'est-à-dire, d'après les principes des tyrans de la France, de n'avoir pas réussi, ce qui alors était un crime de *lèse-nation*. Arrêté le 16 août 1793, et conduit enchaîné à Paris, il fut condamné à mort par le tribunal révolutionnaire, le 6 mars 1794. Il fallait à un général vaincre ou mourir sur le champ de bataille : pourvu qu'il obtînt des succès, la convention ne s'occupait nullement du nombre des morts. C'est par le sang prodigué des soldats et par celui de paisibles victimes qu'elle cimentait son anarchie et son pouvoir.

ORANGE ( Frédéric, prince d' ), second fils du stathouder, né en 1768. Il déploya de bonne heure des talens militaires, qui lui méritèrent des éloges des généraux les plus expérimentés. Dans la guerre contre la France, il commandait un corps sous les ordres du prince héréditaire, et fut blessé le 13 septembre 1793. Plein de courage et d'intelligence, il continua à se distinguer dans la campagne de 1794; et deux ans après il passa au service de l'Autriche en qualité de général major. Il se signala à la bataille de Wurtzbourg, livrée le 5 septembre 1795. Au siége de Kell, il repoussa, le 8 octobre, l'ennemi dans la place, après lui avoir fait essuyer une perte considérable. Le 22 novembre tous les postes autrichiens étaient en complète déroute, lorsqu'il arriva à la tete d'une compagnie hongroise. Le prince d'Orange s'élance sur l'ennemi, qui, croyant que le faible renfort que le prince amerait était une tête de colonne, s'arrête tout à coup, et donne ainsi le temps à la réserve d'arriver. Celle-ci attaqua vigoureusement les Français, et les poursuivit jusque dans leurs retranchemens. Ce fut le prince Frédéric qui, le 2 décembre, conduisit la première attaque sous les flèches de Kell, les emporta d'assaut, et enleva quinze pièces de canon. Il obtint de nouveaux succès en 1797, et on lui confia en avril le commandement d'un camp qui devait couvrir Vienne. Après quelques mois, il passa en Italie, et mourut presque subitement, au commencement de la campagne de 1799. Sa perte fut généralement regrettée par l'armée autrichienne, dont il était aimé et estimé autant par ses talens que par la bonté et la douceur de son caractère.

ORLÉANS (Louis-Philippe-Joseph, duc d'), premier prince du sang, né le 13 avril 1747 à Saint-Cloud, de Philippe d'Orléans et de Louise-Henriette de Bourbon. Il eut pour précepteur le comte de Pont-Saint-Maurice, qui mit tous ses soins à lui former l'esprit et le cœur. Il sembla d'abord en profiter, et se montra sensible et bienfaisant. Quoiqu'il n'eût qu'effleuré les sciences, il avait de l'esprit naturel, et fit paraître beaucoup d'adresse dans tous les exercices du corps. Sa taille était au-dessus de la médiocre, sa figure agréable, et bien fait de sa personne. A peine sorti des mains de son précepteur, il oublia ses sages leçons, et se vit entouré d'une foule de jeunes seigneurs qui souvent acquièrent les bonnes grâces des princes aux dépens de leur moralité et de leur honneur. Deux choses, l'une plus blâmable que l'autre, signalèrent la *première* jeunesse de ce prince. Un mépris absolu pour tout ce qui se faisait dans son pays, et un penchant excessif pour le plaisir et la dépense. Nommé duc de Chartres, il épousa peu de temps après Louise-Marie-Adélaïde de Bourbon, fille du duc de Penthièvre, dont les mœurs douces et les sentimens vertueux formaient un contraste frappant avec les vices de son époux. Non content de s'y livrer lui-même il y entraîna son beau-frère le prince de Lamballe, qui, d'une santé peu robuste, succomba bientôt à ses excès. On ne manqua pas d'accuser le duc de Chartres de l'avoir poussé dans ce désordre, afin de s'en défaire et de devenir l'unique héritier de la maison de Penthièvre. Il paraît certain que le prince mourut d'épuisement, et des suites d'une maladie honteuse qu'il avait contractée dans les mauvais lieux où le conduisait son beau-frère. L'anglomanie, le faste et les plaisirs jetèrent bientôt le duc de Chartres dans des prodigalités ruineuses; le libertinage changea ses manières, lui fit prendre un air presque grossier, et couvrit son visage de pustules rouges et virulentes. Comme il devait succéder naturellement à la place de grand amiral que possédait son beau-père, pour mieux la mériter, il voulut faire une campagne navale. On était alors en

guerre avec les Anglais pour l'indépendance de l'Amérique septentrionale. Il s'embarqua donc sur le *Saint-
Esprit*, vaisseau de quatre-vingt-
quatre canons, et commanda l'arrière-garde au combat d'Ouessant,
en 1778. Une manœuvre subite
plaça cette division en face de l'ennemi. Le comte d'Orvilliers, amiral,
lui donna le signal de tenir le vent
pour empêcher les Anglais de passer.
Soit que le signal fût mal compris,
soit que les commandans, voulant
perdre le comte d'Orvilliers, feignirent de ne pas l'entendre, l'arrière-
garde anglaise se sauva lorsqu'elle
devait tomber au pouvoir des Français. On répandit alors le bruit que
le duc de Chartres, dès le commencement du combat, s'était caché au
fond de cale ; d'autres démentirent
cette assertion, le vaisseau où le
duc se trouvait n'ayant jamais été
en péril, ni même à la portée du
canon : cependant la première opinion prévalut à la cour. Lorsque le
duc de Chartres y parut, on l'accabla d'épigrammes, et, pour comble
d'humiliation, au lieu d'obtenir la
place de grand amiral, on lui donna
celle de colonel des hussards. Quelque indignation qu'un monarque
pieux et sage comme Louis XVI
eût pu concevoir pour la conduite
désordonnée d'un prince de son
sang, il était cependant trop juste
pour lui faire une injure non méritée.
Il faut alors convenir, ou que Louis
se laissa trop facilement influencer
par les ennemis du duc, ou que
celui-ci était véritablement coupable de lâcheté. Quoi qu'il en soit,
c'est de cette époque que date sa
haine contre Louis XVI ; haine qui
peut-être causa tous les maux de la
France, la chute du trône, et le
sacrifice de quatre augustes victimes.
L'aversion du duc de Chartres pour

la reine remonte à une origine différente. Il s'était presque vu forcé,
dit-on, de céder Saint-Cloud à
cette princesse. Peu agréé à la cour,
il chercha toutes les occasions de se
populariser. — A la mort de son
père, en 1785, il prit le titre de
duc d'Orléans. On le vit alors
monter sur un ballon, se donner
en spectacle à la populace. Peut-
être, par ce trait de courage té-
méraire voulait-il prouver qu'il ne
méritait pas le nom de lâche
qu'on lui avait donné. Quelques années auparavant il était descendu
dans des mines. On prétendit que
dans l'une et l'autre occasion,
ayant montré une espèce de crainte,
il avait voulu rendre tous les élémens témoins de sa lâcheté. Cependant, le duc d'Orléans n'attendait
que le moment propice pour assurer sa vengeance contre la cour, et
cette occasion ne tarda pas à se présenter. Lors de la première résistance des parlemens aux ordres du
ministre de Brienne, il assista à toutes
les séances de ce corps relatives
aux impôts du *timbre et territorial*.
Afin de se former un parti nombreux,
le duc s'était fait nommer, après
la mort du duc de Clermont, grand
maître de la franc-maçonnerie : il
dispensait à pleines mains de l'or
parmi le peuple ; et dès le commencement des troubles, son palais était
devenu le foyer des complots et
des insurrections. Il ne sera pas inutile de rapporter ici un fait propre
à convaincre qu'il existait une faction
orléaniste bien avant la convocation
des états généraux. En 1787, et à
la même époque des discussions des
parlemens avec la cour, des jeunes
gens de la basoche, mêlés avec le
peuple, et placés sur le Pont-Neuf,
obligeaient tous les passans, soit à
pied, soit en voiture, à fléchir le

genou devant la statue équestre de Henri IV. On remarqua bien distinctement le duc d'Orléans, seul dans sa voiture à deux chevaux, passer dix ou douze fois sur ce même pont, sans qu'on le fît jamais descendre. Pendant ce temps, et lorsqu'il était vis-à-vis de la grille, il mettait la tête à la portière, et chantait chaque fois l'air si connu de *Vive Henri IV, vive ce roi vaillant!* que la multitude ne lui laissait pas achever, en criant à plusieurs reprises, *Vive d'Orléans! vive le successeur de Henri!* Le gouvernement ne pensa pas même à punir les auteurs de ces cris séditieux. Le parlement s'était déclaré *forcé* à enregistrer les impôts du timbre et territorial; décision révoquée par un édit du roi, du 19 octobre 1787. Louis XVI indiqua en même temps une séance pour le 19 novembre, dans laquelle S. M. fit enregistrer le nouvel édit concernant les emprunts graduels pour les années 1788 et suivantes. Le duc d'Orléans se prononça contre l'enregistrement, et porta le parlement à y ajouter ces mots : « Par » exprès commandement de sa ma- » jesté. » Le lendemain il fut exilé dans son château de Rincy. Cette punition, d'ailleurs très-juste, ne servit qu'à le populariser davantage, et à lui faire acquérir des prosélytes parmi les jeunes parlementaires. Il gagna en même temps les journalistes, et imagina le funeste projet de produire une disette factice. A cet effet, il accapara tous les grains, et toujours empressé à se rendre cher au peuple, il lui fit distribuer de nouvelles sommes, et pendant l'hiver rigoureux de 1788 à 1789, il fit allumer des feux, et servir des tables pour les pauvres de la capitale. On dit alors qu'il fut sur le point d'abandonner ses projets, dans l'es-

poir de marier sa fille à M. le duc d'Angoulême, et son fils à une fille du roi de Naples; mais sa haine et son ambition l'emportèrent. Tandis que des agens secrets tenaient en mouvement le peuple de Paris, d'autres mettaient en usage toutes les manœuvres parmi celui des provinces. C'est ainsi qu'il influença aux élections pour les états généraux qui allaient s'ouvrir le 29 mai 1789. Il s'y fit nommer par la noblesse du bailliage de Crepi, en Valois. Dès les premières séances, il se déclara contre les arrêts de la chambre, s'unit à celle du tiers, en entraînant avec lui plusieurs nobles décidés à suivre sa fortune. Pendant un discours qu'il avait essayé de prononcer le 17 juin, pour engager la noblesse à se réunir au tiers état, la chaleur fut si excessive qu'il s'évanouit. C'est alors qu'en le déboutonnant pour lui faire prendre l'air, on découvrit un plastron dont il s'était couvert de crainte d'être assassiné. Cette précaution pouvait cependant ne lui être pas inutile, se trouvant presque toujours au milieu de toutes les révoltes. On le crut le moteur de celle du faubourg Saint-Antoine, le 27 et 28 avril, lors de l'incendie de la fabrique de papier peint de Réveillon, où périrent trente-six individus. La police reconnut parmi les figures sinistres mêlées avec le peuple plusieurs paysans de Villers-Cotterets, où le duc d'Orléans avait un riche domaine. Il est à remarquer que pendant l'émeute, la famille du duc vint à passer, et au lieu de lui faire aucune insulte, on la fêta, et on fit arrêter la gondole où se trouvait la duchesse (qui n'était certainement pas initiée aux projets de son mari) pour la saluer et l'applaudir. Le duc d'Orléans semblait en effet approcher de son but. Dès les premiers jours de juin l'enceinte de son palais et de son jardin retentissaient de son nom. C'est dans cette enceinte qu'il tenait ses conciliabules ; il les transporta ensuite à Passy. A l'ouverture des séances de l'assemblée nationale, on lui avait offert le fauteuil de président ; il le refusa ; mais il était très-assidu aux séances. Le renvoi de Necker avait exalté toutes les têtes. ( *Voyez* NECKER, *Supplément.* ) Le 11 juillet tous les factieux rassemblés au Palais-Royal, appelaient à grands cris le duc d'Orléans. Celui-ci descendit parmi la foule, et après avoir dit : « Eh »bien, mes amis, il n'y a qu'un »moyen, c'est de prendre les armes, » il se retira vite dans ses appartemens. Cependant ce même jour on promena dans toutes les rues de Paris, son buste à côté de celui de Necker, couverts d'un voile noir, suivis d'un peuple immense qui criait, *Vive monseigneur le duc d'Orléans!* Le jour après on fit distribuer de nouveaux libelles contre la reine ; c'était une arme dont depuis plusieurs mois le duc d'Orléans se servait pour rendre odieuse cette princesse. C'est aussi du Palais-Royal que le 14 juillet partit le cri d'aller attaquer la Bastille. Les jours affreux des 5 et 6 octobre furent un effet des manœuvres du duc d'Orléans. Malouet affirma devant les tribunaux l'y avoir vu lui-même. Il est certain d'ailleurs qu'on y remarqua plusieurs de ses agens, et notamment son secrétaire, qui n'était pas le moins actif des factieux. A cette accusation, qu'on porta devant le Châtelet, se joignit celle qu'il avait voulu faire interdire le roi, et mettre en jugement la reine. Le Châtelet le condamna ; mais l'assemblée nationale s'empressa de

l'absoudre. La Fayette lui intima, par ordre du roi, de se retirer en Angleterre. Mirabeau employa en vain les prières, les promesses, et même les menaces pour l'engager à rester. Il partit pour Londres, et après une absence de huit mois, il osa revenir à Paris. Il fut reçu par les jacobins avec des transports de joie. Il se rendit à l'assemblée, et il prêta le serment de fidélité *à la nation, à la loi, et au roi.* Il publia quelque temps après un *Exposé de sa conduite pendant la révolution.* Il avait déjà fait paraître un autre *écrit* en faveur du divorce, qui ne manqua pas d'être applaudi par les innovateurs. Par une de ces inconséquences qui peignent néanmoins son vrai caractère, il écrivit à l'assemblée, après l'évasion du roi, le 20 juin 1791, une lettre dans laquelle il déclarait qu'il renonçait à la régence, en cas qu'on voulût la lui déférer. Cette irrésolution continuelle au moment de consommer son crime, et qui semblerait être un effet de sa timidité ou de ses remords, éloigna de lui plusieurs de ses partisans, Barnave surtout, qui détacha de la faction d'Orléans différens membres du côté gauche. Dans le mois d'août 1791, il insista sur ce que les princes de la famille royale ne fussent point privés des droits de citoyens, déclarant qu'il renoncerait plutôt à ses droits de prince du sang qu'à ceux de citoyen français. Les tribunes applaudirent beaucoup à ce dévouement *patriotique.* Peu après l'installation de la nouvelle législature, il envoya Pétion et Voidel à Londres, pour de nouveaux accaparemens de grains ; mais cette spéculation ayant manqué, il en fit une autre sur les sucres, qui donna encore occasion à plusieurs émeutes,

Vers cette même époque, M. Thévenard, ministre de la marine, voulant rapprocher le duc d'Orléans de Louis XVI, nomma le premier grand amiral. Il alla alors témoigner sa reconnaissance à M. de Molleville, successeur de M. Thévenard, devant lequel il protesta de son innocence contre les horreurs qu'on avait commises en son nom. M. de Molleville le crut, et lui facilita une entrevue avec le roi. Elle fut longue, et parut se terminer à la satisfaction des deux parties. Louis XVI lui-même dit qu'il croyait le prince disposé à réparer ses torts et le mal qu'il avait fait, « *auquel même,* ajouta S. M., *il est possible qu'il n'ait pas eu autant de part que nous avons cru.* » Peut-être cette réconciliation fut-elle sincère de la part du duc d'Orléans, au moment où il venait d'obtenir une place, dont le refus avait été le principal motif de son inimitié envers Louis XVI. En tout cas, si cela est vrai, les courtisans de ce monarque se crurent autorisés à empêcher les suites heureuses de cette réconciliation. Peut-être l'ignoraient-ils, mais il était certainement à leur connaissance que le duc avait été nommé grand amiral, ce qui était aussi une marque de réconciliation de la part du roi à l'égard de son cousin. Celui-ci se présenta peu de jours après ( un dimanche de janvier 1792 ) au lever du monarque ; les courtisans qui, dans ces jours-là, étaient en très-grand nombre au château, « lui prodiguèrent, dit un »écrivain, les injures les plus humi-»liantes.... il fut pressé, foulé, cou-»doyé ; on lui marcha sur les pieds, »on le poussa vers la porte. Des-»cendu chez la reine, où le couvert »était déjà mis, on cria à sa vue : »*Messieurs, prenez garde aux*

»*plats,* comme s'il eût voulu les em-»poisonner ; lorsqu'enfin il descen-»dit l'escalier, les crachats tombè-»rent sur lui, il en reçut sur la tête »et sur ses habits.... » Il sortit du château, écumant de fureur ; au lieu de se plaindre au roi et à la reine, il se plut à les croire consentans aux outrages qu'il venait de souffrir ; sa haine contre eux s'envenima de plus en plus, et elle devint irréconciliable. Dès lors il s'attacha plus fortement au parti révolutionnaire ; pour se concilier l'amour des troupes, il demanda à servir dans l'armée de Luckner ; mais la cour pénétra ses desseins, et s'y refusa. Il s'en plaignit à l'assemblée, et tous ses partisans s'agitèrent en sa faveur. Ils agirent encore davantage dans les journées du 20 juin et du 10 août 1792 ; mais il n'osa non plus consommer son crime : on aurait dit qu'il ne voulait retirer de ses manœuvres que le seul plaisir de faire du mal. Danton et Manuel l'engagèrent à changer son nom en celui de *Philippe Egalité,* nom qui fut enregistré à la commune dont Manuel était alors procureur. Après ce nouveau dévouement patriotique, les jacobins le nommèrent en septembre député à la convention nationale, avec Marat, Danton, les deux Robespierre, Collot-d'Herbois, Camille Desmoulins, Manuel, Fréron, etc., et il fut, ainsi qu'eux, en butte aux dénonciations des girondins, qui crurent, ou plutôt firent semblant de croire que la députation et la municipalité de Paris voulaient placer d'Orléans sur le trône ; aussi à la demande que fit la *montagne* de mettre Louis XVI en jugement, ils opposèrent celle de l'expulsion de Philippe et de tous les Bourbons. Dans ce même mois de septembre eurent lieu les massacres dans lesquels périt la princesse de Lamballe; le duc d'Orléans fut encore soupçonné d'avoir eu une grande part à cet assassinat, qui le délivrait de la charge annuelle de 600 mille francs que la maison de Penthièvre, dont il devait être héritier, payait à la princesse. Poursuivi par la Gironde, il consulta Danton, Fabre d'Eglantine et autres jacobins, sur la conduite qu'il devait tenir dans le procès de Louis XVI; tous opinèrent qu'il devait voter *pour la mort*, ce qu'il fit d'une voix faible et avec une contenance mal assurée. Peu de jours auparavant, il avait réuni dans un grand repas les *maratistes*, et plusieurs députés qu'on croyait chancelans. Pour mettre le comble à tous ses torts, il eut le courage de paraître en cabriolet, sur la place Louis XV, le 21 janvier 1793, et d'assister au supplice de son monarque et de son parent; peu de temps après son épouse se sépara de lui. Le 4 mars, son beau-père étant mort, il courut à Vernon pour recueillir ce qu'il put de sa riche succession, dont Camille Desmoulins, Danton, Merlin de Thionville et autres jacobins le dépouillèrent en partie. Ils lui donnèrent pour prétexte qu'ils voulaient opérer un mouvement populaire en sa faveur, qui n'eut cependant pas lieu, et ils répandirent alors qu'au moment décisif il n'avait osé se montrer à l'hôtel de ville. Après avoir épuisé ses trésors, après qu'ils l'eurent associé à tous leurs crimes, et couvert de honte et de déshonneur, les jacobins l'abandonnèrent; ils lui reprochèrent d'avoir voté la mort de Louis XVI, lorsqu'eux-mêmes lui avaient donné ce conseil, qu'il eut la barbarie de suivre. Ce fut en vain qu'il essaya de ramener ses anciens partisans, et que le 4 avril il jura devant la convention que « si »son fils, qui venait de fuir avec

»Dumouriez, était coupable, l'i-»mage de Brutus, qui se trouvait »sous ses yeux, lui rappellerait son »devoir. » Robespierre le fit rayer le même mois de la liste des jacobins; il se trouva alors livré à toute la fureur de ses ennemis, ou, pour mieux dire, de ses complices. Toutes les factions s'accusèrent réciproquement d'avoir eu des liaisons avec Philippe Egalité; car toutes les factions avaient flatté son ambition et partagé ses richesses. Les dénonciations contre lui se multiplièrent; enfin son décret d'arrestation fut prononcé le 4 mars 1793. En vain écrivit-il à l'assemblée conventionnelle, pour lui rappeler les services qu'il avait rendus à la révolution; il fut avec toute sa famille et le prince de Conti transféré dans les prisons de Marseille; le tribunal de cette ville l'acquitta, mais le comité de salut public défendit de le relâcher. Pendant sa détention, il se livra tellement à la débauche, que le prince de Conti adressa une lettre à la convention pour qu'on le séparât de lui. « Je »préfère la mort, écrivait ce prince, »au supplice de rester avec un tel »homme. » Traduit à Paris devant le tribunal révolutionnaire, il répondit avec assez de sang-froid, et entendit son arrêt de mort avec une fermeté dont on ne le croyait pas capable, et qui l'accompagna jusqu'à l'échafaud. En entendant le peuple qui le huait et le maudissait, il leva les épaules, et dit : *Ils m'applaudirent, cependant!* Avant de monter sur l'échafaud, il s'entretint longtemps avec son confesseur; il fut exécuté le 6 novembre 1793 : telle fut la fin d'un prince à qui les flatteurs et les vices ouvrirent le chemin du crime. Quoiqu'on ne veuille pas le considérer comme le principal auteur de la révolution, il est cependant hors de doute qu'il y figura des premiers par sa haine contre Louis XVI, par ses libelles contre la reine, par ses largesses qui excitaient le peuple à la révolte, et en se rendant, dès le commencement des troubles, le protecteur de toutes les innovations, l'appui et l'asile de tous les factieux. Pour remplir la tâche d'historiens fidèles, nous ajouterons que, d'après ce qu'en écrit M. de Montjoie, il fut affable et bon pour ses serviteurs; il se jeta à l'eau pour en sauver un près de périr; et ses adversaires eux-mêmes ont démenti les actes de poltronnerie qu'on lui avait attribués. Il eut de son épouse trois fils, et une fille qui demeure actuellement avec son frère, M. le duc d'Orléans, seul enfant mâle qui soit resté de cette maison. Ce prince est marié à une fille du roi de Naples, et il soutient avec éclat le nom de son illustre famille.

ORME (Robert), historien anglais, naquit à Bombay en 1728, et passa aux Indes en qualité de secrétaire de cette compagnie. Nommé capitaine, il s'attacha à lord Clire, avec lequel il retourna dans ce pays, où il demeura plusieurs années. Il alla à Madras en 1755, et il fut nommé quatrième membre du conseil et commissaire général. S'étant enrichi, il retourna en Angleterre, et publia son *Histoire militaire des transactions de la Grande-Bretagne dans les Indes*, dont le premier volume parut en 1763, le second en 1769, et le troisième, qui complète l'ouvrage, en 1779. La cour des directeurs le nomma historiographe de la compagnie. On a encore de cet auteur des *Fragmens historiques de l'empire du Mogol sous le règne d'Aureng-Zeb*. Il mourut en 1781.

ORMESSON ( Louis-François de Paule Lefebvre d'), d'une illustre famille de magistrats, alliée à celle de saint François de Paule, par le mariage d'Olivier Lefebvre avec Anne d'Olesto, morte en 1579, petite-nièce de saint François de Paule. C'est d'après une telle origine que cette famille a adopté pour livrée des habits bruns, comme étant la couleur que saint François de Paule donna aux minimes dont il fut le fondateur. Louis-François d'Ormesson naquit à Paris le 7 mai 1712; le chancelier d'Aguesseau, son oncle, présida à ses études; il les fit avec éclat, et fut nommé avocat général au Châtelet; en 1738 il occupa le même emploi au grand conseil, et ensuite au parlement dans la même année de 1741. Elu président à mortier le 10 mai 1755, et doyen des présidens en 1780, il devint enfin premier président le 12 novembre 1788. Aussi éclairé qu'il était juste et conciliant, il servit souvent de médiateur entre la cour et les parlemens. Le monarque avait une si grande estime pour lui qu'il lui écrivit une fois pour lui recommander l'affaire d'un seigneur de sa cour, qui, cependant, malgré cette puissante recommandation, perdit son procès. Le roi ayant eu occasion de voir d'Ormesson : « Monsieur, »lui dit-il, vous avez donc fait per- »dre le procès à mon protégé? — »Sire, il était insoutenable sous »tous les rapports — Je m'en étais »bien douté, ajouta le monarque, on »ne m'eût pas tant pressé, si l'affaire »eût été bonne; vous n'avez pas ré- »pondu à ma sollicitation, mais vous »avez répondu à mon attente, et je »vous en estime davantage.» Lors de l'exil des parlemens, il s'attendait à être exilé bien loin, on l'insinua même au roi, qui dit : «Je

»ne veux pas que mon voisin soit »envoyé loin de moi. » M. d'Ormesson demeurait à Orly près Choisy-le-Roi. Il mourut le 2 février 1789. Ce sage magistrat remplit tous les devoirs de fils, d'époux, de père; ses mœurs furent pures, et il montra toujours un cœur charitable et bon.

ORMESSON DE NOYSEAU ( Aimé-Louis-François de Paule, Lefebvre d' ), fils du précédent, naquit le 26 février 1753. Il fut reçu conseiller au parlement le 6 septembre 1770, et obtint, le 15 mars 1779, la survivance de la charge de président à mortier qu'il occupait lorsque son père fut élu premier président. Le mérite de celui-ci avait fait déroger à la loi qui ne permet pas que le père et le fils soient présidens tous deux à la fois; presque en même temps le roi le choisit pour son bibliothécaire. M. de Noyseau ainsi que son cousin donnèrent une preuve éclatante de probité et de désintéressement; un parent très-éloigné, le marquis de Rosmadec, leur avait laissé une riche succession, et ils ne balancèrent pas à la céder aux héritiers légitimes. Tout le monde s'en étonna, excepté le premier président qui croyait que l'action de son fils et de son neveu ne méritait aucun éloge : « n'étant, disait-il, »qu'une action de justice.» Nommé député aux états généraux en 1789, par le département de Paris, M. de Noyseau se montra ennemi de toutes les innovations ; et, dans l'assemblée nationale, il siégea constamment au *côté droit*, s'opposa toujours aux mesures arbitraires, et signa les protestations des 12 et 15 septembre 1791, contre les opérations politiques et religieuses de cette assemblée. Cette sage conduite l'avait rendu suspect aux jacobins,

et c'est sur cette accusation qu'il fut arrêté en 1793, et, après avoir été détenu plusieurs mois, il fut livré au tribunal révolutionnaire, qui le condamna à mort avec son respectable chef, M. de Saron, et autres parlementaires. Il périt avec eux le 20 avril 1794, âgé de 45 ans.

ORMESSON ( Henri-François de Paule, Lefebvre d' ), contrôleur général des finances, cousin du précédent, naquit le 8 mai 1751. Il fut successivement conseiller au parlement, maître des requêtes, intendant des finances, conseiller ordinaire en 1774, et conseiller d'état en 1778. Il succéda à son père dans l'administration de la maison de Saint-Cyr, charge qui le mettait à même de travailler directement avec Louis XVI, dont il se captiva l'estime et la bienveillance. Lorsque M. de Fleury donna en 1783 sa démission de la place de contrôleur général, M. de Vergennes proposa au roi, pour le remplacer, MM. Lefebvre d'Aurécourt, Calonne et Foulon; mais Louis XVI choisit M. d'Ormesson, en disant: « Pour le coup »on ne dira pas que ce soit la cabale »qui a nommé celui-ci. » Jouissant de cent mille livres de rente, M. d'Ormesson voulut refuser les émolumens de sa place; mais ses amis lui ayant fait observer que ce désintéressement pourrait paraître de l'orgueil, il consentit à les accepter. Sous son administration il y eut quelques retards au paiement de la caisse d'escompte, ce qui le détermina à demander sa retraite dans la même année 1783. Il rentra alors dans ses fonctions de conseiller d'état. Au commencement de la révolution il fut nommé membre du conseil des finances, puis commandant de bataillon de la garde nationale de Paris, et enfin administrateur de ce département. Il fut élu maire en novembre 1792 ; mais il refusa cette place dangereuse , et put échapper aux persécutions révolutionnaires. M. Despagne ayant été dépouillé de tous ses biens , devenus nationaux , d'Ormesson lui offrit généreusement en 1796 un asile dans sa propre maison. Il remplit quelques emplois municipaux sous le gouvernement consulaire, et mourut à Paris en 1811. Son fils était en 1816 maître des requêtes, en service extraordinaire.

OROSIO , chef d'une tribu d'Indiens, appelée Penobscot, du nom de la rivière près de laquelle cette tribu habite. Depuis plusieurs années elle suit la religion catholique, et a une église de ce culte. Orosio gouverna long-temps son peuple avec une sagesse et une modération dignes des éloges des nations les plus policées. Lors de la guerre de l'indépendance, en 1776, il fit avec le gouvernement américain un traité qu'il observa religieusement. Il est mort à Oldtown, île de la rivière de Penobscot, en 1802, à l'âge avancé de 131 ans, ayant vécu dans trois siècles. Jusqu'au dernier moment de sa vie il conserva ses facultés intactes, et n'interrompit jamais ses exercices ordinaires. Sa femme est morte à l'âge de 115 ans , vers la fin de 1809.

ORTEGA ( don Casimirio-Gomez de ), célèbre botaniste espagnol, né à Madrid en 1730. A l'âge de 16 ans il fut envoyé au collège de sa nation , établi à Bologne par le cardinal d'Albornoz. Il étudia dans cette université les humanités , la philosophie , les mathématiques, les langues savantes, la chimie, et la botanique , et eut pour maîtres les savans Monti, Benasi, Aldobrandi, Laghi, Bassi, etc. Il se distingua par la rapidité de ses progrès dans toutes ces sciences, et par son talent à faire des vers latins et grecs. De retour à Madrid , son oncle Joseph Ortega le présenta à Charles III , qui le nomma bientôt après professeur et directeur du jardin des plantes du *Buen-Retiro*; les académies d'histoire et de médecine de Madrid l'admirent dans leur sein , et il fut aussi membre de l'académie des sciences de Paris , de celles de Londres , de Berlin , etc. Il mourut à Madrid, en novembre 1810. On a de lui : I *Elégies en grec et en latin , à l'occasion de la mort de Ferdinand VI, roi d'Espagne*, Bologne, 1758. II *Tentamen pœticum , seu de laudibus Caroli III Hispaniæ regis carmen*, Bologne, 1758. III *Commentarius de cicutâ*, Madrid, 1769, qui a beaucoup servi à Vincenti , premier médecin du roi de Naples; il en fait lui-même l'aveu dans l'ouvrage qu'il publia sur ce sujet. IV *De novâ quâdam stirpe, seu cotyledonis , muzizoni , et pistormiæ descriptio , cum earum iconibus*, Madrid, 1773, in-4. V *Tabulæ botanicæ, in usum prælectionum botanicorum* , ibid. , 1778, in-4. VI *Méthode facile pour acclimater des plantes exotiques à peu de frais*, publiée par ordre du roi, ibid.; 1779. VII *Histoire naturelle de la malagueta* ( pisper jamayceuse), ibid.,1781. VIII *Tables botaniques, avec l'explication des plantes dont Tournefort fait mention dans ses Institutions* , Madrid, 1783, in-8. IX *Cours élémentaire de botanique théorique et pratique, à l'usage du jardin royal de botanique de Madrid , dans le Buen-Retiro* , de concert avec Casimirio Ortega, Antoine Palau , et Verdera , et publié par ordre du roi, ibid., 1785, 2 vol. in-8. Parmi ses traductions en espagnol on distingue : X *Voyage du* commodore *Byron autour du monde*, enrichi de notes et d'une carte du détroit de Magellan, traduit de l'anglais, Madrid, 1759, in-4. XI *Ouvrages de Duhamel du Monceau*, enrichis de notes, ibid., 1772-1773-1774. XII *Elémens d'histoire naturelle et de chimie*, d'*Adolphe de Guillemborg*, et de son maître *J. Gotschalt Valerio*, traduits de l'anglais, ibid., 1775, in-8. XIII *Expériences sur l'alcali volatil dans la guérison des asphyxiés*, par M. Sage, ibid., 1776, in-8. XIV *Traduction* des ouvrages de M. Janin, seigneur de *Comble-Blanche*, ibid., 1782, etc., etc. Ortega est mort à Madrid en 1810.

ORTON ( Job ), théologien anglais, non conformiste, naquit à Schrewsbury en 1717. Il embrassa l'état ecclésiastique, et exerça les fonctions pastorales pendant quelques années, dans deux congrégations, après quoi il renonça au ministère. Il est auteur de beaucoup d'ouvrages, dont les principaux sont : I *Vie du docteur Doddridge*. II *Sermon pour les vieillards*, in-12. III *Discours sur les devoirs du chrétien*, in-12. IV *Discours sur plusieurs sujets de pratique*, in-8. V *Méditations sur les sacremens*, in-12. VI *Exposition pratique de l'ancien Testament*, 6 vol. in-8. Cet ouvrage ne fut publié qu'après la mort de son auteur. VII *Lettres pour l'édification des fidèles*. Orton mourut en 1783.

OSSELIN ( C. N. ), homme de loi, et député à la convention nationale, naquit à Paris en 1753. Il eut une jeunesse assez dissipée; et quelques écrits licencieux qu'il publia l'empêchèrent d'être admis dans la compagnie des notaires de Paris. Il plaida contre eux, mais il perdit son procès. Il suivit les principes révolutionnaires, et se trouva souvent en contradiction avec lui-même. En 1786 il fut nommé membre de la municipalité, place qu'il remplissait encore le 10 août 1792. On le crut assez généralement un des directeurs de cette journée. Au mois de juillet il avait pris la défense de Manuel et de Pétion, qu'on avait successivement destitués. Il fit ensuite partie du tribunal criminel chargé de faire le procès aux victimes du 10 août, qu'on accusait d'être les auteurs des massacres. Il se montra un des juges les plus modérés de ce tribunal, et cependant, quand il fut nommé à la convention, il s'unit aux ennemis de Louis XVI, et vota la mort de ce monarque. Osselin se déclara contre les girondins, et étant entré au comité de sûreté générale, il dénonça, le 24 mai 1793, la commission des douze, qui arrêtait les projets des jacobins, auxquels il fut dénoncé pour s'être montré trop favorable à quelques individus soupçonnés de conspiration, tels que Bonne-Carrère et autres. Il fit ensuite décréter que les jurés du tribunal révolutionnaire pourraient abréger les débats, en se déclarant assez instruits, et fut le rédacteur de la plupart des lois contre les émigrés. Il sauva cependant une femme émigrée, madame de Charry, qu'il tira des prisons et cacha chez son frère, curé de Versailles. Dénoncé sur ce fait, et traduit en prison, le tribunal révolutionnaire le condamna à être déporté. Son frère fut en même temps condamné aux galères. Osselin, déposé à Bicêtre en attendant son départ, fut ensuite accusé comme complice de la conspiration des prisons. Quand il eut appris cette nouvelle, il arracha un clou d'un mur de sa prison et se l'enfonça dans le côté;

mais ayant survécu à cette blessure, il fut transporté sur un brancard, et à demi-mourant, devant le tribunal, où il entendit son arrêt de mort. Il fut décapité au mois de juin 1794, à l'âge de 40 ans.

OTTIERI (François-Marie, comte et puis marquis), naquit à Florence en 1663, fut page à la cour de Cosme III, et membre de la célèbre académie de la Crusca. Il parcourut toute l'Europe, et, de retour en Italie, il publia son *Histoire des guerres qui ont eu lieu en Europe, et particulièrement en Italie pour la succession de la monarchie espagnole, depuis l'an 1696 jusqu'en 1725*, Rome, 1762, 9 vol. in-4. Le premier volume fut mis à l'index; mais il paraît que l'auteur se rétracta sur plusieurs expressions peu convenables et relatives à la cour de Rome, puisqu'il continua à y publier son histoire, et qu'on en a permis la réimpression.

OUBACHÉ, kan des Tartares Tourgouths, devenus fameux par leur émigration de l'empire Russe. Oubaché commandait une horde de six cent mille Tartares ( les plus paisibles et les plus hospitaliers parmi ces peuples ) qui occupaient les plaines arrosées par le Wolga, entre Astracan et Casan. Il était parvenu à un âge très-avancé, lorsqu'une insulte faite dans la personne de ce vieillard, priva la Russie de plus d'un demi-million d'hommes, aussi utiles en guerre qu'en paix. Un lieutenant russe, nommé Kischenskoï, étant venu exiger le tribut que les Tourgouths payaient à la Russie, non content de le percevoir, il s'empara de plusieurs troupeaux qu'il vendit à son profit. Oubaché lui porta alors ses plaintes, et Kischenskoï l'accabla

d'injures, et osa même lui donner un soufflet. Il aurait été massacré à l'instant, mais le prudent Oubaché parvint à modérer la juste indignation de son peuple, et se borna à demander justice à Catherine II. Ses envoyés furent mal reçus, et on daigna à peine les écouter. Ne pouvant endurer cette injustice, Oubaché et les anciens de la horde, après avoir tenu conseil, déterminèrent de se retirer jusqu'au pied des montagnes du Thibet, près des frontières de la Chine, d'où, suivant une ancienne tradition, les Tourgouths croyaient être originaires. A ce que rapporte l'historien Castera, ils quittèrent les bords du Wolga le 10 décembre 1770, et arrivèrent sur ceux de l'Ili le 9 août 1771. Catherine fit redemander les Tourgouths à l'empereur de la Chine ; mais ce monarque lui répondit : « Je ne suis pas assez injuste pour livrer mes propres sujets [1] à une puissance étrangère, ni assez cruel pour chasser des enfans qui rentrent dans le sein de leur famille. Je n'ai été instruit du projet des Tourgouths qu'au moment de leur arrivée, et je me suis empressé de leur rendre le pays de leurs ancêtres. L'impératrice ne peut se plaindre que de celui qui a porté sa main sur le visage d'un kan et d'un vieillard aussi respectable qu'Oubaché. » Ce dernier mourut peu de temps après son émigration, vers 1775.

[1] On n'ignore pas que c'est une dynastie tartare qui règne depuis long-temps à la Chine, dont le Thibet est une des frontières. Ce pays a un souverain particulier, dont l'avant-dernier mourut à la Chine de la petite-vérole, en 1780. Il sont sous l'autorité médiate d'un Dalai-Lama, et l'empereur de la Chine a une grande influence sur leur gouvernement. Le pays compris entre le pied du Thibet jusqu'à la Chine proprement dite, et où s'établirent les Tourgouths, fait partie de cet empire.

OUDET ( dom Jean ) , bénédictin de la congrégation de Saint-Vannes, savant théologien et profond
métaphysicien , naquit à Yvoi-Cari-
gnan , ancien duché de Luxembourg.
Il embrassa l'état monastique, et fit
profession de la règle de saint Benoît à l'abbaye de Saint-Vannes de
Verdun. Il enseigna long-temps la
théologie, et passait pour un des
plus habiles professeurs de la congrégation. Il excellait surtout dans
la métaphysique et aimait à en disputer. Lorsque le P. Malebranche eut
fait paraître son système, dom Oudet
le lut avidement, et partit aussitôt
pour Paris dans l'intention d'aller
trouver ce savant oratorien , et de
disputer avec lui. Il en fut bien reçu.
Il s'établit une lutte entre les deux
métaphysiciens à propos de divers
points du nouveau système. On ar-
gumenta vigoureusement , et on
se sépara de bonne amitié, après
avoir épuisé la discussion , sans
que de part et d'autre on eût changé de sentiment. Ce n'est point le
seul trait qui ait caractérisé , de
la part de dom Oudet, un peu
de singularité. Il composa divers
ouvrages ; mais dont il paraît qu'aucun n'a été publié. On dictait dans
les cours de théologie de la congrégation un *Traité*, de lui , *de jure et
justitiá*, qu'on assure être excellent;
et l'auteur de la *Bibliothèque générale des anciens écrivains de l'ordre de Saint - Benoît* parle d'un
*Traité de la grâce*, par dom Oudet;
« où, dit-il, sans donner dans au-
» cun écueil, il ne laisse rien à dési-
» rer.» Il mourut à Novi-les-Moines,
maison de la congrégation, près Ré-
thel-Mazarin, le 18 décembre 1736.

OUHAB ( Abdul - E. ), nou-
veau prophète arabe, chef de la secte
des Waabites, né dans le désert vers
1760. La nature l'avait doué d'une

éloquence et d'un courage peu ordinaires. Il se signala d'abord par plusieurs actions d'éclat, soit contre
d'autres tribus arabes, soit en attaquant les caravannes, de sorte qu'i
passait pour être le guerrier et même
le voleur le plus intrépide du désert
S'étant ainsi attiré l'admiration de
la multitude, il commença à prêcher
une nouvelle doctrine, dont les principes étaient , « qu'il n'y avait qu'un
» seul Dieu, dont lui seul était le
» véritable prophète , que toute iné-
» galité de richesses, d'exemption
» ou de droits, excepté la dîme
» était contre la loi de ce Dieu.
Il défendait en même temps le vin
et les excès de toute espèce. Il choisi
un certain nombre d'hommes déterminés parmi ses prosélytes , et le
envoya prêcher sa doctrine dans la
Syrie, la Perse, l'Egypte et la Turquie. Quand elle lui eut acquis la
vénération de plusieurs peuples, i
parut tout à coup dans l'Arabie heureuse avec une armée de deux cen
mille hommes, et en 1802 il se ren
dit maître de la Mecque et de Médine, en pilla les trésors que la dévotion musulmane y avait apportés
en garda une grande partie, et partagea le reste entre ses soldats. Il se
dirigea ensuite vers Taïs et Dgedda
mais les habitans de ces deux villes
lui ayant opposé une vigoureuse
résistance, il les prit d'assaut et
passa tous les habitans au fil de
l'épée; le grand-seigneur, alarmé
de ces rapides succès, ordonna à ses
pachas de marcher contre les rebelles : on livra plusieurs combats
dans lesquels la victoire se déclara
presque toujours pour Abdul , qui
s'avançait à grands pas vers la capitale de l'empire turc. Un musulman
de la secte d'Ali, nommé Halgi-Os-
man , indigné des profanations
qu'Abdul avait commises, résolut

de les venger; il part de chez lui, arrive au camp d'Abdul, parvient à tromper la vigilance de ses gardes, pénètre dans sa tente au moment où il faisait sa prière, et lui enfonce son canjar dans le cœur. Abdul tombe en jetant un cri; son frère accourt, et éprouve le même sort: la garde arrive enfin, et Ilalgi, percé de mille coups, tombe expirant sur les cadavres de ses victimes. Abdul fut assassiné en 1803; sa mort sauva peut-être l'empire ottoman de sa ruine. Les Waabites, privés de leur chef, errèrent pendant quelque temps dans le désert, mais ralliés par un neveu d'Abdul, ils battirent de nouveau les Turcs, s'emparèrent encore de Médine et de la Mecque, et rasèrent le tombeau de Mahomet, en 1805. Mais enfin battus à leur tour, et le neveu d'Abdul ayant été tué, ils retournèrent dans leurs déserts; leur secte avait encore en 1814 de nombreux prosélytes.

OWEN ( Henri ), savant théologien anglican, né dans le comté de Monmouth, vint, après ses premières études, les achever à Oxford dans le collége de Jésus, et y prit des degrés dans la faculté de médecine. Peu après il quitta cette profession, qui était celle de son père, pour embrasser l'état ecclésiastique, et reçut les ordres. Il fut nommé à la cure d'Edmonton, dans le comté de Middlesex, et ensuite à celle de Saint-Olavis, Hart-Street à Londres. Il avait joint à l'étude de la théologie celle des mathématiques, pour lesquelles il avait un goût naturel. Il était érudit et bon critique. On a de lui : I un *Traité de trigonométrie.* II Des *Observations sur les miracles de l'Ecriture.* III Des *Remarques sur les quatre Evangiles.* IV *Recherches sur la version des*

*Septante.* V Le *Mode de citations des évangélistes expliqué et défendu.* VI *Avis aux étudians en théologie.* VII Une *Introduction à la critique sacrée.* VIII Des *Sermons* prêchés pour la fondation de Boyle, sous le titre de *But et avantage des miracles de l'Ecriture,* 1774. IX D'autres *Sermons,* imprimés après sa mort. Il fut en 1778 l'éditeur du *Manuscrit Cotonien de la Genèse, avec la copie du Vatican,* collation faite par Jean-Ernest Grabe, laquelle était restée inédite. Owen mourut en 1795, dans sa 80e année.

OZAROWSKI ( Pierre-d'Alcantara ), grand général de la couronne de Pologne, naquit à Varsovie vers 1750. Gagné par la Russie, il se montra favorable aux projets de cette cour sur la Pologne; il en facilita l'invasion, et eut une grande part à la confédération de Tragowitz, et à la constitution de 1792. Les Polonais ne pouvant souffrir patiemment le joug des Russes, et indignés de la manière qu'on le leur avait imposé, se mirent en état d'insurrection : elle éclata à Varsovie, en avril 1794. Ils repoussèrent leurs ennemis, et pillèrent la maison d'Ozarowski. Il habitait alors le château royal, où une grave maladie le retenait au lit. Le château royal fut attaqué, Ozarowski pris et emprisonné, tandis que le peuple, de son propre mouvement, plantait sa potence. On trouva parmi les papiers de l'ambassadeur Igelstrom sa correspondance avec le cabinet russe, dont lecture fut faite devant le tribunal provisoire, qui le condamna à être pendu avec plusieurs de ses complices; punition digne d'un homme qui avait trahi à la fois son honneur, son souverain et sa patrie.

PABO, ancien prince de Bretagne, vers 460. Il eut à soutenir plusieurs guerres contre ses voisins, qui le dépouillèrent enfin de ses états. Il se réfugia auprès de Porvys, roi de Galles, qui lui céda plusieurs terres ; mais Pabo, détrompé des grandeurs mondaines, embrassa la vie religieuse. Sa piété et ses vertus lui méritèrent d'être mis au nombre des saints. Il fonda l'église de Mona, où l'on voit encore son tombeau avec une inscription.

PACAREAU ( Pierre ), évêque constitutionnel du département de la Gironde (Bordeaux), né vers 1711, entra jeune dans l'état ecclésiastique. Il avait fait ses études avec distinction, et était savant dans les langues anciennes et modernes. Il possédait le grec, l'hébreu et le syriaque. Outre la langue latine, il avait appris l'anglais, l'espagnol et l'italien. Il était versé dans la littérature française et étrangère. Il prêchait de manière à être compté parmi les bons prédicateurs. Devenu chanoine de l'église métropolitaine de Bordeaux, il s'était fait estimer des divers archevêques qui tinrent successivement ce siége, et avait la confiance de son chapitre. Deux fois il fut nommé grand vicaire pendant la vacance, l'une après la mort de M. de Lussan, l'autre lorsque le prince Ferdinand de Rohan quitta le siége de Bordeaux pour celui de Cambrai. L'abbé Pacareau était bon canoniste, et antiquaire habile. Il joignait aux vertus d'un homme probe celles d'un ecclésiastique régulier. Il était charitable envers les pauvres, et jusqu'à la révolution sa vie avait été sans tache. On n'aurait que des éloges à lui donner, sans son intrusion. Il fut élu évêque constitutionnel le 14 mars 1791, et il accepta ; il avait alors 80 ans. Il mourut le 5 septembre 1797, laissant une bibliothèque nombreuse et bien choisie. Quoiqu'il ait beaucoup écrit, il n'a publié que peu d'ouvrages, parmi lesquels on cite : I Divers *Mémoires sur les droits de son chapitre.* II Des *Considérations sur l'usure et le prêt à intérêt*, Bordeaux, 1784, in-8. III *Réflexions sur le serment exigé du clergé*, 1791, in-8 : il le prêta. IV *Ordo divini officii recitandi ad usum diœcesis* (Burdigalensis), 1792. V Des *Mandemens.* Il était d'usage dans l'église métropolitaine de Bordeaux de chanter un *Noël* à la messe de minuit. Il en composait chaque année un pour cette cérémonie.

PACCI ( Cosme ), archevêque de Florence, vivait au XVI° siècle. Il est le premier qui ait traduit les *Discours* de Maxime de Tyr, philosophe platonicien qui vivait sous Marc-Aurèle. Sa traduction est latine, et a précédé la publication de l'original, qui n'a paru pour la première fois qu'en 1703, à Cambridge. La traduction de Pacci eut trois éditions avant cette publication. Depuis, ces discours ont été traduits en français par Formey, Leyde, 1762, in-12. ( *Voyez* MAXIME DE TYR, *Dict.* )

PACCIANI ( Fulvio ), célèbre jurisconsulte, né à Modène en 1550, fut professeur de droit à Ferrare, mérita la protection du pape Grégoire XIV, qui lui accorda plusieurs priviléges, et le nomma chevalier, et ensuite comte. Il a laissé un grand nombre d'ouvrages, que les jurisconsultes italiens lisent encore

avec profit. Les principaux sont :
I *Tractatus de probationibus*, Venise, 1594, Francfort, 1603-1631-
1695. II *Tractatus de judiciis cau-
sarum civilium, criminalium et hœ-
reticarum*, Francfort, 1618. III
*Tractatus de appellationibus*, ibid.,
1663. IV *Consilia, responsa, re-
lationes et allegationes circà feuda
contractus et ultimas voluntates*,
1605, in-fol. V *Dell' arte di ben
governare i popoli*, Siena, 1607,
composé à la demande de Ferdinand
Ier, grand duc de Toscane. VI Un
*Recueil* de poésies latines et italiennes, Modène, 1580. Ce savant
jurisconsulte est mort en 1613.

PACIAUDI ou PACIODI (Paul-
Marie), savant italien, né à Turin
en 1712. Il entra en 1730 dans l'ordre des théatins, fut professeur de
philosophie à Gênes, adopta, le
premier, le système de Newton, et
devint en 1762 bibliothécaire de
don Philippe, duc de Parme. Plusieurs académies savantes l'admirent
dans leur sein, et il fut correspondant de celle des inscriptions et
belles-lettres de Paris. Il mourut en
1785; M. Dacier, secrétaire perpétuel de cette académie, prononça
l'éloge funèbre de Paciaudi dans la
séance du 25 avril 1786. Il a laissé
plusieurs ouvrages, tels que : *Monumenta peloponnesiaca*, Rome,
1761, 2 vol. in-4. II *Commenta-
riolum in athletarum*, qui est estimé, Rome, 1756, in-8. III *De
libris eroticis antiquorum*, Leipsig,
1803, in-8; dissertation qui fut d'a-
bord imprimée dans l'édition de
Longus publiée par Baudoin en
1786. IV *Memorie de' gran
maestri dell' militare ordine Gero-
solimitano*, Parma, 1780, 3 vol.
in-4. On a encore du P. Paciaudi
plusieurs écrits sur des antiquités
qui prouvent sa saine critique et sa

vaste érudition. On a dernièrement
imprimé la *Correspondance de Paciaudi* avec le comte de Caylus, qui
est une espèce de catalogue de plusieurs morceaux d'antiquités que le
premier envoyait à son ami.

PACKHURST (Jean), ecclésiastique anglican, naquit en 1728. Il
savait le grec et l'hébreu et s'était
appliqué à l'étude des saintes Ecritures. Il est auteur des ouvrages suivans : I *Adresse amicale à Wesley
sur sa doctrine*. On sait que Wesley est le fondateur de la secte des
méthodistes. II *Dictionnaire hébreu et anglais sans points*. III
*Dictionnaire grec et anglais du
nouveau Testament*. IV *Réponse* à
Priestley, sous ce titre : *Divinité et
préexistence du Sauveur démon-
trées par l'Ecriture*. Priestley répli-
qua. Packhurst mourut le 26 février 1797.

PADILLA (Laurent de), Espagnol,
archidiacre de Malaga, vivait dans
le 16e siècle. C'était un écrivain distingué qui mérita que Charles-Quint
le prît pour son historiographe. Quoiqu'il ait composé un grand nombre
d'ouvrages historiques, il n'a cependant publié qu'un *Catalogue des
saints d'Espagne*. On trouve dans
les bibliothèques de ce pays quelques manuscrits dont il est auteur.
— PADILLA (François de), neveu
du précédent, avait embrassé l'état
ecclésiastique. Il professa la théologie à Séville. Dans la suite il fut
pourvu d'un canonicat à Malaga. On
a de lui : I une *Histoire ecclésiastique d'Espagne* en 2 vol. II Une
*Chronologie des conciles*, que quelques-uns attribuent à son oncle. Il
mourut le 15 mai 1607. Don Nicolas Antonio, dans sa *Bibliotheca
hispana nova*, fait mention de ces
deux Padilla.

PAGANUCCI (Jean), négociant de Lyon, où il naquit vers 1730 ; il était d'une famille italienne, depuis quelques années établie dans cette ville, où il mourut en 1797. On lui doit un ouvrage bien écrit et fort estimé, qui a pour titre *Manuel historique, géographique et politique des négocians*, Lyon, 1762, 2 vol. in-8.

PAGEAU ( Margarit ), poëte français, né à Vendôme en 1560 ; il eut assez de vogue dans son temps ; on applaudit surtout à ses productions dramatiques, qui offrent quelques beautés. Il imprima ses *Œuvres poétiques* à Paris en 1600, in-12. On trouve dans ce recueil des odes, des chansons et deux tragédies en cinq actes, intitulées, l'une, *Bizalţie*, et l'autre *Monime*, qui n'a cependant rien de commun avec le *Mithridate* de Racine. Toutes les deux sont en vers et avec des chœurs. La première est assez bien faite ; le plan est sage, les scènes bien conduites, et le style ne manque pas de verve et de coloris ; elle est néanmoins un peu trop longue, l'auteur s'étant amusé à faire raconter à ses personnages une grande partie de l'histoire romaine. *Monime* est très-mauvaise, et tout-à-fait digne du temps où elle fut écrite ; ce n'est qu'un amas de rapsodies, d'invraisemblances et d'absurdités. Pageau mourut à Paris vers 1620.

PAGÈS (François-Xavier), littérateur, naquit à Aurillac en 1745. Après y avoir fait ses études, il vint chercher fortune à Páris, et se fit d'abord connaître par plusieurs romans qui eurent quelque succès, et dont les principaux sont : *Les aventures de Jean-Louis de Fiesque ; Amour, haine et vengeance ; Vie de plusieurs illustres Solitaires des Alpes*, etc. On a de lui encore d'autres ouvrages qui font plus d'hon-

neur à ses talens littéraires, et ce sont : *Cours de littérature ancienne et moderne ; Histoire secrète de la révolution française ; Histoire du consulat de Buonaparte ; Dialogues des morts*, dont les interlocuteurs sont les plus fameux personnages de la révolution, et autres moins marquans. Ces dialogues offrent des anecdotes curieuses et des traits fort piquans. Pagès est mort à Paris le 21 décembre 1802.

PAIGE ( Jean le ), chanoine régulier de l'abbaye de Prémontré, et docteur de Sorbonne, fit ses cours de théologie au collége de l'ordre à Paris, et y prit le bonnet de docteur le 7 avril 1606. Dans la suite il fut nommé prieur de cette maison. Il avait de l'érudition, beaucoup de lecture, moins d'habitude peut-être de la critique qu'il n'en fallait pour l'ouvrage qu'il entreprit. C'était d'ailleurs un religieux zélé et ami de la règle. Les abbés généraux de Prémontré l'employèrent en qualité de visiteur, pour rétablir la discipline dans les maisons qui pouvaient s'en être écartées. Ils le nommèrent aussi procureur général de l'ordre, à Paris. A la mort de l'abbé général Gosset, en 1635, le cardinal de Richelieu ayant voulu se faire élire abbé de Prémontré, le Paige favorisa les vues de ce ministre contre le vœu du chapitre et celui des abbés des pays étrangers. Cette défection lui fit perdre l'estime et le crédit dont il jouissait dans son ordre. Ayant été privé de ses places, il se fit pourvoir du prieuré, cure de Nantouillet ; village de Brie, où il mourut vers 1650. Il est auteur d'un ouvrage intitulé *Bibliotheca premonstratensis ordinis*, Paris, 1633, gros vol. in-fol., où il y a beaucoup de recherches, mais aussi bien des fautes sur plusieurs points latifs au régime de l'ordre. Il fut souvent question de la réimprimer avec les corrections nécessaires. On doit au P. le Paige la découverte du corps de saint Gilbert de Neuf-Fontaines, qu'il fit dans sa visite à l'abbaye de ce nom, et dont les reliques, après les formalités nécessaires, furent exposées à la vénération des fidèles. ( *Voyez* GILBERT DE NEUF-FONTAINES ( saint ) *Dict.*)

PAIGE ( Louis-Adrien le ), écrivain français, naquit en 1714 à Paris, où il fit ses études, fut reçu avocat, et devint bailli du Temple, place qu'il perdit à l'époque de la révolution. Il a laissé : I *Histoire de la détention du cardinal de Retz*, Vincennes, 1755, in-12. II *Lettres historiques sur les fonctions essentielles du parlement*, Amsterdam, 1752, 2 parties in-12. III *Lettres pacifiques*, Paris, 1752, in-12, 1753, in-4. IV *Mémoires au sujet d'un écrit de l'abbé Capmartin contre le parlement, intitulé : Observations sur le refus que fait le Châtelet de reconnaître la chambre royale*, 1754, in-12, etc. Paige est mort à Paris en 1792, âgé de 88 ans.

PAJON DE MONCETS (Louis-Esaïe), naquit à Paris le 2 mai 1725. Il était protestant, et ayant passé en Allemagne, il se fixa à Berlin, où il devint pasteur, et y mourut en juillet 1799. On lui doit deux traductions de l'allemand qui sont les suivantes : I *Leçons de morale, ou Lectures académiques*, de Gellert, Utrecht, 1772, 2 vol. in-8. II *Léonard et Gertrude, ou les Mœurs villageoises, telles qu'on les retrouve à la cour et à la ville*, de Pestalotz de Neuenhof, Lausanne et Paris, 1784, 2 vol. in-12.

PAJOU ( Augustin ), né à Paris en 1730, d'un sculpteur ornemaniste. Dès sa première jeunesse il montra un grand talent pour la sculpture; sans l'aide d'aucun maître, et presqu'à l'insu de son père, il modela des fleurs, des poissons, des oiseaux, qui furent admirés des meilleurs professeurs de l'académie. Ces heureuses dispositions le firent recevoir, à l'âge de 14 ans, dans l'atelier de Jean-Baptiste Lemoine, sculpteur du roi. Après quatre ans d'une étude assidue, il concourut au grand prix de l'académie et le remporta. Il resta encore deux ans à Paris, comme pensionnaire du roi, passa ensuite à Rome où son talent se perfectionna; il avait pris pour modèles Michel-Ange, Bernini et Pujet, et sut parfaitement imiter ces grands maîtres. A son retour à Paris, il fut admis à l'académie royale de peinture et sculpture, sur une statue en marbre représentant *Pluton qui tient Cerbère enchaîné à l'entrée des enfers*. Le produit de ses nombreux ouvrages et les bienfaits de la cour, lui avaient procuré une honnête aisance dont la révolution le priva; il souffrit avec constance ces pertes, et, en des temps plus tranquilles, on sut encore apprécier son talent; il occupa des charges honorables dans l'académie de peinture et sculpture, fut nommé directeur du musée de Paris, et chevalier de la Légion-d'Honneur. Il mourut le 8 mai 1809, généralement regretté. Ses principaux ouvrages sont : la *Sculpture*, qui décore la grande salle de spectacle de Versailles; les *Frontons* de la cour du Palais-Royal ; les *Sculptures* du Palais-Bourbon, du Palais de Justice de Paris, de la cathédrale d'Orléans. Plusieurs de ses ouvrages ont été détruits pendant la révolution. Les statues de

Descartes, Pascal, Turenne, Bossuet, Buffon, etc.; Psyché abandonnée, que l'on voit au Luxembourg; Démosthènes, etc. Ce fut cet excellent artiste qui rétablit dans sa patrie le bon goût de l'architecture, qui était, depuis plus de 60 ans, dans une espèce de décadence.

PALESTRINA ( Jean-Pierre-Louis de ), célèbre compositeur, surnommé de son vivant le prince de la musique, naquit à Bologne en 1529, et est considéré comme le chef des anciens professeurs et compositeurs de musique. Il est sans contredit le premier qui ait mis en pratique toute la théorie de l'art, sans jamais manquer à l'exécution des règles, et ouvrit ainsi une nouvelle carrière dans tous les genres à ceux qui lui ont succédé. Son talent avait excité une telle admiration parmi les musiciens de son temps, que quatorze des plus célèbres parmi eux composèrent un recueil de psaumes à cinq voix, qu'ils lui dédièrent en 1592. Il fut maître de l'église de Saint-Pierre ; les papes faisaient un grand cas de ses compositions, et ils défendirent, sous les peines les plus sévères, de les copier. Aussitôt que les musiciens venaient d'exécuter un de ses ouvrages à la chapelle Sixtine, ils étaient tenus de remettre leurs parties, et s'ils y manquaient, ils étaient renvoyés sur-le-champ. Ces parties étaient toujours gardées sous clef par un des chanoines de la basilique de Saint-Pierre. Voici la liste des ouvrages de ce fameux compositeur : I différens livres de messe, qui ont eu différentes impressions à Rome et à Venise. II Plusieurs livres d'offertoires, Venise, 1594. III Idem de Motets. IV Hymnes pour toute l'année, Rome, 1589. V Madrigaux, à quatre et cinq voix. VI Litanies à quatre voix, qu'on chante encore aux fêtes solennelles dans l'église de Saint-Pierre, Venise, 1600. VII Son superbe Miserere, qu'on exécute tous les ans à la chapelle Sixtine, pendant la semaine sainte et le jour des Morts. Palestrina mourut à Rome en 1594. Le P. Martini, dans son Histoire de la musique, fait de grands éloges de ce compositeur, dont les œuvres font une partie des études de presque toutes les écoles d'Italie, et notamment de celles de Bologne, Naples et Rome.

PALEY ( Guillaume ), célèbre théologien de l'église d'Angleterre, naquit en 1743 à Petersboroug dans le comté de Northampton. Il fit avec distinction ses études à Cambridge au collége de Christ. Etant entré dans l'état ecclésiastique, il obtint une chaire d'Ecriture sainte, et donna sur le nouveau Testament grec des leçons qui servirent de canevas à des ouvrages qu'il publia par la suite. En 1780 il fut nommé à l'archidiaconé de Carlisle. Il est auteur de plusieurs ouvrages dont les suivans sont les principaux : I The Principles of moral and political philosophy ( principes de philosophie morale et politique ), 1800. Cet ouvrage, extrêmement estimé en Angleterre, eut seize éditions, et fut, dit-on, payé à l'auteur 2,000 livres sterling par un libraire anglais. Il a été traduit en allemand par Garve. II Natural theology, or evidence of the existence and attributes of the Deity, collected from the appearences of nature (théologie naturelle, ou évidence de l'existence et des attributs de Dieu, tirée des phénomènes de la nature), 1803. III Horæ Paulinæ, 1 vol. in-4. Ce sont des observations sur les Epîtres de saint Paul. L'auteur y prouve la vérité de l'histoire de saint Paul, par la comparaison des épîtres qui portent son nom, avec les actes des apôtres; il n'y fait aucune mention de l'épître aux hébreux dont il ne reconnaissait pas la canonicité. Paley mourut à Bishop-Wearmouth le 25 mai 1806; il était savant et bon critique. Ses *Sermons* ont été imprimés après sa mort.

**PALISSOT DE MONTENOY** ( Charles ), homme de lettres, naquit le 3 janvier 1730 à Nancy, où il fit de fort bonnes études. Il vint à Paris jeune encore; et quelques bons ouvrages qu'il publia lui acquirent de la réputation. Il se rendit encore plus fameux par ses discussions polémiques, suscitées par sa vanité excessive, qui lui attira un grand nombre d'ennemis. Ceux-ci cherchèrent même à le tourner en ridicule, en faisant contre lui une caricature, dans laquelle il était représenté à genoux devant les chefs-d'œuvre de la littérature française, ayant au bas ces mots, *Pâlis-sot.* Laharpe fut un de ses plus terribles adversaires : ce littérateur parle fort mal de Palissot dans sa correspondance avec Paul I*er*. Il embrassa les principes de la révolution; mais heureusement pour lui il ne s'y fit pas remarquer, et il se montra souvent contraire au jacobinisme. Son amour pour la littérature l'empêcha de trop se mêler de matières politiques. Le 24 septembre 1789, il présenta à l'assemblée nationale son édition des Œuvres de Voltaire, qu'il lui avait dédiée. Quelque temps après il donna sa comédie des *Philosophes*, qui fit beaucoup de bruit, dans laquelle il ne ménage pas J.-J. Rousseau. Cette insulte faite à un des coryphées du *philosophisme*, irrita contre lui les jacobins. Aussi, quand Palissot deman-

da en 1793 un certificat de civisme, la commune de Paris le lui refusa. Il avait cependant fait, au sujet de sa comédie, différentes rétractations, qu'il cita au conseil général, auquel il écrivit pour obtenir le certificat demandé. Ce témoignage de son *repentir* désarma la sévérité de ses juges, et il fut admis parmi les *bons citoyens* de la révolution. En 1794, il fit également hommage à la convention des 20 premiers volumes de son édition des Œuvres de Voltaire; en 1797, il fit des vers en l'honneur du général Buonaparte. L'année suivante, il fut élu par le département de Seine-et-Oise député au conseil des anciens. Il adressa en 1803 un exemplaire de son édition des Œuvres de Corneille à l'empereur de Russie, qui lui fit présent d'une bague de brillans très-riche, accompagnée d'une lettre flatteuse. Il mourut à Paris le 15 juin 814. Ses ouvrages ont eu un grand nombre d'éditions, et, malgré ce qu'en disent ses ennemis, ils ne manquent pas de mérite. On y trouve souvent un style agréable, des pensées neuves, des tableaux vrais et piquans. Les plus connus sont : I *La Dunciade*, réimprimée en 1797. Il y ajouta dans cette édition un *Tableau* assez énergique *du jacobinisme et de ses fureurs.* Ce poëme n'est qu'une espèce de galerie, où plusieurs portraits sont fort bien tracés, et peints d'après nature. II *Mémoires pour servir à l'histoire de la littérature française*, 1803, 2*e* édition. Ces mémoires contiennent d'excellens morceaux, et en général la critique y est judicieuse. Il n'y oublie pas son ressentiment contre Laharpe, et le traite en ennemi. III *Histoire des premiers siècles de Rome*, qui est assez estimée, et qui est le meilleur ouvrage de Palissot. IV *Questions sur quelques opinions religieuses*, 1791 ; écrit piquant, mais qui n'ajoute point à la réputation littéraire de l'auteur. V Plusieurs *Comédies* bien dialoguées, mais dépourvues d'action et d'intérêt, parmi lesquelles on remarque cependant celle des *Philosophes*, qui est une critique assez vive contre ceux qui se décoraient de ce nom. Sa tragédie de *Ninus II* n'a de médiocre que le plan ; du reste elle est froide et monotone, et bien différente de celle qui porte le même titre ( de M. Brifaut ), et qui obtint un succès mérité en 1813. On a encore de Palissot un nombre prodigieux de *Lettres* sur différens sujets. On a imprimé les *OEuvres de Palissot*, Paris, Didot, 1788, 4 vol. in-8, fig., dont on a donné une dernière édition en 1809.

PALLUEL ( François Crette ), agronome, né à Daguy, en France, en 1742, d'un maître de poste, qui le mit à la tête de ses fermes ; Palluel y apporta des améliorations considérables. La société d'agriculture de Paris, protégée par M. de Malesherbes, le reçut parmi ses membres. Il montra beaucoup de talent dans une *Dissertation* sur les meilleurs moyens de dessécher les marais, question proposée par la société de Laon, pour sujet d'un prix. Il a donné un grand nombre d'*Observations* et de *Mémoires*, qui sont conservés dans les archives de la société d'agriculture. Il se jeta dans la révolution, fut nommé à l'assemblée législative, et puis juge de paix. Il publia alors un ouvrage assez bien écrit, intitulé : *Réflexions sur les fonctions de juge de paix*, auxquelles il ajouta une *Collection de lois de police relatives à l'agriculture*. Palluel est mort à Paris en 1799.

PALMER ( Samuel ), célèbre imprimeur de Londres, où il naquit vers 1700. C'est un des premiers qui rendirent leur art susceptible de la perfection où l'ont portée Bodoni, Ibarra et les Didot. Il a encore, parmi les Américains, un autre titre à la célébrité, il fut le maître de Francklin, qui exerça la même profession d'imprimeur. (*Voy.* FRANCKLIN, *Dictionnaire, tome 2.* ) Palmer a laissé une *Histoire de l'imprimerie*, Londres, 1732, in-4. Il est mort vers 1775.

PALMER ( N. ), célèbre acteur anglais, naquit en 1741 à Londres, d'un concierge du théâtre de Drury-Lane. Cet acteur, si ce que ses compatriotes assurent est vrai, offre un exemple d'une sensibilité peu ordinaire. Après avoir parcouru la province, il revint à Londres, où il débuta avec beaucoup de succès. Un soir on représentait au théâtre de Drury-Lane la pièce de l'allemand Kotzbue, qui a pour titre *Misanthropie et repentir*, dans laquelle il jouait le principal rôle. Le misanthrope est devenu tel depuis qu'un de ses amis, ayant séduit son épouse, s'est enfui avec elle. Les enfans restent avec le père, qui se retire dans une solitude, à quelque distance d'un château où le hasard a conduit sa femme, livrée au repentir, et un major, ancienne connaissance du misanthrope, etc. Palmer venait de perdre un fils lorsqu'il jouait cette pièce. Dans les deux premiers actes il joua fort bien son rôle, mais sans aucune altération ; au troisième il parut extrêmement affligé ; quand la scène arriva où il fait sa rencontre avec le major, son affliction devint plus visible, et lorsque celui-ci lui demanda des nouvelles de ses enfans, Palmer ne put répondre un seul mot, poussa un grand soupir, et expira sur-le-champ, le 2 août 1798. Les spectateurs crurent d'abord que ce n'était là qu'un coup de sensibilité théâtrale ; mais la frayeur succéda bientôt aux applaudissemens , lorsqu'ils eurent la conviction que Palmer n'existait plus. On attribua cette mort déplorable au souvenir dont il fut saisi de la mort récente de son fils, souvenir que le rôle même qu'il jouait rendait encore plus douloureux. Dans l'histoire des théâtres on trouve plusieurs malheureux exemples à peu près semblables à celui que nous venons de rapporter. Molière sentit les premières attaques de la maladie dont il mourut à une des représentations de son *Malade imaginaire ;* Montfleury mourut des suites de la violente agitation où il s'était mis en jouant le rôle d'Oreste dans l'*Andromaque* de Racine. Dans la *Zaïre* de Voltaire , où Leblond jouait celui de Lusignan , cet acteur, assis dans le fauteuil, était mort lorsque Zaïre lui adressa la parole. On attribua cette mort subite à l'extrême vivacité avec laquelle Leblond avait joué son rôle. Il est à souhaiter que ces funestes catastrophes ne se renouvellent plus, ni dans de pareils lieux.

PALOMINO DE CASTRO Y VELASCO (Antoine), bon peintre espagnol , naquit dans un village près de Cordoue en 1654, étudia la peinture à l'école de Valence, et enrichit de ses ouvrages la cathédrale et plusieurs autres églises de cette ville. Cet artiste, quoique inférieur de beaucoup en talent à Joanes, à Moralès, au Muet, à Velasquez, à Murillo, etc., se distingua par la sagesse de ses compositions, la pose de ses figures et la correction dans le dessin. Il connaissait profondément son art, ainsi qu'on le voit dans ses ouvrages intitulés : *El Museo*

*pictorico, y escala optica, Theorica de la pictura.* Sa *Vie des peintres,* très-estimée, fut imprimée à Paris en 1715, 2 vol. infol., et il est un des premiers qui aient paru en ce genre. Le P. Bermudez a publié dans la suite les *Vies des peintres et artistes espagnols,* Madrid, 1800, 5 vol. in-8, qui a servi de guide à un autre ouvrage sur les *artistes* de cette même nation, imprimé à Paris en 1818. Palomino est mort à Madrid en 1725; il avait embrassé dans un âge mûr l'état ecclésiastique, et s'y distingua par ses mœurs et sa piété.

PALU (J.-M. la), naquit à Matour en 1760. Il n'avait que 20 ans, lorsqu'il se jeta dans la révolution, et y figura parmi les démagogues les plus forcenés; nommé juge de paix à Tilly, il y remplit si bien les vues des jacobins qu'ils le firent nommer commissaire du comité de sûreté générale. En 1793, et pendant le règne de la terreur, il fut nommé juge de la commission révolutionnaire de *Feurs,* et se fit remarquer par une cruauté extraordinaire à son âge ; il désola et remplit de deuil plusieurs départemens voisins de Lyon, où il avait été envoyé en mission. A son retour à Paris, il se vantait au club des jacobins, et devant la convention elle-même, d'avoir fait trancher 7 mille têtes, et il regrettait de n'en avoir pas fait *rouler* encore quatre cent mille. Après l'arrestation de Chaumette, dont il avait été l'ami, il fut enfermé au Luxembourg; sa férocité ne l'abandonna pas, et il y devint un des plus actifs dénonciateurs des détenus, dont il envoyait chaque jour un grand nombre à l'échafaud. Ces preuves de zèle pour la cause des jacobins ne le sauvèrent pas; accusé comme complice de Chaumette, il

PAN

fut condamné et exécuté le 13 avril 1794; il avait alors 26 ans.

PANCKOUKE ( Charles - Joseph ), imprimeur-libraire, littérateur, naquit en 1736 à Lille, où il fit de bonnes études, et y professa les mathématiques pendant plusieurs années. Très-habile dans le commerce des livres, que son père lui-même exerçait, il vint à Paris, et y établit une typographie qui rendit son nom célèbre dans toute l'Europe. Il devint propriétaire du *Mercure*, et cette feuille dont le produit n'avait suffi jusqu'alors que pour en payer les rédacteurs, se changea entre ses mains en une source de richesses, et compta jusqu'à quinze mille souscripteurs; c'est que Panckouke chercha pour y coopérer des hommes à talens, et il les payait en conséquence. Il tint cette même conduite avec tous les auteurs, et sa loyauté le rendit cher, même à Voltaire, lui qui était si prévenu contre les libraires et les imprimeurs; aussi il légua, par son testament, ses manuscrits à Panckouke. Ce fut celui-ci qui imagina le premier le *Moniteur universel*, qui a fourni et fournira encore d'utiles renseignemens aux historiens de la révolution française. Il est sorti de ses presses des éditions très-estimées, comme celles de l'*Encyclopédie; des OEuvres de Buffon; des Mémoires de l'académie des sciences; du Répertoire universel de jurisprudence; du Voyageur français ; du Vocabulaire français*, etc. Il a donné comme littérateur les ouvrages suivans : I *Mémoires mathématiques*, adressés à l'académie des sciences. II Une *traduction de Lucrèce*, Amsterdam, 1768, 2 vol. in-12. III La *Jérusalem délivrée* du Tasse, et le *Roland* de l'Arioste, en 10 vol. in-12. Ces deux traductions contiennent

des morceaux assez bien rendus ; mais en général elles sont fort peu exactes, et, dans quelques passages difficiles , il y a ajouté du sien sans qu'il en résulte aucun avantage pour ces deux poëmes, déjà trop célèbres par eux-mêmes pour qu'on ose en altérer les beautés. La traduction de la *Jérusalem*, par M. Lebrun, est à bien des titres préférable à celle de Panckouke. IV *Discours philosophiques sur le beau*, 1779, in-8. V *Discours philosophique sur le plaisir et la douleur*, 1779, in-8. VI Le *Plan de l'Encyclopédie methodique*. VII Plusieurs *Mémoires et Dissertations* dans le Mercure et autres journaux. Panckouke est mort à Paris en 1779. Sa veuve et son gendre, le libraire Agasse, ont hérité du fonds de sa librairie.

PANNIUS, Romain, fabricant de papier ou *papyrus*, auquel il donna le nom de *fanniaque*. Il en établit une fabrique en Egypte, y amassa de grandes richesses, et mourut vers l'an 70 de J.-C. Nos lecteurs n'ignorent pas que le *papyrus* était une espèce de jonc qui croissait sur les bords du Nil, et que c'est sur cette matière que sont tracés les plus anciens manuscrits. Selon le récit de Costius, on trouva dans un tombeau du Janicule les livres de Numa écrits sur ce papier. Nous nous bornerons à rappeler qu'il y en avait de plusieurs sortes, l'*hiératique* ou *sacré*, qu'on réservait pour les livres qui traitaient du culte; le *livien*, auquel Livie, femme d'Auguste, avait donné son nom; le *saïtique*, l'*amphytiratique*, l'*emporétique* ou celui du commerce ordinaire qui n'avait que six pouces de largeur; et enfin le *fanniaque*, inventé par Pannius, qui était de douze pouces. On conserve dans la bibliothèque du Vatican plusieurs manuscrits de ces différentes sortes de papier.

PANZER ( George - Volfang-François ), bibliographe allemand, né à Sulzbach, dans le Haut-Palatinat, le 16 mars 1729. Après avoir étudié en philosophie et en théologie, il embrassa l'état ecclésiastique, prit le grade de docteur, et devint pasteur de la cathédrale de Nuremberg. Il est auteur de plusieurs ouvrages dont les plus connus sont : I *Annales typographici ab artis inventæ origine ad annum M. D. post Maittairii, Denisii, aliorumque doctissimorum virorum curas in ordine redacti, emendati et aucti*, Nuremberg, 1793 - 94, 3 vol. in-4. II *Annales de l'ancienne littérature allemande*, ou *Indication et description de tous les ouvrages imprimés depuis l'invention de l'art de l'imprimerie jusqu'en 1520*, Nuremberg, 1788, in - 4. III *Histoire de l'imprimerie dans les premiers temps à Nuremberg*, ou *Catalogue de tous les livres imprimés depuis l'invention de l'imprimerie jusqu'en 1500, avec des observations littéraires*, Nuremberg, 1789, grand in-4. Ces deux ouvrages sont en allemand. Panzer est mort dans cette ville en 1805.

PAOLI (Hyacinthe, de), naquit en 1702, à Bastia, d'une famille très-estimée. Sa sagesse lui mérita d'être élu l'un des chefs qui gouvernèrent la Corse en 1735. Lorsque le maréchal de Maillebois en fit la conquête en 1739, il se retira à Naples avec sa famille, et y devint colonel d'un régiment de cavalerie. Il y mourut en 1768, laissant un fils qui forme le sujet de l'article suivant.

PAOLI (Pascal de), célèbre général corse, naquit à Vostino en Corse, en 1726. Après avoir fait ses études dans le collége des No-

bles à Naples, il entra en qualité de lieutenant dans le régiment où son père était colonel. Celui-ci ayant appris les nouveaux troubles qui agitaient la Corse, y envoya son fils en 1755 ; à peine fut-il arrivé à Bastia qu'on le nomma commandant général. De Paoli se trouvait dans une position très-difficile ; il était sans troupes réglées, sans armes, sans vivres ni munitions, et avait à combattre à la fois le gouvernement de Gênes et un grand nombre de ses compatriotes qui étaient attachés à ce parti. Il surmonta tous les obstacles, et en même temps qu'il établissait une administration régulière, une université, et que, par des peines sévères, il faisait disparaître les nombreux assassinats qui se commettaient impunément sur tous les points de l'île, il se forma une armée respectable, batatit les Génois, et les contraignit à se renfermer dans les places maritimes. Vainqueur de ses ennemis, et ayant rétabli l'ordre, il ne dépendait que de sa volonté de se faire proclamer roi, ainsi que l'avait fait le fameux Théodore de Nauhoff ; il eut cependant la modération de n'être qu'un des premiers membres du conseil qui dirigeait les affaires, et de conserver seulement le titre et l'autorité de général. En 1763, il fit une expédition contre l'île de Caprara, et en chassa les Génois ; et peu à peu il forma une marine qu'il opposa avec succès à celle de ses adversaires. Ceux-ci ayant en vain tenté de reprendre la Corse, ils la cédèrent à la France par le traité de Compiègne de 1768 ; les Corses se croyant ainsi vendus par les Génois, firent, par l'organe de Paoli, d'inutiles représentations à ce sujet au cabinet de Versailles ; ils ne refusaient pas de faire partie

intégrante du royaume français,
mais ils ne voulaient pas que ce fût
par le moyen des Génois. Leurs représentations n'ayant pas eu le succès qu'ils en attendaient, ils se le-
vèrent en masse, tandis que la
France envoyait dans cette même
année 1768, 20 mille hommes de
troupes réglées pour conquérir la
Corse. Le général de Paoli lutta
pendant deux ans contre une des
premières puissances de l'Europe;
contraint enfin de céder, il se retira
en Toscane avec plusieurs de ses
compatriotes. Il y resta jusqu'à ce
que l'assemblée constituante le rap-
pelât dans sa patrie en 1789; il y
vécut en simple particulier jusqu'en
1790; il vint alors à Paris, et M. de
la Fayette le présenta à Louis XVI
qui lui fit un accueil très-flatteur.
Quelques jours après il prêta son
serment civique à la barre de l'assemblée nationale; de retour en
Corse, il fut nommé commandant de
la garde nationale et président du
département. Mais après la mort de
Louis XVI, au règne de l'anarchie,
ayant succédé en France celui de la
terreur, il sembla vouloir délivrer
son pays du joug de la république.
La convention, instruite des premiers mouvemens qui s'opéraient en
Corse, décréta de Paoli d'accusation le 2 avril 1793; le 17 juillet,
un autre décret le mit hors la loi, le
déclarant traître à la patrie; mais
cette fois-ci ces foudroyans décrets
ne pouvaient atteindre la victime.
De Paoli convoqua une *Consulte*,
qui le nomma président et ensuite
généralissime des Corses; il ouvrit
en même temps des négociations
avec les Anglais, et, pour mieux résister à la république française, il
favorisa leur débarquement en 1794;
mais ils y arrivèrent lorsque de Paoli
avait déjà expulsé de l'île presque

toutes les troupes françaises. Dans le
commencement, les Anglais eurent
beaucoup d'égards pour ce général,
mais bientôt ils commencèrent à
gouverner en maîtres; cela produisit
quelques différens entre de Paoli
et le général anglais Eliot. Ne voulant pas commander, ou plutôt servir
sous ses ordres, de Paoli passa à
Londres, où il porta ses plaintes
au gouvernement britannique; celui-ci se contenta de lui faire le plus
gracieux accueil, bien content de le
voir hors de la Corse. Pour tâcher
d'éviter de nouveaux troubles à sa
patrie, il publia une *Lettre* dans
laquelle il invitait ses compatriotes
à demeurer fidèles au roi d'Angleterre, et il mourut dans une maison
de campagne aux environs de Londres en 1802. Suivant l'opinion de
Voltaire, « de Paoli était plus lé-
»gislateur encore que guerrier, *son*
»*courage était dans l'esprit.* Quelque
»chose qu'on ait dit de lui, il n'est
»pas possible que ce chef n'eût de
»grandes qualités. Etablir un gou-
»vernement régulier chez un peuple
»qui n'en voulait pas, réunir sous
»les mêmes lois des hommes divisés
»et indisciplinés, former à la fois
»des troupes réglées, et instituer
»une université qui pouvait adoucir
»les mœurs, établir des tribunaux
»de justice, mettre un frein à la fu-
»reur des assassinats et des meur-
»tres, policer la barbarie, se faire
»aimer en se faisant obéir; tout cela
»n'est pas absolument d'un homme
»ordinaire. » Le roi de Prusse, Frédéric II, appelait de Paoli *le premier capitaine de l'Europe*, et en
effet, l'Europe entière l'a considéré
comme tel. Quelques-uns pourront
accuser ce général d'avoir deux fois
excité ses compatriotes à la révolte,
ou plutôt de les y avoir maintenus;
mais, la première fois, il voulut les

délivrer d'un joug étranger et tyrannique; et un gouvernement intrus, avide et sanguinaire, l'autorisait la seconde à ne pas garder de ménagemens pour affranchir son pays. Sans excuser les torts que de Paoli peut avoir vis-à-vis de la postérité, nous dirons seulement : *Il pouvait être roi, et ne le fut pas; il fut le protecteur de son pays, pouvant en devenir le despote.* L'histoire nous présente à peine six hommes capables de cette modération.

PAPON ( Jean-Pierre ), homme de lettres, né au Pujet-de-Reiney, près de Nice, en 1736. Il entra fort jeune chez les PP. de l'Oratoire, et se fit bientôt remarquer et par ses talens, et par la bonté de son caractère. Chargé par sa congrégation d'une mission délicate auprès du ministre du roi de Sardaigne, il s'en acquitta avec honneur. Il eut ensuite la garde de la bibliothèque de Marseille. Après la publication de son Histoire de Provence, les états de ce département lui accordèrent en récompense de son zèle et de ses travaux une pension de 8 mille liv.; le maréchal de Beauveau lui avait aussi fait don des revenus de son gouvernement de Marseille, mais la révolution le priva de tous ces bienfaits. Pour mieux cultiver les lettres, il était depuis quelques années sorti de l'Oratoire, sans perdre jamais l'estime qu'il avait pour ce corps. Il se fixa à Paris, et y demeura jusqu'après les massacres de septembre. Il se réfugia alors dans le département du Puy-de-Dôme, où, comme il le dit lui-même, *sa liberté ne resta point intacte*, et revint à Paris du temps du directoire: il y mourut subitement le 15 janvier 1815. On a de lui : I *Ode sur la mort*, qui est insérée dans le Recueil des Jeux Floraux de Toulouse. Cette ode est écrite

dans un style noble et élevé. II *L'Art du poëte et de l'orateur.* Cet ouvrage, devenu classique, et peut-être le meilleur de l'abbé Papon, a eu cinq éditions au moins; la première parut à Lyon en 1766, et la dernière à Paris en 180...., in-8; à la tête de celle-ci l'auteur plaça un *Essai sur l'éducation*, qui augmenta le mérite de son ouvrage. III *Oraison funèbre de Charles-Emmanuel III, roi de Sardaigne*, prononcée à Nice, et impr. à Turin, en italien et en français, 1773, in-8. IV *Voyage littéraire de Provence*, fort bien écrit, et plein d'érudition historique, Paris, 1787, 2 vol. in-12. Cet ouvrage intéresse depuis le commencement jusqu'à la fin. Le critique impartial en exclura cependant cinq lettres sur les troubadours, où il combat l'opinion que Legrand avait émise dans sa préface de la traduction des contes et fabliaux. Mais le système qu'adopte l'abbé Papon ne sert qu'à faire triompher celui de son adversaire. Ces lettres d'ailleurs ne sont pas essentielles à son ouvrage, et elles avaient été écrites antérieurement. V *Histoire générale de Provence*, Paris, 4 vol. in-4. Il en dédia le 2ᵉ volume à MONSIEUR, actuellement Louis XVIII. Quoique cette histoire mérite des éloges sous bien des rapports, on aurait souhaité que plusieurs faits eussent été présentés avec plus d'étendue. La notice des hommes célèbres de Provence est excessivement courte; l'article *Agricola*, par exemple, ne contient que six lignes, et l'on s'étonne que dans cette notice l'abbé Papon ait oublié son confrère, l'illustre Massillon. La relation de la peste de Marseille et celle du siége de Toulon, faites sur les mémoires du maréchal de Tessé, ne manquent pas de mérite.

La partie des monnaies anciennes , et leur comparaison avec les nouvelles, fournie par le président de Saint-Vincent, ne laisse rien à désirer; on y trouve aussi des détails très-utiles et très-étendus sur l'histoire naturelle de Provence. Quelques gravures de ses beaux monumens antiques n'auraient pas nui au succès de l'ouvrage. On ne saurait assez louer le zèle et l'activité de l'auteur pour le rendre le plus parfait possible, au moins en ce qui regarde l'historique des faits. Afin de se procurer des renseignemens autographes , il fit le voyage de Naples, royaume que les comtes de Provence avaient long-temps possédé. Dans une *Notice* que Bernardi a consacrée à la mémoire de son compatriote, on lit que « parmi les »pièces curieuses que l'abbé Papon »trouva, on remarque la quittance »que la reine Jeanne donna au pape »Clément VI , du prix de la ville »d'Avignon qu'elle lui avait vendue. »Je ne sais qui avait imaginé le pre- »mier de dire que le pape s'était ac- »quitté envers Jeanne par une ab- »solution du meurtre de son pre- »mier mari. Une anecdote pareille »était précieuse pour certaines gens; »aussi la trouve-t-on souvent répé- »tée. Voltaire surtout ne l'oublie »pas. » VI *Histoire du gouvernement français*, *depuis l'assemblée des notables du* 22 *février* 1787, *jusqu'à la fin de la même année*, Londres et Paris, 1788, in-8. On joint souvent à cet ouvrage un discours de l'auteur, qui a pour titre : *De l'action de l'opinion sur les gouvernemens*, imprimé à la fin de 1788, sans nom d'auteur. « L'abbé »Papon y fait voir comment les »opinions nouvelles, et les préten- »tions des tribuns à Rome amenè- »rent des troubles qui , après avoir

»fatigué les esprits par des agitations, »et l'état par des guerres, ouvrirent »enfin à Auguste le chemin du trône, »qui fut regardé comme un asile »contre les désordres de l'anarchie.» VII *Époques mémorables de la peste*, *et moyens de se préserver de ce fléau*, Paris, 1800. Ces époques comprennent depuis la peste qui désola Athènes du temps de Périclès et d'Hippocrate, jusqu'à celle de Marseille. L'expédition d'Égypte donna lieu à cet ouvrage, fait trop précipitamment. L'auteur craignait que nos communications devenues assez fréquentes avec une contrée où cette maladie est endémique, n'eussent des suites funestes pour la France , et même pour l'Europe. VIII *Histoire de la révolution de France*, Paris, Poulet , 1815, 6 vol. in-8. L'abbé Papon mourut avant de mettre la dernière main à cet ouvrage , dont la lecture deviendrait plus utile , si on la faisait précéder de celle de son *Histoire des notables*. On y trouve une *Introduction* ou aperçu général fort bien fait. Plusieurs critiques se sont élevées contre ce livre, et il les mérite à plusieurs égards. L'auteur, pour ainsi dire , s'appesantit sur les cinq premiers volumes, et parcourt le dernier avec une rapidité nuisible à la clarté de la narration, et à la connaissance des faits. Son histoire comprenant depuis 1789 jusqu'en 1799 , ces cinq premiers volumes embrassent quatre années, et le sixième en contient presque six à lui seul. Des détails trop prolongés, trop répétés, en embarrassent la marche; le style se ressent de cette lenteur, comme de la précipitation de l'auteur vers la fin de l'ouvrage, dans lequel il aurait pu omettre sans danger quelques peintures ou trop horribles ou trop triviales. Cependant on y trouve des portraits vrais, des morceaux parfois éloquens ; nul fait essentiel n'y est oublié, et il règne partout un esprit sage et modéré. Tout ce qui concerne Louis XVI et sa famille inspire un véritable intérêt. L'abbé Papon était un écrivain studieux, mais froid et souvent monotone. Ce dernier ouvrage n'est cependant pas indigne de la plume de l'auteur de *l'Histoire de Provence*, et de *l'Art du poëte et de l'orateur*.

PAQUOT ( Jean-Noël ), homme de lettres, né à Florence en 1711. Il fit ses études dans cette ville, et vint s'établir dans la Belgique, dont il était originaire. Paquot était savant dans la philosophie, la théologie dogmatique, l'Ecriture, les langues anciennes, et l'histoire littéraire. Il devint professeur de l'université de Louvain, et membre de la ci-devant académie impériale et royale des sciences et belles-lettres de Bruxelles. Il est mort à Liége en 1792, âgé de 81 ans. On a de lui plusieurs ouvrages, parmi lesquels on cite : I *Mémoires pour servir à l'Histoire littéraire des dix-sept provinces des Pays-Bas, et de la principauté de Liége*, Louvain, 1770-1796, 3 vol. in-fol., ou 18 vol. in-12. On regrette que cet excellent ouvrage n'ait pas été terminé.

PARADIS DE RAYMUNDIS ( Jean-Zacharie ), naquit le 8 février 1746, à Bourg. Son père était lieutenant général du bailliage de Bresse, et Jean-Zacharie, qui avait fait de fort bonnes études, lui succéda dans cette place, que des raisons de santé l'obligèrent depuis à quitter. Il passait tous les hivers sous le beau ciel de Nice, où il connut Thomas, et se lia avec lui de l'amitié la plus intime. Lorsque les Français s'approchèrent de cette ville, Paradis se retira à Udine dans le Frioul. Le marquis d'Aquino, ami de son père, lui loua une maison de campagne, qu'il fit valoir, et put ainsi se livrer à son goût pour l'agriculture. Il avait toujours été attaché à la cause des Bourbons, et lorsque Louis XVI fut mis en jugement, il eut le noble courage de s'offrir pour son défenseur, mais cet emploi honorable était réservé à MM. Desèze et de Malesherbes. En 1797, il revint à Paris, et retourna ensuite dans sa patrie, où il avait encore des propriétés, et se livra entièrement à l'agriculture. Il est mort à Lyon le 15 décembre 1800. On a de lui : I *Traité élémentaire de morale et de bonheur*, Nice, 1784-1795. Un journaliste a dit, en rendant compte de cet ouvrage : « Personne n'a vanté ce livre ; son »mérite a percé comme l'odeur de »la violette s'élève du sein de l'herbe. »La renommée atteindra l'auteur »dans son obscurité volontaire, et »dans la retraite où il mérite de »trouver le bonheur dont il a si »bien enseigné la recherche. » Cet ouvrage sert de suite à la collection des moralistes, et c'est à cet objet qu'on le réimprima en 1795. II *Moyen le plus économique, le plus prompt et le plus facile d'améliorer la terre d'une manière durable*, Paris et Lyon, 1789, in-12. III *Des Prêtres et des Cultes*, Paris, 1797, in-8. Cette brochure de 16 pages est très-philosophique, et n'augmente guère la gloire de son auteur, qui s'y montre moins chrétien que déiste pur. On s'étonna qu'un homme qui avait manifesté de bons principes, payât aussi son tribut aux erreurs du philosophisme, dans un temps et dans un pays où il en avait encore sous les yeux les funestes résultats. Du reste, ce petit livre est entièrement oublié, ce qui n'est pas une perte ni pour les lettres, ni pour la religion.

PARCIEUX (Antoine de), physicien et mathématicien, naquit à Cessoux-le-Vieux, en 1753. Un oncle qu'il avait à Paris, Antoine de Parcieux, habile mathématicien (*voy. Dict.*, tom. 7), l'appela dans cette ville, où il fit ses études au collège de Navarre, et y fit des progrès si rapides, qu'à l'âge de 20 ans il remplaça Brisson dans la chaire de physique créée par Nollet. Il ouvrit lui-même un cours de physique expérimentale en 1779, et fut chargé d'établir un cabinet de physique à l'école militaire de Brienne. Depuis 1792, il professa au lycée du Panthéon; l'habitude qu'il avait contractée de travailler immédiatement après ses repas, lui causa des obstructions dont il mourut dans un âge peu avancé. Ses cours étaient très-suivis, sa diction était pure, claire, abondante, sans prétentions, sans figures et sans emphase. On a de lui : I *Sur les effets et la cause des éclats interrompus de la foudre.* II *Notions du calcul géométrique et d'astronomie*, 1778, in-12. Il se préparait à publier un cours complet de physique et de chimie, et le premier volume était sous presse, lorsque la mort l'enleva aux sciences et à ses amis.

PARIS (P.-L.), né vers 1760, entra dans la congrégation des PP. de l'Oratoire, et était professeur de belles-lettres à l'époque de la révolution qu'il embrassa avec chaleur. Au mois de juillet 1792, il fut arrêté pour s'être écrié dans sa section : « C'est ici un combat à mort » entre Louis XVI et la liberté; » mais on le relâcha bientôt, et après le 10 août il fut nommé officier municipal de la commune de Paris. Le conseil général de la commune le chargea en 1793 d'écrire, avec plusieurs autres littérateurs du parti jacobin, l'histoire du 31 mai. Paris avait eu une part très-active à l'insurrection du 10 août, à la chute des girondins, et à toutes les mesures violentes de cette époque désastreuse. Son tour enfin arriva; entraîné dans les prisons après le 9 thermidor, et accusé de complicité avec Robespierre, il fut condamné à mort le 29 juillet 1794. Il a laissé : I *Le Globe aérostatique*, ode, 1781. II *L'Électricité*, ode. III *J.-J. Rousseau*, 1785. IV *Éloges de Peiresc et du capitaine Cook*, 1790, in-8. V *Projet d'éducation nationale*, 1790, in-8.

PARIS, garde du corps de M. le comte d'Artois. Il avait d'abord servi dans la gendarmerie royale; il fit ensuite partie de la garde constitutionnelle de Louis XVI, et était resté à Paris après le 10 août, croyant pouvoir être utile à la cause de ce monarque. Quand il eut appris sa condamnation, sa tête s'exalta, et il résolut de la venger sur le premier votant qu'il pourrait rencontrer. Après en avoir inutilement cherché partout, il entra le 20 janvier 1793 chez un restaurateur du Palais-Royal, appelé *Février*. Il y entend prononcer le nom de Lepelletier de Saint-Fargeau; il se le fait montrer, s'approche de lui, et lui demande avec calme s'il était Lepelletier, membre de la convention. Celui-ci lui ayant répondu affirmativement, Pâris ajouta : *Et vous avez voté pour la mort du roi ?* — *Ma conscience....* répondit Lepelletier; mais il n'eut pas le temps d'achever, car Pâris ayant tiré son sabre le lui enfonça dans la poitrine. Le restaurateur chercha en vain à le retenir ; ceux qui se trouvaient chez lui étant restés comme spectateurs, effrayés ou indifférens. Pâris quitta aussitôt la capitale et prit la route de Normandie, mais, arrivé à Forges-les-Eaux, un particulier qui crut lui trouver un air suspect le dénonça ; se voyant arrêté, Pâris s'abandonna à la fougue de son imagination, et se suicida d'un coup de pistolet. On trouva sur lui son extrait de baptême, son brevet de garde du corps, et un billet conçu en ces termes : « Je n'ai pas eu de »complices dans la belle action que »j'ai faite, en donnant la mort au »scélérat Saint-Fargeau ; si je ne »l'eusse pas trouvé sous ma main, »j'aurais purgé la terre du monstre, »du parricide duc d'Orléans. » Au-dessus de son brevet de garde, il avait écrit ces vers :

Sur ce brevet d'honneur, je l'écris sans effroi,
Je l'écris à l'instant où je quitte la vie :
Français, si j'ai frappé l'assassin de mon roi,
C'était pour m'arracher à votre ignominie.

Pâris mourut lorsqu'il n'avait pas encore atteint sa 28ᵉ année.

PARIS, surnommé *Fabricius*, greffier du tribunal révolutionnaire de Paris, emploi qu'il avait obtenu en récompense du zèle qu'il avait montré pour la faction jacobine. Il fut à la fois membre des clubs des *Jacobins* et des *Cordeliers*, et eut des liaisons très-intimes avec Danton. Hébert l'accusa dans ce club de l'avoir qualifié de *patriote de fraîche date* (ce qui était une insulte grave pour un jacobin), et d'avoir été dans son département pour scruter et critiquer sa conduite ; cette accusation cependant n'eut pas de suites. Les factions patriotiques s'étant séparées presque aussitôt après la mort de Louis XVI, Robespierre qui voulait régner seul cherchait par tous les moyens la perte de Danton. Celui-ci, fort de ses nombreux par-

tisans, semblait ne pas le craindre, et négligeait de le prévenir ; Pâris fit en vain tous ses efforts pour le tirer de son insouciance naturelle ; voyant que le péril de son ami augmentait, il alla un soir le prévenir à l'Opéra que, dans cette nuit-là même, il devait être arrêté. Danton ne profita pas de cet avis, et, comme à l'ordinaire, il rentra chez lui où il fut effectivement arrêté, et de là conduit au supplice. Pâris fut d'abord incarcéré, mais ses anciennes liaisons avec le club des jacobins le sauvèrent. Après le 9 thermidor, il fut nommé greffier du nouveau tribunal révolutionnaire, et mourut sous le directoire vers 1796. Il avait ajouté à son nom celui de Fabricius, d'après l'usage adopté par les jacobins, qui choisissaient ces noms parmi les hommes les plus fameux et même les plus respectables de l'antiquité.

PARIS (François), prêtre du diocèse de Paris, né au village de Chatillon, à peu de distance de cette ville, dut sa naissance à des parens sans fortune. Dans sa jeunesse, il se trouva obligé de servir, mais ses maîtres lui ayant reconnu d'heureuses dispositions et un esprit excellent, le firent étudier ; il s'appliqua si bien qu'il acquit la science nécessaire pour entrer dans l'état ecclésiastique, vers lequel son inclination le portait. Ayant pris les ordres, il fut nommé à la cure de Saint-Lambert, près le monastère de Port-Royal-des-Champs. Cela lui donna occasion d'en connaître les solitaires et de s'en faire estimer. Il quitta cette cure dont le presbytère écarté était quelquefois visité par des loups qui rodaient dans les environs, et dont le voisinage l'effrayait. Il alla desservir dans le Maine une chapelle castrale qui servait d'annexe à la paroisse. Après y être resté quelque temps, il revint à Paris, où il est mort sous-vicaire de Saint-Etienne – du – Mont, le 17 octobre 1718, dans un âge avancé. C'était un ecclésiastique instruit et pieux, ayant l'esprit de son état, en remplissant les devoirs avec exactitude, et dont le temps fut constamment employé à la composition d'ouvrages édifians et utiles à la religion. On a de lui : I *Martyrologe*, ou *Idée générale de la vie des saints*, *de leurs vertus et de leurs principales actions*, Paris, 1691 et 1694, in-8. II L'*Imitation de Jésus-Christ*, *traduction nouvelle contenant plusieurs choses édifiantes qui ne se trouvent que dans quelques anciennes traductions*. La première édition est de 1705, in-12, et la troisième, de 1728; il s'en est fait depuis plusieurs autres. L'auteur s'est servi d'anciennes traductions gothiques, et notamment de celle de Paris, 1554, chez Rolland Bonhomme. III Les *Psaumes de David en forme de prières*, nouvelle édition revue et corrigée, Paris, 1712, in-12. Il y en a eu plusieurs éditions, tant antérieures que postérieures; la première est de 1690. L'abbé Pâris eut dans cet ouvrage Vincent Loger, curé de Chevreuse, pour collaborateur. IV *Prières tirées de l'Ecriture sainte*, *paraphrasées*, in – 12. V *Traité de l'usage des sacremens de pénitence et d'eucharistie*, *selon les sentimens des papes et des conciles*, imprimé par ordre de Louis-Henri de Gondrin, archevêque de Sens. On croit que Nicole et Arnaud, avec qui l'auteur était lié, y ont mis la main. VI *Idée* ou *Plan d'instructions familières sur les évangiles de tous les dimanches et de toutes les fêtes de l'année*, 1 vol. in-12,

1697 et 1706. VII *Evangile expliqué selon les PP.*, *les auteurs ecclésiastiques et la concorde des quatre Evangiles*, Paris, 4 vol., dont les deux premiers en 1693, et les deux autres en 1698. VIII *Prières et élévations à Dieu*, *extraites des Confessions de saint Augustin*, Paris, 1698. IX *Règles chrétiennes*, *pour la conduite de la vie*, *tirées de l'Ecriture sainte et des SS. PP.*, Paris, 1673, in-12. Il ne faut pas confondre l'abbé Pâris dont il est ici question, ni avec le fameux diacre *François de Páris* ( *voy.* PARIS, *Dict.*) ni avec un abbé *Páris*, chanoine de Leictour, exilé en Hollande, auquel l'abbé Gouget attribue dans son *Catalogue* une édition de *la Religion vengée des impiétés de la Thèse de l'abbé de Prades*, Utrecht, 1754, in-12; livre auquel *la France littéraire* de 1769 donne pour auteur *Pierre Leclerc*, solitaire de Rouen. L'abbé Pâris ne sortit point de la paroisse de Saint-Etienne-du-Mont depuis qu'il eut quitté la chapelle castrale qu'il desservait, et mourut sur cette paroisse le 17 octobre 1718. Il eut un démêlé avec l'abbé Bocquilot, celui-ci prétendant qu'il ne convenait pas à des ecclésiastiques de retirer de leurs ouvrages un lucre qui obligeait à les vendre plus cher; et Pâris soutenait qu'on pouvait très-légitimement recevoir un honnête salaire pour ces sortes de travaux. On a les écrits faits de part et d'autre à ce sujet. L'abbé Pâris avait composé une *Vie de M. Varet*, *grand vicaire de Sens*. Elle est restée inédite. C'était chez cet ecclésiastique qu'il avait servi.

PARISEAU ( N. de ), homme de lettres, naquit à Paris vers 1755. Après avoir fait ses études, il se livra entièrement à l'art dramatique, et ses pièces eurent assez de succès. Au commencement de la révolution il fit paraître un journal intitulé la *Feuille du jour*, dont les principes n'étaient pas toujours en accord avec ceux des démagogues de cette époque malheureuse. Arrêté sous le règne de la terreur, il fut enfermé dans les prisons du Luxembourg. Après la chute de Robespierre, ses amis ayant obtenu sa liberté, ils coururent à sa prison : il avait déjà péri sur l'échafaud par une méprise funeste, causée par la ressemblance de son nom avec celui de Parisot ( *voyez* l'article suivant ), accusé comme complice dans la conspiration supposée du Luxembourg. Quand ses amis allèrent pour le délivrer, il n'y avait que trois jours qu'il avait subi la mort.

PARISOT ( N. ), jurisconsulte français, naquit à Paris en 1744. Il fut avocat au parlement de cette ville, et se distingua et par ses talens et par sa probité. A l'époque de la révolution il était membre du conseil à l'administration des fermes du roi. Nommé capitaine de la garde constitutionnelle, il fit éclater le 10 août son dévouement pour le roi, en se réunissant aux braves Suisses qui défendirent le château des Tuileries, attaqué par les brigands. Il y reçut plusieurs blessures, et allait périr sous le poignard des assassins, mais plusieurs grenadiers des Filles-Saint-Thomas, lui faisant un rempart de leurs corps, parvinrent à le retirer des cours du château. La captivité du roi et de son auguste famille le combla de douleur, et lui fournit encore l'occasion de prouver son zèle et son attachement pour la cause la plus juste. Il vendit toute son argenterie, et en fit passer le produit à madame Elisabeth. Cette princesse, aussi sensible qu'infortunée, lui fit tenir, par le moyen de M. de

Turgy, une réponse obligeante, tracée avec la pointe d'une épingle, dans laquelle elle ordonnait à Parisot « de ne plus compromettre » son existence, et de se conserver » pour des temps plus heureux. » Contraint de fuir après la mort du roi, il fut la cause innocente de la mort de Pariseau ( *voyez* l'article précédent ), qui fut condamné sous son nom quoique celui-ci protestât n'avoir jamais servi dans la garde constitutionnelle. Après le règne de la terreur, il reparut à Paris, et fut en 1797 membre du conseil des cinq-cents. Il n'occupa cependant aucune place sous Buonaparte, et s'étant éloigné de la capitale, il y revint en 1814, et fut présenté à madame la duchesse douairière d'Orléans, qui l'admit dans son conseil. Quelque temps après il fut créé chevalier de la Légion-d'Honneur, et mourut en 1816, emportant l'estime de tous ceux qui l'ont connu.

PARMENTIER ( Antoine-Augustin ), pharmacien, né en 1745 à Montdidier, d'une famille bourgeoise. Il apprit les premiers rudimens du latin de sa mère, qui avait reçu une éducation peu ordinaire parmi les femmes, et surtout parmi celles de sa condition. En 1756, Parmentier vint à Paris et fut employé comme pharmacien dans les hôpitaux de l'armée d'Hanovre, où on le fit cinq fois prisonnier. A la paix de 1753, il revint à Paris et y suivit les cours de Nollet, de Rouelle, d'Antoine et de Bernard de Jussieu. Employé aux Invalides en 1766, il eut ensuite l'occasion de rendre un important service à son pays, et surtout à la classe indigente. Pendant la disette de 1769, les administrateurs et les physiciens s'étaient occupés à chercher parmi les végétaux ceux qui pourraient suppléer aux plantes céréales. Il y avait deux siècles qu'un préjugé presque général s'était opposé à la propagation de la *pomme de terre*, considérée jusqu'alors comme une plante pernicieuse. Parmentier combattit avec constance ce préjugé, et parvint à faire établir en France la cultivation de cette racine bienfaisante, qui est aujourd'hui d'un si grand usage parmi toutes les classes de la société. Parmentier avait de bons principes, et ils ne pouvaient pas être goûtés par les malveillans : aussi, à une certaine époque de la révolution, ayant été proposé pour une place municipale, un des votans s'opposa à son élection, et s'écria : « Il ne nous »fera manger que des pommes de »terre ; c'est lui qui les a inventées.» Il avait perdu la place de chef de l'apothicairerie que le roi lui avait accordée en 1772. Sous le régime de Buonaparte, il fut nommé inspecteur général du service de santé des armées, et montra dans cette place autant de zèle que d'humanité. Lors de la création de l'Institut il en fut un des membres, et mourut le 17 décembre 1813.

PARNY ( le chevalier Evariste de ), de l'ordre royal et militaire de Saint - Louis, né en 1769. Il embrassa d'abord l'état des armes, que la faiblesse de sa santé l'obligea de quitter. Il se consacra alors aux lettres, et ses poésies érotiques le placèrent au rang des meilleurs écrivains. La facilité, la grâce, l'élégance, le sentiment, sont les principales qualités qui distinguent ses productions, et surtout ses *Elégies*. Sa gloire littéraire aurait été sans tache s'il ne l'eût pas souillée dans plusieurs de ses ouvrages par des expressions indécentes et irréligieuses, indignes non-seulement d'un chrétien, mais d'un homme

bien né et délicat. Son poëme intitulé *la Guerre des Dieux*, lui ferma les portes de l'Institut, où il n'entra qu'en 1805, et par de puissantes protections. M. François de Nantes lui avait fait obtenir une place *sine curâ* aux droits réunis. Accablé par une maladie lente et douloureuse, il y succomba le 5 décembre 1814.

PARTHENAY ( l'abbé Jean-Baptiste de Roches de ), naquit à la Rochelle, vers 1700, et y mourut en 1766. On a de lui : I *Histoire de Danemarck*, 1733, 6 vol. in-12. II *Histoire de Pologne sous Auguste II*, 1794, 2 vol. in-8. III Des *traductions* du danois, comme *Voyage d'Egypte et de Nubie*, de Noorden, Copenhague, 2 vol. in-fol. IV *Histoire du Groenland*, d'Eggde, Copenhague, 1753, in-8. V *Pensées morales*, par Holberg, ibid., 1754, 2 vol. in-12. On remarque dans les écrits de l'abbé Parthenay de la précision et de l'exactitude.

PASCALIS (N.), célèbre jurisconsulte, né en 1745, à Aix-en-Provence. Il était avocat au parlement de cette ville à l'époque de la révolution, et s'était déjà fait remarquer par plusieurs écrits sur l'administration. Dès le commencement des troubles il avait témoigné un éloignement décidé pour les nouveaux principes, ce qui lui attira la haine des *jacobins* provençaux, qui n'attendaient que le moment pour le sacrifier à leur vengeance. Plusieurs gens bien pensans avaient établi à Aix, en 1790, un club dit *des Amis du roi et du clergé*. L'ouverture de ce club, dont Pascalis était membre, excita, le 12 mars, une émeute parmi le peuple, dirigée par les jacobins, dans laquelle cet estimable jurisconsulte fut assassiné. Sa mort fut

comme le prélude des massacres qui
eurent lieu à Avignon et ailleurs,
toujours excités par les mêmes ennemis de l'ordre.

PASINI (Joseph), abbé de Mon-
teconisio, né à Turin en 1696, se
distingua par ses vastes connaissances, et par son profond savoir dans
les langues orientales. Le roi de Sardaigne le nomma son conseiller et
ensuite bibliothécaire de l'université de Turin, où il mourut vers l'an
1765. Ses principaux ouvrages sont:
I *Vocabolario italiano-latino per
uso degli studiosi di belle-lettere
nelle regie scole di Torino*, etc.,
Turin, 1747, 2 vol. in-4. II *Histoire du nouveau Testament, avec
des réflexions morales et des observations historiques*, Turin, 1749;
Venise, 1751, 2 vol. in-4. III *Codices manuscripti bibliothecæ regii
Taurinensis athenæi per linguas
digesti, et binas in partes distri-
buti*, etc., avec Antoine Rivautella
et François Berta, gardes et con-
servateurs de la même bibliothèque,
etc., Turin, 1749-50, 2 vol. in-fol.
IV *Grammaticæ linguæ sanctæ institutio cum vocum anomalarum
explicatione*, Pavie, 1739. Tous
les ouvrages de l'abbé Pasini sont
écrits d'un style élégant et correct,
et remplis d'une érudition très-
étendue.

PASSEWAND-OGLOU ou
PASMAN-OALU (fils du crieur
de nuit), dont le véritable nom est
Osman, naquit à Widin, en Bulgarie, en 1764, d'Omar, aga qui
résidait dans cette ville. Il fit donner à son fils une éducation très-
soignée, et à l'âge de 20 ans Passewand-Oglou était parfaitement instruit dans les sciences politiques, civiles et militaires. Il naquit avec un
esprit enclin à la rébellion, et il
commença par l'exercer contre son

père. Ils étaient en campagne ( en
1785), lorsqu'à la suite d'une querelle qui s'était élevée entre eux, Passewand-Oglou se mit à la tête de quelques vassaux d'Omar, qui, en ayant
armé d'autres pour sa défense, les
vit vaincus et dispersés par son fils.
Cette querelle, qui durait depuis
deux ans, fut enfin terminée par
l'interposition des habitans de Widin. Ayant réuni en un seul corps
les hommes qu'ils avaient enrôlés,
ils s'en servirent comme d'appui
pour dominer tant dans la ville
que dans les environs. La Porte envoya contre eux, en 1788, Mehe-
med, pacha, avec 12,000 soldats,
qui les força à quitter Widin. Ils se
réfugièrent, avec 600 hommes, auprès de Maurajeni, prince de Valachie, qui les nomma bir-bassa ( colonels ), et donna à Omar le commandement de Cyernetz, et à Passewand-Oglou celui de Guyrgyero.
La Porte était alors en guerre avec
la Russie et l'Autriche. Délogé par
les Impériaux, Omar s'établit, avec
17 des siens, dans le château de
Kulla, sur la rive droite du Danube,
et à six lieues de Widin. Quoique
Omar défendît dans ce moment les
droits du sultan, le pacha de Widin
envoya 1,000 hommes, avec ordre
de le prendre mort ou vif. Omar,
après s'être courageusement défendu avec ses 17 hommes pendant quatre jours, tomba au pouvoir de ses
ennemis. La nouvelle de son arrestation étant parvenue à Widin, le
peuple s'ameuta en sa faveur; et le
pacha croyant en prévenir les suites, fit répandre le bruit qu'Omar
s'était évadé, et lui fit en même
temps trancher la tête avec son secrétaire Mulla-Ibrahim. Passewand-
Oglou, instruit de la mort tragique
de son père, ne garda plus de mesure, recruta dans la Valachie et la

PAS

Bulgarie, et parvint à former une petite armée de 5,000 hommes, avec lesquels, et aidé par les habitans de Widin, il entra de nuit dans la ville ( en 1788 ), y fit prisonnier le pacha, auquel il accorda la vie d'après un firman du grand-seigneur, qu'il lui montra, et où on lui ordonnait de mettre à mort Omar, aga. Devenu maître de Widin, il en confia le commandement à l'un de ses parens, nommé Bekir, aga; et il se rendit auprès du grand visir Jussuff, pacha, avec son armée, offrant de l'employer au service de la Porte. Le grand visir lui fit un fort bon accueil, et lui donna encore 1,000 hommes à commander. Il alla avec 7,000 soldats secourir Belgrade assiégée par les Autrichiens, sous les ordres de Laudon. Mais son armée fut presque entièrement défaite, et il ne lui resta que 500 hommes seulement. Il retourna alors à Widin, où il demeura pendant trois ans dans une inaction complète. Ayant enfin demandé à son parent, Bekir, aga, compte de son administration, et celui-ci s'y étant refusé, il lui fit trancher la tête et s'empara de ses biens. Il recommença alors à exercer une autorité absolue dans la ville, malgré la présence du nouveau pacha, Alchio, que la Porte y avait envoyé. Passewand-Oglou, instruit que le pacha l'avait dénoncé au grand-seigneur, l'attaqua, le força à s'enfermer dans la citadelle avec 3,000 hommes, et le fit enfin prisonnier avec toute sa garnison. Alchio ayant obtenu du sultan la grâce du rebelle, celui-ci lui rendit sa liberté et vécut pendant quelques mois en bonne intelligence avec lui. Le pacha n'attendait qu'une occasion favorable pour se venger, tout en obéissant aux ordres de la Porte. Passewand - Oglou étant allé en campagne avec seulement 60 des siens, Alchio détacha à sa poursuite 400 hommes, qui, l'ayant atteint au village de Latesa, à trois lieues de Widin, lui livrèrent un combat qui fut très-sanglant. Passewand-Oglou se réfugia avec 30 des siens dans une maison, où le pacha Alchio vint l'attaquer; mais il fut repoussé. Passewand-Oglou put alors réunir 3,000 hommes, renoua ses intelligences avec les habitans de Widin; il y entra au mois de juin 1792; en chassa le pacha et la garnison, et prit, pour la seconde fois, possession de la forteresse et de la ville. Il se refusa à toutes les conditions que la Porte lui fit offrir en 1794 par le pacha Hassy, mufti, et au commencement de 1795, il se rendit maître de Nicopolis, sur la rive droite du Danube, sous prétexte que cette forteresse était nécessaire à la sûreté de Widin, quoiqu'elle en fût éloignée de plus de 20 lieues. Il en donna le commandement à un de ses officiers. Son ambition croissant avec ses succès, il excita à la révolte tous les janissaires licenciés, et tous les mécontens de la Servie et de la Bulgarie, leur fournit des armes, et d'après les instructions secrètes de Passewand-Oglou, ils se portèrent sur Belgrade, dont ils se seraient emparés sans la contenance ferme du commandant Hassan, pacha, qui, ayant obtenu des renforts, mit en fuite les rebelles. La Porte voulant se défaire d'un homme aussi dangereux que l'était Passewand-Oglou, fit marcher contre lui, en 1796, une armée de 50,000 hommes, sous les ordres du beglierbey de Romélie, et de quatre autres pachas. Pendant ce temps, Passewand-Oglou avait réuni une armée de 30,000 hommes, parmi lesquels il comptait plusieurs officiers fugitifs français et polonais, dont les premiers l'avaient aidé, avec leurs talens, à fortifier Widin, et les seconds avaient introduit dans ses troupes la tactique et la discipline. Passewand-Oglou avait approvisionné Widin de vivres et de munitions de toute espèce, et se voyait en état de résister à tous les efforts des Turks. On a toujours ignoré d'où il tirait les sommes nécessaires pour suppléer à tous ces frais, à moins que la politique de quelque puissance européenne ne les lui eût fournies secrètement. Après un siège de trois mois, et plusieurs attaques inutiles, le commandant de l'armée ottomane fut le premier à entamer les négociations, dont le résultat fut que Passewand-Oglou serait reconnu pacha de Widin, moyennant 500 bourses qu'il paierait au grand-seigneur. Mais l'ambition ne lui laissant pas de repos, il fomenta, et entretint jusqu'en 1797, la révolte d'une foule de brigands connus sous le nom de *voleurs de Romélie*. Quand ceux-ci furent chassés des environs d'Andrinople, il leva le masque et les rassembla tous sous ses drapeaux. Se trouvant à la tête de 40,000 hommes, il embrassa un plan plus vaste, s'assura d'abord du cours du Danube entre Belgrade et Rudstuck, mit des garnisons à Nicopolis et Sistowe pour défendre les approches de Widin, et s'empara ensuite d'Orsowa et de Semendria. Il se disposait à attaquer Belgrade; mais les pachas de Bosnie et de Thonie étant accourus au secours du commandant de cette place, il se borna, pour le moment, à placer un corps d'observation à quelques lieues de Belgrade. Il forma de son armée deux colonnes, qu'il dirigea, l'une par Nissa et Sophia, et l'autre par Tirnowa et

Philippopoli, vers la route d'Andrinople. Chemin faisant il battit à Nissa un corps de Bosniens, et répandit dans toute la Servie et la Bulgarie une multitude d'émissaires qui augmentèrent le nombre de ses partisans, tandis que, de son côté, et personnellement, il n'omettait aucun moyen pour en acquérir de nouveaux. Dans tous les pays qu'il occupait il se conciliait la confiance des habitans, par la protection qu'il accordait au commerce et aux propriétés, par une justice exacte, et surtout en diminuant de moitié les impôts. Devenu maître, en peu de temps, de la Servie et de la Bulgarie jusqu'à Philippopoli, il établit son camp dans cette ville. Alo, pacha, beglierbey de Romélie, se trouvant inférieur en forces, n'osa l'attaquer, et se tint sur la défensive. Passewand-Oglou envoyait des partis jusqu'aux portes de la ville, et même sous les murs de Constantinople, qu'il semblait menacer. Il avait su d'avance attirer dans son parti plusieurs pachas de la Grèce; et presque toutes les troupes que l'on faisait marcher contre lui, au lieu de le combattre, ne venaient que pour grossir son armée. Tout semblait annoncer à Passewand-Oglou des succès encore plus brillans; mais le célèbre Husseim, capitan-pacha, vint l'arrêter au milieu de ses triomphes. La Porte avait mis sous les ordres de cet habile guerrier tous les pachas qui étaient demeurés fidèles à leur souverain, et l'éleva en même temps à la dignité de sérasquier. L'armée d'Hasseim était forte de plus de 100,000 hommes, et composée, dans sa majorité, des troupes que la Porte avait fait venir d'Asie. Le sérasquier au lieu d'attaquer Passewand-Oglou dans son camp de Philippopoli, fait marcher une colonne contre Tirnowa , gagne le commandant que Passewand-Oglou y avait laissé , et s'empare de la ville sans coup férir. Passewand-Oglou de crainte qu'on ne lui coupe la retraite, se voit forcé de quitter Philippopoli et de se replier sur Widin. Tandis qu'Hasseim le poursuivait, les autres pachas s'emparent de Sistowe , de Nicopolis , de Semendria , d'Orsowa , etc. Toutes ces défaites jetèrent l'alarme dans les troupes du rebelle , et une grande partie l'ayant abandonné , il se vit réduit à s'enfermer dans Widin avec 16,000 hommes qui lui restaient. Bientôt Hasseim vint l'assiéger avec une armée formidable , commandée , sous ses ordres , par 12 pachas, tant d'Europe que d'Asie. En même temps une flottille de chaloupes armées , venue de Constantinople, inquiétait Widin du côté du Danube. Passewand-Oglou montra dans cette occasion autant de constance que de courage et de talent. Pendant cinq mois que dura le siége , il livra 30 attaques à l'armée ottomane, dans lesquelles il sortit toujours vainqueur. Les troupes de différens pachas, et celles entre autres d'Alo , pacha , ayant été mises en déroute , Passewand-Oglou livra un combat général au sérasquier , lui tua près de 10,000 hommes, et l'obligea de se retirer à Lonya. Des négociations s'ouvrirent , et la Porte envoya encore des commissaires pour traiter avec le vainqueur. La paix fut conclue en décembre 1798. On accorda à Passewand-Oglou le pachalik de Widin avec un agrandissement de territoire , et le titre de pacha à trois queues. D'après sa demande , on destitua quelques pachas voisins , et les janissaires expulsés de Belgrade et des autres places furent rétablis dans leurs propriétés. Tou-

tes ces conditions honorables et avantageuses n'auraient pas satisfait l'ambition de Passewand-Oglou ; mais il craignait de se voir attaqué par une armée de quarante mille russes , qui seraient venus au secours du grand-seigneur , en vertu d'un traité d'alliance conclu entre le cabinet de Pétersbourg et la Porte Ottomane. Passewand-Oglou licencia une grande partie de son armée , et employa , dans la suite , le reste contre quelques pachas limitrophes, qu'il battit à plusieurs reprises. Ce conquérant rebelle mourut à Widin en 1802.

PATRAT (Joseph) , acteur et auteur dramatique, naquit à Arles en 1732, et mourut à Paris en 1801, âgé de 69 ans. Il a laissé plusieurs pièces bien dialoguées , où l'on trouve des situations comiques et des caractères assez bien tracés. Les principales sont : *L'Heureuse erreur* ; les *Déguisemens* ; le *Fou raisonnable ;* les *Méprises par ressemblance ; Complot inutile , les deux Frères* , imitée de l'allemand de Kotzbue. On compte parmi ses opéras, *la Kermesse*, ou *la Foire allemande; Adélaïde et Mirval ; Toberne*, ou le *Pêcheur suédois* , etc.

PATRIX (N.), général de l'armée d'Avignon , ville où il naquit vers 1760. Il embrassa avec ardeur la cause de la révolution, s'enrôla dans les armées, et ayant montré de l'audace et quelques talens, son avancement fut rapide, et on le nomma en 1790 , commandant en chef de l'armée patriotique d'Avignon, lorsque les jacobins résolurent de réunir le Comtat à la France. Patrix cependant ne commit aucune vexation dans la ville , et , même à la prise de Sériac, il chercha à contenir ses troupes, et donna des preuves de justice et d'humanité ; les brigands qu'il avait à ses ordres, indignés de sa modération, l'accusèrent à son état-major d'avoir fait évader un prisonnier. Il fut condamné à être fusillé en mai 1791. Le farouche Jourdan *Coupe-tête* lui succéda, et les brigands n'eurent pas d'occasion pour accuser celui-ci de modérantisme. — Un frère de Patrix, officier du régiment de Poitou, infanterie, fut massacré à Brest, peu de mois après, comme royaliste.

PATTEN (Thomas), théologien anglican, qui vivait dans le siècle dernier, se rendit célèbre par divers ouvrages savans en faveur de la religion, et qui prouvent qu'il avait bien étudié les saintes Écritures. Parmi un grand nombre, les suivans méritent une attention particulière : I *Apologie chrétienne*, in-8, discours fait pour la chaire. II *Apologie chrétienne de saint Pierre*, faisant aussi la matière d'un sermon qui fut prêché, puis publié avec des *notes* et une *réponse* aux objections du R. Ralph Heathcote, aussi docteur anglican, mort en 1795. III *La suffisance des preuves données de l'évidence de l'Évangile*, soutenue contre la réplique du R. Ralph Heathcote, in-8. IV *L'Opposition entre l'Évangile de J.-C. et ce qu'on appelle la religion naturelle*, sermon. V *Défense du roi David, dont le caractère est mal exposé dans quelques écrits modernes*. Patten mourut en 1790.

PATUZZI (Jean-Vincent), célèbre dominicain, naquit à Vérone le 19 juillet 1700, et prit l'habit de l'ordre de Saint-Dominique en 1717 à Conégliano, dans la congrégation de Salomoni. Il fit d'excellentes études, et, s'appliquant avec ardeur, non-seulement à celles de son état, mais encore à la bonne littérature,

il fut bientôt jugé capable d'enseigner aux autres ce qu'il avait si bien appris. On le chargea de professer la philosophie à Venise, et quelques années après la théologie. Il s'en acquitta d'une manière extrêmement distinguée, fit admirer la profondeur de ses connaissances, et forma de savans élèves. La question du *probabilisme* s'agitait alors avec feu : le P. Patuzzi se déclara contre, et prit chaudement la défense de la doctrine du P. Concina, son confrère. (*Voyez* CONCINA, *Dict.*) Il passa toute sa vie à écrire. Plusieurs de ses ouvrages ont paru sous le nom d'*Eusebio Eraniste*, qu'il avait adopté ; d'autres sous celui d'*Adelfo Dositeo*, qu'il prend quelquefois. Il mourut le 26 juin 1769. On a de lui : I *Vita della venerabile serva di Dio Fialetta, rosa Fialetti del terzo ordine di san Domenico, con l'aggiunta di alcune sue lettere, canzoni ed altre spirituali operette*, Venise, 1740, in-4. II *Diffesa della dottrina del angelico dottor santo Thomaso sopra l'articolo cinque della Q, 154, 2. 2*, Lucques, 1746, in-4, sans nom d'auteur. Ce livre est dirigé contre quelques défenseurs du P. Benzy, jésuite. (*Voyez* BENZY.) III *De futuro impiorum statu, libri tres*, Vérone, 1748, in-4 ; 2° édition, Venise, 1764. IV *Lettere teologico-morali di Eusebio Eraniste*, etc., *in diffesa della storia del probabilismo del P. Daniello Concina* (Trente), Venise, 1751, 2 vol. in-8. L'ouvrage eut trois éditions dans la même année. V *Lettere teologico-morali in continuazione della diffesa dell' istoria del probabilisimo* (Trente), Venise, 1753, 2 vol. in 8. VI *Lettere teologico-morali in continuazione della diffesa*, etc., *ovvero Con-*

*futazione della risposta publicata dal M. R. P. B.*, della compa-*gnia di Giesù, contro i due primi tomi delle lettere di Eusebio Eraniste* (Trente), Venise, 1754, 2 vol. in-8. VII *Osservazioni sopra varii punti d'istoria letteraria esposte in 'alcune lettere. al M. R. P. Francesco Antonio Zaccaria*, con due appendici, etc., Venise, 1756; 2° édition, 1760, 2 vol. in-8. VIII *De re sacramentariá contra perduelles hœreticos libri decem*, etc., *curá et studio R. P. F. Renati Hyacinthi Drouin, doctoris Sorbonici, ord. prædicatorum, editio* 2ª, *cum notis et additionibus, P. F. Joannis Vincentii Patuzzi*, Venise, 1756, 2 vol. infol. IX *Lettera enciclica del summo pontifice Benedetto XIV, diretta all' assemblea generale del clero gallicano, illustrata e diffesa da Eusebio Eraniste contro l'autore de dubbii e quesiti proposti ai cardinali e teologi della sacra congregazione di Propaganda*, Lugano, 1758, in-8; 2° édition, Venise, 1759, insérée dans la *Raccolta sesta delle cose di Portugallo, rapporto a gesuiti*, Lugano, 1759; 2° édition, Venise, con *aggiunte e monumenti*, 1761, traduite en français et imprimée à Utrecht, 1760, in-12. X *Trattato della regola prossima delle azioni umane nella scelta delle opinioni*, etc., Venise, 1758, 2 vol. in-4. Elle fut traduite en latin, Venise, 1761. XI *Breve istruzione sopra la regola prossima, nella scelta delle opinioni*, etc., Venise, 1759, réimprimée à Naples et à Milan, avec des augmentations, et ensuite traduite en latin, insérée depuis dans la Théologie morale de Gasparo Vattolo, imprimée à Venise, 3 vol. in 4. XII *De indul-*

gentiis et requisitis præsertim ad eas recipiendas dispositionibus, Rome, 1760, in-16. Ce traité parut d'abord sous le nom supposé de *Nicolo Giunchi de Raspantini*, mais il fut réimprimé la même année sous le nom du P. Patuzzi. XIII *Esposizioni sulla dottrina cristiana, opera utilissima ad ogni genere di persone, si ecclesiastiche che secolari, nuova edizione riveduta e corretta*, Venise, 1761. C'est l'ouvrage de l'abbé Mesenguy traduit en italien et imprimé à Naples, mais tellement corrigé et changé dans l'édition qu'en donne le P. Patuzzi, qu'on peut le regarder comme une œuvre nouvelle, à l'abri des censures de Rome. XIV *Lettere ad un ministro di stato sopra le morali dottrine de' moderni casuisti, e i gravissimi danni che ne resultano al publico bene, alla società civile, e ai diretti, autorità e sicurezza de' sovrani*, Venise, 1761, 2 vol. in-8; deuxième édition, avec des augmentations et corrections, Venise, 1763, sous le nom d'*Eusebio Eraniste*. XV *Lettere apologetiche, ovvero diffesa della dottrina di san Thomaso, contro le calunnie de' suoi accusatori sulla materia del tirannicidio*, Venise, 1763, in-8, sous le nom d'*Eusebio Eraniste*. XVI *De sede inferni in terris querendá, dissertatio ad complementum operis de futuro impiorum statu, distributa in partes tres*, Venise, 1763, in-4. XVII *La causa del probabilismo richiamata al esame da M. Liguori e convinta novellamente di falsità, da Adelfo Dositeo* (Ferrare), Venise, 1764, in-8. XVIII *Osservazioni theologiche sopra l'apologia di M. D. Alfonso de Liguori, contro il libro intitolato: La Causa del probabilismo*

(Ferrare), Venise, in-8, sous le nom d'*Adelfo Dositeo* (voy. LI-GUORI). XIX *Ethica christiana, sive theologia moralis, ex sanctæ Scripturæ fontibus derivata et sancti Thomæ Aquitanis doctrinâ illustratâ*, 7 vol. in-4, Bassano, 1790. Le P. Patuzzi n'ayant pu terminer cet ouvrage, il fut achevé par le P. *Pierre Fantini*, son confrère, qui le publia, et le fit précéder d'une *Vie* de l'auteur et du catalogue de ses ouvrages. On trouve l'éloge du P. Patuzzi dans l'*Europe littéraire*, mois de juin 1769. On ne peut trop louer ce Père d'avoir poursuivi, sans leur donner de répit, les défenseurs de la morale relâchée. Des personnes, qui assurément la condamnent, pensent néanmoins qu'il a quelquefois confondu avec elle une sage condescendance, des ménagemens que dictent la prudence et la charité, des tempéramens que demandent quelquefois l'amour du prochain et les intérêts du salut des pénitens. L'Evangile n'est point une loi d'excessive rigueur, mais de miséricorde aussi-bien que de justice ; et on s'étonne de voir compris parmi ceux que le P. Patuzzi a combattus, M. de Liguori, missionnaire zélé, homme consommé dans la connaissance des voies spirituelles, instruit, en un mot, par une longue expérience, des moyens les plus propres à faire rentrer le pécheur en lui-même, et à le ramener à la pratique des devoirs religieux.

PAUCTON ( Alexis-Jean-Pierre) naquit d'une famille pauvre, dans un village près de Lussan, dans la Mayenne, en 1732. Il étudia à Nantes les mathématiques et le pilotage. Etant venu à Paris, il se fit instituteur, et obtint ensuite une place au bureau du cadastre. Il mourut le 5 juin 1798. On a de lui : I *Théorie de la vis d'Archimède*, 1768, in-12. II *Métrologie*, ou *Traité des mesures, poids et monnaies des peuples anciens et modernes*, 178.. Parmi les bonnes idées que l'auteur de ce traité développe, il y en a une très-heureuse, et par laquelle il propose d'élever dans les principales villes un obélisque ou *métromètre* qui présenterait les types et les dimensions linéaires et cylindriques de nos poids et mesures, et en conserverait l'uniformité inaltérable. Cette idée a été également présentée par MM. Abeillet et Tillat, dans un rapport que la société d'agriculture de Paris publia en 1790. III *Théorie des lois de la nature.* IV *Dissertation sur les Pyramides d'Egypte*, 1780, in-8. Il a laissé en manuscrit une traduction des *Hymnes* d'Orphée ; *Doctrine évangélique, apostolique et catholique* ; les *Psaumes et les cantiques traduits de l'hébreu* ; *Théorie des mesures, des machines, des travaux et des salaires*, etc.

PAUL Ier ( Petrowitz ), fils de Pierre III, empereur de Russie, et de Catherine II, Alexiewna, naquit le 1er octobre 1754. Son éducation fut confiée au comte Pahnin, premier ministre, pour lequel le prince conserva une bienveillance inaltérable. Paul épousa en premières noces ( en 1774 ) Wilhelmine, fille du landgrave de Hesse d'Armstadt, qui embrassa le rite grec, et prit le nom de Natalie. Cette princesse, d'un esprit cultivé et douée de toutes les grâces de son sexe, reçut bientôt les hommages de toute la cour, ce qui ne plut nullement à l'ambitieuse Catherine, qui eut pour sa belle-fille un éloignement qu'elle ne dissimulait pas. Deux ans après son union avec le grand duc, la princesse Natalie mourut des suites d'une mauvaise couche, où, selon les bruits sourds qui circulèrent, et qui ne faisaient pas l'éloge de Catherine, on l'avait laissée sans les secours nécessaires de l'art. Pour effacer de l'esprit de son fils toute sinistre impression, elle le remaria la même année avec la princesse de Wirtemberg, nièce du roi de Prusse. Le grand duc Paul fit son entrée à Berlin le 21 juillet 1776, quatre mois après la mort de sa première femme. Il y fut reçu avec une grande pompe. Les magistrats lui élevèrent un arc de triomphe, où soixante-dix filles habillées en nymphes lui présentèrent des vers et des fleurs. Le mariage fut célébré dans le même mois et avec une égale magnificence. De retour à Pétersbourg, la soumission absolue de la nouvelle épouse la mit à l'abri des terribles ressentimens de la czarine. Potemkin venait de succéder à Orlow dans les bonnes grâces de l'impératrice. Le grand duc n'aima ni l'un ni l'autre de ces favoris, mais il eut au moins assez de pouvoir pour soutenir son ancien précepteur, le comte Pahnin, contre le crédit de ces deux hommes tout-puissans. Quelque déférence qu'il eût pour sa mère, il ne pouvait pas approuver tout ce qui se faisait dans une cour dont la galanterie dirigeait la politique. On le fit voyager. Il quitta la capitale de la Russie avec son auguste épouse en avril 1780, et se mit à parcourir la Pologne, l'Autriche, l'Italie, la France, la Hollande, recevant partout les honneurs dus à son rang, et se faisant partout remarquer par son affabilité, sa générosité, son désir d'observer et de s'instruire, et en éludant tant qu'il pouvait les hommages publics. Le grand duc re-

vint à Pétersbourg après un voyage de quinze mois. En 1787 la guerre ayant été déclarée à la sublime Porte, le grand duc sollicita vainement d'aller combattre contre les Turks. Catherine, très-jalouse de son autorité, craignit sans doute quelques projets ambitieux de la part de son fils, et ne se souciait nullement qu'il se rendît cher aux armées. Celui-ci lui écrivit une lettre soumise dans laquelle il lui disait : « L'intention que j'ai d'aller combattre les Turks est connue de toute » l'Europe; que dira-t-elle en voyant » que je ne l'exécute pas? — L'Europe » dira, lui répondit l'impératrice, que » le grand duc de Russie est un fils » respectueux. » Paul 1er monta sur le trône après la mort de sa mère, arrivée le 17 novembre 1796. Il avait toujours conservé un triste souvenir de son père, quoiqu'il l'eût perdu à l'âge de huit ans, et ce souvenir avait plusieurs fois éveillé la méfiance de Catherine. A peine eut-il pris les rênes du gouvernement qu'il réhabilita la mémoire de Pierre III, et le vengea de son meurtrier de la manière suivante : il fit exhumer les restes de Pierre III, et les fit transporter avec une pompe éclatante au lieu où on lui avait élevé son tombeau. Le régicide, Alexis Orlow, fut obligé de suivre le cortége funèbre tenant un des bouts de la draperie du cercueil. L'assassin marchait à côté de sa victime, exposé à tous les regards et à la haine de ceux qui ne voyaient en lui qu'un homme vil qui avait terni sa gloire par un odieux forfait. Paul, malgré l'éloignement où on l'avait tenu des affaires, sut se captiver la bienveillance de ses peuples. Il fit bâtir le superbe palais de *Michailow*, revêtit la *Moïka* de pierres de taille, ouvrit des *canaux* utiles, et il établit la *maison d'orphelins militaires*, où 800 enfans sont élevés, instruits, et placés convenablement. Il entretint une correspondance suivie avec la Harpe ; mais il ne paraît pas qu'il partageât les maximes philosophiques que ce littérateur professa pendant long-temps. Il recevait avec bienveillance tous les Français de distinction que les troubles révolutionnaires avaient forcé de quitter leur pays. Quand le prince de Condé ( *voyez* ce nom, *Supplément* ) vint dans ses états, il lui fit rendre tous les honneurs dus à son rang ; il lui accorda des secours, et les gentilshommes de la suite du prince furent traités avec distinction. En 1799 il s'allia avec les autres cabinets, et envoya en Italie une puissante armée sous les ordres du général Souvarow qui, après avoir conquis ce pays, fut contraint de se retirer, autant par les efforts des troupes françaises que par les mésintelligences qui s'élevèrent entre lui et les généraux autrichiens. Paul Ier avait pris à cœur de défaire plusieurs choses établies sous le gouvernement des favoris de Catherine II, qui la dominaient à leur tour, tandis qu'elle voulait dominer et l'Asie et l'Europe. Cela donna lieu à plusieurs réformes et innovations que les grands ne goûtèrent pas, et ils commencèrent à souffrir avec impatience le joug de leur souverain. On ne peut cependant excuser Paul Ier d'une injustice manifeste, en voulant rétablir une ancienne loi qui permettait aux souverains de Russie de se choisir, à leur gré, un successeur parmi leurs enfans, ou parmi les héritiers les plus immédiats à la couronne. Il avait nommé pour lui succéder son second fils, au préjudice d'Alexandre, actuellement régnant, et les grands, à l'insu de ce

prince, formèrent un complot. Un officier hardi, et que le crime n'effrayait pas, pénètre une nuit avec six ou huit grenadiers dans l'appartement du czar, le surprend dans son lit, et lui enjoint de signer une déclaration qu'il lui présente, et dans laquelle il est annulé plusieurs de ses antérieures dispositions, et notamment celle relative à la couronne. Le czar, indigné de cette audace inouïe, s'y refuse ; on le menace ; il saute de son lit, tire son épée, et tout à coup il est entouré par les grenadiers qui veulent attenter à sa vie. Il se sauve dans un cabinet dont la porte communique avec la salle de ses gardes ; mais la porte est fermée, et avant qu'il puisse appeler du secours, on le terrasse, et on le finit à coups de crosse. En considérant ce genre de mort, et celle de son père, étouffé par les mains d'Orlow, on dirait que, malgré un siècle de civilisation, il reste encore en Russie quelques anciens souvenirs des mœurs tartares. Quand le grand duc Alexandre eut appris cette cruelle catastrophe, arrivée le 12 mars 1801, il fondit en larmes, et refusait de monter sur un trône fumant encore du sang paternel. La bonne harmonie qui a toujours régné entre lui et ses frères, et notamment avec son puîné, le grand duc Constantin, fait honneur au bon cœur et au caractère de ces deux princes. Paul Ier avait des qualités recommandables ; mais il avait trop de penchant pour les innovations, et on reconnut souvent en lui un caractère versatile et chancelant. Après que Buonaparte fut élevé au consulat, il devint un de ses admirateurs les plus enthousiastes.

PAULIAN ( Aimé-Henri ), physicien, naquit à Nîmes en 1722,

entra fort jeune encore chez les jésuites , et y professa la physique
pendant plusieurs années. Après
l'extinction de son ordre il retourna
dans sa patrie, et il y mourut en
1802. On a de lui : I *Dictionnaire
de physique*, 1761 ; il a eu neuf
éditions , dont la dernière est d'Avignon , et de Paris , 178... , 5 vol.
in-8. II *Dictionnaire des nouvelles
découvertes faites en physique* ,
1787 , 2 vol. in-8. III *Nouvelles
conjectures sur les causes des phénomènes électriques* , 1762 , in-4.
IV *Traité de paix entre Descartes
et Newton* , 1764, 3 vol. in-12.
V *Système général de philosophie*,
1769, 4 v. in-12. VI *Dictionnaire
philosopho - théologique* , Nîmes
et Paris , 1774 , in-4. VII *Guide
des mathématiciens*, ou *Commentaires des leçons de mécanique de
la Caille* , Avignon et Paris , 1772,
in-8. VIII *Véritable système de la
nature* , 1788 , in-8. IX *Comment.
sur l'analyse des infiniment petits
de l'Hôpital*, Paris , 1768 , in - 8.
Les ouvrages de ce savant physicien
sont écrits avec précision et clarté ;
ils offrent des idées neuves, très-
utiles à la science qu'il professait.

PAULZE ( N. ) , fermier général , né vers 1730 , à Montbrisson ,
où il occupa pendant plusieurs années une place dans la magistrature.
Appelé par son parent, l'abbé Ter-
ray , à Paris , il y devint fermier
général , emploi qu'il remplit avec
autant de talent que de probité. Il
forma une compagnie de commerce
pour la Guyane , et il écrivit différens *Mémoires* sur cette vaste colonie. Une grande partie des détails
commerciaux , et principalement
ceux relatifs aux possessions françaises en Asie et en Amérique , sont
attribués à Paulze. Le règne de la
terreur arriva, et ni ses services ni

sa probité ne purent l'arracher au
sort de ses confrères. Il fut traîné
avec eux à l'échafaud , le 8 mai 1794,
sur la vague et fausse accusation
*qu'ils avaient mis dans le tabac de
l'eau, et d'autres ingrédiens nuisi-
bles à la santé des citoyens*. Les
jacobins, tout en ménageant ainsi
la santé des citoyens pour en envoyer
ensuite une bonne partie à l'échafaud,
ressemblaient assez aux sacrificateurs
de la gentilité , qui prenaient un
soin tout particulier du bon état de
leurs victimes. Il est inutile de dire
que le principal délit des fermiers
généraux était leurs richesses ,
vraies ou supposées, dont les amis
de la *liberté* et de l'*égalité* étaient
avides de s'emparer.

PAW ( Corneille de ), chanoine
allemand, naquit à Amsterdam en
1739. Il passa en Allemagne , et se
fixa à Xanten , près d'Aix-la-Chapelle. Quoique doué de beaucoup de
talens , il avait la faiblesse d'embrasser les opinions les plus singulières, et il avait cela de commun avec
son neveu, Anacharsis Clootz , si
fameux dans la révolution française ,
et par sa démagogie , et par son
athéisme. Son oncle cependant n'arriva pas jusqu'à cet excès d'impiété.
Partisan déclaré du philosophisme ,
il en admirait les apôtres et en pro-
pageait les principes, ce qui fut en
grande partie la cause de l'amitié
qu'avait pour lui le roi de Prusse ,
Frédéric II. Après la réunion des
départemens du Rhin à la France,
Paw fut nommé commissaire du
gouvernement , place qu'il remplit
jusqu'à sa mort , arrivée à Xanten ,
le 8 juillet 1799. On a de lui : *Recherches philosophiques sur les
Grecs, les Américains, les Égyp-
tiens et les Chinois* , Paris , 1795 ,
7 vol. in-8. On trouve dans cet
ouvrage , écrit d'un style éloquent

et énergique, plusieurs faits nouveaux, et beaucoup d'érudition; mais on s'étonne d'y voir l'assurance avec laquelle l'auteur, en affirmant tout et ne prouvant que fort peu, ne cesse de contredire tous les historiens, et de déprimer les peuples dont il offre le tableau. En général il paraît que Paw a écrit cet ouvrage plutôt pour montrer l'étendue de son savoir, que pour faire connaître avec exactitude l'esprit des nations qui en sont le sujet, et à l'égard desquelles le lecteur ne saurait former un jugement certain.

PAYNE ( Thomas ), Américain, député à la convention nationale, né vers 1750, eut une part assez active dans les premiers troubles de son pays; et à la paix avec les Anglais, il passa à Londres, où il publia plusieurs écrits séditieux, tels que le *Sens commun* ( 1790 ), tous ayant pour objet de produire une révolution en Angleterre. « La hardiesse de ses idées, dit madame » Roland dans ses *Mémoires*, l'originalité de son style.... doivent » produire de la sensation; mais je » les crois plus propres à semer des » étincelles d'embrasemens, qu'à » discuter les bases, ou préparer la » formation d'un gouvernement. Il » saisit, il établit ces principes qui » frappent les yeux, ravissent un » club, et enthousiasment une ta- » verne, etc. » Ayant éveillé les justes soupçons du gouvernement britannique, pour en prévenir les résultats, il vint à Paris en 1791; où la révolution lui faisait espérer de jouer un grand rôle, mais il fut trompé dans son attente. Il y débuta en juin, par afficher un libelle, où il emprunta le nom d'Achille du Châtelet, et qui contenait diverses questions insidieuses sur le départ du roi, et qui voulaient dire en

substance, *qu'il fallait abolir une monarchie qui tombait dans l'avilissement.* En 1791, il publia la théorie pratique des droits de l'homme, sous le titre de *Droits de l'homme, en réponse aux attaques de M. Burke sur la révolution française*, traduit de l'anglais par Soulès. Cet ouvrage fut suivi d'un autre qu'il rédigea avec Condorcet, intitulé le *Républicain, ou le Défenseur du gouvernement représentatif.* Ce titre prouve assez qu'il partageait les opinions des girondins; et en effet il était lié avec leurs principaux chefs, et notamment avec Guadet, qui, le 26 août 1792, lui obtint de la législature un décret de naturalisation; le département du Pas-de-Calais le nomma alors à la convention. Ne sachant pas le français, et contraint d'émettre ses opinions par l'organe de Lanthenas, il ne monta jamais à la tribune, et se borna presque toujours à appuyer les motions ou à les rejeter. Le 20 novembre il opina par écrit sur *la mort* de Louis XVI, le déclarant coupable, parce que, « ayant fait partie » de la horde des brigands couronnés, il était juste, légitime et poli- » tique de lui faire son procès. » Cependant il vota depuis pour l'appel au peuple, et se prononça ensuite pour la réclusion de Louis jusqu'à la fin de la guerre, et pour son bannissement perpétuel après. Cette espèce de modération de la part de Payne irrita fortement Robespierre, qui le fit exclure en 1793 de la convention, comme étranger; cependant Clootz et Marat y siégeaient, et le premier était Prussien, et l'autre né dans la Suisse. Il le fit ensuite incarcérer comme *suspect*, mais on lui rendit bientôt la liberté, d'après la réclamation des Etats-Unis. La chute de Robespierre le rappela à l'assemblée en novembre 1794. Dans cette année il publia son ouvrage intitulé *l'Age d'or*, dont la seconde partie parut en 1795. Étant sorti de l'assemblée, après la session du corps législatif, il adressa, en mai 1796, au conseil des cinq-cents son livre de la *Décadence et de la chute du système des finances d'Angle-terre*. Il annonçait dans cet ouvrage que le gouvernement britannique touchait à sa fin. Le président Jefferson l'ayant appelé en Amérique, il y passa en 1802. Il s'établit dans la maison de campagne de Newrochelle, où il manqua être tué, en janvier 1806, d'un coup de fusil qu'on lui tira par la fenêtre. Payne mourut en 1811, laissant à Bonneville et à ses enfans ses propriétés en Amérique. Ce Bonneville revisait et traduisait les ouvrages de Payne, pendant le séjour de celui-ci à Paris. Un auteur sage et instruit, après avoir démontré les mauvaises impressions qu'avaient laissées les ouvrages de Home, de Gibbon, de l'athée Toulmoi, du sceptique Hollis, et du comte de Chesterfield [1], dit en parlant de Payne : « Il ne restait »plus qu'à faire parvenir l'irréligion »jusque dans les dernières classes ; »et c'est de cette tâche que se char-»gea Thomas Payne, républicain, »ou plutôt démagogue ardent, qui »mérita de siéger dans la convention »nationale de France, et qui n'avait »pas en religion des idées plus saines »qu'en politique. Il s'était fait con-»naître d'abord par ses *Droits de »l'homme*, qui semblaient une pro-»vocation contre toutes les sociétés, »et qui avaient en effet excité en An-»gleterre, parmi le peuple, une dan-»gereuse fermentation que le gou-»vernement prit soin de réprimer.

1 L'auteur des *Mémoires pour servir à l'Histoire du 18e siècle*, tom. 4, pag. 298.

»Ce ne fut point assez pour lui d'être »l'apôtre de l'insurrection, il voulut »l'être de l'impiété ; et, en 1793, il »publia en France, où il était alors, »la première partie de *l'Age d'or*, »pamphlet qui retraçait dans un »langage grossier les objections si »souvent rebattues des anciens déis-»tes anglais. L'objet de ce livre était »la propagation du déisme, et le »principe fondamental de l'auteur »était que le livre visible de la nature »est la seule révélation. Il fit pa-»raître en 1795 la deuxième partie »de son *Age de raison*, où il at-»taqua l'Écriture sainte avec un re-»doublement de violence. Quoique »ses armes fussent de la trempe la »plus faible, cependant comme le »ton de l'écrivain était propre à »faire illusion à des hommes simples, »plusieurs anglicans se mirent en »devoir de châtier cet ignorant et »absurde ennemi du christianisme. » Waston, évêque de Landaff, se si-»gnala par une apologie de la Bible, »dans une série de lettres adressées »à Thomas Payne, ouvrage, dit un »critique, où brillent le talent, les »connaissances, l'exactitude et l'im-»partialité. L'évêque ne crut même »pas avoir assez fait par là. Pensant »que l'intérêt de la société demandait »qu'on réprimât des libelles con-»traires au bon ordre, il dénonça »les deux parties de l'*Age de la »raison* devant le ministère public. »L'auteur étant absent, il ne put »être mis en cause. L'imprimeur » Williams fut traduit devant la cour »du *ban du roi* ( le 24 juin 1797 ). »Le célèbre Erskine prononça dans »cette affaire un discours qui fait »encore plus d'honneur à ses senti-»mens qu'à son éloquence. Il rendit »un éclatant hommage au christia-»nisme, et montra la tendance per-»nicieuse des principes de Payne.

»Sur son discours et celui de lord »Kenson, président de la cour ; »qui parla dans le même sens, le »jury déclara Williams coupable. »On crut d'autant plus nécessaire »d'imprimer une flétrissure publique »à l'*Age de la raison*, que cet ou- »vrage, quelque misérable qu'il fût, »se rattachait à un plan formé pour »la subversion du gouvernement [1], »comme pour celle de la religion.»

PAZUMOT ( François ), ingé- nieur et géographe français, naquit à Beaune le 30 avril 1733. Il des- cendait du côté des femmes de la famille du célèbre Jean Charlier Geslon, dont une branche qui exis- tait en Bourgogne s'éteignit en 1768 dans la personne de Jean Charlier, curé de Champignolle, près Arnay-le-Duc. Pazumot fit ses études dans sa patrie, vint à Paris, et après avoir publié en 1765 des *Mémoires géographiques sur les antiquités de la Gaule*, avec de bonnes cartes, il obtint un brevet de géographe du roi. Ses mémoires ne furent pas considérés inférieurs à ceux de Belley. Il fut chargé par le gouvernement d'aller visiter l'Au- vergne, pour y examiner les vol- cans éteints, et en mesurer les hau- teurs et les distances. Il y demeura trois ans, après lesquels il donna une carte de la partie septentrionale de cette province, et il reçut ensuite l'ordre de vérifier le travail des au- tres géographes qui avaient mesuré la partie opposée. En 1776 il fut nommé professeur de physique à Auxerre, emploi qu'il remplit pendant huit ans, et rédigea un cours de cette science, en français. Il visita la Suisse, le Mont-Blanc, les Pyrénées, et publia ses obser-

vations sur ces différentes parties. Les crimes de la révolution avaient altéré visiblement sa santé. Il cher- cha des ressources dans la religion ; et pendant plusieurs années se tin- rent chez lui les séances hebdoma- daires de la société de philosophie chrétienne fondée en 1795, et il fournit différens articles dans les Annales de la religion, en 18 vol. S'étant retiré dans sa patrie, il y mourut en septembre 1804, âgé de 70 ans. On fait monter au nombre de 50 les *mémoires*, les *disserta- tions* et les *lettres* publiés par cet écrivain laborieux ; nous citerons les plus remarquables : I *Lettres sur les urnes cinéraires trouvées à Cotcote, près Dieppe* ( Mercure de France, 1761 ). II *Lettre sur les bains en mosaïque, et quelques an- tiquités trouvées à Corsaint, près Semur en Aunois* (Journal de Ver- dun, février 1765 ). III *Princi- paux usages de la sphère armil- laire, de celle de Copernic, et des globes célestes et terrestres*, Paris, 1773, broch. in-12. IV *Mémoire sur la cristallisation du fer*, dé- cembre, 1779. V *Lettre sur les roches de la forêt de Rougeau, sur le bord de la Seine*, juin, 1780. VI *Lettre sur les ossemens trouvés à Montmartre*, août 1782. VII *Observations sur la congélation de l'eau en filets prismatiques verti- caux dans un terrain calcaire*, juillet 1782. VIII *Hauteur com- parée des plus hautes montagnes du globe, et nivellement de Paris*, septembre, 1783. IX *Description d'un camp romain, près de Ton- nerre, à Flogni, sur les bords de l'Armacon* (Mémoires de l'acadé- mie de Dijon, tom. 2 ). X *Des- cription, plan, coupe, nivelle- ment des grottes d'Arcy-sur- Eure, suivis d'observations phy-*

---

1 Ce livre fut brûlé, et les habitans d'Exes- ter furent les premiers à obéir aux ordres du gouvernement.

siques. XI *Lettre sur quelques volcans de la haute Auvergne* (Journal de France, par Fontenay, 1785). XII *Lettre sur les deux chiens de Sibérie, et sur le sommeil des chats.* XIII *Voyages physiques dans les Pyrénées*, en 1788 et 1789., Paris, 1797. On attendait de ce savant un volume in-4, sous ce titre, *Antiquités de Bourgogne, pour faire suite aux antiquités de Caylus et de la Sauvagère.* Il a laissé en outre un ouvrage manuscrit sur les *Preuves de la religion.*

PEARCE (Zacharie), évêque anglican, naquit à Londres en 1690, fit ses premières études à Westminster, et passa de là au collège de la Trinité à Cambridge, où on l'agrégea. Il fut reçu docteur en 1724, devint doyen de Winchester en 1739, et fut nommé en 1748 évêque de Bangor; il quitta ce siége en 1756, pour celui de Rochester, prélature à laquelle il réunit le doyenné de Westminster. Il est auteur de divers ouvrages, les uns de théologie, les autres de littérature. On trouve plusieurs articles de lui dans le *Guardian* et le *Spectator*, journaux anglais. Il était encore à Cambridge, quand il travaillait à ces feuilles; depuis il a donné : I une édition de *Longin*, 1724. II Un *Essai sur l'origine et les progrès des temples.* III Une édition de Cicéron, *De officiis.* IV Une *Revue du texte de Milton.* V Un *Rapport sur le collège de la Trinité à Cambridge.* V.I Une *Défense des miracles de Jésus-Christ*, en anglais, contre Woolston qui les avait attaqués, 1727 et 1728. VII Quelques *Lettres* contre Middleton, à l'occasion de sa *Lettre* à Waterland. VIII Un *Commentaire* avec des *notes*, sur les quatre évangélistes et les Actes des apôtres, et une nouvelle *tra-*duction de la première Epître de saint Paul aux Corinthiens, 2 vol. in-4. Ils ne parurent qu'après sa mort, avec quatre volumes de ses sermons. Péarce, comme Hoadly, réduisait la sainte cène à une simple cérémonie. Il mourut en 1774. On lui éleva un fort beau monument dans l'abbaye de Westminster.

PECCHIOLI (Antonio - Alamanno), ecclésiastique florentin, naquit à Sesto, village de l'état de Florence, et fut d'abord maître à l'école des clercs de l'église de Saint-Laurent de cette ville, dont, par la suite, il devint prébendé. Dans l'une et l'autre de ces deux places, il se fit estimer par son exactitude à en remplir les devoirs. Il mourut à Florence le 30 juin 1748. On a de lui : *Tractatus peregrinarum recentiumque quæstionum occasione acceptá à singulari libro de eruditione apostolorum, et à commentario de rectá christianorum, in eo quod mysterium divinæ Trinitatis attinet, sententiá evulgatis per Exc. Jos. Lami*, Venise, 1748, in-8. Ce livre attaquait le célèbre abbé Lami ; il y répondit par un livre intitulé : *Esame di alcune asserzioni del signor Antonio Alamanno Pecchioli, nel suo libro intitolato : Tractatus peregrinarum recentiumque quæstionum*, etc., Florence, 1749. Si l'âge et la date de l'ouvrage de Pecchioli sont exprimés avec exactitude, cet ecclésiastique avait 80 ans quand il publia son ouvrage, et il n'existait plus lorsque la réponse de l'abbé Lami parut.

PEDEROBA (Pierre - Marie, de), religieux mineur réformé de saint François, ainsi appelé de *Pederoba*, son lieu natal, gros bourg du territoire de Trévise, y était né le 3 février 1703. Son nom était

*Pietra Rossa.* Il entra dans l'ordre des mineurs réformés, au couvent de Bassano, le 9 novembre 1719. A d'heureuses dispositions pour réussir dans les lettres, il joignait un travail assidu, et le fruit qu'il en retira fut d'y devenir fort habile. Il se perfectionna encore en enseignant. Chargé de professer successivement la rhétorique, la philosophie et la théologie, il s'en acquitta avec un succès qui le fit connaître de la manière la plus avantageuse. Son talent pour la chaire augmenta sa célébrité; il prêcha, pendant plus de quarante ans, à Rome, à Trévise et dans les principales villes d'Italie, et toujours un nombreux concours d'auditeurs choisis se réuniront pour l'entendre. Dans les dernières années de sa vie, il se retira à Trévise, et y mourut le 6 novembre 1785. On a imprimé son *Carême,* Vicence, 1786, 2 vol. in-4; il est dédié à Victor-Amédée, roi de Sardaigne. Le caractère d'éloquence du P. de Pederoba est la véhémence et la force, lesquelles toutefois n'excluent point l'onction. Outre son Carême, on a de lui un volume de *Panégyriques* et de *Sermons,* aussi imprimés à Vicence en 1788. Benoît XIV l'avait honoré du titre de *prédicateur des prédicateurs.*

**PELLETIER - SAINT - FARGEAU** ( Louis-Michel le ), naquit à Paris le 29 mai 1760. Il était d'une famille distinguée dans la magistrature, suivit la même carrière, et devint président à mortier au parlement de Paris. Le Pelletier était peut-être le plus riche magistrat de la France : il avait une fortune de six cent mille livres de rente. Il avait fait serment de ne jamais condamner à mort, mais il oublia ce serment dans le procès le plus injuste. En 1789, le bailliage de la noblesse de Paris le nomma aux états généraux; et lorsque tous les députés de sa classe se réunirent au tiers état, il blâma hautement cette démarche de leur part, et resta seul, avec M. de Mirepoix, dans la chambre de son ordre. Il ne se soutint pas long-temps dans ces dispositions, et suivit bientôt l'exemple de ses collègues. Il était par malheur lié avec le duc d'Orléans, qui l'entraîna dans la révolution. Le 13 juillet il proposa d'inviter le roi à rappeler Necker et les autres ministres disgraciés. Le 24 septembre il proposa de fixer à un an la durée des sessions des assemblées nationales. Nommé en janvier 1790 membre du conseil de jurisprudence criminelle, il présenta différens rapports sur le code pénal, et essaya vainement de faire supprimer la peine de mort. Il s'opposa, en mai, à ce que le roi conservât le droit de paix et de guerre, qu'il voulait faire conférer au corps législatif. Le mois suivant il appuya la suppression des titres, et fut nommé président à la fin de ce même mois. Le 31 mai, il demanda encore l'abolition de la peine de mort, ainsi que celle des galères, et de toute flétrissure corporelle indélébile. Il parvint enfin à faire décréter qu'il serait établi des travaux publics pour les condamnés, et qu'on substituerait la décapitation au supplice de la corde. Après la session, il fut employé au département de Paris, présida celui de l'Yonne, qui le choisit pour député à la convention nationale. Il prononça, le 30 octobre 1792, un long discours sur la liberté de la presse, et fut élu secrétaire en novembre. Il fut un de ceux qui proclamèrent que Louis XVI pouvait être jugé par la convention, et vota d'abord pour la réclusion, après avoir engagé 25 de ses collègues à émettre la même opinion ; mais gagné ensuite par la faction d'Orléans, il trahit la justice et sa conscience, et finit par voter pour *la mort*. Il prononça son propre arrêt ; quatre jours après, le 20 janvier 1793, il fut assassiné au Palais-Royal, par Pâris, garde du corps (*voyez* ce nom, *Supplém.*), chez le restaurateur Février, où il était entré pour dîner. Le Pelletier expira sur-le-champ, et put à peine dire ces mots : *J'ai froid*. Le 24, il fut inhumé avec pompe au Panthéon ; la nation adopta sa fille unique, et Robespierre lut à la tribune de la convention un travail qu'il avait laissé sur l'éducation nationale. La convention fit exécuter par David et aux Gobelins un tableau qui représentait ses derniers momens, et plaça son buste dans le lieu de ses séances. Lors de la réaction, il allait éprouver le sort des autres divinités révolutionnaires ; mais sa famille prévint le décret qui aurait destiné pour la voirie les restes de le Pelletier, et l'inhuma dans un lieu plus convenable.

PELLETIER ( Claude ), docteur en théologie, et chanoine de Saint-Pierre de Reims, zélé partisan de la bulle, se signala dans cette cause, non-seulement par ses ouvrages, mais encore par diverses démarches qui lui suscitèrent de fâcheuses affaires. Il dénonça les *Instructions* de M. Bossuet, évêque de Troyes, à M. Languet, archevêque de Sens, métropolitain de ce prélat. Bossuet le traduisit au parlement, et obtint contre lui un arrêt de cette cour, en date du 2 juillet 1735. Une nouvelle *Défense de la constitution*, qu'il publia à Rouen, 1729, 2 vol. ; et un *Traité de l'amour de Dieu*, tiré *des livres saints*, aussi en deux vo-

lumes furent déférés au parlement par le conseiller Titon, le 15 avril 1733. Déjà le 31 août 1732 le second de ces ouvrages avait été supprimé par un arrêt du conseil. L'abbé Pelletier est auteur de beaucoup d'autres écrits, et notamment d'un *Traité dogmatique de la grâce universelle*, à la fin duquel on trouve une liste de tous ses ouvrages, qu'on dit être assez ample. On lui attribue une *Traduction* de l'*Imitation*. Ses adversaires le représentent comme un écrivain méprisable et outré dans son zèle. La passion peut avoir dicté ce jugement, mais il paraît qu'il n'était point exempt d'une certaine inquiétude d'esprit, qui fait assez souvent outre-passer les mesures. Il mourut vers 1751.

PELLICER ( don Jean-Antoine), savant espagnol, né à Valence en 1738, étudia dans cette ville et à l'université de Salamanque la philosophie, les mathématiques, le droit civil et le canon, les langues savantes, les antiquités, etc. Il vint à Madrid, et se fit connaître avantageusement par différentes dissertations sur des sujets d'histoire, de littérature et d'antiquités. Charles III le nomma son bibliothécaire, et il fut membre de l'académie royale espagnole et de plusieurs sociétés savantes. Il a laissé un grand nombre d'ouvrages dont les plus remarquables sont : I *Essai d'une bibliothèque de traducteurs espagnols*, Madrid, 1778, in-4, précédé d'une notice savante sur les *Vies* des plus célèbres poëtes espagnols, accompagnées d'observations très-instructives sur l'histoire littéraire de l'Espagne. II *Histoire de la bibliothèque royale*, avec une *Notice* sur les bibliothécaires et autres écrivains. Cet ouvrage, achevé en 1800, était sous presse en 1808, au moment de l'invasion des Français dans la péninsule. Pellicer a donné une superbe édition de *Don Quichotte*, et est le premier qui ait fait connaître la véritable patrie de Cervantes, qui est Alcala-de-Henarès, à 4 lieues de Madrid. Il est mort à Madrid en 1806.

PELVERT ( Bon-François Rivière), plus connu sous le nom de PELVERT, naquit à Rouen en 1714, et entra dans l'état ecclésiastique. S'étant attaché au parti janséniste, et ne pouvant être ordonné dans son diocèse, où préalablement il fallait signer le formulaire, il alla à Auxerre dont M. de Caylus était évêque. Ce prélat, *appelant* lui-même, ordonna sans difficulté l'appelant Pelvert en 1738. Peu après, M. Bossuet, évêque de Troyes, le nomma professeur de théologie dans son séminaire ; mais Pelvert fut obligé de se retirer, lorsqu'en 1742 ce prélat se démit de son évêché. Alors il alla s'établir dans la communauté des prêtres de Saint-Josse, composée d'appelans ; le curé Bournisien, qui était l'âme de cette communauté étant mort, l'abbé Pelvert se forma une petite société d'ecclésiastiques qui partageaient ses opinions, dogmatisa secrètement, et dirigea quelques consciences. Il assista au concile d'Utrecht en 1763, et mourut le 18 janvier 1781. On a de lui : I *Dissertations théologiques et canoniques sur l'approbation nécessaire pour administrer le sacrement de pénitence*, Avignon, 1755, in-12. II *Lettres d'un théologien à M\*\*\*, sur la distinction de religion naturelle et de religion révélée*, 1770, in-12. III *Dissertation sur la nature et l'essence du sacrifice de la messe*, 1779, in-12. Il y attaque le sentiment de Plowden, qui prétendait que ce n'était point

dans l'*immolation*, mais dans l'*offrande*, faite à Dieu, de la victime immolée que consistait l'essence du sacrifice de J.-C. sur la croix, et que le sacrifice de la messe n'était qu'une simple offrande de l'immolation de la croix. IV *Défense de la dissertation sur le saint sacrifice de la messe*, 1781, 3 vol. in-12. C'est une réplique à un écrit intitulé : *Réponse à l'auteur de la dissertation de l'immolation de N.S. Jésus-Christ*. Ce démêlé donna occasion à beaucoup de brochures pour et contre. (*Voy:* PLOWDEN.) V *Dénonciation de la doctrine des jésuites*, 1767. VI *Six Lettres d'un théologien, où l'on examine la doctrine de quelques écrivains modernes, contre les incrédules*, 1776, 2 vol. Ces lettres sont dirigées contre les PP. de la Marre, Paulian, Nonotte et Floris, membres d'une société que l'abbé Pelvert et ceux de son parti n'aimaient point. VII *Exposition succincte et comparaison de la doctrine des anciens et des nouveaux philosophes*, 1787, 2 gros vol. in-12. Pelvert prêta sa plume pour l'achèvement d'un *Traité sur la grâce*, 3 vol. in-4, auquel Gourlin, son auteur, n'avait point, avant de mourir, eu le temps de mettre la dernière main. ( *Voy.* GOURLIN, *Dict.* )

PENTHIÈVRE ( Louis-Jean-Marie de Bourbon, duc de), grand amiral de France, naquit à Rambouillet le 16 novembre 1725. Il était fils du comte de Toulouse et petit-fils de Louis XIV. On lui donna pour gouverneur le marquis de Pardcillan, lieutenant général, et pour sous-gouverneurs, MM. de Lizardet et de la Clue, officiers de marine. Il fit sa première campagne en 1742, sous le maréchal de Noailles, et l'année suivante, il se distingua par sa bravoure à la bataille de Dettingen. Le 29 décembre 1744, il épousa Marie-Thérèse-Félicité d'Est; et se trouva à la bataille de Fontenoy, livrée le 6 mai 1745, eut part à tous les succès qui couronnèrent les armes françaises dans cette mémorable campagne, et obtint les éloges du maréchal de Saxe. En 1746, quand les Anglais menaçaient la Bretagne, il fut élevé au grade d'amiral, obtint le gouvernement de cette province, et il donna aux états assemblés en Bretagne une idée avantageuse de son esprit et de ses talens. A la paix de 1748, il revint à Paris, où il parvint à faire rétablir son beau-père, le duc de Modène, dans ses états, que ce prince avait perdus, s'étant déclaré contre la France. Le duc de Penthièvre fit ensuite un voyage en Italie, et fut accueilli par le pape Benoît XIV avec tous les honneurs dus à sa naissance. Quelques années après son retour en France, il perdit son épouse (le 30 avril 1754), qu'il pleura sincèrement; il se livra alors aux exercices de bienfaisance et de piété; vertus qui brillaient parmi bien d'autres qui lui étaient particulières, et qui le firent admirer comme bon époux, bon père, bon parent et sujet fidèle. Le duc de Penthièvre ne se contentait pas de soulager l'infortune, il s'empressait de la prévenir, et n'omettait, pour atteindre ce louable but, ni soins ni dépenses. L'hospice qu'il fit construire aux Andelys lui coûta plus de 400 mille francs, et il fit élever avec une égale magnificence un autre hôpital à Crécy en 1787. Son amusement le plus agréable était la conversation des gens instruits, qu'il protégeait, et qu'il réunissait tous les ans dans son château de Rambouillet. Le roi, qui avait pour lui

beaucoup d'estime, le nomma président de l'un des sept bureaux de l'assemblée des notables, où il développa autant de sagesse dans ses vues que de connaissances peu communes. Pendant toute sa vie, il n'usa de son immense fortune qu'au profit de l'indigence et du malheur, et il en recueillit le fruit dans ces temps calamiteux, où la richesse et la naissance étaient un objet de haine et de proscription. On vit les factieux eux-mêmes donner des marques de respect au duc de Penthièvre et à madame d'Orléans, sa fille, en ne les impliquant jamais dans les calomnies aussi absurdes qu'atroces qu'ils débitaient contre tous les princes de la maison royale, celui-là seul excepté qui s'était déclaré leur protecteur et leur chef. C'est dans les circonstances les plus affreuses, quarante jours après la chute du trône, quand les temples et les prisons fumaient encore d'un sang innocent, quand les personnes les plus respectables portaient leur tête sur l'échafaud; c'est dans ces momens horribles que la ville de Vernon, où le duc s'était retiré avec la princesse sa fille, leur donna une preuve non équivoque de reconnaissance et d'attachement. Les citoyens de toutes les classes, et même ceux qui partageaient les principes révolutionnaires, se rassemblèrent dans l'église principale le 20 septembre 1792, pour y délibérer sur ce qu'on devait faire afin de garantir de toute espèce d'insultes M. de Penthièvre et madame d'Orléans. On alla d'un commun accord chercher le plus bel arbre de la forêt; on le planta devant la porte du château avec les emblèmes de la liberté ( on crut que ces signes pouvaient seulement arrêter les plus factieux), sur lesquels on lisait en gros caractères :

*Hommage rendu à la vertu.* Toutes les filles, habillées en blanc, la ville en masse, les femmes, les enfans, assistèrent à cette touchante cérémonie ; aucun n'osa troubler le triste repos du duc et de sa fille. Quelques mois après, il eut à pleurer la mort de son parent et de son roi ; il ne put résister à ce dernier coup, et ce prince vertueux mourut le 4 mars 1793. On publia dans le temps des *Mémoires* de sa vie, qui ont reparu en 1815.

PEREIRA ou PEREYRA ( Jacob - Rodriguez ), instituteur de sourds - muets, et le premier qui ait fait connaître en France cet art si utile à l'humanité. Il naquit en 1716 à Cadix, où il avait établi une école de sourds - muets, d'après les procédés des deux anciens instituteurs espagnols, Ponce et Bonet, le premier vivait à la fin du 15e siècle. Louis XV l'appela à Paris pour y pratiquer son art. Il obtint en 1760 une place d'interprète avec une pension de 1800 liv., « en considéra-»tion, dit le brevet, de l'art qu'il »s'est acquis de donner aux sourds-»muets de naissance une éduca-»tion dont ils ont été jusqu'à pré-»sent privés comme incapables d'en »profiter. » Pereira se lia avec la Condamine et Buffon, qui fait beaucoup d'éloges de son talent dans son Histoire naturelle. Il eut à Paris un grand nombre d'élèves qu'il amena au point de comprendre le sens des paroles par le mouvement des lèvres, et à s'expliquer eux-mêmes par des signes. L'abbé de l'Epée sut profiter de sa méthode qu'il perfectionna ensuite, et l'abbé Sicard, son émule, étonne tous les jours par les nouveaux et rapides progrès qu'il fait faire à ses nombreux élèves. Les portes des sciences ne sont plus fermées à ceux à qui la nature avait refusé les organes destinés pour les apprendre, et la promptitude de leurs signes multipliés leur tient souvent lieu de l'éloquence de la parole.

PEREIRA ou PEREYRA ( Joseph ), membre de la commune de Paris, naquit à Bayonne, en 1743, d'une famille d'origine portugaise, jadis établie dans la Belgique. Il vint à Paris où il ouvrit une manufacture de tabac. Ayant embrassé le parti de la révolution, il choisit pour ses amis et ses protecteurs les hommes les plus scélérats. Il était *jacobin* déterminé avec Danton, Marat et Robespierre ; et *athée* absurde avec Hébert, Chaumette et Clootz. En 1793 il fut envoyé en mission auprès de Dumouriez avec le démagogue Dubuisson, et à son retour il devint membre du comité central révolutionnaire de la commune de Paris, dirigée par Marat, et qui contribua si efficacement, le 31 mai 1794, au triomphe des jacobins sur le parti de la Gironde. Pereira était dépourvu de tout sentiment de morale ; et ayant appris qu'un voleur s'était évadé, il s'écria : « Il ne fait »que se rendre justice ; les voleurs »n'ont à se reprocher que de pe-»tites faiblesses qui ne les rendent »pas coupables à mes yeux. » En rigueur, s'il comparait les voleurs de grands chemins avec les dilapidateurs révolutionnaires, les crimes de ceux-là ne pouvaient être regardés, par lui, que comme *de petites faiblesses.* Cependant ses liaisons avec Hébert déplurent enfin à Robespierre qui, voulant le perdre, le fit exclure des jacobins, comme agent de l'étranger. Bientôt après il fut emprisonné, traduit devant le tribunal révolutionnaire, et condamné à mort le 24 mars 1794, comme complice d'Hébert.

PERMANT ( Thomas ), célèbre naturaliste et antiquaire anglais , né à Downing dans le comté de Flint vers 1730. Après s'être fait connaître en Angleterre par plusieurs excellens ouvrages, il voyagea dans plusieurs pays de l'Europe , s'arrêta quelque temps à Paris, où il connut Voltaire , Buffon, Lalande et autres hommes célèbres , et fut en correspondance avec Pallas et Linnée. Il fut membre de plusieurs sociétés savantes, et mourut dans sa patrie en 1798. Indépendamment de plusieurs mémoires littéraires, on a de lui : I *Zoologie britannique* , 1750. II *Voyage en Ecosse*, 1771. III *Voyage au pays de Galles.* IV *Voyage de Chester à Londres* , etc. Tous ces ouvrages ont eu de nombreuses éditions. Peu avant de mourir, Permant avait publié le premier volume d'une *Description de l'Inde*, qu'il venait d'achever.

PERNETTI [1] ( dom Antoine-Joseph), bénédictin de la congrégation de Saint-Maur, naquit à Roanne en Forez le 13 février 1716. Ses talens et son goût pour les recherches d'érudition déterminèrent ses supérieurs à l'adjoindre à ceux de ses confrères qui s'occupaient de travaux littéraires à l'abbaye de Saint-Germain – des- Prés. Il y était lors de la fameuse requête de 1765 , tendant à introduire le relâchement dans la congrégation, et il fut un des 28 qui la signèrent. Impatient du joug qu'on tentait de secouer, dom

Pernetti se retira à Berlin , où Frédéric le fit son bibliothécaire. Le séjour qu'il fit dans cette ville ne fut pas long. Ayant obtenu un titre d'abbé *in partibus* , qui le soustrayait à la juridiction de la congrégation , il revint à Paris. M. de Beaumont voulut le faire rentrer dans un monastère. Pernetti en appela au parlement, et un arrêt lui permit de rester dans le monde. Il mourut vers 1800. O a de lui : I une *traduction* du *Cours de mathématiques de Wolff*, 1747, in-8. II Le *Manuel bénédictin*, 1754, in-8. III *Dictionnaire de peinture, de sculpture et gravure*, 1757, in-12. IV Les *Fables égyptiennes et grecques , dévoilées et réduites au même principe, avec une explication des hiéroglyphes et de la guerre de Troie* , 1758 , 2 volum. in-8 ; 2ᵉ édit. , 1786. Pernetti prétend voir dans Homère , d'allégoriques leçons et tous les secrets de la science hermétique. V *Dictionnaire mytho-hermétique*, 1758 , in-8. VI *Discours sur la physionomie et les avantages des connaissances physiognomiques*, Berlin , 1769 , in – 8. VII *Journal historique d'un voyage aux îles Malouines* , en 1743 et 1764 , Berlin , 1767 , 2 vol. in-8. VIII *Histoire d'un voyage aux îles Malouines* , nouvelle édition refondue et augmentée d'un *Discours préliminaire* , Paris , 1770 , in-8. IX *De l'Amérique et des Américains* , ou *Observations curieuses du philosophe la Douceur, qui a parcouru cet hémisphère pendant la dernière guerre , en faisant le noble métier de tuer les hommes sans les manger* ( contre les Recherches de Paw ), Berlin , 1771 , in-8 , attribué par quelques – uns à Bonneville. X *La Connaissance de l'homme mo-*

---

[1] Le *Dictionnaire univers.* ( Prudhomme), et même celui de *Feller*, écrivent *Pernety* La *Bibliothèque générale des écrivains de l'ordre de Saint-Benoît* écrit *Pernetti*. Il paraît naturel de donner la préférence à son orthographe L'abbé Jacques Pernetti signait son nom avec deux *t* et un *i* simple. Le *Dictionnaire des Anonymes* écrit aussi *Pernety* , mais c'est une erreur. Voy. les *Recherches pour servir à l'Histoire de Lyon ou les Lyonnais dignes de mémoire*, Lyon , 1757, pag. X , à la *signature* de l'Épître dédicatoire.

ral *par celle de l'homme physi-*
*que*, Berlin, 1776, grand in-8. XI
*Les vertus, le pouvoir, la clémence*
*et la gloire de Marie, mère de*
*Dieu*, Paris, 1790, in-8. XII *Une*
*traduction en* français de l'*Histoire*
*des merveilles du ciel et de l'enfer,*
*et des terres planétaires et austra-*
*les*, du latin d'Emmanuel de Swe-
domborg, Berlin, 1784, in-8. Pernetti s'était appris des rêveries de ce
visionnaire suédois. Il avait travaillé
au 8ᵉ vol. du *Gallia christiana*, et
à une *Traduction* de Columelle; il
avait mis en ordre les ambassades de
la maison de Noailles, ouvrage commencé par l'abbé de Vertot. Il avait
fourni beaucoup de *Mémoires* aux
recueils académiques de Berlin. Beaucoup d'érudition, et quelques extravagances, caractérisent les ouvrages
de ce savant. On dit qu'il s'était retiré à Avignon, et qu'il s'y était fait
une espèce de secte.

PÉRON ( François ), naturaliste,
naquit à Cérilly, près Moulins, en
1773. Après avoir étudié la médecine et la botanique à Paris, il s'embarqua, très-jeune encore, sur un
des vaisseaux de l'expédition des
terres australes, d'où il rapporta
des matériaux précieux pour l'histoire naturelle. Il publia à son retour
le premier volume de la *Relation*
de son voyage : nous ignorons si
le reste a paru. Péron devint bientôt après correspondant de l'Institut, d'après un rapport fait par M.
Cuvier à la classe des sciences physiques et mathématiques de ce corps.
MM. Péron et Lesueur avaient préparé une collection zoologique de
plus de cent mille échantillons d'a-
nimaux, d'espèces grandes et petites, et ils ont eux seuls plus fait
connaître d'animaux nouveaux, que
tous les naturalistes voyageurs de
ces derniers temps. Par malheur la

mort surprit Péron au milieu de sa
carrière, et il mourut en 1810, à
peine âgé de 37 ans.

PERREAU ( Jean-André ), inspecteur général des écoles de droit,
naquit à Nemours le 17 avril 1749.
Il vint à Paris pour chercher fortune, embrassa la carrière des lettres : il y débuta par *Clarice*, drame
joué en 1771, où à travers un style
froid et peu correct, on trouve
quelques scènes intéressantes. Il se
jeta dans la révolution, et rédigea
en 1791 un journal, intitulé le *Vrai*
*Citoyen* qui allait de pair avec celui qui avait pour titre le *Vrai Pa-*
*triote*. En 1799 il fut nommé professeur de l'école centrale, et deux ans
après il entra au tribunat; il appuya l'établissement des tribunaux
spéciaux, et seconda de son mieux
toutes les vues du gouvernement
consulaire. En 1802 il fit hommage
à son corps d'un ouvrage *sur la na-*
*ture de l'homme*, où il ne se montre
pas un assez habile métaphysicien.
On a encore de lui un *Traité sur*
*la législation naturelle*, que Ché-
nier, dans son rapport à l'Institut,
vanta beaucoup; mais il paraît qu'il
porta son jugement sur cet ouvrage
dans ses momens de partialité. Nommé secrétaire du tribunat le 20 août
1803, et président le 25 septembre
suivant, il en sortit en 1804, pour
être inspecteur des écoles de droit. Il
mourut à Toulouse le 6 juillet 1813.
On ne peut pas refuser à Perreau de
l'instruction, mais on ne saurait non
plus faire de même l'éloge de sa conduite politique ni de son jugement.

PERRÉE ( E. ) contre-amiral de
la marine française, naquit à Saint-
Valery en 1762, d'un père marin.
Il étudia le pilotage, fut employé
pendant plusieurs années dans la
marine marchande, et parcourut une
grande partie des mers du Nord.

Quoiqu'il eût acquis peu de moyens d'instruction, il devint cependant très-habile dans la manœuvre et dans les armemens. Il était en France au moment de la révolution, et entra dans la marine militaire, où son courage et son expérience le portèrent bientôt aux grades supérieurs. Ayant obtenu le commandement d'un vaisseau, il poursuivit les Anglais dans l'Océan et la Méditerranée, et fit sur eux des prises importantes. En 1795 il sortit du port de Toulon, et y rentra quelques jours après avec une frégate et deux corvettes françaises qu'il avait reprises aux Anglais. En 1798 il fit partie de l'expédition d'Egypte, détruisit sur le Nil la flotte des Mameloucks, et rendit d'importans services à l'armée. Le général qui la commandait lui fit présent d'un sabre sur lequel étaient gravés ces mots : *Bataille de Chérébuis.* Après avoir apporté des secours à l'armée qui assiégeait Saint-Jean-d'Acre, il croisa pendant quarante-deux jours sur la côte de la Syrie entre deux divisions anglaises. C'est à peu près à cette même époque qu'eut lieu la désastreuse bataille d'Aboukir (en août 1798), où périt presque toute la flotte française. (*Voyez* NELSON, *Supplément.*) Il se rendait en France, lorsque le 19 juin 1799, et à la vue du port, il fut arrêté par une flotte ennemie, dont il avait soutenu la chasse pendant vingt-huit heures. Il fut échangé peu de jours après, et le gouvernement le chargea alors de la mission aussi importante que difficile d'aller ravitailler Malte, menacée par les Anglais. Il s'embarqua sur le vaisseau *le Généreux*, et détruisit dans sa traversée plusieurs bâtimens ennemis. Il n'était qu'à 30 milles de Malte, lorsque le 18 février 1800 il fut attaqué par des forces supérieures ; il parvint cependant à sauver trois corvettes qui faisaient partie de son expédition ; mais voulant se frayer un passage entre quatre vaisseaux anglais, et se jeter dans Malte, il engagea un combat sanglant, dans lequel, après avoir été dangereusement blessé à l'œil, sans qu'il quittât pour cela le commandement, un boulet de canon lui emporta la cuisse droite, et il mourut quelques momens après. Son corps fut inhumé à Syracuse le 21 février 1800, dans l'église de Sainte-Lucie. On confia au chef du couvent ses armes pour être suspendues vis-à-vis de celles d'un général napolitain. Perrée mourut à l'âge de 38 ans.

PERRIN ( Jean-Baptiste ), député à la convention nationale, né à Épinal vers 1745. Il exerçait dans cette ville la profession de négociant ; lorsque la révolution éclata, Perrin en embrassa les principes avec ardeur. Après avoir occupé plusieurs emplois municipaux, où il donna des preuves efficaces de son zèle pour le nouvel ordre de choses, le département des Vosges le nomma en 1792 député à la convention nationale. Cet homme, qui semblait ne tenir précisément à aucun parti, qui ne s'attacha pas à celui des girondins, et déclama avec la même vivacité contre les *royalistes* et contre les *terroristes* ; cet homme qui avait déclaré « que si les discussions » dans les assemblées primaires occa- » sionaient la mort d'un seul indi- » vidu, il s'en croirait complice, » eut cependant le courage de voter celle de Louis XVI, et même de s'opposer à l'appel au peuple et au sursis. Il fut envoyé en mission dans les départemens des Ardennes, du Nord, du Pas-de-Calais ; et après le 9 thermidor il passa aux dépar-

mens du Gard, de l'Hérault et de l'A-
veyron, avec la mission d'y *épurer*
les autorités. Au 1er prairial (1795),
époque de la victoire de la convention sur les *terroristes*, il fit ordonner la tradition à la commission
militaire de quiconque aurait tenté
d'arracher la cocarde tricolore. Il demanda en même temps qu'on fît
sortir de Paris cinquante mille étrangers, venus depuis trois mois, et
huit mille militaires suspendus ou
destitués, qui faisaient, disait-il, un
noyau de mécontens. Il renouvela
sa motion de faire réélire par les
assemblées primaires les deux tiers
de la convention. Il se montra cependant l'ennemi des sections de
Paris, insurgées en vendémiaire con
tre cette même convention; et réélu
au conseil des cinq-cents, il y
fit une sortie contre les dépré-
ciateurs des mandats, et dénonça
les prêtres rentrés en France comme
les auteurs des troubles qui avaient
eu lieu dans le département des
Vosges. Etant sorti du conseil le
20 mai 1797, il entra à celui des
anciens en 1798, et il en fut successivement secrétaire et président.
Perrin semblait avoir désiré de bonne
foi la république, et s'était montré
contraire à tous ceux qui, comme
Marat, Danton et Robespierre, visaient à la dictature. Le 18 brumaire arriva, et Perrin devint un
des plus chauds partisans de la révolution de Saint-Cloud : il fut
même un des membres de la commission de son conseil, et un
de ceux qui la favorisèrent le plus.
Il entra ensuite dans le nouveau
corps législatif, dont il fut président
pendant plusieurs années. Il mourut
en 1815. Son gendre, qui jouit de
beaucoup de considération, est receveur général du département des
Vosges, et fait partie du comité des

receveurs généraux, composé de 15
membres, créé par le ministre des finances le 10 août 1816. Son département l'a nommé à la chambre con-
voquée par l'ordonnance royale du 3
septembre 1816.

PETERSEN (Jean-Guillaume),
théologien protestant, naquit à Os-
nabruck en 1649, et fit ses études
à Lubeck, Giessen et Rostock, avec
assez de succès pour qu'on lui con-
fiât une chaire de poésie dans cette
dernière université. Peu de temps
après, il fut nommé pasteur en Hanovre, place qu'il quitta pour une
surintendance dans le diocèse de
Lubeck. Il s'y maria, et alla à Lu-
nebourg exercer le ministère évangélique. Pétersen était imbu d'idées
singulières, qu'il avait fait partager
à sa femme. Il avait adopté les erreurs des millénaires, et publiait
des révélations dont il prétendait
que mademoiselle d'Assebourg, qui
demeurait chez lui, était favori-
sée. Il croyait à un prochain avénement de Jésus-Christ, pendant lequel tous les morts qui avaient
cru au Rédempteur, ressusciteraient
avec des corps glorifiés, et ceux qui
seraient encore vivans subiraient une
transmutation glorieuse. Il faisait revivre l'ancienne opinion condamnée
du règne de mille ans, et il prêchait
cette doctrine. Ces nouveautés firent
du bruit. Le consistoire de Zell en fut
instruit, et, sur l'avis de l'université
d'Helmstadt, il fit ordonner à Pétersen de quitter sa place. Sa femme et
lui se retirèrent dans le voisinage de
Magdebourg et fixèrent leur séjour
dans une terre qu'ils y avaient achetée. Pétersen mourut le 31 janvier
1727. Sa femme continua de dogma-
tiser. On accusait l'un et l'autre de
regarder comme indifférentes toutes
les croyances religieuses. On a une
*Vie* de Pétersen, écrite en allemand

23.

par lui-même, 1717, in-8. Sa femme y ajouta la sienne en 1718.

PETIET ( Claude ), ministre de la guerre sous le directoire, naquit à Chatillon-sur-Seine le 9 février 1749. Il suivit la carrière de l'administration, fut employé pendant quelque temps dans la gendarmerie, où ses services lui méritèrent l'emploi de commissaire des guerres. Il fut ensuite nommé subdélégué général de l'intendance de Bretagne, place qu'il conserva près de vingt ans, et dans laquelle il sut se captiver l'estime générale. Au commencement de la révolution, ses fonctions cessèrent, mais il fut nommé bientôt procureur général syndic du département d'Ille-et-Vilaine. Il se démit de cet emploi pour accepter celui de commissaire ordonnateur, et en cette qualité il passa aux armées; il servit dans celle du centre, de l'Ouest, et de Sambre-et-Meuse, comme commissaire général. Lors de la guerre civile, il fut rappelé en Bretagne, et se trouva à Nantes à l'époque où les Vendéens vinrent attaquer cette ville, et d'où ils furent repoussés. Quelques jours après, Petiet partit de Nantes sans escorte, et on raconte qu'ayant rencontré sur son chemin un détachement isolé de Vendéens, ceux-ci allaient exercer sur lui les droits terribles de la guerre, et il était sur le point de périr lorsqu'il se nomma; toute inimitié cesse alors, on lui rend sa liberté, et on lui offre même des gardes pour continuer en sûreté son voyage. Ce trait de la part de ces royalistes vis-à-vis d'un républicain, prouverait assez l'estime et la considération dont Petiet était digne. En 1795, le département d'Ille-et-Vilaine le choisit pour membre au conseil des anciens, d'où bientôt après il fut appelé au

ministère de la guerre. Il ne pouvait prendre le portefeuille en des circonstances plus difficiles. Cependant, avec du zèle et un travail assidu, il parvint à rétablir l'ordre, soumit la comptabilité à des règles sévères, annula les choix inconsidérés, et fut le premier qui, après un an de ministère, présenta le tableau de ses opérations au jugement public, tableau qui fut approuvé par le corps législatif. Il se retira sans titres ni fortune au sein de sa famille, et il ne s'occupait que de l'éducation de ses enfans, quand l'assemblée électorale du département de la Seine le nomma au conseil des cinq-cents. Après le 18 brumaire, il entra au conseil d'état, et fut ensuite appelé au gouvernement de la Lombardie. Lorsque Buonaparte, par un armement gigantesque, sembla menacer l'Angleterre, il confia à Petiet l'administration générale de l'armée destinée à cette expédition. La guerre avec l'Autriche ayant recommencé, Petiet suivit jusqu'à Vienne Napoléon, qui l'avait créé successivement sénateur, et grand-officier de la Légion-d'Honneur. Mais la santé de Petiet avait déjà dépéri visiblement, & de retour à Paris, il y mourut le 25 mai 1806, à l'âge de 57 ans. Quoique Petiet, après avoir servi sous son roi, ait accepté des places sous des gouvernemens illégitimes, on ne peut lui refuser sans injustice des qualités recommandables, parmi lesquelles on remarquait sa modération, sa bienfaisance et son désintéressement.

PETION DE VILLENEUVE (Jérôme), fameux révolutionnaire, naquit à Chartres, où il exerçait la profession d'avocat avec quelque succès: lorsque la révolution éclata, il en suivit les principes avec ardeur, et se déclara partisan de toutes les innovations qui s'opérèrent en 1789. Pétion avait de la facilité à parler, mais ses discours ( et il en prononça sur tous les sujets ) avaient peu de chaleur et d'énergie. Son caractère était entreprenant, mais il devenait faible dans les occasions dangereuses ou difficiles. Un des discours qu'il prononça, et qui fut le plus véhément, est celui où il essayait de prouver « que les richesses du clergé ne servaient qu'à corrompre cet ordre, et qu'elles nuisaient à sa véritable utilité. » C'était appuyer une injustice sur une hypothèse paradoxale. Le 31 juillet il réclama la mise en jugement des hommes *suspects à la nation;* et fut un des premiers à dénoncer le repas des gardes du corps, où il prétendit qu'on avait foulé aux pieds la cocarde nationale. Dans les débats où il s'agissait dans l'assemblée de modifier les titres que depuis plusieurs siècles on donnait aux rois de France, il insista sur ce que l'on se bornât à donner à Louis XVI celui de *roi des Français par le consentement de la nation,* et de retrancher la formule *par la grâce de Dieu.* « C'est calomnier »Dieu, disait-il; Charles IX était »aussi roi par la grâce de Dieu. » Il aurait dû cependant réfléchir que Charles VIII, Louis XII, Henri IV et autres excellens princes, etc., avaient aussi été nommés *rois par la grâce de Dieu;* mais dans ce temps-là la calomnie et la mauvaise foi commençaient à être déjà des vertus à la mode. C'est d'après ces sentimens qu'il s'opposa à ce que la justice fût rendue au nom du roi, et qu'on accordât au monarque le droit de paix et de guerre. Après avoir voté pour l'émission des assignats, il appuya les projets de Mirabeau relatifs aux finances. L'as-

semblée nationale l'élut le 4 décembre 1790 pour son président, et le 17 janvier de l'année suivante il prononça un discours assez long sur la formation des jurés. Protecteur déclaré des hommes de couleur, le 11 mars il plaida leur cause, et le 22 il se déclara pour la régence élective. Pétion était soupçonné, non sans motif, entièrement dévoué à la faction orléaniste. Le 21 mai il appuya le projet de Buzot, tendant à partager le corps législatif en deux chambres. Dans le mois suivant il fut nommé président du tribunal criminel de Paris. Lors de la malheureuse issue du voyage de Louis XVI, Pétion fut nommé un des trois commissaires pour aller à Varennes et ramener dans la capitale ce monarque, auquel il ne fit épargner aucun genre d'humiliation. Quoiqu'il parût tenir au parti des girondins, Pétion était intime ami de Robespierre, et il publia, de concert avec lui, un écrit véhément qui devait servir, disait-il, *à former l'opinion publique.* Un des principaux soins de Pétion fut de se rendre cher à la populace, dont il affectait toujours d'embrasser les intérêts; aussi, après la session de l'assemblée, il fut nommé maire de Paris, place qu'il briguait depuis long-temps. Il avait été soupçonné de n'avoir pas été étranger aux journées des 5 et 6 octobre, lors de l'invasion du château de Versailles, où les jours de la reine avaient été en un imminent danger; mais il eut une part très-active dans la journée du 20 juin, et il le prouva en n'employant pas son autorité pour contenir la populace, qui vint, armée, insulter et menacer encore le roi jusque dans son palais. Il n'arriva au château qu'après plusieurs heures que durait cette scène tumultueuse, et pour diriger la foule des factieux

qui inondait les appartemens. Louis
XVI. lui fit de justes reproches
sur sa conduite, et pour s'en venger, il fit sur-le-champ imprimer
et publier sa conversation avec ce
monarque. Suspendu de ses fonctions par le conseil général du département de Paris, et de l'assentiment du roi, on vit aussitôt la
populace excitée par les agens de
Pétion, le demander avec d'horribles vociférations. Elle parcourait
les rues en criant: *Pétion ou la mort!*
expression que plusieurs des mu-
tins portaient écrite sur leurs bon-
nets et sur leurs habits. Le 12, il
se présenta à la barre de l'assemblée, et, loin de se justifier, il eut
l'audace de demander une justice
sévère sur sa conduite. Sa démarche
eut tout le succès qu'il en attendait,
et il fut réintégé dans sa qualité
de maire. Dans la journée du 9
août, il se présenta au château des
Tuileries comme pour en ordonner
la défense, mais il n'y prit aucune
mesure utile, et dans le soir il
fit venir un ordre de l'assemblée
pour avoir un prétexte de quitter
ces lieux, où il doutait peut-être
de la réussite de l'attaque qu'allaient
tenter les factieux. Le jour suivant
( 10 août), il montra la même crainte
et la même irrésolution. Consigné
à l'hôtel de ville, on dit qu'il envoya de là l'ordre au commandant
de la garde parisienne de défendre
le château; mais cette assertion est
dénuée de fondement, en ce qu'elle
est contradictoire avec les principes
de Pétion, qui avait tout fait pour la
destruction de la monarchie. Malgré tous les soins qu'il prit pour
se justifier, on crut généralement
qu'il avait participé aux massacres
des 2 et 3 septembre. Le 11 octobre
on l'élut président à la convention,
où il avait été nommé par le dépar-

tement d'Eure-et-Loir. C'est alors
que Manuel proposa de faire de
Pétion un président annuel, à l'instar de celui des Etats-Unis d'Amérique. Entré, peu après, au comité
de constitution, il parla en faveur
du duc d'Orléans, auquel il parut
constamment attaché. C'est dans
les intérêts de ce prince qu'il fut
le régulateur des affreux événemens
du 2 juin et du 10 août. Après
avoir contribué de tous ses moyens
à la chute du trône, il n'eut d'autre
but que la ruine totale du monarque.
Tous les jours il montait à la tribune
pour hâter le jugement du malheureux
Louis XVI, dont il vota *la mort*,
cependant avec l'appel au peuple et
le sursis. Le 25 mars il fut choisi
pour membre du premier comité dit
de *salut public*. Jusqu'au mois de
novembre 1792, l'amitié entre Robespierre et Pétion n'avait souffert
aucune altération, et on les nom-
mait les deux doigts de la main;
mais, soit que le premier commençât
à regarder avec jalousie la popularité de Pétion, soit qu'il n'aimât pas
à le voir toujours attaché au parti
du duc d'Orléans, cette amitié se
convertit tout à coup en une haine
réciproque. Presque tout le mois
d'avril fut consacré aux disputes des
deux antagonistes, qui se jurèrent
devant la convention une guerre à
mort. Robespierre, Danton et la commune ayant triomphé des *girondins*
(le 31 mai), on produisit une déclaration du général Miaczinski, dans laquelle il représentait Pétion comme
d'intelligence avec Dumouriez, dont
il aurait appuyé les projets ambitieux. Décrété d'accusation le 2 juin,
il parvint à tromper la surveillance du
gendarme qui le gardait, et se retira en Bretagne. Le 28 juillet il
fut mis *hors la loi*, et il se réfugia
alors dans la Gironde. Il erra pen-

dant plusieurs mois dans les champs, ne trouvant nulle part un asile sûr contre les poursuites de ses ennemis, et il fut enfin trouvé, en mars 1794, avec son collègue Buzot, assassiné et presque entièrement dévoré par les animaux, dans un bois près de Saint-Emilion, dans le département de la Gironde. Telle fut la fin d'un homme qui avait été l'idole d'un peuple égaré, et l'ennemi le plus opiniâtre de l'infortuné Louis XVI. Si l'on en croit madame Roland, « Pétion était un homme » de bien, bon, franc, vertueux, » obligeant, etc.» Madame de Genlis ne cache pas dans le *Précis de sa conduite durant la révolution*, « qu'elle » eut pour Pétion une *véritable estime* jusqu'à la mort du roi. » Il l'accompagna même en Angleterre, où elle se transporta avec M^lle d'Orléans. Il donna pour prétexte qu'il allait à Londres en mission et afin de préparer des magasins pour les blés qu'il voulait exporter de France. Cependant, d'après ce qu'en dit la même dame, elle lui écrivit, lors du procès de Louis XVI, une lettre contre l'attentat qu'on allait commettre, que Pétion fit insérer dans le journal le *Patriote français*, sous le titre de *Réflexions d'un ami de la liberté*. C'est pendant son absence que Pétion, allant être nommé maire de Paris, protesta à madame de Genlis que s'il occupait cette place, il consentait à être regardé comme *le plus misérable de tous les hommes*. Il le devint en effet, puisqu'à son retour d'Angleterre il accepta cette place avec autant de reconnaissance que de plaisir. Malgré le surnom d'*Aristide* qu'on lui donna assez libéralement, d'autres écrivains l'ont représenté avec des couleurs plus vraies et plus énergiques : ils le peignent comme un ambitieux adroit,

qui ménageait tous les partis et flattait le peuple dans l'unique but de renverser toute autorité; comme un homme qui, sous un extérieur affable et une figure prévenante, cachait une âme froide, pusillanime, et même cruelle, qui faisait prendre pour du courage ce qui n'était que de l'insensibilité. Les ouvrages de Pétion renferment des *opuscules politiques;* ses *discours* devant les deux assemblées, et ses *comptes rendus* en sa qualité de maire, furent imprimés à Paris en 1793, 4 vol. in-8.

PETIT-SURVILLE, médecin à l'Hôtel - Dieu de Lyon. ( *Voyez* SURVILLE. )

PETITOT ( Simon ), architecte hydraulique, naquit à Dijon en avril 1682. Il fit de bonnes études dans son art, pour lequel on l'appela à Lyon, où, par une machine de son invention, il éleva l'eau du Rhône pour en fournir aux belles fontaines qu'on voit dans la place de Belle-Cour. Angevilliers le fit venir en 1736 à Paris, pour y construire dans l'hôtel des Invalides le puits qui est encore un objet de curiosité. Au Pont-au-Choux, Petitot construisit en 1740 un puits inépuisable, et deux machines, très-industrieusement fabriquées, pour remplir le réservoir du grand égout. Le roi lui fit l'honneur de venir admirer ses travaux. Il passa ensuite à Toulon, et y fit élever une machine qui amenait l'eau douce sur le port pour le service des vaisseaux. En 1746 il proposa un projet tendant à élever l'eau de la Seine jusqu'à trois cents pieds, à la place de l'Estrapade, afin de la distribuer dans tous les quartiers. Devenu infirme, il allait aux bains de Balaruc, lorsqu'il mourut en route le 6 septembre 1746.

PETITY ( Jean-Raymond de ), prêtre et prédicateur de la reine, se distingua dans le siècle dernier par son talent pour la chaire, et par la composition de divers ouvrages. On a de lui : I *Panégyrique de saint Jean Népomucène*, 1757, in-8. II *Panégyrique de sainte Adélaïde*, 1757, in-8. III *Etrennes françaises*, 1766, in-4. IV *Bibliothèque des artistes et des amateurs*, 1766, 3 vol. in-4, réimprimée sous le titre de *Manuel des artistes*, 4 vol. in-12. V *Bibliothèque élémentaire, ou Introduction à l'étude des sciences et des arts*, Paris, 1767, 3 v. in-4. VI *Sagesse de Louis XVI, ouvrage moral et politique sur les vertus et les vices de l'homme*, Paris, 1775, 2 vol. in-8. L'abbé de Petity mourut à la fin du 18e siècle. Si la plupart de ses ouvrages ne sont que des compilations, leur nombre prouve du moins que c'était un écrivain laborieux.

PETRUCCI ( Pierre-Mathieu ), cardinal, issu d'une noble famille, naquit en 1638 à Iesi, ville de la Marche d'Ancône, et entra dans la congrégation de l'Oratoire de Saint-Philippe de Néri. Le cardinal Cibo ayant quitté l'évêché d'Iesi, Innocent XI, à sa recommandation, y nomma Petrucci, et même le créa cardinal dans sa promotion de 1686. Il s'était cependant répandu sur Petrucci des bruits fâcheux. Quelques livres de *spiritualité* qu'il avait composés, parurent à certains théologiens approcher des erreurs des quiétistes. Le cardinal Petrucci fut inquiété, et l'inquisition prit même connaissance de ces inculpations. On défendit la lecture de ses livres. Il ne lui fut pas permis de se rendre dans son diocèse, et le saint-office l'obligea d'abjurer ce qui avait paru suspect. Cependant, en 1694, l'ordre de ne point quitter Rome fut révoqué, et il put aller résider dans son évêché. Il s'en démit peu de temps après, et mourut à Montefalcone le 5 juillet 1701. C'était un prélat zélé, pieux et versé dans la mysticité. Il est si aisé de s'égarer sur cette voie, qu'il est possible que ses livres aient donné lieu à quelques reproches. Mais on doit rendre justice à ses bonnes intentions. D'ailleurs il expia bien ce qu'il pouvait y avoir de défectueux dans ses écrits, par la vie austère et pénitente qu'il mena jusqu'à la fin de ses jours.

PEVERELLI ( Barthélemi ), savant jésuite, naquit à Chiavenna le 9 septembre 1693, et entra chez les jésuites à Bologne en 1713. Il est auteur des ouvrages suivans : I *Osservazioni istorico-critiche intorno ai libri santi del nuovo Testamento*, Vérone, 1759. II *Istoria delle persecuzioni fatte alla chiesa, dagli infedeli nei primi quattro secoli*, 1763, 2 vol. in-4. III *Lezioni sacre e morali sopra il libro degli Atti apostolici*, Vérone, 1767, 2 v. in-4. Le P. Peverelli mourut à Modène vers l'an 1765.

PEY ( Jean ), ecclésiastique instruit et zélé, après avoir été curé dans le diocèse de Toulon, fut pourvu d'un canonicat de l'église métropolitaine de Paris. Obligé d'émigrer à la révolution, il se retira en Flandre, puis en Allemagne. Il est connu par un grand nombre d'écrits, dont les principaux sont : I *Vérité de la religion chrétienne prouvée à un déiste*, 1770, 2 vol. II *Le Philosophe catéchiste, ou Entretien sur la religion entre le comte de \*\*\* et le chevalier de \*\*\**, 1779, in-12. III *Observations sur la théologie de Lyon*, intitulée : *Institutiones theologiæ, etc., Lugduni, fratres Perisse*, 1784; 1785,

in-8. IV *Le Sage dans la solitude,*
imité d'*Young,* 1787, in-8. V *De
l'autorité des deux puissances,*
Strasbourg et Liége, 1781, 3 vol.
in-8; Strasbourg et Bruxelles, 1788,
2 vol. in-8. C'est le plus connu des
ouvrages de l'abbé Pey, qui y réfute
par des raisons solides les allégations
des ennemis de l'autorité de l'église.
VI *La Loi de nature développée et
perfectionnée par la loi évangélique,* Paris, 1789, in-8. VII *Le
Philosophe chrétien considérant
les grandeurs de Dieu dans ses
attributs et dans les mystères de
la religion,* Louvain, 1793, in-8.
VIII *Lettre pastorale du prince
de Saxe, Venceslas, archevêque
de Trèves, à son église d'Augsbourg, traduite de l'allemand,*
Paris, 1782, in-12. IX *De la tolé
rance chrétienne, opposée au tolé-
rantisme philosophique,* etc. On
croit que l'abbé Pey mourut à Constance dans le courant de l'année
1796.

**PEYROT** ( Jean - Claude ),
prieur curé de Pradinas, et poëte
rouerguois, né à Milhaud en 1709,
obtint beaucoup de réputation par
ses compositions, où on remarque
du goût, de la facilité et des pensées
heureuses. Il débuta par quatre
*Sonnets* en l'honneur de la Vierge,
qui lui méritèrent trois prix et un
accessit à l'académie de Toulouse.
Il obtint encore trois autres prix
pour son *Combat pastoral,* qui
portait pour titre *Amuser et instruire;* son poëme sur le commerce,
et une *Eglogue* ayant pour titre
*l'Esprit de contradiction.* Tous les
ouvrages que nous venons de citer
sont écrits en français; mais après
ce dernier il ne composa plus
qu'en patois, où il acquit de
nouveaux succès, et devint, pour
ainsi dire, le Théocrite du Rouer-

gue, ainsi que Gaultier et Gon-
donli l'avaient été du Languedoc,
leur patrie. On a recueilli et imprimé une partie de ses œuvres sous
ce titre: *Œuvres patoises de Claude
Peyrot, ancien prieur de Pradinas,* dans lesquelles on trouve *les
quatre Saisons,* ou *les Géorgiques
patoises,* suivies de plusieurs pièces
fugitives, etc., Milhaud, 1805, 1 vol.
in-8, seconde édition. *Les quatre
Saisons* sont l'ouvrage le plus remarquable de ce recueil, qui contient
en outre une *Ode* sur la maladie de
Louis XV à Metz, des *Épîtres,* des
*Complimens,* des *Bouts-Rimés,* etc.
L'abbé Peyrot était né avec une
imagination ardente, aussi il ne vit
dans le commencement de la révolution que d'utiles réformes à faire
pour le bien de l'état; mais aussitôt
qu'il se fut aperçu des tristes effets
qu'elle produisait, il se retira au
village de Paillas, où il vécut dans
la retraite jusqu'à sa mort, arrivée
en 1795; il était alors âgé de 86 ans.

**PHÉLIPEAUX** ( A. ). Il servait avec distinction dans l'artillerie,
lorsque la révolution éclata. S'étant
prononcé contre les nouvelles maximes, pour éviter les persécutions
que sa naissance et ses principes
n'auraient pas manqué de lui attirer,
il passa en Angleterre: s'étant captivé l'amitié de Sydney Smith, il fut
employé en 1797 auprès de ce commodore. Fait prisonnier avec lui, et
amenés tous les deux à la prison du
Temple, Phelipeaux, pour éviter
la mort qu'il aurait sans doute su-
bie comme émigré pris les armes à
la main, parvint à se faire passer
pour le domestique de Sidney Smith.
Il s'enfuit de sa prison avec son
ami, et l'accompagna dans la Méditerranée. Après avoir rendu plusieurs
services importans, il se trouvait
avec le commodore à Saint-Jean

d'Acre lorsque Buonaparte assiégeait cette place, dont il contribua beaucoup à la défense par ses talens dans l'artillerie. Il y mourut de fatigue en 1800.

PHELIPPEAUX ( Jean ), chanoine et grand vicaire de Meaux, sous Bossuet, était né à Angers. Ce grand prélat l'ayant entendu disputer à une thèse en Sorbonne, conçut de lui une idée avantageuse, et désira de se l'attacher. Il lui confia l'éducation de l'abbé Bossuet, son neveu, et le chargea, lorsque ce jeune ecclésiastique fit ses cours, de le diriger dans ses études théologiques. Phelippeaux avait du mérite et une grande capacité. Il se concilia l'estime et la confiance de Bossuet, qui, aux bénéfices qu'il possédait déjà dans l'église de Meaux, joignit les dignités de trésorier et d'official. Il le fit même supérieur de plusieurs communautés religieuses. Phelippeaux demeura toute sa vie attaché à l'oncle et au neveu. L'abbé et lui étaient à Rome lorsque l'affaire de Fénélon, au sujet du livre des *Maximes des saints*, y fut portée : ils étaient sur le point d'en partir. Bossuet leur écrivit d'attendre, et les chargea de la suivre. «Ce fut, dit M. le cardinal de Bausset, un véritable malheur pour l'évêque de Meaux comme pour l'archevêque de Cambrai. Il suffit de lire les lettres de l'abbé Bossuet, et la *Relation du quiétisme* de l'abbé Phelippeaux, pour juger combien ces deux ecclésiastiques contribuèrent par leur emportement et leurs relations virulentes à aigrir Bossuet contre Fénélon [1]. ( *Voy.* BOSSUET, évêque de Troyes.)Cette *Relation de l'origine, du progrès et de la condamnation du quiétisme* ne parut qu'en 1732,

et fut flétrie aussitôt. Elle offre non-seulement de la partialité, mais même de l'acharnement contre Fénélon. Elle inculpe grièvement les mœurs de madame Guyon. Dans une lettre écrite l'année suivante, et formant une brochure in-12, l'abbé de la Bletterie justifie pleinement cette dame. ( *Voy.* BLETTERIE *Dictionnaire.* ). On a en outre de l'abbé Phelippeaux des *Méditations*. Il mourut le 3 juillet 1708. Il paraît que l'abbé Phelippeaux avait composé une *Histoire latine de l'église de Meaux*, restée manuscrite entre les mains d'un de ses frères, trésorier et chanoine de Meaux, mort en 1725; que le cardinal de Bissy en demanda communication à la famille, pour la faire traduire, et la donner au public, et que ce prélat la remit à dom Toussaint du Plessis, bénédictin de la congrégation de Saint-Maur, qui s'en servit pour rédiger celle que ce religieux a donnée.

PHILIDOR ( André ), compositeur de musique, naquit à Dreux en 1726. Il vint très-jeune à Versailles, où il fut admis en qualité de page à la chapelle du roi. Après y avoir appris son art, il se fixa à Paris, et pourvut à sa subsistance en donnant des leçons, et en composant quelques motets. Il ne s'était pas encore fait connaître comme habile musicien, lorsqu'étant très-fort aux échecs, il parcourut la Hollande, l'Allemagne et l'Angleterre, pour s'y mesurer avec les plus habiles joueurs. Tout en leur gagnant des sommes assez considérables, il forma son goût dans ces pays, et en 1753, se trouvant à Londres, il mit en musique l'*Ode* célèbre de Dryden en l'honneur de sainte Cécile, ouvrage qui lui mérita les éloges des connaisseurs. De retour à Paris, il donna son opéra

---

[1] *Histoire de Fénélon*, première édition, tome 1, page 413.

d'*Ermelinde*, qui commença sa réputation. Il composa pour l'Opéra-Comique *le Maréchal ferrant*, *Tom-Jones*, *le Búcheron*, *le Sorcier*, *Sancho Pança*, *les Femmes vengées*, *le Soldat magicien*, etc., et donna à l'Opéra *Bélisaire*, *Persée*, *Ermelinde*. Philidor est un des premiers compositeurs français qui introduisirent sur nos théâtres le goût de la musique italienne. Il passait pour un érudit en musique, et son harmonie est expressive et savante, mais son chant manque souvent de mélodie. Sa conversation était aussi peu spirituelle que ses compositions étaient savantes. Laborde, son admirateur, l'entendant un jour dans un repas dire beaucoup de trivialités, s'écria : « Voyez-vous cet homme-»là, il n'a pas le sens commun, c'est »tout *génie*. » Sa passion pour les échecs dura jusqu'à la fin de ses jours. Devenu aveugle, et âgé de 80 ans, il fit deux parties d'échecs à la fois contre deux habiles joueurs, et les gagna. Il mourut un mois après à Londres, où il demeurait depuis quelque temps, le 30 août 1795.

PHILIPPEAUX ( Pierre ), naquit à Ferrières en 1759. Il se consacra au barreau, et il obtint des succès jusqu'à l'époque de la révolution, dont il suivit les principes. Philippeaux est du petit nombre de ceux qui aimaient le républicanisme, non par ambition ni intérêt, mais par un funeste aveuglement. En 1792 le département de la Sarthe le nomma député à la convention nationale, et il montra d'abord assez de modération; mais s'étant lié avec les jacobins, il en partagea bientôt les opinions destructives de tout ordre établi. Son enthousiasme révolutionnaire ne se montra cependant que lors du procès du malheureux Louis XVI. Il ne cessa jamais de presser le ju-gement de ce prince, et proposa de le condamner sans désemparer. Il voulait « que les soldats blessés le 10 août fussent présens au jugement, pour offrir aux députés des preuves convaincantes de la trahison de Louis Capet. » Il vota pour la *mort* du roi, sans appel et sans sursis. Le 10 mars il appuya, avec Duhem, le projet présenté par Robert Lindet de former un tribunal révolutionnaire sans jurés, et se déclara contre Barrère, qui, malgré ses principes exaltés, appela ce projet *monstrueux*. Le 6 avril il demanda que dans la promesse faite par la convention de gratifier d'une somme de 300,000 livres quiconque livrerait le général Dumouriez; les étrangers et les émigrés même y fussent compris, et qu'à celui, parmi ces derniers, qui remplirait cette charge, « il fût accordé le pouvoir de rentrer en France, et dans tous ses biens, ainsi qu'à sa famille. » Il demanda ensuite la révocation des tribunaux et des administrations, dénonça les accaparemens, proposa une taxe sur les riches, et provoqua la punition d'un orateur du faubourg Saint-Antoine, qui avait menacé la convention d'une insurrection de dix mille hommes, et demanda enfin qu'on mît *hors la loi* les membres du tribunal populaire de Marseille. Philippeaux, s'il n'eut pas de part active à la chute des *girondins*, se montra néanmoins partisan des journées des 31 mai et 2 juin, dans lesquelles ces députés succombèrent aux efforts réitérés des jacobins. Aussi il fut envoyé à la Vendée pour réorganiser les administrations de Nantes, qu'on supposait entachées de *fédéralisme*. Sans trop y réfléchir, il se trouva engagé dans une lutte contre plusieurs représentans en mission dans ce même département. Ces représentans, réunis aux généraux qui se trouvaient à Saumur, avaient adopté un pareil système de guerre et de conduite contre les insurgés vendéens. Philippeaux de son côté s'unit aux généraux qui commandaient vers Nantes, et établit avec eux un système nouveau, en opposition avec celui que suivaient ses adversaires, qu'il avait dérisoirement appelé *la Cour de Saumur*. Il parvint d'abord à ce que le comité de salut public adoptât son plan ; mais n'ayant pas réussi, il se vit en butte aux dérisions et aux reproches du parti de Saumur, auquel il imputait pour sa défense le crime de lui avoir suscité des revers par animadversion et jalousie. Le parti de Saumur reprit la direction de la guerre de la Vendée, et Philippeaux fut rappelé à Paris. Aigri, peut-être, par ce rappel, qu'il appelait injuste, il dénonça à la tribune et dans les brochures qu'il publia les généraux qui commandaient à Saumur, comme auteurs, par leurs cruautés, de la prolongation de la guerre ; et il se vit alors livré aux persécutions des jacobins, jadis ses amis. Les sociétés des *Cordeliers* et des *Droits de l'homme* le déclarèrent traître à la patrie, et un des chefs du modérantisme. Après avoir lutté quelque temps contre ses nombreux adversaires, il fut arrêté comme conspirateur le 30 mars 1794. Le 5 du mois suivant le tribunal révolutionnaire le condamna à mort, « comme ayant attaqué le gouvernement par ses écrits, avoir calomnié Marat, s'être déclaré défenseur du ministre Roland, etc. » Dans son interrogatoire, l'accusateur public, le farouche Fouquier-Tinville, ayant mêlé, selon sa coutume, l'insultante ironie à ses interpellations, Philippeaux lui ré-

pondit avec fermeté : « Il vous est »permis de me faire périr, mais »m'outrager.... je vous le défends. » Peu avant d'aller à l'échafaud, il écrivit deux lettres à sa femme, où il parle de la probité, de la vertu, de la justice du ciel, avec un calme et une résignation qui ne semblaient pas trop convenir à un homme qui avait voté la mort du meilleur des rois, et dont il ne parut sentir aucun remords. Il subit son supplice avec courage, le 5 avril 1795, le jour même de sa condamnation. Outre les deux *Lettres* qui furent publiées, il a laissé des *Mémoires historiques sur la guerre de la Vendée*, 1793, in-8. Dans cet ouvrage, il paraît que Philippeaux commençait à se détacher un peu de ses principes de jacobinisme, puisqu'il plaide avec chaleur la cause de l'humanité.

PIA (P.-N.), habile pharmacien, naquit le 15 septembre 1712 à Paris, où il étudia la chimie, et acquit de la réputation dans cette science. Il l'exerça avec beaucoup de succès, et fut nommé pharmacien en chef de l'hôpital de Strasbourg. Il revint en 1770 dans la capitale dont il fut nommé échevin ; Pia s'occupa alors d'établissemens utiles, et on dut à ses soins la formation et le dépôt de boîtes fumigatoires très-utiles pour rappeler les noyés à la vie quand ils ne sont qu'asphyxiés par défaut de respiration. Pia perfectionna en outre les instrumens destinés à faire parvenir l'air dans les poumons, et à introduire de la fumée dans les intestins. Ces travaux lui avaient procuré des pensions de la part de la cour, et autres émolumens : il perdit tout à l'époque de la révolution, et, comme il n'en partagea pas les principes, on le laissa languir dans la misère au milieu des infirmités de la vieillesse. Il mourut à Paris le 11 mai 1799 ; son établissement de boîtes fumigatoires fut presque entièrement détruit; ce qui accéléra sa ruine.

PICARDET (C.-N.), littérateur distingué , naquit à Dijon vers 1725 , fit ses études avec succès, et ayant embrassé l'état ecclésiastique, il fut nommé prieur de Neuilly. L'abbé Picardet s'était déjà fait connaître par plusieurs productions littéraires qui lui méritèrent d'être admis, comme membre, dans l'académie de sa ville natale. Son érudition était égale à sa piété et à sa bienfaisance, et il établit dans son prieuré un *prix de vertu* pour une rosière. Il passa sa vie entière entre l'étude et l'exercice de ses devoirs, et mourut en 1792. On a de lui : I *Les deux Abdalonymes*, histoire tirée de Quinte - Curce , propre à instruire la jeunesse et à lui inspirer les sentimens d'une saine morale. II *Histoire météréologique*, *nosologique et économique pour l'année* 1785. Sa mauvaise santé l'empêcha de s'occuper d'un grand ouvrage qu'il avait entrepris, qui devait porter pour titre : *Grande apologétique* , ou *Réfutation de toutes les hérésies nées depuis l'origine du christianisme.* — PICARDET (M.-A.), frère puîné du précédent, fut conseiller honoraire à la *table de marbre* de Dijon ( où il était né ), et membre de l'académie de cette ville. Il a laissé un Recueil de *Poésies*, remarquables par la grâce et la facilité de la versification , et un *Journal des observations du baromètre de Lavoisier.* Il ne survécut à son frère que peu de mois. — PICARDET (Louise), sœur des précédens, s'appliqua aux sciences avec succès, publia différens ouvrages sur la chimie, et un *Traité des caractères extérieurs*

*des fossiles*, traduit de l'allemand de Werner. Elle épousa Guyton de Morveau dont elle resta veuve à l'époque de la révolution, et mourut en...

PICCINI (Nicolo), célèbre compositeur de musique , naquit à Bari, dans le royaume de Naples, en 1721, où il fit ses premières études. Son père le destinait à l'état ecclésiastique, mais s'étant aperçu des véritables inclinations du jeune Nicolo, il lui permit de se consacrer à la musique , pour laquelle il avait les plus heureuses dispositions. Il entra dans le conservatoire de Saint-Onofre, et eut pour maîtres les célèbres Léo et Durante. Celui-ci voyant les progrès rapides de son élève , prit pour lui une affection toute particulière, et disait quelquefois : « Les autres sont mes élèves , »mais Nicolo est mon fils. » Après dix ans d'une étude non interrompue , il produisit ses premières compositions, exécutées dans différentes églises de Naples, où elles obtinrent l'approbation des plus habiles compositeurs. Il donna ensuite son premier *opéra* , qui eut un succès prodigieux. Après avoir parcouru diverses cours, dans lesquelles il reçut toujours l'accueil le plus favorable, il revint en Italie, où on jouait dans tous les théâtres ses nombreuses productions. Malgré un succès non interrompu de onze années, les envieux voulurent lui opposer un rival, Pascal Anfossi, très-inférieur à lui en savoir et en génie. Se croyant blessé par cette injuste comparaison, il se retira à Naples, et y connut la princesse Belmonte Piguatelli; cette dame, devenue veuve d'un époux vertueux dont le souvenir lui coûtait toujours des larmes, ne trouvait de consolation que dans la musique. Elle s'attacha donc Piccini qui resta auprès d'elle quelques années, jusqu'à ce que des instances de plusieurs capitales l'arrachèrent à son séjour favori ; il se décida donc pour la France, et arriva à Paris en décembre 1776. Tout-à-fait étranger à la langue française, ce fut Marmontel qui se chargea de la lui apprendre. Le premier ouvrage par lequel Piccini devait débuter, était *Roland*, paroles de Marmontel ; Celui-ci lui traduisait en italien les scènes de son opéra qu'il lui faisait répéter, et mettre ensuite en musique ; et c'est ainsi qu'il parvint à le composer tout entier. Avant même de le terminer, il trouva cette fois-ci un rival digne de sa gloire, c'était le fameux *Gluck*, déjà connu par ses opéras d'*Alceste* et d'*Orphée*. Les amateurs se partagèrent en deux partis, celui des *piccinistes* et des *gluckistes* ; partis cruellement acharnés l'un contre l'autre, qui offrirent souvent des scènes scandaleuses, et se portèrent à des extrémités, comme si chacun d'eux eût eu à soutenir les intérêts et le salut d'un empire. Leur animosité alla si loin qu'ils se nuisaient réciproquement dans leurs intérêts et dans leurs carrières respectives ; cependant les deux compositeurs, chacun dans son genre, avaient un talent qui leur était particulier. La musique de Gluck est plus savante et plus harmonieuse ; celle de son rival l'emporte par la vérité de l'expression et la mélodie. L'*Atys* de Piccini raffermit sa réputation, et la *Didon* qu'il composa en six semaines y mit le comble. La révolution éclata, et il se vit privé de toutes les pensions que lui avaient accordées Louis XV et son successeur. Il eut la faiblesse de partager les principes des innovateurs ; mais cela ne le tira pas de l'état de médiocrité où il se trouvait

réduit. Piccini quitta la France en 1791, et retourna à Naples, où ses nouvelles maximes ne le firent pas regarder de bon œil ; la cour surtout le reçut très-froidement, et il s'attira la haine du ministre Acton. Pour en éviter les résultats, il s'enferma chez lui, où il vécut ignoré pendant quatre années, livré presqu'à l'indigence. Les ministres français auprès de la cour de Naples, cherchaient à le consoler des désagrémens que lui-même s'était attirés, mais leur bienveillance lui suscita de nouveaux ennemis. Pendant ce temps, il vécut du produit de quelques morceaux de musique sacrée qu'il composait pour les églises ; les instances des agens français, autant que le misérable état dans lequel il vivait, le décidèrent enfin à revenir à Paris, où il arriva le 4 décembre 1799. C'était la veille de l'exercice public du Conservatoire, il y fut solennellement invité, et y reçut l'accueil le plus flatteur. Ayant été présenté à Buonaparte, alors premier consul, celui-ci lui accorda des secours et créa pour lui une sixième place d'inspecteur dans ce même Conservatoire. Piccini ne survécut pas long-temps à cette faveur, et mourut à Passy le 7 mai 1800. Il serait trop long de détailler les différentes compositions de ce maître. Il suffira de dire que ses *Opéras*, tant sérieux que bouffons, sont au nombre de plus de 25, sans compter les *Messes*, les *Psaumes* et les *Motets*.

PICENINI ( Jacques ), né à Samadeno, lieu sauvage de l'Engaddine, pays des Grisons, vivait vers la moitié du XVIII\* siècle. Il est connu par les ouvrages suivans : I *Apologie des églises réformées* ; Coire, 1706. C'est une réponse au livre du P. Segueri, jésuite, intitulé : *l'Incrédule sans excuse*. Le P. André Semeri, aussi jésuite, réfuta Piccnini dans sa *Courte défense de la religion*, ce qui donna de la part de celui-ci occasion à un nouvel écrit, qu'il intitula *Trionfo della vera religione*. Piccnini trouva un autre redoutable adversaire dans le cardinal Vincent-Louis Gotti, dominicain. Ce prélat écrivit contre Piccnini trois gros volumes, imprimés à Bologne en 1748. Il y réfute complétement toutes les assertions du ministre calviniste, dont les ouvrages au reste, dictés par l'aigreur, et où percent la haine et le mépris pour le catholicisme, semblent être plutôt d'un fougueux prédicant que d'un controversiste de bonne foi qui cherche la vérité, et soutient la doctrine où il croit la trouver.

PICHARD DU PAGE (François-J. ), naquit à Fontenay-le-Comte dans la Vendée, en 1750. Après avoir occupé plusieurs emplois administratifs, il était secrétaire du roi dans sa ville natale, lorsque les premiers troubles éclatèrent. Pichard embrassa d'abord les principes du jour, qu'il parut même suivre avec une espèce d'enthousiasme; cela le rendit cher au peuple qui, dans une occasion, l'arracha de sa demeure, et, porté sur les épaules de quatre des plus fanatiques, on le promena en triomphe dans les rues de Fontenay. Cependant les excès qu'on commençait à commettre lui dessillèrent les yeux, et il parut revenir entièrement de sa première erreur, lorsqu'il vit la guerre civile se préparer dans son propre pays. Il avait été nommé procureur syndic du département, et, dans cette qualité, il chercha tous les moyens pour concilier les esprits et éviter les malheurs d'une guerre odieuse.

Cette modération lui suscita de nombreux ennemis qui flétrirent ses sages procédés du nom de *modérantisme;* expression en usage dans ces temps de désordres contre ceux qui semblaient avares du sang de leurs concitoyens. Bientôt il fut accusé d'être le principal auteur de l'insurrection: arrêté et mis en prison, il y languit plusieurs mois, jusqu'à ce que Fayau, Carrier et Goupillau le dénoncèrent comme conspirateur. C'était au commencement du règne de la terreur; transféré à Paris, et traduit devant le tribunal révolutionnaire, il fut condamné à mort et exécuté le 28 avril 1794, deux mois avant la chute des *terroristes* et le supplice de Robespierre. Pichard avait alors 44 ans.

PICHEGRU (Charles), général en chef des armées républicaines, naquit à Arbois, en Franche-Comté, le 16 février 1761. Il était d'une famille pauvre, obscure, mais honnête, qui chercha à lui donner une bonne éducation. Il fit ses premières études au collége, et sa philosophie chez les minimes de sa ville natale. Comme il n'avait pas de fortune, ces religieux le reçurent dans leur couvent, où ils le gardèrent jusqu'à sa dix-septième année. Le jeune Pichegru, ayant beaucoup d'inclination pour la carrière des armes, se rendit à Strasbourg et s'enrôla dans un régiment d'artillerie. Sa bonne conduite et son aptitude pour les sciences exactes, intéressèrent en sa faveur ses chefs qui lui accordèrent bientôt le grade de sergent. Dans un exercice à feu il fut dangereusement blessé à la main ( en 1785 ), et sa blessure ayant été jugée incurable, ses chefs sollicitèrent pour lui, au ministre, une pension qui lui fut refusée. Le major le garda alors dans le corps, se chargea de son avancement, et en peu d'années il le fit parvenir au grade d'adjudant, dont il jouissait en 1789, époque où la révolution éclata. Il en embrassa la cause, et en 1792, il se trouva à la tête de son régiment, dans lequel il établit une exacte discipline. Peu de mois après, on l'employa dans l'état-major de l'armée du Rhin, et, de grade en grade, il fut nommé, en 1793, général en chef de cette même armée qui venait d'être défaite dans les lignes de Weissembourg. Pichegru la réorganisa en peu de temps, et y établit un nouveau genre de guerre qui fut dans la suite si favorable aux armées françaises. Il créa successivement le système de tirailleurs, d'artillerie volante, d'attaques répétées; par tous ces moyens, il mit en défaut la tactique allemande, et rendit presque inutile leur cavalerie. Il sut exciter l'amour-propre du soldat français, l'accoutuma à souffrir avec patience toutes sortes de privations; et pour seconder son caractère vif et ennemi de toute lenteur, il l'affranchit de l'ancienne routine des siéges et des armées d'observation. Il essaya cette méthode nouvelle en Alsace, et la perfectionna dans sa campagne de la West-Flandre. Il avait à peine conçu un plan d'opération pour délivrer l'Alsace, que les commissaires de la convention le mirent sous les ordres de Hoche, qui vint le joindre avec son armée de la Moselle. Quoique Pichegru prît ce procédé-là pour une injustice, il s'en vengea noblement, en forçant le premier les lignes de Haguenau, le 23 décembre 1793; quelques jours après il partit pour Paris, pour solliciter, dit-on, le commandement en chef. Dans cet intervalle, Hoche, né avec un caractère fier et indépendant, ne pouvait pas être d'accord avec Saint-Just, qui apportait dans les camps toute la

morgue et l'orgueil d'un membre et d'un délégué de la convention. Il blessa son amour-propre, et Hoche fut rappelé; on confia alors le commandement de son armée à Pichegru, qui, avant de quitter la capitale, crut devoir, ainsi que Dumouriez, obéir aux circonstances, et fit dans une lettre, adressée aux *Jacobins*, ses adieux en ces termes : « Je jure »de faire triompher les armes de la »république, d'exterminer les *ty*-»*rans*, ou de mourir en les combat-»tant. Mon dernier mot sera tou-»jours *vive la république! vive la* »*montagne!* » Pichegru s'étant rendu à son armée, s'aperçut bientôt des vices du plan établi par le comité de la guerre. L'expérience lui prouva que ses craintes étaient bien fondées, et il prit sur lui de suivre un autre plan. Carnot en revendiqua la conception, et on assure que ce fut avec justice. Quoi qu'il en soit, Pichegru avait devant lui une ligne qu'on croyait généralement impénétrable, et qu'il franchit par les victoires de Courtrai, de Mont-Cassin, de Menin, remportées les 26 et 29 avril 1794; il sut profiter de ces avantages; il battit constamment les Anglais et les Autrichiens, et s'empara de toute la Belgique et d'une partie de la Hollande. Pendant cette campagne la puissance de Robespierre déclina, et lui-même périt sur l'échafaud. Il avait entraîné dans sa chute tout le parti de la *monta-gne*. Pichegru félicita alors la convention de son triomphe sur les triumvirs, qu'il appelait *ennemis du peuple et des soldats*. Ayant terminé la conquête de la Hollande pendant l'hiver rigoureux de 1794 à 1795, on l'envoya diriger les opérations de l'armée de Rhin-et-Moselle : il conservait néanmoins le commandement en chef de celles du

Nord et de Sambre-et-Meuse, qui étaient sous les ordres de Moreau et de Jourdan. Pichegru se trouva ainsi à la tête d'un nombre de troupes qu'aucun général n'avait eu à sa disposition. Il se trouvait à Paris lors de l'insurrection du 12 germinal; et la convention le nomma commandant de cette capitale contre les *terroristes*, qui ne cessaient de remuer. Sa présence et ses sages dispositions firent échouer toutes leurs tentatives. Il fut cependant sur le point de périr par la main d'un *sans-culotte*, qui lui donna un coup de pique sur la place Louis XV, alors dite de la Révolution. Un calme momentané s'étant rétabli dans Paris, Pichegru rejoignit son armée, et c'est à cette époque qu'il écouta des propositions pour agir en faveur de la maison de Bourbon. Des pièces qu'on saisit dans la suite et des aveux particuliers, ont raffermi cette assertion. Les républicains s'en aperçurent bientôt, et il leur devint suspect. Depuis lors ils cherchèrent à entraver toutes les opérations de Pichegru, mais d'une manière indirecte. Le directoire lui-même, qui venait d'être installé, n'osant pas le frapper au milieu de ses soldats, dont il paraissait chéri, voulut lui donner l'ambassade de Suède. Pichegru la refusa, mais il accepta peu de mois après la place de député au conseil des cinq-cents, et dès la première séance il en fut élu président. Le parti de *Clichi* et le nombre des royalistes s'augmentaient de jour en jour : Pichegru en devint le soutien et l'espoir. Tout était disposé pour frapper le grand coup ; mais Pichegru, environné d'orateurs qui savaient pérorer à la tribune et non agir, ne put inspirer de courage aux timides, donner de l'ensemble à vingt coteries dif-

férentes qui formaient ce parti, vaincre la circonspection des uns, les scrupules des autres, la frayeur de presque tous, et les engager à porter eux-mêmes les premiers coups au parti qui les menaçaient. Le 18 fructidor an 5 ( 1797 ) dérangea tout projet ultérieur de la part de Pichegru, et le triomphe du triumvirat directorial s'éleva sur sa défaite. Il fut arrêté dans le sein même du corps législatif, et transporté sur des charrettes avec ses collègues ( de la commission des inspecteurs ) à la prison du Temple. Le lendemain il fut condamné, avec cinquante autres députés, à être déporté à la Guiane. De Paris étant arrivé à Rochefort, sous une escorte nombreuse, il arriva à Cayenne, d'où on le transféra dans les déserts de Sinnamari. Il y vit mourir plusieurs de ses compagnons d'infortune, et résolut de tout entreprendre pour se sauver; il s'embarqua sur une pirogue, et, après avoir couru les plus imminens dangers, il arriva à la colonie hollandaise de Surinam, d'où il passa en Angleterre. De là il alla en Allemagne (en 1799), au moment des succès des Russes et des Autrichiens sur les armées françaises. S'étant, quelque temps après, rendu en Suisse, auprès de l'armée de Korsakow, il donna à ce général des avis salutaires, mais qui ne furent pas écoutés ; et il fut défait par Masséna le jour suivant. Après la retraite des armées russes, Pichegru vécut quelque temps en Allemagne, passa de nouveau en Angleterre, où il demeura jusqu'en 1804. C'est là qu'il connut George Cadoudal, chef chouan, avec lequel il forma le plan de renverser le gouvernement consulaire dans la personne de Buonaparte. Tous les deux, et un certain nombre de gens dévoués vinrent à

Paris, et s'y tinrent cachés pendant plusieurs jours. Le gouvernement ayant connu leurs projets, George et Pichegru se virent contraints de fuir de maison en maison. Pichegru fut enfin dénoncé et livré à la police par la personne même chez laquelle il s'était réfugié en dernier ressort. Interrogé sur ses relations avec Moreau dans cette circonstance, il répondit laconiquement et négativement à cette question et aux autres qui lui furent adressées. Il fut conduit à la prison du Temple, où on assure qu'il fut étranglé par quatre Mameluks aux ordres de Buonaparte, au moment où il était attendu dans le tribunal qui devait le juger avec George Cadoudal. Son corps fut transporté au greffe du tribunal, et enseveli le 6 avril 1804. Pichegru est mort à l'âge de 43 ans.

PICHLER (Wit), jésuite allemand, savant professeur de droit canon dans l'unversité de Dilengen, vivait dans la première moitié du 18ᵉ siècle. Il occupa aussi une chaire dans l'université d'Ingolstadt. On a de lui : 1 *Theologia polemica in quâ generalia theologiæ controversisticæ fundamenta et principia ex quibus omnes infideles; hæretici et sectarii, manifesti erroris convincantur, et materiæ particulares cum protestantibus et modernis sectariis controversæ, et ab ecclesiâ catholicâ contrà eosdem decisæ, traduntur*, Augsbourg, 1752, 2 vol. in-4. II *Jus canonicum secundum quinque decretalium titulos Gregorii papæ IX explicatum*, etc., *accedunt præter secundum tomum, in quo decisiones casuum, ad singulos decretalium titulos, explicantur, utiles quædam adnotationes at vindiciæ, curâ et studio Francisci Antonii Zachariæ ejusdem societatis* (Venise, Pesaro,

1758), 2 vol. in-fol. Outre les notes dans lesquelles le P. Zacharie corrige et éclaircit, d'après les dernières constitutions pontificales, la première édition donnée par l'auteur, il a ajouté aux prolégomènes un appendix tiré des *Prænotiones canonicæ et civiles de Jean Doujat*, Paris, 1687. (*Voyez* DOUJAT, *Dict.*) On trouve à la fin du tome second, l'*Apologie* contre le P. Concina, qu'a faite le célèbre François Zech, de l'opinion de Pichler, autrefois son maître, *sur les droits des princes au sujet du prêt*, avec une *Réfutation* de la *Réplique* du même P. Concina à cette *Apologie*, sans pour cela s'écarter de la *Lettre encyclique de Benoît XIV*. III *Épitome juris canonici juxtà decreta*, Augsbourg, 1749, 2 vol. in-12. Le P. Pichler mourut vers 1750. — Un autre PICHLER ( Joseph ), littérateur célèbre, a donné : *Historiæ imperatorum germanicorum seculum primum*, Vienne en Autriche, 1753.

PICHON (Thomas-Jean), docteur en théologie, et chanoine de la Sainte-Chapelle du Mans, naquit dans cette ville en 1731. Il commença ses études dans le collége de l'Oratoire du Mans, et vint les achever dans le collége de ce nom à Paris. Lorsqu'il eut pris les ordres, il s'attacha à M. d'Avrincourt, évêque de Perpignan, et le suivit dans son diocèse. Il n'y resta guère que deux ans, après quoi il revint à Paris, et s'y occupa de la composition de quelques ouvrages. Par la suite, il fut nommé chanoine et chantre en dignité de la Sainte-Chapelle dans sa patrie. L'évêque du Mans lui confia la supériorité générale des communautés de filles du diocèse, et MONSIEUR, frère du roi, le fit son historiographe pour son apanage du Mans. Il se vit à la révolution privé de ses bénéfices et de ses places. On dit qu'on lui offrit l'évêché constitutionnel du Mans, et qu'il le refusa; mais il accepta la place d'administrateur de l'hôpital général, et on assure qu'il fit beaucoup de bien en cette qualité, et fut utile aux malheureux. Il mourut le 18 novembre 1812. On a de lui beaucoup d'ouvrages, dont les titres sont : I *La Raison triomphante des nouveautés, ou Essais sur les mœurs et l'incrédulité*, Paris, 1758, 1 vol. in-12. II *Traité historique et critique de la nature de Dieu*, 1758, in-12. III *Cartel aux philosophes à quatre pates, ou l'Immatérialisme opposé au matérialisme*, Bruxelles, 1763; in-8. IV *La Physique de l'histoire, ou Considérations générales sur les principes élémentaires du tempérament et du caractère naturel des peuples*, la Haye, 1765, in-12. V *Mémoire sur les abus du célibat dans l'ordre politique*, Amsterdam, 1766, in-12. Ce mémoire fut mal accueilli au Mans, où résidait alors l'abbé Pichon, et on y blâma plusieurs choses. VI *Mémoire sur les abus dans les mariages*, Amsterdam, 1766, in-12. VII *Les Droits respectifs de l'état et de l'église, rappelés à leurs principes*, Avignon, 1766, in-12. VIII *Des Études théologiques, ou Recherches sur les abus qui s'opposent aux progrès de la théologie dans les écoles publiques, et sur les moyens possibles de les réformer en France*, par un docteur manceau, Avignon et Paris, 1767, in-8. Ce livre n'eut pas non plus l'approbation générale. IX *Principes de la religion et de la morale, extraits des ouvrages de Saurin*, ministre du saint Évangile, 1768, 2 vol. in-12. Une remarque du *Dictionnaire des Ano-*

*nymes*, tom. 4, pag. 327, nous apprend que le véritable auteur de cet ouvrage est *Durand*, ministre du saint Évangile à Lausanne, qui le publia en 1767, sous le titre d'*Esprit de Saurin*. L'abbé Pichon s'empara du fond de ce livre, y fit des retranchemens et des additions, et le donna ensuite avec le titre cité ci-dessus. X *Sacre et couronnement de Louis XVI, précédé de recherches sur le sacre des rois de France, et suivi d'un journal historique de ce qui s'est passé à cette cérémonie*, avec figures gravées par Patas, Paris, 1775, in-4. Les *Recherches* sont de Gobet, et le *Journal* de l'abbé Pichon. XI *Les Argumens de la raison en faveur de la religion et du sacerdoce*, 1776; *Examen de l'homme d'Helvétius*, même année. En rendant justice au zèle de l'abbé Pichon, à son amour du travail, bien prouvé par le grand nombre d'ouvrages qu'il a mis au jour, on regrette qu'ils ne soient pas tous également soignés et également exacts. On se plaint quelquefois qu'il manque de critique, et que d'autrefois il traite trop superficiellement son sujet.

PIE VI ( Jean-Ange Braschi ), issu d'une famille noble, mais peu avantagée des biens de la fortune, naquit à Césène, dans la Romagne, le 27 décembre 1717. Il embrassa l'état ecclésiastique, et courut la carrière de la prélature romaine. Il mérita l'affection de Benoît XIV, par son savoir, sa conduite régulière, son expérience dans les affaires, et ce grand pape se plut à l'avancer. D'emplois en emplois, il s'éleva jusqu'à celui de trésorier de la chambre apostolique, ou de directeur général des finances. Il occupa cette charge importante depuis l'an 1766 jusqu'en 1773, y montra du talent, et s'y distingua par une parfaite intégrité. Le 5 avril de cette année, Clément XIV ( Ganganelli ) le créa cardinal. Clément mourut le 22 septembre de l'année suivante. Quoiqu'il n'y eût pas encore 2 ans que Braschi fût revêtu de la pourpre romaine, et qu'il fût l'un des plus jeunes du sacré collége, après quelques oppositions, il réunit tous les suffrages, et fut élu pape le 15 février 1775. Il redoutait cette dignité éminente autant que d'autres auraient pu la souhaiter. Porté dans les scrutins pendant le conclave, il n'avait témoigné pour elle que de l'indifférence. Lorsque son élection fut proclamée, loin qu'il en ressentî de la joie, la douleur se peignit sur son visage; il tomba à genoux, et prononça à haute voix une ardente prière d'un ton si pénétré, que tous les assistans fondirent en larmes. Puis s'adressant aux cardinaux : *Pères vénérables*, leur dit-il, *votre assemblée est terminée, mais que son issue est malheureuse pour moi!* Huit jours après, la cérémonie de son sacre et de son couronnement eut lieu; il avait pris le nom de Pie VI. Il était doué de toutes les qualités nécessaires pour remplir dignement cette grande place. Sa conduite avait été constamment à l'abri de tout reproche, et ses mœurs étaient apostoliques. Il était charitable, accessible, laborieux. Son élocution était facile, et même élégante. A une connaissance profonde de la discipline de l'église et des saints canons, il joignait un goût éclairé pour les arts. Sa taille était élevée, ses traits nobles, ses manières polies et prévenantes. Sa piété éclatait dans l'exercice de ses fonctions pontificales. Rien n'était plus majestueux que de le voir officier dans les jours d'appareil, la tête ceinte du triple diadème, et paré des ornemens pontificaux.

Les plus indifférens ne pouvaient se défendre d'une vive émotion, et se sentaient saisis d'un profond sentiment religieux. Pie VI voulait fortement le bien, et il en donna des preuves dès le commencement de son pontificat. Son premier soin fut de répandre d'abondantes aumônes. Il y avait des réformes à faire, des abus à réprimer; il s'en occupa. Il fit rendre des comptes à ceux qui en devaient. Il supprima des pensions peu méritées, pour alléger le trésor. Il diminua les charges publiques. Il prit des mesures pour prévenir le fléau des disettes, et le peuple vit avec satisfaction un pontife qui s'occupait des intérêts de ses sujets, et dont l'administration commençait si heureusement. D'un autre côté, il éleva aux places vacantes les prélats les plus vertueux. En distribuant les grâces, il n'eut en vue que le mérite, les talens et les services. Dans la lettre encyclique que, selon l'usage, il écrivit à tous les évêques pour leur annoncer son élection, comme s'il eût prévu tous les maux qui sous peu d'années devaient affliger l'église, il leur recommandait de veiller soigneusement sur leur troupeau, et de ne rien négliger pour le garantir des doctrines perverses qui menaçaient l'autel et les trônes. Tout tendait dans son gouvernement à consolider les bases de la religion, à rendre son pontificat honorable, et le peuple qu'il avait à gouverner heureux. Persuadé que l'agriculture, l'industrie et le commerce sont les vrais élémens de la prospérité d'un état, il mit tous ses soins à les faire fleurir. Il encouragea les manufactures qui existaient; il en établit de nouvelles; il ouvrit des débouchés au commerce. Le port d'Ancône attira son attention. Il entreprit de le rendre plus commode.

Il y fit construire un magnifique fanal, et les habitans de cette ville, reconnaissans de ce bienfait, érigèrent au pontife une statue sur le port, comme autrefois on en avait érigé une à Clément XII, pour y avoir fait faire des travaux utiles, et l'avoir rendu libre. Mais une des entreprises qui signala particulièrement le pontificat de Pie VI, fut celle du desséchement des Marais-Pontins, qui s'étendent à 40 milles autour de Terracine, Velletri et Piperno. On sait que dès les anciens temps cette opération, si importante sous le rapport *sanitaire*, avait été tentée avec succès, mais qu'insensiblement, faute d'entretien, les eaux avaient recouvert le terrain; que plusieurs papes avaient travaillé à en faciliter l'écoulement; que les travaux n'ayant pas été continués, les marais avaient repris leur forme et leur insalubrité. Ils étaient dans cet état, lorsque Pie VI conçut le projet de reprendre ce grand travail. Il alla visiter le terrain. Quelque insurmontables que parussent les difficultés, elles ne l'effrayèrent point, et le bien qui devait résulter du succès fixa irrévocablement sa résolution. Dès qu'il se fut assuré des fonds nécessaires, il fit mettre la main à l'œuvre. Les hommes les plus versés dans les travaux hydrauliques, et un grand nombre d'ouvriers y furent employés. On construisit des ponts, et on creusa des canaux. Le pape chaque année visitait les ouvrages, et encourageait les travailleurs par sa présence et ses libéralités. Bientôt de vastes terrains furent rendus à la culture. Une chaussée de plus de 40 milles fut construite, et plantée d'une double rangée de beaux peupliers, avec des auberges d'intervalle en intervalle; un palais vaste et élégant la termi-

nait; et si le pontificat de Pie VI eût été tranquille, sans doute rien n'eût manqué à l'exécution complète de ce beau projet. Ces dépenses, toutes considérables qu'elles étaient, ne détournaient point l'attention du pape d'un établissement dont la première idée lui était due. C'était lui, tandis qu'il était trésorier de la chambre apostolique, qui avait suggéré à Clément XIV le dessein de former au Vatican un vaste *Musée*, où serait déposé tout ce que les fouilles avaient procuré jusque-là, et ce qu'on pourrait recueillir par la suite de monumens antiques. Il avait présidé à la formation de ce dépôt, auquel on avait donné le nom de *Museum clementinum*. Pie VI, devenu pape, mit tous ses soins à l'enrichir. Il faisait fouiller de tous côtés; il achetait tout ce qui pouvait contribuer à l'augmenter. Il rassembla ainsi un grand nombre d'objets curieux, et le musée du Vatican ne tarda pas à devenir un des plus célèbres de l'Europe. Dès 1783 on put, sous les auspices de Pie VI, publier 6 volumes grand in-folio de gravures, accompagnées d'explications des principaux monumens de cette précieuse collection. On ne doit point omettre d'autres établissemens ayant un rapport plus direct à la religion, également dus aux soins et à la libéralité du pape. Tels sont la construction d'une église, avec un séminaire et une bibliothèque, à Subiac, à 20 milles de Rome, abbaye consacrée par la présence de saint Benoît, et dont le pape avait été titulaire; telle est la fondation à Rome d'une grande maison d'éducation, sous le nom d'*école des nobles*, pour y former à la piété et aux connaissances nécessaires les sujets destinés à la prélature. Telle est encore la construction d'une magnifique sacristie pour l'église de Saint-Pierre, qui n'en avait point, et où fut employé tout ce qu'on peut concevoir de plus parfait en architecture, en sculpture, en peinture, pour la rendre digne de ce superbe édifice. On ne parlera pas de secours considérables et réguliers donnés aux *missions*, surtout à celles d'Orient, qui ne furent jamais plus florissantes, etc. Quoique Pie VI fût attaché aux jésuites, il sentit que les circonstances ne lui permettaient pas de leur en donner des marques trop manifestes. Il ne se pressa point de tirer du château Saint-Ange Ricci, leur général. Ce religieux y mourut le 24 novembre 1775. Quelque temps après le pape fit sortir de cette prison les autres jésuites qui y étaient détenus. Frédéric, roi de Prusse, désirait de conserver les jésuites dans ses états, où il les trouvait extrêmement utiles. Le pape les autorisa à y vivre en communauté, à y suivre leur règle, et à y continuer leurs services. Seulement, pour ne point donner d'ombrage aux cours qui avaient sollicité leur suppression, il voulut qu'ils quittassent l'habit de leur ordre. Ils subsistèrent également en Russie sous la protection de l'impératrice Catherine. Ils purent même par la suite recevoir des novices. Le temps de Pie VI était si bien distribué, qu'il en trouvait pour tout, et que le gouvernement de l'église ne souffrait aucunement des soins qu'il donnait aux autres entreprises. En juin et en octobre 1778, on avait sacré en Hollande deux évêques schismatiques. Le pape s'éleva contre cette élection et cette consécration, et trois brefs maintinrent et assurèrent les prérogatives du saint-siége contre cette intrusion. M. de Hon-

theim, évêque de Myriophite *in partibus infidelium*, et suffragant de Trèves, avait, sous le nom supposé de *Febronius*, publié un gros ouvrage, où l'église et ses décisions se trouvaient attaquées. Les évêques d'Allemagne avaient proscrit ce livre lorsqu'il parut, et Clément XIII [1] l'avait condamné. Pie VI ne renouvela point la condamnation. Il tenta les voies de douceur et de condescendance, qui formaient le fond de son caractère, et elles lui réussirent. Il fit inviter l'auteur à se rétracter, ne lui dissimulant pas néanmoins que, s'il s'y refusait, il serait obligé de recourir, comme Clément, à des moyens plus rigoureux. L'invitation indulgente du père commun des fidèles ne fut pas sans effet. L'évêque se rétracta solennellement. Le 25 décembre 1778, après la messe de minuit, le pape eut la consolation d'annoncer cette heureuse nouvelle aux cardinaux, en présence d'un auditoire immense; et une lettre paternelle au prélat repentant scella la réconciliation. Après la mort du roi de Portugal, Joseph Ier, en 1777, et sous le règne de la reine, la bonne harmonie s'était rétablie entre le pape et cette cour. En Pologne le roi Stanislas Poniatowski respectait et faisait respecter les droits du pontife; mais il n'en était pas de même de tous les souverains, et particulièrement dans les domaines de la maison d'Autriche. Joseph II avait été élevé dans des principes peu favorables au saint-siége. On lui avait de bonne heure inculqué des idées de réformes qui s'accordaient mal avec la discipline de l'église. Jeune et ardent lorsqu'il parvint à l'empire, il avait même du vivant de sa mère, princesse pieuse, laissé percer ses projets. Dès qu'elle ne fut

1 Le 14 mars 1764.

plus, il s'empressa de les mettre à exécution. Il publia deux écrits qui assujétissaient à des formes gênantes et insolites les brefs et les bulles émanées de la cour de Rome. Il défendit aux monastères de communiquer avec leurs supérieurs étrangers. Il en supprima un grand nombre de sa seule autorité, et en affecta les revenus à d'autres objets que ceux de leur fondation, etc. Le pape lui fit faire des représentations qu'il n'écouta pas. C'est alors que Pie VI résolut de l'aller trouver. Il partit de Rome le 27 février 1782, et arriva à Vienne le 22 mars. Il fut traité par Joseph avec de grands honneurs, et recueillit partout de la part des fidèles de nombreux témoignages d'une profonde vénération. Il eut avec le prince plusieurs conférences amicales. Il obtint quelque adoucissement aux mesures qui avaient été prises; et si son voyage n'eut pas une issue plus heureuse, il en recueillit du moins l'avantage d'avoir inspiré à Joseph une haute estime pour ses vertus et sa personne; sentimens qui prirent plus de force encore dans le séjour que ce prince fit à Rome, et qui en auraient pris bien davantage, un peu tard il est vrai, après que les troubles de la Belgique étant à leur comble, le pape eut la condescendance d'écrire à tous les évêques des Pays-Bas, et de les exhorter à donner l'exemple de la soumission. Ce n'était pas seulement en Allemagne que l'autorité temporelle empiétait sur le pouvoir ecclésiastique. La cour de Toscane, influencée par celle de Vienne, favorisait, provoquait même des innovations qui compromettaient la discipline de l'église, et attaquaient la foi dans des points capitaux. *Scipion Ricci*, évêque de Pistoie, était l'instrument de ces machinations, et le

promoteur des plans nouveaux. Le pape lui écrivit un bref plein de douceur, pour le ramener au devoir. Loin d'en être touché, cet évêque tint en 1786 à Pistoie un synode composé de ses partisans, où l'on consacra la nouvelle doctrine. Elle reçut un accueil tout contraire dans le synode de Florence du 23 avril 1787, quoique ce synode eût été assemblé par les ordres du grand duc. Enfin, Pie VI rendit un jugement solennel sur les *actes* du concile de Pistoie, et les condamna par la bulle *Auctorem fidei* du 28 août 1794. Depuis l'année 1776, il s'était élevé une contestation entre la cour de Naples et celle de Rome. Le pape avait à y soutenir les intérêts temporels de son siége et son autorité spirituelle. Les souverains pontifes exerçaient depuis long-temps sur ce royaume des droits que pour la première fois on venait leur disputer. Quels qu'ils fussent, il était du devoir du pape de les défendre, parce qu'il n'en était que le dépositaire. Il les fit valoir. Les papes jusque-là avaient disposé des évêchés napolitains, et, par le conseil d'un ministre, le roi s'en appropriait la nomination. On supprimait des monastères sans l'intervention de l'autorité ecclésiastique, et chaque jour on tentait de nouveaux empiètemens. L'esprit conciliateur du pape mit fin à ces différens: il accorda tout ce qu'il pouvait accorder sans blesser les principes; il fut ferme, inébranlable sur ce qui les compromettait, et le bon accord se rétablit entre les deux cours. Mêmes démêlés avec la république de Venise. Pie VI eut à se plaindre de ce gouvernement dès le commencement de son pontificat. Il n'opposa à ses entreprises que de la douceur. La lutte dura jusqu'au moment où la révolution française éclata. Les justes alarmes qu'elle causa aux Vénitiens, les portèrent à croire qu'ils n'avaient rien de mieux à faire que de se rapprocher du saint-siége. Il n'y eut pas jusqu'au duc de Modène qui n'élevàt des prétentions contraires aux droits pontificaux. Il menaçait même d'armer pour les soutenir. Ce n'était pas sur le champ de bataille un ennemi bien redoutable, et les forces militaires de l'un et de l'autre état n'eussent point été trop inégales. Pie VI ne crut pas qu'il convînt à un pape d'employer la voie des armes. Il invoqua la médiation des grandes puissances ; et les différens s'arrangèrent. Il est assez remarquable que tandis que Pie VI avait à lutter contre des princes ou des états catholiques, et qu'il lui fallait défendre contre eux la discipline de l'église, les prérogatives du saint-siége, et même l'intégrité du dogme, des souverains et des états protestans, que leur croyance semblait devoir éloigner du chef de l'église romaine, gagnés par ses vertus et ses rares qualités, s'empressaient de rechercher son amitié, et de lui donner des témoignages de leur estime. Catherine II, impératrice de Russie, manifestait en toute occasion l'affection qu'elle portait au pape, et lui en faisait donner les assurances. Le roi de Suède, Gustave-Adolphe, lui montrait le plus tendre respect ; il l'avait vu pendant son séjour à Rome. La bonté paternelle du pape, son entretien plein d'intérêt l'avaient charmé ; il aspirait à en être aimé. Ce prince en 1781, autant par affection pour Pie VI que par esprit de tolérance, publia dans ses états un édit favorable aux catholiques, et s'empressa d'en donner lui-même communication au saint-père. Le

roi de Prusse, le grand Frédéric, tout philosophe qu'il était, payait à Pie VI un juste tribut d'estime, et Catherine et lui sollicitèrent du pontife un acte de reconnaissance, l'une de sa qualité d'impératrice, l'autre de son titre de roi. Les Etats-Unis lui donnèrent aussi en 1789 une marque de vénération et d'estime. Non-seulement le congrès approuva, mais encore il fit appuyer près du pape la demande de l'érection d'un siége épiscopal dans leur territoire pour les catholiques établis sous leur domination. Si jusque-là le pontificat de Pie VI avait été mêlé de difficultés, il n'avait cependant pas été sans satisfaction et sans être accompagné d'assez de gloire. La suite n'offre plus qu'un enchaînement de malheurs causés par la révolution française. Les états généraux avaient été convoqués à Paris ; ils s'étaient, malgré les réclamations des membres les plus sensés du clergé et de la noblesse, et contre la lettre de leurs mandats, constitués en *assemblée nationale*. Il ne s'agissait plus de remédier à quelques abus ; on voulait tout changer, ou plutôt tout renverser. L'esprit d'irréligion dominait parmi les députés. On commença par enlever à l'église tous ses biens. On supprima les ordres religieux. On abolit les vœux monastiques. On décréta une constitution civile du clergé qui détruisait toute la hiérarchie. Le pape ne pouvait voir d'un œil indifférent des innovations si funestes et subversives de toute discipline. Il s'en expliqua dans une allocution aux cardinaux et dans une lettre écrite à Louis XVI, en date du 10 juillet 1790 ; il remontrait combien la constitution civile du clergé s'écartait des vrais principes, et priait le monarque de ne point la sanctionner. Mais déjà le roi était sans pouvoir, et la sanction fut accordée. Un décret obligea les prêtres chargés de fonctions publiques, de prêter le serment à cette constitution, sous peine d'être destitués. Tous les évêques de France, à l'exception de quatre, le refusèrent et envoyèrent au pape l'*exposition de leurs principes*. Le pape, de son côté, expédia deux brefs; l'un, en date du 10 mars 1791, adressé aux évêques de France, dans lequel S. S. discute les changemens faits par cette constitution, et en montre les erreurs et les dangers; l'autre, en date du 13 avril suivant, adressé au clergé et aux fidèles, où il loue l'*exposition de la foi* qui lui avait été envoyée, et les exhorte à la persévérance. Cependant le schisme se consommait. On faisait élire des évêques par le peuple. Ils prenaient la place des titulaires légitimes. Ceux-ci étaient insultés et menacés. Rien n'était négligé pour les déterminer à s'expatrier, et un décret de déportation les y força. C'est alors que redoubla l'intérêt de Pie VI en faveur de cette troupe de prêtres fidèles, contraints d'aller chercher un asile en pays étranger. Il accueillit en Italie tous ceux qui vinrent s'y réfugier; il en plaça une partie dans des maisons religieuses; il fit fournir des secours aux autres. Il écrivit aux princes, aux évêques, aux abbés des pays catholiques, pour les engager à offrir une généreuse hospitalité aux ecclésiastiques français qui viendraient la réclamer, et ses recommandations ne furent pas sans effet. Bientôt d'autres inquiétudes et d'autres alarmes vinrent l'assaillir. Il apprit le massacre des prêtres qui eut lieu le 2 septembre 1792. Peu de temps après, il fut informé que Louis XVI était mis en jugement par ses sujets rebelles. Sa douleur fut profonde; elle fut sans bornes quand on lui annonça la consommation du régicide. Il l'épancha dans une touchante allocution aux cardinaux. Sa voix était étouffée par les sanglots; il n'hésita pas à y donner le titre de *martyr* à la victime des fureurs révolutionnaires. Lui-même était violemment attaqué. La première hostilité contre le saint-siége avait été l'abolition des *annates*. On a crié beaucoup contre cette espèce de contribution imposée sur les bénéfices consistoriaux. Il a été démontré qu'elle ne s'élevait pas à plus de 400 mille francs, et que la préférence donnée par le gouvernement papal au commerce français pour l'importation de ses produits, la faisait rentrer au quadruple. C'était d'ailleurs une des conditions d'un traité solennel, confirmé par un concile, reconnu comme *loi de l'état*, et exécuté pendant 280 ans. Mais ce ne fut que le prélude d'usurpations plus importantes. Dès le mois de septembre 1791, contre tout droit et toute justice, la réunion à la France du Comtat-Venaissin et de l'Avignonais, propriétés incontestables du saint-siége, avait été décrétée. Le pape se borna à protester, et souffrit ce qu'il ne pouvait empêcher. Toute réclamation près des spoliateurs eût été inutile. Les deux législatures qui suivirent l'assemblée constituante furent plus injustes encore et plus ennemies de toute religion. Effrayé de tant d'entreprises qui n'attaquaient pas moins le pouvoir des princes que l'autorité spirituelle, le pape avait donné ordre à ses nonces d'éveiller l'attention des souverains sur les dangers qu'eux-mêmes couraient. Quelques plans furent dressés et quelques efforts faits, mais il n'y avait point d'ensemble, et ils furent insuffisans. En 1796, Buonaparte était à Milan à la tête des troupes françaises, et menaçait les états romains. Pie VI, dans l'impossibilité de résister, n'ayant à attendre de secours de personne, n'eut d'autre parti à prendre que de recourir aux négociations. Il en fit entamer par le chevalier Azara avec Buonaparte, qui, tout en négociant, s'empara d'Urbin, de Bologne et de Ferrare. Les circonstances devinrent de plus en plus pressantes. Le pape demandait au moins un armistice ; le général français le lui accorda, sauf ratification, moyennant treize millions, la cession de Ferrare et de Bologne, et l'envoi à Paris de divers objets d'arts. C'était payer bien cher une suspension d'armes qui ne devait pas être de longue durée ; mais il n'y avait point d'autre parti à prendre. Le directoire ne voulut entendre à aucun traité, à moins que le pape ne retirât les brefs qui proscrivaient la *constitution civile du clergé*, et ne l'approuvât. Toute négociation devenait alors inutile. A ces propositions, hors de toute convenance, le pape fit faire une réponse digne de lui et de la place qu'il occupait ; elle est datée du 14 septembre 1796. Cependant les troupes françaises étaient toujours en Italie, et, d'un moment à l'autre, elles pouvaient fondre sur Rome. Dans cette extrémité, le pape eut recours à l'empereur d'Autriche, et il paraît qu'un traité d'alliance fut conclu entre ce prince et lui. Une lettre interceptée en instruisit Buonaparte. L'armistice fut rompu, et aussitôt la Romagne, le duché d'Urbin, la Marche d'Ancône, furent envahis par les troupes françaises. La ville de Lorette fut prise, la chapelle pillée, et la statue de la sainte

Vierge, objet de la vénération des fidèles, envoyée à Paris. Rien ne pouvait plus mettre Rome à l'abri. Le pape envoya des députés à Buonaparte avec des pleins pouvoirs. Ce général, informé que des troupes autrichiennes s'avançaient vers le nord, devint plus facile, et le 19 février 1797 un traité fut conclu à Tolentino entre le pape et la France. Les conditions en étaient dures. Le pape devait payer trente-un millions, céder les légations de Bologne, Ferrare et Ravenne, faire une pension à la famille du nommé Basseville, secrétaire de légation, tué à Rome en 1793 dans un mouvement populaire, et recevoir garnison dans Ancône. Ce traité fut ratifié par le directoire français. Il sauva pour cette fois, ou du moins parut sauver Rome. Il ne fit cependant que ruiner le saint-siège. Le gouvernement français n'était pas disposé à lâcher sa proie. Il se fournit bientôt lui-même un prétexte pour rompre la paix. Des français patriotes étaient en grand nombre à Rome. Ils s'y étaient fait un parti et y avaient formé des clubs qui travaillaient à révolutionner le pays. Il en résultait des rassemblemens, suivis d'émeutes qu'on ne pouvait réprimer qu'en envoyant des troupes. Dans une de ces insurrections, Duphot, général français, fut tué. Le caractère du pape le mettait à l'abri de tout soupçon à l'égard de ce meurtre, ainsi qu'à l'égard de celui de Basseville. D'ailleurs il offrit toutes les satisfactions qu'on pouvait désirer. Dès que le directoire fut informé de cet événement, il fit arrêter l'ambassadeur du pape à Paris, et donna ordre au général Berthier, qui se trouvait à la tête des troupes françaises en Italie, de marcher sur Rome. Il y entra sans résistance, après avoir fait informer le pape qu'on respecterait le gouvernement, qu'on n'en voulait qu'aux assassins du général Duphot, et qu'on souhaitait que rien ne fût enlevé du Musée, mis, disait le général, sous la garantie de la *loyauté française*. Sans trop compter sur des promesses faites par l'agent d'un gouvernement qui avait souvent violé les siennes, le pape exécuta fidèlement ce qu'on exigeait de lui; mais le 15 février 1798, jour anniversaire de son exaltation, tandis qu'assis sur son trône il recevait les hommages et les félicitations des cardinaux, Berthier faisait planter l'arbre de la liberté sur la place du Capitole; et par ses ordres, Haller, calviniste et ancien banquier, accusé au 1794 d'intelligence avec Robespierre jeune, et d'avoir favorisé et partagé ses dilapidations (*Table alphabétique du Moniteur*, tome 1, page 637), depuis trésorier général de l'armée d'Italie, signifiait au pontife que son règne avait cessé. Pie VI leva les yeux au ciel et se résigna. Aussitôt la république fut proclamée et le gouvernement pontifical aboli. On apposa les scellés au muséum et aux galeries, et tout fut confisqué au profit de la république française. Les propriétés personnelles du pape ne furent pas même épargnées. On vendit sa bibliothèque particulière à un libraire; on fouilla dans ses appartemens, dans son cabinet; on brisa les serrures de ses bureaux et de ses armoires. Les préposés à cette mesure enlevèrent tout ce qui était à leur convenance [1]. Comme on crai-

gnait que la présence du pape à Rome, et les mauvais traitemens dont il était l'objet, n'excitassent quelque soulèvement, son départ fut résolu, et c'est encore le calviniste Haller qu'on chargea de le lui annoncer. Il se présenta chez l'infortuné vieillard, et lui enjoignit de lui livrer ses *trésors*. Le pape répondit que l'armistice et le traité de Tolentino les avaient épuisés. Haller lui demanda alors les bagues qu'il voyait à ses doigts; et avec une patience admirable le pontife les lui donna. Haller honteux, sans doute, de tant de condescendance, n'osa lui dire qu'il devait quitter Rome; mais en sortant il chargea un des prélats de l'en prévenir. Celui-ci ayant refusé de le faire, Haller rentra et signifia au pape de se tenir prêt à partir le lendemain matin. Pie VI représenta son âge et l'état de sa santé. Il sortait de maladie. La réponse fut, que si les voies de *douceur* ne le persuadaient pas, (et *quelle douceur!*) on emploîrait la contrainte. Le pape passa la nuit en prières. Le matin ce fut encore Haller qui vint le presser de monter en voiture. Deux commissaires devaient le conduire à Sienne. Pendant la route, et à la couchée, le pape fut abreuvé d'outrages et d'indignités qu'on n'ose raconter. Arrivé à Sienne, il fut logé au couvent des Augustins. L'ambassadeur d'Angleterre vint lui présenter ses hommages, et une dame anglaise, admise à son audience, lui offrit le tiers de sa fortune et de celle de son fils. Il resta dans cette ville jusqu'au 26 mai. Il y eut ordre alors de le transférer à Florence. Il

---

[1] L'un d'eux ôta au pape jusqu'à son tabac. On trouva plaisant de s'emparer de sa canne, faite d'un seul morceau d'écaille d'une grande beauté. Le général Berthier l'envoya à Paris. Elle fut présentée au directoire, et figura longtemps comme un trophée dans la salle de ses

audiences. (*Table chronologiq. du Moniteur*, page 662) On a vu aussi à Paris, parmi les curiosités du *Musée d'hist. natur.*, une grosse et riche émeraude enlevée dans le temps de la tiare pontificale, dont elle faisait un des principaux ornemens; elle a été depuis restituée.

alla s'établir dans une chartreuse à quelque distance de cette ville. Le grand duc et sa famille, le roi et la reine de Sardaigne vinrent l'y visiter, et ne purent, sans verser des larmes, voir un souverain, et le chef de l'église, traité avec cette barbarie. Il s'y occupait néanmoins encore des devoirs de la papauté, et des brefs sont datés de la chartreuse. Il en fit expédier un le 20 juin 1798, qui condamnait le serment de *haine à la royauté*. Il recevait des témoignages d'intérêt de la part de plusieurs souverains. Le roi d'Espagne lui avait envoyé le cardinal Lorensana, archevêque de Tolède, et deux autres prélats, pour lui témoigner la part qu'il prenait à son infortune. Paul 1er lui faisait offrir un asile dans ses états. Il recevait des évêques de toute la chrétienté des marques du respect le plus profond et de l'intérêt le plus affectueux. Si ces témoignages de dévouement le consolaient, ils ne faisaient qu'aigrir et alarmer ses persécuteurs. Le directoire pressait le grand duc de faire sortir Pie VI de Toscane. Enfin on se détermina à l'amener en France, et des ordres furent expédiés à cet effet. Mais il s'était fait un grand changement dans la santé du pape. Il y avait lieu de craindre une attaque de paralysie, et on avait commencé des remèdes pour la prévenir. Les médecins le déclarèrent [1]. Le pape supplia qu'on le laissât mourir où il était. Sans égard pour son âge, pour son état de faiblesse, pour les plaies dont il était couvert, le 27 mars 1799 on le jeta dans une voiture, et on le conduisit à Bologne, puis à Parme, où l'infant duc le visita ; de là on le mena à Turin. Il eut la consolation

de rencontrer quelques cardinaux dans sa route. Ils avaient été enveloppés dans une proscription commune, et se trouvaient dispersés. On n'avait au reste pour l'âge et l'état de santé du pape ni pitié ni ménagement. On le faisait voyager par tous les temps, par des chemins montueux et difficiles. Aucune précaution n'était prise pour éviter à l'infortuné pontife les incommodités du voyage. Il traversa les Alpes et le mont Genèvre par un vent piquant et froid. Des hussards piémontais, plus humains que les agens du gouvernement français, lui offrirent leurs pelisses. Pie VI les remercia affectueusement, et n'accepta point leur offre, ne voulant pas, dit-il, les priver d'une chose alors si nécessaire. Enfin au mois de mai il arriva à Briançon, accompagné seulement de deux serviteurs fidèles. C'est là qu'on reçut l'ordre de le conduire à Valence par Embrun, Gap et Grenoble. Dès lors un concours nombreux de fidèles se pressaient sur les chemins pour aller à sa rencontre, se précipitaient pour recevoir sa bénédiction. Son passage à Grenoble fut un triomphe. Il arriva à Valence le 14 juillet, au milieu des plus vives acclamations. Cette ville ne jouit pas long-temps de sa présence. Il était venu un nouvel ordre de transférer le pape à Dijon ; mais on ne put l'exécuter. La paralysie s'était déclarée et affectait toute la partie inférieure de son corps. Le 19 août il lui prit un vomissement, et il tomba sans connaissance. Le 27 on lui administra les sacremens, qu'il reçut avec une grande piété, revêtu de ses ornemens pontificaux. Le 29 août 1799 [1], il expira doucement à une heure 25 minutes du ma-

---

[1] Un des commissaires eut la cruauté d'arracher les vésicatoires qu'on avait appliqués au pape pour voir si on n'en imposait pas. Il souffrit ce barbare affront sans se plaindre.

[1] Le *Dict. univ.* (Prudhomme) dit 1798. C'est sans doute une faute typographique.

'tin. Il était âgé de 81 ans, 8 mois et 2 jours, et comptait 24 ans, 6 mois et 14 jours de pontificat. Son corps fut embaumé et mis dans un cercueil de plomb. Ce n'est qu'au mois de février 1802 qu'il fut transporté à Rome et reçu avec pompe par Pie VII, qui lui fit de solennelles et magnifiques obsèques. Ses entrailles enfermées dans une urne d'or sont restées à Valence, où on lui a élevé un tombeau. « Telle »fut, dit l'auteur de mémoires es- »timables, la fin de ce pape ver- »tueux, destiné à tant de revers, »successivement en butte aux tra- »casseries de souverains abusés, et »aux fureurs de républicains farou- »ches; et dans tous ses malheurs, »modèle de modération, de courage »et de résignation. Beaucoup de »dignité, et en même temps d'af- »fabilité, une vie régulière, une »administration équitable, de la »fermeté dans les plus grandes »épreuves, telles furent ses qualités »principales [1]. » Dans d'autres *Mémoires* prétendus *historiques et philosophiques*, *Mémoires* assurément peu *historiques*, si l'impartialité fait la base de l'histoire, mais en revanche bien *philosophiques*, en donnant à ce mot l'acception que lui ont value les opinions antireli- gieuses des philosophes modernes [2], l'auteur cherche à jeter des nuages sur le beau caractère de Pie VI, que ses malheurs seuls auraient dû mettre à l'abri de toute attaque. Ce n'est pas que souvent, contraint par la force de la vérité, cet auteur n'en dise du bien. « Tant qu'il a été »trésorier de la chambre apostoli- »que, lit-on dans ces mémoires,

»on le vit ( Pie VI ) constamment »appliqué, laborieux, indifférent aux »plaisirs profanes, et méritant l'es- »time générale par la régularité de »sa conduite. Il ne s'est point dé- »menti pendant son cardinalat, qui »n'a duré que deux ans; et lorsqu'il »fut porté sur la chaire de saint »Pierre, nous devons à la vérité »d'assurer que tous ceux qui ont »connu Pie VI, depuis long-temps, »et de très-près, n'ont rien remar- »qué qui pût élever le plus léger »doute sur la pureté de ses mœurs. »Pie VI partageait tout son temps »entre ses devoirs religieux, son »cabinet, son *muséum* et la biblio- »thèque du Vatican. Il sortait très- »rarement, et toujours accompa- »gné. Il n'avait aucun goût pour »le séjour de la campagne, ni même »pour aucune de ces récréations »que les hommes les plus graves »se permettent pour se délasser de »leurs travaux. La seule dissipation »qu'il se donnât, était d'aller tous »les ans aux Marais-Pontins. Par- »tout, livré à des occupations sé- »rieuses, aux fonctions de son état, »il dédaignait les entretiens frivoles... »Il ne pouvait mener une vie plus »exemplaire, etc. [1] » On peut, ce semble, prendre acte d'un pareil aveu. Comment, après cela, se per- mettre d'inculper ce pontife? Com- ment trouver excusables les injustes et cruels procédés de ses oppres- seurs, et faire entendre qu'ils se les est attirés? Comment lui reprocher la violation des traités, quand il y a été fidèle, et qu'il est notoire que non-seulement on les a violés, mais qu'on a même enfreint à son égard toutes les lois de l'huma- nité? L'auteur cependant l'accuse.

---

[1] *Mémoires pour servir à l'histoire ecclé- siastique du 18ᵉ siècle*, etc., tom. 3, pag. 354.
[2] Voyez la note de la page 603 du vol. 11 des *Mémoires pour servir à l'histoire ecclésiasti- que*, etc.

[1] *Mémoires historiques et philosophiques sur Pie VI et son pontificat jusqu'à sa re- traite en Toscane*, page 119 et suivantes, par Bourgouing ( Jean-François ).

Il l'accuse *d'avarice*, de *népotisme*, de *vanité*. Pie VI avare! lui qui, dès le commencement de son pontificat, a employé des sommes immenses au soulagement des pauvres, qui a fondé des hôpitaux, des maisons d'éducation, élevé des édifices religieux, entrepris à grands frais des travaux utiles, reçu et traité avec une magnificence royale, à différentes reprises, des souverains pendant leur séjour à Rome! Pie VI entaché de *népotisme*! Si affectionner ses parens, et leur faire avec mesure le bien que les circonstances permettent; si ce sentiment louable est de la part d'un pape un acte de *népotisme*, Pie VI n'est pas à l'abri de l'accusation; mais si par *népotisme* on entend, comme cela se doit [1], dépouiller l'église pour enrichir les siens, les mettre à la tête des affaires et de l'administration, et les en laisser abuser, Pie VI n'a rien à redouter de cette imputation odieuse. Il n'avait que deux neveux d'une sœur. L'un embrassa l'état ecclésiastique. Et que fit son oncle pour lui? il le créa cardinal. Ce qu'il faisait pour d'autres, il n'eût donc pu le faire pour un parent si proche? Le cardinal Braschi devint riche, non par les libéralités de son oncle, mais par des bénéfices ecclésiastiques auxquels il avait droit par sa dignité. Il était d'ailleurs homme de mérite, et, à ce titre, pouvait aspirer à des grâces aussi bien que tout autre. Le comte Honesti, autre neveu du pape, aîné du cardinal, dut sa fortune à un mariage avantageux, et aux charges qu'il occupait... Mais, dira-t-on, la succession d'*Amansio Lepri?* Ce Lepri, prêtre, issu d'un Milanais

qui s'était enrichi dans les douanes de l'état ecclésiastique, n'avait point d'héritiers directs. Il fit, par son testament, une donation en bonne forme de tout son patrimoine aux neveux du pape. Des collatéraux attaquèrent le testament. Un jugement contradictoire, et rendu sur appel par un tribunal en dernier ressort, déclara la donation valable. Dès lors toute la succession appartenait légitimement aux neveux du pape. Pie VI les engagea à en céder la moitié, et ils le firent. Au moment où Pie VI allait partir de Vienne, l'empereur Joseph lui remit un diplôme qui élevait son neveu à la dignité de prince du saint empire romain, en l'exemptant de la taxe considérable qui se paie en pareil cas. Pie VI, après l'avoir accepté, le rendit à l'empereur, «Ne voulant pas, dit-il, qu'on dît »qu'il s'était plus occupé de l'éléva »tion de sa famille que de l'intérêt de »l'église.» Est-ce donc là du *népotisme?* L'auteur sera-t-il plus heureux sur l'inculpation de *vanité?* Sur quoi la fonde-t-il? Sur ce que le musée nommé Clémentin, qui devait la première idée de sa fondation à Pie VI, à l'embellissement et à l'augmentation duquel ce pape consacra non-seulement ses soins, mais une partie notable de ses propres revenus, prit depuis son pontificat le nom de *Pio-Clementino*, et que des inscriptions apprenaient que les chefs-d'œuvre dont Pie VI l'avait enrichi, étaient dus à sa libéralité. A ce compte, il ne serait point de souverains, de princes, de personnage illustre et bienfaisant, qu'on ne pût taxer de *vanité*, puisque de tout temps il a été d'usage d'orner d'inscriptions à leur honneur les monumens dus à leur munificence. Qui d'ailleurs a dit à l'auteur que les inscriptions qu'il blâme ne soient pas

---

[1] *Népotisme*, terme emprunté de l'italien, qui se dit de l'autorité que les neveux d'un pape ont eue quelquefois dans l'administration des affaires durant le pontificat de leur oncle. *Dictionnaire de l'académie.*

plutôt l'expression de la reconnaissance publique, que le fait particulier du pontife? L'abbé Blanchard,
ancien curé de Saint-Hippolyte,
diocèse de Lisieux, a publié un
*Précis historique de la vie et du
pontificat de Pie VI*, Londres,
1800, un vol. in-12.

PIERSON ( Nicolas ), simple
frère convers de la réforme de Prémontré, mais célèbre par son talent
pour l'architecture et le grand nombre de monumens religieux dont il
a donné les dessins et exécuté la
construction, était né à Aspremont,
au duché de Bar, le 28 janvier 1692.
Il fut admis au noviciat des prémon-
trés réformés à l'abbaye de Sainte-
Marie de Pont-à-Mousson le 8 avril
1714, y prit l'habit le 28 août de
la même année, et prononça ses
vœux le 28 août 1716. C'est sur ses
plans que furent élevés la belle abbaye de Sainte-Marie de Pont-à-
Mousson, ainsi que les bâtimens
abbatiaux de cette maison. L'église
n'était point achevée, il la termina.
Il construisit la grande aile nord de
l'abbaye d'Estival, ainsi que le portail et les tours de l'église. Il donna
tous les dessins de l'abbaye de Jau-
deure, reconstruite à neuf; il en dirigea l'exécution, ou la fit diriger
par le frère Arnould, son élève.
Il bâtit l'église de Raugéval, l'une des
plus belles de la Lorraine, et construisit le portail et les tours de celle
de Salival. Le palais épiscopal de
Toul est son ouvrage. Les ducs de
Lorraine l'employèrent et furent
satisfaits de son travail. La plupart
de ces constructions, mises à l'encan
d'après les lois révolutionnaires, ou
n'existent plus, ou sont détournées
de leur destination primitive. C'é-
tait des lieux de prières; plusieurs
aujourd'hui sont des maisons de
plaisance. C'est, ce me semble, une

raison de plus pour faire passer à la
postérité la mémoire de leur origine,
et sauver d'un entier oubli le nom
de l'humble et modeste religieux que
ces travaux eussent illustré, s'il fût
resté dans le monde. Le frère N.
Pierson est mort dans la deuxième
moitié du 18e siècle.

PILÉ ( Denis ), prêtre du diocèse
de Paris, *appelant*, est connu par
son attachement à ce parti, et par
divers ouvrages composés pour le
soutenir. Il a donné : I *Réponse
aux lettres théologiques de dom
la Taste*, qui sont au nombre de
21. Ce savant religieux s'y moquait
des convulsions, ainsi que des miracles du cimetière de Saint-Mé-
dard, et en montrait le ridicule.
Pilé les administrait. ( *Voy.* TASTE,
*Dictionnaire.* ) II *Un Écrit en
l'honneur du diacre Pâris.* III
*Une Lettre* sur le discours de J.-J.
Rousseau, *de l'Origine et des fondemens de l'inégalité.* IV La *Lettre
d'un Parisien à M. l'archevêque.*
V Une *Traduction des livres de
saint Augustin à Pollentius.* VI Une
dissertation *de l'indissolubilité absolue du lien conjugal*, 2 vol. Cet
ouvrage ne parut qu'après la mort
de l'auteur. On dit que l'abbé Pilé, à
l'exemple de Jubé, curé d'Anières,
et de quelques autres du parti janséniste, se permettait, de son propre
chef, dans la liturgie et dans la célébration de la messe, des changemens et des innovations qu'aucune
autorité privée n'a droit d'introduire,
et qui ne pouvaient que scandaliser
les fidèles. Pilé mourut le 5 juin 1772.

PIMENTA (Emmanuel), jésuite
portugais, né à Santaren, entra dans
la société de Jésus le 30 avril 1558, à
l'âge de 16 ans, et y enseigna les humanités et la rhétorique d'une manière distinguée. Mis à la tête des études des jeunes jésuites à Évora et à

Coïmbre, il forma des élèves qui dans la suite devinrent d'excellens maîtres. Il passait pour bon poëte, mais il avait tant de modestie, qu'on ne put jamais de son vivant le déterminer à rien mettre au jour, quoiqu'il eût en portefeuille diverses pièces dont un autre eût cherché à se faire honneur. Il était d'une grande régularité, et possédait dans un degré éminent toutes les vertus religieuses. Il prêchait avec succès; et un grand nombre de personnes de toutes les classes s'était mis sous sa direction. Il mourut à Evora le 1er octobre 1603, laissant quantité de pièces de poésies dont on aurait pu former 5 vol. On n'en imprima que le premier, Coïmbre, 1622.

PIMENTA ( Nicolas ), jésuite portugais comme le précédent, naquit en 1541. Il professa pendant plusieurs années la théologie à Evora, et fut recteur du collége de Coïmbre. Il avait du talent pour la prédication. Ayant été nommé visiteur des missions tenues par les jésuites dans les Indes orientales, il se rendit à Goa, où il mourut le 6 mars 1614. On a du P. N. Pimenta deux *Lettres* adressées au R. P. Claude Aquaviva, général de l'institut, datées de 1599 et de 1600, dans lesquelles il lui rend compte des visites qu'il a faites. Il s'en fit deux éditions en italien, Rome, 1601 et 1602. Depuis elles ont été traduites en latin.

PINARD ( Joseph ), naquit en 1768, à Christophe-du-Bois, département de la Vendée, d'une famille obscure, dont il ne reçut aucune éducation. Ennemi du travail, et sans moyens d'exister honnêtement, il vint à Paris, pour chercher fortune, au commencement de la révolution, qu'il embrassa avec transport, et devint un des plus chauds démagogues. Ses discours incendiaires attirèrent sur lui les regards de Carrier, qui le fit entrer au club des jacobins. Pinard se trouva dans toutes les émeutes populaires, où il ne fut jamais le dernier agresseur. Emule en cruauté de son ami et protecteur, il le suivit à Nantes, et fut particulièrement chargé de la partie des campagnes, où il commit toutes sortes de vexations sur ses malheureux compatriotes. Il ne se bornait pas à les dilapider, et à arrêter ceux qui lui paraissaient suspects à son gouvernement, il n'épargnait pas même les femmes, les vieillards ni les enfans, qu'il envoyait par charretées à Nantes, au farouche Carrier. De retour dans la capitale, sa section le dénonça à la convention, qui le comprit ensuite dans le procès contre les membres du comité de Nantes. Il fut condamné à mort le 15 décembre 1794, « comme complice de Carrier, »ayant commis plusieurs assassinats »de femmes et d'enfans, incendié »différentes habitations, volé des »sommes considérables » , et plusieurs autres traits de cruauté qui surpassent tous ceux qui ont ensanglanté notre révolution. Pinard est mort à l'âge de 26 ans.

PINEL ( N. ), prêtre de l'Oratoire, était originaire d'Amérique. Entré dans ce corps, il y courut la carrière de l'enseignement, selon l'usage y établi. En 1732 il était régent à Juilly, et il se trouvait en 1736 à Vendôme, où il faisait des instructions aux domestiques et aux enfans. Sa doctrine étant suspecte, il lui fut défendu de les continuer. En effet, il était attaché au parti janséniste, et la congrégation de l'Oratoire ayant accepté la *bulle*, et s'étant soumise à la signature du formulaire, il protesta contre ces actes et quitta le corps. Il avait de la fortune, il l'employa à la propagation de l'*œuvre*. On le regarde comme le fondateur d'une classe de convulsionnaires qui dominaient principalement dans le midi. Il paraît qu'il s'était encore laissé aller à d'autres illusions, et qu'il était fortement prévenu en faveur du règne de mille ans, et du prochain avénement d'Elie. Il courait, dit-on, le pays avec une sœur Brigitte sortie du grand hôpital de Paris, débitant cette doctrine qu'il tâcha d'accréditer par un écrit intitulé : *Horoscope des temps ou conjectures sur l'avenir*. On ne dit point quand il mourut; mais il paraît qu'il termina ses jours dans un village, privé de toute espèce de secours. Il laissa une partie de sa fortune à la sœur Brigitte qui retourna dans son hôpital. On a du P. Pinel, ou, au moins, on lui attribue [1] un livre intitulé : *De la primauté du Pape*, en latin et en français, Londres, 1770, in-8; ibid., 1770, in-12, en français seulement, avec un avis de l'éditeur, en réponse aux *Nouvelles ecclésiastiques* du 22 mars 1770. On y attaque la *Lettre* de Meganck sur la primauté de saint Pierre et de ses successeurs, dans laquelle ce doyen du chapitre d'Utrecht, tout appelant qu'il est, soutient que cette primauté est non-seulement d'honneur, mais encore de juridiction. L'auteur de l'écrit cité ci-dessus, prétend au contraire que saint Pierre n'eut jamais d'autorité sur les autres apôtres, et que la primauté qu'affectent depuis longtemps les ·papes, non-seulement n'est ni divine ni de juridiction, mais qu'elle est dénuée de tout fondement.

PINET ( A. ), agent de change à Paris, où il était né vers 1740.

1 Voyez *Dictionnaire des Anonymes*, volume 3, page 220, n° 10504.

Au commencement de nos troubles politiques, il était lié avec le duc d'Orléans, qu'on croit le premier moteur de sa fortune, et qui l'employa dans l'accaparement des grains pendant la disette de 1789. Dès l'année précédente, Pinet empruntait de l'argent à un intérêt si excessif, que tous les capitalistes de Paris s'empressaient de lui confier des sommes considérables, d'autant plus rassurés sur son compte, qu'il payait ponctuellement les intérêts, sans que cependant on lui connût des fonds propres à remplir ses engagemens et à servir de caution. Malgré cela, quiconque témoignait la moindre inquiétude, il lui rendait son capital, sans qu'aucune instance pût le lui faire reprendre. Cette confiance générale le fit appeler à la cour, au moment de l'ouverture des états généraux, et il eut une conférence à Marly avec les ministres, et autres personnes soupçonnées d'être dans le grand secret des accaparemens. On promit à Pinet la place de garde du trésor royal, et il s'engagea de son côté à donner des éclaircissemens sur l'objet en question; mais quelques jours après ( le 20 juillet ), il fut assassiné dans un bois près du Raincy. D'après l'assertion de M. de Molleville, le duc d'Orléans chargea Pinet d'aller chercher son portefeuille au Raincy, et le renvoya dans sa voiture avec des gens de sa maison. Comme il revenait à Paris, il fut assassiné, et les gens du duc déposèrent qu'ils avaient été attaqués par des voleurs. Avant de mourir Pinet s'écria : « Mon porte-»feuille ! mon portefeuille ! les scé-»lérats ! » Les créanciers de Pinet ayant découvert vers la fin de 1791 un ancien valet de chambre du duc d'Orléans, ils en obtinrent par des présens des détails précieux. Mais lorsqu'il devait aller faire sa déclaration devant la justice, cet homme disparut de Paris, sans qu'on pût avoir aucun indice de ses traces. On crut alors, assez vraisemblablement, que son maître avait acheté son silence, et qu'il était le véritable auteur du meurtre de Pinet.

PINGERON ( J.-C. ) naquit à Lyon en 1730. Il était très-versé dans les langues modernes, et était instruit dans les finances et l'agriculture, sur lesquelles il publia divers *Opuscules*. Il était très-actif et laborieux, et on a en outre de lui : I *Traité des vertus et des récompenses* de Dragonetti, 1768, in-12. II *Conseils d'une mère à son fils*, de madame Piccolimini Girardi, 1769, in-12. III *Traité des violences publiques, et particulières* par Morena, 1769, in-12. IV *Les Abeilles*, poëme de Ruccellaï, 1770, in-8. V *Essai sur la peinture*, par Algarotti, 1770, in-12. VI *Vies des architectes anciens et modernes*, par Milizia, 1771, 2 vol. in-12. VII *Lettres de l'abbé Septici sur l'Italie, la Sicile et la Turquie*, 1789, 3 vol. in-8. Tous ces ouvrages sont traduits de l'italien ; les suivans sont tirés de l'anglais. VIII *Voyages de Marshal dans la partie septentrionale de l'Europe*, 1776, in-8. IX *Description de la Jamaïque*, 1782, in-12. X *Manuel des gens de mer*, in-8. XI *Description de la machine électrique de Cathbèrson*, in-8. Pingeron publia aussi un *Journal du commerce, des finances et des arts*, qui eut beaucoup de vogue. Il mourut à Versailles, âgé de 60 ans.

PINGRÉ ( Alexandre-Guy ), astronome et bibliothécaire de Sainte-Geneviève, naquit à Paris le 14 décembre 1711. Il fit ses études avec succès, et ayant été connu par l'ha-

bile anatomiste Lecat, qui sut apprécier ses talens et son application, il obtint la place d'astronome dans l'académie de Rouen, fondée par ce même Lecat. Un *Mémoire* contenant le calcul de l'éclipse de lune arrivée le 23 décembre 1747, le fit connaître avantageusement. Il publia ensuite un *Almanach nautique*, pour faciliter aux navigateurs l'observation des longitudes. Cet ouvrage, très-estimé, lui mérita d'être envoyé en 1760 par le gouvernement dans la mer des Indes, observer le passage de *Vénus* sur le disque du soleil. Il accompagna en 1767 Courtanvaux en Hollande, pour vérifier les horloges marines de le Roi et de Berthoud ; et enfin il fut des voyages de l'*Isis* et de la *Flore* (1769-1772), qui avaient pour objet d'accroître les progrès de l'astronomie et de la géographie. S'étant acquitté avec honneur de toutes ces missions, le roi le nomma astronome géographe de la marine, à la place du savant Delisle. L'académie des sciences et puis l'Institut le reçurent au nombre de leurs membres ; il mourut à Paris le 1er mai 1790, âgé de 84 ans. La douceur et la bonté de son caractère le firent regretter de tous ceux qui l'avaient connu ; et Pingré fut du petit nombre de ces hommes qui n'eurent pas d'ennemis. Il a laissé : I *Etat du ciel*, 1754-1755-1756-1757. II *Mémoires sur les découvertes faites dans la mer du Sud, avant les derniers voyages des Anglais et des Français autour du monde*, 1758, in-4. III *Relation des voyages de l'Isis et de la Flore*, etc., 1773-1778. IV *Cométographie*, ou *Traité historique et théorique des comètes*, 1784, 2 vol. in-4. On y trouve calculées les orbites de toutes les comètes connues : c'est l'ouvrage le plus consi-

dérable de l'auteur. V *Traduction
des Astronomiques de Manlius*,
1785, in-8. VI *Histoire de l'astronomie du 17ᵉ siècle*, 1791, in-4.
Il a été l'éditeur des *Mémoires* de
l'abbé d'Arnaud ( 1756, 3 vol.
in-4· ), de la *Géographie* en vers
artificiels de Buffiers ( 1781 ), de
la nouvelle édition de l'*Art de vérifier les dates*, etc.

PIPER ( le comte ), conseiller
d'état et premier ministre de Charles XII, naquit à Stockholm vers
1650. Il suivit son maître dans presque toutes les campagnes; et il avait
autant de pénétration et de politique que le premier avait d'audace et
de bravoure. Etant entré en vainqueur en Pologne, Charles XII y
fit aussitôt convoquer la diète pour
choisir un roi; c'est alors que le
comte Piper lui conseilla de garder
pour lui-même cette couronne, plutôt que de la placer sur une autre
tète. Charles lui répondit: «Je suis
»plus flatté de donner que de gagner
»des royaumes.» Cette réponse est
certainement bien magnanime, mais,
pour la rendre plus juste, il aurait
fallu que le roi de Suède eût appris à
conserver ses états avant de donner
les autres. A la bataille de Pultawa
(1709), Charles XII ayant été entièrement défait par Pierre-le-Grand,
il demanda au milieu du désastre de
toute son armée, ce qu'était devenu
le comte Piper: « Sire, lui répon-
»dit-on, il a été fait prisonnier avec
»toute la chancellerie.» Etant en
effet tombé au pouvoir des Russes,
le comte fut transporté à Pétersbourg; le czar était persuadé que
Piper avait provoqué la guerre contre la Moscovie; aussi, d'un caractère naturellement emporté et violent, il rendit extrêmement dure la
captivité de son prisonnier. Il attendait que Charles XII lui deman-

dât son ministre, et Charles ne
voulut jamais s'abaisser à offrir une
rançon pour lui de crainte d'être refusé. Le malheureux Piper souffrit
les conséquences de cette alterna-
tive; enfermé dans la forteresse de
Schlusselbourg, il y mourut en
1716, après 7 ans de captivité et
dans sa 70ᵉ année. Le czar rendit son
corps au roi de Suède qui lui fit
faire des obsèques magnifiques, qui
ne pouvaient réparer l'abandon où
il avait laissé un de ses serviteurs
les plus utiles et les plus fidèles.

PIRANESI ( Jean - Baptiste ),
peintre, graveur et architecte célèbre, né à Venise en 1721. Il apprit
les premiers élémens de la peinture
dans sa patrie, et suivit d'abord le
style du Titien. Ayant passé à Rome,
la vue des superbes monumens et
des chefs-d'œuvre en tout genre qui
la décorent, son enthousiasme pour
les arts ne fit qu'augmenter. Il se
fit d'abord connaître par des tableaux qu'on admire encore, et se
distingua comme architecte par plusieurs édifices, et celui entre autres
de l'église du prieuré de Malte à
Rome. Habile dans la gravure, il
inventa dans cet art une méthode
nouvelle qui la facilite et l'embellit.
Son burin a reproduit ce qu'il y a
de plus remarquable dans la capitale
du monde chrétien, et le recueil
de ses œuvres gravées forme 15
volumes in-fol. Ses deux frères,
François et Pierre, ont porté (1800)
cette collection à 23 volumes. Il est
mort à Rome en 1778. — Sa fille,
Louise PIRANESI, a gravé avec succès plusieurs *Vues* d'après la méthode de son père. Elle est morte
jeune encore en 1785.

PIRHING ( Henri ), jésuite allemand, vivait à la fin du 17ᵉ siècle.
Il avait fait une étude profonde de
la théologie et du droit canon. Il

est connu par les ouvrages suivans :
I *Jus canonicum novâ methodo
explicatum, adjunctis aliis quæs-
tionibus, quæ ad plenam titulorum
cognitionem pertinent*, Dilingæ,
1674 et 1722, 5 vol. in-fol. Cet
ouvrage bien fait fut accueilli favorablement. Les canonistes en font cas
et le regardent comme classique sur
les matières dont il traite. Le temps
et les livres du même genre qui
ont paru depuis, n'ont pas diminué
sa réputation. On le réimprima
à Venise en 1759. II *Facilis et
succincta SS. canonum doctri-
na*, Venise, 1693, in-4.

PIRON (Aimé), poëte bourguignon, naquit à Dijon en 1640, et
fut père du fameux Alexis Piron.
(*Voyez Dict.*, tom. 2.) Il était apothicaire dans sa ville natale, et cultivait également les lettres; ses lumières et son humeur franche et jo-
viale lui captivèrent la considération
de ses concitoyens qui le firent nommer échevin. Le même caractère
enjoué lui mérita la bienveillance
du prince de Condé et de ses successeurs. Le célèbre poëte latin
Santeuil ayant une fois accompagné
le prince aux états de Bourgogne,
Piron, qui était déjà connu par plusieurs poésies badines dans son langage patois, alla lui présenter ses
hommages; Santeuil, d'un caractère
fier et hautain, le reçut si mal que
le poëte bourguignon en fut extrêmement piqué; il changea alors de
procédés, et les égards et les hommages se changèrent en railleries
ironiques qui les brouillèrent dès la
première entrevue. Le prince fut
témoin d'une scène assez plaisante
qui se passa entre les deux poëtes,
et dans laquelle Santeuil ne joua pas
le rôle le plus brillant; cependant
leur brouillerie fut de courte durée, l'un et l'autre se rapprochèrent

mutuellement, et l'excellent vin du
pays eut une grande part à cette réconciliation. On n'ignore pas que
Santeuil mourut, au milieu d'un
repas, d'une colique communément
appelée de *miserere*, et causée par
un verre de vin dans lequel le prince,
pour s'amuser, avait mis une forte
dose de tabac d'Espagne. On appela
à son secours l'apothicaire-poëte,
mais tous ses secours devinrent
inutiles. Cette perte fut déplorée
par tous les amis du défunt, et
Piron, dans son patois ordinaire,
paya son tribut d'éloges et de regrets. Il était très-lié avec la Mon-
noye, si connu par ses *Noëls* en patois bourguignon. Piron lui-même
en fit pendant trente ans consécu-
tifs; malgré leur succès, il s'aperçut bien, ainsi que le lui faisait remarquer son ami, qu'il ne tirait
pas tout le parti dont la naïveté
du patois bourguignon était susceptible. Piron alors engagea la Mon-
noye à en composer d'autres, et ses
concitoyens et les muses ne firent
qu'y gagner. Aimé Piron vécut jusqu'à un âge assez avancé, et finit
ses jours le 9 décembre 1727. Il a
laissé, outre ses *Noëls*, des petits
*Poëmes*, des *Chansons*, des *Harangues* et des *Pièces fugitives*,
imprimées en grande partie, et qui
pétillent de grâces et d'esprit. L'*E-
baudisseman de Dijonnoi su lai
naissance du duc de Brégogne;
Guillaume Encharbotai; Joyeuse-
tai su le retor de lai santai du roi*,
etc., etc.

PIRON DE LAVARENNE,
général vendéen, naquit dans cette
ville, située près Oudon, vers 1750.
Il se montra toujours attaché à la
cause des Bourbons, et il servit
dans les chevau-légers à l'armée des
princes; après la dissolution de
cette armée, il passa en Bretagne,

et en mars 1793, il tenta d'insurger son canton; n'ayant pu y réussir, il passa la Loire avec 5o ou 6o Bretons, et se réunit à Bonchamp. Il entra d'abord comme simple volontaire dans l'armée catholique et royale de la Vendée ; en juin, il fut nommé officier, et se distingua à la victoire de Vihiers (18 juillet), où les royalistes prirent aux républicains 25 canons, et firent 3ooo prisonniers. Il contribua avec Bonchamp à la bonne réussite du combat de Torffon, et à repousser l'armée républicaine composée en grande partie de la garnison de Mayence, dont les Prussiens s'étaient emparés. Piron de Lavarenne avait été élevé au grade de général, et commandait l'avant-garde de la division de Lirot-la-Patrouillère, lorsque les Vendéens, battus de toutes parts, allaient confier leur sort à une bataille décisive vers Mortagne et Chollet. Bonchamp appela à son secours Piron; il arriva sur le champ de bataille à Chollet, et au commencement de l'action, il fut un de ceux qui, par leur bravoure, protégèrent la retraite de l'armée. En octobre 1793, il passa encore la Loire, se signala au combat de Laval, au siége de Granville, et commandait une division aux déroutes du Mans et de Savenay. Pendant la dispersion de l'armée, il se tint caché aux environs de Nantes, et chercha, mais en vain, à faire reprendre les armes aux chouans. Il résolut alors de passer de nouveau la Loire pour se joindre aux Vendéens; mais ayant été découvert et poursuivi par une canonnière, il fut tué dans son bateau à coups de fusil, au commencement de 1794.

PISELLI (Clément), de l'ordre des clercs réguliers mineurs, naquit à Olevano, diocèse de Palestrine, le 25 octobre 165o. Il alla faire ses études à Rome, sous de bons maîtres. Il avait des dispositions et aimait le travail. Quelques années lui suffirent pour perfectionner son instruction et lui obtenir des succès dans les belles-lettres et la philosophie. Son premier dessein était de suivre la carrière du barreau. De mûres réflexions lui firent préférer l'état religieux et la vie du cloître, comme plus propre à favoriser son goût pour les sciences. Il sollicita et obtint son admission dans l'ordre des clercs réguliers mineurs. Après y avoir achevé sa théologie, il s'adonna à la prédication, et y acquit de la célébrité. Il prêcha dans les principales églises d'Italie, et recueillit partout une ample moisson d'applaudissemens. On lui confia dans son ordre les plus honorables emplois ; et dans un chapitre tenu en 1711, il fut élu procureur général de son institut. Enfin, en 1713, on le nomma à une chaire de morale à l'université romaine de la Sapience. Il n'en jouit pas longtemps, ayant succombé le 18 janvier 1715 à une attaque d'apoplexie. Il était âgé de 65 ans, et fut fort regretté. Il a publié : I *Compendio della vita del venerabile. P. Francesco Caraccioli, fondatore de' chierici regolari minori*, Rome, 1700, in-4. II *Memorie istoriche de' chirici regulari minori*, Rome, 1710, in-fol. III *Theologiæ moralis summa*, Rome, 1710; le P. Piselli la dédia au cardinal *del Giudice.* Cet abrégé est fort estimé, soit pour la clarté et la méthode, soit pour la solidité du raisonnement, et lorsqu'il parut, le pape Clément XI l'honora de son suffrage. Il s'en fit plusieurs éditions à Venise, à Bologne et dans d'autres lieux. En 1792, elle reparut à Rome en 2 volumes. Le P. *Pierre Amici*, de Bologne, aussi clerc mineur régulier, a donné une *Notice sur la vie et les ouvrages de Piselli*, son confrère, laquelle a été insérée parmi celles des *Arcadiens* décédés. Il ne faut point confondre le P. *Clément Piselli*, avec *Joseph Piselli*, mathématicien et poëte, né en Ombrie vers la fin du 17ᵉ siècle. Cinelli parle de celui-ci dans sa *Bibliotheca*, tom. 4, pag. 77, et donne la nomenclature de ses *nombreuses productions poétiques*.

PISTICCI ( le Père ), religieux franciscain, naquit près de Naples en 1765, entra dans le cloître à l'âge de 15 ans, et manifesta d'abord des sentimens honnêtes et pieux. Mais le P. Pisticci aimait indistinctement toute espèce de lecture, et par malheur il finit par préférer celle d'ouvrages philosophiques qui lui gâtèrent l'esprit et le cœur. La révolution française porta un entier désordre dans ses idées, et il fut un des premiers qui osèrent plaider, en 1799, la cause du républicanisme. Les lazzaroni, attachés au roi Ferdinand IV, avaient tramé dans le silence une conjuration contre le parti français. Le P. Pisticci en ayant eu connaissance, se glissa parmi les lazzaroni, affecta de déplorer le sort de la religion et de l'état, il se plaignit que des chrétiens et des hommes courageux ne s'armassent pas pour la défense de leur pays et de leur souverain légitime. Son habit, et son discours, adressé à une multitude crédule et ignorante, produisirent tout l'effet qu'il en attendait. Les malheureux lazzaroni lui découvrirent qu'ils avaient formé le projet d'égorger tous les patriotes dans une nuit. Au moment même quatre lazzaroni le conduisirent, les yeux bandés, dans une caverne où il trouva des armes et des munitions en grande quantité. A peine le P. Pisticci eut-il quitté la caverne, qu'il alla tout découvrir au général français. Mais il ignorait le lieu où il avait été mené ; et pour le connaître il se fit arrêter, comme conspirateur, avec les quatre lazzaroni ses conducteurs. Enfermé avec eux dans la même prison, il ne put rien tirer d'eux, qui se doutaient peut-être du mystère, et du véritable auteur de leur emprisonnement. Les Français et leurs adhérens purent, d'après la découverte du P. Pisticci, se garantir du sort qui les menaçaient. Celui-ci retourna à son couvent, et lorsque l'armée napolitaine entra dans Naples, le cardinal Ruffo le fit arrêter et condamner à être pendu. Il subit ce supplice en novembre 1799.

PISTOJ (l'abbé Candide ) naquit en 1734 à Sienne, où il fut professeur de mathématiques, et a laissé : I *Mecanismo*, ou *Mécanisme par lequel le feu et l'eau élémentaires se fixent dans les mixtes*, Sienne, 1775, in-8. Deux savans académiciens de Sienne combattirent les principes de l'abbé Pistoj, qui leur répondit par une *Lettre* publiée en 1770, dont l'extrait se trouve dans le journal de Modène, tom. 2, pag. 245. D'autres ouvrages manuscrits que cet auteur a laissés, n'ont pas encore paru. On prétend qu'ils contiennent des choses intéressantes relativement à la physique. L'abbé Pistoj mourut en 1781.

PITTONI (Jean Baptiste ), prêtre vénitien, et laborieux compilateur, né vers 1666, s'est acquis de la célébrité par le soin et la patience avec lesquels il a recueilli et mis en ordre un nombre considérable de constitutions pontificales et de décisions des différentes congrégations établies à Rome. Il fit paraître en 1704 celles de ces constitutions et décisions qui regardent les confesseurs. Elles furent depuis réimprimées en 1710 et 1715. Celles qui ont rapport aux curés furent publiées en 1709 et en 1713; celles qui concernent les chanoines en 1709, réimprimées en plus grand nombre en 1722. Il donna en 1711, les constitutions et décisions qui règlent la collation des bénéfices. L'année suivante, furent mises au jour les constitutions relatives aux évêques, aux abbés, au clergé séculier et régulier, et aux ordres militaires. Enfin on imprima, en 1725, quelques-unes des décisions qui ont rapport au mariage. Ce recueil utile forme 14 vol. in-8. Il fut imprimé par les soins de Léonard Pittoni, père de l'auteur, et il est fort recherché. On a en outre de Jean-Baptiste Pittoni : I la *Vie de Benoît XIII*, Venise, 1730, en italien. II *Calendario romano decennale*, avec des *Notes* et des *Décisions* de la sacrée congrégation. III *De octavis festorum, quæ in ecclesiâ universali celebrantur*, 2 vol. in-8. Pittoni mourut le 17 novembre 1748, âgé de 82 ans.

PIVATI ( Jean-François ), jurisconsulte, naquit à Padoue en 1689. Il termina ses études à Bologne, où il fut membre de l'académie des sciences, et garde des archives de la bibliothèque de cette ville. Il mourut à Venise en 1764. On a de lui : I *Nuovo dizionario scientifico e curioso, sacro e profano*, Venise, 1750, 10 v. grand in-fol. On trouve dans chaque volume de nombreuses planches et des tableaux. II *Riflessioni fisiche sopra la medicina elettrica*, Venise, 1749, in-4.

PIX ( Marie ), dame littérateur, née à Neetlebed, et dont le nom de famille est Griffith. Elle vivait sous le règne de Guillaume III, se distingua dans le genre dramatique, et a laissé onze pièces, comme : *les Femmes espagnoles*, comédie en 3 actes, tirée de la nouvelle de Saint-Evremond, qui a pour titre le Pélerin ; *Ibrahim*, 12e *empereur des Turks*, tragédie intéressante et bien écrite; *la Reine Catherine*, tragédie ( 1698 ); *le Trompeur trompé*, comédie (1698); *le faux Ami*, ou *le sort de la désobéissance*, tragédie ( 1699); *le Czar de Moscovie*, ou *Pierre Ier*, trag. ( 1701 ); *la double Détresse*, trag. (1701); *la Conquête d'Espagne* (1705); *la Défaite du petit Maître*, ou *l'heureux Cadet; les Aventures de Madrid*, 1709. Marie Pix est morte vers 1716.

PIZZI ( l'abbé Joachim ), littérateur italien, naquit à Rome en 1718. Il fit ses études dans le collége romain dirigé par les jésuites. Quelques poésies légères qu'il publia dès sa première jeunesse le firent connaître avantageusement. L'académie des *Arcades* le reçut dans son sein en 1751. Il y établit sa réputation poétique par un grand nombre de compositions, où l'on remarquait de l'élégance, de la facilité, et surtout une grande correction de style. Après la mort de l'abbé Morei, en 1759, il lui succéda dans la place de *custode*, ou gardien général de l'académie. Sous l'administration de Pizzi, elle acquit un nouveau lustre, et compta parmi ses membres les hommes les plus distingués par leurs talens, et plusieurs princes et souverains de l'Europe. Jusqu'alors l'abbé Pizzi avait joui de la considération générale, mais elle diminua un peu à l'arrivée à Rome de la fameuse *Corilla Olimpica*, dont le véritable nom était Marie-

Madelaine Morelli. Cette *improvisatrice*, plus connue par ses galanteries que par ses talens poétiques, attira auprès d'elle tous les beaux esprits de Rome, et même les gens les plus qualifiés. L'abbé Pizzi se montra parmi les premiers qui lui rendirent leurs hommages, et fut celui qui imagina de faire couronner la nouvelle Sapho au Capitole, honneur si rarement accordé aux génies les plus marquans de l'Italie. Malgré les murmures des personnes sensées, Pizzi l'emporta, et Marie-Madelaine Morelli fut ornée de la couronne décernée à Pétrarque et au Tasse. Cette espèce de scandale, l'enthousiasme de l'abbé Pizzi pour sa protégée, excita l'esprit satirique si propre aux habitans de l'Italie, et surtout aux Romains. Le tronçon de Pasquin, la statue de Marforius étaient journellement remplis de pamphlets contre *Corilla*, et où l'abbé Pizzi n'était guère épargné. Cela lui donna de l'humeur, il voulut répondre, et il ne fit qu'augmenter le nombre des malins et des satires. Le départ de *Corilla* mit enfin un terme à ces dernières, et peu à peu l'abbé Pizzi recouvra l'estime de ses concitoyens. Il mourut le 18 septembre 1790, et a laissé différens ouvrages, dont les principaux sont : I *Discours sur la poésie tragique et comique*, Rome, 1772. II *Dissertation sur un camée antique*. III *La Vision de l'Eden*, poëme en 4 chants, tiré en partie de l'Apocalypse, Rome, 1778. Ce poëme est digne d'éloges, soit par la beauté des images, soit par l'harmonie de la versification. IV *Le Triomphe de la poésie*, imprimé à Parme par Bodoni, 1782, avec un grand luxe typographique, dans la collection qui a pour titre : *Actes du couronnement solennel de Corilla Olimpi-*

ca, publié par les soins de l'abbé Pizzi.

PLACE ( Pierre-Antoine de la ), littérateur, naquit à Calais en 1707. Il termina ses études à Paris, où il se fit d'abord connaître par sa traduction du Théâtre anglais. Par le moyen de quelques amis assez puissans, il obtint pendant quelques années la direction du *Mercure*, et mourut à Paris en 1793. Ses ouvrages sont : I *Théâtre anglais*, Londres et Paris, 1746, 8 v. in-12. Cette traduction n'est pas faite sur le modèle du Théâtre des Grecs du P. Brumoy, comme le prétend le Dictionnaire universel. Le P. Brumoy, à quelque différence près, a rendu les auteurs grecs tels qu'ils sont dans leurs écrits, il n'en altère pas la noble simplicité, et il nous fait connaître leur véritable génie. Dans la traduction de la Place on chercherait en vain celui des auteurs dramatiques anglais, tant il en a changé et le genre et le style. Peut-être il en aura corrigé les irrégularités ; mais aussi il les a rendus méconnaissables, et l'ouvrage de la Place offre plutôt des esquisses que des tableaux. Son travail a été cependant utile, en ce qu'il a fourni à plusieurs de nos poëtes dramatiques des plans, des situations et des caractères nouveaux. II *Histoire de Tom-Jones*, traduite de l'anglais, Paris, 1767, 4 v. in-12. III *L'Orpheline anglaise*. IV Plusieurs tragédies, comme *Venise sauvée*, imitée d'Otway ; *Jeanne d'Angleterre* ; *Jeanne Gray* ; *Calliste et Adèle de Ponthieu*. La première de ces pièces est la seule qui eut quelque succès. V Un *Recueil d'épitaphes sérieuses et badines*, Paris, 1782, 3 vol. in-12. VI *Pièces intéressantes et peu connues*, Paris et Bruxelles, 1781 et suivantes. Ouvrage diffus et mal écrit. VII *Her-mippus redivivus*, ou *le Triomphe du sage sur la vieillesse et le tombeau*, traduit de l'anglais de Cohausen. VIII *Le Valère-Maxime français, pour servir à l'éducation de la jeunesse*, 1792, 2 v. in-8.

PLANCHOT (Guillaume), naquit à Tarascon en Provence le 9 avril 1737, et apporta en naissant les plus heureuses dispositions pour devenir par la suite un bon orateur. Il les seconda et développa par de bonnes études. Ordonné prêtre dans sa patrie, il y débita quelques sermons, où presque déjà il se montra un prédicateur consommé. On l'engagea à se rendre à Paris, où son talent serait mieux apprécié. Il y vint et entra à la communauté de Saint-Roch, pépinière alors de jeunes ecclésiastiques qui travaillaient à s'avancer dans leur état. L'abbé Planchot, après avoir prêché dans quelques chaires de la capitale, fut chargé de prononcer le panégyrique de saint Louis devant les académies des sciences et des belles-lettres réunies au Louvre. Son discours eut un plein succès. On prévit dès lors qu'un jour il pourrait le disputer à nos plus célèbres prédicateurs, ou, du moins, marcher immédiatement après eux. Il fut demandé pour prêcher le jeudi saint le sermon de la cène devant le roi. On le retint aussi pour prononcer celui qu'il était d'usage de prêcher devant les chevaliers de l'ordre du Saint-Esprit; mais une mort prématurée et inattendue ne permit point au jeune orateur de tenir ce double engagement. Il se vit arrêté dès le commencement de sa carrière, et ainsi s'évanouirent les espérances d'un talent qui promettait de faire revivre les beaux jours de l'éloquence sacrée. On ne connaît d'imprimé de l'abbé Planchot que son *Panégyrique de saint Louis*, 1766, in-4.

PLAT (Josse le), docteur en droit de l'université de Louvain, naquit à Malines en 1733. Il commença ses études dans sa ville natale, et alla les achever à l'université de Louvain. Il les fit d'une manière brillante. En 1766 il se fit recevoir docteur en droit civil et canonique. Il passait pour être versé profondément dans l'un et l'autre. Il étudia aussi avec soin les antiquités ecclésiastiques, et s'était composé dans ce genre une bibliothèque qui contenait des objets curieux. En 1768 l'université de Louvain le nomma à une chaire de droit civil, puis à celle de droit canon en 1774. Dès 1770, il avait fait soutenir une thèse, où, contre le sentiment commun des théologiens, il établissait *l'indissolubilité* du mariage de l'infidèle converti. La thèse de le Plat fut attaquée par le P. Maugis, augustin de Louvain [1]. Le Plat y répondit par un écrit intitulé *Dissertation historico-canonique*. Dès lors il s'écartait de la route ordinaire, et laissait entrevoir qu'il partageait les opinions des théologiens pour qui les décisions du saint-siége, même appuyées de l'assentiment de la majorité des évêques, ne font pas toujours autorité. Fébronius, van Espen, Riegger et d'autres, qui étendent au delà de leurs justes limites ce qu'on appelle les *libertés de l'église*, devinrent ses guides. D'après cette façon de penser de le Plat, Joseph II, qui poursuivait dans les Pays-Bas son plan de réforme religieuse, dut le trouver, et le trouva en effet très-disposé à favoriser les

1 Le P. Maugis était né à Namur en 1711. Il professait la théologie à l'université de Louvain. Il publia quelques dissertations. Il mourut en 1780, et laissa divers *Traités* manuscrits.

innovations. Aussi fut-il choisi pour
les introduire et les appuyer. Lors de
l'établissement à Louvain d'un séminaire général, de huit professeurs
qu'avait la faculté de théologie, six
furent destitués arbitrairement, et
deux seulement, savoir les docteurs
le Plat et Marant, furent conservés.
On leur adjoignit des hommes qui
pensaient comme eux. Cet enseignement forcé n'eut pas le succès
qu'on aurait désiré. Il était en contradiction avec les opinions du clergé.
Les élèves refusèrent de pareils maîtres, et le Plat, en 1787, fut obligé
de quitter Louvain, où il craignait
d'être maltraité. Il se retira à Maëstricht, d'où il revint recommencer
ses leçons, quand il crut pouvoir le
faire sans désagrément pour lui ;
mais il fut hué. Le gouvernement
autrichien lui fit une pension qui
ne lui fut pas long-temps payée.
Il paraît qu'il alla résider en Hollande, près de l'abbé Mouton qui
y rédigeait les *Nouvelles ecclésiastiques.* En 1806, il fut nommé
professeur de droit romain à Coblentz, et directeur de l'école de
droit de cette ville; il conserva cette
place jusqu'à sa mort, arrivée le 6
août 1810. On a de lui, outre sa
*Dissertation historico-canonique* :
I une édition du *Commentaire* de
van Espen *sur le nouveau droit canonique,* avec une *Préface* assez
longue, Louvain, 1777, 2 vol.
in-8. II Une édition latine des *Canons du concile de Trente,* avec
préface et *notes,* 1779, in-4. III
*Vindiciæ assertorum in prefatione
codici concilii Tridentini præmissâ,*
Louvain, 1780, in-4. C'est une
réponse aux attaques dirigées contre
la préface de son édition du concile
de Trente. IV Un *Recueil des actes
et pièces relatifs à ce concile,* 7
vol. in-4, de l'imprimerie de l'uni-

versité. Il contient quantité de *do-
cumens* qui n'avaient jamais vu le
jour, et qu'ont fourni les archives
du gouvernement belgique. V Une
édition des *Institutions de jurisprudence de Riegger,* 1780, 5
vol. in-8. Il donna la même année
un *Abrégé* de cet ouvrage. VI Une
édition des *Discours de Fleury
sur l'histoire ecclésiastique.* VII
Une *Dissertation contre l'autorité
des règles de l'index.* VIII Une
*Dissertation* contre ce qu'avait établi dans ses leçons le docteur van
de Velde, relativement à la *Règle*
iv *du concile de Trente sur la lecture de la Bible en langue vulgaire.* IX Une *Dissertation sur le
pouvoir d'établir des empêchemens dirimans du mariage, et de
l'origine des empêchemens existans,* 1782, in-8. L'auteur s'y prononce en faveur de l'autorité civile.
Van de Velde attaqua cette dissertation dans une thèse publique,
soutenue le 18 juin 1784. Le Plat
répondit la même année par un écrit
qu'il publia sous ce titre : *Vindiciæ
dissertationis canonicæ de sponsa-
libus et matrimoniorum impedi-
mentis adversùs thesim, die 18°
junii, in scholá theologicá pro-
pugnatam.* X *Lettre d'un théologien canoniste à N. S. P. Pie VI,
au sujet de la bulle* Auctorem fidei,
*portant condamnation d'un grand
nombre de propositions tirées du
synode de Pistoie de l'an 1786,*
sans date. Loin d'y conserver le respect dû au chef de l'église, le Plat,
oubliant toute mesure, s'y sert d'expressions injurieuses envers le pontife et les prélats de sa cour. XI *Observations sur la déclaration de
S. Em. le cardinal archevêque de
Malines, touchant l'enseignement
du séminaire général de Louvain,*
1789, in-8. Ce prélat, après un exa-

men où il avait proposé différentes questions aux professeurs, avait déclaré cet enseignement non orthodoxe. XII *Supplément au catéchisme de Malines*, Saint-Tron, de l'imprimerie archiépiscopale, in-8. Le Plat était savant, mais il avait pris une fausse route, et ses études qui auraient pu être utiles à la religion et à l'église, ne servirent qu'à leur être préjudiciables. Ses écrits ne tendent qu'à affaiblir la première autorité, et à bouleverser la discipline établie.

PLATON, poëte grec, né à Corinthe, florissait environ cent ans après Platon le philosophe. Il excella dans la moyenne comédie dont il passa pour le chef. Il ne nous reste que quelques fragmens de ses pièces, ils suffisent pour faire juger qu'il avait de la verve comique et de l'invention.

PLAZA (Louis-Martin de la), poëte espagnol, naquit à Antequera dans l'Andalousie, en 1582. Se destinant au barreau, il étudia le droit à Salamanque, mais il cultiva plus particulièrement la poésie, et, dans le genre lyrique, il fut un des meilleurs poëtes de son époque. Ses poésies se trouvent dans le recueil de Pierre Espinosa, qui a pour titre : *Fleurs des poëtes illustres*. Plaza a traduit avec beaucoup de succès plusieurs *Odes* d'Horace. D'après l'assertion de Nicolas Antonio ( *Bibliot. hisp.* ), il a aussi traduit en espagnol le poëme latin de Luis Transillo, intitulé *les Larmes de saint Pierre*. Plaza est mort en 1655.

PLAZZA ou PIAZZA (Benoît), jésuite sicilien, naquit à Syracuse vers la fin du 17ᵉ siècle, et illustra la compagnie de Jésus par ses vertus, sa science et ses talens. Il professa pendant plusieurs années la théolo-gie à Palerme, y fut préfet des études, et enfin censeur et consulteur de l'inquisition de Sicile. Mais ce qui contribua le plus à la haute réputation qu'il s'acquit, ce sont ses pieux et savans ouvrages. Les principaux sont : I *Il Purgatorio, istruzione catechistica dello stato e pene del purgatorio e de' remedi apprestatici da Dio in questa vita, a fin di sodisfare si per noi, come per i nostri defunti al debito di quelle pene contratte per i peccati*, etc., Palerme, 1754. Quelques-uns ont trouvé que ce livre avait beaucoup de rapport avec celui du P. Azevedo. II *Christianorum in sanctos, sanctorumque reginam, eorumque festa, imagines, reliquias propensa devotio à præporterà cujusdam scriptoris reformatione, sacræ potissimum antiquitatis monumentis ac documentis, vindicata, simul et illustrata*, etc.; *accesserunt ♦Jesu-Christi monita maximè salutaria, de cultu dilectissimæ matri Mariæ debito, exhibendo, à Duacensi doctore olim proposita*, Palerme, 1751, in-4. Cet ouvrage est dirigé contre la *Regolata divozione de' cristiani*, publiée à Venise en 1747, par le célèbre Muratori, sous le nom de *Lamindo Pritannio*, écrit auquel on trouve de la conformité avec le livre d'Adam Widenfeldt, intitulé : *Monita salutaria B. M. Virginis ad cultores suos indiscretos*, condamné par un décret de Rome du 19 juin 1676. Muratori, aussi pieux que savant, n'avait pas certainement eu l'intention de rien ôter à la Sainte-Vierge de ce qui lui était dû; mais peut-être n'avait-il pas assez consulté les pieux auteurs, avoués par l'église, qui ont parlé du culte dû à Marie. III *Causa immaculatæ conceptionis B. M. V. sacris tes-*

*timoniis utrinque allegatis, et ad examen theologico - criticum, revocatis, agitata et conclusa. Accedit sancti Petri Argorum episcopi oratio, in conceptionem sanctæ Annæ, ex græcis mss. edita,* Palerme, 1747, et Cologne, 1751. IV *Lettera al Padre fra Daniello Concina, dell' ordine de' predicatori, in riposta a due impugnazioni da lui fatte nell' opera contra gli atheisti,* Palerme, 1755, in-4, et Venise, 1756. Concina avait attaqué quelques points de l'ouvrage de Plazza contre *Lamindo Pritannio.* Le P. Plazza lui répond dans cette lettre : V *Dissertatio anagogica, theologica, parænetica de paradiso, opus posthumum,* etc., *accedit Josephi Mariæ Gravinæ caput quintum et ultimum de electorum hominum, numero, respectu hominum reproborum,* Palerme, 1770. Cette addition de *Gravina* fut prohibée par un décret émané de Rome, en date du 22 mai 1772. Le P. Plazza laissa *inédits* d'autres ouvrages, soit de théologie, soit de controverse, qui tous attestent son savoir et sa piété. Il était mort suivant les uns dès 1761, suivant d'autres, seulement en 1765, âgé d'environ 70 ans.

PLESSIS-LARIDON ( Anne-Phil.-Louise du ), femme de Camille Desmoulins ( *voyez* ce nom, *Supplém.* ), naquit à Paris en 1771. Elle eut pour père un premier commis des finances, et était douée d'une figure prévenante et d'assez d'esprit. Anne ne parut pas partager l'enthousiasme démagogique de son mari, et on croit même qu'elle le détermina à se détacher des jacobins. Quoi qu'il en soit, Camille Desmoulins, un peu revenu de ses premières opinions, rédigea une feuille contre ce parti, intitulée *le vieux Corde-*

*lier.* C'est à cette occasion que plusieurs de ses amis engagèrent madame Desmoulins à conseiller à son époux de ne plus écrire dans ce journal, lui faisant observer qu'il serait tôt ou tard sacrifié par Robespierre. «Cela serait une lâcheté de la part »de mon mari, répondit - elle, de »cesser d'écrire dans un moment où »la tyrannie n'a plus de bornes. — »Eh bien ! lui dit-on encore, peut-être »vous serez vous-même l'une des vic-»times. » Cette prédiction s'accomplit. Camille Desmoulins ayant été arrêté et enfermé dans les prisons du Luxembourg, sa femme lui écrivit une lettre pour l'avertir qu'on préparait une révolution en sa faveur. Cette lettre fut interceptée ; madame Desmoulins fut aussitôt mise en arrestation, et lorsque son mari fut condamné, elle demanda à partager son sort. On n'eut garde de se refuser à sa demande. Elle montra dans son procès un calme et une fermeté assez rares dans une femme : elle fut condamnée à mort le 1er avril 1794, comme complice d'un complot tendant à amener la guerre civile, détruire le gouvernement républicain, et rétablir la monarchie. Après avoir entendu son arrêt, elle dit à ses juges: «Vous éprouverez bientôt les re-»mords que le crime entraîne tou-»jours après lui, jusqu'à ce qu'une »mort infâme vienne vous arracher à »l'existence.» Dans ses derniers momens elle montra plus de courage que son mari.

PLOWDEN (Charles), Anglais d'origine, était fils d'une dame d'honneur de la reine d'Angleterre, épouse du roi Jacques II, qu'elle accompagna lorsque la révolution de 1688 obligea cette princesse de passer en France. Plowden embrassa l'état ecclésiastique, et il eût pu, dit-on, pro-

tégé comme il l'était par la maison
de Stuart, aspirer aux hautes dignités de l'église. On assure même que
le prétendant lui réservait le chapeau
de cardinal qui était à sa nomination.
Mais l'abbé Plowden croyait ne pouvoir en conscience signer le formulaire, et donner son adhésion à la
bulle *unigenitus*. Il obéit à ce scru-
pule, et lui sacrifia tout ce qu'il
pouvait avoir d'espérances ; sentiment délicat, respectable même, et
auquel il ne manque, pour être digne
de tous les éloges, que d'être plus
éclairé et d'avoir pour objet une
meilleure cause. L'abbé Plowden se
retira en Angleterre, et revint en
France, trois ans après, s'établir
chez les doctrinaires, dans leur
maison de Saint-Charles, à Paris.
Il faisait le catéchisme aux enfans, dans la paroisse de Saint-
Etienne-du-Mont, et y remplit pendant quarante ans ces fonctions mo-
destes, dont le contraste avec la
pourpre à laquelle il avait pu aspirer, est assez remarquable. Il mourut dans cette même maison de
Saint-Charles, en 1788. On a de
lui : I *Traité du sacrifice de Jésus-
Christ*, 3 vol. in-4. Il y prétend
que la réalité du sacrifice ne consiste
point dans l'immolation, mais dans
l'offrande faite à Dieu de la victime
immolée. Cette opinion mit la division dans le parti ; les uns appuyant
le sentiment de Plowden, et d'autres
le combattant. Pelvert soutint que
faire consister le sacrifice de la messe
dans une simple offrande, c'était le
dénaturer ; qu'il ne pouvait y avoir
de véritable sacrifice sans immolation, et qu'affirmer le contraire,
c'était tomber dans l'erreur. ( *Voy.*
PELVERT. ) On écrivit de part et
d'autre et avec assez de feu, sur cette
question. Le P. Lambert, Jabineau
Larrière, etc., prirent le parti de

Plowden. L'abbé Mey et quelques
autres se déclarèrent contre, et
comme cela arrive presque toujours,
chacun demeura dans son sentiment.
II *Elévations sur la vie et les mystères de Jésus-Christ*, œuvre posthume, Paris, 1804, 2 vol. in-12.

PLUQUET ( François-André-
Adrien ), ecclésiastique du diocèse
de Bayeux, naquit dans cette ville
le 14 juillet 1716 [1]. Il fit ses premières
études à Caen, et vint les achever à
Paris en 1742. Il prit le degré de bachelier en 1745, et celui de licencié
en théologie en 1750. M. de Choiseul,
archevêque d'Alby, puis de Cambrai,
qui l'affectionnait, le prit pour grand
vicaire, et le nomma à un canonicat de sa cathédrale; mais l'abbé
Pluquet avait des talens qui l'appelaient sur un plus grand théâtre, et
qui pouvaient être utiles à la religion
et aux lettres. Il vint à Paris, et fut
vraisemblablement encore par le crédit de son protecteur, ou de sa famille, nommé en 1778 à la chaire
de philosophie morale au collège
Royal, et ensuite à celle d'histoire
dans le même établissement. Cette
place le lia avec les gens de lettres
les plus distingués de ce temps. On
commençait à diriger contre la religion les attaques, qui depuis, se
sont si prodigieusement multipliées ;
et les *encyclopédistes*, dit-on, ten-
tèrent d'attirer l'abbé Pluquet à leur
parti. Loin de répondre à ces avances,
il se crut appelé à combattre la nouvelle doctrine, et plusieurs de ses
ouvrages tendent à cela. On a de
lui : I *Examen du fatalisme*, ou
*Exposition et réfutation des diffé-
rens systèmes de fatalisme*, Paris, 1757, 3 vol. in-12; il y démontre, par de solides raisonne-
mens, qu'une intelligence infinie a

(1) *L'Ami de la Religion*, etc. n° 517, dit
le 14 juin.

tout créé et gouverne tout; qu'elle a fait l'homme libre et maître de ses actions; que, sous ce rapport, son sort dépend de lui, et qu'il est affranchi de toute nécessité. Les preuves, dans cet ouvrage, sont parfaitement enchaînées, et Pluquet s'y montre aussi bon écrivain que profond métaphysicien. II *Lettre à un ami sur les arrêts du conseil*, *du 3o août 1777, concernant la librairie et l'imprimerie*, Londres, 1777, in-8. III *Seconde lettre à un ami sur les affaires de la librairie*, Londres, 1777, in-8. Ces lettres sont fort curieuses. Il y en a sur la librairie une troisième du même auteur. IV *Les Livres classiques de l'empire de la Chine*, recueillis ( et traduits du chinois en latin ) par le P. Noël ( du latin en français ), par l'abbé Pluquet, *précédés d'observations* ( du traducteur français ) *sur l'origine, la nature et les effets de la philosophie morale et politique de cet empire*, Paris, de Bure, 1784 et 1785, 7 vol. in-18. V *Mémoires pour servir à l'histoire de l'esprit humain, par rapport à la religion chrétienne, ou Dictionnaire des hérésies*, Paris, Nyon, 1762, 2 vol. in-8. Ce livre, l'un des meilleurs que jusqu'ici l'on ait fait sur ce sujet, est précédé d'un discours où l'auteur recherche quelle a été la religion primitive des hommes, et quels sont les changemens qu'elle a subis jusqu'à l'établissement du christianisme. L'auteur recherche et suit les causes de ces changemens, ainsi que les effets qui en ont résulté. Le reste de l'ouvrage est proprement un dictionnaire où les hérésies sont rangées par ordre alphabétique, décrites avec les détails convenables, et solidement réfutées. C'est surtout dans cet ouvrage que l'abbé Pluquet a signalé son talent, son érudition et la justesse de son esprit. On vient de donner une édition de ce dictionnaire, corrigée et augmentée, Besançon, Petit, 1819, 2 vol. in-8. L'éditeur y a ajouté quelques articles qui ont rapport au *jansénisme* et à l'église *constitutionnelle*. VI *Recueil de pièces trouvées dans le portefeuille d'un jeune homme de 23 ans* ( le vicomte de Wall ), avec un avertissement de M. de Virieu; le tout publié par l'abbé Pluquet, Paris, Didot l'aîné, 1788, in-8. VII *De la sociabilité*, 1767, 2 v. in-12. L'auteur y prouve que l'homme est sociable par sa nature, et que, loin d'être né méchant et en état de guerre, comme le veut Hobbes, il est naturellement porté au bien et à l'exercice de toutes les ●●tus. VIII *Traité philosophique et politique sur le luxe*, 1786, 2 vol. in-12. IX *De la superstition et de l'enthousiasme*, ouvrage resté manuscrit, publié par D. Ricard, gros vol. in-12, 1804. L'abbé Pluquet s'était occupé de la composition d'une *Histoire générale*, il ne put la finir, et ce qu'il en avait fait est resté manuscrit. Il est mort le 18 sept. 1790. Il s'était démis de sa chaire en 1782.

PLUYÈRES ( N. ), habile horloger, naquit à Valenciennes en 1702; se distingua dans son art, et surtout par une horloge de son invention, qui marque la révolution du soleil, les signes du zodiaque, les mois et les travaux de chaque saison, ainsi que les diverses phases de la lune; un des rayons du soleil indique l'heure et le jour du mois; un ange désigne les minutes et les secondes, et les épactes y sont marquées par une étoile. Toute la machine a 18 pieds de haut sur 8 pieds de large, et son frontispice est orné de plusieurs figures mécaniques, comme un grenadier en faction, un coq, un squelette, un docteur en robe, etc. Pluyères est mort dans sa patrie en 1773.

POINSIGNON [1] (dom Etienne), bénédictin de la congrégation de Saint-Vannes, était né à Dun, dans le duché de Bar, le 3 décembre 1703. Il prononça ses vœux dans l'abbaye de Beaulieu, diocèse de Verdun, le 3 juin 1722. Il est connu par un ouvrage intitulé : *le Pasteur instruit de ses obligations*, ou *l'Institution des curés*, Paris, 1765, 3 vol. in-12. Il mourut à l'abbaye de Moiremont, diocèse de Châlons-sur-Marne, le 27 décembre 1782.

POINSINET ( Antoine-Alexandre-Henri ), auteur français, naquit à Fontainebleau en 1733. Sa famille était attachée au service de la maison d'Orléans. Quoiqu'il n'eût fait que de médiocres études, il cultiva de bonne heure la littérature. En 1773 il se fit connaître par une parodie assez froide de l'opéra de *Titon et l'Aurore*. Malgré le peu de succès de cette pièce, il fut néanmoins un des plus féconds de nos auteurs dramatiques. Il était d'une crédulité si rare, qu'il devint souvent le jouet de ses propres amis. Momet, ancien directeur de l'Opéra-Comique, a consacré le second volume à peindre tous les tours qu'on joua à Poinsinet, et il se les attira en grande partie par sa vanité, qui était accompagnée d'une ignorance extrême. Nous en citerons quelques-uns qui le couvrirent de ridicule, et firent qu'on imagina à son sujet le mot mystification, par lequel on voulait exprimer l'art de mettre à l'épreuve la simplicité d'un homme, en riant de sa crédulité. On lui fit accroire une fois que plusieurs dames

1 Et non *Ponsignon*, comme le dit dom Nicolas Lelong dans son *Histoire du Laonnais*, et comme d'autres l'ont répété.

de distinction étaient éprises de son mérite, et on lui donna de faux rendez-vous, auxquels il ne manqua pas de se trouver. Une autre fois on lui persuada d'acheter une charge d'écran du roi, et pour l'y accoutumer, on lui fit griller les jambes auprès d'un brasier ardent. Un jour on lui annonça qu'il allait être reçu membre de l'académie de Pétersbourg, mais on lui fit entendre que, pour mériter les bienfaits de Catherine II, il lui fallait apprendre la langue russe. Poinsinet prit aussitôt un maître, et après plusieurs mois d'une étude suivie, il s'aperçut qu'il n'avait appris que le bas-breton. Il voyagea en Italie en 1760 ; neuf ans après, désirant voir l'Espagne, il se noya dans le Guadalquivir. Il était de l'académie des Arcades de Rome et de celle de Dijon. Parmi ses nombreuses pièces, celles qui eurent du succès, furent : *le Garçon peintre*, *Sancho Pança*, *le Sorcier*, *Tom-Jones*, *Sandomir*, opéra en 5 actes, qui ne manque pas de mérite ; *le Cercle*, ou *la Soirée à la mode*, comédie en un acte, qui renferme des détails piquans, et une assez juste critique. On lui contestait d'être l'auteur de cette pièce, en s'appuyant sur ce que Poinsinet n'avait pas été assez souvent admis parmi la haute société, pour l'avoir si bien peinte. On tenait ce langage devant l'abbé Voisenon, qui répondit : « Si cela est, il faut avouer qu'il a bien écouté aux portes. » Poinsinet ne manquait pas d'un certain talent, et ses dispositions naturelles suppléaient au défaut d'instruction.

POINSINET DE SIVRI ( Louis ), frère du précédent, naquit à Versailles le 20 février 1733. Il fit ses études avec beaucoup de succès, possédait le grec et le latin, et il avait une grande facilité pour les vers, dans lesquels, s'il ne figura pas comme un grand poëte, il se montra toujours comme un homme plein d'esprit, de goût et d'érudition. Ses ouvrages sont : I *Les Egléides*, 1754 , in-8. II *L'Inoculation*, poëme fort bien écrit, 1756, in-8. III *Anacréon*, *Sapho*, *Moschus*, *Bion*, *Tyrthée*, et autres poëtes grecs, traduits en vers français, 1758, in-12; 1760, in-12; 177., in-8; 4ᵉ édition, augmentée de différens morceaux d'Homère, 1788, in-18. Le même ouvrage, sous le titre de *Muses grecques*, Deux-Ponts, 1771, in-12. IV *Le faux Dervis*, opéra comique en un acte, 1757; *Briséis*, tragédie, 1759 ; *Caton d'Utique*, imitée de Métastase, 1760. On trouve dans ces deux tragédies un plan sage et des caractères bien tracés ; mais elles pèchent du côté du style, qui est froid et languissant ; *Pygmalion*, comédie, 1760 ; *Ajax*, tragédie, 1762. V *Théâtre et œuvres diverses*, 1764, in-12. VI *Théâtre d'Aristophane*, partie en prose et partie en vers, avec les *Fragmens de Ménandre et de Philémon*, 1784, 4 vol. in-8. On a encore de cet auteur : VII *L'Appel au petit nombre*, 1762, in-12 VIII *Origine des premières sociétés des peuples, des sciences, des arts, et des idiomes anciens et modernes*, 1769, in-8. IX *Nouvelles recherches sur la science des médailles, inscriptions et hiéroglyphes antiques, avec une table des divers alphabets*, etc., 1778, in-4. Dans ces deux ouvrages, Poinsinet de Sivri fait preuve d'une érudition peu commune, et d'une saine critique. X *Phasma, ou l'Apparition*, histoire grecque, contenant les aventures de Néoclès, fils de Thémistocle, 1772, in-8. XI *Traduction* française du 91ᵉ livre de Tite-Live, 1773. XII *Histoire naturelle de Pline*, traduite en français, avec le texte grec, et accompagnée de notes, 12 vol., 1771, 1781, in-4. Il était membre de plusieurs académies de l'Europe, et vivait en correspondance avec les littérateurs les plus distingués. Il mourut à Paris le 11 mars 1804.

POIRIER (dom Germain), savant bénédictin de la congrégation de Saint-Maur, naquit à Paris, d'une famille honnête, le 28 janvier 1724. Il fit ses études à l'université. Doué d'une grande facilité d'esprit, et ami du travail, il les avait achevées à 14 ans. Ce goût le porta vers une congrégation où la science était en honneur, et où s'était formé un grand nombre d'hommes célèbres. Le jeune Poirier entra avant 15 ans au monastère de Saint-Faron dans la ville de Meaux, et y fit profession le 10 mars 1740, ayant à peine 16 ans Les supérieurs eurent bientôt démêlé tout ce qu'il promettait. Jugeant qu'il serait propre aux grands travaux littéraires de la congrégation, ils dirigèrent ses études vers ce but. Il fut chargé d'enseigner successivement la philosophie et la théologie, et nommé ensuite secrétaire du visiteur de la province de France. Cette place, qui l'obligeait à voyager, loin de le détourner des recherches érudites pour lesquelles il avait un goût particulier, lui fournit au contraire l'occasion de le cultiver. Il visitait les bibliothèques et les archives des monastères qu'il parcourait. Il prenait des notes, faisait des extraits, et donnait à ce travail tout le temps que lui laissaient les fonctions qu'il avait à remplir. Il était d'usage que du poste que dom Poirier venait d'occuper on passât aux supériorités des monastères. Il préféra à ces dignités la poussière des chartriers, qui lui offraient plus de moyens de s'instruire. Il sollicita et obtint la garde des antiques archives de Saint-Denis. C'est là que dom Poirier se trouva dans son véritable élément. Il inventoria les nombreuses pièces de ce riche dépôt. Il les mit dans un meilleur ordre. Il en lut la plus grande partie, et son heureuse mémoire se chargea d'une si grande quantité, d'une telle variété de connaissances sur l'histoire, que le régime de Saint-Germain, voulant donner de l'activité à la grande entreprise du *Recueil des historiens de France*, qui languissait depuis la mort de dom Bouquet, crut ne pouvoir mieux faire que d'y associer dom Poirier. En effet, dès qu'il y eut mis la main, le travail prit une marche plus prompte. Non-seulement le 11ᵉ volume parut en 1767, mais encore de savantes *Notes*, des *Supplémens*, d'intéressantes *Observations*, et une excellente *Préface* réparèrent ce qu'il y avait de défectueux dans la partie de ce volume qui déjà était imprimée. Un événement inattendu interrompit cette coopération. Dom Poirier fut un des signataires de la fameuse requète de 1765. Le résultat pour lui en fut qu'il quitta la congrégation et se fit affilier à celle d'Alsace. Il ne tarda pas à s'en repentir, et quoiqu'il eût obtenu des bulles d'abbé *in partibus*, il sollicita sa rentrée dans la congrégation. Après avoir passé quelque temps à l'abbaye de Saint-Faron, il revint à Saint-Germain-des-Prés en qualité de garde des archives, fut d'une commission établie près de M. le garde des sceaux, pour préparer une collection générale des diplômes et chartes du royaume, et nommé ensuite par le roi associé libre à l'aca-

démie des inscriptions et belles-lettres. Bientôt la révolution vint l'arracher à un état qu'il aimait. Il dut néanmoins demeurer dans l'abbaye abandonnée, à cause des archives confiées à sa garde. Son œil fut témoin des dégradations successives de ce monument, élevé par la piété à la religion et aux lettres. Il y était au 2 septembre 1792, et il put y entendre les gémissemens des victimes de cette affreuse journée. Il y était le 20 août 1794, et il eut la douleur de voir la flamme consumer la belle bibliothèque qui s'y trouvait encore. Il dut rester au milieu de ces décombres, pour veiller à la conservation des manuscrits que l'incendie avait épargnés. Il y passa l'hiver, sans feu, exposé à l'intempérie de la saison, dans un bâtiment en ruine, et obligé, pour se rendre dans une chambre sans toit et dépourvue de tout, de gravir un escalier à moitié détruit. Au sortir de là, tels étaient son dépouillement et sa misère, qu'il se vit réduit à désirer une place dans une de ces maisons réservées à l'indigence. On eut honte néanmoins de ce traitement à l'égard d'un vieillard à qui les lettres étaient si redevables. On lui procura une place à la bibliothèque de l'Arsenal, et en 1802, lors de l'organisation de l'Institut, il fut appelé à en faire partie dans la section de l'histoire. Ces deux places rendaient à dom Poirier quelque aisance. Il n'en vécut pas moins pauvrement, et on a été assuré après sa mort que tout ce qu'il avait recouvré était pour les pauvres: elle fut imprévue. Le soir du 2 février 1803 on l'entendit encore psalmodier son office, suivant son usage; le lendemain 3, lorsqu'on entra dans sa chambre, il était sans vie. Il commençait sa 79ᵉ année. On a de lui le onzième volume la *Nouvelle collection des historiens des Gaules et de France*, avec dom Précieux et dom Housseau, 1767. La *Préface*, morceau savant, de 243 pages, est de dom Poïrier seul. Il a contribué à l'édition de l'*Art de vérifier les dates*, 3 vol. in-fol., 1783, 1792. III Il eut la plus grande part au travail fait vers 1780, sous la direction de M. le garde des sceaux, pour préparer une *Collection générale des diplômes et chartes du royaume*, à l'instar de celle de Rymer pour l'Angleterre. IV Il lut à l'académie un grand nombre de *Mémoires* relatifs à l'*Histoire de France*. V Il a donné un *Examen historique et critique de l'histoire de Charles VI*, écrite par un moine, sous le titre d'*Anonyme de Saint-Denis*, ouvrage plein de recherches sur le règne malheureux de ce prince. Enfin il a publié une *Instruction sur la manière d'inventorier et de conserver tous les objets qui peuvent servir aux arts, aux sciences, et à l'enseignement*, avec Vicq d'Azir, Paris, an 11, in-4. M. Dacier, secrétaire perpétuel de l'académie des inscriptions et belles-lettres, a donné une *Notice historique sur la vie et les ouvrages de dom Germain Poirier*, lue dans la séance publique de l'Institut, le vendredi, 2 germinal an 12 (23 mars 1804), Paris, 1804.

POISSONNIER (Pierre-Isaac), célèbre médecin, naquit en 1720 à Dijon, où il étudia son art; et fut reçu docteur à Paris. Sa première *Thèse*, qu'il soutint en 1745, et par laquelle il voulait prouver que l'usage du cidre, plus que celui du vin, était utile aux personnes maigres, lui acquit de la réputation: cependant son opinion fut combattue par différens médecins. En 1758

il fut nommé professeur de la faculté de Paris, et on lui doit l'honneur d'avoir été le premier qui y ouvrit un cours de chimie. A la demande d'Elisabeth Ire, la cour de France l'envoya en Russie, pour soigner la santé de cette impératrice. Pendant son séjour à Pétersbourg, il s'occupa avec succès de l'expérience sur la congélation du mercure. Comblé de présens de la cour de Russie, il revint en France, où l'attendaient de nouvelles distinctions. Il fut successivement nommé associé libre de l'académie des sciences, premier médecin des armées, inspecteur général de la médecine dans les colonies; et outre les riches appointemens attachés à ces places, il obtint une pension de 12,000 livres, qu'il perdit à la révolution. Poissonnier ne fut pas du nombre des ingrats qui oublièrent à cette époque les bienfaits de la cour. Il se montra toujours fidèle aux bons principes qui lui attirèrent la persécution des jacobins. Il fut renfermé avec toute sa famille dans les prisons de Saint-Lazare, où il fut heureusement oublié, et il en sortit après la chute de Robespierre. Il mourut en septembre 1797, âgé de 79 ans. On a de lui: I les tomes 5 et 6 du *Cours de chirurgie*, dicté par Col de Villars, et qui renferment un excellent *Traité* des fractures et luxations, 1749, in-8. II *Essai sur le moyen de dessaler l'eau de la mer*, 1763. Cette expérience réussit complétement, mais par malheur les moyens qui y conduisent sont peu faciles et très-dispendieux. III *Traité des fièvres de Saint-Domingue*, 1763, in-8. IV Un autre bon *Traité sur la maladie et la nourriture des gens de mer*, 1780, 2 vol. in-8. V *Abrégé d'anatomie, à l'usage des élèves des écoles de la marine*, 1783, 2 vol. in-12, etc.

POITEVIN (N. Hervé le),prêtre de la congrégation des eudistes, naquit à Valogne en 1665. M. l'évêque de Senlis lui confia la direction de son séminaire, et le nomma à un canonicat de sa cathédrale. Il s'est fait connaître par les ouvrages suivans : I *Conduite chrétienne.* II *Catéchisme.* III *Méthodes.* IV *Instructions.* Livres qui tous respirent la piété et sont propres à l'inspirer. Ce vertueux ecclésiastique mourut à Senlis le 7 novembre 1750, et y a laissé des souvenirs honorables.

POIX ( Louis de ), savant capucin du couvent de Saint-Honoré, était né au diocèse d'Amiens en 1714. Il étudia l'hébreu sous l'abbé de Villefroi, professeur de cette langue au collége royal, et fut un de ses principaux disciples. Il faisait partie de la société savante, composée de capucins, qui s'occupaient dans le couvent de Saint-Honoré de la traduction des livres saints. Il eut part : I aux *Principes discutés pour faciliter l'intelligence des livres prophétiques*, 1755 et années suivantes, 15 v. II A une *Réponse* au P. le Roi, 1752. III A une *Traduction de l'Ecclésiaste*, 1771. IV A une *Traduction des Prophètes d'Habacuc.* V A une de *Jérémie* et de *Baruch*, 1780, formant ensemble 6 vol. VI A une nouvelle *Version des Psaumes.* Les 3 derniers ouvrages furent faits sur le texte hébreu. Le P. Louis de Poix mourut en 1782. Ses collaborateurs étaient les PP. *Jérôme* d'Arras et *Séraphin* de Paris.

POLIGNAC ( Gabrielle-Claude-Martine, duchesse de ), naquit en 1749 à Paris de l'illustre famille des marquis de Polastron, et reçut une éducation digne de son rang. Jeune encore, elle fut nommée gouvernante des enfans de France. Son esprit et son affabilité, plus encore que sa beauté et ses grâces, lui gagnèrent l'estime de toute la cour. Marie-Antoinette l'honorait d'une bienveillance toute particulière ; et quand cette princesse était seule avec madame de Polignac, pour écarter toute étiquette, elle avait coutume de lui dire : « Je ne suis plus » reine, je suis moi. » Sans intrigue et sans ambition, elle ne demanda jamais rien pour elle-même ; et si la duchesse employa la faveur de son auguste amie, ce ne fut que pour la famille de son mari, qui fut comblée des bienfaits de la cour. Peut-être elle n'aurait pas fait usage de son crédit sans les conseils et les instances presque importunes de sa belle-sœur, Diane de Polignac, femme aussi avide qu'ambitieuse. Cependant la faveur dont elle jouissait auprès de Marie-Antoinette lui suscita beaucoup d'ennemis parmi les envieux et les malveillans, et lorsque ces derniers, excités par une force supérieure, vomirent mille injures contre la reine, ils n'épargnèrent pas la duchesse de Polignac, et la comprirent dans leurs calomnies, aussi atroces qu'absurdes. Comme la duchesse avait beaucoup de grâce dans les manières, et semblait attachée aux usages de la cour, ils la désignaient par le nom de madame *Etiquette.* Après avoir été témoin des premiers orages révolutionnaires, et se voyant séparée de la reine, elle quitta, avec son mari, la France, où leurs jours étaient en danger. Arrivés à la cour de Vienne, le duc de Polignac devint l'agent des princes, frères de Louis XVI, et ensuite auprès de celle de Russie. Quand madame de Polignac eut appris la fin tragique de Marie-Antoinette, sa santé s'altéra sensiblement, et elle ne survécut à son auguste amie que de peu de semaines , étant morte en décembre 1793 , âgée de 45 ans.

POLITI (Ambrosio). *Voy.* CATHARINUS , *Dict.*

POLITI ( Alexandre ), clerc régulier des écoles pies, et l'un des savans les plus distingués que produisit cet ordre, naquit à Florence le 10 juillet 1679, et y prit l'habit de clerc régulier le 5 février 1695 , n'ayant point encore 16 ans accomplis. Il avait fait ses humanités chez les jésuites d'une manière brillante. Il donna dès son noviciat des preuves de ce qu'il deviendrait un jour , en rédigeant des notes savantes et judicieuses sur d'anciens auteurs. Il en fit présenter le recueil à son provincial, lequel, charmé d'un si beau talent , protègea depuis avec une bienveillance singulière le jeune religieux qui donnait de telles espérances. Il fit sa philosophie et sa théologie , partie à Florence, partie à Rome, et y fournit avec éclat cette double carrière. Le chapitre général étant assemblé dans cette dernière ville , en 1700 ; lorsque Politi terminait ses cours, il y soutint des thèses publiques où il fit admirer son savoir. De retour en Toscane , il enseigna successivement la rhétorique et la philosophie à Florence , puis la théologie à Gênes pendant près de 20 ans, et enfin les belles-lettres et l'éloquence dans l'université de Pise, qui crut ne pouvoir donner au fameux *Benoît Averani*, professeur de belles-lettres , un successeur plus digne de le remplacer. Frappé d'apoplexie le 18 juillet 1752, il expira le 23 à l'âge de 73 ans et quelques jours. Il a laissé un grand nombre d'ouvrages, dont les principaux sont : I *Philosophia peripatetica , ex mente sancti Thomæ Aquinatis ,* Florence , in - 12. II

*Selecta christianæ theologiæ capita ,* ibid., in-4. III *De patriá in testamentis condendis potestate ,* Florence, 1712 , in-12. On en trouve un bon extrait dans le *Giornale de' letterati d'Italia ,* tom. 10 , art. 9, p. 447 et suiv. IV *Specimen Eustathii nunc primùm latinè versi.* C'est un essai et comme un prélude sur le grand ouvrage qui suit. V *Eustathii , etc. Commentaria in Iliadem Homeri.* Ces commentaires d'Eustathe, évêque de Thessalonique , au 12ᵉ siècle , n'existaient qu'en grec. Le P. Politi , aidé du P. Salvini, les traduisit en latin pour la 1ʳᵉ fois, et les enrichit de notes savantes. L'ouvrage est en 3 vol. in-fol. , dont le premier, dédié au grand duc Jean Gaston , parut en 1730 ; le deuxième , dédié au pape Clément XII , en 1732 , et le troisième, dédié à Louis XV, en 1735. Il devait en paraître un quatrième, et on commençait de l'imprimer, lorsque le P. Politi mourut. ( *Voyez* EUSTATHE , *Dict.* ) Cet ouvrage est le plus considérable de ceux du P. Politi. VI *Vita della serva di Dio suor Maria-Angela Gini,* Florence, in-4. VII *Martyrologium romanum castigatum ac commentariis illustratum,* Florence, 1751 , in-fol. VIII Des *Harangues* , des *Panégyriques* , et d'autres *Opuscules ,* etc. On trouve dans la *Storia letteraria d'Italia ,* tom. 6, pag. 733 , une bonne notice sur le P. Politi, avec une exacte nomenclature de ses ouvrages, trop nombreux pour être tous rappelés ici.

POLVEREL ( N. ), commissaire français à Saint - Domingue, naquit en Guienne vers 1756. Il se consacra au barreau, et en 1789 il était avocat syndic des états de Navarre. Il transmit à cette époque le vœu des Navarrois pour leur réunion à la France; mais ce fait semble faux et dépourvu de toute preuve authentique. On a même assuré que les Navarrois n'ont jamais formé de vœux pour se soustraire à la domination de leurs souverains, auxquels ils ont donné des preuves d'un entier dévouement dans les deux guerres que leur nation a eu à soutenir contre la France. En 1791, Polverel fut nommé accusateur public du premier arrondissement de Paris; mais il fut suspendu de ses fonctions, pour n'avoir pas mis assez d'activité dans la poursuite des fabricans de faux assignats. S'étant justifié, Louis XVI le nomma, en 1792, commissaire à Saint-Domingue, avec Santhonax, pour y faire exécuter les décrets, et remplacer les commissaires Roume, Mirbeck et Saint-Léger. Dénoncé par les colons déportés, sur plusieurs vexations, disaient-ils, qu'il avait commises, il fut décrété d'accusation sur la proposition de Bréard et de Billaud-Varennes. Le 31 décembre de la même année 1793, une nouvelle députation de colons vint demander à la convention que Polverel et les autres commissaires fussent mis hors la loi, et tous leurs actes désavoués; ce qui fut adopté. Un certain Leblanc fut chargé, par la convention, d'aller à Saint-Domingue arrêter Polverel et ses collègues; mais Leblanc mourut dans la traversée. Cependant Polverel fut mis en prison, et n'obtint provisoirement sa liberté qu'après le 9 thermidor; mais comme les dénonciations contre lui ne faisaient qu'augmenter, la convention décréta qu'il serait entendu avec Santhonax et les mêmes colons. On avait nommé une commission pour examiner ce procès, devenu fameux, lorsque Polverel mourut pendant le cours de l'instruction, en novembre

1794. Il a laissé des *Mémoires* et un *Tableau de la constitution du royaume de Navarre et de ses rapports avec la France*, 1789. Ce tableau qui n'est guère exact, se rapporte entièrement aux vues de l'auteur, sur sa prétendue réunion de la Navarre à la France.

POLYBE de Cos, célèbre médecin, disciple et gendre d'Hippocrate, après la mort duquel les jeunes médecins de la Grèce lui durent leur instruction. Galien loue beaucoup son talent et son expérience, et il assure que Polybe n'a jamais abandonné la pratique ni les sentimens de son beau-père. Cependant, s'il est auteur des ouvrages qu'on lui attribue, il faut avouer qu'il s'est écarté quelquefois de la doctrine de son maître. Quelques ouvrages de Polybe existent encore aujourd'hui, comme *Moyens de conserver la santé; des Maladies*, etc., traduits en latin par Albanus Torinus, Bâle, 1554, in-8. Le premier de ces ouvrages a aussi été traduit, avec des notes, par Jean Placotomus et Quinter d'Andernach. Les livres qu'on trouve dans l'édition d'Hippocrate, comme *De naturâ pueri*, passent également pour être de Polybe, et attestent le mérite de ce médecin, et sont les mieux raisonnés de tous les ouvrages qu'on attribue à son beau-père.

POMERANCIO (Chrétien Roncalli, dit), peintre italien, né à Pomérance en Toscane, en 1761. Ayant acquis de la réputation, il fut appelé à Rome, où il peignit au Vatican la chapelle Clémentine, et y représenta la *Punition d'Ananie et de Saphira*. Il fit aussi des cartons pour des mosaïques. On voit encore dans l'église de Saint-Philippe Neri de Naples un de ses tableaux sur la *nativité de Jésus-Christ*, où règne un bon ton de couleur, et où l'on remarque surtout la tête de la Vierge qui est peinte de main de maître. Pomeranicio voyagea dans différentes parties de l'Europe. Il avait un beau coloris, une touche légère, de l'harmonie et du clair-obscur; mais on lui reproche en même temps un génie trop libre, des attitudes outrées, des cheveux peu naturels. Malgré ces défauts, son génie est pittoresque, et il a mérité justement une place parmi les bons artistes. Il mourut à Rome en 1626.

POMPEI (Jérôme), gentilhomme de Vérone, où il naquit le 18 avril 1731. Il embrassa plusieurs études à la fois, et devint en peu de temps un des hommes les plus instruits de l'Italie. Orateur, philosophe, théologien et poëte, il acquit une réputation que la postérité ne désavouera pas. Il cultiva néanmoins plus particulièrement la poésie, et mourut le 4 février 1788. On cite de lui les ouvrages suivans : I *Canzoni pastorali*, con alcuni *Idilli di Teocrito e di Mosco, tradotti in versi italiani,* Vérone, 1764, in-8, dédiées au cardinal Albani. II *Nuove Canzoni pastorali, Odi, Sonetti, Traduzzioni,* etc., Vérone, 1779 III *Les Vies des hommes illustres de Plutarque,* traduites en italien, ibid., 1773, 4 vol. in-4, Naples, 1784. IV *Ipermnestra,* tragédie, 1767; *Colliroe,* tragédie, 1769, etc.

POMPEI ( le comte Alexandre ), de la même famille que le précédent, naquit à Vérone en janvier 1706, étudia à Naples chez les jésuites, et de retour dans sa patrie, il se consacra entièrement à l'architecture, et y montra beaucoup de mérite. Plusieurs des palais qui décorent Vérone, furent élevés sous sa direction; on y remarque les principes du goût alliés à ceux de l'art. Pompei

mourut en 1772, et a laissé : *Li cinque ordini dell' architettura di Michele San-Micheli, descritti e publicati,* Vérone, 1773, in-fol.

POMPEIO LEONIS, célèbre sculpteur italien, naquit en 1538, et, après avoir acquis un renom dans l'Italie, vint en Espagne où l'appela Philippe II. Pompéio orna le maître-autel de l'église de l'Escurial de 15 statues et d'un crucifix qui font l'admiration de tous les connaisseurs. Ce sont ses plus beaux ouvrages; il mourut vers 1605.

POMPIGNAN ( Jean - George de ). (*Voy.* FRANC DE POMPIGNAN, Jean-George, *Dict.*)

PONCE (Pierre), bénédictin espagnol, né vers 1520 à Valladolid, fut le premier qui trouva l'art précieux de faire parler les sourds-muets. Un certain Gaspard Burgos n'ayant pu entrer dans un couvent qu'en qualité de frère convers, parce qu'il était sourd-muet, Pierre Ponce se chargea de l'instruire, trouva le secret de le faire parler, en sorte que le frère put se confesser, et, d'après l'assertion d'Ambroise Moralès ( *Description de l'Espagne,* pag. 38 ), il devint habile dans les lettres, et composa plusieurs ouvrages. Cependant, ce fut Jean-Paul Bonnet (*voy.* ce nom, *Supp.,* tome 1er ) qui soumit cet art à des règles. Le P. Ponce mourut en 1584.

PONCET (Pierre ou plutôt Maurice[1] ), bénédictin de l'abbaye de Saint-Pierre de Melun, appelée vulgairement *Saint-Per,* fut un des prédicateurs séditieux du temps de Henri III, roi de France. Il était né à Melun, et avait embrassé la vie monastique dans l'abbaye de Saint-

[1] Voyez *Journal des choses mémorables advenues durant le règne de Henri III, roi de France et de Pologne,* etc., tom. 2, pag. 203.

Pierre de cette ville. Il avait fait ses cours de théologie dans l'université de Paris, et y avait pris le bonnet de docteur en cette faculté. Il avait du talent pour la chaire, c'est-à-dire le talent de ce temps, qui consistait en beaucoup de hardiesse et une élocution facile. Il déclamait avec force et véhémence contre la cour de Henri III. Il se permit un discours fougueux et indécent à propos de la *confrérie des pénitens*, instituée par ce prince, et de la *procession* de cette confrérie le 25 mars 1583, jour de l'Annonciation. « Pour quoi » le roi, sans vouloir parler à lui, di- » sant que c'était un vieux fol, le fit » conduire dans son coche, par le » chevalier du guet, en son abbaye » de Saint-Pierre à Melun, sans lui » faire autre mal que la peur qu'il » eut, y allant, qu'on le jetât dans » la rivière [1]. » Il en fut quitte pour demeurer quelque temps en retraite dans ce monastère. Il devint ensuite curé de Saint-Pierre-des-Arcis, et n'en fut ni plus modéré, ni moins satirique ; à quoi le portait son caractère, ayant la riposte prompte et piquante [2]. Il mourut de frayeur le 23 novembre 1586, ayant appris le supplice d'un avocat nommé François le Breton, condamné à mort pour avoir composé une satire contre le roi et le parlement. Il laissa les ouvrages suivans : I *Livre de l'oraison ecclésiastique, avec une explication de l'Oraison dominicale*, Paris, 1568, in-8. II *Remons-*

1 *Journal* susdit, tom. 1, pag. 60.
2 A propos du sermon qui fit arrêter Poncet, le duc d'Épernon voulut le voir, et lui dit : « Monsieur nostre maistre, on dit que vous » faites rire les gens à votre sermon. — Mon- » sieur, répondit Poncet sans s'étonner autre- » ment, je veux bien que vous sachiez que je » ne presche que la parole de Dieu, et qu'il ne » vient point à mon sermon de gens pour rire, » s'ils ne sont méchans ou athéistes ; et aussi » n'en ai-je autant fait rire en ma vie comme » vous en avez fait pleurer. » *Journ.* susdit, ib.

*trance à la noblesse de France, de l'utilité et repos que le roi apporte à son peuple ; et de l'instruction qu'il avait pour bien gouverner*, Paris, 1572, in-8. III *Oraison funèbre prononcée aux funérailles d'Eustache de Conflans, vicomte d'Auchy*, Paris, 1574, in-8. IV *Discours de l'avis donné à Pierre de Gondi, évêque de Paris, sur la proposition qu'il fit aux théologiens, touchant la traduction de la première Bible en langue vulgaire*, Paris, 1778, in-8. V *Méditations familières sur l'histoire de l'incarnation du fils de Dieu*, Reims, in-8; enfin, *Instruction pour aimer Dieu*, Paris, 1584, in-8.

PONCET (dom Maurice), bénédictin de la congrégation de Saint-Maur, naquit à Limoges, de parens pieux, vers 1690. Il avait un frère dans la congrégation. Résolu de se consacrer à Dieu, il suivit son exemple en embrassant la même règle. Il fit son noviciat dans l'abbaye de Marmoutiers, et y prononça ses vœux le 27 mai 1705, âgé de 19 ans. Il avait fait de bonnes études, et aimait les lettres; après ses cours de philosophie et de théologie, les supérieurs l'attachèrent à l'académie bénédictine établie à Saint-Florent de Saumur, pour le perfectionnement de l'instruction des jeunes religieux. Il s'y livra à l'étude de l'Ecriture sainte et des antiquités ecclésiastiques, ramassa beaucoup de matériaux et composa plusieurs *Dissertations*. Une seule a été publiée par les soins de dom François Clément, sous ce titre : *Nouveaux éclaircissemens sur l'origine et le Pentateuque des Samaritains*, Paris, 1760, in-8. Les journalistes de Trévoux en ont parlé avec éloge. Dom Poncet partagea le travail de dom Rivet sur l'*Histoire littéraire de France*, depuis 1723 jusqu'en 1732. Quoiqu'il eût cessé d'y contribuer, il continua ses recherches. Il en faisait part à ses confrères, pour les ouvrages auxquels ils étaient attachés, et même aux étrangers qui avaient recours à lui. Il fut utile aux auteurs du nouveau *Traité de diplomatique*, et ce n'est que par la reconnaissance qu'ils lui en témoignèrent qu'on l'a appris. Attaché à son état, ami de la discipline, vivant dans la constante et continuelle pratique de ses devoirs religieux, il a terminé ses jours dans l'abbaye de Coulombs, diocèse de Chartres, le 2 décembre 1764.

PONTAVICE (Louis-A.), officier français, naquit en 1767 à Lamballe, en Bretagne, d'une famille distinguée. Il embrassa la carrière des armes, et lorsque la révolution éclata, il était lieutenant au régiment d'Armagnac, infanterie. Fidèle aux bons principes, il se déclara contre elle avec beaucoup de chaleur, se retira dans la Vendée, où il devint l'ami de la Rouërie, chef de la confédération bretonne, dont il seconda les desseins et les projets. Mais ayant été découverts, le premier put se sauver par la fuite, mais Pontavice fut arrêté et conduit à Paris, où le tribunal révolutionnaire le condamna à mort. Il fut exécuté le 12 juin 1793, à l'âge de 26 ans. — Son frère, Réné-François de PONTAVICE, était, au commencement des troubles, capitaine au régiment de Rohan. En 1790, il émigra et servit avec distinction dans l'armée des princes au delà du Rhin. Fait prisonnier par les troupes républicaines, on le traduisit devant le tribunal criminel du département du Nord qui le condamna à mort. Il subit son supplice le 8 juillet 1794. — Un troisième, frère des précédens, et fidèle comme eux à la

cause des Bourbons, prit part, quoique très-jeune encore, à l'insurrection de la Vendée, se distingua en plusieurs occasions par son courage et son intelligence, et périt les armes à la main dans la même année 1794.

PONTE ( Jean - François de ), chevalier napolitain, né en 1571, sous le règne de Philippe II, roi d'Espagne, dont il était sujet. Il apprit les lois et fut successivement avocat, conseiller, et régent du grand-conseil d'Italie. Il a publié : I. *Consiliorum*, 2 vol. II *Repetitiones feudales, juris responsum super censurá venetá*, Rome, 1607, in-4. III *Decisiones supremi itali consilii, regiæ cancellariæ, et regiæ cameræ summariæ*, Naples, 1612, in-fol. IV *De potestate proregis napolitani, et collateralis consilii, regnique regimine*, ibid., 1621, in-fol. J.-Baptiste Ton réimprima cet ouvrage avec des additions. Ponte passait pour un jurisconsulte profond, et mourut dans sa patrie en 1635.

PONTE ( Louis de ), jésuite espagnol, célèbre parmi les maîtres de la vie spirituelle, naquit à Valladolid, le 11 novembre 1554, d'une famille noble. Il entra dans la société en 1575, à l'âge de 20 ans, après avoir fait son cours de philosophie et en partie celui de théologie. Il balança long-temps entre l'institut de Saint-Dominique et celui des jésuites, et crut que Dieu l'appelait à ce dernier. Il fit son noviciat à Médina del Campo, étudia ensuite les lettres par ordre de ses supérieurs, et y fit de grands progrès. Une faible santé ne lui ayant pas permis de continuer l'emploi de l'enseignement, il se voua à la direction et à la composition d'ouvrages pieux. Pendant une peste qui se déclara dans une partie de l'Espagne, touché du délaissement de ceux qui en étaient attaqués, il sollicita vivement de ses supérieurs, et obtint la permission d'aller à leur secours, et les soigna avec beaucoup de zèle et de charité. Après une vie passée dans les bonnes œuvres et la pénitence, il mourut à Valladolid le 16 février 1624, âgé de 70 ans, en ayant passé 50 dans la société. Sa vie a été écrite par le P. Champin, jésuite, et c'est celle d'un saint. On a de lui : I *Exposition morale du Cantique des cantiques*, en latin, 2 vol., 1622, in-fol.; réimprimée à Séville, en espagnol, 1625, in-8. II *Méditations sur les mystères*, Cologne, 1612, in-8, livre plein d'onction et d'instruction. III *Le Directeur spirituel*, Cologne, 1613, in-8. L'auteur y traite en détail de tout ce qui concerne la vie ascétique. La plus grande partie de cet ouvrage a été traduite en latin par le P. Trévinnio, jésuite. IV *De la perfection chrétienne*, 4 vol., Cologne; les 2 premiers en 1615, les derniers en 1617. V *Vie du P. Balthasar Alvarez*, jésuite, ibid., 1614, in-8. VI *Directoire spirituel pour la confession, la communion et la célébration du sacrifice de la messe, ou Du bon usage des sacremens*. VII *Traité du sacerdoce et de l'épiscopat*. Cet ouvrage et les *méditations*, ont été traduits en arabe par le P. Fromage de la même société. Le P. Jean Brignon, aussi jésuite, a traduit les ouvrages ascétiques en français. Cette traduction a été publiée à Paris, in-8, 1689, 1700, 1703. Le P. Nicolas Frison en a fait un *Abrégé*, 1712, 4 vol. in-12. (*Voy.* FROMAGE, *Suppl.*, et BRIGNON, *Dict.*)

PONTE ( Laurent de ), de l'ordre des clercs mineurs, né à Naples le 24 septembre 1575, est auteur de *Commentaires sur le livre de la sagesse*, et d'une *Explication de l'Évangile de saint Mathieu*, qui devait être composée de 4 volumes; mais il mourut après en avoir achevé deux, et ce livre est resté incomplet. Il laissa néanmoins un grand nombre d'ouvrages qui eurent de la célébrité, et furent honorés de l'estime des savans. On cite surtout une *Vie de David*, qui fut très-bien accueillie du public. Le P. de Ponte mourut au collége d'Alcala le 26 octobre 1639.

PONTHIEU ( Adèle ou Adélaïde de ), vivait du temps de saint Louis. Elle eut à souffrir plusieurs malheurs. Sur un faux soupçon elle fut condamnée et rejetée par son père. S'étant mariée, Adèle suivit en Palestine son époux, des bras duquel elle fut arrachée et vendue à un soudan. Long-temps après elle fut reconnue, délivrée et conduite en triomphe dans sa patrie. Ses aventures ont fourni au commandeur de Vignancourt le sujet de son roman d'*Adèle de Ponthieu*. De la Place en a fait une comédie jouée en 1775, et enfin Saint-Marc a donné, sous ce même titre, un opéra représenté en 1772. Mais tous ces auteurs ne se sont pas trop attachés à la vérité historique.

PONTIER ( Gédéon ), naquit vers 1640. Il était protestant, mais jeune encore, il se fit catholique, étudia les sciences sacrées, prit les ordres, et devint protonotaire apostolique. Il mena toujours une vie régulière, et mourut en 1709. On a de lui : I *Le Cabinet des grands*, Paris, 1680-1689, 3 vol. in-12. II *Questions de la princesse Henriette de la Guiche, duchesse d'Angoulême, sur toutes sortes de sujets, avec les réponses*, Paris, 1688, in-12. Le président Cousin a fait de

ces livres, dans le Journal des savans, des éloges peut-être un peu
exagérés.

PONZ ( don Antonio ), savant
espagnol, naquit à Alicante, dans le
royaume de Valence, en 1738. Sa
vaste érudition le fit appeler à Madrid, où il occupa plusieurs places
importantes, et fut nommé membre
des académies de Saint-Ferdinand,
et d'histoire de cette capitale, de
celle des antiquités de Londres, et
des Arcades de Rome. Il voyagea
dans plusieurs parties de l'Europe,
et demeura long-temps à Rome et
à Naples. De retour à Madrid, il
parcourut toute l'Espagne, et publia :
I *Voyage en Espagne*, Madrid, 1772
et suiv., 13 vol. in-8. Cet ouvrage
a été d'un grand secours à M. de la
Borde, dans son *Itinéraire d'Espagne*. Jean-Joseph Diez, professeur d'histoire à Gottingue, traduisit en français le premier volume,
imprimé en 1775. Il a été traduit
aussi en allemand et en italien. II
*Voyage hors de l'Espagne*, Madrid, 1785, 2 vol. in-8. C'est le
fruit des observations de Ponz dans
ses courses chez l'étranger. On y
remarque des aperçus justes, de
l'impartialité, et une saine critique.
Il cultiva également la poésie avec
succès, protégea les arts, dans lesquels il était un connaisseur habile,
et mourut à Madrid en 1796.

PONZIO ( Flaminio ), célèbre
architecte, né près de Come, dans
la Lombardie, vers 1565. Il étudia
à Rome, et s'y distingua dans son
art La belle chapelle de la famille
Borghèse, à Sainte-Marie-Ma-
jeure est de son exécution, ainsi
que celle appelée *Pauline*, où l'on
remarque autant la richesse des
pierres que le fini de la sculpture.
La sacristie de cette basilique fut
élevée sous sa direction, ainsi que

le bel escalier double qui orne le
palais Quirinal. Il présida à la construction de la basilique de Saint-
Sébastien. Cependant son meilleur
ouvrage est la superbe façade du palais
de Sciarra Colonna, dont la porte
principale est d'un seul morceau, et
fut construite d'après les principes
de l'architecte Vignole. Ponzio mourut à Rome, âgé de 45 ans, et sous
le pontificat de Paul V. Cet artiste
aimait beaucoup le grandiose, et on
remarque dans tous ses ouvrages
beaucoup de goût, et une exacte
proportion dans toutes les parties.

PORCELLETS ( Guillaume
des ), né d'une ancienne famille de
Provence. Il avait le titre de seigneur d'Arles, et suivit, en 1265,
Charles Iᵉʳ, roi de Naples, dans son
royaume de Sicile. Il était un des
plus braves guerriers de son temps,
et il se distingua à la conquête de
Naples, qui lui mérita le titre de
chevalier et le gouvernement de
Pozzole. Sa probité, sa sagesse, et
la bonté de son caractère étaient
connues dans toute l'Italie ; et dans
les horribles *Vépres Siciliennes* il
fut le seul Français qui fut épargné,
Porcellets devait avoir des qualités
bien estimables, puisqu'un peuple
naturellement vindicatif, et si furieu-
sement prévenu contre les Français, lui donna un témoignage aussi
éclatant de sa vénération ; heureusement ce n'est pas le premier hommage que même les hommes les plus
farouches ont rendu à la vertu.

PORCELLUS ou PORCELLUS
( Pierre ), littérateur italien. Il naquit aux environs de Naples ; son
père était pâtre, et lui-même garda
les pourceaux, et c'est ce qui lui
fit donner le nom de *Porcellus*.
Un religieux franciscain s'apercevant, dit-on, du goût qu'il avait
pour la lecture, s'intéressa à lui, le

fit recevoir dans son couvent , où il
servait comme domestique, en même
temps qu'il s'instruisait dans les sciences , dans lesquelles il fit de rapides
progrès. Ces mêmes religieux qui
lui avaient donné une éducation ,
le tirèrent de l'humble état où il
vivait , et le produisirent dans le
monde. Ses talens lui méritèrent
bientôt la protection de plusieurs
seigneurs , et notamment celle de
Frédéric , duc d'Urbin , et célèbre
général ( mort en 1482 ), et du
comte Jacques Piccinino, qu'il accompagna , en 1452 , dans la guerre
des Vénitiens contre les Milanais.
Porcellus ne suivait pas les armées
comme guerrier, mais pour écrire
les exploits de son Mécène , qui
combattait à ses frais en faveur de la
république de Venise. Il écrivit donc
l'histoire du comte Piccinino , qui
jouissait de la bienveillance d'Alphonse, roi d'Aragon , auquel il
la dédia , sous le titre de *Commentaires du comte Jacques Piccinino,
appelé Scipion Emilien.* Muratori
publia ce morceau d'histoire , divisé
en 9 livres , en 1731, et dans le tome
20ᵉ de ses écrivains d'Italie. Malgré
l'exagération du titre et des éloges
qu'il prodigue à son héros, cet ouvrage est remarquable par la pureté et
l'élégance du style. Porcellus a composé aussi des *Epigrammes* , dont
la versification est pleine de verve et
de grâce. On les trouve dans la *Raccolta* , ou *Recueil de poésies* ,
1739 , in-8. La protection du comte
Piccinino lui fit donner accès à la
cour de Naples , où il devint secrétaire du roi, et mourut vers 1500.

PORÉE ( Charles-Gabriel ),
frère du jésuite de ce nom, naquit à
Caen en 1675. Ses parens voulant
lui donner une bonne éducation, le
pourvurent d'habiles maîtres ; mais
ceux-ci s'y prirent si mal , qu'ils lui

donnèrent pour l'étude un dégoût
qui dura jusqu'à 25 ans. A cet âge,
s'étant cassé une jambe , il fut contraint de recourir à la lecture , pour
dissiper l'ennui pendant sa conva-
lescence. L'application devint insensiblement un besoin pour lui , et
en peu d'années il recouvra le temps
qu'il avait perdu avec ses maîtres. Il
entra dans la congrégation des PP. de
l'Oratoire, mais son père l'en retira
pour le placer auprès de l'illustre
archevêque de Cambrai , en qualité
de bibliothécaire. Nommé curé dans
l'Auvergne , il y resta jusqu'en
1728 , époque à laquelle Louis XV
lui accorda un canonicat dans la
cathédrale de Bayeux ; il s'en démit
deux ans après ; mais il accepta ensuite la cure de Louvigny , près
de Caen , qu'il conserva jusqu'à sa
mort , arrivée le 17 juillet 1771. Il
avait été admis à l'académie de Caen
en 1740. Ses principaux ouvrages
sont : I *Examen de la prétendue
possession de Landes , diocèse de
Bayeux , et Réfutation d'un mémoire où l'on s'efforce de l'établir,*
1738 , in-8. Il composa cet ouvrage
conjointement avec Dudonet, médecin à Caen. II *La Mandarinade,*
ou *Histoire du mandarinat de
l'abbé Saint-Martin , connu dans
le 17ᵉ siècle par ses ridicules* , la
Haye , 1738-1739 , 3 vol. in-12.
On trouve dans son histoire beaucoup d'anecdotes amusantes sur
l'abbé qui en est le sujet, et dont
les extravagances fournirent , dit-on,
à Molière l'idée du *Bourgeois
gentilhomme.* Quoi qu'il en soit ,
on ne saurait pas trop approuver
qu'un ecclésiastique se soit vo-
lontairement chargé de tourner
en ridicule un autre ecclésiastique.
III *Lettres* ( au nombre de 4 ) *sur
les sépultures dans les églises,*
Caen , 1745 , in-12. L'auteur s'élève

contre l'usage d'inhumer dans les temples. On attaqua vivement cet ouvrage; l'auteur répondit par un petit opuscule intitulé *Observations*, etc. IV *Nouvelles littéraires de Caen*, de 1740 à 1742, 3 vol. in-8. C'est un recueil de pièces en prose et en vers des académiciens de cette ville. V 44 *Dissertations sur différens sujets*, lues à l'académie de Caen. L'une d'entre elles traite de la fabrication du cidre, et une autre de la conservation du linge. Il a laissé en outre, manuscrites, plusieurs *Corrections* et *Additions* pour une nouvelle impression du Dictionnaire de Trévoux. Elles étaient au pouvoir de M. P. A., son petit-neveu. L'abbé Porée avait beaucoup d'instruction, et écrivait avec correction et élégance.

PORPORATI ( B. ), habile graveur, naquit à Turin en 1740. Il vint jeune à Paris, travailla long-temps chez Beauvadet, et a laissé plusieurs estampes qui décèlent un véritable talent. Les principales sont: *Susanne au bain*, d'après Santerre; *Agar renvoyée*, d'après le petit van Dick; le *Devoir naturel*, sur les dessins de Cignani. Il retourna dans sa patrie en 1780, fut pensionné de la cour, et grava la *Mort d'Abel*, *Páris et OEnone*, d'après le chevalier van der Werff; *Vénus et l'Amour*; la *Prêtresse compatissante*; le *Coucher*, etc. Porporati fut reçu à l'académie de Paris en 1773: il mourut en 1792. Son burin était léger, exact, et il donnait beaucoup de moelleux aux chairs, et de grâce aux draperies.

PORQUET ( Pierre-François ), naquit à Vire, en Normandie, le 12 janvier 1728. Ses parens étant fort pauvres, il dut son éducation à des personnes bienfaisantes; elles l'aidèrent également dans la carrière ecclésiastique, qu'il embrassa de pré-

férence. L'abbé Porquet était d'une taille fort petite, et d'une faible santé; aussi disait-il de lui-même qu'il n'était qu'empaillé dans sa peau. Malgré un abord peu prévenant, son esprit orné, et sa conversation spirituelle et agréable faisaient disparaître ce défaut. Il fut pendant quelque temps précepteur de M. de Boufflers, auquel il inspira le goût de la poésie. Ayant passé ensuite en Lorraine, on le présenta au roi Stanislas, qui le nomma son aumônier. Il jouit constamment des bonnes grâces de ce monarque. L'abbé Porquet cultiva avec succès la poésie: il donna plusieurs pièces à l'*Almanach des Muses*, et on distingue entre autres une *Ode sur le bonheur*, et des *Stances sur l'espérance*, où l'on trouve de l'élégance et beaucoup d'expression. Il est mort le 20 novembre 1796, âgé de 68 ans.

PORTA Jacques de la ), architecte milanais, né vers l'an 1540. Après avoir travaillé quelque temps en stuc, il étudia sous Vignole, et devint architecte de l'église de Saint-Pierre. Sixte-Quint ayant donné beaucoup de soins à l'embellissement de Rome, voulut avant de mourir *voûter* la fameuse coupole de l'église de Saint-Pierre, dont Michel-Ange avait formé le projet, et que la mort lui empêcha d'exécuter. La Porta et Dominique Fontana furent chargés de ce grand travail. Six cents hommes y travaillèrent jour et nuit, et au bout de 22 mois la coupole fut *voûtée*. La Porta continua également les travaux du Capitole d'après les dessins de Michel-Ange, et plaça les statues sur les balustrades qui terminent les trois superbes palais. Il finit aussi de construire la belle église de *Jésus* ( des PP. de la compagnie ) selon les plans de son maître Vignole. Il entreprit ensuite d'autres travaux qui font honneur à ses talens. Il mourut à Rome âgé de 63 ans.

PORTAL ( Paul ), chirurgien, naquit à Montpellier vers 1630, vint à Paris, où il termina ses études et se distingua dans la pratique des accouchemens. Il a laissé : I *Discours anatomiques sur le sujet d'un enfant d'une figure extraordinaire*, Paris, 1671, in-12. II *La pratique des accouchemens soutenue d'un grand nombre d'observations*, Paris, 1685, in-8; Amsterdam, 1690, in-8. Portal mourut à Paris le 1er juillet 1703. Quoique nous croyions qu'il répugne à la décence de recourir à un chirurgien, excepté dans les cas dangereux, pour assister à de semblables opérations, on ne peut refuser à Portal beaucoup d'habileté dans la partie qu'il avait entreprise.

PORTALIS ( Jean-Antoine-Marie ), ministre des cultes, etc., naquit à Beausset, en Provence, le 1er avril 1746. Il était issu d'une famille de robe très-estimée dans sa province, et lui-même se destina au barreau. A l'époque de la révolution il était avocat à Aix, et s'était rendu célèbre par plusieurs mémoires, et notamment par celui intitulé : *Consultation sur la validité des mariages des protestans en France*, Paris et la Haye, 1771, in-12. Il fut nommé député du département de la Seine au conseil des anciens en 1795. Il y développa un caractère plein de modération, et se montra constamment opposé au parti directorial. Le directoire voulait s'arroger le droit d'élection, et Portalis opina sur ce droit le 15 décembre de la même année. « Ce »serait, dit-il, compromettre cette »autorité que de lui donner la fa-

»culté proposée : en admettant le pré-»texte de la tranquillité publique »pour violer un article de la cons-»titution , bientôt on pourra en »violer un autre, et ainsi tout sera »livré à l'arbitraire.» Il fut nommé secrétaire le 17, et le 27 février 1796 il fit un rapport verbal sur la résolution de rayer la liste des émigrés; et il combattit en même temps le projet de donner au directoire le pouvoir de statuer sur les radiations. Il prouva victorieusement que l'intérêt du gouvernement lui-même y était opposé, et que les tribunaux étaient les juges naturels de ces contestations comme de toutes les autres. Malgré la noble franchise de ses discours, qui auraient paru blesser les intérêts ou les prétentions du directoire, il fut président le 19 juin 1796; et le 25 août il s'opposa à l'impression d'un discours de Creuzé-la-Touche contre les prêtres. Le lendemain il présenta un rapport exact des lois rendues sur cet ordre; il se plaignit des sermens exigés d'eux, plus encore des peines prononcées contre ceux qui, obéissant à leurs consciences, avaient refusé de les prêter. Il assimila, avec assez de justesse, les mesures proposées à leur égard, à celles adoptées pendant le règne de la *terreur*, et cita J.-J. Rousseau, qui, philosophe lui-même, disait « que si les phi-»losophes avaient jamais l'empire, »ils seraient plus intolérans que les »prêtres.» Il n'est plus temps de détruire, il est temps de gouverner. Il fut un de ceux qui déclamèrent le plus vigoureusement contre la loi du 9 floréal an 4 ( 28 avril 1796 ), qui ordonnait le partage des biens des ascendans d'émigrés; loi qui dépouillait de leur vivant des vieillards innocens, et qui était en opposition avec un des premiers principes des législateurs, qui est que les crimes sont personnels. Il attaqua, le 30 novembre 1796, la loi du 3 brumaire, dans ses articles concernant les parens d'émigrés, comme proclamant l'intolérance, poursuivant en masse tous les citoyens, « faisant des privilégiés, des suspects, »des mécontens et des esclaves. » Il démontra que l'amnistie du 4 brumaire était *absolue*, et dit : «Que si elle pouvait subsister encore »après le rejet de la résolution, elle »subsisterait oubliée, déshonorée, »comme une loi de colère, comme »le dernier acte de la vengeance »d'un parti, et que le 1er germinal, »époque des élections, elle serait »anéantie par la volonté du peuple, »par cela même qu'elle ne serait »pas offerte à l'acceptation d'un sou- »verain. » Dans le courant de février il fut désigné dans le plan de conspiration de Lavilleheurnois, comme devant remplacer Cochon dans le ministère de la police. Il s'opposa ensuite à ce que les électeurs fussent astreints à prêter le serment civique. Le 25 juillet il vota contre les sociétés populaires. Bientôt après il fut inscrit dans la liste de déportation du 18 fructidor an 5 (4 septembre 1797). Il fut rappelé en France après la révolution du 18 brumaire (9 novembre 1799), et il y arriva le 13 février 1800. Le 3 avril on le nomma commissaire du gouvernement près du conseil des prises, et il entra dans le conseil d'état vers la fin de la même année. Il présenta différens projets de loi au corps législatif, et défendit plus particulièrement celui relatif à l'établissement des tribunaux spéciaux, qui éprouva une forte opposition. En août 1801, Portalis fut mis à la tête de toutes les affaires concernant les cultes. Peu de temps après, il présenta le projet du code civil. Le 5 avril il prononça devant le corps législatif un discours dans lequel il exposait les motifs qui avaient amené le concordat, et « les principes qui avaient dirigé la rédaction de cet acte, par lequel étaient fixés sur une nouvelle base l'exercice et les formes du culte catholique en France.» En 1803 il fut élu candidat au sénat conservateur, et en juillet de l'année suivante on le nomma définitivement ministre des cultes. Le 1er février 1805 il fut créé grand officier de la Légion-d'Honneur. Portalis était attaqué depuis long-temps d'une cruelle ophthalmie, il se fit opérer; et le 2 janvier il prononça à l'Institut, dont il était membre, l'éloge d'Antoine-Louis Séguier, avocat au parlement de Paris, et successeur de Fontenelle à l'académie française : cet éloge a eu deux éditions. A son ophthalmie qui le tourmentait continuellement, se joignit enfin une infirmité assez grave qui le conduisit au tombeau le 25 août 1807.

PORTE (Pierre de la), naquit vers l'an 1603. A l'âge de 18 ans il entra au service d'Anne d'Autriche, et obtint la charge de portemanteau de la reine. Il se dévoua entièrement aux intérêts et aux vues de cette princesse, et il était l'agent de la correspondance qu'elle entretenait avec madame de Chevreuse et avec l'Angleterre. Par des motifs de famille, Louis XIII renvoya en 1624 un grand nombre de serviteurs de son épouse, parmi lesquels on comprit la Porte l'un des premiers. La reine lui fit aussitôt parvenir de l'argent, et le fit recevoir dans la compagnie des gendarmes commandés par le comte d'Estaing. Six mois après, le roi lui permit de reprendre sa charge auprès de la reine. Mais étant devenu suspect, et non sans raison, au cardinal de Richelieu, ce ministre le fit arrêter en août 1637, conduire à la Bastille, et enfermer dans un cachot, naguère occupé par un certain Dubois qu'on venait de mener au supplice. La Porte lui-même rapporte dans ses *Mémoires*, « que le crime de ce Dubois était » d'avoir trompé le roi et le cardinal » de Richelieu. » En racontant ce fait, la Porte semble avouer son propre crime. On supposait à la reine des intelligences secrètes contre le roi et son ministre, et on désignait la Porte pour son confident intime. Celui-ci subit plusieurs interrogatoires à la Bastille, et en présence du cardinal lui-même. On força la reine à lui écrire qu'elle avait tout avoué, et qu'elle l'engageait à tout dire; mais ce moyen, les promesses, les menaces de la torture et du dernier supplice, rien ne put lui arracher un mot qui compromît la reine. Cependant, la Porte était sûr qu'on n'aurait jamais pu lui apporter des preuves convaincantes sur le délit dont on l'accusait. On s'était emparé de ses papiers; mais ceux qui pouvaient déposer contre lui étaient cachés dans un trou de sa chambre, et ne furent pas trouvés. Pendant ce temps, le roi, par les conseils de M<sup>lle</sup> la Fayette, qui avait abandonné la cour pour embrasser la vie religieuse, s'était rapproché de son épouse, qui devint enceinte; et cet événement accrut son autorité. A sa médiation, la Porte sortit de la Bastille le 12 mai 1638, et fut exilé à Saumur. Le cardinal de Richelieu, témoin de la fidélité et de la discrétion peu communes de la Porte, chercha à l'attacher à son service; mais toutes ses démarches furent inutiles. Après

l'accouchement de la reine, ayant obtenu la liberté de se promener dans les environs de Saumur, la Porte en profita pour faire secrètement plusieurs voyages en France. Le cardinal mourut en 1742, et Louis XIII en 1643. Anne d'Autriche, devenue régente, reprit la Porte à son service, et en le revoyant pour la première fois : «Voilà » ce pauvre garçon, dit S. M., qui a » tant souffert pour moi, et à qui » je dois ce que je suis à présent. » Elle lui donna aussitôt la charge de premier valet de chambre du jeune prince son fils, depuis Louis XIV, et le présenta au cardinal Mazarin, qui jouissait d'un grand crédit auprès de la reine. Celui de la Porte ne dura pas long-temps. Soit qu'il osât faire quelques observations à Anne d'Autriche sur la confiance qu'elle accordait au cardinal, soit qu'on l'accusât d'un crime contre le jeune prince, et dans lequel il n'avait pas eu la moindre part, la reine commença à le regarder de mauvais œil. Forcé à déclarer l'auteur du délit, il balança cinq jours, et se détermina enfin à le découvrir à la reine : dès qu'il l'eut nommé, la Porte fut disgracié. Il écrivit ensuite à cette princesse une lettre justificative où l'on remarque entre autres le passage suivant : «Le » jour de la Saint-Jean, le roi, après » son dîner, me commanda de lui » faire apprêter son bain sur les six » heures dans la rivière; ce que je » fis : et le roi en y arrivant me parut » plus chagrin qu'à l'ordinaire; et » comme nous le déshabillions, l'attentat manuel qu'on venait de commettre sur sa personne parut si » visiblement, que Bontemps le père » et Moreau le virent comme moi; » mais ils furent meilleurs courtisans » que moi. Mon zèle et ma fidélité

»me firent passer par-dessus toutes »les considérations qui devaient me »faire taire. » Malgré ses protestations, la Porte perdit sa place et plusieurs années d'appointemens. Anne d'Autriche étant morte en 1666, Louis XIV, qui connaissait son innocence, le rappela, et lui fit l'accueil le plus favorable : on ne lui rendit cependant pas ce qu'il avait perdu par trop de zèle et de fidélité. Il mourut le 13 septembre 1680, âgé de 77 ans. Il a laissé écrit les événemens de sa vie, publiés sous le titre de *Mémoires de M. de la Porte, premier valet de chambre de Louis XIV, contenant plusieurs particularités des règnes de Louis XIII et de Louis XIV*, Genève, 1755, petit in-12. Ces Mémoires contiennent des détails assez curieux : l'auteur s'y montre très-attaché à ses maîtres, mais on ne peut louer en lui son dévouement servile pour Anne d'Autriche, aux ordres de laquelle il aurait tout sacrifié.

PORTEOUS (Beilby), lord évêque de Londres, se distingua dans l'église anglicane par ses talens, ses ouvrages et ses succès dans la prédication. Il fut d'abord chapelain du roi, puis curé de Lambeth; enfin évêque de Chester, d'où il passa sur le siége anglican de Londres, après le célèbre Lowth. On a de lui : I une *édition* d'un ouvrage intitulé *Courte réfutation des erreurs de l'église romaine, extraite de cinq sermons de Thomas Secker, archevêque de Cantorbéry*, 1782. II Dix-huit *Discours* prêchés par lui (Porteous) à Lambeth, 1783, 1 v. Il y établit l'évidence morale et naturelle d'une vie future, indépendamment de la révélation. A ce volume il en ajouta un second en 1794. III *The beneficial effects of chris-*

*tianity on the temporal concern of mankind, proved from history and from facts*, London, 1606, in-8; traduit en français par les soins des éditeurs du *Monthly repertory*, sous ce titre : *Heureux effets du christianisme sur la félicité temporelle du genre humain, prouvés par l'histoire et les faits, suivis des principales preuves de la vérité et de la divine origine de la révélation chrétienne*, Paris, 1808, petit in-8. Cet ouvrage, d'ailleurs assez court, est fait dans le meilleur esprit, et, comme l'a remarqué un critique, « il faut que le mot de *papisme* ait échappé au bon et respectable évêque, pour qu'on ait pu deviner que l'auteur de cette production, qui annonce une plume véritablement chrétienne, appartenait à une communion dissidente. » Porteous cependant était très-attaché à l'église établie, ce qui rend sa modération encore plus louable. On dit qu'il avait la confiance de George III, et l'on croit qu'il ne fut point étranger aux dispositions de ce monarque envers les catholiques. Outre les ouvrages ci-dessus mentionnés, il a laissé plusieurs *Mandemens*, dont quelques-uns *sur l'incrédulité*. Il mourut le 14 mai 1809.

PORTO MAURIZIO ( Léonard de ), religieux de l'institut des frères mineurs réformés de saint François, ainsi nommé de son lieu natal, *Port-Maurice*, ville ducale de l'état de Gênes, était né le 20 décembre 1676. Il était de la famille de *Casa Nuova*, qui occupait d'honorables emplois dans cette ville. Il avait à peine 12 ans lorsqu'il fut envoyé à Rome, près d'un oncle qui prit soin de son éducation. Il fut mis sous la direction d'un prêtre pieux, qui lui enseigna les premiers élémens des sciences, et fortifia dans son jeune esprit les principes religieux. Quand il fut assez avancé, il passa au collége Romain tenu par les jésuites, et y fit ses humanités et sa philosophie. Pendant tout ce cours d'études, il se distingua par son application et sa piété. A l'âge de 21 ans, il résolut de quitter le monde, et prit le 2 octobre 1697, l'habit monastique chez les religieux réformés franciscains. Ordonné prêtre en 1712, il se dévoua à l'œuvre des missions, et continua pendant 40 ans, c'est-à-dire tout le reste de sa vie, l'exercice de ces fonctions pénibles. Il parcourut l'état de Gênes, la Toscane, la Corse, les états romains, laissant partout des marques de son zèle et des fruits de son apostolat. A Rome il établit au Colysée, si souvent arrosé du sang des martyrs, la dévotion connue sous le nom de *Chemin de la Croix*. Il mourut dans cette capitale au couvent de Saint-Bonaventure, le 26 novembre 1751, à l'âge de 75 ans. Il fut regretté de Benoît XIV, qui souvent était allé l'entendre. Lorsque ce pape apprit la mort de ce Père, il rendit un témoignage public à ses vertus, et parla de lui de la manière la plus honorable. On a du P. Léonard de Port-Maurice : I *Il Tesoro nascosto, ovvero Pregi ed eccellenze della santa messa*, Rome, 1737. L'ouvrage est dédié à Clément XII. Il *Manuale sacro, ovvero Raccolta di varj documenti spirituali per le monache*, Venise, 1734. III *Direttorio della confessione generale*, Rome, 1739. IV *La Via del paradiso, considerazioni sopra le massime eterne, e sopra la passione del Signore*, Bergame, etc. Le P. Léonard avoue devoir beaucoup au P. Paul *Segneri*, et avoir souvent profité de ses ouvrages dans ses sermons et autres compositions. On a réuni tous les écrits

du P. Léonard en deux vol., sous le titre d'*OEuvres morales*, etc., Venise, 1742, plusieurs fois réimprimées ailleurs. Le P. Raphaël de Rome, du même ordre, a écrit sa *Vie*, 1753. On dit qu'on s'occupe de sa béatification.

POSTHUMIUS (Lucius). Il fut nommé consul après la bataille de Cannes (217 ans avant J.-C.), et partit pour les Gaules avec une armée; les Boïens, qui habitaient le Bourbonnais, le battirent complétement. Posthumius, couvert de blessures, expira sur le champ de bataille; les Gaulois lui a... coupé la tête, la portèrent e... mphe dans leur temple, et le crâne du général romain devint un vase sacré dans lequel ils offraient des libations à leurs dieux. Ces exemples de superstition atroce étaient assez communs parmi ces peuples barbares.

POTOCKI ( le comte Stanislas-Félix ), grand maître de l'artillerie polonaise, naquit à Cracovie en 1738. Il jouissait d'une fortune immense et d'une grande considération; il était partisan déclaré de l'ancienne aristocratie, et, au moment des troubles de 1788, il s'opposa de toutes ses forces à la diète qu'on avait assemblée, et qui essaya, en mai 1791, de donner à la Pologne une constitution monarchique. Cependant, plus ennemi du roi Stanislas-Auguste, son souverain, qu'attaché à l'ancien gouvernement démocratique, il seconda les vues de la Russie qui voulait tenir la Pologne dans l'abaissement. En mai 1792, Potocki publia à Targowitz, conjointement avec Rezwuski et Braniski, un *manifeste* contre la nouvelle constitution. Il suivit l'armée russe, avec l'appui de laquelle il porta le faible Stanislas à accéder lui-même au manifeste de Targowitz, qui donna lieu à la diète de Grodno, formée par l'influence de Potocki, sous les auspices de la Russie ; on y annula la constitution de l'année précédente, et l'on signa le partage du pays. On avait cru que Potocki n'avait réclamé ce secours de Pétersbourg, que pour ravir la couronne à Poniatowski. En 1793, il se chargea de plusieurs missions auprès de Catherine II, et, pendant toute cette année, il exerça une grande influence en Pologne ; mais en 1794, Kosciusko, Kolontay, Ignace Potocki et presque tous les Polonais ayant pris les armes contre la Russie, on instruisit le procès du comte ▓▓▓▓ ; il fut déclaré *traître à la patrie ;* on confisqua tous ses biens, et, comme il était absent, on le pendit en effigie. Potocki avait accepté en 1793 l'ordre de Saint-Alexandre de Newski, et en 1795, Catherine II le nomma général en chef de ses armées. Après le partage définitif de la Pologne, il se retira dans sa terre, où il vécut oublié, et y mourut en juillet 1803.

POTT ( Perceval ), habile chirurgien anglais, naquit à Londres en 1713, fut élève du célèbre Nousse, chirurgien en chef de l'hôpital de Saint-Barthélemy. Pott commença à exercer son art en 1736, dans ce même hôpital, et il y fut attaché toute sa vie. Il s'appliqua d'abord à écarter les anciennes pratiques barbares, qu'il remplaça par d'autres moins douloureuses ou plus promptes; et il eut la satisfaction de voir adopter sa nouvelle méthode. Une chute qu'il fit de cheval, dans laquelle il se fracassa une jambe, lui donna le loisir de composer le plan pour son *Traité des hernies.* Ses leçons étaient très-suivies, et on remarquait en lui beaucoup de précision dans les idées, de pureté dans le style, et

de grâce dans les expressions. La société royale de Londres l'admit parmi ses membres en 1746, et il mourut en 1788, âgé de 75 ans. Ses principaux ouvrages sont : I un *Mémoire sur les tumeurs qui ramollissent les os,* dans les *Transactions philosophiques,* 1741, n° 459. II *Traité des hernies,* 1756-1763, in-8. III *Mémoire sur une espèce de hernie particulière dans les enfans nouveau-nés, qui se présente quelquefois dans les adultes,* 1756, in-8. IV *Observations sur la fistule lacrymale,* 1758, in-8. V *Observations sur les blessures et les contusions de la tête,* 1760; avec des additions, 1768. VI *Remarques pratiques sur l'hydrocèle.* VII *Méthode pour guérir l'hydrocèle à l'aide d'un séton,* 1772, in-8. VIII *Observations sur la cataracte, le polype du nez, le cancer du scrotum, et sur différentes espèces de hernies, etc., etc.* Les ouvrages de Pott ont été imprimés de son vivant, en 1 vol. in-4. Son gendre en a donné une édition corrigée et augmentée, avec la vie de l'auteur, Londres, 1790, 3 vol. in-8, traduite en français, et publiée en 1777 et 1792, 3 vol. in-8. Pott était doué d'un jugement sain, et avait une grande dextérité de la main. Tous ses ouvrages sont écrits d'un style correct et élégant.

POTTER (Robert), théologien anglican, fit ses études à Cambridge, au collège d'Emmanuel, et y prit le degré de maître ès arts. Il obtint en 1788 la cure de Lowestoff au comté de Suffolk, et fut ensuite nommé à un canonicat de Norwich. Il paraît qu'il s'occupa beaucoup plus de littérature que de théologie, du moins on ne trouve cité de lui aucun ouvrage du dernier genre; mais il acquit de la célébrité par le mérite de ses *Traductions*. Il a donné en anglais celles de *Sophocle*, d'*Euripide* et d'*Eschyle*. Il prit le parti du poëte Gray contre Johnson, et mourut en 1804.

POUCHARD ( Julien ), naquit en 1656 , près de Domfront en basse Normandie. Il étudia la philosophie, l'histoire, les antiquités, et possédait l'hébreu , le grec et le latin. Il fut reçu en 1701 à l'académie des inscriptions et belles-lettres , et il obtint , en 1704, la chaire de langue grecque au collége royal. Il mourut l'année suivante, à l'âge de 49 ans. On a de lui : I *Discours sur l'antiquité des Egyptiens*. II Un autre *sur les libéralités du peuple romain*. On les trouve dans les *Mémoires* de l'académie. Il a laissé en manuscrit une *Histoire universelle , depuis la création du monde jusqu'à la mort de Cléopâtre*. Il aurait mieux valu dire jusqu'au règne d'Auguste.

POUFFIER (Hector-Bernard), né à Dijon en 1658. Il suivit le barreau, et fut le doyen du parlement de sa ville natale; il fonda par son testament (imprimé en 1736) l'académie de Dijon , et lui légua des fonds nécessaires pour les prix et les exercices. Il mourut en 1732.

POULLAIN DU PARC (Augustin-Marie), jurisconsulte distingué , naquit à Rennes en 1710. Après s'être distingué au barreau, il n'y parut plus que pour des procès de la plus grande importance , et il se consacra à l'enseignement public et à la rédaction de ses ouvrages, qui furent tous très-recherchés. Il eut le grand mérite d'éclaircir, mieux que ne l'avaient fait ses prédécesseurs, les lois bretonnes. Poullain du Parc fut un des hommes les plus profonds dans la science du droit; il mourut dans sa patrie en 1782. Il a

publié : I *Commentaires sur les coutumes de Bretagne*, 1745, 3 vol. in-4. On les connaît plus généralement sous le nom de *Grande coutume*, pour les distinguer de l'ouvrage suivant du même auteur : II *La Coutume et la Jurisprudence coutumière de Bretagne dans leur ordre naturel*, 1752. III *Observations sur les ouvrages de Perchambault de la Bigottière*, 1776, in-12. IV *Principes du droit français suivant les maximes de Bretagne*, 12 vol. in-12, etc., etc.

POULLETIER DE LA SALLE (François-Paul), médecin, naquit à Lyon le 30 septembre 1719. Il était fils de l'intendant de la généralité de cette ville, qui l'envoya à Paris pour y étudier le droit; mais le jeune Poulletier n'aimant pas cette étude, l'abandonna , s'attacha avec ardeur à celle de la médecine, et refusa des places importantes dans l'administration pour suivre son goût dominant. Ce fut un bienfait de sa part envers l'humanité , car il exerça son art gratuitement et au soulagement des pauvres. Il établit dans les faubourgs de Paris trois hospices où ils étaient reçus et soignés à ses dépens. Poulletier était lié d'une amitié intime avec Macquer, et l'aida à rédiger son Dictionnaire, sans qu'il lui permît de le nommer. Outre plusieurs manuscrits relatifs aux différentes branches de la médecine, il a laissé une bonne traduction de la *Pharmacopée du collége royal des médecins de Londres*, faite sur la seconde édition de Pemberton, Paris, 1761-1771, 2 vol. in-4. Il mourut en mars 1787 , à l'âge de 68 ans. Vicq d'Azir a composé l'*Eloge* de Poulletier.

POUTET (Joseph), naquit en 1738 à Metz, où il étudia les lois , et était avocat à l'époque de la révolution. Il parut d'abord en embrasser les principes, et en 1790, il fut nommé procureur général syndic du département de la Moselle. Il se fit remarquer dans cette place par autant de talent que de modération. Poutet, revenu de ses premières erreurs, avait l'esprit trop juste et le cœur trop droit pour approuver les mesures violentes qu'on employait dans ces temps calamiteux. Il se déclara contre les lois relatives à la vente des biens du clergé ; peut-être même il eut quelque part à une conspiration anti – révolutionnaire dans le département de la Moselle, et qui avait pour but de faire rapporter ces lois. Arrêté sur cette accusation pendant le règne de la *terreur*, il fut conduit à Paris, traduit devant le tribunal où siégeait le farouche Fouquier – Tinville, condamné à mort et exécuté le 30 mai 1794, peu de temps avant la chute de Robespierre. Il avait alors 56 ans.

POWEL (George), acteur et auteur dramatique anglais, naquit vers l'an 1650. Il fut sous le premier rapport le rival du fameux Belleston ; il le surpassa même. Le poëte Cibber le compare à Wilks, et fait de lui beaucoup d'éloges. Il excellait dans le haut tragique, et notamment dans les pièces du célèbre Dryden : comme auteur, il appartient aux poëtes anglais du second ordre. Powel eut toujours une vie assez régulière qui formait un contraste avec celle que menait son collègue Belleston. Il mourut en 1714. Il a laissé : *Alphonse, roi de Naples*, tragédie, 1691, in-4 ; *The treacherous Brothers*, ou *les Frères traîtres*, tragédie, 1696, in-4 ; *Avery good Wife*, ou *la véritable bonne Epouse*, comédie, 1693 ; *The Imposture defeated*, ou

*l'Imposture dévoilée*, 1698, etc.

POWNAL (Jean), célèbre antiquaire anglais, naquit en 1725. Il appartenait à une famille distinguée, suivit d'abord la carrière politique, et fut nommé gouverneur d'une des colonies anglaises dans l'Amérique. De retour en Angleterre, il se livra entièrement à l'étude, et fut reçu à Londres dans la société des antiquaires. Il vint en France en 1787, demeura quelques mois à Lyon, où il publia une savante dissertation sur l'arc de triomphe d'Orange. On trouve dans l'Archéologie britannique un grand nombre de *Dissertations* de cet écrivain laborieux. Il a laissé en outre un ouvrage très-estimé sur les antiquités anglaises. Jean Pownal est mort en 1795, âgé de 70 ans.

POWNAL ( Thomas ), de la même famille que le précédent, naquit à Londres en 1722. Il fut envoyé en 1753 en Amérique, en qualité de gouverneur de New-Jersey, et le fut ensuite de la province de Massachussets et de la Caroline méridionale où il passa en 1760. De retour en Angleterre, il devint contrôleur général des comptes de l'extraordinaire de l'armée d'Allemagne; il fut aussi membre de trois parlemens, et il se distingua toujours dans ces diverses fonctions, sans que pour cela il négligeât les lettres, qu'il avait cultivées dès sa première jeunesse. Dans un âge assez avancé, il quitta les affaires, et étant allé, pour cause de santé, aux eaux de Bath, il y mourut en 1805. Parmi ses nombreux ouvrages, nous citerons les suivans : I *Mémoires sur l'écoulement des eaux et sur la navigation*. II *Lettres à Adam Smith sur plusieurs passages de son livre* de la Richesse des nations. III *Description topographi-*

que d'une partie du nord de l'A-
mérique. IV *Traité des antiquités.*
V *Mémorial adressé aux souve-*
*rains de l'Europe.* VI *Le droit,*
*l'intérêt et le devoir du gouverne-*
*ment, relativement aux affaires*
*des Indes orientales.* VII *Notices*
*et descriptions des antiquités des*
*provinces romaines des Gaules.*
VIII *Physique, ou Médecine in-*
*tellectuelle.* IX *Essai concernant*
*la nature de l'être.* X *Traité de la*
*vieillesse,* qui est un de ses meilleurs ouvrages, et qui, seul, aurait
suffi pour établir la réputation de
Pownal.

PRATELLI (François-Marie),
chanoine de Capoue, où il naquit
vers 1700. Il fut considéré comme
un des hommes les plus érudits de
son siècle. Il a publié : I *Historia*
*principum longobardorum, quæ*
*continet aliquot opuscula de re-*
*bus longobardorum Beneventanæ,*
*olim provinciæ, quæ modo regnum*
*ferè èst Neapolitanum,* Naples,
1754, 5 vol. in-4. Cette même
histoire avait été publiée en 1643,
par Camille Pellegrini le jeune, de
Capoue ; elle comprenait depuis
720 jusqu'en 1137, et fut insérée
dans les collections historiques de
Burmann et de Muratori. Pratelli
l'augmenta considérablement, l'enrichit de plusieurs dissertations et de
la vie de Pellegrini. II *De' conso-*
*lari della provincia della Campa-*
*nia, dissertazione,* Naples, 1757.
III *La via Appia riconosciuta e des-*
*critta da Roma a Brindisi,* Naples,
1747, in-fol., fig. Pratelli mourut
en 1768.

PRATO VENTURA. *Voy.*
VENTURA.

- PRATO (Jérôme), prêtre de la
congrégation de l'Oratoire d'Italie,
naquit à Vérone dans le dernier
siècle. C'était un homme savant, du-

quel on a : I *De chronicis libris*
*duobus ab Eusebio Cæsariensi*
*scriptis et editis ; accedunt græca*
*fragmenta ex libro primo, olim*
*excerpta à Georgio Syncello,* Vérone, 1750. II *Sulpicii Severi*
*opera ad mss. codices emendata,*
*notisque observationibus et disser-*
*tationibus illustrata,* Vérone, 1754,
in-fol. Le P. Prato mourut en 1782.
Casimir Oudin, tome 2, *De scrip-*
*toribus ecclesiasticis,* page 568,
d'après Barthélemi Albizzi, auteur
des *Conformités de saint François,*
fait mention d'un autre PRATO (Ar-
lotto), frère mineur et élu en 1225,
général de son ordre, auquel le
même Albizzi attribue l'ouvrage intitulé, *Concordantiæ bibliorum sa-*
*crorum,* contre l'ancienne opinion
qui le donne à *Ugo de sancto*
*Charo,* ou *de sancto Theuderio*
de l'ordre de Saint-Dominique ;
sur quoi on peut consulter Echard,
*De Scriptoribus ordinis prædica-*
*torum,* tom. 1er, pag. 203 ; et Wadding, *Scriptores ordinis minorum,*
pag. 40, qui cite en faveur de *Pra-*
*to,* Trithème et d'autres.

PRESEVOT ( Joseph ), jurisconsulte, naquit en 1740 à Dijon,
fut avocat, et ensuite président au
parlement de cette ville, où il mourut vers 1800. On a de lui : I *Cours*
*d'étude sur les lois nouvelles,*
Dijon, 1790, 1 vol. in-8. Il cultiva
la poésie, et composa plusieurs comédies qui ne furent pas imprimées.

PRESSY ( François - Joseph
Gastou de Partz de ), évêque de
Boulogne, était né dans ce diocèse
au château d'Esquires, en 1712. Il
fut élevé au séminaire de Saint-Sulpice, où il se forma à l'esprit ecclésiastique, par lequel il se distingua
pendant tout le cours de sa vie. Il
fit sa théologie en Sorbonne, s'appliqua avec soin à cette étude, et se

rendit habile dans cette science. Il fut nommé évêque de Boulogne le 24 décembre 1742, en même temps que l'abbé de Pompignan, évêque du Puy, et sacré le 15 septembre 1743. Ce sont les deux derniers évêques que nomma le cardinal de Fleury, mort le 29 janvier de cette année. L'abbé de Pressy signala son épiscopat par toutes les vertus qui recommandent un évêque. Il fit dans son diocèse des établissemens utiles, maintint la discipline ecclésiastique parmi son clergé, l'affermit par des statuts synodaux, à l'exécution desquels il tint la main, établit des retraites auxquelles lui-même assistait, fonda un petit séminaire, veilla à l'instruction des jeunes clercs qu'on y admettait, et ne laissa jamais manquer ses ouailles de celle qui leur était nécessaire. Sa charité n'avait point de bornes; non-seulement les pauvres de son diocèse se ressentaient de ses libéralités, elles s'étendaient au dehors et souvent au loin. Il fournissait des sommes pour la rédemption des captifs. Il entretenait des catéchistes dans les missions étrangères, et il n'était aucune bonne œuvre à laquelle il ne s'empressât de coopérer. En 1752, il adhéra à la lettre de 21 évêques, en date du 11 juin, adressée au roi en plainte des usurpations du parlement sur l'autorité ecclésiastique. Il s'exprima avec énergie sur le même sujet dans un de ses mandemens, que le corps, contre les prétentions duquel il s'exprimait, ne manqua pas de supprimer. M. de Boulogne fut membre de l'assemblée générale du clergé de 1760, et partagea les efforts qu'elle fit pour arrêter les progrès de l'incrédulité. Il publia différens mandemens pour en préserver son diocèse. Les principaux de ces écrits sont : I un *Mandement pour le renouvelle-*

*ment public et annuel des vœux du baptême*, 1758. II Un autre *sur les Conférences ecclésiastiques*, 1765. III Un *sur l'obligation d'instruire et sur la fête du sacré cœur*, 1766. IV Un *pour l'Adoration perpétuelle du Saint-Sacrement*, 1775. V Un, en 1776, *pour la pratique du souvenir de la mort de J.-C.*, à quoi il faut ajouter: VI Des *Instructions pastorales et des dissertations théologiques sur l'accord de la foi et de la raison dans les mystères, considérés en général et en particulier*, 2 vol. in 4. Ces instructions furent répandues à diverses dates; il y est traité des *Mystères en général et de chacun en particulier, de la grâce, de l'eucharistie, de la création*, etc. Les matières y sont discutées, et les preuves établies. Une critique sévère pourrait trouver dans ces écrits de la diffusion, et quelquefois une métaphysique un peu obscure; mais l'un de ces défauts tient à la nature du sujet, et l'on est quelquefois obligé d'être diffus afin de se faire entendre, surtout du peuple pour qui cet excellent évêque écrivait. Il mourut en octobre 1789, au moment où la révolution offrait déjà un aspect sinistre. Il eut pour successeur M. Asseline, que la persécution força bientôt d'abandonner son troupeau.

PRÉVILLE ( Pierre - Louis Dubus de ), acteur français, né à Paris en 1721. Il appartenait à une famille honnête, qui le destinait à l'état ecclésiastique. Ayant commis quelques écarts de jeunesse, il quitta la maison paternelle, et fut contraint, pour vivre, de servir d'aide à des maçons. Le hasard lui fit connaître un comédien, qui s'intéressa à sa position, et le fit admettre dans sa troupe. Préville parut avec succès à Strasbourg, à Dijon, à Rouen, à Lyon, et devint directeur du spectacle de cette ville. La réputation qu'il acquit de bon acteur l'appela dans la capitale : il y débuta à la Comédie française le 20 septembre 1753. Il joua à Fontainebleau dans le *Mercure galant*, et eut le bonheur de plaire à Louis XV, qui ordonna qu'on reçût Préville au nombre de ses comédiens ordinaires. Il réussissait également dans les rôles de valet et dans ceux de père. Les pièces où il obtint le plus d'applaudissemens furent le *Mercure galant*, *Turcaret*, *Amphytrion*, le *Mariage de Figaro*, le *Bourru bienfaisant*, etc. Il quitta le théâtre en 1786, y reparut en 1792, et se retira ensuite à Beauvais, où il mourut aveugle, en décembre 1799, à l'âge de 78 ans.

PREVOST-CABANIS ( Jean-François ), conseiller d'état à Genève, où il naquit vers 1740. Le ministre Vergennes ayant été envoyé à Genève pour changer la constitution de cette république, Prevost-Cabanis soutint avec énergie le parti de ses concitoyens contre l'influence du cabinet de Versailles. Ami de l'ordre et de la paix, il voulut, pendant les troubles de 1794, s'opposer à la licence qui suivit la prise d'armes du 19 juillet. Le peuple l'arrêta, et le traduisit devant plusieurs tribunaux, où il fut toujours acquitté. Mais il avait de puissans ennemis, qui s'en emparèrent et le firent fusiller dans le soir du 24 juillet de la même année. Instruit du sort qui l'attendait, il écrivit à son fils pour lui ordonner de toujours servir sa patrie, quelque ingrate qu'elle eût été envers lui.

PREVOST D'EXMES ( A. le ), naquit à Caen le 29 septembre 1729. Il passa en Lorraine, et entra dans les gardes du corps de Stanislas, roi de Pologne. Il cultivait les lettres avec succès, et se fit connaître par une *Ode* qui obtint une mention honorable à l'académie de Nancy. Il donna aussi quelques comédies, qui furent bien reçues du public. Encouragé par ces essais, il quitta le service pour se fixer à Paris, et donna aux Italiens les *Thessaliennes*. Peu de temps après, il obtint une place qui réparait en partie la perte de sa fortune, qu'avaient engloutie plusieurs faillites. La révolution le priva de cette seule ressource, et le plongea dans la plus affreuse misère. Naturellement timide, et n'osant confier sa détresse à ses plus intimes amis, il se vit contraint, en 1793, de se retirer à l'hospice de la Charité, à Paris, où il mourut vers 1799. Il a laissé : I *Les trois Rivaux*, opéra comique; *la nouvelle Réconciliation*, comédie en un acte, jouée sur le théâtre de Lunéville; *les Thessaliennes*, comédie en 3 actes, 1752. II *Rosel ou l'Homme heureux*. On trouve dans cet ouvrage, d'ailleurs très-bien écrit, de sages conseils qu'un père donne à son fils. III *Vies de Lulli et de Julien-le-Roi*, insérées dans le Nécrologe des hommes de lettres. IV *Elémens du Parnasse*, qu'il rédigea pendant plusieurs années. V *Trésor de la littérature étrangère*, qui eut beaucoup de succès, et dont on aurait souhaité la continuation. Prevost a travaillé au Journal des spectacles, et fait les paroles des oratorios pour les concerts spirituels. Il avait laissé manuscrite une *Histoire* de la dernière guerre ( 1779 ) de l'empereur d'Autriche contre les Turks.

PRICE ( Richard ), ministre dissident, et célèbre écrivain politique, naquit à Wales vers 1723.

En 1764, il fut admis dans la société royale, et reçu docteur en théologie en 1770. Il publia en 1772 son *Appel au public sur la dette nationale*, et en 1773 et 1774 il devint le champion des *dissidens*, contre l'acte sur le *Test*. Pendant plusieurs années il exerça son ministère dans la congrégation des *dissidens* de Newington-Green, et dans celle d'Hackney. Il publia en 1776 ses excellentes *Observations sur le gouvernement civil*, qui lui méritèrent les remercîmens et une tabatière d'or du conseil des communes de la ville de Londres. Cet ouvrage renferme les principes sur lesquels est établie l'autorité législative de la Grande-Bretagne sur ses colonies. Price était d'un caractère doux et bienfaisant, et mourut en 1792, à l'âge de 68 ans. On a de lui un grand nombre d'ouvrages, dont les principaux sont : I *Revue des principales questions en morale*, Londres, 1758, in-8. II *Quatre dissertations sur la Providence, la prière, l'attente d'une meilleure vie, et l'importance du christianisme*, ibid., 1762. III *Observations sur la nature de la liberté civile, les principes du gouvernement, et la justice de la guerre contre l'Amérique*, 1776, in-8. IV *Correspondance avec le docteur Priestley sur la doctrine du matérialisme*, ibid., 1778, in-8. V *Essai sur l'état présent de la population en Angleterre et dans le pays de Galles*, ibid., 1779, in-8. VI *État des finances et de la dette publique, à la signature des préliminaires de la paix*, ibid., 1783. VII *Sur l'importance de la révolution de l'Amérique, et les moyens de la rendre utile au monde*, ibid., 1785, in-8, etc.

PRIESTLEY (Jean), ministre

d'une congrégation dissidente, et célèbre *unitaire*, naquit vers 1734, et se fit connaître par un grand nombre d'ouvrages où le savoir ne manque point, mais qui ne sont pas toujours d'accord les uns avec les autres. Zélé pour l'*unitarianisme*, il rejetait les dogmes et les mystères qui sont opposés à ce système. Ainsi pour lui, ni trinité, ni incarnation, ni par conséquent divinité de Jésus-Christ. Il voulait néanmoins un culte, des prières, une liturgie, et il donna tout cela de sa façon au petit troupeau qu'il gouvernait. Il eut des démêlés avec presque tous les écrivains de son temps, avec les docteurs Horsley, au sujet de la trinité et de la divinité de Jésus-Christ; avec l'archevêque Newcome, sur la durée du ministère du Sauveur; avec Witaker, avec Packhurst, avec le juif David Levi, avec Wakefields, etc.; il s'éleva aussi contre les incrédules du jour, contre Gibbon, contre les disciples du rêveur suédois Swedenborgh, contre Thomas Payne et son *Age de raison*, contre Volney et ses *écrits*, etc. Son enthousiasme pour la révolution française lui occasiona de fâcheux désagrémens. On pilla sa maison et sa bibliothèque. Il prit le parti de se retirer aux États-Unis, et mourut à Northumberland le 5 février 1804. On a de lui : I *Histoire des corruptions du christianisme*, 1782, Il y expose les altérations qu'il prétend avoir été faites à la doctrine primitive. II *Lettres à un philosophe incrédule*, et beaucoup d'autres écrits, etc. Il rédigeait un journal intitulé *Magasin théologique*. Homme instruit, mais bizarre et inconséquent, bâtissant d'un côté, puis détruisant l'édifice qu'il avait élevé, rarement d'accord avec le bon sens, et plus rarement encore avec lui-même, faisant abus de son talent, et ne sachant le plus souvent ni où il voulait aller, ni où il fallait s'arrêter.

PRIMAUDIE (Pierre, seigneur de la), naquit en 1546. Il possédait aussi la seigneurie de Barrée en Anjou, et embrassa de bonne heure la carrière des armes; il cultiva en même temps l'étude de la morale et des antiquités. Son courage et ses talens lui captivèrent la bienveillance de Henri III, qui le nomma gentilhomme ordinaire de sa chambre. Il composa un ouvrage assez volumineux qu'il dédia au roi, et qui a pour titre : *Académie française en laquelle est traité de l'institution des mœurs et de ce qui concerne le bien et heureusement vivre en tous états.* Ce livre eut beaucoup de succès, fut imprimé en 1577-1759, augmentée d'un volume, 1581-1613, in-4. Quoique l'ouvrage de Primaudie manque et de la profondeur et de l'énergie qui forment le principal mérite des *Essais* de Montaigne, on y trouve cependant de bons principes de morale et de politique, sagement appliqués, et appuyés par plusieurs traits historiques. Indépendamment de ces qualités, on y remarque encore de la facilité dans le style et beaucoup d'érudition.

PRIMAUDIÈRE (François), député à la convention nationale et au conseil des anciens, naquit vers 1750. Il exerçait à Sablé la profession d'avocat au moment de la révolution, dont il embrassa la cause avec ardeur. En septembre 1792, il fut élu par le département de la Sarthe, député à la convention nationale, où il ne se fit guère remarquer. Lors du procès de Louis XVI, il vota pour la *mort* de ce prince, et s'opposa vivement à l'appel au peuple et au sursis. Après la session, il passa au conseil des anciens, et il en sortit le 20 mai 1798. Il fut nommé contrôleur des dépenses de l'armée française en Italie; se retira ensuite à Sablé, où il mourut en janvier 1816. Quelques journaux annoncèrent sa mort de la manière suivante : « M. le curé apprenant que »M. Primaudière était dangereuse-»ment malade, alla le voir. Il l'en-»gagea à reconnaître ses erreurs, à »détester son *vote* régicide, et par-»vint enfin à toucher son cœur. M. le »curé déclara alors au malade que »son crime était si énorme et le »scandale si grand, qu'il ne pouvait »être réconcilié avec l'église, et par-»ticiper aux sacremens qu'après avoir »fait amende honorable en présence »de témoins dignes de foi. M. Pri-»maudière se soumit à tout, témoi-»gna le plus vif repentir, et fit ap-»peler un notaire et quatre des prin-»cipaux habitans de la ville. Il dicta »lui-même son amende honorable »et l'expression de ses regrets. Il »parut alors soulagé d'un poids in-»supportable, reçut ensuite les sa-»cremens de l'église, et mourut pé-»nétré des douces consolations »qu'on ne peut trouver que dans les »célestes secours de la religion. »

PRIMEROSE (Gilbert), naquit en Ecosse vers la fin du 16e siècle, et fut ministre de l'église française à Londres. Par la suite, il devint chapelain du roi et chanoine de Windsor. Il est auteur de plusieurs ouvrages théologiques parmi lesquels on distingue : *Le Vœu de Jacob*, ou *Opposition aux vœux des moines et religieux*, 4 v. in-4, en français. II *La Trompette de Sion.* C'est un recueil de 18 sermons. III D'autres *opuscules*, etc. Il mourut en 1642.

PRITZ (Jean-George), en latin Pritzius, célèbre théologien de la confession d'Augsbourg, naquit à Leipsig en 1662, et se dévoua au ministère évangélique. Il avait du savoir et du talent. Son mérite le fit choisir en 1707 pour professer la théologie à Gripswald. Il y remplissait en même temps les fonctions de conseiller ecclésiastique et de pasteur. En 1711 il fut appelé à Francfort pour y exercer la surintendance du ministère ecclésiastique. Il est auteur d'un assez grand nombre d'ouvrages; on lui doit : I Des *Sermons* en allemand. II Une *Introduction* latine *à la lecture du nouveau Testament*, qui eut plusieurs éditions; la meilleure est celle de 1724, in-8. III *De immortalitate hominis*, contre Asgil, avocat anglais, qui avait fait un livre dans lequel il établissait qu'un homme pouvait, sans passer par la mort, être transféré de cette vie mortelle à la vie éternelle. ( *Voyez* ASGIL, *Dict.* ). IV Une édition des *œuvres de saint Macaire*, en grec et en latin, Leipsig, 1698 et 1699, 2 vol. in-8. V Une édition du *nouveau Testament grec*, avec les diverses leçons, et des cartes géographiques, Leipsig, in-12, 1702, 1709 et 1724. VI Une édition des *Lettres de Milton.* VII *De statu religionis christianæ in regno sinensi.* VIII *De usu rationis.* IX *De causis finalibus, in rerum essentiis explicandis, attendendis.* X *De amore Dei puro in causâ Fenelonii,* etc. Pritz fut un des auteurs du journal de Leipsig, depuis 1687 jusqu'en 1698. Il mourut le 24 août 1732.

PROLY ( Pierre-Joseph-Berthold, baron de ), naquit à Bruxelles en 1752, d'une famille illustre, et il avait beaucoup de fortune. Livré à toutes sortes de vices, son inconduite le ruina bientôt, il devint alors négociant, se livra à l'agiotage, con-

tracta de nouvelles dettes, et finit par se ruiner entièrement. Il se fit auteur; mais dans ce nouvel état il n'eut pas plus de succès. La révolution française l'appela à Paris, où il figura bientôt parmi les jacobins. Il y rédigea le journal intitulé *le Cosmopolite*, qui allait de pair avec les autres journaux incendiaires qui parurent à cette époque. Lorsque ses collègues les *jacobins* eurent des soupçons sur la conduite de Dumouriez, ils envoyèrent Proly avec Pereyra et Dubuisson dans la Belgique, par les ordres du ministre Lebrun, pour chercher à pénétrer les véritables intentions de ce général, contre lequel ils dressèrent un procès verbal : il fut lu à la tribune de la convention le 1er avril 1793. Proly, de retour dans la capitale, dénonça Dumouriez au club des jacobins. Peu de temps après, il fut élu membre du fameux comité central, qui prépara la chute des *girondins* ( le 31 mai ), et qui était composé, presque entièrement d'étrangers. Proly, s'étant lié particulièrement avec Hébert et Chaumette, et les autres athées de leur faction, éveilla les soupçons de Robespierre, qui n'aimait pas de rivaux. Il commença par le désigner comme un intrigant, le dénonça ensuite comme complice dans la conspiration d'Hébert et de Chaumette; il le fit enfin arrêter avec eux. Livré au tribunal révolutionnaire, il y fut condamné à mort, et exécuté le 25 mars 1794. Le baron de Proly n'avait que des connaissances très-superficielles, de la verbosité et non de l'éloquence, et il ne dut qu'à ses mauvais principes et à son audace une espèce de vogue dont il jouit pendant quelque temps parmi les jacobins.

PROU ( Claude ), religieux célestin, né à Orléans, entra dans cet ordre, et y fit profession de la vie monastique le 15 novembre 1666. Il s'y distingua par sa piété, sa régularité, et la composition d'ouvrages édifians et estimés, dont voici les titres : I *Les Regrets d'une âme touchée d'avoir abusé long-temps de la sainteté du Pater*, Orléans, 1691, in-12, livre plein d'onction, qui fut bien accueilli des personnes pieuses, et qu'on recherche encore. II *La Vie de saint Lyé, solitaire de Beausse*, Orléans, 1694, in-8. III *Réflexions chrétiennes sur la virginité*, 1693, in-8. Elles furent réimprimées en 1700, avec une augmentation de 7 chapitres, et reparurent sous ce titre : *Réflexions importantes sur la virginité*. IV *Le Guide des pélerins de N. D. de Verdelays*, Bordeaux, 1700, in-8. Verdelays (*Viridis Lucus*) est un monastère du diocèse de Bordeaux, célèbre par son pélerinage et la dévotion des fidèles. V *Dispositions nécessaires pour le jubilé de l'année sainte*, Bordeaux, 1700. VI *Instructions morales touchant l'obligation de sanctifier les dimanches et les fêtes*, Bordeaux, 1703, in-8, etc. Le P. Prou mourut au monastère de Verdelays le 20 décembre 1722. L'auteur de l'*Histoire des célestins de France* le nomme *Proust* ; c'est mal à propos.

PROUSTEAU (Guillaume), jurisconsulte, né à Tours le 26 mai 1626, d'un marchand de cette ville. Il fit ses premières études chez les jésuites, et les continua à la Flèche, où il remporta tous les premiers prix. Après avoir étudié les lois et qu'il eut reçu le bonnet, il s'appliqua plus particulièrement au droit romain, qu'il regardait avec raison comme la base de la jurisprudence et la source de toutes les lois. Son

application assidue le mit en état d'éclaircir et de développer avec précision et clarté le Digeste et le Code romain. Pendant quatre années, il exerça à Orléans la profession d'avocat, se voua ensuite à l'enseignement, et mourut le 19 mars 1715, à l'âge de 89 ans. Il fonda en 1694 la bibliothèque d'Orléans, qui passe, après celle de Paris, pour être une des plus riches de celles de la France. Il dépensa de grandes sommes pour la construction intérieure de la bibliothèque, et y laissa des fonds pour l'entretien d'un bibliothécaire et pour l'achat des livres, chaque année. Ses ouvrages sont : I *Recitatio ad L. XXIII*, 1684, in-4; livre qui établit justement sa réputation. II *De verborum significatione*. III *De diversis regulis juris*. IV Plusieurs *Instituts du droit canon*. V Des *Commentaires sur différens titres du Digeste et du Code*, etc.

PROYART (Liévain-Bonaventure), chanoine d'Arras, y naquit en 1743. Il avait fait ses premières études au collège de Saint-Quentin. Après les avoir achevées, il vint à Paris, et fit sa philosophie et sa théologie au séminaire de Saint-Louis, où il prit les ordres. Il était pieux et instruit; la carrière de l'éducation lui était ouverte, il y entra de préférence, croyant pouvoir s'y rendre utile. Il fut long-temps sous-principal au collège de Louis-le-Grand. Il maintint, autant qu'il fut en lui, la discipline, les mœurs et les principes religieux dans cette maison, où bientôt ils se corrompirent, et qui fournit à la révolution quelques sujets d'une triste célébrité pendant nos troubles. De Louis-le-Grand, l'abbé Proyart passa au Puy-en-Velay pour y être principal du collége. Son administration y fut sage, et on se souvient encore dans cette ville des services qu'il y rendit, et des soins qu'il y prenait pour former aux devoirs religieux et sociaux la jeunesse qui lui était confiée. Les travaux de l'abbé Proyart ne se bornaient point à l'acquit des charges que lui imposait sa qualité de chef d'institution. Sa plume n'était point oisive, il composait et publiait divers ouvrages destinés à offrir à ses élèves des modèles de vertus; d'autres fois à défendre la religion et à combattre les systèmes dangereux qui s'introduisaient. Le succès de ces ouvrages lui fit une réputation. M. de Conzié, évêque d'Arras, tant pour récompenser des travaux utiles que pour enrichir son clergé d'un sujet dont les vertus et les talens pouvaient lui donner du lustre, appela l'abbé Proyart dans son diocèse, et lui donna un canonicat de sa cathédrale. Il n'en jouit pas long-temps; la révolution qui survint le força de quitter Arras. Il se retira à Bruxelles. C'est là qu'il eut une conversation avec le général Dumouriez, qui le sollicita de rentrer en France, et lui offrit, dit-on, de le faire nommer à un évêché constitutionnel. Ces offres furent reçues comme elles devaient l'être. Dans cette même ville, en 1794, l'abbé Proyart harangua l'empereur François II au nom des prêtres français. Les armées révolutionnaires ayant de nouveau envahi la Belgique, l'abbé Proyart se retira en Allemagne, où, sur son avantageuse renommée, le prince de Hohenloe l'accueillit avec une extrême bienveillance, et le fit son conseiller ecclésiastique. Il ne quitta cet asile honorable qu'au moment où la signature du concordat lui permit de rentrer en France. Il alla s'établir à Saint-Germain. Il n'avait point cessé d'écrire malgré

ses divers changemens de domicile. Il continua dans sa nouvelle retraite. Il y publia en 1808 un nouvel ouvrage sur Louis XVI. Il était impossible qu'un tel écrit, quelque modéré qu'il fût, n'offensât pas un gouvernement fondé sur la spoliation du souverain légitime. L'abbé Proyart fut arrêté et enfermé à Bicêtre, où, manquant de tout pendant un hiver rigoureux, il ne tarda pas à tomber dangereusement malade. Une hydropisie de poitrine s'étant déclarée, on le fit reconduire sous l'escorte d'un gendarme, à Arras, où il devait être détenu au séminaire. Etant arrivé très-tard et mourant dans cette ville, il fut déposé chez une de ses parentes, où il expira le 22 mars 1808, âgé de 65 ans. La nomenclature de ses ouvrages est très-nombreuse. En voici les titres : I *L'Écolier vertueux*, ou *Vie édifiante de Décalogne, écolier de l'université de Paris.* Plusieurs éditions, la 3e est de 1778, 3 vol. in-12. II *Le Modèle des jeunes gens,* ou *Vie de Sousi le Pelletier,* Paris, 1789, in-12, composé dans le dessein de joindre pour ses élèves l'exemple à l'instruction. III *Histoire de Loango, Kakongo et autres royaumes d'Afrique,* 1776, in-12, rédigée sur les mémoires de quelques missionnaires, ses condisciples. IV *Eloge du dauphin, père de Louis XVI,* Paris, 1779, in-12, pour le concours proposé par l'académie. V *Vie du dauphin, père de Louis XVI,* 1777, in-12. VI *Vie du Dauphin, père de Louis XV,* 1783, 2 vol. in-12. C'est ce duc de Bourgogne, élève de Fénélon, qui donnait de si belles espérances, et qui fut enlevé à la France avant qu'elles se réalisassent. VII *Histoire de Stanislas, roi de Pologne, duc de Lorraine et de Bar*, Lyon, 1784, 2 vol. in-8. VIII *De l'Education publique et des moyens d'en réaliser la réforme projetée dans la dernière assemblée du clergé de France*, 1785, in-12. IX *Vie de L.-F.-G. d'Orléans de la Motte, évéque d'Amiens*, 1788, in-12. X *Histoire de madame Louise, fille de Louis XV, et carmélite*. XI *Histoire de Marie Leczinska, reine de France*. XII *Histoire de Robespierre*. XIII *Louis XVI détrôné avant d'être roi*, 1 vol. in-8. XIV *Louis XVI et ses vertus aux prises avec la perversité de son siècle*, 1808 ; édition presque aussitôt enlevée par la police et mise au pilon. C'est cet ouvrage qui occasiona le cruel traitement qu'eut à éprouver l'abbé Proyart, et qui précéda et accéléra vraisemblablement sa mort. Au moment où l'on écrit ceci, l'on est occupé d'une édition complète de ses œuvres, 17 vol. in-8 et 17 volumes in-12, Paris, Méquignon fils aîné. Déjà il en a paru douze volumes, et les autres sont sous presse. On ne disputera point à l'abbé Proyart la qualité d'écrivain laborieux, ni à ses ouvrages celle de livres instructifs et édifians. Tous sont bons à lire, et seront lus avec fruit. On doit même savoir gré à l'éditeur d'en reproduire de pareils, tandis que de toutes parts on nous inonde des productions les plus dangereuses. Du côté du goût, ils ne sont peut-être pas à l'abri de tout reproche. Quelquefois le style en est lâche et diffus ; les tours manquent d'élégance et le discours de précision ; mais le fond est excellent et rachète bien ces légères taches, qui, d'ailleurs, ne sont pas aussi nombreuses qu'on pourrait le croire. Quelques écrits lui attribuent le *Discours* à lire au conseil sur les protestans en 1787, lorsqu'il fut question de leur rendre l'état civil. Il n'est point de Proyart, mais du P. Bonnaud, ancien jésuite.

PUCCI (Antoine), poëte italien, naquit à Florence vers l'an 1460. Son père était fondeur de cloches, état qu'il suivit lui-même pendant plusieurs années. Il aimait beaucoup la lecture des poëtes, et il admirait surtout Boyard, dont il imita ensuite le style. En même temps qu'il travaillait avec son père, il trouvait le moment d'aller dans un couvent de religieux prendre des leçons de grammaire latine et de rhétorique. Quelques poésies légères qu'il publia lui acquirent une certaine réputation littéraire. Il quitta alors son premier état, et, à l'aide d'un puissant Mécène, dont il avait su captiver la bienveillance, il occupa plusieurs places dont les émolumens le mirent à portée de se livrer à son goût pour les vers. Il ne traita cependant que le genre *badin*, et fut un des premiers qui introduisirent dans la poésie ce ton joyeux et burlesque adopté par d'autres poëtes, et notamment par Berni, qui le rendit plus général dans son *Orlando innamorato*, et qui fut appelé *Bernesco*, du nom de ce dernier. L'Arioste, Lippi ( *Il Malmantile racquistato* ), Tassoni ( *la Secchia rapita* ), Fortinguerra ( *il Ricciardetto* ), portèrent ensuite ce genre au point de perfection dont il était susceptible. On aurait souhaité qu'en l'adoptant, ils se fussent bornés à ridiculiser les vices et les travers des hommes, sans tomber dans ces expressions trop libres, dans ces équivoques indécentes qui insultent à la morale et souvent même à la religion. Les compositions poétiques de Pucci se trouvent insérées dans plusieurs recueils italiens, et notamment dans celui intitulé *Scelta di varie poesie*, choix de poésies diverses. Il mourut au commencement du 16e siècle.

PUCKERIDGE ( B. ), Irlandais, né en 1730. Il fut l'inventeur de *l'harmonica*. Le son produit par le frottement d'un doigt mouillé avec un verre à boire ( en 1760 ) éveilla son attention. Après plusieurs observations, il essaya de former un nouvel instrument harmonieux, et il s'y prit de cette manière. Il plaça sur une table un certain nombre de verres de diverses grandeurs, et à moitié remplis d'eau; il en tira des sons variés, et parvint à y jouer un morceau tout entier. Etant mort à la fleur de son âge, il n'eut pas le temps de tirer tout le parti qu'il pouvait de son invention. Elle fut connue par le docteur Francklin, qui la perfectionna, et *l'harmonica* devint un instrument à la mode dans toute l'Europe. Les sons qu'on en tire sont extrêmement mélodieux, mais quel que soit le talent ou la dextérité de celui qui le joue, il ne pourra jamais rendre un morceau un peu difficile, où les *dièses* et les *bémols* soient un peu compliqués; il est en outre peu susceptible d'exécuter des modulations successives.

PUFFENDORF ( Isaïe ), frère de Samuel, auteur du *Traité du droit naturel et des gens*, etc. ( voyez *Dictionnaire*, tome 7 ), naquit à Fleh, en Misnie, en 1628. Il fit ses études avec tant de succès, qu'avant même qu'il les eût terminées on lui offrit des places aussi honorables que lucratives. Il les remplit, dès sa première jeunesse, dans son propre pays, fut chargé ensuite de plusieurs missions importantes auprès de diverses cours, et il demeura dans quelques-unes en

qualité de résident. Il est auteur d'un ouvrage intitulé *Anecdotes de Suède*, ou *Histoire secrète de Charles XI*, 1716, in-8, et d'un autre qui a pour titre *Opuscula juvenilia*, 1699, in-8, qui contiennent différentes dissertations sur les druides, les lois saliques, la théologie de Platon. Puffendorf mourut à Ratisbonne en 1690.

PUGLIESE ( Guillaume ), savant ecclésiastique napolitain, né vers l'an 1050. Il vivait sous le fameux aventurier normand Robert Guiscard. Puglièse était à la cour d'Urbain II, et fut toujours très-attaché à la famille de Guiscard. Le pontife le chargea en 1092 d'écrire un *Poëme* latin sur ses exploits et les hauts faits d'armes des Normands dans la Calabre, jusqu'à la mort de Robert, arrivée en 1085. Cet ouvrage, que l'auteur dédia à Roger, fils de Robert, mérita les éloges d'Urbain et des hommes instruits de cette époque; on en fit plusieurs copies que le temps a fait disparaître. Ce poëme fut enfin trouvé dans le monastère de Bécholvino, par Jean Tireneo Nauteneo, avocat du fisc de Roven. On ignore s'il a obtenu les honneurs de l'impression, dont on le jugeait digne.

PUGLIOLA ( Barthélemi de la ), historien italien, naquit à Bologne le 15 octobre 1378. A l'âge de 15 ans, il entra dans l'ordre des mineurs conventuels, où il acquit de vastes connaissances en philosophie et en théologie. Il professa ces deux sciences dans le couvent de son pays, et en d'autres du même ordre, dans diverses villes d'Italie. Il se distingua aussi dans la prédication, notamment à Rome, et devint ensuite vicaire de son ordre, qu'il gouverna avec sagesse. Le P. de la Pugliola eut encore un autre mérite envers les lettres et ses concitoyens. Outre plusieurs sermons et différentes poésies latines sur des sujets sacrés, il a écrit une excellente *Chronique* de Bologne. Il est le premier, et peut-être un des plus anciens écrivains en ce genre de travail. Il l'avait extraite en partie des manuscrits de Jacques Bianchetti, qui étaient sans ordre, et manquaient d'un grand nombre de dates importantes. Cette chronique commence à l'année 1362, et finit en 1407. Elle fut continuée par d'autres écrivains jusqu'à l'année 1471, et a été publiée par Muratori qui l'avait trouvé dans la bibliothèque de Modène et qui l'inséra dans son grand ouvrage des *Ecrivains d'Italie*, tom. 18, pag. 239. Le P. de la Pugliola mourut le 10 février 1436, âgé de 58 ans.

PULCHRE ( François le ), seigneur de la Mothe-Messemé. Il était originaire d'Angleterre, et son père avait la charge de surintendant auprès de Marguerite, reine de Navarre, qui demeurait ordinairement à Mont-Marsan. Le Pulchre y naquit vers l'an 1540, suivit, dès sa première jeunesse, la carrière des armes, se trouva à la bataille de Dreux ( 1562 ). Il fut envoyé par Charles IX à la reine sa mère, Catherine de Médicis, pour apprendre de ses nouvelles, et celles de la paix, dont cette princesse s'occupait dans ce moment. Le Pulchre resta toujours attaché à la cour, et la suivit à Paris, à Saint-Germain, etc. Il se distingua dans toutes les guerres qui eurent lieu à cette époque, et en récompense, Charles IX le nomma gentilhomme ordinaire de sa chambre. Le Pulchre mourut dans un âge très-avancé, et a laissé un ouvrage assez singulier par le titre, et par la bizarrerie du style, mais qui contient plusieurs faits historiques assez curieux et intéressans ; cet ouvrage a pour titre : *Les Sept livres des hônnêtes plaisirs de M. de la Mothe-Messemé, chevalier de l'ordre du roi, et capitaine de cinquante hommes d'armes de sa majesté. Chaque livre est intitulé du nom d'une des planètes, qui est un discours en forme de chronologie, où sera véritablement discouru les plus notables occurrences de nos guerres civiles et de divers accidens de l'auteur, dédié au roi ; plus un mélange de divers poëmes, d'élégies, stances et sonnets*, etc., Paris, 1587.

PULGAR ( Ferdinand de ), célèbre écrivain, surnommé par ses compatriotes le Plutarque espagnol, naquit en 1436 dans un village près de Tolède. Il était d'une ancienne et illustre famille, et son père fut attaché à la cour de Jean II et de Henri IV ; le jeune Pulgar y fut élevé, et reçut une éducation digne de sa naissance, à une époque où les lettres refleurissaient en Espagne par les soins et la protection du premier de ces monarques. Dans les différens qui eurent lieu entre Henri IV et sa sœur Isabelle de Castille , Ferdinand del Pulgar suivit le parti de cette princesse ; et quand, après la mort de Henri IV, elle s'assit sur son trône avec Ferdinand-le-Catholique, roi d'Aragon, les deux augustes époux appelèrent auprès d'eux del Pulgar, et le nommèrent leur secrétaire intime. Peu de temps après, il remplit une mission difficile auprès de la cour de France, et il s'en acquitta avec honneur. A son retour, il fut créé conseiller d'état, et résida plusieurs années à la cour. Pour mieux se livrer à l'étude, qui était sa passion favorite, il se retira dans sa patrie ; la reine Isabelle le rappela

en 1482, et il fut nommé historiographe des rois catholiques. Il les
suivit depuis lors dans tous leurs
voyages et leurs expéditions, et il
fut témoin oculaire de tous les
faits qu'il raconte dans *sa Chroni-*
*que* de ce règne ( *Chronica del rey*
*don Fernando* ), si glorieux pour
l'Espagne. Elle fut imprimée pour
la première fois en 1488, in-4. Le
style en est simple, mais noble, et
il est surtout remarquable par la
concision et l'exactitude des faits.
On cite parmi ses autres ouvrages
*les grands hommes de la Castille*,
Séville, 1500; *Lettres à la reine Isa-*
*belle*, Alcala, 1528, Madrid, 1775,
in-8. « Ces deux ouvrages, dit le
»savant Capmani ( *voyez ce nom*,
»*Supplément*, tome 9 ), apprennent
»plus à connaître les hommes que
»la plus grande partie de toutes les
»histoires ensemble.» Ferdinand de
Pulgar mourut vers 1479.

PULTENEY ( William ),
écuyer, naquit d'une ancienne famille, en 1682. Appelé jeune encore à la chambre des communes,
sous le règne de la reine Anne,
il se prononça fortement contre le
ministère. Pulteney était un des
membres les plus à craindre de son
corps; et tandis que sa perspicacité
lui faisait apercevoir les fautes des
ministres, son éloquence les produisait victorieusement au grand
jour. Il se montra un des partisans
de George 1er, à son avénement au
trône, et ce monarque le nomma
secrétaire de la guerre en 1714, et
ensuite trésorier de l'épargne. Forcé
par ces deux places de communiquer
souvent avec lord Walpole, premier
ministre, ils parurent l'un et l'autre
vivre en parfaite harmonie; mais
elle ne dura pas long-temps. Pulteney, que ses talens rendaient or-
gueilleux, ne tarda pas à censurer

toutes les mesures et les propositions du ministre, avec une opposition si tenace et un tel acharnement, que le roi lui-même effaça,
en juillet 1731, son nom de la liste
des conseillers privés, et le dépouilla
de ses charges. Pulteney prononça à
cette occasion, dans la chambre des
communes, ce fameux discours,
où, entre autres choses, « il compara
le ministère anglais à un empirique,
qui traite la nation comme un malade, et ne sait, parmi les différens
remèdes qu'il lui propose, en trouver de réellement efficaces. » Sa disgrâce ne fit qu'accroître sa popularité, qui le maintint de plus en plus
dans son inflexible opposition. Le ministre Walpole avait bien raison de
dire « qu'il craignait plus sa langue
qu'une épée acérée dont il serait menacé. Pulteney l'emporta enfin, et
lord Walpole fut contraint de résigner sa place. Son adversaire fut
rappelé au conseil privé, et nommé
comte de Bath. Tant qu'il s'était
montré ennemi du ministère, il était
l'idole du peuple; rapproché de la
cour, il perdit toute considération
auprès de ce même peuple. Pulteney
s'en vengeait en témoignant un faux
mépris pour une popularité qu'il
avait tant recherchée, et qu'il ne
pouvait plus conserver. Il avait
publié plusieurs pamphlets politiques, et dans ce genre de composition aucun écrivain de son temps
ne put l'égaler. Il eut aussi beaucoup
de part à la rédaction du journal
*the Craftsman* ( l'Artisan ), et il
mourut le 8 juin 1764, à l'âge de
82 ans.

PULTENEY ( Richard ), mé-
decin et botaniste anglais, naquit à
Longhborough, dans le comté de
Leicester, en 1730. Il fut d'abord
apprenti chez un apothicaire, étudia
ensuite la médecine, fut reçu doc-

teur à Edimbourg en 1764, et exerça cet art à Leicester. S'étant livré avec ardeur à l'étude de la botanique, il composa beaucoup de *Mémoires* sur cette science, qui se trouvent dans le *Gentlemen's Magazine*, avec d'autres, du même auteur, sur les antiquités. Il se fixa à Blandfort, canton de Dorfet, où il acquit une grande réputation, et mourut en 1790. On a encore de lui : I *Idées générales sur la vie et les écrits de Linnés*, 1781, in-8. II *Essais historiques et biographiques sur les progrès de la botanique en Angleterre*, 2 vol. in-8 Il a beaucoup enrichi par ses recherches *l'Histoire de Leicester*, par Nichol, et celle du *comté de Dorset*, par Hutching, édition de Gough. Pulteney était membre de la société royale de Londres, et de plusieurs académies étrangères.

PUNT (Jean), graveur, acteur et peintre hollandais, naquit à Amsterdam en 1733. Il s'était déjà fait connaître avantageusement dans la gravure, lorsque, s'étant marié à une fameuse comédienne, Anne-Marie Bruin, il embrassa son art, et devint lui-même un acteur célèbre, rival de Duim, et il excellait dans les grands rôles tragiques. La mort prématurée de sa femme le dégoûta de la scène, et il reprit alors le burin. Il s'occupa à graver les 36 plafonds peints par Rubens pour les quatre galeries de l'église des jésuites d'Anvers. Jacob de Witt les avait dessinés six ans avant que ce magnifique édifice fût consumé par les flammes. Cédant aux instances de ses amis, il reparut sur la scène en 1763, et 2 ans après il obtint la place lucrative de concierge du théâtre, équivalente à celle de directeur. Dans sa première jeunesse il avait pris des leçons de peinture, il la cultiva ensuite, et

peignit le portrait, le paysage, et même l'histoire, et son travail assidu contribuait à le faire vivre dans l'aisance. Il s'était remarié, en 1748, avec Anne Cicot, fille d'un marchand de tableaux, qui avait réveillé en lui le goût de la peinture. Devenu veuf une seconde fois, en 1771, il prit encore une troisième femme, Catherine Fokke, tragédienne renommée. Punt, d'un caractère modeste et doux, avait une bonne réputation, et, lié avec les personnes les plus distinguées, il jouissait du bonheur domestique, quand un accident funeste vint le troubler. La salle de spectacle dont il était concierge fut réduite en cendres; il y perdit plusieurs tableaux, une grande partie de sa fortune, et à peine lui et son épouse purent se sauver de la fureur des flammes. Cet accident influa sur sa santé; peu de temps après il devint malade, et mourut en 1774. Il aurait mieux valu pour ce peintre-acteur de n'avoir jamais recherché les applaudissemens de la scène, et de s'être entièrement consacré à la peinture, art propre à contribuer à sa tranquillité et à sa gloire.

PURICELLI (Jean-Pierre), célèbre érudit, naquit à Gallarate, dans le diocèse de Milan, le 23 novembre 1589. Il fit ses études chez les jésuites de Milan, d'où il passa au séminaire de cette ville. Il savait le grec et l'hébreu. Doué d'un esprit vif, laborieux, et avide de connaissances, il était parvenu par son application à se faire un grand fonds de savoir. Cela l'avait rendu cher au cardinal Frédéric Borromée, qui se servit de lui dans diverses occasions, et le chargea de commissions honorables, dont Puricelli s'acquitta si bien, que, pour l'en récompenser, ce prélat, en 1629, l'éleva à la dignité d'archiprêtre de l'église de Saint-Laurent. Pendant une peste qui survint à Milan, l'abbé Puricelli fut le seul qui eut le courage de rester dans cette ville, et de s'y dévouer au service de ceux qui en étaient attaqués. Il faisait de la recherche des anciens monumens son occupation principale. Il fouillait les chartriers, les archives, les bibliothèques, pour y découvrir quelques manuscrits non encore connus, et il fit à cet égard plusieurs découvertes. Il fut aussi un des premiers qui portèrent dans les travaux de ce genre le flambeau de la critique, exemple qui par la suite fut suivi avec tant d'avantage par Muratori, Maffei, et un grand nombre d'écrivains de toutes les nations. Il mourut en 1659, à l'âge de de 70 ans. Parmi les ouvrages qu'il a laissés, on distingue : I *Ambrosianæ basilicæ monumenta*, ouvrage important pour l'histoire ecclésiastique en général, et en particulier pour celle de l'église de Milan. II *Sancti Satyri, et sanctorum Ambrosii et Marcellinæ tumulus suæ luci restitutus*, Milan, 1664. III *Sanctorum martyrum Gervasii et Protasii, Nazarii et Celsi, Arialdi et Erlembaldi, dissertatio.* IV *Vita Laurentii archiepiscopi*, etc. Mais ce qu'a publié l'abbé Puricelli ne forme qu'une très-petite partie de ses *OEuvres*. La bibliothèque Ambrosienne renferme un grand nombre de ses productions, qui n'ont pas moins d'intérêt, et qui sont restées inédites. On s'étonne des travaux qu'il a fallu pour rassembler tous les monumens anciens, les chartes, les diplômes, les inscriptions, qui forment les recueils qu'on doit à ses veilles. On croit, et c'est l'opinion de l'*Argelati*, qu'on lui doit la *Storia degli umigliati*. Il est

certain du moins qu'il a rassemblé et tiré non-seulement des archives de Milan, mais encore de celles de plusieurs villes d'Italie, par le moyen des savans avec lesquels il correspondait, une grande quantité de pièces anciennes et modernes, et des notices concernant cet ordre, desquelles l'abbé Tiraboschi a profité pour l'ouvrage qu'il a publié sous ce titre : *Vetera Humiliatorum monumenta, annotationibus et dissertationibus prodromis illustrata, quibus multa sacræ, civilis ac litterariæ medii ævi historiæ capita illustrantur*, Milan, 1768, 3 vol. in-4. L'*Argelati*, dans sa *Bibliotheca scriptorum mediolanensium*, a donné la nomenclature exacte des ouvrages de Puricelli, et la *Notice de sa vie*.

PUSCULO ( Hubert ), célèbre poëte latin, né à Brescia vers l'an 1440, fut un des hommes les plus instruits de son temps. Il se distingua surtout dans la poésie latine, et on remarque dans ses ouvrages une connaissance profonde de cette langue : il paraît nourri de la lecture de Virgile, et souvent il imite avec bonheur, dans ses vers, ce grand épique. Il est auteur de deux poëmes : I *La Chute de Constantinople*, en 4 livres ; cet ouvrage n'a pas été achevé. II *Le Martyre du jeune Simon*, mis à mort par les Hébreux, août, 1511. Pusculo fut employé par la république vénitienne dans plusieurs missions importantes. Il entendait fort bien les affaires, et était en outre un excellent helléniste. Il mourut dans un âge avancé, vers l'an 1542.

PUYSÉGUR ( A. Chastenet, comte de ), lieutenant général des armées du roi, ministre de Louis XVI, etc., naquit vers 1730. Issu d'une ancienne famille illustre dans les armes, il embrassa la même carrière, où il se distingua, et parvint au grade de lieutenant général. Louis XVI l'appela au ministère de la guerre, peu avant la révolution. Puységur était sincèrement attaché à son maître, mais son caractère faible, incertain, devenait nuisible à l'état, dans un temps de troubles, où les mesures les plus promptes et les plus rigoureuses peuvent seules sauver un état. Louis XVI, quoique trop faible lui-même, s'aperçut de ses défauts, et le renvoya en juillet 1789. L'assemblée nationale, soit pour désapprouver la démarche du roi à l'égard de son ministre, soit par un véritable sentiment d'estime, déclara que Puységur emportait les regrets de la nation. Ce sujet fidèle ne servait son roi ni par intérêt, ni par ambition ; on le vit toujours à ses côtés dans les occasions dangereuses, et il lui donna jusqu'au dernier moment des marques d'un zèle à toute épreuve. Il ne quitta pas S. M. dans la journée du 20 juin, et dans celle plus terrible encore du 10 août, il commandait même une compagnie de gentilshommes pour défendre la personne du roi. Mais toutes ces dispositions étaient devenues inutiles, et les factieux ayant triomphé, il suivit Louis XVI jusqu'à l'assemblée, et ne se retira que lorsque le monarque congédia ceux de ses serviteurs qui l'y avaient accompagné. L'espoir d'un sort moins malheureux pour son auguste maître le retint en France encore quelques mois, et il n'en sortit qu'après la mort de ce malheureux prince. Il passa en Allemagne, où il mourut quelques années après.

PUYSÉGUR (N. Chastenet de), capitaine de vaisseau de la marine royale, naquit vers 1740, déploya dès sa plus tendre jeunesse beaucoup de dispositions pour les sciences exactes, et fit ses études avec le plus grand succès. Puységur se distingua dans la vie civile et par ses talens et par ses vertus, et se fit remarquer dans la carrière qu'il avait embrassée par ses talens et ses utiles recherches. Dans un voyage qu'il fit aux Canaries en 1772, il obtint du roi d'Espagne la permission de pénétrer dans les catacombes, ou tombeaux des *Guanches*, peuple dont on ignore encore l'origine, et qui habitait jadis l'île de Ténériffe. Il parvint par son adresse, et même au péril de sa vie, à faire creuser des chemins là où le temps avait tout rempli de terre et de décombres, et à trouver par ce moyen plusieurs momies parfaitement bien conservées, qu'on voit aujourd'hui dans le cabinet d'histoire naturelle de Madrid et de Paris. Ses *Cartes* de tous les débarquemens de l'île de Saint-Domingue sont encore d'une grande utilité : il les avait dressées par ordre du gouvernement, qui lui confia cette honorable mission en 1784. Il perdit son emploi pendant nos troubles politiques, et voyant que son zèle et son dévouement ne pouvaient guère changer le sort du malheureux Louis XVI, il émigra, et revint en France en des temps moins calamiteux. Il se retira dans sa patrie, où il s'occupa uniquement de l'étude, de la pratique des vertus, et termina sa vie le 20 janvier 1809. Puységur était fort instruit, bienfaisant, et très-attaché à la religion. — PUYSÉGUR (Armand-Marc-Jacques de Chastenet), frère des précédens, et qui vit encore, fut officier général d'artillerie, et maire de Soissons. L'étendue de ses connaissances et un nom illustre lui firent faire un rapide avancement. Il se maria avec mademoiselle de Saint-James, fille du banquier, qui lui apporta une très-riche dot. On cite de lui plusieurs traits de loyauté et de bienfaisance avant la révolution. A cette époque désastreuse, quoiqu'il eût embrassé les principes du jour, il y mit de la modération, et donna asile à plusieurs royalistes, victimes de la faction dominante. Il en fit de même avec M. Fiévée, favorablement connu par ses ouvrages sur l'administration et la politique. Ayant recueilli la succession de ses frères pendant leur émigration, il la leur rendit à leur retour en France. Appelé à la mairie de Soissons, il s'en démit en 1815. Il s'est livré avec ardeur au magnétisme; et on regrette qu'il emploie ses talens dans une science (si elle mérite ce nom) peu utile et assez chimérique.

PYREICUS, peintre grec, mieux connu de nos jours par ses tableaux découverts dans les ruines d'Herculanum. Selon Pline, il ne fut pas inférieur aux plus grands peintres de la Grèce. Il peignait en miniature, et on remarque dans ses ouvrages que sa manière se rapproche beaucoup de l'école hollandaise, par lesquels on peut conclure que les Grecs ne manquaient ni de couleur ni d'exécution. Il rendait en miniature des boutiques de barbiers et de cordonniers, des animaux, des fleurs, des légumes, objets dont l'effet consiste principalement dans l'exactitude et dans les diverses nuances de couleur. Suivant ce que Pline rapporte, on achetait ses ouvrages beaucoup plus cher que les plus belles productions. Cela provenait encore de ce que ce genre de peinture n'était pas assez commun parmi les Grecs, et que peut-être Pyreicus en avait été l'inventeur. Il vivait au temps de Pline, c'est-à-dire, vers l'an 70 de J.-C.

PYTHAGOR de Reggio, sculpteur, contemporain de Polyclète d'Argos, 432 ans avant J.-C., est, selon Pline, un des trois fameux statuaires de ce nom, qui vivaient à la même époque. Mais il paraît qu'il le confond avec Pythagoras de Samos, car Pausanias lui donne pour maître Cléarque, élève d'Enchir le Corinthien, qui vivait dans un temps plus reculé. On voyait de cet artiste, à Olympie, une statue qui représentait Pancratiaste Léontiscus, qui était d'un beau fini, ainsi qu'un monument de bronze, représentant *Cratistène sur le char de la victoire; Europe assise sur le taureau; le combat d'Etéocle et Polynice.* Ces morceaux remarquables conservaient toute leur réputation du temps de Pausanias.

# Q.

QUADRI (Jean-Louis), architecte, peintre de perspective, graveur et mécanicien, naquit en 1681 à Bologne, d'une ancienne famille bourgeoise. Il exerça ces trois arts avec succès, et on voit en Italie et dans son pays natal plusieurs de ses ouvrages qui obtiennent encore l'approbation des connaisseurs. On a de lui : 1 *Tavole,* ou *Tables gnomoniques pour dessiner des cadrans solaires, qui indiquent les heures comme les horloges ordinaires, et autres tables pour la construction de ceux-ci,* etc., Bologne, 1733. II *Tables gnomoniques pour ré-*

gler pendant le jour les horloges à roue, ibid., 1736. III *Règles pour les cinq ordres d'architecture de M. Jacques Barozzi di Vignola, dernièrement gravées sur le premier original de l'auteur*, ibid., 1736. IV *Règles pour la perspective pratique, dessinées suivant la seconde règle de J. Barozzi*, ibid., 1744. Plusieurs manuscrits de Quadri se conservent dans la bibliothèque de l'institut de Bologne (*la specola*); ils passent pour être très-utiles aux arts, et qu'ils gagneraient à être connus. Cet artiste mourut dans sa patrie en 1748.

QUAGLIA [1] ou QUAYE (Jean-Genès), religieux de l'ordre de Saint-François, né dans l'état de Parme, et nommé aussi quelquefois, à cause de cela, *frère Jean de Parme*, vivait au temps de Pétrarque. Il alla faire sa théologie en Angleterre, et en revint en 1391, non-seulement fort instruit dans cette science, mais encore dans plusieurs autres dont il avait eu occasion de prendre des leçons. On l'envoya professer la théologie à Pise, d'où il retourna dans sa patrie. Il y mourut, dit-on, vers 1488. On a de lui : I *Liber de civitate Christi compilatus à magistro Joanne Genesii Quaye de Parmâ, ordinis minorum*, etc., Reggio, 1501, in-4; réimprimé à Rome en 1523 : l'auteur l'avait composé à Pise. II *Incipit rosarium editum à fratre Joanne Quaya de Parmâ, ordinis minorum*. Cet ouvrage existe en manuscrit dans la bibliothèque Barberine à Rome, cod. 246, dans la bibliothèque royale de Parme, dans celles Saint-Jean et Saint-Paul à Venise, dans celle des Augustins de Padoue et dans quelques autres.

L'auteur, dans ce livre, embrasse toute la philosophie morale et chrétienne. III *De incarnatione Christi, seu de secretis philosophiæ*, ouvrage savant, conservé dans la bibliothèque du Vatican, sous le n° 5129. Il résulte de tous ces ouvrages que le P. Quaglia était profondément versé dans toutes les branches de littérature alors cultivées, et qu'il n'avait pas moins lu les auteurs profanes de tous les genres, grecs et latins, que les théologiens et les PP. A cela se réduit ce que nous apprend de Quaglia le P. Affo, récollet, dans ses *Memorie degli scrittori e letterati parmigiani*, vol. 2, pag. 97. Le P. Wadding, historiographe de l'ordre de Saint-François, en parle autrement. Selon lui, Jean-Genès prit naissance dans l'état de Bologne, quoiqu'il le nomme aussi Jean de Parme; il ne parle point de son voyage en Angleterre, mais il dit qu'il professa à Paris, et qu'Innocent IV l'ayant fait venir de France, ce religieux fut élu ministre général de son ordre l'an 1247, qu'il fut envoyé en Orient vers l'empereur des Grecs et Manuel, patriarche de Constantinople; que s'étant démis du généralat, il eut pour successeur saint Bonaventure; qu'il se retira dans une cabane de la vallée de Rieti, bâtie par saint François, où il vécut d'une manière pénitente; que Jean XXI l'avait en grande estime; que Nicolas IV l'envoya une seconde fois vers les Grecs, et que s'étant mis en chemin, il mourut à Camerino en 1289, c'est-à-dire au moins cent ans auparavant l'époque fixée par le P. Affo, et qu'il fut enterré dans le couvent de Saint-François de cette ville. Wadding lui attribue les traités suivans : I *In libros magistri sententiarum*. II *De conversatione religiosorum libri duo*.

---

1 Wadding, dit Qualea.

III *De beneficiis creatoris.* IV *De civitate Christi*, ouvrage qui vraisemblablement est le même que celui du même titre cité plus haut. V *Sacrum commercium sancti Francisci cum dominâ paupertate.* VI *Officium passionis Christi*, qui commence par ces mots : *Regem Christum crucifixum.* Wadding ajoute que quelques-uns distinguent Jean Genès de Quaglia, de Jean de Parme; mais il assure que c'est la même personne, *Idem prorsùs est Joannes hic, cum Joanne Parmensi.* La discussion de ces deux sentimens n'est point du ressort d'un dictionnaire de biographie.

QUAINO (Jérôme), religieux de l'ordre des servites, florissait au 16ᵉ siècle. Il était né à Padoue, où il jouissait de la réputation d'un savant théologien et d'un prédicateur très-distingué. Il avait pendant plusieurs années professé les saintes Écritures dans l'université de Padoue, et souvent la chaire sacrée y avait retenti de ses discours éloquens. Il a laissé de bons *Commentaires* sur quelques livres de la Bible, et des *Traités* de théologie estimés. On a de lui des *Oraisons latines.* Plusieurs de ses sermons ont été publiés dans le recueil intitulé, *Le Prediche di diversi illustri theologi, raccolte da Tommaso Porcacchi,* Venise, 1566, 1ʳᵉ partie, in-8. Les confrères du P. Quaino lui firent dresser dans leur église une statue de marbre qu'ils accompagnèrent d'un éloge en son honneur; marque de distinction qui suppose en celui à qui on l'accorde un mérite qui n'est point ordinaire. Quaino mourut en 1582.

QUARANTA (Etienne), clerc régulier, né à Naples, vers le commencement du 17ᵉ siècle, se distingua dans son ordre par son savoir et ses vertus, et devint évêque d'Amalfi vers 1650. Il est auteur de plusieurs ouvrages dont les principaux sont : I *De concilio provinciali et auctoritate episcopi in suffraganeos, eorumque subditos in totâ provinciâ.* II *Summa bullarii omniumque summorum pontificum constitutionum.* — Il y a un autre écrivain du nom de QUARANTA (Orazio), lequel est auteur de divers opuscules, dont Cinelli fait mention dans le tom. 4, p. 107, de la Bibliothèque.

QUARESIMA (Valens), prêtre sicilien, vivait vers 1576. Il publia, avec des gravures, un ouvrage intitulé : *Convivium quadragesimale; discorsi de' significati delle vesti, atti, gesti ed altre ceremonie della messa.*

QUARLES (François), poëte anglais, naquit en 1592 à Steward dans le comté d'Essex. Il fut de bonne heure attaché en qualité d'échanson à Elisabeth, fille de Jacques Iᵉʳ, depuis mariée à l'électeur palatin, et reine de Bohême. Il quitta cette place pour des motifs qu'on ignore, et passa en Irlande, où il entra en qualité de secrétaire auprès de l'archevêque d'Usher. La révolte de 1641, qui absorba une grande partie de sa fortune, le fit sortir de ce royaume, et il retourna en Angleterre, où le désordre n'était pas moins grand. Quarles, élevé dans la famille des Stuarts, se rangea aussitôt du parti de Charles Iᵉʳ, et publia en faveur de sa cause un écrit intitulé, *Le royal Proselyte,* qui lui suscita des persécutions, et finit de le ruiner. Il alla alors rejoindre le monarque anglais à Oxford; la populace de Londres pilla sa maison, les manuscrits de plusieurs ouvrages qu'il allait publier lui furent enlevés. Cette perte lui fut si sensible qu'il en mourut de chagrin quelque temps après, victime de son royalisme en janvier 1644. Il n'écrivit que sur des sujets religieux, comme la *Vierge veuve*, poëme, avec d'autres poésies sacrées, 1649; des *Vers sur les angoisses et la patience de Job*. Il s'était interdit dans ses compositions toute image profane et satirique, et elles ne respiraient toutes que la morale la plus pure. C'est pourquoi Feller, en parlant de ce poëte, dont il loue avec justice les talens, dit de lui : « Que s'il eût été » contemporain de Platon, ce philo- » sophe, ennemi des poëtes, loin de » le bannir de sa république, lui au- » rait donné au contraire un emploi » distingué. » Quarles a laissé encore des emblèmes aussi expressifs qu'ingénieux. Il eut d'une seule femme 18 enfans; l'un d'eux, Jean, cultiva la poésie comme son père, se déclara, comme lui, pour Charles Ier, et servit comme capitaine dans les armées de ce monarque. Il publia différens ouvrages qui furent bien accueillis, et qui faisaient également honneur à ses talens et à ses principes. Il mourut de la peste à Londres en 1665, âgé de 41 ans.

QUARTERONI ( Archange ), poëte, né à Arezzo, recteur du séminaire de cette ville, naquit vers 1730, et cultiva avec un égal bonheur la poésie italienne et la latine. On a de lui: *Poésies toscanes et latines*, Arezzo, 1765, avec des notes et remarques d'Ange-Laurent Grazzini, professeur d'humanités dans le même séminaire. On y remarque, entre autres choses, un chapitre où l'auteur soutient que l'étude des sciences et des belles-lettres ne convient point aux femmes, qui doivent, dit-il, seulement s'occuper des devoirs de leur sexe, et il rappelle, à l'appui de son sentiment, tout ce qu'ont dit de plaisant sur ce sujet Molière et Boileau, qui n'épargnèrent sans

doute pas les femmes auteurs, et surtout les femmes pédantes. Jean-Antonio Volpi s'était déjà prononcé de cet avis dans plusieurs discours qui furent imprimés; l'opinion de ces écrivains a trouvé un grand nombre de partisans, et ce ne sont pas les plus déraisonnables. En tout cas, si l'on peut permettre aux femmes une certaine instruction, elle ne doit jamais être acquise aux dépens de ces devoirs sacrés que leur ont imposés Dieu et la nature. L'abbé Quarteroni est mort en 1778.

QUATTRO FRATI (François-Marie), jésuite italien, né à Modène, florissait au 17e siècle. Il avait cultivé l'art oratoire et la poésie, et y avait obtenu des succès. Il était membre de l'académie de Parme, dite des *innominati*. Il a publié un grand nombre d'ouvrages, parmi lesquels on distingue : I *Relazione delle esequie ed orazione in morte del Padre Francesco Bordoni*, Parme, 1671 et 1676. Bordoni était de Parme, et théologien très-distingué de l'ordre de Saint-François. II *Discorso funebre sopra le virtù di monsignor Ettore Molza, vescovo di Modena*, Modène, 1679. III *Relazione delle esequie del Padre Paolo Rosini, min. conventuale, coll' orazione funebre*, Parme, 1683. IV *Prediche, panegiriche, co' sermoni per le otto feste principali di Maria Vergine*, Plaisance, 1698. V *Le lamentazioni di Geremia, volgarizzate da* F. M. Q., *academico innominato*, Plaisance, 1701. VI *Prosæ et carmina*, Modène, 1706, in-4. En outre, on a de lui des *Vies* d'hommes célèbres, et quelques autres opuscules. Le P. Quattro Frati mourut à Plaisance le 16 février 1704, âgé de 58 ans. — QUATTRO FRATI (Nicolas), aussi de Modène, et poëte latin du

15e siècle, était lié d'intimité avec les célèbres poëtes de son temps, le Guarini et l'Arioste, auxquels il adressa quelques-unes de ses *Epigrammes*. La bibliothèque du marquis Bevilacqua à Ferrare possédait un beau manuscrit de *Poésies latines*, où il est question de Nicolas Quattro Frati, comme auteur de plusieurs poëmes, notamment dans une *Elégie* de Henri 11, ou Hylas de Prato, adressée à une certaine Orsa, *pro Nicolao à quatuor fratribus.*

**QUECCIUS** (Grégoire), médecin, naquit à Altorf en 1596, et fut reçu docteur à Bâle en 1620, occupa pendant plusieurs années la chaire de philosophie dans sa ville natale. Il a laissé un ouvrage qui établit sa réputation, et qui a pour titre : *Anatomiæ philologicæ, continens discursus de nobilitate et prestantiâ hominis, contrà iniquos conditionis humanæ estimatores,* imprimé en 1632, in-4, à Nuremberg, où il mourut en 1632, à 36 ans.

**QUELMALZ** (Samuel - Théodore), savant médecin et anatomiste allemand, naquit à Freidberg en Misnie, le 21 mai 1696. Il jouit d'une grande réputation, et s'étant établi à Léipsig, il y fut successivement professeur d'anatomie, de chirurgie, de physiologie et de pathologie. On lui doit plusieurs dissertations académiques, comme : I *De ptyalismo febrili*, Léipsig, 1748. II *De narium, eorumque septi incurvatione*, ibid., 1750. III *De musculorum capitis extensorum paralysi*, ibid., 1757. IV *De viribus electricis medicis*, ibid., 1755. V *Programma quo frigoris acrioris in corpore humano effectus expendit*, ibid., 1755. On trouve toutes ces dissertations dans le recueil intitulé, *Dissertationes*

*ad morborum historiam*, etc., par Haller.

**QUER** (Joseph), habile chirurgien et botaniste espagnol, né dans le royaume de Valence en 1701. Il étudia la chirurgie dans cette ville, puis à Barcelonne et à Cadix, et il en termina les cours à Madrid, où il acquit bientôt du renom. Charles III le nomma chirurgien de la cour, et lui accorda une riche pension. Ce monarque, à l'insinuation de son ministre, le comte de Florida-Blanca ( *voyez* ce nom, *Supplém.*, tome 2 ( X ), avait fait revivre les études dans son royaume, et fondé des établissemens pour l'instruction publique, à la tête desquels il avait appelé les plus habiles professeurs de l'Espagne. Cependant, parmi plusieurs sciences qu'on y cultivait, celle de la botanique n'avait pas encore fait des progrès bien rapides, et Ortegas et Cabanillas n'étaient pas encore assez connus. Quer s'était livré à l'étude de cette science, y avait acquis des connaissances assez étendues, et d'après sa proposition, le ministre Florida-Blanca établit à Madrid une chaire de botanique, et Quer fut désigné pour la remplir. Le succès qu'obtinrent les leçons de ce professeur lui méritèrent de nouvelles pensions de la cour, et on lui donna la direction du jardin des plantes de *Buen-Retiro*. Quer fit de très-bons élèves. Il avait parcouru toute l'Espagne à la recherche des simples, et il en forma un herbier très-considérable. Il mourut à Madrid en 1766. Parmi ses ouvrages, on cite les deux suivans : I *Flore espagnole*, ou *Histoire des plantes d'Espagne*, Madrid, 1762, 6 vol. in-4. II *Dissertation physico-botanique sur les affections néphrétiques*, ibid., 1765, in-8.

**QUERBŒUF** (Yves-Mathurin-

Marie de ), naquit en Bretagne le 13 janvier 1726, et entra jeune chez les jésuites, parmi lesquels il resta jusqu'à la dissolution de leur société. Rendu alors au monde, il y vécut sous l'habit ecclésiastique séculier, et s'y occupa de littérature. Il est auteur ou éditeur d'un grand nombre d'ouvrages, dont les titres suivent : I *Ode sur la naissance de M. le duc de Berri.* II *Oraison funèbre de monseigneur le duc de Bourgogne*, traduite du latin du P. *Willermet*, Paris, 1761, in-12. Le P. de Querbœuf était encore chez les jésuites lorsque ces deux pièces parurent. III Une édition des *Mémoires pour servir à l'histoire de Louis, dauphin de France*, recueillis par le P. Griffet, Paris, 1777, 2 vol. in-12. IV Une nouvelle édition des *Lettres édifiantes et curieuses, écrites des missions étrangères par quelques missionnaires de la compagnie de Jésus*, etc., Paris, 1780-1783, 26 vol. in-12. V Une édition des *OEuvres de M. François de Salignac de Fénélon*, avec une *Vie* de l'auteur, Paris, 1787-1792, 9 vol. in-4, faite aux frais du clergé de France. L'abbé Gallard, docteur de Sorbonne, avait été chargé de ce travail. Son état de santé ne lui ayant pas permis d'y mettre la promptitude qu'on désirait (*voyez* GALLARD ), on lui substitua le P. de Querbœuf, qui fut obligé de le faire presque en entier. La *Vie de Fénélon* est de lui: on lui reproche de n'avoir pas fait sur les différentes éditions des ouvrages de Fénélon des recherches qui n'auraient pas été sans intérêt, et qui eussent pu fournir de bons morceaux d'histoire littéraire. VI *Observations sur le Contrat social de J.-J. Rousseau*, Paris, 1789, in-12. Ces observa-

tions, dont Querbœuf n'est que l'éditeur, sont du P. François-Guillaume Berthier. (*Voyez* BERTHIER, Franç.-Guill., *Dict.*) Querbœuf a aussi donné une édition des *Réflexions spirituelles* du même Père. VII *Abrégé des principes de Bossuet et de Fénélon sur la souveraineté*, Paris, 1791, in-8. VIII *Sermons du P. Charles Frey de Neuville*, Paris, 1776, 8 vol. in-8. Querbœuf les publia de concert avec le P. Mars, son ancien confrère. Les dangers auxquels étaient exposés les ecclésiastiques, surtout à Paris, pendant les persécutions révolutionnaires, obligèrent le P. de Querbœuf à quitter la France. On présume qu'il se retira dans les Pays-Bas, et qu'il y mourut dans le courant de l'année 1793. Il faut que son départ ait été précipité, puisqu'il ne put emporter quelques objets précieux qui faisaient partie de sa bibliothèque. De ce nombre était le manuscrit autographe des *Lettres latines* du savant Huet, évêque d'Avranches, lequel avait fait partie du legs de ce prélat à la maison professe des jésuites de Paris. Il fut trouvé dans le logement du P. de Querbœuf. Il est aujourd'hui à la bibliothèque du roi.

QUERCIA ( Jacques della ), sculpteur, né à Sienne en 1358. Il s'était déjà fait connaître par différens ouvrages, lorsqu'il fut chargé de la construction de la belle fontaine qui orne la place del *Consiglio*, ou hôtel de ville, à Sienne. Cette fontaine, représentant une vaste coquille, conserve la figure de la place où elle est élevée, et qui ressemble beaucoup à un vallon creux et régulier. C'est d'après ce monument que Quercia ne fut plus appelé que Jacques de la *Fontaine* ; et en effet, son ouvrage n'est pas inférieur à la superbe fontaine de Palerme, ni à plusieurs de celles qui embellissent Rome, et qui sont, sans contredit, les plus magnifiques de toute l'Europe. Quercia eut ensuite la surintendance des travaux de la cathédrale de Sienne, une des plus remarquables de l'Italie, soit par la beauté de l'ensemble, soit par la richesse des marbres qui décorent son extérieur, et encore davantage par une superbe mosaïque qui forme le pavé de tout l'intérieur de l'église. Elle a été construite, à peu de différence près, sur le modèle de la cathédrale de Florence, quoiqu'elle n'ait pas l'étendue de celle-ci, qui est des plus vastes de l'Italie. Quercia mourut dans sa patrie en 1420.

QUERENGHI (Antoine), poëte italien et latin, naquit à Padoue en 1546. Il eut un talent précoce : à l'âge de 14 ans, il expliquait les passages les plus difficiles des auteurs grecs et latins, et possédait déjà plusieurs langues modernes. Il obtint les mêmes succès dans les sciences, et, avant d'avoir atteint sa vingt-cinquième année, il savait la philosophie, la jurisprudence, la théologie, et avait acquis une grande réputation comme poëte. Son aptitude pour les affaires le fit appeler à la cour de Rome, où il prit les ordres et fut secrétaire du sacré collége, sous cinq papes qui l'employèrent dans plusieurs missions importantes auprès de la cour de France, d'Espagne, de la république de Venise, etc. Henri IV, juste admirateur des talens, voulut l'attirer auprès de lui, mais Querenghi préféra demeurer toujours attaché au saint siége. Clément VIII le fit chanoine à Padoue. Paul V le rappela à Rome, le nomma son camérier secret, référendaire de l'une et de l'autre signa-

ture, et prélat ordinaire. Grégoire XV et Urbain VIII le conservèrent dans ces mêmes places; et il mourut à Rome le 1er septembre 1633, âgé de 87 ans. Il a laissé des *Poésies italiennes*. La plupart sont des sujets sacrés, et où l'on trouve de la facilité et une grande pureté de langage. Ces mêmes qualités distinguent ses *Poésies latines*; mais elles sont écrites avec plus de verve et de chaleur que les premières, comme composées dans une langue à laquelle Querenghi s'était plus particulièrement livré. On y trouve aussi plusieurs heureuses imitations d'*Horace*.

QUERENGHI (Flavio), neveu d'Antoine Querenghi, était chanoine de Padoue, et y avait pris naissance comme son oncle. Il commença ses études dans cette ville, et alla les continuer à Rome, à Parme et enfin à Pérouse. Il sut profiter des leçons des habiles maîtres de ces différentes universités, et fit des progrès remarquables dans les lettres divines et humaines. Grégoire XV l'appela à Rome, et le fit son *camérier* d'honneur. Par la suite, il fut élu évêque de Véglia, mais, sans ambition, il refusa cette dignité et lui préféra son modeste canonicat de Padoue. Il excellait surtout dans la philosophie morale, ce qui fit qu'en 1624 le sénat de Venise lui en offrit une chaire qu'il accepta. Il mourut dans cet emploi en 1646. Il a publié les ouvrages suivans : I *Epitome institutionum moralium*. II *De genere dicendi philosophorum*. III *Introductio in philosophiam moralem Aristotelis*. Cette philosophie était le sujet principal de ses leçons, la destination de la chaire qu'il occupait étant de l'expliquer. IV *De ho-*

*nore libri quinque.* V *De consiliariis principum.* VI *Alchimia delle passioni dell' anima,* etc. VII *Raggionamento a nome dello studio di Padova ad Ottaviano. Bon, podestà.* VIII *Discorsi varj, curiosi ed eruditi.* Par son testament, Flavio Quereughi partagea sa bibliothèque entre les dominicains de Padoue et les religieux d'une chartreuse voisine de cette ville, chez lesquels il avait choisi sa sépulture. Il était lié d'amitié avec François Rémond, jésuite célèbre de ce temps, qui lui adressa plusieurs épigrammes dans lesquelles ce Père, très-bon poëte latin, le louait de son goût pour la poésie, et de ses connaissances profondes en jurisprudence. (*Voy.* RÉMOND François, *Dict.*)

QUERNO (Camille), poëte, naquit à Monopoli dans le royaume de Naples, vers 1482. Sa facilité à faire des vers, et son humeur enjouée, lui acquirent bientôt de la réputation et de puissans protecteurs qui le recommandèrent à la cour de Rome. Il y vint en 1514, et reçut un accueil très-favorable de Léon X, nommé avec raison le père des lettres. Il les avait en effet ressuscitées à l'instar des Médicis à Florence, et des rois aragonais à Naples et en Sicile. Ce pape admettait dans son intimité les littérateurs qu'il protégeait, qui étaient en grand nombre, et croyant mieux encourager leurs talens, il les faisait asseoir à sa table. Querno, qui était de ce nombre, n'y parlait qu'en vers : il fut comblé des bienfaits de Léon X ; mais il était dissipateur, et surtout il aimait le vin avec excès. Après la mort de ce pontife (1521), il retourna dans sa patrie, consomma en peu de temps ce qu'il avait amassé à la cour de Rome ; réduit à l'indigence et se trouvant malade, il fut contraint de se réfugier dans un hôpital où il mourut en 1530. Il avait écrit un poëme de 20 mille vers, intitulé l'*Alexiade*, qu'il récitait par cœur. Cet ouvrage, sa mémoire prodigieuse, son talent pour faire des vers impromptus en italien et en latin, lui donnèrent beaucoup de vogue.

QUEROHEUT ( N.-X., comte de), maréchal de camp, chevalier de Saint-Louis, etc., naquit à Bois-Recant, en Bretagne, en 1742, entra au service, s'y distingua, et il était officier général à l'époque de la révolution, contre laquelle il se déclara. Attaché au parti de la cour, il se trouvait toujours, comme d'autres serviteurs fidèles, auprès de son monarque, lorsque quelque péril le menaçait. Il chercha, et par son exemple et par ses discours, à rallier les hommes justes et raisonnables qui suivaient la cause des Bourbons. Le 10 août, il se trouvait aux Tuileries, et il fut forcé d'être, comme bien d'autres gentilshommes dévoués, témoin de la chute du trône. Depuis lors, il vécut dans l'oubli, jusqu'au temps du régime de la terreur. Mais son ancien attachement à Louis XVI, et sa naissance, étaient des crimes aux yeux de Robespierre, qui le fit arrêter et traduire dans la maison d'arrêt des Carmes. Il échappa pendant quelques mois aux listes de proscription ; mais les *terroristes* voulant se défaire de tous ceux qui avaient tenu à quelque rang, et au parti de leurs maîtres légitimes, ou qui possédaient de la fortune, imaginèrent pour prétexte l'absurde complot des prisons. Queroheut, accusé comme complice d'un de ces complots tramé dans sa maison d'arrêt, fut conduit devant le tribunal révolutionnaire, condamné à mort, et exécuté le 23 juillet 1794, à l'âge de 52 ans. Il fut des dernières victimes que Fouquier-Tinville envoya à l'échafaud. Un seul jour de plus, et il aurait été rendu à ses amis et à sa famille ; le supplice de Robespierre ayant eu lieu le 28 juillet 1794 ( 10 thermidor an 2 ).

QUESNEL (François), célèbre peintre, naquit en 1524 à Edimbourg, dans le palais royal, où son père, Français de naissance et descendant d'une ancienne famille écossaise, avait un emploi honorable. Quesnel reçut une bonne éducation, fit son cours d'études en même temps qu'il prenait des leçons de peinture, pour laquelle il montrait les dispositions les plus heureuses. En peu de mois, il fut à portée de faire les portraits de Jacques V, roi d'Ecosse, et de Marie de Lorraine son épouse, qui l'honoraient de leur estime et de leur protection. Il vint en France avec la malheureuse Marie Stuart, épouse de François II, et depuis reine d'Ecosse. Il se fixa en France, et ses bonnes qualités et ses talens lui captivèrent la bienveillance de toute la cour, et notamment du chancelier de Chiverny et de Henri III lui-même. Cet artiste était d'un caractère aussi loyal que désintéressé, et Chiverny ne put jamais obtenir de lui qu'il acceptât le moindre bienfait de ce monarque. Dans les troubles des guerres civiles, il perdit toute sa fortune, acquise par un travail assidu. Il avait succédé au peintre Janet, et il conserva sa place sous Henri IV, dont, suivant son système, il refusa les dons, et même l'ordre de Saint-Louis. Il composait fort bien l'histoire, excellait dans les portraits, et ce fut lui qui donna le premier plan de Paris en 12 feuilles. Quesnel mourut dans cette capitale, pauvre mais regretté, en décembre 1619.

QUESNEL (le baron), lieutenant général, chevalier de Saint-Louis, etc., naquit vers 1775, suivit la carrière des armes avec honneur. Il fit la campagne de 1806, à la suite de l'état-major de la garde, dans laquelle il fut nommé chef de bataillon le 28 mars 1807. Ses talens et sa bravoure l'élevèrent au grade de général de brigade, et il fut employé comme tel en 1808 dans la guerre de Portugal. Fait prisonnier par les Anglais, il fut conduit à la Corogne, et recouvra sa liberté à la prise de cette place par les Français. Il continua ses services en Espagne, se distingua au combat de Figuères, le 3 mai 1811, contre le corps d'armée de Campo-Verde, et se signala en plusieurs autres occasions importantes. Nommé général de division, il quitta l'Espagne et passa en Italie, où sa belle défense du Mincio lui mérita l'estime de toute l'armée et les éloges du vice-roi. Après la restauration, il rentra en France, prêta aux Bourbons son serment, auquel il ne manqua pas, et Louis XVIII le créa successivement chevalier de Saint-Louis, grand officier de la Légion-d'Honneur et lieutenant général de ses armées. Ce brave militaire jouissait en paix du fruit de ses travaux, lorsqu'il disparut tout à coup aux yeux de sa famille et de ses amis. On fit, mais inutilement, les plus exactes recherches pour découvrir et son domicile et les motifs de son absence. Enfin, son corps, à ce qu'on assure, fut retrouvé dans la Seine long-temps après. On crut assez généralement que sa fin malheureuse n'a été qu'un crime politique ou de parti ; crime exécuté après le 20 mars, époque de l'invasion de Buonaparte.

QUEVEDO et QUINSANO (Pierre de Alcantara de), cardinal et évêque d'Orense, naquit à Villa-Nova di Freno ( Ville-Neuve du Frêne), diocèse de Badajos en Estramadure, le 12 janvier 1736, d'une illustre famille, plus recommandable encore par les vertus qui y étaient en honneur, que par l'éclat de son origine. Le jeune Quevedo fit ses études à l'université de Salamanque. Doué d'un esprit vif et pénétrant, d'une grande justesse de sens, et aimant le travail, il y fit de rapides progrès. Dès qu'il eut formé le dessein d'embrasser l'état ecclésiastique, il crut devoir s'occuper plus particulièrement des connaissances qu'exige cette vocation, sans toutefois négliger celles des belles-lettres, qu'elle n'exclut pas, et qui, au contraire, y sont fort utiles. Après ses cours révolus, il prit le bonnet de docteur, devint chanoine de Salamanque et inquisiteur du saint-office. En 1776, le roi Charles III le nomma évêque d'Orense en Galice. Ce n'était point un siége riche ni un poste brillant; il n'en fut que plus cher à Quevedo, et son humble troupeau n'en eut que plus de droit à son intérêt. Il prêchait assidûment, répandait d'abondantes aumônes, maintenait la discipline parmi son clergé, faisait de fréquentes visites dans son diocèse pour s'assurer du bien qu'il y avait à faire, et des abus qu'il fallait réprimer. Le cardinal Delgado étant mort en 1782, et laissant le siége de Séville vacant, Charles III y nomma Quevedo. L'évêché de Séville est un des plus considérables de l'Espagne. Aussi désintéressé que modeste, l'évêque d'Orense supplia le roi de le dispenser d'accepter cette offre, et de le laisser à sa première épouse. Lorsque la persécution révolutionnaire obligea les ec-

clésiastiques français de quitter leur patrie, M. de Quevedo accueillit honorablement tous ceux qui cherchèrent un asile dans son diocèse. Il les logea dans ses séminaires, dans sa maison de campagne et même dans son palais. Il fournit à tous leurs besoins. Le nombre ne l'effrayait pas, et plus il s'en présentait, plus la providence semblait multiplier les ressources dans ses mains charitables. Il aidait également des familles d'émigrés retirées en Galice. On a calculé à plus de 80 mille francs par an ce que lui coûtait cette œuvre, et cela n'ôtait rien à ses autres aumônes. Plus de 200 prêtres proscrits étaient à sa charge. Les plus malheureux étaient ceux qu'il avait soin de plus approcher de lui. Tous ont rendu justice à sa charité sans bornes, à son éminent mérite, à sa vertu héroïque. Tous parlent de lui comme de l'honneur de la religion et de l'ornement de l'église. Et lui aussi fut persécuté. Fidèle à son roi, il ne voulut reconnaître ni un maître étranger, ni le pouvoir que s'arrogeaient les cortès, et refusa de se prêter aux vues de ces assemblées. Proscrit par elles, il se retira dans une partie de son diocèse, située en Portugal, et y demeura jusqu'au retour de Ferdinand VII en 1814. Un des premiers soins de ce prince, rendu à ses états, fut de rappeler l'évêque d'Orense, et de le nommer à l'archevêché de Séville, qui se trouvait de nouveau vacant. Quevedo, pour la seconde fois, refusa ce riche bénéfice. La lettre qu'il écrivit à ce sujet au ministre secrétaire d'état, est un modèle de désintéressement et de modestie. Ferdinand voulut bien agréer ses excuses, et, pour lui donner du moins une marque de sa considération et de son estime, il lui envoya le grand cordon de l'ordre de Charles III. Quelque temps après, il le présenta au cardinalat. Pie VII l'éleva à cette dignité dans le consistoire du 8 mars 1816, mais il ne fut déclaré que le 23 septembre suivant. Il mourut presque subitement dans son palais épiscopal la nuit du 27 au 28 mars 1818, regretté de son clergé et de son peuple. Il commençait sa 83ᵉ année. En 1801, les prêtres français firent graver son portrait à Madrid, avec cette inscription : *Consolatus est lugentes in Sion, eleymosinas ejus enarrabit omnis ecclesia sanctorum ;* éloge appliqué par le Saint - Esprit à l'homme sage et vertueux, et dans cette occasion bien mérité.

QUILLARD ( Pierre-Antoine ), peintre, né à Paris vers 1700, fut élève de Wateau dont il suivit le style. Son dessin était parfait, et dès l'âge de 11 ans il donnait de si belles espérances, que le cardinal Fleury présenta quelques-uns de ses ouvrages à Louis XV, et ce monarque le gratifia d'une pension. Un médecin suisse, attaché à la cour de Lisbonne, nommé Merveilleux, l'engagea à venir en Portugal pour dessiner les productions végétales de ce royaume, dont il voulait composer un herbier. Arrivé dans la capitale, le roi dom Joseph lui assigna une pension de 80 *cruzados* ( 400 fr. ) par mois. Après avoir travaillé quelque temps à la Flore du médecin Merveilleux, il peignit les plafonds de l'appartement de la reine, et plusieurs tableaux, très-estimés, dans l'hôtel du duc de Cadaval. Il *grava* en outre, sur ses propres dessins, toutes les planches représentant la pompe funèbre du duc Nunho Olivarès Pereyra, Lisbonne, 1730, in-fol. Quillard est mort à Lisbonne en 1733.

QUILLOT ( Claude ), prêtre de Dijon, né à Arnay-le-Duc d'une famille pauvre, fit ses premières études dans son lieu natal. Venu à Dijon pour les continuer, il entra chez un conseiller au parlement de cette ville en qualité de précepteur de ses enfans. Il avait de la piété. L'idée de mener une vie pénitente lui fit prendre la résolution de se faire chartreux. Il se présenta chez ces Pères, y fut admis, et les édifia beaucoup par son zèle et sa régularité ; mais ses forces ne répondirent point à sa bonne volonté. Il ne put soutenir l'austérité de cette vie, et fut obligé de rentrer dans le monde. M. l'évêque de Langres lui conféra les ordres sacrés, l'attacha à la paroisse de Saint-Pierre de Dijon, et lui donna le pouvoir de confesser. Sa vie édifiante lui eut bientôt attiré la confiance des personnes les plus religieuses de la ville. On le consultait de toutes parts. Il devint célèbre, et cette célébrité, qu'il ne cherchait pas, lui fit des jaloux. Sa piété le portait à rechercher les ouvrages qu'il croyait les plus propres à la nourrir. Il lut les *Mystiques*, et même, dit-on, les écrits de Molinos, non encore condamnés. Il reçut chez lui, en 1686, madame Guyon et le P. Lacombe. Il n'en fallut pas davantage à ses ennemis pour faire éclater leur haine. Ils le dénoncèrent comme complice de *Philibert Robert*, dont on poursuivait alors le procès pour accusation de *quiétisme*. Quillot en effet fut compris dans la sentence lancée le 17 juillet 1700, par l'official de Dijon, contre ce prêtre et ses sectateurs. Quillot par cette sentence était condamné à trois ans de prison dans un monastère, à y jeûner au pain et à l'eau tous les vendredis, et à faire certaines prières et aumônes. Tout pouvoir d'entendre les confessions lui était retiré. Cependant Quillot s'était caché. Le parlement de Dijon de son côté prenait connaissance de cette affaire en ce qui pouvait le concerner. Quillot y fit parvenir différentes pièces qui prouvèrent son innocence, et par arrêt du 27 août 1700, il fut mis *hors de cour.* Ce premier succès lui en fit espérer un plus complet. Il demanda la révision du procès instruit devant l'officialité, et se constitua en prison. Une nouvelle sentence le renvoya *à pur et à plein de l'accusation formée contre lui.* Il sortit de prison le 21 avril 1701, et reprit ses fonctions, à l'exception de celles du confessionnal, dont les supérieurs ecclésiastiques jugèrent qu'il devait s'abstenir. Cette justification authentique n'empêcha pas la publication d'un écrit calomnieux sous le titre d'*Histoire du quiétisme, ou de ce qui s'est passé à Dijon au sujet du quiétisme,* etc., Zell, 1703, in-4. L'auteur est Hubert Maupàrty, procureur du roi du bailliage et siége présidial de Langres. Tout, dans cette histoire, respire la passion et la haine. On veut absolument y faire croire à une nouvelle hérésie, dont Quillot serait l'auteur. M. de Clermont-Tonnerre, évêque de Langres, ayant fait examiner cet ouvrage, le défendit par une lettre pastorale du 21 avril de la même année; et le parlement de Dijon le condamna, le 9 juillet suivant, à être lacéré et brûlé par l'exécuteur de la haute justice, comme calomnieux et blessant également le sacerdoce et l'empire. Il est devenu très-rare. On ignore l'époque de la mort de Quillot.

QUIN (Jacques), célèbre acteur anglais, naquit à Londres le 24 février 1693. Il était enfant illégitime, sans que ses parens eux-mêmes pussent s'en douter. Sa mère avait épousé en premières noces un négociant, qui, pour raisons de commerce, passa aux Indes orientales. Il ne donna, depuis son absence, aucune nouvelle à sa femme ni à ses amis, de sorte que le bruit de sa mort s'accrédita. Son épouse en prit le deuil, et écouta ensuite les propositions de mariage d'un propriétaire appelé Quin, et qui jouissait d'un revenu de 1,000 liv. sterling. Le fruit de cette union fut le jeune Quin, et il était encore dans sa première enfance lorsque le premier mari de sa mère reparut à Londres, réclama sa femme, et les tribunaux la lui accordèrent. Le second époux, Quin, forcé de se retirer, prit soin de son fils, l'envoya à Dublin où il lui fit faire ses études. Etant mort *ab intestato,* en 1710, il laissa le jeune Quin, alors âgé de 17 ans, sans appui et sans ressources. Il avait fait peu de progrès, et végéta, pour ainsi dire, jusqu'à l'âge de 21 ans. Forcé par le besoin, il s'engagea dans une troupe de comédiens qui se formait dans la capitale de l'Irlande. S'étant rendu à Londres, par les conseils de quelques amis, il fut reçu dans la troupe de Drury-Lane, et il fit connaître ses talens dans la pièce de *Tamerlan,* où il jouait le rôle de *Bajazet.* De ce théâtre il passa à celui de Rich, où il fut applaudi pendant 17 ans. Quin était plein de vanité, d'un caractère fougueux qui lui attira un duel avec un autre acteur qu'il blessa mortellement. Les dépositions favorables de ce dernier le sauvèrent; et en 1732 il s'incorpora, avec la troupe de Rich, dans le théâtre de Covent-Garden qu'on venait d'ouvrir. Son humeur inconstante le fit encore passer au théâtre de Drury-Lane, où il fut fort applaudi jusqu'au début du fameux Garrick, en 1741. Il eut, pendant ce temps, un autre duel avec le poëte-acteur Cibber, et où tous les deux furent blessés. Après avoir joué sur plusieurs théâtres d'Irlande, et de retour à Londres, s'étant engagé pour quelque temps dans la troupe de Covent-Garden, il vint se mesurer avec Garrick, dans celui de Drury-Lane. Ils jouèrent ensemble dans la *Belle Pénitente*; mais Quin ne put soutenir la comparaison d'un rival trop dangereux, malgré même la protection du prince de Galles qui l'avait pris en amitié. Il quitta brusquement le théâtre et se retira à Bath. Appelé à Londres, pour voler au secours de plusieurs familles de Cornhil qu'un incendie affreux avait réduites à la misère, il reparut au théâtre et leur procura une abondante recette. A cette époque, 1761, le prince de Galles fit venir auprès de lui Quin, pour donner des leçons de déclamation à ses enfans, auxquels il voulait faire jouer la tragédie de *Caton* d'Addisson. Il eut pour élève George III ( né en 1738 et proclamé en 1760 ), actuellement régnant, et lorsqu'il eut appris la manière gracieuse et pleine de dignité avec laquelle ce prince avait prononcé son premier discours au parlement, il s'écria d'un ton aussi insolent que ridicule : « Eh bien! c'est » encore moi qui ai formé ce jeune » homme. » Il finit sa carrière théâtrale en 1753, et mourut à Bàth le 21 janvier 1766, à l'âge de 73 ans. Parmi les défauts de son caractère, il fit paraître quelques bonnes qualités. Il vola souvent au secours de plusieurs gens de lettres, et notamment de Thompson, auteur du poëme des *Quatre Saisons*, de *Coriolan* et autres pièces dramatiques. Le célèbre Pope lui témoigna beaucoup d'amitié, ce qui ne fit qu'ajouter à sa réputation.

QUINTILIA de la Mirande ( Lucrèce ), italienne célèbre par ses talens dans les lettres et la peinture, naquit vers 1520. On lui doit, entre autres choses, une *Biographie* des peintres les plus célèbres, qui a eu plusieurs éditions. Elle composa encore des *poésies*, où l'on remarquait un style correct et des pensées neuves. Comme peintre, ses tableaux sont encore estimés en Italie, et se distinguent par l'exactitude du dessin et la grâce dans les figures. Quintilia est morte vers 1585.

QUINTILLI ( Jean-Paul ), célèbre avocat, naquit à Rome le 1er octobre 1632. Il étudia la philosophie, les belles-lettres, le droit civil et canon, et était doué d'une si vive éloquence, que quand il plaidait, la salle du tribunal était pleine des personnes les plus distinguées, qui y accouraient pour l'entendre. Croyant que Venise était un lieu plus propre à y exercer ses talens oratoires, il s'y rendit et obtint un accueil favorable au barreau, et se concilia l'estime générale. Rappelé à Rome pour des affaires de famille, il fut nommé auditeur général et secrétaire intime du prince Jean-Baptiste Louis. Il mourut en 1705, et a laissé : I plusieurs volumes sur la *Jurisprudence*. II *Dissertazione*, ou *Dissertation médico-physique sur le décès d'une dame qu'on croyait morte par l'effet d'un poison*, Rome, 1693. III Des *Oratorios*, etc., etc.

QUIROGA ( Joseph ), jésuite espagnol, naquit à Lugo, en Galice, le 14 mars 1707. Il était issu d'une illustre famille de cette province, et à l'âge de 15 ans il entra chez les PP. de la compagnie de Jésus. Il avait fait ses études avec éclat, et s'était livré plus particulièrement aux sciences exactes. Il fit plusieurs voyages au Mexique et au Paraguay pour les affaires de son ordre ; remplit dans son couvent du Mexico, pendant deux années, la chaire de mathématiques, qu'il occupa également à Oviédo et à Compostelle. Lors de la suppression de son ordre, il se fixa à Bologne, où il se lia avec les mathématiciens les plus renommés, comme Cauterzani, Palcori, etc. Il publia un ouvrage en italien, intitulé *Arte di navigare per circolo parallelo*, Bologne, 178., qui eut beaucoup de succès. Il a laissé en outre plusieurs manuscrits, qui existaient dans l'institut de Bologne (*la Specola*), et qui traitent de longitudes en mer, de la boussole, des moyens de renouveler et purifier l'air dans un vaisseau, de l'art de construire des barques et des pouts sur les fleuves et les rivières les plus rapides, un traité sur les différens climats, etc., etc. Le P. Quiroga allait donner tous ces ouvrages à l'impression, lorsque la mort le surprit le 23 octobre 1784, à l'âge de 77 ans. Il était membre de plusieurs sociétés savantes d'Espagne et d'Italie.

QUIROS ( Fernand de ), navigateur espagnol, naquit à Bilbao en 1562. Après avoir fait plusieurs voyages en Amérique, en qualité de pilote, Philippe III le chargea, en 1604, de faire des découvertes dans la mer Pacifique. Quiros partit de Lima en décembre 1605, s'avança à 20 degrés de latitude et 240 de longitude, et découvrit les terres australes du Saint-Esprit, et les îles de la Société. Il écrivit ce *Voyage*, qui dans le temps fut imprimé en espagnol, et on l'inséra ensuite dans le recueil des *Petits Voyages* de Théodore de Bry. Il a été d'une grande utilité au fameux Cook ; et il rend cet hommage à Quiros, dans son *Voyage autour du monde*. Le navigateur espagnol obtint une pension de Philippe III, et mourut à Lima en 1630.

QUISTORP ( Jean ), théologien luthérien, naquit à Rostock en 1584, et fut professeur de théologie dans cette ville. Il eut ensuite la surintendance des églises de sa communion. Il assista Grotius dans ses derniers momens. Il a composé divers ouvrages, savoir : I *Articuli formulæ concordiæ illustrati*. II *Manuductio ad studium theologicum*. III Des *Notes latines* sur tous les livres de la Bible. IV Des *Commentaires* sur les Epîtres de saint Paul. V Des *Sermons*. VI Des *Dissertations*. Il mourut en 1648. — QUISTORP ( Jean ), fils du précédent, naquit en 1624, et suivit la même carrière que son père. Il fit ses études à Greiswalde, et visita les universités de Copenhague et de Leyde, pour en entendre les professeurs. Revenu à Rostock, il y obtint une chaire de théologie, et en même temps une place de pasteur. On a de lui : I *Catechesis antipapistica*. Il y attaque le pape et l'église romaine. II *Pia desideria*. III *Repetitiones decalogi antipapisticæ*. IV Une *Lettre* allemande à la reine Christine de Suède, sans signature. V Le *Trésor dans le champ*. VI *Disputationes theologicæ*. Dans ses écrits, surtout dans ceux contre le pape, le fiel est mêlé à l'érudition. Il mourut en 1669.

RABAULT-SAINT-ÉTIENNE ( Jean-Paul ), avocat et homme de lettres , naquit en 1743 à Nîmes. Il était ministre de la religion réformée au commencement de la révolution, et la sénéchaussée de cette ville le nomma aux états généraux de 1789. Quoique Rabault n'était certainement pas un grand orateur, l'habitude de parler, et des discours préparés d'avance, lui donnèrent d'abord une certaine réputation. Nommé député du tiers état à l'assemblée nationale, il la présida en 1790. Sectateur ardent du philosophisme et des innovations, il avait déjà annoncé ses opinions dans ses écrits, où il disait « que tous les »établissemens anciens nuisaient au »peuple; qu'il fallait renouveler les »esprits, changer les idées, les lois, »les usages, les hommes, les mots; »enfin tout détruire, pour pouvoir »tout recréer. » Il était un des ennemis les plus acharnés des prêtres catholiques, qu'il persécuta sans relâche, et qu'il ne cessa jamais d'insulter dans ses discours. Dans le cours des années 1789 et 1790, il présenta quelques projets de loi peu essentiels en eux-mêmes; demanda et obtint le décret que les ouvrages incendiaires seraient soumis à un jury, *pour éviter l'inquisition contre la pensée;* et en 1791 il s'éleva avec violence contre les troubles de Nîmes, qu'il attribua aux catholiques. Quelques mois après il parla sur l'organisation des gardes nationales, et demanda la liberté *indéfinie des cultes.* En septembre 1792, il fut élu par le département de l'Aube député à la convention nationale.

Son ardeur révolutionnaire sembla alors se ralentir beaucoup. Parmi plusieurs projets qu'il présenta encore, on en remarque un bien singulier; c'était celui qui avait pour but d'adopter en France l'éducation des Crétois, et qui fut cependant envoyé à tous les départemens. Malgré les opinions que Rabault avait annoncées, il fut toujours l'ennemi déclaré des *jacobins.* Lors du procès du roi, il se prononça vivement contre l'avis de ceux qui prétendaient que la convention elle-même pouvait juger Louis XVI, et dit « que la constitution ne l'avait »pas créée cour de judicature; sou-»tint qu'il n'appartenait qu'aux tri-»bunaux un acte pareil, et qu'il »devait même être confirmé par le »peuple. » Il termina son discours par ces paroles mémorables : « Je »suis las de *ma portion de despo-*»*tisme*, et je ne soupire qu'après »l'instant où un tribunal national »nous fera perdre *les formes et la con-*»*tenance des tyrans;* » et il ajouta encore, comme par prophétie, « que la mort de Charles I er avait amené en Angleterre *la domination de Cromwel et le retour de la royauté.* » Fidèle à ses nouveaux principes de modérantisme, ne pouvant pas empêcher le jugement de Louis XVI par la convention, il se borna à voter pour la détention de ce prince, et son bannissement à la paix. Il vota également pour l'appel au peuple et pour le sursis. En 1793 il devint président de la convention, appuya l'emprunt forcé, et au mois de mars il fut nommé membre de la commission des *douze*, imaginée par les *girondins*, afin de surveiller les opérations du tribunal révolutionnaire, et découvrir les complots de la municipalité de Paris contre la convention. Chargé de faire un rapport sur ce sujet, il ne put jamais obtenir la parole, sa voix étant étouffée par les cris des *montagnards* et des jacobins de la tribune. Le 14 mai il appuya une pétition des Bordelais contre ces mêmes jacobins ; et osa même demander que le comité de salut public s'expliquât sur « les dissensions qui régnaient dans l'assemblée. » Enfin le 31 mai 1793 arriva, et les jacobins triomphèrent du parti de la Gironde. C'est en vain que Rabault fit ses derniers efforts, ainsi que Vergniaud, Gensonné et Guadet, contre les montagnards. Rabault fut entraîné dans leur chute, et décrété d'accusation comme membre de la faction des *Hommes d'état*. Il parvint à s'évader, et se réfugia d'abord à Bordeaux : un décret du 28 juillet le mit *hors la loi*. Il vint alors se cacher auprès de la capitale, chez un ancien et perfide ami, qui le livra aux jacobins. Traduit devant le tribunal révolutionnaire, il fut condamné à mort le 4 novembre 1793, et exécuté le lendemain ; il avait alors 50 ans. Rabault passait pour être un homme probe et humain ; il ne montra cependant pas toujours cette dernière qualité, et ses opinions républicaines lui firent persécuter des victimes innocentes, dans les ecclésiastiques respectables qui ne voulurent pas trahir leur devoir ; mais il faut aussi avouer qu'il ne participa pas aux crimes qui ensanglantèrent cette funeste époque. Il avait des connaissances assez étendues, et a laissé : I *Lettre sur la vie et les écrits de Court de Gebelin*, 1774, in-8. II *Lettres sur*

*l'histoire primitive de la Grèce*, 1787, in-8, adressées à l'astronome Bailly. On y trouve beaucoup d'érudition. III *Considérations sur les intérêts du tiers état*, 1789. IV *Précis de l'histoire de la révolution française*, 1791, 1 vol. in-18, avec 6 gravures. Ce précis, quoique écrit avec clarté et en assez bon style, n'est nullement impartial ; l'auteur s'y déchaîne, comme à son ordinaire, contre les prêtres catholiques ; on y lit le passage suivant : «Le clergé cherche encore dans une religion qu'on appelle de paix, des prétextes et des moyens de discorde et de guerre ; il brouille les familles, dans l'espoir de diviser l'état, tant il est difficile à ce genre d'hommes de savoir se passer de richesses et de pouvoir ! Mais les lumières, en se communiquant bientôt aux dernières classes des citoyens, les affranchiront de la plus dangereuse des servitudes, l'esclavage de la pensée : alors, ou les prêtres seront citoyens, ou l'on ne voudra plus de prêtres. » On voit par cette tirade que ce n'était pas la justice ni la charité chrétienne qui dirigeaient la plume de Rabault, et qu'il osait insulter aux prêtres catholiques, au moment même où ils étaient exposés à la plus cruelle persécution. Rabault a coopéré avec Cerutti à la rédaction de la *Feuille villageoise*, et au *Moniteur*. Après la mort de Robespierre, en 1794, la convention nationale décréta l'impression, aux frais de la république, du *Précis historique* de Rabault. M. Lacretelle le jeune a continué cet ouvrage, qui est très-utile pour les différentes époques qu'il y a insérées de l'année républicaine, éclaircies par celles de l'année vulgaire.

RABAULT-DU-VIGAN, ou le jeune, frère cadet de Jean-Paul,

naquit aussi à Nîmes, remplit plusieurs missions administratives, embrassa le parti de la révolution, et en 1797 le département du Gard le nomma député au conseil des anciens. Il dirigea un journal assez répandu, dans le sens du directoire, et prononça un discours dans le conseil, en faveur des émigrés du Haut et Bas-Rhin, où il dénonçait les jacobins du midi. En 1800, le premier consul le nomma sous-préfet du Vigan, département du Gard, où il se fit aimer, et mourut le 13 septembre 1808. — RABAULT-POMMIER ( J. A. ), frère des précédens, ministre de la religion réformée à Nîmes, et qui vit encore, fut aussi député à la convention nationale, où il vota la mort de Louis XVI, avec le *sursis* et *l'appel au peuple*. Ennemi de la *montagne*, il fut proscrit avec les *girondins*. Rappelé ensuite, il entra au conseil des anciens, se montra favorable à la révolution du 18 brumaire, fit partie du corps-législatif, où il se prononça pour le consulat à vie accordé à Buonaparte, qui en 1805 le créa chevalier de la Légion-d'Honneur. En 1817 il était encore membre du consistoire de l'église réformée de Paris.

RABBI ( Charles-Constance ), savant religieux de l'ordre de Saint-Augustin, naquit à Bologne en 1678. Il parcourut presque toutes les sciences, et fut professeur de philosophie et de théologie à Bologne, Rome, et dans plusieurs couvens de son ordre. Il mérita la bienveillance du pape Benoît XIV, et son extrême modestie le tint toujours écarté des dignités ecclésiastiques. Le P. Rabbi mourut à Rome le 8 septembre 1746, et a laissé plusieurs ouvrages, comme : I *De mathematicarum disciplinarum ad*

*theologiam utilitate, ipsarumque in eâ usu dissertatio*, Fayence, 1729, Venise, 1745. III *Sinonimi ed aggiunti italiani raccolti, con in fine un trattato de' sinonimi degli aggiunti e delle similitudini*, Bologne, 1732. Plusieurs manuscrits de ce religieux se conservaient dans la bibliothèque de l'institut de Bologne ( *la Specola* ), et à Rome dans celle du pape Benoît XIV.

RABENER (A.), littérateur allemand, naquit à Warchau, village près de Léipsig en 1714. Il écrivait aussi bien en prose qu'en vers, et réussit surtout dans la satire, talent qui n'est pas toujours le plus recommandable. Il avait obtenu en 1753, à Dresde, l'emploi de secrétaire de l'administration des forêts ; au siége de cette ville (1760), plusieurs de ses ouvrages furent brûlés dans sa maison qui devint la proie des flammes. Son esprit satirique lui ayant suscité un grand nombre d'ennemis, il résolut de ne plus rien imprimer de son vivant. En 1767 il fut frappé d'une attaque d'apoplexie, qui le fit souffrir pendant quatre ans sans qu'il perdît pour cela de sa gaieté ordinaire. Il mourut en 1771, à l'âge de 57 ans. On a de cet écrivain plusieurs ouvrages en prose et en vers ; mais il est plus particulièrement connu par ses *Satires*, dont la seconde édition est de 1756, 4 vol. in-12, et traduites en français par de Boispréaux (Dujardin), 1754, 4 vol. in-12. Toutes ses œuvres ont été aussi traduites en anglais, en hollandais et en suédois.

RABESANO (Livio), fut un des hommes les plus éclairés de son siècle, et naquit près de Vienne en 1605. Il entra dans l'ordre des mineurs de l'Observance, y remplit plusieurs emplois importans, et fut pendant plusieurs années professeur de philosophie. On a de lui : I *Cursus philosophicus ad mentem doctoris subtilis pro tyronibus scotistis*, Venise, 1665, in-4. II *Cursus philosophicus*, etc.; *continet tres libros Aristotelis de animâ*, ibid., 1665. III *De cœlo et mundo*, ibid., 1672. IV *De generatione et corruptione*, ibid., 1674. Le P. Rabesano mourut à Vienne vers 1680.

RABUEL (Claude), jésuite et savant mathématicien, naquit à Pont-de-Veyle dans la Bresse, le 24 avril 1669. Il entra dans la société à l'âge de 17 ans. Il avait cultivé avec soin les belles-lettres, et les avait enseignées; mais un goût particulier pour les sciences exactes lui avait fait donner à l'étude des mathématiques une partie de son temps, et il les possédait à un haut degré. Il les professa pendant vingt ans dans le collége de la Trinité à Lyon. Lorsque la *Géométrie de Descartes* parut, elle piqua sa curiosité, et il fit sur elle un travail qui néanmoins ne fut pas publié pendant sa vie. Le P. Lespinasse, aussi jésuite, son disciple, le fit imprimer en 1730, à Lyon, sous le titre de *Commentaire sur la Géométrie de Descartes*. MM. de Beaume, de Witt et de Fermat avaient déjà éclairci quelques parties de l'ouvrage du Philosophe français On a en outre du P. Rabuel d'autres traités sur l'*Algèbre*, les *Sections coniques*, le *Calcul différentiel* et le *Calcul intégral*. Ce savant jésuite est mort à Lyon le 12 avril 1728.

RACCAFORTE (Innocent), né à Palerme vers 1640. Il embrassa l'état ecclésiastique, et obtint beaucoup de réputation par ses connaissances en littérature, et surtout dans l'histoire de son pays. Il devint chanoine de la cathédrale de Catane,

et a laissé un ouvrage très-intéressant, intitulé, *Journal historique de la Sicile depuis la création du monde jusqu'à l'année 1700*, Palerme, 1704. On a joint ce journal aux *Eclaircissemens historiques de la Sicile*, par Pierre Carrera, etc. Le tout forme une histoire complète jusqu'à l'an ci-dessus indiqué. Raccaforte a écrit aussi quelques poésies dans le patois de son pays, qu'on trouve dans plusieurs recueils de *poésies siciliennes*. Ce patois est très-propre pour le style pastoral.

RADAGAISE, général des Goths. Il entra en Italie en 405, à la tête d'une armée de 400 mille hommes qui désolèrent les campagnes et saccagèrent plusieurs villes. Stilicon, général d'Honorius, alla à la rencontre de Radagaise, qu'il trouva devant Florence dont il faisait le siége; quoiqu'il n'eût que des forces bien inférieures à celles de ses ennemis, il en tua près de 150 mille, mit en fuite les autres, fit prisonnier le général goth, auquel il fit trancher la tête. L'Italie se vit alors, pour quelque temps, à l'abri de l'invasion des Barbares.

RADCLIFFE (Jean), célèbre médecin anglais, naquit à Wakefield, dans le comté d'York, en 1650. Il étudia son art dans l'université d'Oxford, où il fut reçu docteur en 1675. Constamment opposé aux règles et aux méthodes établies, il les censura amèrement, et établit de nouveaux principes dans la médecine. Ces innovations lui suscitèrent et des critiques sévères et de nombreux ennemis; mais, malgré toutes leurs clameurs, il suivit la route qu'il s'était frayée, et y acquit une grande réputation. Il vint s'établir à Londres en 1648, et devint le rival du docteur Lower, médecin alors fort en vogue. Outre les vastes connaissances que Radcliffe possédait dans son art, il avait un caractère extrêmement vif, original, et une conversation agréable et spirituelle qui le faisait rechercher partout. Il devint médecin de la princesse de Danemarck, et amassa en peu de temps beaucoup de richesses, en même temps qu'il jouissait de la considération générale; mais cet état de prospérité et de bonheur ne fut pas de longue durée. Il avait placé 5,ooo livres sterling (125 mille francs) sur un armateur, destiné pour les Indes orientales, et cet armateur fut pris par les Français. Il était sur le point de conclure, avec la fille unique d'un riche bourgeois, un mariage qui aurait réparé cette perte, lorsqu'il apprit que la demoiselle avait des engagemens avec un autre, auquel elle donna la préférence. Cet accident indisposa à jamais Radcliffe contre les femmes, et parmi plusieurs sarcasmes qu'il leur lança, il disait souvent qu'il voudrait qu'un acte du parlement autorisât les garde-malades à traiter les femmes. La reine Marie ayant été attaquée par la petite-vérole, en 1694, Radcliffe fut appelé pour la soigner. La reine succomba, et on lui attribua sa mort, sur ce qu'on avait suivi le traitement qu'il avait indiqué, malgré l'avis des autres médecins. Peu de mois après, il perdit sa place auprès de la princesse Anne : sa négligence et son amour excessif pour la boisson lui attirèrent ce nouveau désagrément. Sa brusque humeur, ou, pour mieux dire, sa franchise insolente lui en procura bientôt un autre non moins sensible. Malgré l'échec qu'il avait éprouvé par sa méthode nouvelle auprès de la reine Marie, sa réputation se soutenait encore, et le roi Guil-

laume, à son retour de Hollande, le fit appeler. Le monarque lui montra ses chevilles excessivement gonflées, tandis que tout le reste de son corps était d'une maigreur extrême « Que pensez-vous, lui dit S. M., de cet état? Pour vos trois royaumes entiers, sire, répondit l'impertinent médecin, je ne voudrais pas avoir vos deux jambes. » Cette repartie indécente ne plut nullement au roi, qui congédia aussitôt Radcliffe, et ne voulut plus le revoir. La princesse Anne en fit de même, et lors de son avénement au trône, ce fut en vain que le comte de Godolphin chercha à le remettre dans les bonnes grâces de la nouvelle reine. «Il me dira toujours, lui répondit-elle, que tous mes maux ne sont que des vapeurs.» Cependant, Radcliffe était toujours consulté, et généreusement payé, dans tous les cas urgens où l'on croyait ses ordonnances utiles. Il avait négligé une pleurésie assez considérable qui le rendit enfin sérieusement malade. Il se fit tirer plus de cent onces de sang; le 28, il fit son testament, et le 30 son mal s'aggrava de sorte qu'on crut qu'il allait expirer le lendemain. Cependant, le 31 il se fait transporter à Kensington par quatre hommes, et, au milieu du jour, il y arrive après avoir essuyé trois évanouissemens pendant sa route. Il se met au lit, s'endort, et trois jours après il se trouve hors de danger. La reine, en apprenant la conduite qu'il avait tenue dans cette occasion, «Il ne faut pas se plaindre, dit-elle, s'il traite si rudement ses malades, puisque lui-même se ménage si peu. » Son insolence et son orgueil augmentaient en proportion de sa vogue et de sa fortune. Les premiers lui attirèrent un grand nombre de pamphlets et d'altercations; et on peut dire de Radcliffe qu'il n'avait presque d'autres amis que ceux qui avaient besoin de ses secours. Un événement funeste déchaîna contre lui la haine publique. La reine étant tombée dangereusement malade, le conseil ou plutôt un message de lady Masham, dame d'honneur de la princesse, fit appeler dans l'après-midi Radcliffe, qui, sans avoir égard à la gravité de la circonstance, ni à la dignité du malade, répondit brusquement «qu'il ne pouvait sortir, parce qu'il avait pris un remède ce jour-là.» La reine mourut peu de jours après, et comme il avait eu le bonheur de sauver lord Gorver dans une maladie pareille, tout le monde attribua la mort de la reine très-infirme à sa conduite insultante et bizarre. Se voyant en butte au ressentiment de toute la ville, il se retira au village de Carshalton, où, craignant encore d'être assassiné par le peuple, il n'osait sortir de sa maison. Cependant, la frayeur s'empara si fortement de lui qu'elle altéra sa santé, et il mourut trois jours après la reine, le 1er novembre 1714. Il avait vécu dans une dispute continuelle avec ses collègues, qui ne le considéraient que comme un empirique hardi, et qui ne devait un certain talent qu'à une extrême activité et à une longue pratique. On ne peut cependant nier que Radcliffe n'ait fait de très-bonnes cures dans les cas même les plus désespérés. Les docteurs Atterbury et Mead racontent plusieurs anecdotes de cet homme singulier. «Mead, disait-il à ce médecin, je vous suis attaché; je veux vous donner un moyen sûr de faire votre fortune : traitez mal le genre humain entier.» Mead, loin de suivre ce conseil, parvint, par une route bien diffé-

rente, à une fortune qu'il ne pouvait pas se reprocher. Ayant pris un soin extrême d'une dame, et qu'il parvint à sauver, il se vanta qu'il n'en avait agi ainsi «que pour contrarier son »époux qui ne l'aimait pas.» Au milieu des richesses, il était avare dans sa maison ; il l'avouait lui-même, et redoutait de faire changer une guinée. « Elle s'évapore, disait-il, aussitôt qu'elle est en petite monnaie.» Il acquittait difficilement ses comptes ; et un paveur, après mille démarches infructueuses pour être payé, l'arrêta à sa porte lorsqu'il descendait de voiture. « Co-»quin, lui dit le médecin en colère, »tu oses me demander le paiement »d'un pavé mal bâti, et que tu as »couvert de terre pour qu'on ne le vît »pas? Docteur, lui répondit son »créancier, je ne suis pas le seul dont »la terre cache les fautes.» Radcliffe n'ajouta pas un mot, et le paveur fut payé. Le *Richardsoniana* rapporte de lui d'autres traits qui servent à faire mieux connaître son caractère. Pour donner une idée des grandes richesses qu'il avait amassées, il suffira de dire qu'il légua à l'université d'Oxford 40,000 sterling (près d'un million de francs), pour construire une bibliothèque, avec un revenu annuel de 100 livres pour l'entretenir, et 150 pour le bibliothécaire. Ce don généreux parut à quelques-uns une amende honorable de la part de Radcliffe. On était généralement persuadé qu'après ses examens, il n'avait plus ouvert aucun livre.

RADCLIFFE ( Anne ), de la famille du précédent, dame auteur, naquit à Londres en 1737, reçut une éducation très-soignée, et acquit de la célébrité par un grand nombre de romans, traduits dans plusieurs langues. Son imagination

était une des plus sombres de l'Angleterre. On peut dire de miss
Radcliffe qu'elle avait la terreur
dans son esprit et dans son cœur :
elle a su la peindre avec toutes
les couleurs qui lui sont propres.
En général ses romans peuvent
intéresser les amateurs de ce genre
de lecture. Le plan en est assez bien
fait, les événemens bien conduits,
et l'intérêt adroitement ménagé ;
mais ils frappent l'esprit plutôt qu'ils
n'excitent la sensibilité. Le style
est correct, et a beaucoup de rapidité et de chaleur. Ses descriptions
seraient assez pittoresques, si elles
n'étaient pas trop longues et trop
prodiguées. Ses principaux ouvrages,
dont une grande partie a été traduite par l'abbé Morellet, sont : I
*Les Mystères d'Udolphe*. II *Les
Pénitens noirs*. Dans ce roman,
l'auteur, comme bon protestant,
a la bonne foi d'attribuer à un moine
italien toutes les horreurs dont serait
capable le plus grand scélérat. III
*Julia*, ou *les Souterrains du château de Mazzini*. IV *La Forêt*, ou
*l'Abbaye de Saint-Clair*, etc.

RADE (Léonard), ingénieur des
ponts et chaussées, naquit à Dijon
le 30 novembre 1736. Il était extrêmement pauvre, et il ne dut qu'à
sa persévérance et à son courage
la réputation qu'il acquit dans la
suite. Ayant connu M. Mongin de
Saint-André, ingénieur du roi, il
sut l'intéresser en sa faveur, et en
reçut d'importans services. Il bâtit
le port de Versoix et le canal navi-
gable qui joint la rivière de la Rei-
sousse à la Saône ; en 1786 il obtint
le prix de l'académie de Toulouse,
par un savant *Mémoire* sur la construction d'un pont de fer de 400
pieds, et d'une seule arche. Voltaire
lui avait fait bâtir Ferney, et l'avait
pris en amitié ; c'est à sa recomman-

dation que Catherine II l'engagea à
venir en Russie, mais Rade ne put
jamais se résoudre à quitter la
France. On a encore de lui d'autres
*Mémoires* sur les propriétés de la
cycloïde, sur les moyens de régula-
riser le cours du Rhône et de la rivière d'Ain. Il avait également
trouvé le secret d'une terre cuite,
propre à revêtir les murailles et les
parquets, et que Voltaire appelait
*argile-marbre*. Rade avait con-
tracté par sa communication avec le
patriarche de Ferney, des principes
philosophiques qu'il ne manqua pas
de manifester à la révolution. Il devint administrateur du département
de l'Ain, où il mourut le 8 janvier
1791. On a de lui : *Réflexions sur
le cours de la rivière de l'Ain*, et
*des moyens de le fixer*, Bourg,
1790, in-8. Les principes hydrauliques que contient cet ouvrage sont
applicables à toutes les rivières qui
ont un cours assez rapide.

RAFFEI (Etienne), philologue,
poëte et antiquaire, né à Orbitello,
en Toscane, le 21 septembre 1712.
Il passa très-jeune à Rome, où il
entra chez les PP. de la compagnie,
au collége Romain, le 7 septembre
1733. Il fit ses études avec le plus
grand succès ; possédait plusieurs
langues savantes, la philosophie, la
théologie, les antiquités, et se distingua en général par l'étendue de
ses connaissances. Pendant vingt ans
il professa la rhétorique dans le
collége Romain, et compta parmi
ses élèves des sujets distingués,
qui occupèrent ensuite des places
éminentes dans la diplomatie et
l'église. Après l'extinction de son
ordre, il continua à demeurer à
Rome, et il ne s'occupa plus que
de ses études favorites. Ses talens,
et une conduite exemplaire, firent
regretter sa mort, arrivée en janvier

1788, à l'âge de 76 ans. Il était de l'académie des Arcades de Rome, et d'autres sociétés littéraires de l'Italie. On a de lui : I *Giovanni Colonna*, tragédie, 1763. II *Flavio Clemente, o il trionfo dell' amicizia*, 1764. Ces deux tragédies furent jouées par des élèves sur le théâtre de son collége ; ensuite sur les théâtres publics, et elles eurent un succès mérité. III *Dissertazione sopra il Crise di Marco Pacuvio*, Rome, 1770. IV *Dissertazione sopra Apollo Pizio*, ibid., 1771. V Plus de 10 autres *Dissertations* sur divers monumens de Rome, qui tous furent imprimées. VI Des *Poésies*, comme sonnets, odes, épithalames, etc., imprimés séparément et à diverses époques. La prose du P. Raffei était correcte et facile, et ses vers ont beaucoup d'harmonie et de concision.

RAFFRON DU TROUILLET ( N. ), naquit en 1708; et en 1792 il fut nommé par la ville de Paris député à la convention nationale. Malgré son grand âge ( il avait alors 84 ans ), il se montra jacobin ardent, provoqua et adopta les mesures les plus violentes Il se déclara contre les nobles, les prêtres, et surtout contre le malheureux Louis XVI, dont il pressa vivement le procès, et *vota la mort*, sans appel et sans sursis. Il appuya en 1793 la création de l'armée révolutionnaire, insista sur ce que tous les nobles fussent renvoyés de l'armée, et fut un des premiers qui proposèrent la vente par petits lots des biens des émigrés. Cette ferveur républicaine se ralentit à la chute de la *montagne*. Les jacobins ayant été vaincus par les thermidoriens, Raffron pourvut à sa sûreté personnelle, en se détachant du premier de ces partis. Il hâta en conséquence le jugement de

Carrier, jadis son ami, et se déclara ensuite contre Barrère, Lebon et David. En 1795 il entra dans le conseil des cinq-cents, et le 9 mars 1796 il s'éleva contre le luxe des fonctionnaires publics, les dépenses inutiles, les vêtemens somptueux, etc. Il aurait mieux valu pour son nom d'avoir toujours parlé avec autant de sagesse. L'année suivante il sortit du conseil. Ce républicain décrépit mourut en 1800, à l'âge de 92 ans. Il avait une certaine éloquence, et la vigueur incendiaire de ses discours contrastait singulièrement avec ses cheveux blancs, les rides de son visage, et enfin avec les restes d'existence que le tombeau réclamait.

RAGOIS ( l'abbé N. le ), ecclésiastique vertueux, et attaché aux devoirs de son état, vivait sous le règne de Louis XIV. Il était neveu de l'abbé Gobelin, docteur de Sorbonne, et confesseur de madame de Maintenon. Il devint, par le crédit de cette dame célèbre, précepteur du duc du Maine. Il n'était point sans mérite, et ne manquait pas des qualités convenables pour faire une éducation, même relevée. C'est pour ce prince que l'abbé le Ragois composa son ouvrage *sur l'histoire de France et sur l'histoire romaine*, un seul volume, dans lequel, en outre, on trouve des *Questions sur la géographie et sur la mythologie*. Ce livre, en vogue dans les maisons d'éducation, a été souvent réimprimé, et des instituteurs et institutrices le mettent encore dans les mains de leurs élèves. Si on jugeait par cette œuvre des talens de l'abbé le Ragois, elle n'en donnerait pas une opinion très-favorable. Médiocrement écrit, pauvre d'idées, et d'un style monotone, l'ouvrage présente les faits sèchement et vides d'intérêt. Ceux qui ont continué l'ouvrage ne l'ont point amélioré, et se sont traînés sur les traces de l'auteur. Tel qu'il est, il vaut pourtant mieux encore pour l'usage qu'on en fait, que plusieurs élémens d'histoire composés depuis et empreints d'une teinte de philosophisme, qui n'est pas sans danger pour de jeunes esprits, sur qui les premières impressions sont si puissantes. On ne dit pas en quel temps mourut cet abbé, dont on ne parlerait plus depuis long-temps sans son livre, peu fait cependant pour mener à la célébrité.

RAGUCCIO ( Antoine ), ecclésiastique italien, et pénitencier à Bénévent, n'est connu que par les ouvrages suivans : *De voce canonicorum in capitulo, officio, in choro et missâ in ecclesiâ tractatus; vas ecclesiasticæ disciplinæ*, etc.

RAGUSA ( Jérôme ), jésuite sicilien, né en 1695, cultiva l'éloquence, la théologie et l'histoire, surtout en ce qui concernait les antiquités et la biographie de son pays. Il est auteur des ouvrages suivans : I *Elogia Siculorum, qui veteri memoriâ litteris floruerunt.* II *Siciliæ bibliotheca vetus, continens elogia veterum Siculorum qui litterarum famâ claruerunt.* III *Fragmenta Progymnasmatum diversorum.* IV *Ragionamenti, panegirici morali e misti.* V *Siciliæ bibliotheca recens, continens elogia Siculorum qui nostrâ, vel nostratium memoriâ litterarum famâ claruerunt, ab anno 1500 ad annum 1700.* VI *Siciliæ bibliotheca vetus et recens, continens elogia tum veterum tum recentiorum scriptorum,* etc. VII *Problemata philosophica.* VIII *Dissertatio de quantitate.* IX *Examen metaphysicæ.* X *Paradigmata questionum variarum theologico-*

*moralium.* XI *Questiones theologicæ morales de virtutibus theologicis, et morales de sacramentis.* XII *Theologia tripartita ,* 3 vol. XIII *Passio domini nostri Jesu-Christi , cum commentario.* XIV *Paraphrasis in Pentateuchum.* XV *Opuscula tria canonico-politica,* etc.

RAGUSE ( George de ), savant italien, naquit vers 1554. Il étudia la philosophie et les mathématiques, qu'il professa en différentes villes de l'Italie. On a de lui : *Disputationes peripateticæ ; Epistolæ mathematicæ, seu de divinationibus,* lib. II, et autres ouvrages très-répandus dans son temps, mais qui sont oubliés aujourd'hui. Il mourut en 1623.

RAIGECOURT ( A. B. ), officier français, naquit en Lorraine, d'une famille noble, vers 1750. Il suivit la carrière des armes, et était lieutenant d'infanterie à l'époque de la révolution. En 1790 il émigra, et entra au service d'Autriche. Il entretenait des correspondances avec M. de Bouillé, qui le chargea en 1791 de disposer sur la route de Varennes les relais pour la fuite de Louis XVI : on n'ignore pas les funestes suites de ce voyage, dont tous les préparatifs furent ou mal combinés, ou rendus inutiles par le malheur attaché à ce monarque. Raigecourt se trouva parmi les troupes autrichiennes qui, en 1792 et années suivantes, envahirent une partie du territoire français. Dans une affaire sanglante qui eut lieu auprès de Valenciennes, il fut fait prisonnier par les républicains. Une commission militaire, établie dans cette ville, le jugea quelques jours après, et le condamna à mort, *comme émigré pris les armes à la main.* Il fut fusillé le 23 septembre 1793.

RAIMONDI ( Raphaël ), surnommé *Raphaël de Côme*, célèbre
jurisconsulte, naquit dans cette ville
vers 1370. Il fit ses cours de droit
à l'université de Padoue sous le savant Castiglione de Milan. Cette université ayant été transportée à Plaisance en 1411, il y devint professeur, et y demeura plusieurs années. Appelé à Padoue, à cause de
la grande réputation qu'il s'était acquise, il y établit, en 1422, une
école de droit, dont les appointemens se montèrent à 700 ducats,
somme alors très-considérable. La
république de Venise le fit venir
dans cette ville et le chargea de plusieurs missions importantes dont il
s'acquitta avec succès. Raimondi acquit beaucoup de fortune par son application et son savoir, et mourut
à Padoue en 1426. — Son fils, Benoît, suivit l'état de son père, s'y
distingua, et occupa la chaire de jurisprudence à Padoue et à Bologne, où il mourut vers 1480.

RAIMONDI ( Annibal ), mathématicien célèbre, naquit à Vérone
en 1505. Il étudia aussi l'astronomie et fut très-savant dans les sciences physiques. Il passait dans son siècle pour un prodige de savoir, jouit
de la protection de plusieurs princes
d'Italie, et obtint une pension de
la république de Venise. On a de
lui plusieurs ouvrages sur les différentes sciences qu'il connaissait,
dont nous citerons les suivans,
comme : I *Discorso della trepida-
zione delle stelle fisse*. II *Paterne
riprensioni*, etc., ou *Remontrances
paternelles adressées aux médecins
raisonnables*. Au temps d'Annibal
Raimondi un grand nombre d'empiriques, sous le titre de médecins,
infestaient l'Italie ; et les médecins
eux-mêmes ne suivaient pas, selon
l'avis de l'auteur, la méthode la plus
propre à la guérison des malades.
C'est aux uns et aux autres qu'il
adressa son ouvrage, dans lequel il
leur conseillait l'usage des simples.
III *Dell' antica*, etc., ou *de l'ancienne et honorable science de no-
mancie ou onomancie*, Venise, 1549.
IV *Trattato*, etc., ou *Traité du flux
et reflux de la mer*, Venise, 1589. Il
publia ce livre, qui a été traduit en
français, à l'âge de 84 ans. Il mourut
2 ans après à Vérone. George Jo-
doens fait beaucoup d'éloges de ce
savant dans le second livre de l'ouvrage intitulé *Il Beuaco*.

RAIMONDI ( Jean-Baptiste ),
savant philosophe italien, né au 16e
siècle, était versé dans presque toutes les sciences, et se fit surtout remarquer par ses connaissances étendues dans les langues anciennes. Les
lettres florissant à cette époque en
Italie, et plus particulièrement à
Rome, en Sicile et en Toscane, le
cardinal Ferdinand de Médicis établit à Florence, avec une magnificence digne de son nom, une imprimerie de caractères orientaux. Il
appela en même temps auprès de
lui tous les hommes dont les talens
pouvaient faire prospérer sa noble
entreprise, à la tête de laquelle il
plaça Jean-Baptiste Raimondi. Les
premiers ouvrages qu'il fit paraître,
furent une *Grammaire hébraïque*;
une *Grammaire chaldéenne*; quelques *livres d'Avicenne* en arabe; et
plusieurs autres d'*Euclide* en grec.
Les *Evangiles* furent publiés peu
de temps après, avec une version
latine, afin de les répandre dans tout
l'Orient, et on en tira à cet effet
3,000 exemplaires. Après la *Bible
polyglotte* du cardinal Ximenès, ce
sont les plus belles productions typographiques que l'on connaisse,
même de nos jours. Ces éditions se
conservent à Florence dans la biblio-

thèque *Magliabecchiana*. Raimondi, à l'instar du cardinal espagnol, avait formé le projet d'imprimer la Bible dans les six principales langues de l'Orient ; savoir, en langues arabe, syriaque, persanne, éthiopienne, cophte et arménienne, ayant en regard les versions grecque, latine, hébraïque et chaldéenne, conjointement avec les grammaires et les dictionnaires de ces langues. Il allait exécuter ce projet, presque gigantesque, sous les auspices de Grégoire XIII, mais la mort de ce pontife (1585) l'obligea d'y renoncer. Raimondi resta toujours attaché au service de Médicis. Le grand duc, outre les honoraires attachés à son emploi de directeur de l'imprimerie des langues orientales, l'avait gratifié d'une pension ; Raimondi vécut jusqu'à un âge très-avancé, mais on ignore l'époque de sa mort. On croit cependant qu'elle doit être arrivée vers 1592.

RAIMUNDETTO ( Raimond ), célèbre magistrat, naquit à Saint-Martin-de-Latane en 1630. Il acquit un grand renom par son savoir dans la jurisprudence, et occupa les places les plus distinguées dans son pays. Les rois d'Espagne, alors maîtres des deux Siciles, et d'une portion de l'Italie, l'employèrent successivement dans les affaires les plus délicates. Il fut président de la grand'-chambre de Palerme, grand juge du royaume de Sicile, et régent du conseil suprême d'Italie. Raimundetto avait aussi étudié le droit canon, et publia les ouvrages suivans : *Responsum juridicum super spoliis ac fructibus viduarum ecclesiarum regni Siciliæ sacræ catholicæ majestati competentibus ; De omnibus prælatis cæterisque ecclesiasticis beneficiis regio juri patronatus addictis ; An scilicet possit de iis*

*in usus merè profanos disponere ?* Il mourut à Palerme en 1690.

RAINALDI ( Jérôme ), célèbre architecte, naquit à Rome en 1570, et fut élève de Dominique Fontana. Il devint un des premiers artistes de son temps, et ses ouvrages ont rendu son nom immortel, et sont considérés comme des chefs-d'œuvre. On ne saurait cesser d'admirer le *port de Fano* ; l'*église de Montalto* ; le *collége de Sainte-Lucie*, à Bologne ; le *Palais* du duc de Parme ; le *Palais* Pamphili, et la décoration de l'*église de Saint-Pierre* à Rome (en 1610) ; l'*église* des *Carmes-Déchaussés* à Capraïole, etc. Il acheva aussi le *Capitole*, et exécuta d'autres ouvrages qui lui firent également honneur. Cet excellent artiste mourut dans sa patrie en 1655.

RAINALDI ( Charles ), architecte, fils du précédent, naquit en 1611, fut élève de son père, dont il hérita des talens, quoiqu'il ne suivit pas toujours comme lui les bons principes. Il donna, d'après les ordres d'Innocent X, le plan pour l'église de Sainte-Agnès, à la place Navone, que ce pape l'avait chargé de bâtir. Il travailla ensuite pour différens souverains ; mais son chef-d'œuvre est le *Palais* ( à Rome ), d'abord possédé par les ducs de Nevers, et destiné ensuite pour l'instruction des artistes français. Il est situé sur *il Corso*, *le Cours*, et forme un des principaux ornemens de cette belle rue. A la demande de Louis XIV, il fit les dessins du Louvre, et le monarque, pour lui témoigner sa satisfaction de ce bel ouvrage, lui envoya son portrait enrichi de diamans. Le cardinal Maurice lui fit, de la part de Charles-Emmanuel de Savoie, des présens magnifiques, et en même temps ce souverain le gratifia des croix de

Saint-Lazare et de Saint-Maurice. Rainaldi fut, eu égard à sa courte existence, peut-être l'artiste le plus riche et le plus considéré de son temps. Il était admis dans toutes les maisons des grands avec lesquels il traitait avec familiarité. Il aimait le faste et le grand monde, où sa conversation spirituelle et son humeur agréable lui préparaient toujours un bon accueil. Il mourut à la fleur de son âge, en 1641, lorsqu'il avait à peine atteint sa 30e année.

RAINOLDS ( Guillaume et Jean ), deux frères anglais, que de singulières circonstances portent à réunir dans un même article, étaient nés tous deux à Pinhoë dans le Devonshire, savoir, Guillaume en 1539, et Jean en 1549. Elevés, dit-on, séparément et hors de leur pays, Jean le fut dans la religion catholique, et Guillaume dans les principes de la réformation. S'étant un jour rencontrés, et fâchés de se trouver de croyance différente, ils cherchèrent mutuellement à se faire changer de sentimens, et disputant avec force, chacun en faveur du culte auquel il appartenait, ils usèrent de raisons si convaincantes, ou qui parurent telles à celui à l'égard duquel on les employait, que le protestant résolut de se faire catholique, et le catholique protestant; dessein qu'ils effectuèrent l'un et l'autre. C'est ce que rapporte sans doute, d'après des autorités, Bayle, qui pourtant doute du fait, dont le bruit s'était assez accrédité pour que l'anecdote devînt le sujet d'une épigramme latine [1].

Quoi qu'il en soit de cette lutte singulière, et de son effet plus extraordinaire encore, s'il mérite qu'on y ajoute foi, il est certain que Guillaume Rainolds, d'abord protestant, et qui même avait été ministre dans cette communion, se fit catholique et abjura à Rome l'hérésie à laquelle il avait été attaché. Venu en France après son retour d'Italie, il professa à Reims l'Ecriture sainte et l'hébreu dans le collége des Anglais. De plusieurs ouvrages qu'il a laissés, nous citerons : I un traité *De sacrâ Scripturâ*. II Un autre *De ecclesiâ*. III *Colloquium inter Rainoldum et Gentilem*. IV Des *Sermons* sur les psaumes 17, 47 et 48. V *Orationes duodecim*. VI *Explanatio prophetarum Aggœi et Obadiœ*. VII *Calvino turcismus, id est calvinisticœ perfidiœ cum mahumetanâ collatio, et dilucida utriûsque sëctœ confutatio*, avec Guillaume Gifford, Anvers, 1596, et. Cologne, 1603. Rainolds n'eut pas le temps d'achever ce livre, étant mort à Anvers le 24 août 1594, mais Gifford y mit la dernière main et le publia. Le protestantisme y était violemment attaqué. L'ouvrage ne fut pas sans réponse : Sutlivius, ministre protestant, y en opposa un autre sous ce titre : *De Turco-papismo, hoc est de turcarum et papistarum adversùs Christi ecclesiam et fidem, conjuratione, eorumque in religione et moribus consensione et similitudine liber unus*. De part et d'autre la modération ne fut point observée, et les injures se

---

1 Voici cette épigramme rapportée par le docteur Heylin, qui fait aussi mention de ce fait singulier :

Bella inter geminos plus quàm civilia fratres,
   Traxerat ambiguus religionis apex :
Ille reformatæ fidei quo partibus instat,
   Ille reformandam denegat esse fidem.
Propositis causæ rationibus, alter utrinquè

Concurrêre pares et cecidêre pares.
Quod fuit in votis, fratrem capit alter utrinque;
   Quod fuit in fatis, perdit uterque fidem.
Captivi gemini, sine captivante fuerunt,
   Et victor victi transfuga castra petit.
Quod genus hoc pugnæ est, ubi victus gaudet uterque,
   Et tamen alteruter se superasse dolet !

mêlèrent aux raisons. VIII *De justâ christianæ reipublicæ in reges impios et hæreticos auctoritate justissimâque catholicorum ad Henricum Navarræum et quemcumque hæreticum, à regno Galliæ repellendum, confœderatione*, Anvers, 1592, in-8; diatribe séditieuse dédiée au duc de Mayenne, dont le but était de rendre Henri III et Henri IV odieux, et de faire prévaloir la ligue. Quelques-uns ont attribué ce livre à Guillaume Rose, évêque de Senlis, d'autres à Gifford, à Jean Boucher, curé de Saint-Benoît, à un jésuite, etc.; mais il paraît constant qu'il est de Guillaume Rainolds, lequel dit lui-même l'avoir entrepris à la prière du duc et du cardinal de Guise, depuis tués à Blois. L'opinion de Bayle est aussi qu'il faut le donner à l'auteur du *Calvino-turcismus*. Quant à Jean Rainolds, frère puîné de Guillaume, élevé dans l'université d'Oxford, il y avait ensuite professé la théologie. En 1598, il était devenu doyen de Lincoln, bénéfice qu'il résigna pour prendre la présidence du collége de *Corpus Christi*. Il avait travaillé à la version de la bible en anglais, et à la critique des livres sacrés regardés comme apocryphes par les protestans. Il est auteur d'un grand nombre de livres de controverse contre l'église romaine, notamment d'un traité intitulé : *De Idololatriâ ecclesiæ romanæ*. Il mourut en 1607, âgé de 58 ans. On dit qu'il penchait vers le puritanisme.

RAISS ( Arnould ), chanoine de l'église de Saint-Pierre à Douai, et savant agiographe, était né dans cette ville. Il forma le dessein de recueillir et de publier tout ce qui pouvait avoir rapport aux saints des Pays-Bas, au culte dont on les honorait et à leurs reliques. Cette en-treprise demandait du travail et beaucoup de recherches; cela ne le rebuta pas. Il n'épargna ni peines, ni frais, ni voyages. Il parcourut les diverses provinces belgiques, visita les églises et les monastères, fouilla leurs archives et les autres dépôts publics, et en tira une foule de renseignemens qui servirent de matériaux à un grand nombre d'ouvrages, dont les principaux sont : I *Auctarium ad natales sanctorum belgii Joannis Molani*, Douai, 1726, in-8. II *Hierogazophilacium belgicum*, Douai, 1628, in-8. L'auteur y traite des reliques conservées dans les Pays-Bas. III *Peristromata sanctorum*, Douai, 1630, in-8. IV *Origines cartusiarum belgii*, Douai, 1632, in-4. V *Belgica christiana*, Douai, 1634, in-4; c'est l'histoire des évêques et prélats des provinces flamandes, dans le genre de *Gallia christiana*. VI *Vita beatæ Mariæ Raggiæ*, Douai, 1621, in-8. Cette sainte fille, née dans l'île de Chio, était du tiers ordre de Saint-Dominique. Sa vie avait été écrite en espagnol par Jean-Pierre de Sarragosse, et depuis traduite en français. Raiss la mit en latin. VII *Cœnobiarchia Crispiniensis*, Douai, 1642, in-4. C'est l'histoire de la vie des abbés du monastère de Crépin, abbaye de l'ordre de Saint-Benoît en Hainaut. VIII *Vita sancti Landelini, abbatis et fundatoris Crispiniensis*. Saint Landelin vivait au 8e siècle, et fonda l'abbaye de Lobes et celle de Crépin. Ce dernier ouvrage est son histoire. IX *Vita sancti Ayberti, Crispiniensis ascetæ et reclusi*. Raiss donna en outre une nouvelle édition avec corrections et augmentations du livre intitulé : *Cœnobiarchia Ogniacensis Francisci Mosschi*, Douai, 1636. Il mourut à Douai le 6 septembre 1644.

RALPH ( James ), historien et poëte anglais, vit le jour, à ce que l'on croit, dans l'Amérique septentrionale ; mais on ignore encore quels furent ses parens et l'année de sa naissance. Il paraît cependant qu'il appartenait à une famille pauvre et obscure, et qu'il ne dut qu'à ses talens la considération dont il jouit. Il fut d'abord maître d'école à Philadelphie ; mais cet état ne convenant guère ni à son activité naturelle, ni à son génie, il vint s'établir à Londres au commencement du règne de George II. Ralph, quoique étranger dans cette ville immense, sut bientôt y trouver des amis puissans qui l'aidèrent dans ses premiers essais. Le premier ouvrage qu'il publia est un poëme intitulé la *Nuit*, qui eut peu de succès : Pope en fait mention dans sa *Dunciade*, mais ce n'est pas pour en faire l'éloge. Il donna ensuite quelques pièces de théâtre qui ne réussirent point. Ralph passe pour un fort médiocre poëte, mais il fut plus heureux comme prosateur. Il écrivit dans plusieurs journaux, et ses *articles* furent goûtés du public : ses *pamphlets* politiques, qui eurent aussi un grand succès, sont encore la plupart regardés comme des chefs-d'œuvre dans leur genre par le style, par la justesse de sa critique, et la finesse des aperçus. Ralph employa mieux et plus honorablement ses talens dans son excellente *Histoire d'Angleterre*, qui a justement établi sa réputation. Le règne des Stuarts surtout est comparable à ce qu'ont produit de mieux les plus célèbres historiens modernes. L'ordre, le style, les réflexions sont dignes des éloges que ses contemporains lui ont prodigué, et qu'on ne saurait même à présent lui refuser sans injustice. Parmi les protecteurs utiles qu'il s'était faits, il comptait le prince de Galles, sur la bienveillance duquel il pouvait fonder les plus belles espérances ; mais ce prince mourut au moment où il allait les voir se réaliser. Accablé de chagrin, il mourut dans la même année de 1762.

RAMBALDI ( Jean-François ), poëte latin, né à Vérone vers 1520. Il avait de vastes connaissances et un talent particulier pour la poésie latine ; mais une imagination trop vive et trop féconde nuisit souvent à ses succès. Il écrivit la plupart du temps sur des sujets scientifiques, et parmi ses nombreux ouvrages on cite : I *Phisiologicorum libri duo*. II *Meteorologicorum libri duo*. III *De sensibus libri duo*. IV *De universo*. V *De bonâ fortunâ*, etc. On ignore l'époque de sa mort.

RAMBAUD DE VACHÈRES, troubadour provençal, un des plus célèbres du 13ᵉ siècle, naquit d'une famille honnête du pays d'Orange. Ses talens poétiques lui donnèrent accès auprès du prince Guillaume de Baux, son seigneur naturel, dont il se captiva la bienveillance. Il eut un autre puissant protecteur dans le marquis de Montferrat, et en 1204 il le suivit à la Terre sainte. Le marquis l'avait créé chevalier, et après avoir conquis Salonique sur les Turks, il en donna le gouvernement à Rambaud. Le poëte chanta cette croisade dans un petit *poëme* dont les vers respirent l'ardeur guerrière du temps et l'enthousiasme de la gloire. Ses autres pièces les plus connues sont des *sirventes*, et un poëme intitulé la *Caros*, qu'il avait composé en éloge de Béatrix, sœur du marquis, dont il était épris, dit-on, d'une passion inutile.

RAMBERT (Gabriel de Saint-), naquit à Pontarlier vers 1620. Il était issu d'une famille noble, et entra dans sa première jeunesse, en qualité de page, auprès du marquis de Leganès, grand d'Espagne, et gouverneur du Milanais. Il quitta ce seigneur quelque temps après; pour entrer comme intendant chez le duc d'Orscholt, prince d'Aremberg. On ne connaît pas d'ailleurs des détails bien intéressans sur la vie de cet écrivain, et on croit uniquement qu'il était un admirateur enthousiaste de Descartes, à en juger par le titre de l'ouvrage suivant, écrit d'un assez bon style, *Conformité des principes de Moïse dans la création du monde avec les principes de la philosophie de Descartes*, Utrecht, 1717, in-12. La conformité de ces principes n'y paraît pas assez bien établie, et on peut considérer ce livre comme un effort de l'imagination préoccupée de l'auteur. Rambert mourut vers 1700.

RAMEAU, ( Jean-François ), naquit à Cosne, en 1755. Il suivit le barreau, et était avocat à l'époque de la révolution, dont il embrassa d'abord les principes. Il fut nommé administrateur, et puis vice-président de l'administration de la Nièvre. Ce département le nomma, en septembre 1791, député à l'assemblée législative, où il ne se fit guère remarquer. Après la session, il revint dans sa province et fut nommé assesseur du juge de paix à Cosne. Rameau était naturellement modéré dans ses opinions; il avait fait paraître ces sentimens lors de son séjour à Paris, et qu'il ne dissimulait pas quand il fut de retour dans sa province. Il osa blâmer le pouvoir croissant des jacobins, le procès scandaleux du roi, et déplora

surtout son supplice. Lors du régime de la *terreur*, il chercha, dit-on, à délivrer sa province du joug tyrannique de ses oppresseurs. Surveillé depuis long-temps, il fut enfin arrêté, et après avoir langui quelque temps dans les prisons, on le conduisit à Paris, où le tribunal révolutionnaire le condamna à mort comme *conspirateur*; il fut exécuté le 7 mai 1794. Son frère, Jean-Louis Rameau, monta aussi sur l'échafaud, le même jour, et pour le même motif. Ancien seigneur de Cosne, il y remplissait alors les fonctions de juge de paix, et avait son frère pour assesseur.

RAMEL ( G. L. ), maréchal de camp, membre de la Légion-d'Honneur, naquit en 1745, suivit la carrière des armes, et entra au service à l'âge de quinze ans. Après avoir passé par tous les grades, il obtint, en 1791, celui d'adjudant général. Cinq ans après il fut nommé commandant des grenadiers de la garde du corps législatif. Il fut impliqué dans la conjuration de Brottier et Lavilleheurnois : selon lui, il n'y prit part que pour les dénoncer, et suivant l'assertion des accusés, de bon accord et sincèrement. Quoi qu'il en soit, Augereau était de ce dernier avis, lorsqu'il lui arracha les épaulettes devant le corps législatif. Il parvint néanmoins à se justifier, et à obtenir un décret portant qu'il avait *bien mérité* de la patrie. Par maladresse ou par imprudence, il se vanta ensuite d'être également odieux aux *royalistes* et aux *anarchistes*. Peu de temps après, il s'attacha au parti *clichien*, y joua un certain rôle, et fut en conséquence compris dans la proscription du 18 fructidor. Cependant, dans cette journée, il ne fit aucun effort pour contenir ses soldats, qui l'abandonnèrent, et se laissa désarmer sans opposer la moindre résistance. Il fut transporté à Cayenne, ainsi que d'autres proscrits, et Pichegru, avec lequel il put s'évader du lieu de son exil. De retour en France, il ne figura pas dans le procès de ce général, et vécut comme ignoré jusqu'en 1806, qu'il fut employé comme adjudant en chef de l'état-major dans l'armée de Portugal. En 1814, on l'éleva au grade de maréchal de camp. L'année suivante, il commandait à Toulouse, et, vers la fin de 1815, il y fut assassiné dans une émeute populaire.

RAMOS ( don Henri ), militaire et écrivain espagnol, né à Alicante en 1738. Il entra d'abord dans l'artillerie, et ensuite dans la garde royale espagnole, où il parvint au grade de capitaine, avec le titre de colonel, et puis de brigadier, ou général de brigade. Il servit avec distinction dans les guerres d'Alger ( 1772 ), de Gibraltar ( 1780 ), et contre la république française ( 1793 ). Son instruction n'était pas moindre que sa bravoure, et il cultiva avec un égal succès les sciences exactes et la poésie. Il était surtout très-versé dans la géométrie, et plaçait cette science au premier rang des connaissances humaines. Il mourut à Madrid en 1801. Ses talens et la bonté de son caractère le firent généralement regretter. Parmi ses nombreux ouvrages, nous citerons les plus connus, comme : I *Elémens sur l'instruction et la discipline de l'infanterie*, Madrid, 1776, in-8. II *Elémens de géométrie à l'usage des gardes royales*, ibid., 1787, in-4. III *Instructions pour les élèves d'artillerie*, ibid., 1788. IV *Éloge de Bayan, marquis de Santa-Cruz*, Madrid, 1780. V *Gusman*, tragédie en 3 actes, Barcelone, 1780, in-8. VI *Pélage*, tragédie en 3 actes, Madrid, 1784. Ces deux pièces obtinrent du succès. Il y a une autre tragédie du nom de *Pélage*, par M. Quintana. VII *Le Triomphe de la Vérité*, poëme fort bien écrit, et plein de verve. Le style surtout a mérité l'éloge des littérateurs espagnols.

RAMOS PAREJA, et non PEREIRA ( Barthélemi ), réformateur de la musique, naquit à Salamanque vers 1535. Il était aussi habile dans la théorie que dans la pratique de cet art. Nicolas V ayant fondé à Bologne la chaire de musique, il appela, en 1582, Pareja pour l'occuper. Malgré les nombreux partisans de Guido-Aretino, il eut le courage de démontrer à l'Italie la fausseté du système de celui-ci, et les erreurs qui en étaient et en devaient être la conséquence. Il publia, pour le prouver, son *Traité de la musique*, Bologne, 159..., qui, après avoir été vivement combattu par les *guidistes*, fut généralement adopté, d'abord en Italie, et ensuite dans toute l'Europe. Pareja a composé plusieurs savans morceaux, comme des *motets*, des *psaumes*, des *cantiques*, etc., qui se conservent encore à Bologne : le célèbre P. Martini en fit acquisition d'une grande partie qui se trouvent à la bibliothèque musicale du couvent de Saint-François, à Bologne. Pareja mourut dans cette ville vers 1610.

RAMPINELLI ( D. Ramiro ), mathématicien renommé ; naquit à Brescia en 1697. Il entra dans la congrégation des PP. du Mont-Olivet, et son talent dans les mathématiques l'appela successivement aux chaires de Padoue, de Bologne, de Paris et de Milan. Les bons élèves qu'il fit peuvent servir à prouver son mérite dans l'enseignement, et ses profondes connaissances. Il a écrit fort peu, et on ne connaît de lui qu'un ouvrage intitulé *Lezzioni d'ottica*, Brescia, 1760, in-4, fig.; et un manuscrit qui a pour titre *Instituzioni di meccanica e di statica*. Le P. Rampinelli mourut à Milan, en février 1759, âgé de 62 ans.

RAMSAY ( Alain ), poëte anglais, naquit en 1696 à Peebles, en Écosse. Sa famille étant fort pauvre, il ne put recevoir aucune éducation. Forcé de pourvoir à sa propre subsistance, il entra chez un barbier, où il servit de garçon pendant quelques années. Mais comme il avait de l'esprit naturel, et beaucoup de vivacité dans ses saillies, plusieurs de ses pratiques lui conseillèrent de faire quelques études, et de se livrer à l'art dramatique. Elles lui procurèrent quelques secours, à l'aide desquels il put prendre quelques leçons de grammaire et de rhétorique, en même temps qu'il lisait les poëtes classiques de sa nation. Ayant passé à Londres, il y débuta par quelques poésies légères qui furent bien reçues. Il donna ensuite des comédies qui réussirent également, et dont la meilleure est une pastorale intitulée *the Gentel Shepherd*, le Gentil Berger. Il a aussi laissé un recueil de *Poésies fugitives*, où l'on trouve de la grâce et de la facilité. Ramsay avait un caractère doux et modeste, et il se fit aimer de tous les poëtes de son temps. Il amassa une honnête fortune, dont cependant il eut le bon sens de ne point abuser, comme la plupart de ses collègues.

RAMSAY ( N. ), peintre anglais, né en 1713. Il eut beaucoup de talent dans le genre du *portrait*.

Il cultiva aussi la littérature, et publia plusieurs dissertations ou réflexions sur la politique, qui font honneur à son jugement et à la sagacité de ses vues. Il fut également estimé et comme peintre et comme écrivain, et mérita la protection et les bienfaits des principaux seigneurs, qui l'admettaient dans leur familiarité intime. Il mourut en 1784, à 71 ans.

RAMSDEN ( Jessé ), ingénieur en instrumens de mathématiques, et membre de la société royale de Londres, né en 1730, à Halifax, dans le comté d'York, d'un marchand de draps. Il se rendit à Londres, où il apprit et se perfectionna dans son art. En 1763 il avait déjà construit des instrumens que les plus habiles artistes recherchaient avec empressement. Il améliora le quartier et le sextant de Hadley, inventa une machine pour la division des instrumens de mathématiques, qui lui mérita un prix du bureau des longitudes. Il fit aussi des améliorations au théodolite de l'arpenteur, et au baromètre pour la mesure des hauteurs, et a découvert de nouveaux procédés pour les instrumens d'optique. Ramsden réussit également dans l'amélioration des instrumens astronomiques, tels que le micromètre et l'instrument des passages. Il construisit un équatorial perfectionné, et excella surtout dans la construction de quarts-de-cercle nouveaux. La société royale le reçut parmi ses membres en 1786, et il mourut vers 1798.

RAMUSIO ( Jérôme ), habile médecin, né à Venise vers 1445, voyagea dans l'Orient, et notamment dans la Syrie, et s'étant arrêté à Damas, en 1484, il y exerça la médecine avec honneur. Il traduisit en latin une grande partie des ouvrages d'*Avicenne*, qu'il enrichit d'un commentaire, de notes et de remarques. On ignore l'époque de sa mort.

RAMUSIO ( Jean - Baptiste ), neveu du précédent, naquit en 1485 à Venise, où il fut secrétaire du conseil des *dix*. Il avait une vaste instruction, et servit avec zèle la république pendant 43 ans. Il est auteur de deux ouvrages, comme : I *De Nili incremento*. II *Voyages maritimes*, en italien, 3 vol. L'édition complète est de Venise, et dans l'ordre suivant : le 1er volume de 1574, le 2e de 1555, et le 3e de 1554. Il mourut en 1557, à l'âge de 72 ans.

RANC ( Jean ), peintre, naquit à Montpellier en 1674, et fut un des meilleurs élèves de Rigand, qui lui donna sa nièce en mariage. Il réussissait surtout dans le portrait, et acquit tant de réputation, que Philippe V, roi d'Espagne, l'appela à Madrid, et le nomma son premier peintre. On raconte de cet artiste l'anecdote suivante : Ayant fait le portrait d'une personne que ses amis trouvèrent ou feignirent de trouver peu ressemblant, Ranc pria celui qu'il avait peint de placer sa tête dans le trou pratiqué dans une toile qu'il avait préparée à cet effet. Il la plaça de manière à ce qu'elle pût produire l'illusion qu'il en attendait, et les censeurs étant arrivés, ne manquèrent pas d'assurer qu'ils ne trouvaient pas de ressemblance dans le portrait. « Vous vous trompez, messieurs, répondit celui dont la tête remplaçait celle du tableau, vous vous trompez, car c'est moi-même.» Cette anecdote peut être comptée parmi le nombre des possibles, qui parfois peuvent arriver. Ranc mourut à Madrid en 1735, âgé de 61 ans.

RANGON ( Constance de ),

dame italienne, célèbre par son courage dans le 16e siècle. Elle était née dans la marche Trévisanne, et avait épousé César Frégose, Génois, et illustre capitaine. Dans les guerres de Charles V contre François 1er, César s'attacha au parti de ce dernier monarque, qui l'envoya avec Rinconnet à Constantinople, pour négocier une alliance avec le grand-seigneur. Les deux ambassadeurs furent assassinés en route, et on attribua ce crime à Charles V, quoique l'auteur n'en fût pas avéré. Constance croyant son époux victime de la politique de l'empereur, jura de venger sa mort. Elle se mit à la tête des troupes naguère commandées par Frégose, et alla à la rencontre des Espagnols; elle en trouva un corps, leur livra bataille, et en sortit victorieuse. Juste Scaliger fait beaucoup d'éloges, non-seulement de la beauté de cette dame, mais de son esprit et de son courage.

RANGONE MACHIAVEL ( le marquis Jean-Baptiste ), naquit à Modène en décembre 1713. Il était fils du Marquis Jean Rangone, ambassadeur pour le duc de Modène auprès de Louis XIV, qui mourut à Paris. Son mausolée, qui existait dans l'église de Saint-Roch, fut détruit pendant nos troubles politiques. A l'âge de 12 ans, le jeune Jean-Baptiste entra dans les gardes du corps du duc de Modène, et, en 1731, il fit la guerre contre les Turks, avec le prince héréditaire, depuis le duc François III. Il fut nommé ambassadeur au couronnement de Charles VI en 1742. Il servit ensuite dans la guerre de sept ans, comme colonel de la garde, tandis que son souverain était généralissime de l'armée espagnole. Il vint rejoindre le duc François III en Italie, et à la surprise de Velletri, le 11 août 1744, où l'infant d'Espagne, don Carlos, manqua d'être fait prisonnier par les Autrichiens, il donna, de concert avec le comte Salinguerra Torelli, son parent, les ordres les plus sages pour rallier les troupes, avec lesquelles il battit le corps d'Autrichiens commandé par le prince Lobkrwitz. L'infant don Carlos, depuis roi de Naples, voulut l'attacher à son service, mais le marquis Rangone ne put jamais se résoudre à quitter son souverain. Malgré son attachement et ses services, il se vit en butte à la jalousie et aux persécutions du premier ministre Sabattini, et fut contraint de se retirer à Bologne. Il se lia avec les hommes les plus distingués de cette ville, comme le comte Savioli, le docteur Rosa, etc. Le marquis Rangone était en outre en correspondance avec presque tous les savans de l'Italie, et fut uni d'une amitié intime avec Muratori et Tiraboschi. Plusieurs académies littéraires l'avaient reçu dans leur sein, et il était généralement aimé et considéré, et par son caractère affable et bienfaisant, et par une instruction peu commune. Le duc François III, ayant reconnu l'injustice de son ministre, rappela son ancien serviteur et compagnon d'armes, et le nomma successivement conseiller intime d'état, ministre des eaux, ponts et chaussées, et grand veneur. Il avait hérité des biens substitués de la famille du célèbre *Machiavel* de Florence, à la charge d'en porter le nom. Il fit à cet objet un voyage dans cette ville, où, après avoir recueilli cet héritage, il demeura pendant quelque temps, et mourut le 17 octobre 1793. Il eut de son mariage avec la comtesse Boschetti une fille, qui se maria en 1798 avec le comte Coccapani de Modène. Le marquis Ran-

gone cultiva avec honneur la poésie, et a laissé un *Poëme burlesque* et des *Poésies légères*.

**RANVIER DE BELLEGARDE** (J.-M.), naquit à Lyon, d'une famille noble, en 1729. Il fut employé dans l'administration des finances, et il était conseiller à la cour des monnaies à l'époque de la révolution, contre laquelle il se prononça. Privé de son emploi, il vécut ignoré dans le sein de sa famille jusqu'à ce que les troupes conventionnelles vinrent assiéger Lyon. Ranvier fut un de ceux qui raffermirent, et par leur exemple et par leurs discours, la résolution de ses compatriotes de se défendre contre leurs oppresseurs. Après la prise de cette ville, il fut arrêté, condamné à mort et exécuté le 24 janvier 1794, à l'âge de 65 ans. — Son frère, François RANVIER, né à Fontaine-de-Lyon en 1730, suivit la carrière des armes, fut officier d'infanterie, et se trouvait dans sa ville natale à l'époque où elle fut assiégée par les constitutionnels. Il se rangea du côté des défenseurs; Lyon ayant été pris, il fut aussi condamné à mort et supplicié, comme contre-révolutionnaire, le 11 décembre 1793, 44 jours avant que son frère aîné subît le même sort.

**RAON** (Jean), habile sculpteur parisien, naquit en 1630, étudia d'abord dans sa patrie, et se perfectionna à Rome, où quelques ouvrages qu'il fit lui acquirent de la réputation. De retour à Paris, le roi le chargea de travailler pour les jardins de Versailles, où l'on voit encore quelques statues de cet artiste qui décèlent du goût et du talent. Il mourut à Paris en 1707, âgé de 77 ans.

**RAOUL**, gendre de Robert, usurpateur du trône de France. Il était mari d'Emma, sœur de Hugues, son compétiteur à la couronne. L'un et l'autre ayant consulté Emma pour savoir lequel des deux elle choisirait pour roi, elle répondit « qu'elle »aimerait mieux baiser les genoux de »son mari que ceux de son frère.» Hugues alors se désista de ses prétentions, et céda le sceptre à Raoul, qui régna depuis 923 jusqu'en 936. Après sa mort, il y eut un interrègne en France, qui ne cessa qu'au retour de Louis d'Outre-mer, fils de Charles-le-Simple, que les principaux seigneurs avaient appelé d'Angleterre.

RASPONI (Félice), dame italienne, célèbre par son savoir, d'une illustre famille, née à Ravenne en 1523. Elle apprit la langue latine, étudia la philosophie de Platon et celle d'Aristote, l'Ecriture, les SS. PP., et soutint des thèses latines avec les hommes les plus savans de son époque. Douée d'une beauté rare, et comblée des biens de la fortune, elle ne voulut cependant jamais se marier, et refusa les partis les plus avantageux. Félice était extrêmement pieuse, et, voulant fuir tous les appas des grandeurs, se retira dans un couvent de bénédictines, dans le monastère de Saint-André. Elle y fit sa profession, y mena une vie exemplaire, et mourut en 1579, à l'âge de 56 ans. Elle a laissé : I Della Cognizione, etc., ou de la Connaissance de Dieu, discours, etc., Bologne, 1670. II Dialogo dell' eccellenza, etc., ou Dialogue sur l'excellence de l'état monacal et de plusieurs de ses exercices, Bologne, 1672.

RATTE (Etienne-Hyacinthe de), mathématicien et astronome, naquit à Montpellier le 1er septembre 1722. Il se livra de bonne heure à l'étude des mathématiques, et y fit de si grands progrès que l'académie de cette ville le nomma, encore jeune, son secrétaire; il en remplit les fonctions pendant plusieurs années. A l'âge de 37 ans, il se livra plus particulièrement à l'astronomie; la comète de 1759, prédite depuis longtemps, le décida pour cette science. Il observa différentes autres comètes, ainsi que le passage de Vénus en 1761, et autres phénomènes. Après la mort de son père, il se fit recevoir à la cour des aides dans la charge de conseiller. La révolution interrompit ses travaux jusqu'après le 9 thermidor 1794. Réuni avec d'autres savans, membres de l'ancienne société de sa ville natale, qui avaient pu échapper à la proscription, ils la rétablirent sous le nom de société des sciences et belles-lettres de Montpellier, et dont Ratte fut élu président. On doit à cette académie plusieurs volumes intéressans de ses Mémoires, publiés sous le titre de Bulletins. Lors du rétablissement des études en France, Ratte fut reçu dans plusieurs sociétés savantes, ainsi qu'à l'Institut. Il obtint en 1802 la décoration de la Légion-d'Honneur, et mourut le 15 août 1805, âgé de 83 ans. Il fournit au Dictionnaire encyclopédique les articles Froid, Glace, Gelée; il publia en outre deux volumes de l'Histoire et des Mémoires de l'académie de Montpellier. M. Flaugergues, célèbre astronome de Viviers, a recueilli les Observations astronomiques de Ratte.

RAUCOURT (mademoiselle), actrice du Théâtre-Français, où elle s'est fait remarquer dans les rôles du haut tragique, comme dans celui de Rodogune, dans la pièce de ce nom de Corneille; dans celui d'Athalie, de Racine; de Sémiramis, de Voltaire, etc. Son jeu était noble, et elle avait beaucoup d'ensemble, d'énergie et d'expression. Ces qualités cependant étaient parfois ternies par une voix rauque, sombre et d'une modulation difficile. Mademoiselle Raucourt se prononça contre la révolution, et fut arrêtée comme *suspecte* en 1794; elle recouvra sa liberté au bout de quelques mois, après la journée du 9 thermidor. Elle forma alors une troupe des débris de l'ancien Théâtre-Français, qui joua jusqu'en septembre 1797. Son théâtre fut considéré comme le rendez-vous des royalistes, et le directoire le lui fit fermer jusqu'à ce qu'il fût sorti triomphant du parti *clichien*. Mademoiselle Raucourt rentra au Théâtre-Français l'année suivante (1798), et y demeura jusqu'en 1809, époque à laquelle elle passa à Naples à la tête d'une troupe qui donna des représentations à Rome, Milan, Florence, Turin et autres villes de l'Italie. Elle revint à Paris, joua encore au Théâtre-Français pendant plusieurs années, et mourut en 1815, âgée à peu près de 50 ans. En 1782, elle donna un drame intitulé *Henriette*, qui eut quelques représentations. — Son père, réduit à la plus extrême indigence, se jeta en 1790 par une fenêtre d'un septième étage. On ne saurait concilier cet acte de désespoir, auquel l'entraîna la misère, avec une lettre tendre et respectueuse de sa fille, qu'on trouva sur lui. Il y avait aussi dans sa poche un billet écrit de sa main, et conçu dans ces termes : « Je prie qu'on »n'inquiète personne, ma mort est »volontaire; je ne puis supporter »mon horrible vie. Priez le Dieu »de miséricorde de me pardonner ; » et il n'y avait pas un mot pour sa fille.

RAULIN (Joseph), médecin or-dinaire du roi, censeur royal, etc., naquit à Aiguotinte, près d'Auch, en 1708. Il exerça d'abord son art à Nérac. Les habitans des petites villes, et surtout du midi, aiment souvent moins les choses que les mots, et Raulin, malgré son savoir, s'expliquait avec clarté, mais sans emphase ni jactance, aussi il eut peu de succès. Le président de Montesquiou qui le connaissait, et qui savait mieux apprécier le mérite, l'engagea de venir se fixer à Paris. Raulin y arriva en 1755, et y fut bientôt aussi recherché qu'il avait été négligé en Gascogne. Cependant, il était plus habile pour la théorie que pour la pratique; il se consacra à la première; il fut appelé à presque toutes les consultations, et il se vit entouré d'honneurs et des biens de la fortune. Le roi le nomma son médecin ordinaire, et peu de temps après, il obtint l'emploi de censeur royal. Le gouvernement le chargea de composer plusieurs *Traités* sur *la manière d'élever les enfans*, sur *les accouchemens*, sur *les maladies des femmes en couche*, etc. Raulin fut membre de plusieurs académies, comme de celles de Bordeaux, Rouen, des Arcades de Rome, etc.; il mourut à Paris le 12 avril 1784, âgé de 76 ans. Ses principaux ouvrages sont : I *Traité des maladies occasionées par les promptes variations d'air*, 1752, in-12. II *Traité des maladies occasionées par les excès de chaleur*, *de froid*, *d'humidité et autres intempéries de l'air*, Paris, 1756, in-12. III *Traité des affections vaporeuses du sexe*, ibid., 1759, in-12. IV *De la Conservation des enfans*, ou *des Moyens de les fortifier*, *de les préserver et guérir des maladies*, ibid., 1768, 2 vol. in-12. V *Traité des maladies des femmes en couche*, ibid., 1771, in-12. VI *Instructions succinctes sur les accouchemens*, 1769, in-12. VII *Parallèle des eaux minérales de France avec celles d'Allemagne*, ibid., 1777, in-12. VIII *Analyse des eaux minérales de Provins*. IX *Examen de l'huile regardée comme engrais*, ibid., 1775, in-12. X *Traité de phthisie pulmonaire*, 1784, in-8. Cet ouvrage, le dernier que l'auteur écrivit, contient des observations utiles dont plusieurs sont nouvelles. Le style de ce médecin est clair, concis et parfois élégant.

RAUTENSTRAUCH (Etienne de), bénédictin allemand, et abbé de Braunaw, vivait vers le milieu du siècle dernier. Il était savant en théologie, et l'avait professée pendant plusieurs années dans son monastère. On sait que vers ce temps une nouvelle doctrine, qui rabaissait l'autorité spirituelle pour relever d'autant celle des princes, s'introduisait en Allemagne. Dom Rautenstrauch en avait adopté les principes, et les enseignait dans ses leçons. Le consistoire archiépiscopal de Prague en ayant été instruit, Rautenstrauch fut mandé pour y rendre compte de ses sentimens. Ils parurent au moins suspects, et il fut privé de sa chaire; mais ils s'accordaient avec ceux des théologiens qui avaient du crédit à la cour. Dom Rautenstrauch envoya à Riéger, l'un d'eux, son *Traité du pouvoir du pape*, les *Thèses* qu'on avait improuvées à Prague, et ses *Défenses*. Riéger les communiqua à Stock, président de la faculté de théologie de Vienne, et membre du conseil des études. (*Voy.* STOCK.) Celui-ci parla à l'impératrice Marie-Thérèse de Rautenstrauch, comme d'un sujet qui pouvait être utile. Il ne fit point mention de la censure

de Prague. Il circonvint si bien l'impératrice, et fit tant valoir les talens de Rautenstrauch, qu'il fut nommé président des études, à Prague même, où il avait été condamné. Il n'usa pas modestement de sa victoire, et l'autorité ecclésiastique eut le désagrément de lui voir enseigner publiquement ce qu'elle avait jugé digne de censure. Le triomphe de Rautenstrauch ne se borna point à ce premier succès. En 1774, l'impératrice, toujours abusée, le rappela à Vienne, et lui donna la place de Stock, qui était mort. Il se trouva ainsi président de la faculté de théologie de Vienne [1], et investi de tous les pouvoirs nécessaires pour faire prévaloir les nouvelles idées. Il dressa un *Plan de théologie* dans ce sens. En vain le cardinal Migazzi, archevêque de Vienne, d'autres prélats, le pape lui-même, auquel ce plan avait été déféré, firent des représentations. Non-seulement le plan, mais encore une *Introduction à la théologie*, dressée d'après les mêmes principes, par Ferdinand Stoger, professeur d'histoire ecclésiastique, furent approuvés par le tribunal des études. On n'employa plus que des professeurs imbus des opinions nouvelles; chaque jour la manie d'innover devenait plus hardie. Pehem, l'un de ces professeurs, osa proposer de se servir de la langue vulgaire dans la célébration des offices, et dans l'administration des sacremens. Rautenstrauch fit soutenir à Vienne une *Thèse*, où l'on prenait contre le pape le parti de l'église d'Utrecht, et où l'on permettait une usure modérée. En 1785 il entreprit un voyage en Hongrie, pour y propager ces réformes. Il mourut à Erlau le 30 septembre de la même année. Il avait

1. *Voyez* WITTOLA.

publié en 1771 des *Prolégomènes sur le droit ecclésiastique universel, et sur le droit ecclésiastique d'Allemagne.*

RAVENET (Simon-François), graveur, naquit à Paris en 1721, et il y étudia son art, passa ensuite à Londres, où l'on croit qu'il se perfectionna sous Bartolozzi. Il se fixa dans cette ville, et grava plusieurs estampes, parmi lesquelles on remarque l'*Emblème de la vie humaine,* d'après le Titien ; les *Bergers d'Arcadie,* d'après les dessins du Poussin ; *Lucrèce déplorant son sort,* sur ceux de Casali, et un grand nombre de portraits. — Son fils, RAVENET, se fixa à Parme, y exerça l'art de son père, et exécuta plusieurs morceaux sur les dessins du Corrége, et fit paraître *Jupiter et Antiope,* d'après Rubens.

RAVENNE (Marc de Ravenne), célèbre graveur du 16ᵉ siècle, surnommé le Ravennate ou *Ravignano,* naquit en 1500, fut élève de Marc-Antoine, et travailla la plupart du temps pour le compte de cet artiste. On a de lui plusieurs ouvrages estimés, d'après les plus grands peintres, comme Raphaël, Jules-Romain, Michel-Ange. Ses estampes les plus renommées sont la *Statue de Laocoon* et le *Massacre des Innocens.* Il mourut vers 1570.

RAVESTEIN (Jean van ), un des meilleurs peintres de la Belgique, né en 1580. On remarque dans ses compositions du jeu, de la variété, de l'énergie et un excellent coloris. On conserve trois superbes tableaux de cet artiste, à la Haye, dans les salons du jardin de l'Arquebuse.

RAVESTEYN (Hubert), peintre en paysages, né à Dordrecht en 1647. Il acquit de la réputation en peignant des *Vues,* des *Foires,* des *Rassemblemens de peuple,* etc. — RAVESTEYN ( Nicolas ), fut aussi peintre renommé dans l'histoire et dans le portrait. Il était né à Bommel en 1661. Il travaillait avec une grande facilité.

RAVI ( Jean ), architecte et sculpteur français, né vers l'an 1280, fut employé, pendant plusieurs années, aux travaux de l'église Notre-Dame de Paris. On n'a pas d'autres renseignemens sur sa vie que ceux qu'indiquait l'inscription suivante placée dans cette même église, et qui était à côté d'une petite figure qui représentait cet artiste : « C'est maître Jean Ravi qui »fut *maçon* de Notre-Dame par l'es- »pace de 26 ans, et commença ces » *Nouvelles histoires.* Priez Dieu »pour l'âme de lui ; et maître Jean »le Boutelier, son neveu, les a par- »faits, l'an 1352. » On n'ignore pas que dans ces temps on désignait les architectes par le nom de maîtres maçons.

RAWLINSON ( Thomas ), bibliomane anglais, né à Londres en 1681. A l'aide d'une immense fortune, il amassa des milliers de livres et de manuscrits qui formaient la plus vaste collection qui existât de son temps chez un particulier. Sa bibliothèque en étant tout encombrée, il remplit de ceux qui restaient ses vastes appartemens et même sa chambre, où il avait laissé à peine une place pour son lit. Il mangeait, dormait, s'habillait et recevait ses connaissances au milieu de cet énorme fatras de volumes. Sa manie n'échappa point à la plume piquante d'Addisson, il le désigne par le nom de *Tom Folio.* Rawlinson avait des connaissances étendues, et était lié avec les hommes de lettres de son temps, et plus

particulièrement encore avec Maittaire, qui lui dédia son édition des
*Satires de Juvénal.* On a imprimé
les Annales d'*Aluredus Beverlacen-*
*sis*, d'après un manuscrit que possédait Rawlinson. Il mourut en
1725. On employa seize jours dans
la seule vente de ses manuscrits.

RAWLINSON (Richard), sa-
vant antiquaire anglais, naquit vers
1690, étudia les lois à Oxford, où
il reçut en 1719 le bonnet de docteur. Il cultiva de préférence les antiquités et la numismatique, et fut
dans ces deux parties un des hommes
les plus éclairés de son siècle. Il fit
de riches collections pour la continuation de l'*Athenæ Oxonienses* de
Wood; et contribua à la publication de plusieurs ouvrages sur l'histoire et les antiquités. Il a écrit lui-
même une *Histoire d'Oxford*, et
a traduit en anglais l'ouvrage de
Langlet Dufresnoy sur la *Méthode*
*d'étudier l'histoire*, 2 vol. in-8. Cet
homme estimable mourut en 1755;
son cœur fut enfermé dans une
urne de marbre, placée dans la chapelle du collége de Saint-Jean à
Oxford. Il laissa par testament à
cette université, sa bibliothèque,
ses médailles et ses manuscrits.

RAYMOND (Jean-Arnaud), ancien architecte du roi, naquit le 9
avril 1742, de Pierre Raymond,
entrepreneur de bâtimens, qui lui
donna les premières leçons d'architecture. Il vint à Paris en 1760, et
après avoir obtenu, en 1761,
le grand prix d'architecture, il alla
à Rome, et il étudia à l'*Acadé-*
*mie de France.* Ses trois ans s'é-
tant écoulés, il en demanda encore
cinq autres que le gouvernement
lui accorda. Il sut en profiter pour
parcourir les principales villes de
l'Italie, et en examiner les monumens qui les décorent. Il revint à
Paris en 1776, et quelque temps
après, on l'appela à Montpellier
pour y construire la belle place du
Péron. Nommé ensuite architecte des
états de Languedoc, il présenta un
projet de palais de justice et de prison pour la ville d'Aix, ainsi que
pour la reconstruction de l'église de
Saint-Barthélemi de Bordeaux; mais
ces projets ne purent s'effectuer
faute de fonds. Il éleva cependant,
aux frais de la province de Languedoc, l'église collégiale de Lille-
Jourdain, à 4 lieues de Toulouse.
En 1784, il vint se fixer à Paris, où
l'académie de peinture l'avait nommé parmi ses membres. L'année
suivante, il bâtit, rue du Gros-
Chenet, pour la célèbre madame
le Brun, la belle maison qui mérita
les éloges de tous les connaisseurs.
Bientôt après il fut nommé architecte
du roi. Le ministre Calonne avait
formé le projet de restaurer entièrement le cirque de Nîmes, et Raymond
devait être mis à la tête de cette entreprise. La révolution fit bientôt oublier ce dessein, et Raymond s'enferma alors dans son cabinet, et eut
le bon esprit de ne pas figurer dans
nos troubles politiques; il entra
dans l'Institut aussitôt après sa formation, et on le chargea ensuite et
successivement des travaux du Louvre, du Muséum, de la Bibliothèque,
de l'Opéra, du palais de Saint-
Cloud, et conjointement avec M.
Chalgrin, de la construction de l'arc
de l'Étoile, ouvrage qui n'a pas été
continué. Raymond était attaqué
depuis 1809, d'une maladie très-
grave, à laquelle il succomba le 28
février 1811. Cet artiste était d'un
caractère doux et bienfaisant, et fut
un de ceux qui rétablirent en France
le bon goût dans l'architecture.

RAYMONDIS (Jean-Zacharie-
Paradis), écrivain français, naquit à

Bourg en Bresse, en 1746. Il quitta la place de lieutenant général du bailliage de sa province, pour se livrer entièrement aux lettres et à l'agriculture. Il voyageait pour s'instruire, et se trouvait à Nîmes en 1792 ; à l'approche des troupes françaises, il s'en alla en Italie. Il revint en France, et demeurait à Paris vers la fin de la même année. Quand Louis XVI fut mis en jugement, il eut le courage, comme d'autres personnes estimables, attachées à ce malheureux prince, de s'offrir pour son défenseur. Après l'exécution du roi, il se retira dans ses terres, où il put vivre dans une heureuse obscurité. On ignore l'époque fixe de sa mort. Il a laissé : I *Traité élémentaire de morale et de bonheur*, 1784. Le célèbre astronome Lalande, compatriote de Raymondis, en rendant compte de cet ouvrage, dit qu'il était le meilleur qui eût paru jusqu'alors sur ce sujet. II *Des Prêtres et des cultes*, 178.... Ces deux livres sont estimés, et écrits d'un style pur et concis.

RAYNAL ( Guillaume-Thomas-François ), écrivain français, naquit à Saint-Geniès, en Rouergue, en 1713. Il entra très-jeune encore aux jésuites, et fit dans leur collége ses études avec distinction. Son imagination active, et la vivacité de son caractère et de sa pénétration annonçaient en lui un homme qui devait sortir un jour de la classe ordinaire, et s'élever par ses talens : il n'en fit cependant dans la suite qu'un usage bien dangereux. Il professa ; et ayant été ordonné prêtre, il se distingua d'abord dans la prédication ; mais un caractère naturellement inquiet, ami de l'indépendance et de la renommée, ne pouvait guère se plaire dans un cloître, et il lui fallait un

plus grand théâtre, où il pût briller en suivant ses véritables inclinations. Il quitta donc les jésuites, vers 1748, et vint se fixer à Paris, où il ne tarda pas à se lier avec le baron d'Holbach, Rousseau, Diderot, et autres philosophes. Il publia successivement les *Anecdotes littéraires*, les *Mémoires de Ninon de Lenclos*, et rédigea le *Mercure de France*. Les deux premiers ouvrage n'obtinrent pas une grande vogue ; d'autres qu'il fit paraître ensuite commencèrent à établir sa réputation. Désirant l'augmenter, et avide d'éloges, il imagina d'écrire son *Histoire philosophique et politique des établissemens et du commerce des Européens dans les deux Indes*. Malgré l'attente de l'auteur, ce livre n'eut d'abord qu'un succès assez équivoque, et on dit avec raison que Raynal aurait dû l'intituler, *Voyages et Histoire de l'avarice*. Il mérita cependant les éloges de Laharpe, qui en parle de la manière suivante dans ses Cours de littérature : « Cet écrit, dit-il, »avait de quoi plaire à beaucoup de »lecteurs : il offre aux politiques des »vues et des spéculations sur tous »les gouvernemens du monde ; aux »commerçans des calculs et des faits ; »aux philosophes des principes de to-»lérance, et la *haine la plus déci-»dée contre la tyrannie et la su-»perstition* ; aux femmes des mor-»ceaux agréables, et dans le goût »romanesque, surtout l'adoration la »plus passionnée, et l'enthousiasme »de leurs attraits. » Nous examinerons dans la suite combien ces éloges sont justes, et nous nous bornerons à dire pour le moment que peu de livres impies ont plus audacieusement déclaré la guerre aux rois et à la religion. Du reste, l'*Histoire philosophique* n'a ni plan, ni ordre, ni liaison. Cela prouverait que l'ouvrage appartient à plusieurs. auteurs, qui y travaillèrent ensemble; et d'après l'opinion la plus générale, Deleyre fut chargé de réunir les matériaux, les comtes d'Aranda et de Souza fournirent plusieurs matériaux, le baron d'Holbach, Dubuc, Jean de Pechemeja, et surtout Diderot, y travaillèrent. « Qui ne sait, »dit Grimm, que près d'un tiers de »l'*Histoire philosophique* appar-»tient à Diderot? Il y travailla pen-»dant deux ans, et nous lui en avons »vu composer une bonne partie sous »nos yeux. Lui-même était souvent »effrayé de la hardiesse avec laquelle »il faisait parler son ami. Mais qui, »lui disait-il, osera signer cela? »Moi, lui répondait l'abbé, moi, »vous dis-je, allez toujours. » D'après les principes de tels collaborateurs, l'esprit anti-religieux qui règne dans tout ce livre ne doit nullement étonner. Il fut publié en 1770; le gouvernement en ordonna la suppression le 29 décembre 1772. Le public, par ses observations, l'ayant averti des défauts de son ouvrage, Raynal se mit à voyager, et visita les principales places de commerce de la France, la Hollande et l'Angleterre. En parlant du commerce des deux Indes, il avait flatté l'amour-propre des Anglais sur leurs établissemens, aussi il reçut à Londres une distinction très-flatteuse. Il se trouvait un jour dans la galerie de la chambre des Communes; l'orateur, l'ayant appris, fit tout à coup cesser la discussion, jusqu'à ce qu'on eût accordé à Raynal une place d'honneur. A son retour d'Angleterre, il s'arrêta à Genève, et il y publia une nouvelle édition de son Histoire. Elle contient des corrections utiles, des articles et des notices plus exactes sur la Chine, les Etats-Unis, et sur le commerce en général; mais en revanche sa haine contre les rois et la religion s'y montre plus à découvert. Il se trouvait à Courbevoie, lorsque son ouvrage faisait de nouveau le sujet de toutes les conversations dans la capitale. Des gens bien pensans, attachés au service de Louis XVI, placèrent l'*Histoire philosophique* sur une table, dans l'appartement de ce prince, afin qu'il pût la parcourir. Louis XVI, naturellement pieux, en fut indigné, et le parlement, d'après les conclusions de l'avocat général Séguier, ordonna qu'il fût brûlé. La Sorbonne déclara le livre *abominable*, et le qualifia, non sans raison, de *délire d'une âme impie*. L'auteur lui-même fut décrété de prise de corps; il en fut averti, et se retira de Courbevoie, pour se rendre aux eaux de Spa. Il partit ensuite pour l'Allemagne, et ayant prolongé son voyage jusqu'à Berlin, il fit demander à Frédéric II la permission de lui présenter ses hommages. Le roi de Prusse lui indiqua le jour. Ce prince était debout auprès de son bureau : « Monsieur, lui dit-il, »vous êtes vieux ainsi que moi; »sans façon asseyons-nous. Vous me »trouvez à lire un de vos ouvrages, »l'*Histoire du stathoudérat*. » La vanité de Raynal, qui était extrême, fut très-satisfaite de cet accueil familier; il répondit à Frédéric avec le ton de cette même vanité : « Cette »histoire est un des ouvrages de ma »première jeunesse : j'ai fait mieux »que cela. — Et quel est donc cet »ouvrage? demanda le prince. — »C'est, ajouta Raynal, mon His-»toire philosophique des deux Indes. »— Je ne la connais pas, lui répon-»dit Frédéric, je n'en ai jamais en-»tendu parler. » Cette réponse froide et inattendue déconcerta un peu Raynal, qui s'empressa de terminer la conversation. Il visita plusieurs cours, comme s'il avait voulu *promener* sa renommée ; et, de retour en France, il demeura long-temps dans les pays méridionaux. Il donna aux académies de Marseille et de Lyon plusieurs prix, dont il proposa les sujets. Le plus remarquable est celui qui avait pour but de déterminer *si la découverte de l'Amérique avait été utile ou nuisible à l'Europe.* Il revint à Paris en 1788. Mûri par l'âge, et moins dominé par l'effervescence des passions, il n'envisagea dans les nombreuses innovations qui eurent lieu lors de la formation de l'assemblée constituante, que des attentats contre la propriété, et des encouragemens à la licence parmi le peuple. Le 31 mai 1791, il adressa une longue lettre à cette assemblée, où l'on remarque les passages suivans : « J'osai, dit-il, parler long-temps »aux rois de leurs devoirs ; souffrez »qu'aujourd'hui je parle au peuple »de ses erreurs. Serait-il donc vrai »qu'il fallût me rappeler avec effroi »*que je suis un de ceux qui*, en »éprouvant une indignation géné- »reuse contre le pouvoir arbitraire, »*ont peut-être donné des armes à* »*la licence ?*..... Près de descendre »dans le tombeau, que vois-je autour »de moi ? des troubles religieux, des »dissensions civiles, la consterna- »tion des uns, l'audace des autres, »un gouvernement esclave de la ty- »rannie populaire ; le sanctuaire des »lois environné d'hommes effrénés, »qui veulent alternativement ou les »dicter, ou les braver ; des soldats »sans discipline, des chefs sans au- »torité, des ministres sans moyens, »la puissance publique n'existant »plus que dans les clubs !..... Vous »vous applaudissez de toucher au

»terme de votre carrière, et vous »n'êtes entourés que de ruines, et »ces ruines sont souillées de sang et »baignées de larmes : des bruits »sourds et vagues, une terre qui »fume et qui tremble de toutes parts, »annoncent encore des explosions »nouvelles. Qui osa jamais rêver »pour un grand peuple une consti- »tution fondée sur un nivellement »abstrait et chimérique ? Ma pensée »va jusqu'à désirer que le tombeau »se referme promptement sur moi ; »vous recevrez d'un vieillard qui s'é- »teint la vérité qu'il vous doit. » Quand Raynal avait parlé en philo- sophe, il avait trouvé un grand nombre d'admirateurs ; il parlait une fois en homme sage, et ces mêmes admirateurs méprisaient ses avis, et allaient jusqu'à l'insulter. On ne fit aucun cas de sa lettre, et on le traita de vieux radoteur. Voyant la marche horrible que prenait la révolution, il alla se fixer à Passy, où il vécut tout-à-fait ignoré, et où il eut tout le temps de se convaincre, par une juste réflexion, et comme il le marque dans sa lettre à l'assem- blée, *qu'il avait été un de ceux qui avaient donné des armes à la licence.* Il mourut le 6 mars 1796. Quatre heures avant sa mort il avait entendu la lecture d'un journal, sur lequel il avait fait des observations critiques. Sa fortune était si notable- ment diminuée, qu'on ne trouva, dit-on, chez lui, pour tout argent, qu'un assignat de 50 livres, valant alors 5 sous en numéraire. Voici la liste de ses principaux ouvrages : I *Histoire du stathoudérat*, Paris, 1748, in-12 ; 1750, 2 vol. Il la fit imprimer à ses frais, il la vendit lui- même, et en débita, dit-on, 6,000 exemplaires. II *Histoire du parle- ment d'Angleterre*, ibid., 1750, 2 vol. in-12. On critiqua justement dans ces deux ouvrages un ton oratoire et ampoulé, peu convenable à la fois, et au bon goût et à la dignité historique. III *Anecdotes littéraires, historiques, militaires et politiques de l'Europe, depuis l'élévation de Charles-Quint à l'empire, jusqu'à la paix d'Aix-la-Chapelle*, ibid., 1753, 3 vol. in-12. C'est le premier ouvrage de Raynal qui eut du succès. Il présente des faits assez curieux et intéressans, et il est écrit d'un style naturel et rapide, qualités qu'on retrouve rarement dans ses autres productions, excepté la suivante, à laquelle on accorde le même mérite. IV *Histoire du divorce de Henri VIII*, ibid., 1763, in-12. V *Ecole militaire*, 1762, 3 vol. in-12. Recueil indigeste, et où les exemples de bravoure sont mis pêle-mêle avec ceux de bassesse et de lâcheté. VI *Mémoires historiques de l'Europe*, 1772, 3 vol. in-8, où la critique et les faits ne sont pas toujours exacts. VII *Tableau et révolutions des colonies anglaises dans l'Amérique septentrionale*, 1781, 2 vol. in-12. VIII *Histoire philosophique et politique des établissemens et du commerce des Européens dans les deux Indes*, Paris, 1770; Genève, 1781, 10 vol. in-8. Les éloges que Laharpe fit de cet ouvrage, dès sa première édition, sembleraient plutôt dictés par un esprit de secte, que par l'homme impartial; et le lecteur judicieux, en parcourant l'Histoire philosophique, y trouve de la confusion, même des absurdités; des déclamations fatigantes contre les lois, les usages établis, les gouvernemens, et surtout contre les rois et les prêtres. Le mérite qu'on remarque dans plusieurs de ses mémoires sur le commerce de quelques nations, est

contre-balancé par des erreurs, des inexactitudes sans nombre, et par des récits et des tableaux licencieux qui répugnent également aux bonnes mœurs et aux convenances sociales. Ces premiers défauts ont disparu, il est vrai, dans la seconde édition, mais l'auteur s'y montre encore plus acharné contre les souverains et la religion. Son style, parfois noble et élevé, prend trop souvent le ton d'un charlatan monté sur un tréteau, pour débiter à la multitude effarée des lieux communs, et des imprécations menaçantes contre le *despotisme* et la superstition. Raynal en effet déclare la guerre, non-seulement à la révélation, mais aussi à la morale et à toute autorité civile. Le dieu des Juifs n'était pour lui qu'un dieu *local comme ceux des autres nations*, et l'établissement du christianisme n'était que l'effet d'une *mauvaise logique*. Toute sa morale se fondait sur ces deux principes: *Désir de jouir, liberté de jouir*. Il s'élevait contre le despotisme paternel, *qui produit le respect extérieur, et une haine impuissante et secrète contre les pères*. Il osait également offrir aux peuples des remèdes contre la tyrannie. « Puissent les vraies lu»mières, disait-il, faire rentrer dans »leurs droits des êtres qui n'ont »besoin que de les sentir pour les »reprendre! Sages de la terre, phi»losophes de toutes les nations, »c'est à vous seuls à faire des lois, »en les indiquant à vos concitoyens. »Ayez le courage d'éclairer vos »frères. Faites rougir ces hommes »*soudoyés*, qui sont prêts à exter»miner leurs concitoyens aux ordres »de leur maître. Soulevez dans leurs »âmes la nature et l'humanité contre »le renversement des lois sociales... »Révélez-leur les mystères qui tien»nent l'univers à la chaîne et dans

»les ténèbres, et que s'apercevant »combien on se joue de leur crédu- »lité, les peuples éclairés tous à la »fois, vengent enfin la gloire de »l'espèce humaine. » Nous termine- rons cet article par rapporter les der- nières phrases du requisitoire de l'a- vocat général Séguier contre l'*His- toire philosophique* de Raynal : « L'auteur, dit-il, n'a fait qu'un »code barbare, qui n'a d'autre but »que de renverser les fondemens de »l'ordre civil. En rapprochant toutes »les parties du système répandu dans »la totalité de cette histoire, on pour- »rait tracer le plan de subversion gé- »nérale que renferme cette affreuse »production (1). »

RAZZI ( Silvain ), littérateur italien, naquit à Faenza, en 1527. Il entra dans l'ordre des camal- dules, cultiva en même temps la littérature sacrée et la profane, et fut compté parmi les bons écrivains de son temps. Sa prose est claire et correcte, et l'on trouve dans ses vers du feu et de la facilité. Il eut plusieurs désagrémens à essuyer de la part de ses supérieurs, qui ne le voyaient pas avec plaisir s'occuper de la composition de pièces dramati- ques, qu'on jouait sur les théâtres mobiles de l'Italie. En effet, ces compositions ne convenaient pas trop à son état de religieux. Il n'é- crivit dans la suite que des ouvrages qui ne lui attirèrent plus aucun re- proche. Il mourut en 1611, et a laissé : I *La Cecca ; la Balia ; la Costanza*, comédies; *la Gismonda, il Tancredi*, tragédies. II *Recueil de prières à J. - C. et à la sainte Vierge*, Florence, 1556. III *Mi- racles de la sainte Vierge*, ibid.,

1576. IV *Vies de quatre hommes illustres, les deux Uberti, ducs d'Athènes, Silvestre de Médicis, et Côme de Médicis le Vieux*, Florence, 1580.

RAZZI ( Séraphin ), célèbre dominicain, et frère puîné du pré- cédent, naquit à Florence le 16 décembre 1531 ; et, n'ayant pas encore 18 ans, prit, le 28 juin 1549, l'habit monastique dans le couvent de Saint-Marc de cette ville. Il fit de grands progrès dans ses études. Il avait étudié la poésie et l'éloquence, et s'était appliqué aux mathémati- ques, dans son cours de philosophie. La théologie, l'histoire, les antiqui- tés lui étaient familières. Il professa pendant long-temps dans divers couvens de son ordre. Il prêchait avec succès. A ces avantages il joi- gnait de la piété, des mœurs douces, du zèle pour la discipline régulière. Tant de qualités le firent employer dans le régime de son ordre. On lui confia la supériorité de diverses maisons, la surintendance des étu- des, et, en 1587, il était vicaire général de sa province. Au milieu de tant d'occupations, il trouvait du temps pour composer divers ou- vrages, dans la nombreuse liste des- quels nous nous bornerons à citer les suivans : I *De locis theologicis prælectiones*, etc., Pérouse, 1603, in-4. Le P. Razzi y abrège ce qu'a- vait écrit sur ce sujet Melchior Ca- no, docteur dominicain, et y rec- tifie ce qui pouvait avoir échappé à ce célèbre théologien. II *La Corona angelica, overo cinque libri ne' qua- li si tratta in lingua volgare della sostanzia degli angeli, della loro intellezione, della loro volontà, della loro erudizione, e della loro amministrazione, seguitando l'or- me di san Tomaso d'Aquino.* III *De incarnatione, collationes ha-*

1 Nous devons plusieurs détails contenus dans cet article aux *Mémoires pour servir à l'Histoire Ecclésiastique du 18ᵉ siècle.* Paris, 1816.

*bitæ in generali studio Perusino*,
anno 1573. IV *Cento casi di cos-*
*cienza*, Florence, 1578 et 1585,
réimprimés plusieurs fois à Venise
et ailleurs. V *Summa confessorum,*
*seu summa casuum conscientiæ.*
VI *Quattro libri sopra la sfera del*
*mondo*, etc., *della natura e pro-*
*prietà dell'api, ovvero pecchie da*
*gravi autori raccolta*, etc., imprimés à Lucques. VII *Lezzioni sopra*
*Tobia, Foligno*, 1569. VIII *Des Ser-*
*mons* en très-grand nombre. IX *Un*
*libro di laudi (senza poesie) con la*
*propria musica*, Venise, 1563. X *Il*
*rosario della Madonna, in ottava*
*rima, con le annotazioni in prosa*,
Florence, 1583. XI *L'Innario do-*
*minicano, con le annotazioni in*
*prosa*, Pérouse, 1587, in-4. XII
*Vite dei santi del sacro ordine*
*de' predicatori, così uomini come*
*donne*, Florence, 1577, in-4,
réimprimées, ibid., 1588, in-4,
avec beaucoup d'augmentations.
Elles ont été traduites en français
par Jean Blancon de Toulouse, de
l'ordre des frères mineurs, sous ce
titre : *Vies des saints et saintes,*
*bienheureux et hommes illustres*
*de l'ordre sacré de Saint-Domi-*
*nique*, Paris, 1616, in-4. Cet
ouvrage demandait des recherches
infinies. L'auteur raconte que dans
le cours seul de l'année 1572, il fit
à pied plus de 900 milles d'Italie,
et parcourut la marche d'Ancône,
la Romagne, la Lombardie, le Piémont, pour visiter les archives des
églises et des monastères, les bibliothèques, les dépôts publics,
consulter les chroniques des lieux,
et recueillir les matériaux nécessaires pour composer ces vies. Il en
publia beaucoup d'autres, dont nous
nous dispensons de faire mention.
Le P. Mittarelli, dans sa *Lettera-*
*tura faventina*, en donne la nomen-

clature, avec une notice de la vie
de Razzi. Echard, dans ses *Scrip-*
*tores ordinis prædicatorum*, donne
aussi une liste fort étendue de ces
mêmes écrits, à laquelle ceux qui
désirent plus de détail peuvent avoir
recours. Il n'assigne point la date de
la mort du P. Séraphin Razzi ; mais
il dit qu'il vivait encore en 1613, et
il avait alors 82 ans. Il écrivait avec
facilité, et avec assez d'élégance,
soit en latin, soit en italien.

REBECQUI ( F. Trophime ), naquit à Marseille, d'une famille bourgeoise, fut député des Bouches-du-
Rhône à l'assemblée législative, qui
l'envoya, comme commissaire civil,
à Avignon, pour y établir l'ordre.
Mais, révolutionnaire lui-même, il
soutint dans cette ville le parti
des factieux. Mandé à la barre
le 8 mai 1792, il parut mépriser
cet ordre et n'y comparut que le 8
juin, répondit avec assurance, fit
l'éloge de sa vie politique depuis
1789, et ne cacha pas qu'il avait
favorisé l'insurrection d'Avignon.
Un décret l'envoya à la haute cour
d'Orléans ; mais il s'y vit acquitté
par l'influence de ceux, parmi les
députés, qui avaient provoqué la
réunion du Comtat à la France. Au
mois de septembre suivant, il devint
membre de la convention ; et vota
*la mort* de Louis XVI, avec l'appel
au peuple, et sans sursis. Cependant,
dès les premières séances de cette
assemblée, il dénonça Robespierre
comme un ambitieux qui aspirait à
la dictature. En janvier 1793, il entra au comité de sûreté générale ;
mais Robespierre, qui n'avait pas
oublié sa dénonciation, l'impliqua
dans les journées des 31 mai et 2
juin, époque de la chute et de la
proscription des girondins. Mis hors
la loi, il put se sauver à Marseille, et
se noya dans la mer, au moment où

plusieurs de ses collègues, proscrits et arrêtés à Bordeaux, furent transportés et exécutés dans cette ville.

REBOLLEDO ( le comte Bernardin de ), général, diplomate et poëte espagnol, naquit à Léon en 1597. A l'âge de 14 ans il embrassa l'état militaire, et servit contre les Turks dans la guerre terminée par la bataille de Lépante, gagnée par les Espagnols sous le règne de Philippe II. Rebolledo fut nommé commandant d'une galère en Sicile, et se distingua à la prise d'Abenga, d'Onella, de Port-Maurice et du château de Ventimilla. Il reprit, en 1626, le service de terre, et acquit une nouvelle gloire à la prise de Nice et de Casal. Six ans après, il passa en Flandre, où il obtint une compagnie de lanciers. Rebolledo possédait à la fois des talens militaires et politiques, dont Philippe IV sut profiter : il l'envoya en 1636 en Allemagne, pour solliciter des secours des princes de l'Empire et de l'empereur Ferdinand II. Il s'acquitta avec honneur de cette mission difficile, et Ferdinand le nomma comte. Rebolledo servit ensuite dans les guerres contre les Français, et il se fit remarquer dans toutes les occasions, et par ses talens et par son courage. Rappelé à Madrid, il repassa encore en Allemagne, chargé des négociations les plus importantes. L'empereur Ferdinand le créa alors capitaine général d'artillerie et gouverneur du Bas-Palatinat. A son retour en Espagne, il fut nommé président du conseil suprême de Castille. Il s'était couvert d'honneur dans toutes les places qu'il avait occupées; mais c'est dans son ambassade auprès de Frédéric III, roi de Danemarck, qu'il déploya toute l'étendue de ses talens : il demeura à Copenhague près de vingt ans.

Chargé d'infirmités et d'années, il revint à Madrid, et y mourut en 1677, âgé de quatre-vingts ans. Ses différentes occupations ne lui empêchèrent pas de cultiver la poésie, et il mérita un rang distingué parmi les bons poëtes de sa nation. Ses vers, où il suit les traces de Boscau et de Garcilasso, sont pleins d'harmonie, de pensées neuves, et écrits d'un style correct. Ses principaux ouvrages sont : I *Mes Loisirs*. II *Forét militaire et politique*. III *Forét danoise*. C'est un poëme historique sur le Danemarck, qui contient en outre les généalogies des souverains de ce royaume. Il a traduit en beaux vers *les Psaumes de David*, les *Lamentations de Jérémie* et *le Livre de Job*. Ces ouvrages, tous en espagnol, ont été imprimés à Copenhague et à Anvers, et ont eu plusieurs éditions.

RECUPERO ( Alexandre ), savant antiquaire italien, né à Palerme en 1731, d'une famille noble. Une dispute fâcheuse qu'il eut avec un des principaux seigneurs de la ville, et qui fut suivie d'un duel, l'obligea à quitter sa patrie. Il changea alors son nom en celui d'Alexis Motta, voyagea en Italie, et se fixa à Rome, où il se livra à son étude favorite. On lui doit une riche collection de *Médailles consulaires*, par lesquelles, après une application non interrompue pendant 30 années, il parvint à connaître les familles romaines et les signes qui les caractérisent. Il porta surtout ses observations sur les *As* et sur les divisions des *As* qui les distinguent. *Le Magasin encyclopédique* renferme une lettre que Recupero adressa, en 1797, à M. Saint-Vincent d'Aix, et dans laquelle on trouve des notions importantes sur le recueil de l'antiquaire italien. Il mourut à Rome en octobre 1803. Les seules médailles romaines qu'il a laissées furent évaluées à 6,000 écus romains : il possédait aussi un nombre considérable de médailles ou *tessères* de plomb. On se propose d'imprimer ses manuscrits, dont voici les titres : I *Vera assium origo, natura et œtas.* II *Institutio stemmatica, sive de verâ stemmatum romanorum naturâ atque differentiâ.* III *Annales familiarum romanarum.* IV *Annales gentium historico-numismaticæ, sive de origine gentium, seu familiarum romanarum dissertatio.* V *Vetus Romanorum numerandi modus, nunc primùm detectus,* etc.

REDON-BEAUPRÉ ( le comte), ministre de la marine, pair de France, etc., naquit en Bretagne en 1737, d'une famille distinguée. A l'âge de vingt ans il entra dans l'administration de la marine, sous le ministère du comte de Moran. Nommé commissaire, il servit en cette qualité dans différens ports de France et des colonies. M. de Sartine l'ayant proposé à Louis XVI en 1777, ce monarque lui accorda la place de contrôleur de marine à Rochefort. Le ministre de Castries le nomma ensuite commissaire général et intendant de la marine à Brest. La révolution éclata, et comme Redon restait attaché aux bons principes, il perdit son emploi, ainsi que plusieurs de ses collègues, et il se vit en butte aux persécutions des ennemis du trône. Il fut arrêté en 1793, *sous le régime de la terreur,* enfermé dans les prisons de Brest, et puis dans celles de Carhaix, d'où, malgré la chute de Robespierre, en juillet 1794, il ne sortit qu'à la fin de cette année. On avait alors besoin de personnes intelligentes pour être placées à la

tête des ministères, et le directoire donna à Redon celui de la marine. On ne sait pas trop s'il prit part à la révolution du 18 brumaire; cependant, après le régime consulaire, et à la formation du conseil d'état, Buonaparte le nomma membre dans ce corps, et il y resta jusqu'en 1810. A cette époque, il entra au sénat, et peu de temps après il fut nommé commandant de la Légion-d'Honneur. Il occupait encore cette place lorsque Louis XVIII fit son entrée dans la capitale ( 1814 ): ce monarque lui conféra la dignité de pair. Il ne jouit pas long-temps de cet honneur, et mourut le 5 février 1815, après avoir suivi la carrière publique pendant cinquante-huit années, trente-cinq sous Louis XV et sous Louis XVI, sept sous le directoire et le consulat, quatorze sous Buonaparte, et environ deux sous Louis XVIII.

REGANHAC ( Géraud Valet de ), poëte, naquit à Cahors en 1719. Son talent pour les vers le fit recevoir à l'académie des *Jeux Floraux,* à Toulouse. Il avait beaucoup de verve, écrivait avec élégance et pureté, et était très-versé dans les classiques latins. On a de lui : I *L'esprit philosophique est-il plus nuisible qu'utile aux belles-lettres?* 1755, in-8. L'auteur se prononce pour l'affirmative, et il s'appuie sur de bien sages raisons. Quoique cet ouvrage, en forme de lettres, ne contienne que peu de pages, il fut bien accueilli, et commença à donner de la réputation à l'auteur. II *Études lyriques d'après Horace,* 1775. III *Les Odes d'Horace,* traduites en français, précédées d'observations critiques sur la poésie lyrique, 1781, 2 vol. in-12. C'est une traduction assez estimée, et une des meilleures que l'on connaisse. Reganhac est mort en 1784, à l'âge de soixante-cinq ans.

**REGNAUD-LAGRELAIE** ( N. ), littérateur, naquit à Dijon vers 1740, d'une famille honorable, suivit la carrière administrative, et cultiva en même temps la littérature et l'agronomie. Il était en Corse, en qualité de conservateur des forêts, à l'époque de la révolution, dans laquelle il paraît qu'il ne prit point de part active. Livré uniquement à ses occupations littéraires, il publia un grand nombre d'ouvrages, dont voici les principaux : I *Tableaux de la nature*, qui est un ouvrage d'éducation et très-agréable à lire. II *Soupers de Vaucluse*. III *Les Prisonniers du Temple*, petit poëme écrit avec élégance et beaucoup de sensibilité. IV *Les Français en Egypte*, ouvrage bien versifié. Il a donné en outre des romans, comme *Marie*, *Antoine et Jeannette, Berthe et Richemont*, etc. Regnaud avait été reçu, en 1773, à l'académie de Dijon, et il mourut en 1807.

FIN DU TOME ONZIÈME.

---

*ERRATUM pour le 1ᵉʳ volume du Supplément.*

Il s'est glissé dans le 1ᵉʳ volume du Supplément une faute grave essentielle à corriger.

Art. BEURRIER (Vincent-Toussaint), pag. 198, col. 1ʳᵉ, ligne 39, à la place de ces mots : *C'est lui qui administra*, lisez : *Il ne faut point le confondre avec Beurrier, curé de Saint-Étienne-du-Mont, qui administra*, etc.

www.ingramcontent.com/pod-product-compliance
Lightning Source LLC
Chambersburg PA
CBHW050550270326
41926CB00012B/1994